Student Study and Solutions Guide for
INTERMEDIATE ALGEBRA:
GRAPHS AND FUNCTIONS
SECOND EDITION
Larson / Hostetler / Neptune

Carolyn F. Neptune
Johnson County Community College

Houghton Mifflin Company   Boston   New York

Editor in Chief—Mathematics: Charles Hartford
Managing Editor: Catherine B. Cantin
Senior Associate Editor: Maureen Brooks
Associate Editor: Michael Richards
Assistant Editor: Carolyn Johnson
Supervising Editor: Karen Carter
Art Supervisor: Gary Crespo
Marketing Manager: Sara Whittern
Associate Marketing Manager: Ros Kane
Marketing Assistant: Carolyn Lipscomb
Design: Henry Rachlin
Composition and Art: Meridian Creative Group

Calculator Key font used with permission of Texas Instruments Incorporated. Copyright 1990, 1993, 1996.

Copyright © 1998 by Houghton Mifflin Company. All rights reserved.

No part of this work may be reproduced or transmitted in any form or by any means, electronic or mechanical, including photocopying and recording, or by any information storage or retrieval system without the prior written permission of Houghton Mifflin Company unless such copying is expressly permitted by federal copyright law. Address inquiries to College Permissions, Houghton Mifflin Company, 222 Berkeley Street, Boston, MA 02116-3764.

Printed in the U.S.A.

ISBN: 0-395-87774-1

3456789-PO-01 00 99

Preface

This *Student Study and Solutions Guide* is a supplement to *Intermediate Algebra: Graphs and Functions,* **Second Edition,** by Roland E. Larson, Robert P. Hostetler, and Carolyn F. Neptune. This guide includes solutions for all odd-numbered exercises in the text, including the chapter reviews, chapter tests, and cumulative tests. These solutions give step-by-step details of each exercise. I have tried to see that these solutions are correct. Corrections to the solutions or suggestions for improvements are welcome.

I would like to thank the staff at Larson Texts, Inc. for their contributions to the production of this guide.

> Carolyn F. Neptune
> Johnson County Community College
> Overland Park, Kansas

Contents

Chapter 1 **Concepts of Elementary Algebra** **1**

    1.1   Operations with Real Numbers **2**

    1.2   Properties of Real Numbers **5**

    1.3   Algebraic Expressions **7**

    1.4   Operations with Polynomials **11**

    Mid-Chapter Quiz **16**

    1.5   Factoring Polynomials **17**

    1.6   Factoring Trinomials **19**

    1.7   Solving Linear Equations **23**

    1.8   Solving Equations by Factoring **29**

    Review Exercises **33**

    Chapter Test **41**

Chapter 2 **Introduction to Graphs and Functions** **44**

    2.1   Describing Data Graphically **45**

    2.2   Graphs of Equations **49**

    2.3   Slope: An Aid to Graphing Lines **55**

    Mid-Chapter Quiz **59**

    2.4   Relations, Functions, and Function Notation **61**

    2.5   Graphs of Functions **64**

    2.6   Transformations of Functions **67**

    Review Exercises **70**

    Chapter Test **80**

    Cumulative Test for Chapters 1–2 .... **82**

Chapter 3 **Linear Functions, Equations, and Inequalities** **85**

    3.1   Writing Equations of Lines **86**

    3.2   Modeling Data with Linear Functions **91**

    3.3   Applications of Linear Equations **93**

    Mid-Chapter Quiz **99**

    3.4   Business and Scientific Problems **102**

    3.5   Linear Inequalities in One Variable **110**

    3.6   Absolute Value Equations and Inequalities **114**

    Review Exercises **117**

    Chapter Test **134**

    Cumulative Test for Chapters 1–3 .... **137**

Chapter 4	**Systems of Linear Equations and Inequalities**	140
	4.1 Systems of Linear Equations in Two Variables	141
	4.2 Systems of Liner Equations in Three Variables	150
	4.3 Matrices and Linear Systems	159
	Mid-Chapter Quiz	169
	4.4 Determinants and Linear Systems	171
	4.5 Graphs of Linear Inequalities in Two Variables	181
	4.6 Systems of Inequalities and Linear Programming	184
	Review Exercises	190
	Chapter Test	211
	Cumulative Test for Chapters 1–4	214
Chapter 5	**Radicals and Complex Numbers**	217
	5.1 Integer Exponents and Scientific Notation	218
	5.2 Rational Exponents and Radicals	221
	5.3 Simplifying and Combining Radicals	223
	Mid-Chapter Quiz	226
	5.4 Multiplying and Dividing Radicals	228
	5.5 Solving Radical Equations	231
	5.6 Complex Numbers	236
	Review Exercises	240
	Chapter Test	247
	Cumulative Test for Chapters 1–5	249
Chapter 6	**Quadratic Functions, Equations, and Inequalities**	252
	6.1 The Factoring and Square Root Methods	253
	6.2 Completing the Square	259
	6.3 The Quadratic Formula and the Discriminant	265
	6.4 Applications of Quadratic Equations	273
	Mid-Chapter Quiz	278
	6.5 Graphing Quadratic Functions	280
	6.6 Modeling Data with Quadratic Functions	288
	6.7 Quadratic Inequalities in One Variable	289
	Review Exercises	295
	Chapter Test	307
	Cumulative Test for Chapters 1–6	310

Chapter 7 **Rational Expressions and Rational Functions** 313
    7.1   Simplifying Rational Expressions 314
    7.2   Multiplying and Dividing Rational Expressions 317
    7.3   Adding and Subtracting Rational Expressions 321
    7.4   Dividing Polynomials 329
    Mid-Chapter Quiz 335
    7.5   Solving Rational Equations 339
    7.6   Graphing Rational Functions 347
    7.7   Rational Inequalities in One Variable 352
    Review Exercises 357
    Chapter Test 375
    Cumulative Test for Chapters 1–7 379

Chapter 8 **More About Functions and Relations** 382
    8.1   Combinations of Functions 383
    8.2   Inverse Functions 386
    8.3   Variation and Mathematical Models 390
    8.4   Polynomial Functions and Their Graphs 392
    Mid-Chapter Quiz 396
    8.5   Circles 397
    8.6   Ellipses and Hyperbolas 400
    8.7   Parabolas 405
    8.8   Nonlinear Systems of Equations 408
    Review Exercises 413
    Chapter Test 428
    Cumulative Test for Chapters 1–8 431

Chapter 9 **Exponential and Logarithmic Functions and Equations** 434
    9.1   Exponential Functions and Their Graphs 435
    9.2   Logarithmic Functions and Their Graphs 439
    9.3   Properties of Logarithms 442
    Mid-Chapter Quiz 446
    9.4   Solving Exponential and Logarithmic Equations 447
    9.5   Exponential and Logarithmic Applications 452
    9.6   Modeling Data 458
    Review Exercises 460
    Chapter Test 470
    Cumulative Test for Chapters 1–9 473

Chapter 10	**Topics in Discrete Mathematics** **476**	
	10.1 Sequences 477	
	10.2 Arithmetic Sequences 480	
	10.3 Geometric Sequences 485	
	Mid-Chapter Quiz 490	
	10.4 The Binomial Theorem 492	
	10.5 Counting Principles 495	
	10.6 Probability 497	
	Review Exercises 499	
	Chapter Test 507	
	Cumulative Test for Chapters 1–10 509	

CHAPTER 1
Concepts of Elementary Algebra

Section 1.1 Operations with Real Numbers 2

Section 1.2 Properties of Real Numbers 5

Section 1.3 Algebraic Expressions 7

Section 1.4 Operations with Polynomials 11

Mid-Chapter Quiz 16

Section 1.5 Factoring Polynomials 17

Section 1.6 Factoring Trinomials 19

Section 1.7 Solving Linear Equations 23

Section 1.8 Solving Equations by Factoring 29

Review Exercises 33

Chapter Test 41

CHAPTER 1
Concepts of Elementary Algebra

Section 1.1 Operations with Real Numbers

Solutions to Odd-Numbered Exercises

1. $\{-10, -\sqrt{5}, -\frac{2}{3}, -\frac{1}{4}, 0, \frac{5}{8}, 1, \sqrt{3}, 4, 2\pi, 6\}$

   (a) Natural numbers: $\{1, 4, 6\}$ (b) Integers: $\{-10, 0, 1, 4, 6\}$

   (c) Rational numbers: $\{-10, -\frac{2}{3}, -\frac{1}{4}, 0, \frac{5}{8}, 1, 4, 6\}$ (d) Irrational numbers: $\{-\sqrt{5}, \sqrt{3}, 2\pi\}$

3. These are the integers between -5.8 and 3.2:

   $-5, -4, -3, -2, -1, 0, 1, 2, 3$

5. These are the odd integers between 0 and 3π:

   $1, 3, 5, 7, 9$

   (Note: $3\pi \approx 9.425$)

7. (a), (b), (c), (d)

9. The two numbers are -1 and 3.

   $-1 < 3$ (or $3 > -1$)

11. $2 < 5$

13. $-7 < -2$

15. $-\frac{2}{3} > -\frac{10}{3}$

17. Yes, there is a difference. A positive number is greater than zero, but a nonnegative number could be either greater than zero *or equal to* zero.

19. $x < 0$

21. $u \geq 16$

23. $p < 225$

25. Using Distance $= b - a$, $a \leq b$,

   Distance $= 10 - 4 = 6$.

   Using Distance $= |a - b|$,

   Distance $= |4 - 10| = |-6| = 6$.

27. Using Distance $= b - a$, $a \leq b$,

   Distance $= 18 - (-32) = 50$.

   Using Distance $= |a - b|$,

   Distance $= |18 - (-32)| = |50| = 50$.

29. Using Distance $= b - a$, $a \leq b$,

   Distance $= 0 - (-35) = 35$.

   Using Distance $= |a - b|$,

   Distance $= |0 - (-35)| = |35| = 35$.

31. $|10| = 10$

33. $-|3.5| = -3.5$

35. $-|-25| = -25$

37. $|-6| > |2|$ because $|-6| = 6$, $|2| = 2$, and $6 > 2$.

39. $|-\frac{3}{4}| > -|\frac{4}{5}|$ because $|-\frac{3}{4}| = \frac{3}{4}$, $-|\frac{4}{5}| = -\frac{4}{5}$, and $\frac{3}{4} > -\frac{4}{5}$.

41. Number: 14
Opposite: -14
Absolute Value: 14

43. Number: $-\frac{5}{4}$
Opposite: $\frac{5}{4}$
Absolute Value: $\frac{5}{4}$

45.

47.

49. $13 + 32 = 45$

51. $-13 + 32 = 19$

53. $-7 - 15 = -22$

55. $5.8 - 6.2 + 1.1 = 0.7$

57. $\frac{3}{4} - \frac{1}{4} = \frac{3-1}{4} = \frac{2}{4} = \frac{1}{2}$

59. $\frac{5}{8} + \frac{1}{4} - \frac{5}{6} = \frac{5(3)}{8(3)} + \frac{1(6)}{4(6)} - \frac{5(4)}{6(4)}$
$= \frac{15 + 6 - 20}{24}$
$= \frac{1}{24}$

61. $5\frac{3}{4} + 7\frac{3}{8} = \frac{23}{4} + \frac{59}{8}$
$= \frac{23(2)}{4(2)} + \frac{59}{8}$
$= \frac{46}{8} + \frac{59}{8}$
$= \frac{46 + 59}{8}$
$= \frac{105}{8}$ or $13\frac{1}{8}$

63. $-(-11.325) + |34.625| = 11.325 + 34.625 = 45.95$

65. $-|-15.667| - 12.333 = -15.667 - 12.333 = -28$

67. $5(-6) = -30$

69. $6.3(5.1) = 32.13$

71. $\left(-\frac{5}{8}\right)\left(-\frac{4}{5}\right) = \frac{(\cancel{5})(\cancel{4})(1)}{(\cancel{4})(2)(\cancel{5})} = \frac{1}{2}$

73. $\frac{-18}{-3} = 6$

75. $-\frac{4}{5} \div \frac{8}{25} = -\frac{4}{5} \cdot \frac{25}{8}$
$= -\frac{(\cancel{4})(\cancel{5})(5)}{(\cancel{5})(\cancel{4})(2)}$
$= -\frac{5}{2}$

77. $5\frac{3}{4} \div 2\frac{1}{8} = \frac{23}{4} \div \frac{17}{8}$
$= \frac{23}{4} \cdot \frac{8}{17}$
$= \frac{(23)(\cancel{4})(2)}{(\cancel{4})(17)}$
$= \frac{46}{17}$

79. $\frac{25.5}{6.325} \approx 4.03$

81. $(-3)^4 = (-3)(-3)(-3)(-3)$

83. $(-5)(-5)(-5)(-5) = (-5)^4$

85. $(-4)^3 = (-4)(-4)(-4) = -64$

87. $-5^2 = -(5 \cdot 5) = -25$

89. $\left(-\frac{7}{8}\right)^2 = \left(-\frac{7}{8}\right)\left(-\frac{7}{8}\right) = \frac{49}{64}$

91. $\sqrt{81} = 9$

93. $\sqrt[3]{125} = 5$

95. $\sqrt[3]{-8} = -2$

97. $-\sqrt[3]{-125} = -(-5) = 5$

99. $16 - 5(6 - 10) = 16 - 5(-4)$
$= 16 + 20$
$= 36$

101. $\dfrac{3^2 - 5}{12} - 3\dfrac{1}{6} = \dfrac{9 - 5}{12} - \dfrac{19}{6}$
$= \dfrac{4}{12} - \dfrac{19}{6}$
$= \dfrac{2}{6} - \dfrac{19}{6}$
$= \dfrac{2 - 19}{6}$
$= -\dfrac{17}{6}$

103. $0.2(6 - 10)^3 + 85 = 0.2(-4)^3 + 85$
$= 0.2(-64) + 85$
$= -12.8 + 85$
$= 72.2$

105. $5.6[13 - 2.5(-6.3)] = 161$

107. $5^6 - 3(400) = 14{,}425$

109. $\dfrac{500}{(1.055)^{20}} \approx 171.36$

111. $\sqrt{9^2 + 7.5^2} \approx 11.72$

113. No.

$3 \cdot 4^2 \neq 12^2$

$3 \cdot 4^2 = 3 \cdot 16 = 48$

In the original expression, the base of the exponent is 4, so only the 4 should be squared. **Note:** $(3 \cdot 4)^2 = 12^2$

115. $\$2618.68 + \$1236.45 - \$25.62 - \$455.00$
$- \$125.00 - \$715.95 = \$2533.56$

117. $\dfrac{1}{3} + \dfrac{1}{4} + \dfrac{2}{9} + \dfrac{1}{10} = \dfrac{1(60)}{3(60)} + \dfrac{1(45)}{4(45)} + \dfrac{2(20)}{9(20)} + \dfrac{1(18)}{10(18)}$

$= \dfrac{60}{180} + \dfrac{45}{180} + \dfrac{40}{180} + \dfrac{18}{180}$

$= \dfrac{60 + 45 + 40 + 18}{180} = \dfrac{163}{180}$

$1 - \dfrac{163}{180} = \dfrac{180}{180} - \dfrac{163}{180} = \dfrac{180 - 163}{180} = \dfrac{17}{180}$

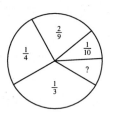

119. $A = lw = (5)(3) = 15 \text{ m}^2$

121. Total area = Area of larger rectangle + Area of smaller rectangle

$A = (9)(3) + (3)(3) = 27 + 9 = 36 \text{ ft}^2$

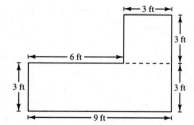

123. $V = lwh = (42)(18)(14)$
$= 10{,}584 \text{ in.}^3$
$= \dfrac{10{,}584}{1728} \text{ ft}^3$
$= 6.125 \text{ ft}^3$

125. True; an integer $n = n/1$, and $n/1$ is a rational number.

127. False; for example, the reciprocal of the integer 5 is $\frac{1}{5}$, but $\frac{1}{5}$ is *not* an integer.

129. False
$$\frac{2}{3} + \frac{3}{2} = \frac{2(2)}{3(2)} + \frac{3(3)}{2(3)}$$
$$= \frac{4 + 9}{6}$$
$$= \frac{13}{6}$$

131. The calculator steps correspond to $523 - 145 - 136$ instead of $523 - (145 - 136)$. The correct calculator steps are:

523 [-] [(] 145 [-] 136 [)] [ENTER]

$523 - (145 - 136) = 514$

Section 1.2 Properties of Real Numbers

1. $3 + (-5) = -5 + 3$
Commutative Property of Addition

3. $5(2a) = (5 \cdot 2)a$
Associative Property of Multiplication

5. $(10 + 8) + 3 = 10 + (8 + 3)$
Associative Property of Addition

7. $(5 + 10)(8) = 8(5 + 10)$
Commutative Property of Multiplication

9. $25 + 35 = 35 + 25$
Commutative Property of Addition

11. $(-4 \cdot 10) \cdot 8 = -4(10 \cdot 8)$
Associative Property of Multiplication

13. $3x + 0 = 3x$
Additive Identity Property

15. $25 - 25 = 0$
Additive Inverse Property

17. $6(-10) = -10(6)$
Commutative Property of Multiplication

19. $10(2x) = (10 \cdot 2)x$
Associative Property of Multiplication

21. $\frac{1}{y} \cdot y = 1$
Multiplicative Inverse Property

23. $1 \cdot (5t) = 5t$
Multiplicative Identity Property

25. $3(2 + x) = 3 \cdot 2 + 3x$
Distributive Property

27. $3(6y) = (3 \cdot 6)y$

29. $15(-3) = (-3)15$

31. $5(6 + z) = 5 \cdot 6 + 5 \cdot z$
or $30 + 5z$

33. $25 + (-x) = -x + 25$

35. $(x + 8) \cdot 1 = x + 8$

37. True. This is justified by the Additive Inverse Property.

39. False. Using the Distributive Property, you know that
$6(7 + 2) = 6(7) + 6(2)$.

41. No. Zero is the only real number that does not have a multiplicative inverse.

43. (a) -10
(b) $\frac{1}{10}$

45. (a) 16
(b) $-\frac{1}{16}$

47. (a) $-6z$
(b) $\frac{1}{6z}$

49. (a) $-(x + 1)$ or $-x - 1$
(b) $\frac{1}{x + 1}$

51. $(x + 5) - 3 = x + (5 - 3)$

53. $32 + (-4 + y) = [32 + (-4)] + y$ or $(32 - 4) + y$

55. $3(4 \cdot 5) = (3 \cdot 4)5$

57. $6(2y) = (6 \cdot 2)y$

59.
$x + 5 = 3$	Given
$(x + 5) + (-5) = 3 + (-5)$	Addition Property of Equality
$x + [5 + (-5)] = -2$	Associative Property of Addition
$x + 0 = -2$	Additive Inverse Property
$x = -2$	Additive Identity Property

61.
$2x - 5 = 6$	Given
$(2x - 5) + 5 = 6 + 5$	Addition Property of Equality
$2x + (-5 + 5) = 11$	Associative Property of Addition
$2x + 0 = 11$	Additive Inverse Property
$2x = 11$	Additive Identity Property
$\frac{1}{2}(2x) = \frac{1}{2}(11)$	Multiplication Property of Equality
$(\frac{1}{2} \cdot 2)x = \frac{11}{2}$	Associative Property of Multiplication
$1 \cdot x = \frac{11}{2}$	Multiplicative Inverse Property
$x = \frac{11}{2}$	Multiplicative Identity Property

63. $20(a + 5) = 20 \cdot a + 20 \cdot 5$ or $20a + 100$

65. $5(3x + 4) = 5 \cdot 3x + 5 \cdot 4$ or $15x + 20$

67. $(x + 6)(-2) = x(-2) + 6(-2)$ or $-2x - 12$

69. $3(x + 5) = 3x + 15$

71. $-2(x + 8) = -2x - 16$

73. $3 \cdot (\frac{0}{3}) = 0$

75. $16(1.75) = 16(1 + \frac{3}{4})$
$= 16 + 12 = 28$

77. $7(62) = 7(60 + 2) = 420 + 14 = 434$

79. $9(6.98) = 9(7 - 0.02) = 63 - 0.18 = 62.82$

81.
$ac = bc,\ c \neq 0$	Given
$ac\left(\frac{1}{c}\right) = bc\left(\frac{1}{c}\right)$	Multiplication Property of Equality
$a\left(c \cdot \frac{1}{c}\right) = b\left(c \cdot \frac{1}{c}\right)$	Associative Property of Addition
$a \cdot 1 = b \cdot 1$	Multiplicative Inverse Property
$a = b$	Multiplicative Identity Property

83. (a) No, the operation is not commutative because $a \odot b \neq b \odot a$.

$a \odot b = 2a + b$

$b \odot a = 2b + a$

—CONTINUED—

83. —CONTINUED—

(b) No, the operation is not associative because $(a \odot b) \odot c \neq a \odot (b \odot c)$.

$$(a \odot b) \odot c = (2a + b) \odot c$$
$$= 2(2a + b) + c$$
$$= 4a + 2b + c$$
$$a \odot (b \odot c) = a \odot (2b + c)$$
$$= 2a + (2b + c)$$
$$= 2a + 2b + c$$

85. For 1990, the dividend per share was approximately $0.08(0) + 0.54 = \$0.54$. For 1996, the dividend per share was approximately $0.08(6) + 0.54 = \$1.02$. The increase over the six-year period was $\$1.02 - 0.54$ or $\$0.48$ per share. This means the annual increase in the dividend paid per share was $\$0.08$. **Note:** This answer could be obtained by examining the model itself. The dividend per share $= 0.08t + 0.54$, and as the year increases by 1, the dividend increases by $0.08(1)$ or by $\$0.08$.

87. Let $t = 4$ for 1994. According to the model, the dividend per share would be $0.08(4) + 0.54 = 0.32 + 0.54 = \$0.86$. That is the amount of the dividend per share that was paid in 1994.

Section 1.3   Algebraic Expressions

1. Terms of an algebraic expression are separated by addition and factors of an algebraic expression are separated by multiplication.

3. $10x, 5$

5. $-3y^2, 2y, -8$

7. $4x^2, -3y^2, -5x, 2y$

9. $x^2, -2.5x, -\dfrac{1}{x}$

11. The coefficient of $5y^3$ is 5.

13. The coefficient of $-\tfrac{3}{4}t^2$ is $-\tfrac{3}{4}$.

15. Commutative Property of Addition

17. Associative Property of Multiplication

19. Multiplicative Inverse Property

21. Distributive Property

23. Multiplicative Identity Property

25. (a) Distributive Property:
$$5(x + 6) = 5 \cdot x + 5 \cdot 6 \text{ or } 5x + 30$$
(b) Commutative Property of Multiplication:
$$5(x + 6) = (x + 6)5$$

27. (a) Commutative Property of Multiplication:
$$6(xy) = (xy)6$$
(b) Associative Property of Multiplication:
$$6(xy) = (6x)y$$

29. (a) Additive Inverse Property:
$$4t^2 + (-4t^2) = 0$$
(b) Commutative Property of Addition:
$$4t^2 + (-4t^2) = (-4t^2) + 4t^2$$

31. True. This statement, $(3a)b = 3(ab)$ is justified by the Associative Property of Multiplication.

33. False. By the Distributive Property,
$$5(y^3 + 2) = 5y^3 + 10.$$

35. $x^3 \cdot x^4 = (x \cdot x \cdot x) \cdot (x \cdot x \cdot x \cdot x)$

8   Chapter 1   Concepts of Elementary Algebra

37. $(-2x)^3 = (-2x)(-2x)(-2x)$

39. $\left(\dfrac{y}{5}\right)^4 = \left(\dfrac{y}{5}\right)\left(\dfrac{y}{5}\right)\left(\dfrac{y}{5}\right)\left(\dfrac{y}{5}\right)$

41. $(5x)(5x)(5x)(5x) = (5x)^4$

43. $(x \cdot x \cdot x)(y \cdot y \cdot y) = x^3 y^3$

45. $3^3 y^4 \cdot y^2 = 3^3 y^{4+2} = 27 y^6$

47. $(-4x)^2 = (-4)^2 \cdot x^2 = 16x^2$

49. $(-5z^2)^3 = (-5)^3 (z^2)^3 = -125 z^6$

51. $(2xy)(3x^2 y^3) = (2 \cdot 3) \cdot (x \cdot x^2) \cdot (y \cdot y^3)$
$= 6 \cdot (x^{1+2}) \cdot (y^{1+3}) = 6 x^3 y^4$

53. $\dfrac{3^7 x^5}{3^3 x^3} = 3^{7-3} x^{5-3}$
$= 3^4 x^2$
$= 81 x^2$

55. $\dfrac{(2xy)^5}{6(xy)^3} = \dfrac{2^5 x^5 y^5}{6 x^3 y^3}$
$= \dfrac{32 x^5 y^5}{6 x^3 y^3}$
$= \dfrac{16(\cancel{2})}{3(\cancel{2})} x^{5-3} y^{5-3}$
$= \dfrac{16}{3} x^2 y^2 \text{ or } \dfrac{16 x^2 y^2}{3}$

57. $(5y)^2 (-y^4) = 5^2 y^2 (-y^4)$
$= -5^2 y^{2+4}$
$= -25 y^6$

59. $-5z^4 (-5z)^4 = -5z^4 (-5)^4 z^4$
$= (-5)(-5)^4 z^4 \cdot z^4$
$= (-5)^{1+4} z^{4+4}$
$= (-5)^5 z^8$
$= -3125 z^8$

61. $(-2a)^2 (-2a)^2 = (-2a)^{2+2}$
$= (-2a)^4$
$= (-2)^4 a^4$
$= 16 a^4$ or

$(-2a)^2 (-2a)^2 = (-2)^2 a^2 (-2)^2 a^2$
$= 4a^2 \cdot 4a^2$
$= 16 a^{2+2}$
$= 16 a^4$

63. $\dfrac{(2x)^4 y^2}{2 x^3 y} = \dfrac{2^4 x^4 y^2}{2 x^3 y}$
$= 2^{4-1} x^{4-3} y^{2-1}$
$= 2^3 xy$
$= 8xy$

65. $\dfrac{6(a^3 b)^3}{(3ab)^2} = \dfrac{6(a^3)^3 b^3}{3^2 a^2 b^2}$
$= \dfrac{6 a^9 b^3}{9 a^2 b^2}$
$= \dfrac{2(\cancel{3})}{3(\cancel{3})} a^{9-2} b^{3-2}$
$= \dfrac{2}{3} a^7 b \text{ or } \dfrac{2 a^7 b}{3}$

67. $-\left(\dfrac{2 x^4}{5y}\right)^2 = -\dfrac{(2 x^4)^2}{(5y)^2}$
$= -\dfrac{2^2 (x^4)^2}{5^2 y^2}$
$= -\dfrac{4 x^{4 \cdot 2}}{25 y^2}$
$= -\dfrac{4 x^8}{25 y^2}$

69. $\dfrac{x^{n+1}}{x^n} = x^{n+1-n} = x^1 = x$

71. $(x^n)^4 = x^{4n}$

73. $x^{n+1} \cdot x^3 = x^{n+1+3} = x^{n+4}$

75. $\dfrac{r^{n+2} s^{m+4}}{r^{n+1} s} = r^{n+2-(n+1)} s^{m+4-1}$
$= r^{n+2-n-1} s^{m+3}$
$= r^1 s^{m+3}$
$= r s^{m+3}$

77. $a^m a^n = a^{m+n}$
$(a^m)^n = a^{mn}$
$(ab)^n = a^n b^n$
$\dfrac{a^m}{a^n} = a^{m-n}, \; m > n, \; a \neq 0$
$\left(\dfrac{a}{b}\right)^n = \dfrac{a^n}{b^n}, \; b \neq 0$

79. $3x + 4x = 7x$

81. $9y - 5y + 4y = 8y$

83. $3x - 2y + 5x + 20y = (3x + 5x) + (-2y + 20y)$
$= 8x + 18y$

85. $8z^2 + \frac{3}{2}z - \frac{5}{2}z^2 + 10 = \left(8z^2 - \frac{5}{2}z^2\right) + \frac{3}{2}z + 10$
$= \left(\frac{16}{2}z^2 - \frac{5}{2}z^2\right) + \frac{3}{2}z + 10$
$= \frac{11}{2}z^2 + \frac{3}{2}z + 10$

87. $2uv + 5u^2v^2 - uv - (uv)^2 = 2uv + 5u^2v^2 - uv - u^2v^2$
$= (2uv - uv) + (5u^2v^2 - u^2v^2)$
$= uv + 4u^2v^2$

89. $5(ab)^2 + 2ab - 4ab = 5a^2b^2 - 2ab$

91. $10(x - 3) + 2x - 5 = 10x - 30 + 2x - 5$
$= (10x + 2x) + (-30 - 5)$
$= 12x - 35$

93. $-3(y^2 + 3y - 1) + 2(y - 5) = -3y^2 - 9y + 3 + 2y - 10$
$= (-3y^2) + (-9y + 2y) + (3 - 10)$
$= -3y^2 - 7y - 7$

95. $4[5 - 3(x^2 + 10)] = 4[5 - 3x^2 - 30]$
$= 4[-3x^2 - 25]$
$= -12x^2 - 100$

97. $2[3(b - 5) - (b^2 + b + 3)] = 2[3b - 15 - b^2 - b - 3]$
$= 2[-b^2 + 2b - 18]$
$= -2b^2 + 4b - 36$

99. $y^2(y + 1) + y(y^2 + 1) = y^3 + y^2 + y^3 + y$
$= (y^3 + y^3) + y^2 + y$
$= 2y^3 + y^2 + y$

101. $x(xy^2 + y) - 2xy(xy + 1) = x^2y^2 + xy - 2x^2y^2 - 2xy$
$= (x^2y^2 - 2x^2y^2) + (xy - 2xy)$
$= -x^2y^2 - xy$

103. $-2a(3a^2)^3 + \frac{9a^8}{3a} = -2a(3^3)(a^2)^3 + 3a^{8-1}$
$= -2(27)a \cdot a^6 + 3a^7$
$= -54a^7 + 3a^7$
$= -51a^7$

105. Area of upper rectangle + Area of lower rectangle = Area of region
Area of upper rectangle = $2(x) = 2x$
Area of lower rectangle = $4(x) = 4x$
Area of region = $2x + 4x = 6x$

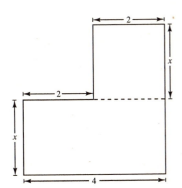

107. (a) $5 - 3x = 5 - 3\left(\frac{2}{3}\right) = 5 - 2 = 3$
(b) $5 - 3x = 5 - 3(5) = 5 - 15 = -10$

109. (a) $10 - |x| = 10 - |3| = 10 - 3 = 7$
(b) $10 - |x| = 10 - |-3| = 10 - 3 = 7$

111. (a) $\dfrac{x}{x^2+1} = \dfrac{0}{0^2+1} = \dfrac{0}{1} = 0$

(b) $\dfrac{x}{x^2+1} = \dfrac{3}{3^2+1} = \dfrac{3}{9+1} = \dfrac{3}{10}$

113. (a) $3x + 2y = 3(1) + 2(5) = 3 + 10 = 13$

(b) $3x + 2y = 3(-6) + 2(-9) = -18 - 18 = -36$

115. (a) $\dfrac{x}{x-y} = \dfrac{0}{0-10} = \dfrac{0}{-10} = 0$

(b) $\dfrac{x}{x-y} = \dfrac{4}{4-4} = \dfrac{4}{0}$, undefined

117. (a) $rt = 40\left(5\tfrac{1}{4}\right) = \left(\tfrac{40}{1}\right)\left(\tfrac{21}{4}\right) = 210$

(b) $rt = 35(4) = 140$

119. Area of triangle $= \tfrac{1}{2}$(base)(height)

$\qquad\qquad\qquad = \tfrac{1}{2}(b)(b-3)$

When $b = 15$,

$\quad$ Area of triangle $= \tfrac{1}{2}(b)(b-3)$

$\qquad\qquad\qquad\quad = \tfrac{1}{2}(15)(15-3)$

$\qquad\qquad\qquad\quad = \tfrac{1}{2}(15)(12)$

$\qquad\qquad\qquad\quad = 90$ square units.

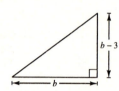

121. From the graph, it appears that the sales of exercise equipment in 1988 was approximately $1450 million or $1,450,000,000. From the model with $t = 8$ for 1988, sales $= 201.90(8) - 174.25 = \$1{,}440.95$ million or $1,440,950,000 or approximately $1,441,000,000.

123. $b_1 h + \dfrac{1}{2}(b_2 - b_1)h = b_1 h + \left(\dfrac{1}{2}b_2 - \dfrac{1}{2}b_1\right)h$

$\qquad\qquad\qquad\qquad = b_1 h + \dfrac{1}{2}b_2 h - \dfrac{1}{2}b_1 h$

$\qquad\qquad\qquad\qquad = \left(b_1 h - \dfrac{1}{2}b_1 h\right) + \dfrac{1}{2}b_2 h$

$\qquad\qquad\qquad\qquad = \dfrac{1}{2}b_1 h + \dfrac{1}{2}b_2 h$

$\qquad\qquad\qquad\qquad = \dfrac{1}{2}h(b_1 + b_2)$

$\qquad\qquad\qquad\qquad = \dfrac{h}{2}(b_1 + b_2)$

Thus, the second expression for the area of the trapezoid is equivalent to the first.

Note: The second form for the area of the trapezoid comes from recognizing that the area of the trapezoid is equal to the area of the rectangle plus the area of the triangle.

$\qquad$ Area of trapezoid $= b_1 h + \dfrac{1}{2}(b_2 - b_1)h$

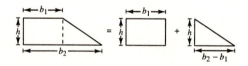

125. Total area $= 2[\text{Area Trapezoid}] + 2[\text{Area Triangle}]$

$\qquad\qquad = 2\left[\tfrac{12}{2}(40+60)\right] + 2\left[\tfrac{1}{2} \cdot 12 \cdot 20\right]$

$\qquad\qquad = 2[6(100)] + 2[6 \cdot 20]$

$\qquad\qquad = 1200 + 240$

$\qquad\qquad = 1440 \text{ ft}^2$

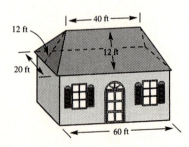

Section 1.4 Operations with Polynomials

1. The expression $x^2 - 3\sqrt{x}$ is not a polynomial because the second term cannot be expressed in the form ax^k where k is a nonnegative integer and a is a real number.

3. Addition separates the terms of a polynomial. Multiplication separates the factors of a term.

5. Standard form: $10x - 4$
   Degree: 1
   Leading coefficient: 10

7. Standard form: $-3y^4 + 5$
   Degree: 4
   Leading coefficient: -3

9. Standard form: $4t^5 - t^2 + 6t + 3$
   Degree: 5
   Leading coefficient: 4

11. Standard form: -4
    Degree: 0
    Leading coefficient: -4

13. $12 - 5y^2$ is a binomial.

15. $x^3 + 2x^2 - 4$ is a trinomial.

17. A monomial of degree 3 is a polynomial of the form ax^3 where $a \neq 0$. Examples include $5x^3$, $-2x^3$, and $\frac{7}{4}x^3$.

19. A binomial of degree 2 and leading coefficient 8 is a polynomial containing the term $8x^2$ and one other term of degree less than 2. Examples include $8x^2 + 9x$ and $8x^2 - \frac{1}{2}$.

21. (a) $x^3 - 12x = (-2)^3 - 12(-2) = -8 + 24 = 16$
    (b) $x^3 - 12x = 0^3 - 12(0) = 0 - 0 = 0$
    (c) $x^3 - 12x = 2^3 - 12(2) = 8 - 24 = -16$
    (d) $x^3 - 12x = 4^3 - 12(4) = 64 - 48 = 16$

23. (a) $x^4 - 4x^3 + 16x - 16 = (-1)^4 - 4(-1)^3 + 16(-1) - 16 = 1 + 4 - 16 - 16 = -27$
    (b) $x^4 - 4x^3 + 16x - 16 = 0^4 - 4(0)^3 + 16(0) - 16 = 0 - 0 + 0 - 16 = -16$
    (c) $x^4 - 4x^3 + 16x - 16 = 2^4 - 4(2)^3 + 16(2) - 16 = 16 - 32 + 32 - 16 = 0$
    (d) $x^4 - 4x^3 + 16x - 16 = \left(\frac{5}{2}\right)^4 - 4\left(\frac{5}{2}\right)^3 + 16\left(\frac{5}{2}\right) - 16 = \frac{625}{16} - \frac{125}{2} + 40 - 16 = \frac{9}{16}$

25. $(2x^2 - 3) + (5x^2 + 6) = (2x^2 + 5x^2) + (-3 + 6)$
    $= 7x^2 + 3$

27. $(x^2 - 3x + 8) + (2x^2 - 4x) + 3x^2 = (x^2 + 2x^2 + 3x^2) + (-3x - 4x) + (8)$
    $= 6x^2 - 7x + 8$

29. $(3x^2 + 8) + (7 - 5x^2) = (3x^2 - 5x^2) + (8 + 7)$
    $= -2x^2 + 15$

31. $5x^2 - 3x + 4$
    $\underline{-3x^2 - 4}$
    $2x^2 - 3x$

33. $2b - 3$
    $b^2 - 2b$
    $\underline{-b^2 + 7}$
    4

35. Yes. Here is an example of two third-degree polynomials which can be added to produce a second-degree polynomial:
    $(2x^3 + x^2 + 3) + (-2x^3 + 5x - 2) = x^2 + 5x + 1$

37. $(3x^2 - 2x + 1) - (2x^2 + x - 1) = 3x^2 - 2x + 1 - 2x^2 - x + 1$
    $= (3x^2 - 2x^2) + (-2x - x) + (1 + 1)$
    $= x^2 - 3x + 2$

39. $(8x^3 - 4x^2 + 3x) - [(x^3 - 4x^2 + 5) + (x - 5)] = 8x^3 - 4x^2 + 3x - [x^3 - 4x^2 + 5 + x - 5]$
$$= 8x^3 - 4x^2 + 3x - [x^3 - 4x^2 + x]$$
$$= 8x^3 - 4x^2 + 3x - x^3 + 4x^2 - x$$
$$= (8x^3 - x^3) + (-4x^2 + 4x^2) + (3x - x)$$
$$= 7x^3 + 2x$$

41. $(10x^3 + 15) - (6x^3 - x + 11) = 10x^3 + 15 - 6x^3 + x - 11$
$$= (10x^3 - 6x^3) + x + (15 - 11)$$
$$= 4x^3 + x + 4$$

43. $\begin{array}{r} x^2 - x + 3 \\ -\underline{(x - 2)} \end{array} \Rightarrow \begin{array}{r} x^2 - x + 3 \\ \underline{- x + 2} \\ x^2 - 2x + 5 \end{array}$

45. $\begin{array}{r} -2x^3 - 15x + 25 \\ \underline{-(2x^3 - 13x + 12)} \end{array} \Rightarrow \begin{array}{r} -2x^3 - 15x + 25 \\ \underline{-2x^3 + 13x - 12} \\ -4x^3 - 2x + 13 \end{array}$

47. $(4x^2 + 5x - 6) - (2x^2 - 4x + 5) = 4x^2 + 5x - 6 - 2x^2 + 4x - 5$
$$= (4x^2 - 2x^2) + (5x + 4x) + (-6 - 5)$$
$$= 2x^2 + 9x - 11$$

49. $(10x^2 - 11) - (-7x^3 - 12x^2 - 15) = 10x^2 - 11 + 7x^3 + 12x^2 + 15$
$$= (7x^3) + (10x^2 + 12x^2) + (-11 + 15)$$
$$= 7x^3 + 22x^2 + 4$$

51. $5s - [6s - (30s + 8)] = 5s - [6s - 30s - 8]$
$$= 5s - [-24s - 8] = 5s + 24s + 8 = 29s + 8$$

53. $2(t^2 + 12) - 5(t^2 + 5) + 6(t^2 + 5) = 2t^2 + 24 - 5t^2 - 25 + 6t^2 + 30$
$$= (2t^2 - 5t^2 + 6t^2) + (24 - 25 + 30) = 3t^2 + 29$$

55. $(-2a^2)(-8a) = (-2)(-8)a^2 \cdot a = 16a^{2+1} = 16a^3$ **57.** $2y(5 - y) = (2y)(5) - (2y)(y) = 10y - 2y^2$

59. $4x^3(2x^2 - 3x + 5) = (4x^3)(2x^2) - (4x^3)(3x) + (4x^3)(5)$
$$= 8x^5 - 12x^4 + 20x^3$$

61. $-2x^2(5 + 3x^2 - 7x^3) = (-2x^2)(5) + (-2x^2)(3x^2) - (-2x^2)(7x^3)$
$$= -10x^2 - 6x^4 + 14x^5$$

 F O I L
63. $(x + 7)(x - 4) = x^2 - 4x + 7x - 28 = x^2 + 3x - 28$

 F O I L
65. $(2x + y)(3x + 2y) = 6x^2 + 4xy + 3xy + 2y^2 = 6x^2 + 7xy + 2y^2$

 F O I L
67. $(4y - \frac{1}{3})(12y + 9) = 48y^2 + 36y - 4y - 3 = 48y^2 + 32y - 3$

69. $-3x(-5x)(5x + 2) = 15x^2(5x + 2) = 75x^3 + 30x^2$

71. $5a(a + 2) - 3a(2a - 3) = 5a^2 + 10a - 6a^2 + 9a$
$= (5a^2 - 6a^2) + (10a + 9a)$
$= -a^2 + 19a$

73. $(x^3 - 3x + 2)(x - 2) = x^3(x - 2) - 3x(x - 2) + 2(x - 2)$
$= x^4 - 2x^3 - 3x^2 + 6x + 2x - 4$
$= x^4 - 2x^3 - 3x^2 + 8x - 4$

75. $(u + 5)(2u^2 + 3u - 4) = u(2u^2 + 3u - 4) + 5(2u^2 + 3u - 4)$
$= 2u^3 + 3u^2 - 4u + 10u^2 + 15u - 20$
$= 2u^3 + 13u^2 + 11u - 20$

77. $(2x^2 - 3)(2x^2 - 2x + 3) = 2x^2(2x^2 - 2x + 3) - 3(2x^2 - 2x + 3)$
$= 4x^4 - 4x^3 + 6x^2 - 6x^2 + 6x - 9$
$= 4x^4 - 4x^3 + 6x - 9$

79. $(a + 5)^3 = (a + 5)(a + 5)(a + 5)$
$= (a^2 + 5a + 5a + 25)(a + 5)$
$= (a^2 + 10a + 25)(a + 5)$
$= a^2(a + 5) + 10a(a + 5) + 25(a + 5)$
$= a^3 + 5a^2 + 10a^2 + 50a + 25a + 125$
$= a^3 + 15a^2 + 75a + 125$

81.
$$\begin{array}{r} 7x^2 - 14x + 9 \\ \times \quad\quad x + 3 \\ \hline 21x^2 - 42x + 27 \quad \Leftarrow 3(7x^2 - 14x + 9) \\ 7x^3 - 14x^2 + 9x \quad\quad\quad \Leftarrow x(7x^2 - 14x + 9) \\ \hline 7x^3 + 7x^2 - 33x + 27 \end{array}$$

83.
$$\begin{array}{r} -x^2 + 2x - 1 \\ \times \quad 2x + 1 \\ \hline -x^2 + 2x - 1 \quad \Leftarrow 1(-x^2 + 2x - 1) \\ -2x^3 + 4x^2 - 2x \quad\quad\quad \Leftarrow 2x(-x^2 + 2x - 1) \\ \hline -2x^3 + 3x^2 \quad\quad - 1 \end{array}$$

85. Special Product: $(a - 6c)(a + 6c) = a^2 - (6c)^2 = a^2 - 36c^2$
FOIL: $(a - 6c)(a + 6c) = a^2 + 6ac - 6ac - 36c^2 = a^2 - 36c^2$

87. Special Product: $\left(2x - \frac{1}{4}\right)\left(2x + \frac{1}{4}\right) = (2x)^2 - \left(\frac{1}{4}\right)^2 = 4x^2 - \frac{1}{16}$
FOIL: $\left(2x - \frac{1}{4}\right)\left(2x + \frac{1}{4}\right) = 4x^2 + \frac{1}{2}x - \frac{1}{2}x - \frac{1}{16} = 4x^2 - \frac{1}{16}$

89. Special Product: $(0.2t + 0.5)(0.2t - 0.5) = (0.2t)^2 - (0.5)^2 = 0.04t^2 - 0.25$
FOIL: $(0.2t + 0.5)(0.2t - 0.5) = 0.04t^2 - 0.1t + 0.1t - 0.25 = 0.04t^2 - 0.25$

91. Special Product: $(x + 5)^2 = x^2 + 2(x)(5) + 5^2 = x^2 + 10x + 25$
FOIL: $(x + 5)^2 = (x + 5)(x + 5) = x^2 + 5x + 5x + 25 = x^2 + 10x + 25$

93. Special Product: $(5x - 2)^2 = (5x)^2 - 2(5x)(2) + 2^2 = 25x^2 - 20x + 4$
FOIL: $(5x - 2)^2 = (5x - 2)(5x - 2) = 25x^2 - 10x - 10x + 4 = 25x^2 - 20x + 4$

95. Special Product: $(2a + 3b)^2 = (2a)^2 + 2(2a)(3b) + (3b)^2 = 4a^2 + 12ab + 9b^2$

FOIL: $(2a + 3b)^2 = (2a + 3b)(2a + 3b) = 4a^2 + 6ab + 6ab + 9b^2 = 4a^2 + 12ab + 9b^2$

97. Special Product: $[(x + 2) - y]^2 = (x + 2)^2 - 2(x + 2)(y) + y^2$
$$= x^2 + 2(x)(2) + 4 - 2y(x + 2) + y^2$$
$$= x^2 + 4x + 4 - 2xy - 4y + y^2$$

FOIL: $[(x + 2) - y]^2 = [(x + 2) - y][(x + 2) - y]$
$$= (x + 2)^2 - y(x + 2) - y(x + 2) + y^2$$
$$= (x + 2)(x + 2) - xy - 2y - xy - 2y + y^2$$
$$= x^2 + 2x + 2x + 4 - 2xy - 4y + y^2$$
$$= x^2 + 4x + 4 - 2xy - 4y + y^2$$

99. Special Product: $[u - (v - 3)]^2 = u^2 - 2(u)(v - 3) + (v - 3)^2$
$$= u^2 - 2uv + 6u + v^2 - 2(v)(3) + 3^2$$
$$= u^2 - 2uv + 6u + v^2 - 6v + 9$$

FOIL: $[u - (v - 3)]^2 = [u - (v - 3)][u - (v - 3)]$
$$= u^2 - u(v - 3) - u(v - 3) + (v - 3)^2$$
$$= u^2 - uv + 3u - uv + 3u + (v - 3)(v - 3)$$
$$= u^2 - 2uv + 6u + v^2 - 3v - 3v + 9$$
$$= u^2 - 2uv + 6u + v^2 - 6v + 9$$

101. $(x + 3)(x - 3) - (x^2 + 8x - 2) = x^2 - 3^2 - x^2 - 8x + 2$
$$= x^2 - 9 - x^2 - 8x + 2$$
$$= -8x - 7$$

103. $5y(y - 4) + (y - 6)^2 = 5y^2 - 20y + y^2 - 2(y)(6) + 6^2$
$$= 5y^2 - 20y + y^2 - 12y + 36$$
$$= 6y^2 - 32y + 36$$

105. $(t + 3)^2 - (t - 3)^2 = (t^2 + 2(t)(3) + 3^2) - (t^2 - 2(t)(3) + 3^2)$
$$= (t^2 + 6t + 9) - (t^2 - 6t + 9)$$
$$= t^2 + 6t + 9 - t^2 + 6t - 9$$
$$= 12t$$

107. The degree of the product is $m + n$.

109. Area $= 3x(3x + 10) - x(x + 4)$
$$= 9x^2 + 30x - x^2 - 4x$$
$$= 8x^2 + 26x$$

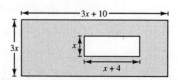

111. Area = (Length)(Width)

$= (x + a)(x + b)$

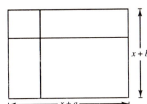

Area $= A_1 + A_2 + A_3 + A_4$

$= x(x) + (b)(x) + (a)(x) + (a)(b)$

$= x^2 + bx + ax + ab$

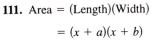

Because both expressions represent the area, the two must be equal. Therefore,

$(x + a)(x + b) = x^2 + bx + ax + ab.$

This statement illustrates the pattern for the FOIL Method.

113. (a) Perimeter: 2(Length) + 2(Width) = 2(1.5w) + 2(w)

$= 3w + 2w$

$= 5w$

(b) Area: (Length)(Width) $= (1.5w)(w)$

$= 1.5w^2$ or $\frac{3}{2}w^2$

115. Interest $= 1000(1 + r)^2 = 1000(1 + r)(1 + r) = 1000(1 + 2r + r^2) = 1000 + 2000r + 1000r^2$

117. (a) $(x - 1)(x + 1) = x^2 - 1^2$

$= x^2 - 1$

(b) $(x - 1)(x^2 + x + 1) = x(x^2 + x + 1) - 1(x^2 + x + 1)$

$= x^3 + x^2 + x - x^2 - x - 1$

$= x^3 - 1$

(c) $(x - 1)(x^3 + x^2 + x + 1) = x(x^3 + x^2 + x + 1) - 1(x^3 + x^2 + x + 1)$

$= x^4 + x^3 + x^2 + x - x^3 - x^2 - x - 1$

$= x^4 - 1$

Following the pattern of the products in (a) – (c), $(x - 1)(x^4 + x^3 + x^2 + x + 1) = x^5 - 1$

119. $-16t^2 + 100 = -16t^2 + 0t + 100$

A position polynomial has the form $-16t^2 + v_0 t + s_0$. In this example, the initial velocity $v_0 = 0$, so the object was dropped. At time $t = 0$, the height is $-16(0)^2 + 100 = 100$ ft. (**Note:** This height is s_0, the initial height.)

121. A position polynomial has the form $-16t^2 + v_0 t + s_0$. In this example, the initial velocity $v_0 = -24$, so the object was thrown downward ($v_0 < 0$). At time $t = 0$, the height is $-16(0)^2 - 24(0) + 50 = 50$ ft. (**Note:** This height is s_0, the initial height.)

123. Height $h = -16t^2 + 40t + 200$

$t = 1 \Rightarrow h = -16(1)^2 + 40(1) + 200 = -16 + 40 + 200 = 224$ ft

$t = 2 \Rightarrow h = -16(2)^2 + 40(2) + 200 = -64 + 80 + 200 = 216$ ft

$t = 3 \Rightarrow h = -16(3)^2 + 40(3) + 200 = -144 + 120 + 200 = 176$ ft

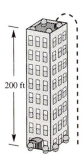

125. $-11.98y^3 + 4.63y^3 - 6.79y^3 = -14.14y^3$

127. $(27.433k^2 - 19.018k) + (-14.61k^2 + 3.814k) = 27.433k^2 - 19.018k - 14.61k^2 + 3.814k$
$= (27.433k^2 - 14.61k^2) + (-19.018k + 3.814k)$
$= 12.823k^2 - 15.204k$

Mid-Chapter Quiz for Chapter 1

1. $16 + (-84) = -68$

2. $\dfrac{5}{8} + \dfrac{1}{4} - \dfrac{5}{6} = \dfrac{5(3)}{8(3)} + \dfrac{1(6)}{4(6)} - \dfrac{5(4)}{6(4)}$
$= \dfrac{15}{24} + \dfrac{6}{24} - \dfrac{20}{24}$
$= \dfrac{15 + 6 - 20}{24}$
$= \dfrac{1}{24}$

3. $|-16.25| + 54.78 = 16.25 + 54.78$
$= 71.03$

4. $\dfrac{3}{4} \div \dfrac{15}{8} = \dfrac{3}{4} \cdot \dfrac{8}{15}$
$= \dfrac{\cancel{3}(\cancel{4})(2)}{\cancel{4}(\cancel{3})(5)}$
$= \dfrac{2}{5}$

5. $-\left(-\dfrac{3}{2}\right)^3 = -\left(-\dfrac{3^3}{2^3}\right)$
$= -\left(-\dfrac{27}{8}\right)$
$= \dfrac{27}{8}$

6. $\dfrac{2^4 - 6}{5} - \sqrt{16} = \dfrac{16 - 6}{5} - 4$
$= \dfrac{10}{5} - 4$
$= 2 - 4 = -2$

7. Distributive Property

8. Multiplicative Identity Property

9. Additive Inverse Property

10. $(5x)(5x)(5x)(5x) = (5x)^4$

11. $4x^2 \cdot x^3 = 4x^{2+3} = 4x^5$

12. $(-2x)^4 = (-2)^4 x^4 = 16x^4$

13. $\left(\dfrac{y^2}{3}\right)^3 = \dfrac{(y^2)^3}{3^3} = \dfrac{y^{2 \cdot 3}}{27} = \dfrac{y^6}{27}$

14. $\dfrac{18x^2 y^3}{12xy} = \dfrac{\cancel{6}(3)}{\cancel{6}(2)} x^{2-1} y^{3-1} = \dfrac{3}{2} xy^2$ or $\dfrac{3xy^2}{2}$

15. $4x^2 - 3xy + 5xy - 5x^2 = (4x^2 - 5x^2) + (-3xy + 5xy)$
$= -x^2 + 2xy$

16. $3[x - 2x(x^2 + 1)] = 3[x - 2x^3 - 2x]$
$= 3x - 6x^3 - 6x$
$= -6x^3 + (3x - 6x)$
$= -6x^3 - 3x$

17. $3(x - 5) + 4x = 3x - 15 + 4x$
$= (3x + 4x) - 15$
$= 7x - 15$

18. $(v - 3) - 3(2v + 5) = v - 3 - 6v - 15$
$= (v - 6v) + (-3 - 15)$
$= -5v - 18$

19. $(6r + 5s)(6r - 5s) = (6r)^2 - (5s)^2 = 36r^2 - 25s^2$

20. $(x + 1)(x^2 - x + 1) = x(x^2 - x + 1) + 1(x^2 - x + 1)$
$= x^3 - x^2 + x + x^2 - x + 1$
$= x^3 + (-x^2 + x^2) + (x - x) + 1$
$= x^3 + 1$

21. $2z(z + 5) - 7(z + 5) = 2z^2 + 10z - 7z - 35$
$= 2z^2 + (10z - 7z) - 35$
$= 2z^2 + 3z - 35$

22. $(v - 3)^2 - (v + 3)^2 = v^2 - 2(v)(3) + (-3)^2 - [v^2 + 2(v)(3) + (3)^2]$
$= v^2 - 6v + 9 - (v^2 + 6v + 9)$
$= v^2 - 6v + 9 - v^2 - 6v - 9$
$= (v^2 - v^2) + (-6v - 6v) + (9 - 9)$
$= -12v$

23. (a) $10x^2 - |5x| = 10(5)^2 - |5(5)| = 250 - |25| = 225$
(b) $10x^2 - |5x| = 10(-1)^2 - |5(-1)| = 10 - |-5| = 5$

24. Perimeter $= 2(2x + 5) + 2(x + 3)$
$= 4x + 10 + 2x + 6$
$= (4x + 2x) + (10 + 6)$
$= 6x + 16$

25. $\$916,489.26 - 1,415,322.62 = -\$498,833.36$

The company had a loss of $498,833.36 for the second six months of the year.

Section 1.5   Factoring Polynomials

1. A polynomial is in factored form if it is written as a product of polynomials. [**Note:** A polynomial has been *completely* factored if one of its polynomial factors can be factored further using integer coefficients.]

3. $48 = 2^4 \cdot 3$
$90 = 5 \cdot 2 \cdot 3^2$
GCF $= 2 \cdot 3 = 6$

5. $3x^2 = 3 \cdot x \cdot x$
$12x = 2^2 \cdot 3 \cdot x$
GCF $= 3x$

7. $30z^2 = 2 \cdot 3 \cdot 5 \cdot z \cdot z$
$12z^3 = 2^2 \cdot 3 \cdot z \cdot z \cdot z$
GCF $= 2 \cdot 3 \cdot z \cdot z = 6z^2$

9. $28b^2 = 7 \cdot 2^2 \cdot b \cdot b$
$14b^3 = 7 \cdot 2 \cdot b \cdot b \cdot b$
$42b^5 = 7 \cdot 2 \cdot 3 \cdot b \cdot b \cdot b \cdot b \cdot b$
GCF $= 7 \cdot 2 \cdot b \cdot b = 14b^2$

11. $42(x + 8)^2 = 7 \cdot 3 \cdot 2 \cdot (x + 8)^2$
$63(x + 8)^3 = 7 \cdot 3^2 \cdot (x + 8)^3$
GCF $= 7 \cdot 3(x + 8)^2 = 21(x + 8)^2$

13. $4x(1 - z)^2 = 2^2 \cdot x \cdot (1 - z)^2$
$x^2(1 - z)^3 = x \cdot x \cdot (1 - z)^3$
GCF $= x(1 - z)^2$

15. $8z - 8 = 8(z - 1)$

17. $24x^2 - 18 = 6(4x^2 - 3)$

19. $2x^2 + x = x(2x + 1)$

21. $21u^2 - 14u = 7u(3u - 2)$

23. $11u^2 + 9$
No common factor other than 1

25. $3x^2y^2 - 15y = 3y(x^2y - 5)$

27. $28x^2 + 16x - 8 = 4(7x^2 + 4x - 2)$

29. $14x^4 + 21x^3 + 9x^2 = x^2(14x^2 + 21x + 9)$

31. $10 - 5x = -5(-2 + x) = -5(x - 2)$

33. $7 - 14x = -7(-1 + 2x) = -7(2x - 1)$

35. $8 + 4x - 2x^2 = -2(-4 - 2x + x^2)$
$ = -2(x^2 - 2x - 4)$

37. $2t - 15 - 4t^2 = -1(-2t + 15 + 4t^2)$
$ = -1(4t^2 - 2t + 15)$

39. $\dfrac{3}{2}x + \dfrac{5}{4} = \dfrac{6}{4}x + \dfrac{5}{4} = \dfrac{1}{4}(6x + 5)$
The missing factor is $(6x + 5)$.

41. $\dfrac{5}{8}x + \dfrac{5}{16}y = \dfrac{5(2)}{16}x + \dfrac{5}{16}y = \dfrac{5}{16}(2x + y)$
The missing factor is $(2x + y)$.

43. $2y(y - 3) + 5(y - 3) = (y - 3)(2y + 5)$

45. $5t(t^2 + 1) - 4(t^2 + 1) = (t^2 + 1)(5t - 4)$

47. $a(a + 6) - a^2(a + 6) = (a + 6)(a - a^2)$
$ = (a + 6)(a)(1 - a)$
$ \text{or } a(a + 6)(1 - a)$

Note: The factor $(a - a^2)$ has a common monomial factor of a.

49. $y^2 - 6y + 2y - 12 = (y^2 - 6y) + (2y - 12)$
$ = y(y - 6) + 2(y - 6)$
$ = (y - 6)(y + 2)$

51. $x^2 + 25x + x + 25 = (x^2 + 25x) + (x + 25)$
$ = x(x + 25) + 1(x + 25)$
$ = (x + 25)(x + 1)$

53. $x^3 + 2x^2 + x + 2 = (x^3 + 2x^2) + (x + 2)$
$ = x^2(x + 2) + 1(x + 2)$
$ = (x + 2)(x^2 + 1)$

55. $a^3 - 4a^2 + 2a - 8 = (a^3 - 4a^2) + (2a - 8)$
$ = a^2(a - 4) + 2(a - 4)$
$ = (a - 4)(a^2 + 2)$

57. $z^4 + 3z^3 - 2z - 6 = (z^4 + 3z^3) + (-2z - 6)$
$ = z^3(z + 3) - 2(z + 3)$
$ = (z + 3)(z^3 - 2)$

59. $cd + 3c - 3d - 9 = (cd + 3c) + (-3d - 9)$
$ = c(d + 3) - 3(d + 3)$
$ = (d + 3)(c - 3)$

61. $x^2 - 64 = x^2 - 8^2$
$ = (x + 8)(x - 8)$

63. $16y^2 - 9z^2 = (4y)^2 - (3z)^2$
$ = (4y + 3z)(4y - 3z)$

65. $x^2 - 4y^2 = x^2 - (2y)^2$
$ = (x + 2y)(x - 2y)$

67. $a^8 - 36 = (a^4)^2 - 6^2$
$ = (a^4 + 6)(a^4 - 6)$

69. $100 - 9y^2 = 10^2 - (3y)^2$
$ = (10 + 3y)(10 - 3y)$

71. $a^2b^2 - 16 = (ab)^2 - 4^2$
$ = (ab + 4)(ab - 4)$

73. $(a + 4)^2 - 49 = (a + 4)^2 - 7^2$
$ = [(a + 4) + 7][(a + 4) - 7]$
$ = (a + 11)(a - 3)$

75. $81 - (z + 5)^2 = 9^2 - (z + 5)^2$
$\qquad = [9 + (z + 5)][9 - (z + 5)]$
$\qquad = (9 + z + 5)(9 - z - 5)$
$\qquad = (14 + z)(4 - z)$

77. $x^3 - 8 = x^3 - 2^3$
$\qquad = (x - 2)(x^2 + 2x + 4)$

79. $y^3 + 64z^3 = y^3 + (4z)^3$
$\qquad = (y + 4z)(y^2 - 4yz + 16z^2)$

81. $8t^3 - 27 = (2t)^3 - 3^3$
$\qquad = (2t - 3)(4t^2 + 6t + 9)$

83. $8 - 50x^2 = 2(4 - 25x^2)$
$\qquad = 2(2^2 - (5x)^2)$
$\qquad = 2(2 + 5x)(2 - 5x)$

85. $y^4 - 81x^4 = (y^2)^2 - (9x^2)^2$
$\qquad = (y^2 + 9x^2)(y^2 - 9x^2)$
$\qquad = (y^2 + 9x^2)(y^2 - (3x)^2)$
$\qquad = (y^2 + 9x^2)(y + 3x)(y - 3x)$

87. $2x^3 - 54 = 2(x^3 - 27)$
$\qquad = 2(x^3 - 3^3)$
$\qquad = 2(x - 3)(x^2 + 3x + 9)$

89. $79 \cdot 81 = (80 - 1)(80 + 1)$
$\qquad = 80^2 - 1^2$
$\qquad = 6399$

91. $4x^{2n} - 25 = (2x^n)^2 - 5^2$
$\qquad = (2x^n + 5)(2x^n - 5)$

93. $3x^3 + 4x^2 - 3x - 4 = (3x^3 + 4x^2) + (-3x - 4)$ or $3x^3 + 4x^2 - 3x - 4 = (3x^3 - 3x) + (4x^2 - 4)$
$\qquad\qquad\qquad\qquad\quad = x^2(3x + 4) - 1(3x + 4)$ $\qquad\qquad\qquad\qquad\quad = 3x(x^2 - 1) + 4(x^2 - 1)$
$\qquad\qquad\qquad\qquad\quad = (3x + 4)(x^2 - 1)$ $\qquad\qquad\qquad\qquad\quad = (x^2 - 1)(3x + 4)$
$\qquad\qquad\qquad\qquad\quad = (3x + 4)(x + 1)(x - 1)$ $\qquad\qquad\qquad\qquad\quad = (x - 1)(x + 1)(3x + 4)$

95. $P + Prt = P(1 + rt)$

97. Area $= 45l - l^2$
$\qquad\quad = l(45 - l)$
$\qquad\quad = \text{(length)(width)}$
The width of the rectangle is $(45 - l)$.

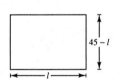

99. $S = 2\pi r^2 + 2\pi rh$
$\qquad = 2\pi r(r + h)$

101. $kQx - kx^2 = kx(Q - x)$

Section 1.6 Factoring Trinomials

1. $9x^2 - 9x - 54 = (3x + 6)(3x - 9)$
$\qquad\qquad\qquad = 3(x + 2)(3)(x - 3)$
$\qquad\qquad\qquad = 9(x + 2)(x - 3)$

The error was the omission of the common factor 3 which was factored out from the second binomial factor. The error could have been avoided by factoring out the greatest common factor as the first step.

$9x^2 - 9x - 54 = 9(x^2 - x - 6)$
$\qquad\qquad\quad = 9(x + 2)(x - 3)$

3. $x^2 + 5x + 4 = (x + 4)(x + 1)$
   The missing factor is $x + 1$.

5. $y^2 - y - 20 = (y + 4)(y - 5)$
   The missing factor is $y - 5$.

7. $z^2 - 6z + 8 = (z - 4)(z - 2)$
   The missing factor is $z - 2$.

9. $x^2 + 4x + 3 = (x + 3)(x + 1)$

11. $y^2 + 7y - 30 = (y + 10)(y - 3)$

13. $t^2 - 4t - 21 = (t - 7)(t + 3)$

15. $x^2 - 20x + 96 = (x - 12)(x - 8)$

17. $x^2 - 2xy - 35y^2 = (x - 7y)(x + 5y)$

19. $5x^2 + 18x + 9 = (x + 3)(5x + 3)$
    The missing factor is $5x + 3$.

21. $5a^2 + 12a - 9 = (a + 3)(5a - 3)$
    The missing factor is $5a - 3$.

23. $2y^2 - 3y - 27 = (y + 3)(2y - 9)$
    The missing factor is $2y - 9$.

25. $3x^2 + 4x + 1 = (3x + 1)(x + 1)$

27. $8t^2 - 6t - 5 = (4t - 5)(2t + 1)$

29. $2a^2 - 13a + 20 = (2a - 5)(a - 4)$

31. $20x^2 + x - 12 = (5x + 4)(4x - 3)$

33. $2u^2 + 9uv - 35v^2 = (2u - 5v)(u + 7v)$

35. $-2x^2 - x + 6 = -1(2x^2 + x - 6)$
    $= -1(2x - 3)(x + 2)$

37. $1 - 11x - 60x^2 = -60x^2 - 11x + 1$
    $= -1(60x^2 + 11x - 1)$
    $= -1(15x - 1)(4x + 1)$ or $1 - 11x - 60x^2 = (1 - 15x)(1 + 4x)$

39. $ac = 3(8) = 24$ and $b = 10$
    The two numbers with a product of 24 and a sum of 10 are 6 and 4.
    $$3x^2 + 10x + 8 = 3x^2 + 6x + 4x + 8 \quad \text{or} \quad 3x^2 + 10x + 8 = 3x^2 + 4x + 6x + 8$$
    $$= (3x^2 + 6x) + (4x + 8) \qquad\qquad\qquad = (3x^2 + 4x) + (6x + 8)$$
    $$= 3x(x + 2) + 4(x + 2) \qquad\qquad\qquad = x(3x + 4) + 2(3x + 4)$$
    $$= (x + 2)(3x + 4) \qquad\qquad\qquad\qquad = (3x + 4)(x + 2)$$

41. $ac = 6(-2) = -12$ and $b = 1$
    The two numbers with a product of -12 and a sum of 1 are 4 and -3.
    $$6x^2 + x - 2 = 6x^2 + 4x - 3x - 2 \quad \text{or} \quad 6x^2 + x - 2 = 6x^2 - 3x + 4x - 2$$
    $$= (6x^2 + 4x) + (-3x - 2) \qquad\qquad = (6x^2 - 3x) + (4x - 2)$$
    $$= 2x(3x + 2) - 1(3x + 2) \qquad\qquad = 3x(2x - 1) + 2(2x - 1)$$
    $$= (3x + 2)(2x - 1) \qquad\qquad\qquad = (2x - 1)(3x + 2)$$

43. $ac = 15(2) = 30$ and $b = -11$
    The two numbers with a product of 30 and a sum of -11 are -6 and -5.
    $$15x^2 - 11x + 2 = 15x^2 - 6x - 5x + 2 \quad \text{or} \quad 15x^2 - 11x + 2 = 15x^2 - 5x - 6x + 2$$
    $$= (15x^2 - 6x) + (-5x + 2) \qquad\qquad = (15x^2 - 5x) + (-6x + 2)$$
    $$= 3x(5x - 2) - 1(5x - 2) \qquad\qquad = 5x(3x - 1) - 2(3x - 1)$$
    $$= (5x - 2)(3x - 1) \qquad\qquad\qquad = (3x - 1)(5x - 2)$$

45. $x^2 + 4x + 4 = x^2 + 2(x)(2) + 2^2$
$= (x + 2)^2$

47. $a^2 - 12a + 36 = a^2 - 2(a)(6) + 6^2$
$= (a - 6)^2$

49. $25y^2 - 10y + 1 = (5y)^2 - 2(5y)(1) + 1^2$
$= (5y - 1)^2$

51. $9b^2 + 12b + 4 = (3b)^2 + 2(3b)(2) + 2^2$
$= (3b + 2)^2$

53. $4x^2 - 4xy + y^2 = (2x)^2 - 2(2x)(y) + y^2$
$= (2x - y)^2$

55. $u^2 + 8uv + 16v^2 = u^2 + 2(u)(4v) + (4v)^2$
$= (u + 4v)^2$

57. $3x^5 - 12x^3 = 3x^3(x^2 - 4)$
$= 3x^3(x + 2)(x - 2)$

59. $10t^3 + 2t^2 - 36t = 2t(5t^2 + t - 18)$
$= 2t(5t - 9)(t + 2)$

61. $4x(3x - 2) + (3x - 2)^2 = (3x - 2)[4x + (3x - 2)]$
$= (3x - 2)(7x - 2)$

63. $36 - (z + 3)^2 = 6^2 - (z + 3)^2$
$= [6 + (z + 3)][6 - (z + 3)]$
$= (6 + z + 3)(6 - z - 3)$
$= (9 + z)(3 - z)$

65. $54x^3 - 2 = 2(27x^3 - 1)$
$= 2[(3x)^3 - 1^3]$
$= 2(3x - 1)(9x^2 + 3x + 1)$

67. $27a^3 - 3ab^2 = 3a(9a^2 - b^2)$
$= 3a(3a + b)(3a - b)$

69. $x^3 + 2x^2 - 16x - 32 = (x^3 + 2x^2) + (-16x - 32)$
$= x^2(x + 2) - 16(x + 2)$
$= (x + 2)(x^2 - 16)$
$= (x + 2)(x + 4)(x - 4)$

71. $x^3 - 6x^2 - 9x + 54 = (x^3 - 6x^2) + (-9x + 54)$
$= x^2(x - 6) - 9(x - 6)$
$= (x - 6)(x^2 - 9)$
$= (x - 6)(x + 3)(x - 3)$

73. $x^2 - 10x + 25 - y^2 = (x^2 - 10x + 25) - y^2$
$= (x - 5)^2 - y^2$
$= [(x - 5) + y][(x - 5) - y]$
$= (x - 5 + y)(x - 5 - y)$

75. $a^2 - 2ab + b^2 - 16 = (a^2 - 2ab + b^2) - 16$
$= (a - b)^2 - 4^2$
$= [(a - b) + 4][(a - b) - 4]$
$= (a - b + 4)(a - b - 4)$

77. $x^8 - 1 = (x^4)^2 - 1^2$
$= (x^4 + 1)(x^4 - 1)$
$= (x^4 + 1)[(x^2)^2 - 1^2]$
$= (x^4 + 1)(x^2 + 1)(x^2 - 1)$
$= (x^4 + 1)(x^2 + 1)(x + 1)(x - 1)$

79. $b^4 - 216b = b(b^3 - 216)$
$= b(b^3 - 6^3)$
$= b(b - 6)(b^2 + 6b + 36)$

81. $x^2 + bx + 81 = x^2 + bx + 9^2$
$(x + 9)^2 = x^2 + 2(x)(9) + 9^2 = x^2 + 18x + 81 \implies b = 18$
$(x - 9)^2 = x^2 - 2(x)(9) + 9^2 = x^2 - 18x + 81 \implies b = -18$

83. $9y^2 + by + 1 = (3y)^2 + by + 1^2$

$(3y + 1)^2 = (3y)^2 + 2(3y)(1) + 1^2 = 9y^2 + 6y + 1 \implies b = 6$

$(3y - 1)^2 = (3y)^2 - 2(3y)(1) + 1^2 = 9y^2 - 6y + 1 \implies b = -6$

85. $4x^2 + bx + 9 = (2x)^2 + bx + 3^2$

$(2x + 3)^2 = (2x)^2 + 2(2x)(3) + 3^2 = 4x^2 + 12x + 9 \implies b = 12$

$(2x - 3)^2 = (2x)^2 - 2(2x)(3) + 3^2 = 4x^2 - 12x + 9 \implies b = -12$

87. $x^2 + 8x + c = x^2 + 2(4x) + c$

$(x + 4)^2 = x^2 + 2(x)(4) + 4^2 = x^2 + 8x + 16 \implies c = 16$

89. $y^2 - 6y + c = y^2 - 2(3y) + c$

$(y - 3)^2 = y^2 - 2(y)(3) + 3^2 = y^2 - 6y + 9 \implies c = 9$

91. $16a^2 + 40a + c = (4a)^2 + 2(20a) + c = (4a)^2 + 2(4a)(5) + c$

$(4a + 5)^2 = (4a)^2 + 2(4a)(5) + 5^2 = 16a^2 + 40a + 25 \implies c = 25$

93.
$(x + 6)^2 = x^2 + 2(x)(6) + 6^2$
$= x^2 + 12x + 36$

$x^2 + 12x + 50 = x^2 + 12x + (36 + 14)$
$= (x^2 + 12x + 36) + 14$
$= (x + 6)^2 + 14$

The missing number is 14.

95. Possible factors of 18 are $(18)(1), (-18)(-1), (9)(2), (-9)(-2), (6)(3),$ and $(-6)(-3)$.

$(x + 18)(x + 1) = x^2 + 19x + 18 \implies b = 19$
$(x - 18)(x - 1) = x^2 - 19x + 18 \implies b = -19$
$(x + 9)(x + 2) = x^2 + 11x + 18 \implies b = 11$
$(x - 9)(x - 2) = x^2 - 11x + 18 \implies b = -11$
$(x + 6)(x + 3) = x^2 + 9x + 18 \implies b = 9$
$(x - 6)(x - 3) = x^2 - 9x + 18 \implies b = -9$

97. Possible factors of -21 are $(21)(-1), (-21)(1), (7)(-3),$ and $(-7)(3)$.

$(x + 21)(x - 1) = x^2 + 20x - 21 \implies b = 20$
$(x - 21)(x + 1) = x^2 - 20x - 21 \implies b = -20$
$(x + 7)(x - 3) = x^2 + 4x - 21 \implies b = 4$
$(x - 7)(x + 3) = x^2 - 4x - 21 \implies b = -4$

99. Possible factors of 8 are $(8)(1), (-8)(-1), (4)(2),$ and $(-4)(-2)$.

$(5x + 8)(x + 1) = 5x^2 + 13x + 8 \implies b = 13$
$(5x + 1)(x + 8) = 5x^2 + 41x + 8 \implies b = 41$
$(5x - 8)(x - 1) = 5x^2 - 13x + 8 \implies b = -13$
$(5x - 1)(x - 8) = 5x^2 - 41x + 8 \implies b = -41$
$(5x + 4)(x + 2) = 5x^2 + 14x + 8 \implies b = 14$
$(5x + 2)(x + 4) = 5x^2 + 22x + 8 \implies b = 22$
$(5x - 4)(x - 2) = 5x^2 - 14x + 8 \implies b = -14$
$(5x - 2)(x - 4) = 5x^2 - 22x + 8 \implies b = -22$

101. Some pairs of numbers with a sum of 6 are $4 + 2$, $8 + (-2)$, $3 + 3$, and $-4 + 10$.

$(x + 4)(x + 2) = x^2 + 6x + 8 \implies c = 8$
$(x + 8)(x - 2) = x^2 + 6x - 16 \implies c = -16$
$(x + 3)(x + 3) = x^2 + 6x + 9 \implies c = 9$
$(x - 4)(x + 10) = x^2 + 6x - 40 \implies c = -40$

103. Some pairs of numbers with a sum of -3 are
$-2 + (-1), -8 + 5, 2 + (-5),$ and $-4 + 1.$

$(x - 2)(x - 1) = x^2 - 3x + 2 \implies c = 2$

$(x - 8)(x + 5) = x^2 - 3x - 40 \implies c = -40$

$(x + 2)(x - 5) = x^2 - 3x - 10 \implies c = -10$

$(x - 4)(x + 1) = x^2 - 3x - 4 \implies c = -4$

105. Some pairs of numbers with a sum of -4 are
$-2 + (-2), 4 + (-8), -1 + (-3),$ and $-5 + 1.$

$(t - 2)(t - 2) = t^2 - 4t + 4 \implies c = 4$

$(t + 4)(t - 8) = t^2 - 4t - 32 \implies c = -32$

$(t - 1)(t - 3) = t^2 - 4t + 3 \implies c = 3$

$(t - 5)(t + 1) = t^2 - 4t - 5 \implies c = -5$

107. $52^2 = (50 + 2)^2$

$= 50^2 + 2(50)(2) + 2^2$

$= 2500 + 200 + 4$

$= 2704$

109. Area of entire rectangle: $18(8) = 144$

Area of each white corner square: x^2

Shaded area = area of entire rectangle $-$ area of 4 corner squares

$= 144 - 4x^2$

$= 4(36 - x^2)$

$= 4(6 + x)(6 - x)$

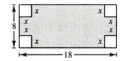

111. Matches (c).

113. Matches (a).

Section 1.7 Solving Linear Equations

1. (a) $\quad x = 0$

$3(0) - 7 \stackrel{?}{=} 2$

$-7 \neq 2$

No

(b) $\quad x = 3$

$3(3) - 7 \stackrel{?}{=} 2$

$9 - 7 \stackrel{?}{=} 2$

$2 = 2$

Yes

3. (a) $\quad x = -3$

$3 - 2(-3) \stackrel{?}{=} 21$

$3 + 6 \stackrel{?}{=} 21$

$9 \neq 21$

No

(b) $\quad x = -9$

$3 - 2(-9) \stackrel{?}{=} 21$

$3 + 18 \stackrel{?}{=} 21$

$21 = 21$

Yes

5. (a) $\quad x = -11$

$3(-11) + 3 \stackrel{?}{=} 2(-11 - 4)$

$-33 + 3 \stackrel{?}{=} 2(-15)$

$-30 = -30$

Yes

(b) $\quad x = 5$

$3(5) + 3 \stackrel{?}{=} 2(5 - 4)$

$15 + 3 \stackrel{?}{=} 2(1)$

$18 \neq 2$

No

7. (a) An expression is a collection of constants and variables combined using the operations of addition, subtraction, multiplication and division. An equation is a statement that two expressions are equal.

(b) An identity is an equation that has the set of all real numbers as its solution set. A conditional equation is an equation whose solution set is not the entire set of real numbers.

9.
$$3(x - 1) = 3x$$
$$3x - 3 = 3x$$
$$3x - 3x - 3 = 3x - 3x$$
$$-3 \neq 0$$

This equation has no solution.

11.
$$5(x + 3) = 2x + 3(x + 5)$$
$$5x + 15 = 2x + 3x + 15$$
$$5x + 15 = 5x + 15$$

This equation is an identity.

13.
$$3x + 4 = 10$$
$$3x + 4 - 10 = 10 - 10$$
$$3x - 6 = 0$$

This *is* a linear equation because it can be written in the form $ax + b = 0$, $a \neq 0$.

15.
$$\frac{4}{x} - 3 = 5x$$
$$x\left(\frac{4}{x} - 3\right) = x(5x)$$
$$4 - 3x = 5x^2$$

This *is not* a linear equation. It cannot be written in the form $ax + b = 0$ because of the x^2 term.

17.
$3x + 15 = 0$	Original equation
$3x + 15 - 15 = 0 - 15$	Subtract 15 from both sides.
$3x = -15$	Combine like terms.
$\dfrac{3x}{3} = \dfrac{-15}{3}$	Divide both sides by 3.
$x = -5$	Simplify.

19.
$-2x + 5 = 12$	Original equation
$-2x + 5 - 5 = 12 - 5$	Subtract 5 from both sides.
$-2x = 7$	Combine like terms.
$\dfrac{-2x}{-2} = \dfrac{7}{-2}$	Divide both sides by -2.
$x = -\dfrac{7}{2}$	Simplify.

21.
$$3x = 12$$
$$\frac{3x}{3} = \frac{12}{3}$$
$$x = 4$$

23.
$$23x - 4 = 42$$
$$23x - 4 + 4 = 42 + 4$$
$$23x = 46$$
$$\frac{23x}{23} = \frac{46}{23}$$
$$x = 2$$

25.
$$7 - 8x = 13x$$
$$7 - 8x + 8x = 13x + 8x$$
$$7 = 21x$$
$$\frac{7}{21} = \frac{21x}{21}$$
$$\frac{1}{3} = x$$

27.
$$15t = 0$$
$$\frac{15t}{15} = \frac{0}{15}$$
$$t = 0$$

29.
$$-8t + 7 = -8t$$
$$-8t + 7 + 8t = -8t + 8t$$
$$7 \neq 0$$

No solution

31.
$$4x - 7 = x + 11$$
$$4x - 7 - x = x + 11 - x$$
$$3x - 7 = 11$$
$$3x - 7 + 7 = 11 + 7$$
$$3x = 18$$
$$\frac{3x}{3} = \frac{18}{3}$$
$$x = 6$$

33.
$$2 - 3x = 10 + x$$
$$2 - 3x - x = 10 + x - x$$
$$2 - 4x = 10$$
$$2 - 4x - 2 = 10 - 2$$
$$-4x = 8$$
$$\frac{-4x}{-4} = \frac{8}{-4}$$
$$x = -2$$

35.
$$8(x - 8) = 24$$
$$8x - 64 = 24$$
$$8x - 64 + 64 = 24 + 64$$
$$8x = 88$$
$$\frac{8x}{8} = \frac{88}{8}$$
$$x = 11$$

37.
$$5 - (2y - 4) = 15$$
$$5 - 2y + 4 = 15$$
$$-2y + 9 = 15$$
$$-2y + 9 - 9 = 15 - 9$$
$$-2y = 6$$
$$\frac{-2y}{-2} = \frac{6}{-2}$$
$$y = -3$$

39.
$$8x - 3(x - 2) = 12$$
$$8x - 3x + 6 = 12$$
$$5x + 6 = 12$$
$$5x + 6 - 6 = 12 - 6$$
$$5x = 6$$
$$\frac{5x}{5} = \frac{6}{5}$$
$$x = \frac{6}{5}$$

41.
$$3(x + 5) - 2x = 3 - (4x - 2)$$
$$3x + 15 - 2x = 3 - 4x + 2$$
$$x + 15 = -4x + 5$$
$$x + 15 + 4x = -4x + 5 + 4x$$
$$5x + 15 = 5$$
$$5x + 15 - 15 = 5 - 15$$
$$5x = -10$$
$$\frac{5x}{5} = \frac{-10}{5}$$
$$x = -2$$

43.
$$-25(x - 100) = 16(x - 100)$$
$$-25x + 2500 = 16x - 1600$$
$$-25x + 2500 - 16x = 16x - 1600 - 16x$$
$$-41x + 2500 = -1600$$
$$-41x + 2500 - 2500 = -1600 - 2500$$
$$-41x = -4100$$
$$\frac{-41x}{-41} = \frac{-4100}{-41}$$
$$x = 100$$

45.
$$\frac{u}{5} = 10$$
$$5\left(\frac{u}{5}\right) = (10)5$$
$$u = 50$$

47.
$$t - \frac{2}{5} = \frac{3}{2}$$
$$10\left(t - \frac{2}{5}\right) = \left(\frac{3}{2}\right)10$$
$$10t - 4 = 15$$
$$10t - 4 + 4 = 15 + 4$$
$$10t = 19$$
$$\frac{10t}{10} = \frac{19}{10}$$
$$t = \frac{19}{10}$$

49.
$$\frac{t + 4}{14} = \frac{2}{7}$$
$$14\left(\frac{t + 4}{14}\right) = \left(\frac{2}{7}\right)14$$
$$t + 4 = 4$$
$$t + 4 - 4 = 4 - 4$$
$$t = 0$$

51.
$$\frac{t}{5} - \frac{t}{2} = 1$$
$$10\left(\frac{t}{5} - \frac{t}{2}\right) = (1)10$$
$$2t - 5t = 10$$
$$-3t = 10$$
$$\frac{-3t}{-3} = \frac{10}{-3}$$
$$t = -\frac{10}{3}$$

53.
$$\frac{4u}{3} = \frac{5u}{4} + 6$$
$$12\left(\frac{4u}{3}\right) = 12\left(\frac{5u}{4} + 6\right)$$
$$16u = 15u + 72$$
$$16u - 15u = 15u + 72 - 15u$$
$$u = 72$$

55.
$$0.3x + 1.5 = 8.4$$
$$10(0.3x + 1.5) = (8.4)10$$
$$3x + 15 = 84$$
$$3x + 15 - 15 = 84 - 15$$
$$3x = 69$$
$$\frac{3x}{3} = \frac{69}{3}$$
$$x = 23$$

or

$$0.3x + 1.5 = 8.4$$
$$0.3x + 1.5 - 1.5 = 8.4 - 1.5$$
$$0.3x = 6.9$$
$$\frac{0.3x}{0.3} = \frac{6.9}{0.3}$$
$$x = 23$$

57.
$$1.234x + 3 = 7.805$$
$$1.234x = 4.805$$
$$x = \frac{4.805}{1.234}$$
$$x \approx 3.89$$

59.
$$\frac{x}{10.625} = 2.850$$
$$10.625\left(\frac{x}{10.625}\right) = (2.850)10.625$$
$$x = 30.28125$$
$$x \approx 30.28$$

61. (a)
$$2x - 3y = 6$$
$$2x = 6 + 3y$$
$$x = \frac{6 + 3y}{2}$$

(b)
$$2x - 3y = 6$$
$$-3y = 6 - 2x$$
$$y = \frac{6 - 2x}{-3}$$
$$y = -\frac{6 - 2x}{3} \text{ or } \frac{2x - 6}{3}$$

63. (a)
$$7x + 4 = 10y - 7$$
$$7x = 10y - 11$$
$$x = \frac{10y - 11}{7}$$

(b)
$$7x + 4 = 10y - 7$$
$$7x + 11 = 10y$$
$$\frac{7x + 11}{10} = y$$

65. (a)
$$4[2x - 3(x + 2y)] = 0$$
$$4[2x - 3x - 6y] = 0$$
$$4[-x - 6y] = 0$$
$$-4x - 24y = 0$$
$$-4x = 24y$$
$$x = \frac{24y}{-4}$$
$$x = -6y$$

(b)
$$4[2x - 3(x + 2y)] = 0$$
$$4[2x - 3x - 6y] = 0$$
$$4[-x - 6y] = 0$$
$$-4x - 24y = 0$$
$$-24y = 4x$$
$$y = \frac{4x}{-24}$$
$$y = -\frac{x}{6}$$

67. (a)
$$\frac{x}{2} + \frac{y}{5} = 1$$
$$10\left(\frac{x}{2} + \frac{y}{5}\right) = 10(1)$$
$$5x + 2y = 10$$
$$5x = 10 - 2y$$
$$x = \frac{10 - 2y}{5}$$

(b)
$$\frac{x}{2} + \frac{y}{5} = 1$$
$$10\left(\frac{x}{2} + \frac{y}{5}\right) = 10(1)$$
$$5x + 2y = 10$$
$$2y = 10 - 5x$$
$$y = \frac{10 - 5x}{2}$$

69. $\dfrac{y-5}{-1} = -\dfrac{y-5}{1}$ or $\dfrac{y-5}{-1} = \dfrac{y}{-1} + \dfrac{-5}{-1}$ or $\dfrac{y-5}{-1} = \dfrac{(-1)(y-5)}{(-1)(-1)}$

$\phantom{\dfrac{y-5}{-1}} = -(y-5)$ $\phantom{\dfrac{y-5}{-1}} = -y + 5$ $\phantom{\dfrac{y-5}{-1}} = \dfrac{-y+5}{1}$

$\phantom{\dfrac{y-5}{-1}} = -y + 5$ $\phantom{\dfrac{y-5}{-1}} = 5 - y$ $\phantom{\dfrac{y-5}{-1}} = -y + 5$

$\phantom{\dfrac{y-5}{-1}} = 5 - y$ $\phantom{\dfrac{y-5}{-1}} = 5 - y$

71. $\dfrac{h + 4\pi}{2} = \dfrac{h}{2} + \dfrac{4\pi}{2}$

$\phantom{\dfrac{h+4\pi}{2}} = \dfrac{h}{2} + 2\pi$

73. $\dfrac{3x - 7}{6} = \dfrac{3x}{6} - \dfrac{7}{6}$

$\phantom{\dfrac{3x-7}{6}} = \dfrac{3}{6} \cdot \dfrac{x}{1} - \dfrac{7}{6}$

$\phantom{\dfrac{3x-7}{6}} = \dfrac{1}{2}x - \dfrac{7}{6}$

75. $E = IR$

$\dfrac{E}{I} = \dfrac{IR}{I}$

$\dfrac{E}{I} = R$

77. $S = L - rL$

$S = L(1 - r)$

$\dfrac{S}{1-r} = \dfrac{L(1-r)}{1-r}$

$\dfrac{S}{1-r} = L$

79. $A = \dfrac{1}{2}(a+b)h$ or $A = \dfrac{1}{2}(a+b)h$

$2A = 2\left(\dfrac{1}{2}\right)(a+b)h$ $\quad 2A = 2\left(\dfrac{1}{2}\right)(a+b)h$

$2A = (a+b)h$ $\quad 2A = (a+b)h$

$2A = ah + bh$ $\quad \dfrac{2A}{h} = \dfrac{(a+b)h}{h}$

$2A - ah = bh$ $\quad \dfrac{2A}{h} = a + b$

$\dfrac{2A - ah}{h} = \dfrac{bh}{h}$ $\quad \dfrac{2A}{h} - a = b$

$\dfrac{2A - ah}{h} = b$

81. $A = P + Prt$

$A - P = Prt$

$\dfrac{A - P}{Pt} = \dfrac{Prt}{Pt}$

$\dfrac{A - P}{Pt} = r$

83. $S = \dfrac{n}{2}(a_1 + a_n)$

$2S = \dfrac{2}{1}\left(\dfrac{n}{2}\right)(a_1 + a_n)$

$2S = n(a_1 + a_n)$

$\dfrac{2S}{a_1 + a_n} = \dfrac{n(a_1 + a_n)}{a_1 + a_n}$

$\dfrac{2S}{a_1 + a_n} = n$

85. $S = \dfrac{a_1}{1-r}$ or $S = \dfrac{a_1}{1-r}$

$S(1-r) = \dfrac{a_1}{1-r} \cdot \dfrac{1-r}{1}$ $\quad S(1-r) = \dfrac{a_1}{1-r} \cdot \dfrac{1-r}{1}$

$S - Sr = a_1$ $\quad S(1-r) = a_1$

$-Sr = a_1 - S$ $\quad \dfrac{S(1-r)}{S} = \dfrac{a_1}{S}$

$Sr = -a_1 + S$ $\quad 1 - r = \dfrac{a_1}{S}$

$\dfrac{Sr}{S} = \dfrac{-a_1 + S}{S}$ $\quad -r = \dfrac{a_1}{S} - 1$

$r = \dfrac{-a_1 + S}{S}$ $\quad r = -\dfrac{a_1}{S} + 1$

87. (a)

t	1	1.5	2	3	4	5
Width	300	240	200	150	120	100
Length	300	360	400	450	480	500
Area	90,000	86,400	80,000	67,500	57,600	50,000

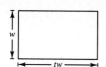

$t = 1 \Rightarrow 1200 = 2w + 2(1w)$
$1200 = 4w$
$300 = w$
$l = 1w = 1(300) = 300$
$A = lw = (300)(300) = 90,000$

$t = 1.5 \Rightarrow 1200 = 2w + 2(1.5w)$
$1200 = 5w$
$240 = w$
$l = 1.5w = 1.5(240) = 360$
$A = lw = (360)(240) = 86,400$

$t = 2 \Rightarrow 1200 = 2w + 2(2w)$
$1200 = 6w$
$200 = w$
$l = 2w = 2(200) = 400$
$A = lw = (400)(200) = 80,000$

$t = 3 \Rightarrow 1200 = 2w + 2(3w)$
$1200 = 8w$
$150 = w$
$l = 3w = 3(150) = 450$
$A = lw = (450)(150) = 67,500$

$t = 4 \Rightarrow 1200 = 2w + 2(4w)$
$1200 = 10w$
$120 = w$
$l = 4w = 4(120) = 480$
$A = lw = (480)(120) = 57,600$

$t = 5 \Rightarrow 1200 = 2w + 2(5w)$
$1200 = 12w$
$100 = w$
$l = 5w = 5(100) = 500$
$A = lw = (500)(100) = 50,000$

(b) In a rectangle of fixed perimeter with length l equal to t times width w and $t \geq 1$, as t increases, w decreases, l increases, and the area A decreases. The maximum area occurs when the length and width are equal (when $t = 1$).

89.
$v = 64 - 32t$
$0 = 64 - 32t$
$0 + 32t = 64 - 32t + 32t$
$32t = 64$
$\dfrac{32t}{32} = \dfrac{64}{32}$
$t = 2$

The maximum height is obtained after 2 seconds, when the velocity is equal to 0.

91. Algebraic solution:
$y = 2039.83 + 242.83t$
$4000 = 2039.83 + 242.83t$
$4000 - 2039.83 = 2039.83 + 242.83t - 2039.83$
$1960.17 = 242.83t$
$\dfrac{1960.17}{242.83} = \dfrac{242.83t}{242.83}$
$8.072 \approx t$

Graphical solution: On the graph it appears that the expenditures reached $4000 in year 8, the year 1988.

The expenditures reach $4000 when t is approximately 8, or about 1988.

Section 1.8   Solving Equations by Factoring

1. $2x(x - 8) = 0$
$2x = 0 \Rightarrow x = 0$
$x - 8 = 0 \Rightarrow x = 8$

3. $(y - 3)(y + 10) = 0$
$y - 3 = 0 \Rightarrow y = 3$
$y + 10 = 0 \Rightarrow y = -10$

5. $25(a + 4)(a - 2) = 0$
$25 \neq 0$
$a + 4 = 0 \Rightarrow a = -4$
$a - 2 = 0 \Rightarrow a = 2$

7. $(x - 3)(2x + 1)(x + 4) = 0$
$x - 3 = 0 \Rightarrow x = 3$
$2x + 1 = 0 \Rightarrow 2x = -1 \Rightarrow x = -\frac{1}{2}$
$x + 4 = 0 \Rightarrow x = -4$

9. $4x(2x - 3)(2x + 25) = 0$
$4x = 0 \Rightarrow x = 0$
$2x - 3 = 0 \Rightarrow 2x = 3 \Rightarrow x = \frac{3}{2}$
$2x + 25 = 0 \Rightarrow 2x = -25 \Rightarrow x = -\frac{25}{2}$

11. $x^2 - 3x - 10 = 0$
$(x - 5)(x + 2) = 0$
$x - 5 = 0 \Rightarrow x = 5$
$x + 2 = 0 \Rightarrow x = -2$

13. $y^2 + 20 = 9y$
$y^2 - 9y + 20 = 0$
$(y - 4)(y - 5) = 0$
$y - 4 = 0 \Rightarrow y = 4$
$y - 5 = 0 \Rightarrow y = 5$

15. $3x^2 + 9x = 0$
$3x(x + 3) = 0$
$3x = 0 \Rightarrow x = 0$
$x + 3 = 0 \Rightarrow x = -3$

17. $x^2 - 25 = 0$
$(x + 5)(x - 5) = 0$
$x + 5 = 0 \Rightarrow x = -5$
$x - 5 = 0 \Rightarrow x = 5$

19. $3x^2 - 300 = 0$
$3(x^2 - 100) = 0$
$3(x + 10)(x - 10) = 0$
$3 \neq 0$
$x + 10 = 0 \Rightarrow x = -10$
$x - 10 = 0 \Rightarrow x = 10$

21. $m^2 - 8m = -16$
$m^2 - 8m + 16 = 0$
$(m - 4)(m - 4) = 0$
$m - 4 = 0 \Rightarrow m = 4$

23. $4z^2 + 9 = 12z$
$4z^2 - 12z + 9 = 0$
$(2z - 3)(2z - 3) = 0$
$2z - 3 = 0 \Rightarrow 2z = 3 \Rightarrow z = \frac{3}{2}$ (Repeated solution)

25. $7 + 13x - 2x^2 = 0$
$-2x^2 + 13x + 7 = 0$
$-1(2x^2 - 13x - 7) = 0$
$-1(2x + 1)(x - 7) = 0$
$-1 \neq 0$
$2x + 1 = 0 \Rightarrow 2x = -1 \Rightarrow x = -\frac{1}{2}$
$x - 7 = 0 \Rightarrow x = 7$

27. $x(x - 3) = 10$
$x^2 - 3x = 10$
$x^2 - 3x - 10 = 0$
$(x - 5)(x + 2) = 0$
$x - 5 = 0 \Rightarrow x = 5$
$x + 2 = 0 \Rightarrow x = -2$

29.
$$y(y+6) = 72$$
$$y^2 + 6y = 72$$
$$y^2 + 6y - 72 = 0$$
$$(y+12)(y-6) = 0$$
$$y + 12 = 0 \Longrightarrow y = -12$$
$$y - 6 = 0 \Longrightarrow y = 6$$

31.
$$x(x+2) - 10(x+2) = 0$$
$$(x+2)(x-10) = 0$$
$$x + 2 = 0 \Longrightarrow x = -2$$
$$x - 10 = 0 \Longrightarrow x = 10$$

33.
$$(t-2)^2 - 16 = 0$$
$$[(t-2) + 4][(t-2) - 4] = 0$$
$$(t+2)(t-6) = 0$$
$$t + 2 = 0 \Longrightarrow t = -2$$
$$t - 6 = 0 \Longrightarrow t = 6$$

35.
$$6t^3 - t^2 - t = 0$$
$$t(6t^2 - t - 1) = 0$$
$$t(3t+1)(2t-1) = 0$$
$$t = 0$$
$$3t + 1 = 0 \Longrightarrow 3t = -1 \Longrightarrow t = -\tfrac{1}{3}$$
$$2t - 1 = 0 \Longrightarrow 2t = 1 \Longrightarrow t = \tfrac{1}{2}$$

37.
$$x^3 - 19x^2 + 84x = 0$$
$$x(x^2 - 19x + 84) = 0$$
$$x(x-12)(x-7) = 0$$
$$x = 0$$
$$x - 12 = 0 \Longrightarrow x = 12$$
$$x - 7 = 0 \Longrightarrow x = 7$$

39.
$$x^2(x-25) - 16(x-25) = 0$$
$$(x-25)(x^2 - 16) = 0$$
$$(x-25)(x+4)(x-4) = 0$$
$$x - 25 = 0 \Longrightarrow x = 25$$
$$x + 4 = 0 \Longrightarrow x = -4$$
$$x - 4 = 0 \Longrightarrow x = 4$$

41.
$$z^2(z+2) - 4(z+2) = 0$$
$$(z+2)(z^2 - 4) = 0$$
$$(z+2)(z+2)(z-2) = 0$$
$$z + 2 = 0 \Longrightarrow z = -2 \text{ (Repeated solution)}$$
$$z - 2 = 0 \Longrightarrow z = 2$$

43.
$$c^3 - 3c^2 - 9c + 27 = 0$$
$$(c^3 - 3c^2) + (-9c + 27) = 0$$
$$c^2(c-3) - 9(c-3) = 0$$
$$(c-3)(c^2 - 9) = 0$$
$$(c-3)(c+3)(c-3) = 0$$
$$c - 3 = 0 \Longrightarrow c = 3 \text{ (Repeated solution)}$$
$$c + 3 = 0 \Longrightarrow c = -3$$

45.
$$a^3 + 2a^2 - 9a - 18 = 0$$
$$(a^3 + 2a^2) + (-9a - 18) = 0$$
$$a^2(a + 2) - 9(a + 2) = 0$$
$$(a + 2)(a^2 - 9) = 0$$
$$(a + 2)(a + 3)(a - 3) = 0$$
$$a + 2 = 0 \Longrightarrow a = -2$$
$$a + 3 = 0 \Longrightarrow a = -3$$
$$a - 3 = 0 \Longrightarrow a = 3$$

47.
$$x^4 - 5x^3 - 9x^2 + 45x = 0$$
$$x(x^3 - 5x^2 - 9x + 45) = 0$$
$$x[(x^3 - 5x^2) + (-9x + 45)] = 0$$
$$x[x^2(x - 5) - 9(x - 5)] = 0$$
$$x[(x - 5)(x^2 - 9)] = 0$$
$$x(x - 5)(x + 3)(x - 3) = 0$$
$$x = 0$$
$$x - 5 = 0 \Longrightarrow x = 5$$
$$x + 3 = 0 \Longrightarrow x = -3$$
$$x - 3 = 0 \Longrightarrow x = 3$$

49. False. The zero-factor property can be applied only to a product that is equal to zero.

51. The maximum number of solutions of an nth-degree polynomial equation is n. The third-degree equation $(x - 7)^3 = 0$ has only one solution, $x = 7$.

53. First Method: $3(x + 6)^2 - 10(x + 6) - 8 = 0$

Let $u = x + 6$.
$$3u^2 - 10u - 8 = 0$$
$$(3u + 2)(u - 4) = 0$$
$$3u + 2 = 0 \Longrightarrow 3u = -2 \Longrightarrow u = -\tfrac{2}{3}$$
$$u - 4 = 0 \Longrightarrow u = 4$$

Substituting $x + 6$ for u: $x + 6 = -\tfrac{2}{3} \Longrightarrow x = -6\tfrac{2}{3}$ or $-\tfrac{20}{3}$
$$x + 6 = 4 \Longrightarrow x = -2$$

Second Method:
$$3(x + 6)^2 - 10(x + 6) - 8 = 0$$
$$3(x^2 + 12x + 36) - 10(x + 6) - 8 = 0$$
$$3x^2 + 36x + 108 - 10x - 60 - 8 = 0$$
$$3x^2 + 26x + 40 = 0$$
$$(3x + 20)(x + 2) = 0$$
$$3x + 20 = 0 \Longrightarrow 3x = -20 \Longrightarrow x = -\tfrac{20}{3}$$
$$x + 2 = 0 \Longrightarrow x = -2$$

55.
$$ax^2 + bx = 0$$
$$x(ax + b) = 0$$
$$x = 0$$
$$ax + b = 0 \Longrightarrow ax = -b \Longrightarrow x = -\frac{b}{a}$$

57. $x = -3, \; x = 5$
$$(x + 3)(x - 5) = 0$$
$$x^2 - 2x - 15 = 0$$

59.
$$x + x^2 = 240$$
$$x^2 + x - 240 = 0$$
$$(x + 16)(x - 15) = 0$$
$$x + 16 = 0 \Longrightarrow x = -16$$
$$x - 15 = 0 \Longrightarrow x = 15$$

(Discard the negative solution.)
The number is 15.

61.
$$-16t^2 + 6400 = 0$$
$$-16(t^2 - 400) = 0$$
$$-16(t + 20)(t - 20) = 0$$
$$-16 \neq 0$$
$$t + 20 = 0 \Rightarrow t = -20$$
$$t - 20 = 0 \Rightarrow t = 20$$

(Discard the negative answer.) The object reaches the ground when $t = 20$.

63. Length · Width = Area
$$(w + 7)(w) = 330$$
$$w^2 + 7w = 330$$
$$w^2 + 7w - 330 = 0$$
$$(w - 15)(w + 22) = 0$$
$$w - 15 = 0 \Rightarrow w = 15$$
$$w + 22 = 0 \Rightarrow w = -22$$

(Discard the negative answer.) The width is 15 feet, and the length is $15 + 7 = 22$ feet. The dimensions of the floor are 15 feet by 22 feet.

65.
$$A = \tfrac{1}{2}bh$$
$$48 = \tfrac{1}{2}(b)(\tfrac{3}{2}b)$$
$$48 = \tfrac{1}{2} \cdot \tfrac{3}{2} \cdot b^2$$
$$48 = \tfrac{3}{4}b^2$$
$$4(48) = 4(\tfrac{3}{4})b^2$$
$$192 = 3b^2$$
$$0 = 3b^2 - 192$$
$$0 = 3(b^2 - 64)$$
$$0 = 3(b + 8)(b - 8)$$
$$3 \neq 0$$
$$b + 8 = 0 \Rightarrow b = -8$$
$$b - 8 = 0 \Rightarrow b = 8$$

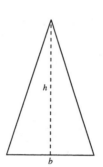

$A = 48$ in.²
$h = \tfrac{3}{2}b$

(Discard the negative answer.)
$b = 8$ in.
$h = \tfrac{3}{2}(8) = 12$ in.

The base of the triangle is 8 inches and the height is 12 inches.

67.
$$S = x^2 + 4xh$$
$$880 = x^2 + 4x(6)$$
$$880 = x^2 + 24x$$
$$0 = x^2 + 24x - 880$$
$$0 = (x - 20)(x + 44)$$
$$x - 20 = 0 \Rightarrow x = 20$$
$$x + 44 = 0 \Rightarrow x = -44$$

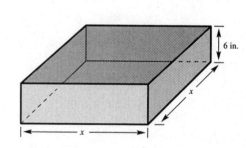

(Discard the negative answer.) The base is a 20-inch square.

69. (a)

x	3	4	5	6	7	8
P	-8	0	10	22	36	52

(b) P increases by $2(x + 1)$.

(c) $x = 9$ [**Note:** The equation also has a second solution of $x = -10$.]

Review Exercises for Chapter 1

1. $-\frac{1}{8} < 3$

2. $-2 > -8$

3. $-\frac{8}{5} < -\frac{2}{5}$

4. $8.4 > -\pi$

5. $340 - 115 + 5 = 230$

6. $|-96| - |134| = -38$

7. $120(-5)(7) = -4200$

8. $(-16)(-15)(-4) = -960$

9. $\frac{-56}{-4} = 14$

10. $\frac{85}{0}$ is undefined.

11. $\frac{4}{21} + \frac{7}{21} = \frac{11}{21}$

12. $\frac{21}{16} - \frac{13}{16} = \frac{8}{16} = \frac{1}{2}$

13. $-\frac{5}{6} + 1 = -\frac{5}{6} + \frac{6}{6}$
$= \frac{1}{6}$

14. $\frac{21}{32} + \frac{11}{24} = \frac{21(3)}{32(3)} + \frac{11(4)}{24(4)}$
$= \frac{63}{96} + \frac{44}{96} = \frac{107}{96}$

15. $8\frac{3}{4} - 6\frac{5}{8} = \frac{35}{4} - \frac{53}{8}$
$= \frac{35(2)}{4(2)} - \frac{53}{8}$
$= \frac{70}{8} - \frac{53}{8}$
$= \frac{17}{8}$

16. $-2\frac{9}{10} + 5\frac{3}{20} = -\frac{29}{10} + \frac{103}{20}$
$= -\frac{29(2)}{10(2)} + \frac{103}{20}$
$= -\frac{58}{20} + \frac{103}{20}$
$= \frac{45}{20} = \frac{9(\cancel{5})}{4(\cancel{5})} = \frac{9}{4}$

17. $\frac{3}{8} \cdot \frac{-2}{15} = -\frac{\cancel{3}(\cancel{2})(1)}{\cancel{2}(4)(\cancel{3})(5)}$
$= -\frac{1}{20}$

18. $\frac{5}{21} \cdot \frac{21}{5} = \frac{\cancel{5}(\cancel{21})(1)}{\cancel{21}(\cancel{5})(1)} = 1$

19. $-\frac{7}{15} \div -\frac{7}{30} = -\frac{7}{15} \cdot -\frac{30}{7}$
$= \frac{\cancel{7}(\cancel{15})(2)}{\cancel{15}(\cancel{7})}$
$= 2$

20. $-\frac{2}{3} \div \frac{4}{15} = -\frac{2}{3} \cdot \frac{15}{4}$
$= -\frac{\cancel{2}(\cancel{3})(5)}{\cancel{3}(\cancel{2})(2)} = -\frac{5}{2}$

21. $(-6)^3 = (-6)(-6)(-6)$
$= -216$

22. $-(-3)^4 = -(-3)(-3)(-3)(-3) = -81$

23. $120 - (5^2 \cdot 4) = 120 - (25 \cdot 4)$
$= 120 - 100$
$= 20$

24. $45 - 45 \div 3^2 = 45 - 45 \div 9$
$= 45 - 5 = 40$

25. $2x - 2x = 0$
Additive Inverse Property

26. $5 + (4 - y) = (5 + 4) - y$
Associative Property of Addition

27. $(u - v)(2) = 2(u - v)$
Commutative Property of Multiplication

28. $(x + y) + 0 = x + y$
Additive Identity Property

29. $ab \cdot \dfrac{1}{ab} = 1, \ ab \neq 0$
Multiplicative Inverse Property

30. $x(yz) = (xy)z$
Associative Property of Muliplication

31. $y(3y - 10) = 3y^2 - 10y$

32. $x(3x + 4y) = 3x^2 + 4xy$

33. $-(-u + 3v) = u - 3v$

34. $(5 - 3j)(-4) = -20 + 12j$

35. $3x - (y - 2x) = 3x - y + 2x$
$= 5x - y$

36. $30 - (10x + 80) = 30x - 10x - 80$
$= 20x - 80$

37. $3[b + 5(b - a)] = 3[b + 5b - 5a]$
$= 3[6b - 5a]$
$= 18b - 15a$

38. $-2t[8 - (6 - t)] + 5t = -2t[8 - 6 + t] + 5t$
$= -2t(2 + t) + 5t$
$= -4t - 2t^2 + 5t$
$= -2t^2 + t$

39. $x^2 \cdot x^3 \cdot x = x^{2+3+1} = x^6$

40. $y^3(-2y^2) = -2 \cdot y^{3+2} = -2y^5$

41. $(xy)(-3x^2y^3) = -3x^{1+2}y^{1+3}$
$= -3x^3y^4$

42. $3uv(-2uv^2)^2 = 3uv(-2)^2u^2(v^2)^2$
$= 3uv(4)u^2v^4$
$= 12u^{1+2}v^{1+4}$
$= 12u^3v^5$

43. $(-2a^2)^3(8a) = (-2)^3(a^2)^3(8a)$
$= -8a^6(8a)$
$= (-8)(8)a^{6+1}$
$= -64a^7$

44. $2(a - b)^4(a - b)^2 = 2(a - b)^{4+2}$
$= 2(a - b)^6$

45. $-(u^2v)^2(-4u^3v) = -(u^2)^2v^2(-4u^3v)$
$= -u^4v^2(-4u^3v)$
$= 4u^{4+3}v^{2+1}$
$= 4u^7v^3$

46. $(12x^2y)(3x^2y^4) = 36x^{2+2}y^{1+4}$
$= 36x^4y^5$

47. $\dfrac{120u^5v^3}{15u^3v} = \dfrac{120}{15}u^{5-3}v^{3-1} = 8u^2v^2$

48. $-\dfrac{(-2x^2y^3)^2}{-3xy^2} = -\dfrac{(-2)^2(x^2)^2(y^3)^2}{-3xy^2}$
$= -\dfrac{4x^{2 \cdot 2}y^{3 \cdot 2}}{-3xy^2}$
$= -\dfrac{4x^4y^6}{-3xy^2}$
$= \dfrac{4x^{4-1}y^{6-2}}{3}$
$= \dfrac{4x^3y^4}{3}$

49. Perimeter $= 3x + 4 + 4x + 3 + x + 1$
$= 8x + 8$

Area $=$ Area of upper rectangle $+$ Area of lower rectangle
$= 3x(1) + 4x(3)$
$= 3x + 12x$
$= 15x$

50. Perimeter $= 12(a - 2) + 5(a - 2) + 13a - 26$
$= 12a - 24 + 5a - 10 + 13a - 26$
$= 30a - 60$

Area $= \frac{1}{2}$(Base)(Height)
$= \frac{1}{2}[5(a - 2)][12(a - 2)]$
$= \frac{1}{2}(60)(a - 2)^{1+1}$
$= 30(a - 2)^2$

51. $6 \cdot 10^3 + 9 \cdot 10^2 + 1 \cdot 10^1 = 6(1000) + 9(100) + 1(10)$
$= 6910$

52. Total charged $= \$387 + 12(\$68)$
$= 387 + 816$
$= \$1203$

53. $4.8 - 3.8 = 1$

The increase in average weekly overtime from 1990 to 1994 was one hour.

54. $3.8 - 3.5 = 0.3$

The increase of 0.3 hour from 1986 to 1990 was the smallest increase.

55. $(5x + 3x^2) + (x - 4x^2) = (5x + x) + (3x^2 - 4x^2)$
$= 6x - x^2$

56. $\left(\frac{1}{2}x + \frac{2}{3}\right) + \left(4x + \frac{1}{3}\right) = \left(\frac{1}{2}x + 4x\right) + \left(\frac{2}{3} + \frac{1}{3}\right)$
$= \left(\frac{1}{2}x + \frac{8}{2}x\right) + \frac{3}{3} = \frac{9}{2}x + 1$

57. $(-x^3 - 3x) - 4(2x^3 - 3x + 1) = -x^3 - 3x - 8x^3 + 12x - 4$
$= (-x^3 - 8x^3) + (-3x + 12x) + (-4)$
$= -9x^3 + 9x - 4$

58. $(7z^2 + 6z) - 3(5z^2 + 2z) = 7z^2 + 6z - 15z^2 - 6z$
$= (7z^2 - 15z^2) + (6z - 6z)$
$= -8z^2$

59. $3y^2 - [2y - 3(y^2 + 5)] = 3y^2 - [2y - 3y^2 - 15]$
$= 3y^2 - 2y + 3y^2 + 15$
$= (3y^2 + 3y^2) - 2y + 15$
$= 6y^2 - 2y + 15$

60. $(16a^3 + 5a) - 5[a + (2a^3 - 1)] = 16a^3 + 5a - 5[a + 2a^3 - 1] = 16a^3 + 5a - 5a - 10a^3 + 5$
$= (16a^3 - 10a^3) + (5a - 5a) + 5 = 6a^3 + 5$

61. $(-2x)^3(x + 4) = (-2)^3 x^3(x + 4)$
$= -8x^3(x + 4)$
$= -8x^4 - 32x^3$

62. $3y(-4y)(y - 2) = -12y^2(y - 2)$
$= -12y^3 + 24y^2$

FOIL
63. $(2z + 3)(3z - 5) = 6z^2 - 10z + 9z - 15$
$= 6z^2 - z - 15$

FOIL
64. $(6t + 1)(t - 11) = 6t^2 - 66t + t - 11$
$= 6t^2 - 65t - 11$

$$\text{F}\text{O}\text{I}\text{L}\text{F}\text{O}\text{I}\text{L}$$

65. $(5x + 3)(3x - 4) = 15x^2 - 20x + 9x - 12$
$ = 15x^2 - 11x - 12$

66. $(3y^2 + 2)(4y^2 - 5) = 12y^4 - 15y^2 + 8y^2 - 10$
$ = 12y^4 - 7y^2 - 10$

67. $(2x^2 - 3x + 2)(2x + 3) = 2x^2(2x + 3) - 3x(2x + 3) + 2(2x + 3)$
$ = 4x^3 + 6x^2 - 6x^2 - 9x + 4x + 6$
$ = 4x^3 - 5x + 6$

68. $(5s^2 + 4s - 3)(4s - 5) = 5s^2(4s - 5) + 4s(4s - 5) - 3(4s - 5)$
$ = 20s^3 - 25s^2 + 16s^2 - 20s - 12s + 15$
$ = 20s^3 - 9s^2 - 32s + 15$

69. $(4x - 7)^2 = (4x)^2 - 2(4x)(7) + 7^2$
$ = 16x^2 - 56x + 49$

70. $(8 - 3x)^2 = 8^2 - 2(8)(3x) + (3x)^2$
$ = 64 - 48x + 9x^2$

71. $(5u - 8)(5u + 8) = (5u)^2 - 8^2$
$ = 25u^2 - 64$

72. $(7a + 4)(7a - 4) = (7a)^2 - 4^2$
$ = 49a^2 - 16$

73. $[(u - 3) + v][(u - 3) - v] = (u - 3)^2 - v^2$
$ = u^2 - 2(u)(3) + 3^2 - v^2$
$ = u^2 - 6u + 9 - v^2$

74. $[(m - 5) + n]^2 = (m - 5)^2 + 2(m - 5)n + n^2$
$ = m^2 - 2(m)(5) + 5^2 + (2m - 10)n + n^2$
$ = m^2 - 10m + 25 + 2mn - 10n + n^2$

75. $6x^2 + 15x^3 = 3x^2(2 + 5x)$

76. $8y - 12y^4 = 4y(2 - 3y^3)$

77. $u^2 - 10uv + 25v^2 = u^2 - 2(u)(5v) + (5v)^2$
$ = (u - 5v)^2$
or
$u^2 - 10uv + 25v^2 = (u - 5v)(u - 5v)$
$ = (u - 5v)^2$

78. $u^3 - 1 = u^3 - 1^3$
$ = (u - 1)(u^2 + u + 1)$

79. $9a^2 - 100 = (3a)^2 - 10^2$
$ = (3a + 10)(3a - 10)$

80. $x^2 - 11x + 24 = (x - 8)(x - 3)$

81. $a^2 + 7a - 18 = (a + 9)(a - 2)$

82. $3x^2 + 23x - 8 = (3x - 1)(x + 8)$

83. $27x^3 + 64 = (3x)^3 + 4^3$
$ = (3x + 4)(9x^2 - 12x + 16)$

84. $y^3 + 4y^2 - y - 4 = (y^3 + 4y^2) + (-y - 4)$
$ = y^2(y + 4) - 1(y + 4)$
$ = (y + 4)(y^2 - 1)$
$ = (y + 4)(y + 1)(y - 1)$

85. $4t^3 + 7t^2 - 2t = t(4t^2 + 7t - 2)$
$ = t(4t - 1)(t + 2)$

86. $x^2 - 40x + 400 = x^2 - 2(x)(20) + 20^2$ or $x^2 - 40x + 400 = (x - 20)(x - 20)$
$ = (x - 20)^2$ $ = (x - 20)^2$

87. $v^3 - 2v^2 - 4v + 8 = (v^3 - 2v^2) + (-4v + 8)$
$ = v^2(v - 2) - 4(v - 2)$
$ = (v - 2)(v^2 - 4)$
$ = (v - 2)(v + 2)(v - 2)$
$ = (v - 2)^2(v + 2)$

88. $(y - 3)^2 - 16 = (y - 3)^2 - 4^2$
$ = [(y - 3) + 4][(y - 3) - 4]$
$ = (y - 3 + 4)(y - 3 - 4)$
$ = (y + 1)(y - 7)$

89. $4u^2 - 28u + 49 = (2u - 7)(2u - 7)$ or $4u^2 - 28u + 49 = (2u)^2 - 2(2u)(7) + 7^2$
$ = (2u - 7)^2$ $ = (2u - 7)^2$

90. $28(x + 5) - 70(x + 5)^2 = 14[2(x + 5) - 5(x + 5)^2]$
$ = 14(x + 5)[2 - 5(x + 5)]$
$ = 14(x + 5)(2 - 5x - 25)$
$ = 14(x + 5)(-5x - 23)$
$ = 14(x + 5)(-1)(5x + 23)$
$ = -14(x + 5)(5x + 23)$

91. $6h^3 - 23h^2 - 13h = h(6h^2 - 23h - 13)$
$ = h(2h + 1)(3h - 13)$

92. $35y^3 - 10y^2 - 25y = 5y(7y^2 - 2y - 5)$
$ = 5y(7y + 5)(y - 1)$

93. $x^4 + 7x^3 - 9x^2 - 63x = x(x^3 + 7x^2 - 9x - 63)$
$ = x[(x^3 + 7x^2) + (-9x - 63)]$
$ = x[x^2(x + 7) - 9(x + 7)]$
$ = x[(x + 7)(x^2 - 9)]$
$ = x(x + 7)(x + 3)(x - 3)$

94. $(u - 9v)(u - v) + v(u - 9v) = (u - 9v)[(u - v) + v]$
$ = (u - 9v)(u - v + v)$
$ = (u - 9v)u$

95. $x^2 + 18x + 81 - 4y^2 = (x^2 + 18x + 81) - 4y^2$
$ = (x + 9)(x + 9) - 4y^2$
$ = (x + 9)^2 - (2y)^2$
$ = [(x + 9) + 2y][(x + 9) - 2y]$
$ = (x + 9 + 2y)(x + 9 - 2y)$

96. $250a^3 - 2b^3 = 2(125a^3 - b^3)$
$ = 2[(5a)^3 - b^3]$
$ = 2(5a - b)(25a^2 + 5ab + b^2)$

97. $ 4y - 6(y - 5) = 2$
$ 4y - 6y + 30 = 2$
$ -2y + 30 = 2$
$ -2y + 30 - 30 = 2 - 30$
$ -2y = -28$
$ \dfrac{-2y}{-2} = \dfrac{-28}{-2}$
$ y = 14$

98.
$7x + 2(7 - x) = 8$
$7x + 14 - 2x = 8$
$14 + 5x = 8$
$14 + 5x - 14 = 8 - 14$
$5x = -6$
$\dfrac{5x}{5} = \dfrac{-6}{5}$
$x = -\dfrac{6}{5}$

99.
$1.4t + 2.1 = 0.9t - 2$
$10(1.4t + 2.1) = 10(0.9t - 2)$
$14t + 21 = 9t - 20$
$14t + 21 - 9t = 9t - 20 - 9t$
$5t + 21 = -20$
$5t + 21 - 21 = -20 - 21$
$5t = -41$
$\dfrac{5t}{5} = \dfrac{-41}{5}$
$t = -\dfrac{41}{5}$ (or $t = -8.2$)

or

$1.4t + 2.1 = 0.9t - 2$
$1.4t + 2.1 - 0.9t = 0.9t - 2 - 0.9t$
$1.4t + 2.1 - 0.9t = 0.9t - 2 - 0.9t$
$0.5t + 2.1 = -2$
$0.5t = -4.1$
$\dfrac{0.5t}{0.5} = \dfrac{-4.1}{0.5}$
$t = -8.2$

100.
$8(x - 2) = 3(x - 2)$
$8x - 16 = 3x - 6$
$8x - 16 - 3x = 3x - 6 - 3x$
$5x - 16 = -6$
$5x - 16 + 16 = -6 + 16$
$5x = 10$
$\dfrac{5x}{5} = \dfrac{10}{5}$
$x = 2$

101.
$\dfrac{4}{5}x - \dfrac{1}{10} = \dfrac{3}{2}$
$10\left[\dfrac{4}{5}x - \dfrac{1}{10}\right] = \left[\dfrac{3}{2}\right]10$
$8x - 1 = 15$
$8x - 1 + 1 = 15 + 1$
$8x = 16$
$\dfrac{8x}{8} = \dfrac{16}{8}$
$x = 2$

102.
$\dfrac{1}{4}s + \dfrac{3}{8} = \dfrac{5}{2}$
$8\left[\dfrac{1}{4}s + \dfrac{3}{8}\right] = \left[\dfrac{5}{2}\right]8$
$2s + 3 = 20$
$2s + 3 - 3 = 20 - 3$
$2s = 17$
$\dfrac{2s}{2} = \dfrac{17}{2}$
$s = \dfrac{17}{2}$

103.
$\dfrac{v - 20}{-8} = 2v$
$(-8)\left[\dfrac{v - 20}{-8}\right] = [2v](-8)$
$v - 20 = -16v$
$v - 20 - v = -16v - v$
$-20 = -17v$
$\dfrac{-20}{-17} = \dfrac{-17v}{-17}$
$\dfrac{20}{17} = v$

104.
$x + \dfrac{2x}{5} = 1$
$5\left[x + \dfrac{2x}{5}\right] = [1]5$
$5x + 2x = 5$
$7x = 5$
$\dfrac{7x}{7} = \dfrac{5}{7}$
$x = \dfrac{5}{7}$

105.
$V = \pi r^2 h$
$\dfrac{V}{\pi r^2} = \dfrac{\pi r^2 h}{\pi r^2}$
$\dfrac{V}{\pi r^2} = h$

106.
$S = 2\pi r^2 + 2\pi rh$
$S - 2\pi r^2 = 2\pi rh$
$\dfrac{S - 2\pi r^2}{2\pi r} = \dfrac{2\pi rh}{2\pi r}$
$\dfrac{S - 2\pi r^2}{2\pi r} = h$ or $h = \dfrac{S}{2\pi r} - r$

107.
$10x(x - 3) = 0$
$10x = 0 \Rightarrow x = 0$
$x - 3 = 0 \Rightarrow x = 3$

108. $3x(4x + 7) = 0$

$3x = 0 \Rightarrow x = 0$

$4x + 7 = 0 \Rightarrow 4x = -7 \Rightarrow x = -\dfrac{7}{4}$

109. $v^2 - 100 = 0$

$(v + 10)(v - 10) = 0$

$v + 10 = 0 \Rightarrow v = -10$

$v - 10 = 0 \Rightarrow v = 10$

110. $(x + 3)^2 - 25 = 0$

$[(x + 3) + 5][(x + 3) - 5] = 0$

$(x + 8)(x - 2) = 0$

$x + 8 = 0 \Rightarrow x = -8$

$x - 2 = 0 \Rightarrow x = 2$

111. $3s^2 - 2s - 8 = 0$

$(3s + 4)(s - 2) = 0$

$3s + 4 = 0 \Rightarrow 3s = -4 \Rightarrow s = -\dfrac{4}{3}$

$s - 2 = 0 \Rightarrow s = 2$

112. $2y^3 + 2y^2 - 24y = 0$

$2y(y^2 + y - 12) = 0$

$2y(y + 4)(y - 3) = 0$

$2y = 0 \Rightarrow y = 0$

$y + 4 = 0 \Rightarrow y = -4$

$y - 3 = 0 \Rightarrow y = 3$

113. $z(5 - z) + 36 = 0$

$5z - z^2 + 36 = 0$

$-z^2 + 5z + 36 = 0$

$-1(-z^2 + 5z + 36) = -1(0)$

$z^2 - 5z - 36 = 0$

$(z - 9)(z + 4) = 0$

$z - 9 = 0 \Rightarrow z = 9$

$z + 4 = 0 \Rightarrow z = -4$

114. $b^3 - 6b^2 - b + 6 = 0$

$(b^3 - 6b^2) + (-b + 6) = 0$

$b^2(b - 6) - 1(b - 6) = 0$

$(b - 6)(b^2 - 1) = 0$

$(b - 6)(b + 1)(b - 1) = 0$

$b - 6 = 0 \Rightarrow b = 6$

$b + 1 = 0 \Rightarrow b = -1$

$b - 1 = 0 \Rightarrow b = 1$

115. $8 - 5t = 20 + t$

$8 - 6t = 20$

$-6t = 12$

$t = -2$

116. $3y + 14 = y + 20$

$2y + 14 = 20$

$2y = 6$

$y = 3$

117. $3y^2 - 48 = 0$

$3(y^2 - 16) = 0$

$3(y + 4)(y - 4) = 0$

$3 \neq 0$

$y + 4 = 0 \Rightarrow y = -4$

$y - 4 = 0 \Rightarrow y = 4$

118. $x^2 - 121 = 0$

$(x + 11)(x - 11) = 0$

$x + 11 = 0 \Rightarrow x = -11$

$x - 11 = 0 \Rightarrow x = 11$

119.
$7 + 13x - 2x^2 = 0$
$-1(7 + 13x - 2x^2) = -1(0)$
$-7 - 13x + 2x^2 = 0$
$2x^2 - 13x - 7 = 0$
$(2x + 1)(x - 7) = 0$
$2x + 1 = 0 \Rightarrow 2x = -1 \Rightarrow x = -\frac{1}{2}$
$x - 7 = 0 \Rightarrow x = 7$

120.
$6[x - (5x - 7)] = 4 - 5x$
$6[x - 5x + 7] = 4 - 5x$
$6[-4x + 7] = 4 - 5x$
$-24x + 42 = 4 - 5x$
$-19x + 42 = 4$
$-19x = -38$
$x = 2$

121.
$2(x + 7) - 9 = 5(x - 4)$
$2x + 14 - 9 = 5x - 20$
$2x + 5 = 5x - 20$
$-3x + 5 = -20$
$-3x = -25$
$x = \frac{25}{3}$

122.
$11 + 32y - 3y^2 = 0$ or $11 + 32y - 3y^2 = 0$
$-1(11 + 32y - 3y^2) = -1(0)$ $(11 - y)(1 + 3y) = 0$
$-11 - 32y + 3y^2 = 0$ $11 - y = 0 \Rightarrow y = 11$
$3y^2 - 32y - 11 = 0$ $1 + 3y = 0 \Rightarrow 3y = -1 \Rightarrow y = -\frac{1}{3}$
$(3y + 1)(y - 11) = 0$
$3y + 1 = 0 \Rightarrow 3y = -1 \Rightarrow y = -\frac{1}{3}$
$y - 11 = 0 \Rightarrow y = 11$

123.
$\frac{1}{3}x + 1 = \frac{1}{12}x - 4$
$12(\frac{1}{3}x + 1) = 12(\frac{1}{12}x - 4)$
$4x + 12 = x - 48$
$3x + 12 = -48$
$3x = -60$
$x = -20$

124.
$1.2(x - 3) = 10.8$ or $1.2(x - 3) = 10.8$
$10(1.2)(x - 3) = 10(10.8)$ $1.2x - 3.6 = 10.8$
$12(x - 3) = 108$ $1.2x = 14.4$
$12x - 36 = 108$ $x = \frac{14.4}{1.2}$
$12x = 144$ $x = 12$
$x = 12$

125.
$(x - 4)(x + 5) = 10$
$x^2 + x - 20 = 10$
$x^2 + x - 30 = 0$
$(x + 6)(x - 5) = 0$
$x + 6 = 0 \Rightarrow x = -6$
$x - 5 = 0 \Rightarrow x = 5$

126.
$(u - 8)(u + 10) = 40$
$u^2 + 2u - 80 = 40$
$u^2 + 2u - 120 = 0$
$(u + 12)(u - 10) = 0$
$u + 12 = 0 \Rightarrow u = -12$
$u - 10 = 0 \Rightarrow u = 10$

127. $-16t^2 + 32t + 48 = 0$

$-16(t^2 - 2t - 3) = 0$

$-16(t - 3)(t + 1) = 0$

$-16 \neq 0$

$t - 3 = 0 \Rightarrow t = 3$

$t + 1 = 0 \Rightarrow t = -1$

(Discard the negative answer.) The object will reach the ground in three seconds.

128. $12^4 = 20{,}736$

These two methods give the same result because $(x^2)^2 = x^4$.

129. (Length)(Width) = Area

$x\left(\frac{3}{4}x\right) = 432$

$\frac{3}{4}x^2 = 432$

$4\left(\frac{3}{4}x^2\right) = 4(432)$

$3x^2 = 1728$

$3x^2 - 1728 = 0$

$3(x^2 - 576) = 0$

$3(x - 24)(x + 24) = 0$

$3 \neq 0$

$x - 24 = 0 \Rightarrow x = 24$

$x + 24 = 0 \Rightarrow x = -24$

(Discard the negative solution.) The length of the rectangle is 24 inches and the width is $24\left(\frac{3}{4}\right) = 18$ inches.

130. (a) Area of the remaining figure: $x^2 - y^2$

(b) Dimensions of the resulting rectangle:

Height $= x - y$

Width $= x + y$

This demonstrates the special product formula $x^2 - y^2 = (x - y)(x + y)$.

Chapter Test for Chapter 1

1. $\frac{2}{3} + \left(-\frac{7}{6}\right) = \frac{2(2)}{3(2)} - \frac{7}{6}$

$= \frac{4}{6} - \frac{7}{6}$

$= -\frac{3}{6}$

$= -\frac{3(1)}{3(2)}$

$= -\frac{1}{2}$

2. $\frac{5}{18} \div \frac{15}{8} = \frac{5}{18} \cdot \frac{8}{15}$

$= \frac{5(4)(2)}{9(2)(5)(3)}$

$= \frac{4}{27}$

3. $\left(-\frac{3}{5}\right)^3 = -\frac{3^3}{5^3}$

$= -\frac{27}{125}$

4. $\sqrt{25} + 3(36 \div 18) = 5 + 3(2)$

$= 5 + 6$

$= 11$

5. $(-3 \cdot 5) \cdot 6 = -3(5 \cdot 6)$

Associative Property of Multiplication

6. The additive inverse of $5x$ is $-5x$.

7. $(3x^2y)(-xy)^2 = (3x^2y)(x^2y^2)$

$= 3x^{2+2}y^{1+2}$

$= 3x^4y^3$

8. $3x^2 - 2x - 5x^2 + 7x - 1 = (3x^2 - 5x^2) + (-2x + 7x) - 1$

$= -2x^2 + 5x - 1$

9. $(16 - y^2) - (16 + 2y + y^2) = 16 - y^2 - 16 - 2y - y^2$
$$= (-y^2 - y^2) + (-2y) + (16 - 16)$$
$$= -2y^2 - 2y$$

10. $-2(2x^4 - 5) + 4x(x^3 + 2x - 1) = -4x^4 + 10 + 4x^4 + 8x^2 - 4x$
$$= (-4x^4 + 4x^4) + 8x^2 - 4x + 10$$
$$= 8x^2 - 4x + 10$$

11. $4t - [3t - (10t + 7)] = 4t - [3t - 10t - 7]$
$$= 4t - [-7t - 7]$$
$$= 4t + 7t + 7$$
$$= 11t + 7$$

12. $2y\left(\dfrac{y}{4}\right)^2 = \dfrac{2y}{1} \cdot \dfrac{y^2}{4^2}$
$$= \dfrac{2y^{1+2}}{16}$$
$$= \dfrac{\cancel{2}y^3}{\cancel{2}(8)}$$
$$= \dfrac{y^3}{8}$$

           F   O   I   L
13. $(2x - 3y)(x + 5y) = 2x^2 + 10xy - 3xy - 15y^2$
$$= 2x^2 + 7xy - 15y^2$$

14. $(2s - 3)(3s^2 - 4s + 7) = 2s(3s^2 - 4s + 7) - 3(3s^2 - 4s + 7)$
$$= 6s^3 - 8s^2 + 14s - 9s^2 + 12s - 21$$
$$= 6s^3 + (-8s^2 - 9s^2) + (14s + 12s) - 21$$
$$= 6s^3 - 17s^2 + 26s - 21$$

15. $(4x - 3)^2 = (4x)^2 - 2(4x)(3) + 3^2$
$$= 16x^2 - 24x + 9$$
or
$(4x - 3)^2 = (4x - 3)(4x - 3)$
$$= 16x^2 - 24x + 9$$

16. $[4 - (a + b)][4 + (a + b)] = 4^2 - (a + b)^2$
$$= 16 - (a^2 + 2ab + b^2)$$
$$= 16 - a^2 - 2ab - b^2$$

17. $18y^2 - 12y = 6y(3y - 2)$

18. $5x^3 - 10x^2 - 6x + 12 = (5x^3 - 10x^2) + (-6x + 12)$
$$= 5x^2(x - 2) - 6(x - 2)$$
$$= (x - 2)(5x^2 - 6)$$

19. $9u^2 - 6u + 1 = (3u - 1)(3u - 1)$
$$= (3u - 1)^2$$
or
$9u^2 - 6u + 1 = (3u)^2 - 2(3u) + 1^2$
$$= (3u - 1)^2$$

20. $6x^2 - 26x - 20 = 2(3x^2 - 13x - 10)$
$$= 2(3x + 2)(x - 5)$$

21.
$$6x - 5 = 19$$
$$6x - 5 + 5 = 19 + 5$$
$$6x = 24$$
$$\frac{6x}{6} = \frac{24}{6}$$
$$x = 4$$

22.
$$15 - 7(1 - x) = 3(x + 8)$$
$$15 - 7 + 7x = 3x + 24$$
$$8 + 7x = 3x + 24$$
$$8 + 7x - 3x = 3x + 24 - 3x$$
$$8 + 4x = 24$$
$$8 - 8 + 4x = 24 - 8$$
$$4x = 16$$
$$\frac{4x}{4} = \frac{16}{4}$$
$$x = 4$$

23.
$$\frac{2x}{3} = \frac{x}{2} + 4$$
$$6\left(\frac{2x}{3}\right) = 6\left(\frac{x}{2} + 4\right)$$
$$4x = 3x + 24$$
$$4x - 3x = 3x + 24 - 3x$$
$$x = 24$$

24.
$$3y^2 - 5y = 12$$
$$3y^2 - 5y - 12 = 0$$
$$(3y + 4)(y - 3) = 0$$
$$3y + 4 = 0 \Longrightarrow 3y = -4 \Longrightarrow y = -\tfrac{4}{3}$$
$$y - 3 = 0 \Longrightarrow y = 3$$

25.
$$(y + 2)^2 - 9 = 0 \qquad \text{or} \qquad (y + 2)^2 - 9 = 0$$
$$[(y + 2) + 3][(y + 2) - 3] = 0 \qquad\qquad y^2 + 4y + 4 - 9 = 0$$
$$(y + 2 + 3)(y + 2 - 3) = 0 \qquad\qquad y^2 + 4y - 5 = 0$$
$$(y + 5)(y - 1) = 0 \qquad\qquad (y + 5)(y - 1) = 0$$
$$y + 5 = 0 \Longrightarrow y = -5 \qquad\qquad y + 5 = 0 \Longrightarrow y = -5$$
$$y - 1 = 0 \Longrightarrow y = 1 \qquad\qquad y - 1 = 0 \Longrightarrow y = 1$$

26.
$$2x^3 + 10x^2 + 8x = 0$$
$$2x(x^2 + 5x + 4) = 0$$
$$2x(x + 4)(x + 1) = 0$$
$$2x = 0 \Longrightarrow x = 0$$
$$x + 4 = 0 \Longrightarrow x = -4$$
$$x + 1 = 0 \Longrightarrow x = -1$$

27. Area of larger rectangle $= 2x(x + 15)$

Area of smaller rectangle $= x(x + 4)$

Area of shaded region $= 2x(x + 15) - x(x + 4)$
$$= 2x^2 + 30x - x^2 - 4x$$
$$= (2x^2 - x^2) + (30x - 4x)$$
$$= x^2 + 26x$$

28.
$$5a + 2b - 10 = 8a + 7$$
$$5a + 2b - 10 - 5a = 8a + 7 - 5a$$
$$2b - 10 = 3a + 7$$
$$2b - 10 + 10 = 3a + 7 + 10$$
$$2b = 3a + 17$$
$$\frac{2b}{2} = \frac{3a + 17}{2}$$
$$b = \frac{3a + 17}{2} \quad \text{or} \quad b = \tfrac{1}{2}(3a + 17)$$

CHAPTER 2
Introduction to Graphs and Functions

Section 2.1   Describing Data Graphically 45

Section 2.2   Graphs of Equations 49

Section 2.3   Slope: An Aid to Graphing Lines 55

Mid-Chapter Quiz 59

Section 2.4   Relations, Functions, and Function Notation 61

Section 2.5   Graphs of Functions 64

Section 2.6   Transformations of Functions 67

Review Exercises 70

Chapter Test 80

Cumulative Test for Chapters 1–2 82

CHAPTER 2
Introduction to Graphs and Functions

Section 2.1 Describing Data Graphically

Solutions to Odd-Numbered Exercises

1. The "order" of an ordered pair is important because the first number describes how far to the right or left of the vertical axis the point is located and the second number describes how far above or below the horizontal axis the point is located. The ordered pairs $(5, -7)$ and $(-7, 5)$ represent different points.

3.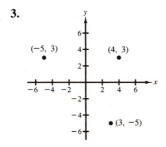

5.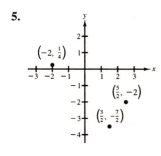

7. $A: (4, -2)$, $B: \left(-3, -\frac{5}{2}\right)$, $C: \left(3, \frac{1}{2}\right)$

9.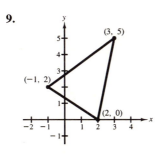

11.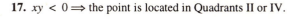

13. The point $(-3, -5)$ is in Quadrant III. The point is located to the *left* of the vertical axis and *below* the horizontal axis in Quadrant III.

15. $(x, 4)$ may be located in Quadrants I or II.

If $x > 0$, the point would be located to the *right* of the vertical axis and *above* the horizontal axis in the first quadrant.

If $x < 0$, the point would be located to the *left* of the vertical axis and *above* the horizontal axis in the second quadrant.

Note: If $x = 0$, the point would be located on the *y*-axis *between* the first and second quadrants.

17. $xy < 0 \Rightarrow$ the point is located in Quadrants II or IV.

The product xy is negative; therefore x and y have opposite signs. If x is positive and y is negative, the point would be located to the *right* of the vertical axis and *below* the horizontal axis in Quadrant IV. If x is negative and y is positive, the point would be located to the *left* of the vertical axis and *above* the horizontal axis in Quadrant II.

19. $(-5, 2)$

21. $(10, 0)$

23.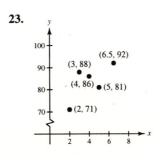

25.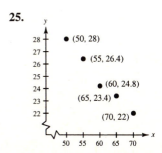

45

27. (a) $y = 3x + 8$
$17 \stackrel{?}{=} 3(3) + 8$
$17 \stackrel{?}{=} 9 + 8$
$17 = 17$
Yes

(b) $y = 3x + 8$
$10 \stackrel{?}{=} 3(-1) + 8$
$10 \stackrel{?}{=} -3 + 8$
$10 \neq 5$
No

(c) $y = 3x + 8$
$0 \stackrel{?}{=} 3(0) + 8$
$0 \neq 8$
No

(d) $y = 3x + 8$
$2 \stackrel{?}{=} 3(-2) + 8$
$2 \stackrel{?}{=} -6 + 8$
$2 = 2$
Yes

29. (a) $y = \frac{7}{8}x$
$1 \stackrel{?}{=} \frac{7}{8} \cdot \frac{8}{7}$
$1 = 1$
Yes

(b) $y = \frac{7}{8}x$
$\frac{7}{2} \stackrel{?}{=} \frac{7}{8} \cdot 4$
$\frac{7}{2} \stackrel{?}{=} \frac{7(\cancel{4})}{\cancel{4}(2)}$
$\frac{7}{2} = \frac{7}{2}$
Yes

(c) $y = \frac{7}{8}x$
$0 \stackrel{?}{=} \frac{7}{8} \cdot 0$
$0 = 0$
Yes

(d) $y = \frac{7}{8}x$
$14 \stackrel{?}{=} \frac{7}{8}(-16)$
$14 \stackrel{?}{=} \frac{7(\cancel{8})(-2)}{\cancel{8}}$
$14 \neq -14$
No

31. (a) $4y - 2x + 1 = 0$
$4(0) - 2(0) + 1 \stackrel{?}{=} 0$
$1 \neq 0$
No

(b) $4y - 2x + 1 = 0$
$4(0) - 2\left(\frac{1}{2}\right) + 1 \stackrel{?}{=} 0$
$-1 + 1 \stackrel{?}{=} 0$
$0 = 0$
Yes

(c) $4y - 2x + 1 = 0$
$4\left(-\frac{7}{4}\right) - 2(-3) + 1 \stackrel{?}{=} 0$
$-7 + 6 + 1 \stackrel{?}{=} 0$
$0 = 0$
Yes

(d) $4y - 2x + 1 = 0$
$4\left(-\frac{3}{4}\right) - 2(1) + 1 \stackrel{?}{=} 0$
$-3 - 2 + 1 \stackrel{?}{=} 0$
$-4 \neq 0$
No

33.

x	-2	0	2	4	6
$y = 5x - 1$	-11	-1	9	19	29

$x = -2 \Rightarrow y = 5(-2) - 1 = -10 - 1 = -11$
$x = 0 \Rightarrow y = 5(0) - 1 = 0 - 1 = -1$
$x = 2 \Rightarrow y = 5(2) - 1 = 10 - 1 = 9$
$x = 4 \Rightarrow y = 5(4) - 1 = 20 - 1 = 19$
$x = 6 \Rightarrow y = 5(6) - 1 = 30 - 1 = 29$

35.

x	-4	$\frac{2}{5}$	4	8	12
$y = -\frac{5}{2}x + 4$	14	3	-6	-16	-26

$x = -4 \Rightarrow y = -\frac{5}{2}(-4) + 4 = \frac{20}{2} + 4 = 10 + 4 = 14$
$x = \frac{2}{5} \Rightarrow y = -\frac{5}{2}\left(\frac{2}{5}\right) + 4 = -\frac{10}{10} + 4 = -1 + 4 = 3$
$x = 4 \Rightarrow y = -\frac{5}{2}(4) + 4 = -\frac{20}{2} + 4 = -10 + 4 = -6$
$x = 8 \Rightarrow y = -\frac{5}{2}(8) + 4 = -\frac{40}{2} + 4 = -20 + 4 = -16$
$x = 12 \Rightarrow y = -\frac{5}{2}(12) + 4 = -\frac{60}{2} + 4 = -30 + 4 = -26$

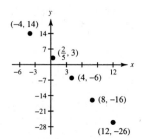

37.

x	-2	0	2	4	6
$y = 4x^2 + x - 2$	12	-2	16	66	148

39.

Original Points	New Points
(2, 1)	$(-2, 1)$
$(-3, 5)$	(3, 5)
(7, -3)	$(-7, -3)$

When the sign of the x-coordinate is changed, the location of the point is reflected about the y-axis.

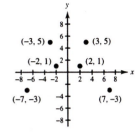

41.

x	0	10	100	300	500	1000
$C = 28x + 3000$	3000	3280	5800	11,400	17,000	31,000

As x increases by 1, C increases by 28.

43. $(-2, -1)$ shifted 2 units right and 5 units up is
$(-2 + 2, -1 + 5) = (0, 4)$.

$(-3, -4)$ shifted 2 units right and 5 units up is
$(-3 + 2, -4 + 5) = (-1, 1)$.

$(1, -3)$ shifted 2 units right and 5 units up is
$(1 + 2, -3 + 5) = (3, 2)$.

45.

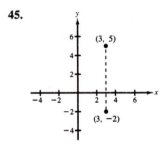

$d = |5 - (-2)| = |7| = 7$

The points lie on a vertical line.

47.

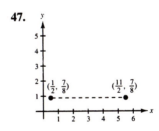

$d = \left|\frac{11}{2} - \frac{1}{2}\right| = |5| = 5$

The points lie on a horizontal line.

49.

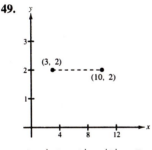

$d = |10 - 3| = |7| = 7$

The points lie on a horizontal line.

51.

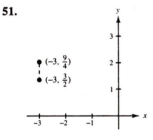

$d = \left|\frac{3}{2} - \frac{9}{4}\right|$

$= \left|\frac{6 - 9}{4}\right| = \left|-\frac{3}{4}\right| = \frac{3}{4}$

The points lie on a vertical line.

53. $d = \sqrt{(5-1)^2 + (6-3)^2}$

$= \sqrt{4^2 + 3^2}$

$= \sqrt{25}$

$= 5$

55. $d = \sqrt{(12-0)^2 + (-9-0)^2}$

$= \sqrt{12^2 + (-9)^2}$

$= \sqrt{225}$

$= 15$

57. $d = \sqrt{(4-(-2))^2 + (2-(-3))^2}$
$= \sqrt{6^2 + 5^2}$
$= \sqrt{61}$
≈ 7.81

59. $d = \sqrt{(3-1)^2 + (-2-3)^2}$
$= \sqrt{2^2 + (-5)^2}$
$= \sqrt{29}$
≈ 5.39

61. $d_1 = \sqrt{(2-2)^2 + (6-3)^2} = \sqrt{0^2 + 3^2} = \sqrt{9} = 3 \Rightarrow d_1^2 = 9$
$d_2 = \sqrt{(6-2)^2 + (3-6)^2} = \sqrt{4^2 + (-3)^2} = \sqrt{25} = 5 \Rightarrow d_2^2 = 25$
$d_3 = \sqrt{(6-2)^2 + (3-3)^2} = \sqrt{4^2 + 0^2} = \sqrt{16} = 4 \Rightarrow d_3^2 = 16$
$9 + 16 = 25 \Rightarrow d_1^2 + d_3^2 = d_2^2$

The points *are* vertices of a right triangle.

63. $d_1 = \sqrt{(5-8)^2 + (2-3)^2} = \sqrt{(-3)^2 + (-1)^2} = \sqrt{10} \Rightarrow d_1^2 = 10$
$d_2 = \sqrt{(1-5)^2 + (9-2)^2} = \sqrt{(-4)^2 + 7^2} = \sqrt{65} \Rightarrow d_2^2 = 65$
$d_3 = \sqrt{(1-8)^2 + (9-3)^2} = \sqrt{(-7)^2 + 6^2} = \sqrt{85} \Rightarrow d_3^2 = 85$
$d_1^2 + d_2^2 \neq d_3^2$

The points *are not* vertices of a right triangle.

65. Points $(-2, 0), (0, 5), (1, 0)$
$d_1 = \sqrt{(0+2)^2 + (5-0)^2} = \sqrt{(2)^2 + (5)^2} = \sqrt{29} \approx 5.385$
$d_2 = \sqrt{(1-0)^2 + (0-5)^2} = \sqrt{(1)^2 + (-5)^2} = \sqrt{26} \approx 5.099$
$d_3 = \sqrt{(1+2)^2 + (0-0)^2} = \sqrt{(3)^2 + (0)^2} = \sqrt{9} = 3$
Perimeter $\approx 5.385 + 5.099 + 3 \approx 13.48$

67. $M = \left(\dfrac{-2+4}{2}, \dfrac{0+8}{2}\right) = (1, 4)$

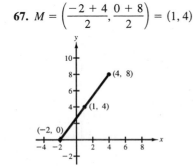

69. $M = \left(\dfrac{1+6}{2}, \dfrac{6+3}{2}\right) = \left(\dfrac{7}{2}, \dfrac{9}{2}\right)$

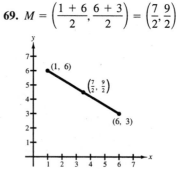

71. The score occurring with the greatest frequency was 15.

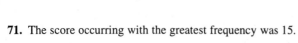

73. The scores occurring with the greatest frequency were 81 and 85.

75. *Total Number*   *Retail Value*

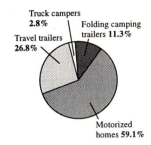 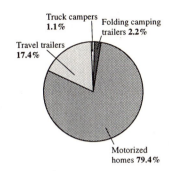

77. 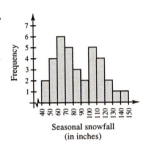   **79.** 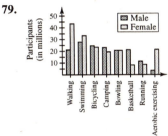   **81.**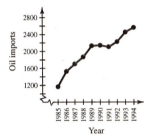

83.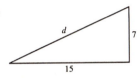

$d = \sqrt{(15)^2 + 7^2}$

$= \sqrt{225 + 49}$

$= \sqrt{274}$

≈ 16.55

Length of rafter $= 2 + d \approx 18.55$ feet.

Section 2.2   Graphs of Equations

1. Graph (e)   **3.** Graph (f)   **5.** Graph (d)

7. $2x + y = 3$

   $y = -2x + 3$

x	-4	-2	0	2	4
y	11	7	3	-1	-5

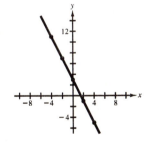

$x = -4 \Longrightarrow y = -2(-4) + 3 = 11$

$y = 7 \Longrightarrow 2x + 7 = 3 \Longrightarrow 2x = -4 \Longrightarrow x = -2$

$y = 3 \Longrightarrow 2x + 3 = 3 \Longrightarrow 2x = 0 \Longrightarrow x = 0$

$x = 2 \Longrightarrow y = -2(2) + 3 = -1$

$x = 4 \Longrightarrow y = -2(4) + 3 = -5$

9.

x	±2	−1	0	2	±3
y	0	3	4	0	−5

$y = 0 \Rightarrow 0 = 4 - x^2 \Rightarrow 0 = (2 + x)(2 - x)$

$\qquad\qquad\qquad 2 + x = 0 \Rightarrow x = -2$

$\qquad\qquad\qquad 2 - x = 0 \Rightarrow x = 2$

$x = -1 \Rightarrow y = 4 - (-1)^2 \Rightarrow y = 3$

$y = 4 \Rightarrow 4 = 4 - x^2 \Rightarrow 0 = -x^2 \Rightarrow x = 0$

$x = 2 \Rightarrow y = 4 - 2^2 \Rightarrow y = 0$

$y = -5 \Rightarrow -5 = 4 - x^2 \Rightarrow 0 = 9 - x^2 \Rightarrow 0 = (3 + x)(3 - x)$

$\qquad\qquad\qquad 3 + x = 0 \Rightarrow x = -3$

$\qquad\qquad\qquad 3 - x = 0 \Rightarrow x = 3$

11.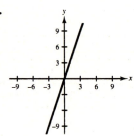

13.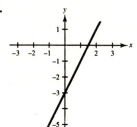

15.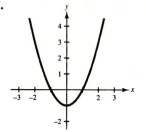

17.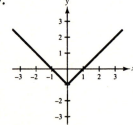

19. From the graph, it appears that the y-intercept is $(0, 3)$ and there is no x-intercept.

$\qquad y = x^2 + 3$

x-intercept $\qquad\qquad y$-intercept

Let $y = 0$. $\qquad\qquad$ Let $x = 0$.

$0 = x^2 + 3 \qquad\qquad y = 0^2 + 3$

$-3 = x^2 \qquad\qquad\qquad y = 3$

No real solution $\qquad\quad (0, 3)$

No x-intercept

21. From the graph, it appears that the x-intercept is $(2, 0)$ and the y-intercept is $(0, 2)$.

$\qquad y = |x - 2|$

x-intercept $\qquad\qquad y$-intercept

Let $y = 0$. $\qquad\qquad$ Let $x = 0$.

$0 = |x - 2| \qquad\qquad y = |0 - 2|$

$x - 2 = 0 \qquad\qquad\quad y = |-2|$

$x = 2 \qquad\qquad\qquad\quad y = 2$

$(2, 0) \qquad\qquad\qquad\quad (0, 2)$

23. x-intercept $\qquad\qquad y$-intercept

Let $y = 0$. $\qquad\qquad$ Let $x = 0$.

$x + 2(0) = 10 \qquad\quad 0 + 2y = 10$

$\qquad\quad x = 10 \qquad\qquad\quad 2y = 10$

$(10, 0) \qquad\qquad\qquad\quad y = 5$

$\qquad\qquad\qquad\qquad\qquad (0, 5)$

25. x-intercept
Let $y = 0$.
$0 = (x + 1)^2$
$x + 1 = 0$
$x = -1$
$(-1, 0)$

y-intercept
Let $x = 0$.
$y = (0 + 1)^2$
$y = 1^2$
$y = 1$
$(0, 1)$

27. x-intercept
Let $y = 0$.
$0 = \frac{3}{4}x + 15$
$0 = 3x + 60$
$-60 = 3x$
$-20 = x$
$(-20, 0)$

y-intercept
Let $x = 0$.
$y = \frac{3}{4}(0) + 15$
$y = 15$
$(0, 15)$

29. x-intercept
Let $y = 0$.
$0 = |x|$
$x = 0$
$(0, 0)$

y-intercept
Let $x = 0$.
$y = |0|$
$y = 0$
$(0, 0)$

31.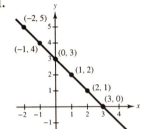

x	-2	-1	0	1	2	3
$y = 3 - x$	5	4	3	2	1	0
(x, y)	$(-2, 5)$	$(-1, 4)$	$(0, 3)$	$(1, 2)$	$(2, 1)$	$(3, 0)$

33.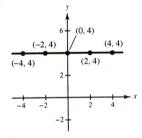

x	-4	-2	0	2	4
$y = 4$	4	4	4	4	4
(x, y)	$(-4, 4)$	$(-2, 4)$	$(0, 4)$	$(2, 4)$	$(4, 4)$

35.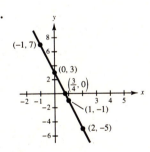

$4x + y = 3$
$y = -4x + 3$

x	-1	0	$\frac{3}{4}$	1	2
$y = -4x + 3$	7	3	0	-1	-5
(x, y)	$(-1, 7)$	$(0, 3)$	$(\frac{3}{4}, 0)$	$(1, -1)$	$(2, -5)$

37.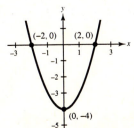

x	-3	-2	-1	0	1	2	3
$y = x^2 - 4$	5	0	-3	-4	-3	0	5
(x, y)	$(-3, 5)$	$(-2, 0)$	$(-1, -3)$	$(0, -4)$	$(1, -3)$	$(2, 0)$	$(3, 5)$

52 Chapter 2 Introduction to Graphs and Functions

39.

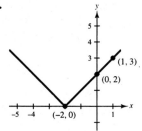

x	-5	-4	-3	-2	-1	0	1
$y = |x + 2|$	3	2	1	0	1	2	3
(x, y)	$(-5, 3)$	$(-4, 2)$	$(-3, 1)$	$(-2, 0)$	$(-1, 1)$	$(0, 2)$	$(1, 3)$

41. Keystrokes:

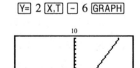

Y= 2 X,T − 6 GRAPH

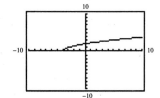

43. Keystrokes:

Y= X,T x^2 − 3 GRAPH

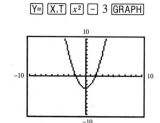

45. Keystrokes:

Y= 1 − X,T ^ 3 GRAPH

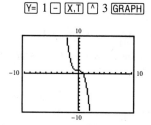

47. Keystrokes: Y= [√] (X,T + 4) GRAPH

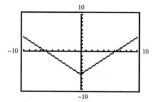

49. Keystrokes: Y= [ABS] X,T − 6 GRAPH

51. This setting is better than the standard setting. It gives a more complete graph.

```
Xmin = -1
Xmax = 20
Xscl = 1
Ymin = -15
Ymax = 5
Yscl = 1
```

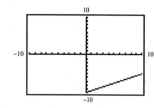
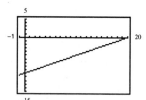

53. This setting is better than the standard setting. It gives a closer look at the important characteristics of the graph.

```
Xmin = -5
Xmax = 5
Xscl = 1
Ymin = -5
Ymax = 5
Yscl = 1
```

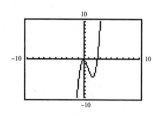
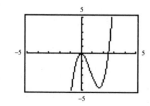

55.
```
Xmin = -2
Xmax = 8
Xscl = 1
Ymin = -1
Ymax = 17
Yscl = 1
```

57.
```
Xmin = -5
Xmax = 5
Xscl = 1
Ymin = -3
Ymax = 6
Yscl = 1
```

59. Graph the equations $y_1 = \frac{1}{2}(x - 4)$ and $y_2 = \frac{1}{2}x - 2$ on the same axes. If the graphs are identical, then $y_1 = y_2$.

$$\tfrac{1}{2}(x - 4) = \tfrac{1}{2}x - 2$$

This is an illustration of the Distributive Property.

61. Graph the equations
$$y_1 = x + (2x - 1)$$
and
$$y_2 = (x + 2x) - 1$$
on the same axes. If the graphs are identical, then $y_1 = y_2$.
$$x + (2x + 1) = (x + 2x) + 1$$

This is an illustration of the Associative Property of Addition.

63. The x-intercepts are $(3, 0)$ and $(-3, 0)$.

$$0 = x^2 - 9$$
$$0 = (x + 3)(x - 3)$$
$$x + 3 = 0 \Rightarrow x = -3$$
$$x - 3 = 0 \Rightarrow x = 3$$

The first coordinates of the x-intercepts are the solutions of the polynomial equation.

65. The x-intercepts are $(-1, 0)$ and $(3, 0)$.

$$0 = x^2 - 2x - 3$$
$$0 = (x - 3)(x + 1)$$
$$x - 3 = 0 \Rightarrow x = 3$$
$$x + 1 = 0 \Rightarrow x = -1$$

The first coordinates of the x-intercepts are the solutions of the polynomial equation.

67. From the graph it appears that the x-intercept is $(4, 0)$.

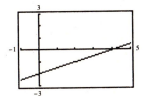

$y = \tfrac{1}{2}x - 2$

x-intercept: Let $y = 0$.
$$0 = \tfrac{1}{2}x - 2$$
$$2(0) = 2(\tfrac{1}{2}x - 2)$$
$$0 = x - 4$$
$$4 = x$$

The x-intercept is $(4, 0)$.

69. From the graph it appears that the x-intercepts are $(0, 0)$ and $(6, 0)$.

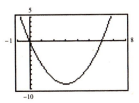

$y = x^2 - 6x$

x-intercept: Let $y = 0$.
$$0 = x^2 - 6x$$
$$0 = x(x - 6)$$
$$x = 0$$
$$x - 6 = 0 \Rightarrow x = 6$$

The x-intercepts are $(0, 0)$ and $(6, 0)$.

71.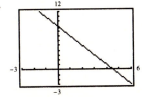

The solution is $\tfrac{9}{2}$.

73.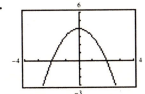

The solutions are 2 and -2.

75.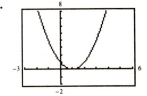

The solution is 1.

77.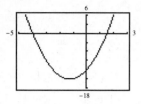

The solutions are -4 and $\frac{3}{2}$.

79.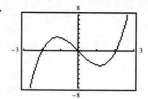

The solutions are 0, 2, and -2.

81. (a) $y = \frac{4}{3}x$

x	0	3	6	9	12
F	0	4	8	12	16

(b)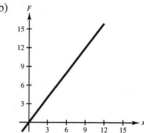

(c) When the force is doubled, the length of the spring is also doubled.

83.

t	0	5	8
y	225,000	125,000	65,000

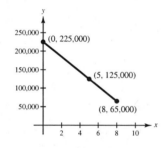

85.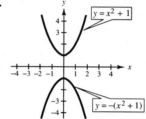

The new graph is a reflection in the x-axis of the original graph. Here are other examples:

$y = |x|$ and $y = -|x|$

$y = 2x + 3$ and $y = -(2x + 3)$

$y = \sqrt{x}$ and $y = -\sqrt{x}$

87.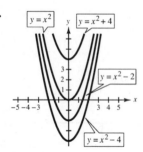

The graph of $y = x^2 + c$, $c > 0$, is obtained by shifting the graph of $y = x^2$ *upward* c units.

The graph of $y = x^2 - c$, $c > 0$, is obtained by shifting the graph of $y = x^2$ *downward* c units.

Section 2.3 Slope: An Aid to Graphing Lines

1. $m = \frac{2}{3}$

(For example, from $(0, 2)$ to $(3, 4)$, the change in y is 2 and the change in x is 3.)

3. $m = -2$

(For example, from $(0, 8)$ to $(1, 6)$, the change in y is -2 and the change in x is 1.)

5. m is undefined. (For any two points on the line, the change in x is 0, so the slope is undefined.)

7. (a) L_3 is the line with slope $m = \frac{3}{4}$.

(b) L_2 is the line with slope $m = 0$.

(c) L_1 is the line with slope $m = -3$.

9. $m = \dfrac{5 - 0}{7 - 0} = \dfrac{5}{7}$

The line rises.

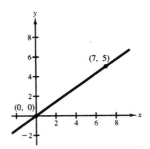

11. $m = \dfrac{1 - (-3)}{6 - (-2)} = \dfrac{4}{8} = \dfrac{1}{2}$

The line rises.

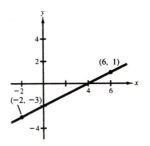

13. $m = \dfrac{0 - 12}{8 - 0} = \dfrac{-12}{8} = -\dfrac{3}{2}$

The line falls.

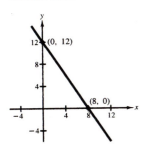

15. $m = \dfrac{4 - (-3)}{-5 - (-5)} = \dfrac{7}{0}$ (undefined)

The line is vertical.

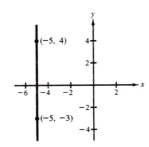

17. $m = \dfrac{-5 - (-5)}{7 - 2} = \dfrac{0}{5} = 0$

The line is horizontal.

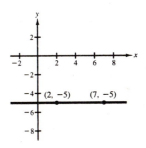

19. $m = \dfrac{-(5/2) - 2}{5 - (3/4)}$

$= \dfrac{-(5/2) - (4/2)}{(20/4) - (3/4)}$

$= -\dfrac{9}{2} \div \dfrac{17}{4}$

$= -\dfrac{9}{2} \cdot \dfrac{4}{17}$

$= -\dfrac{18}{17}$

The line falls.

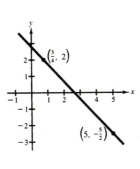

21. $m = \dfrac{6 - (-1)}{-4.2 - 4.2}$

$= \dfrac{7}{-8.4}$

$= \dfrac{70}{84}$

$= -\dfrac{70}{84}$

$= -\dfrac{\cancel{(7)}(5)\cancel{(2)}}{\cancel{(7)}\cancel{(2)}(6)}$

$= -\dfrac{5}{6}$

The line falls.

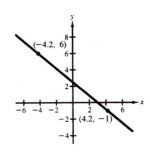

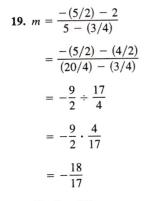

23. $m = \dfrac{4.5 - 4.5}{3 - 0} = \dfrac{0}{3} = 0$

The line is horizontal.

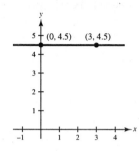

25. $m = \dfrac{5 - (-5)}{3 - (-3)} = \dfrac{10}{6} = \dfrac{5}{3}$

The line rises.

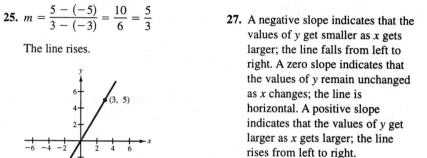

27. A negative slope indicates that the values of y get smaller as x gets larger; the line falls from left to right. A zero slope indicates that the values of y remain unchanged as x changes; the line is horizontal. A positive slope indicates that the values of y get larger as x gets larger; the line rises from left to right.

29. $\dfrac{-2}{3} = \dfrac{7 - 5}{x - 4}$

$\dfrac{-2}{3} = \dfrac{2}{x - 4}$

$-2(x - 4) = 3(2)$

$-2x + 8 = 6$

$-2x = -2$

$x = 1$

31. $\dfrac{3}{2} = \dfrac{3 - y}{9 - (-3)}$

$\dfrac{3}{2} = \dfrac{3 - y}{12}$

$3(12) = 2(3 - y)$

$36 = 6 - 2y$

$30 = -2y$

$-15 = y$

33. $m = 0 \Rightarrow$ the line is horizontal.

Every point on the horizontal line through $(5, 2)$ has a y-coordinate of 2.

$(6, 2), (10, 2), (-1, 2),$
$(8, 2), (-5, 2),$ etc.

35. $m = 3 = \dfrac{3}{1} \Rightarrow \dfrac{\text{change in } y}{\text{change in } x} = \dfrac{3}{1}$

$(3 + 1, -4 + 3) = (4, -1)$

$(4 + 1, -1 + 3) = (5, 2)$

$(5 + 1, 2 + 3) = (6, 5)$

$(6 + 1, 5 + 3) = (7, 8)$, etc.

37. $m = -1 = \dfrac{-1}{1} \Rightarrow \dfrac{\text{change in } y}{\text{change in } x} = \dfrac{-1}{1}$

$(0 + 1, 3 - 1) = (1, 2)$

$(1 + 1, 2 - 1) = (2, 1)$

$(2 + 1, 1 - 1) = (3, 0)$

$(3 + 1, 0 - 1) = (4, -1)$

$(4 + 1, -1 - 1) = (5, -2)$, etc.

39. $m = \dfrac{4}{3} \Rightarrow \dfrac{\text{change in } y}{\text{change in } x} = \dfrac{4}{3}$

$(-5 + 3, 0 + 4) = (-2, 4)$

$(-2 + 3, 4 + 4) = (1, 8)$

$(1 + 3, 8 + 4) = (4, 12)$

$(4 + 3, 12 + 4) = (7, 16)$

$(7 + 3, 16 + 4) = (10, 20)$, etc.

41. The line is vertical. Every point on the vertical line through $(4, 2)$ has an x-coordinate of 4.

$(4, 10), (4, -7), (4, 0), (4, -1), (4, 4),$ etc.

43.

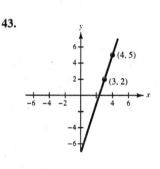

45.

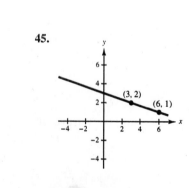

47.

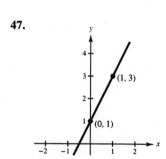

49.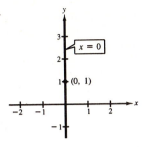

51.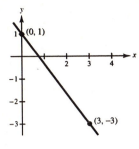

53. $m_1 = 3, m_2 = -4$

On the first line, the y-value changes by 3 as x changes by 1. On the second line, the y-value changes by 4 as x changes by 1. The second line is "steeper."

55. x-intercept

Let $y = 0$.

$2x - 0 + 4 = 0$

$2x = -4$

$x = -2$

$(-2, 0)$

y-intercept

Let $x = 0$.

$2(0) - y + 4 = 0$

$-y = -4$

$y = 4$

$(0, 4)$

57. x-intercept

Let $y = 0$.

$-5x + 2(0) - 20 = 0$

$-5x = 20$

$x = -4$

$(-4, 0)$

y-intercept

Let $x = 0$.

$-5(0) + 2y - 20 = 0$

$2y = 20$

$y = 10$

$(0, 10)$

59. $3x - y - 2 = 0$

$-y = -3x + 2$

$y = 3x - 2$

Slope: 3

y-intercept: $(0, -2)$

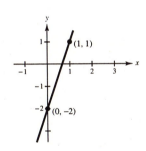

61. $x + y = 0$

$y = -x + 0$

Slope: -1

y-intercept: $(0, 0)$

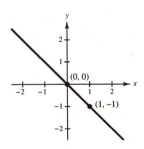

63. $3x + 2y - 2 = 0$

$2y = -3x + 2$

$y = -\frac{3}{2}x + 1$

Slope: $-\frac{3}{2}$

y-intercept: $(0, 1)$

65. $x - 4y + 2 = 0$

$-4y = -x - 2$

$y = \frac{1}{4}x + \frac{1}{2}$

Slope: $\frac{1}{4}$

y-intercept: $\left(0, \frac{1}{2}\right)$

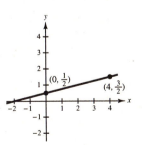

67. $y - 2 = 0$

$y = 2$

Slope: 0

y-intercept: $(0, 2)$

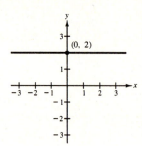

69. $x - 0.2y - 1 = 0$

$-0.2y = -x + 1$

$y = \dfrac{-x}{-0.2} + \dfrac{1}{-0.2}$

$y = 5x - 5$

Slope: 5

y-intercept: $(0, -5)$

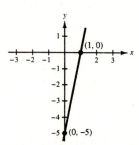

71. $m_1 = \dfrac{1-3}{2-1} = \dfrac{-2}{1} = -2$

$m_2 = \dfrac{2-0}{4-0} = \dfrac{2}{4} = \dfrac{1}{2}$

L_1 and L_2 are perpendicular because m_1 and m_2 are negative reciprocals.

73. $m_1 = \dfrac{4-0}{4-(-2)} = \dfrac{4}{6} = \dfrac{2}{3}$

$m_2 = \dfrac{0-(-2)}{4-1} = \dfrac{2}{3}$

L_1 and L_2 are parallel because $m_1 = m_2$.

75. L_1 and L_2 are parallel because their slopes are the same.

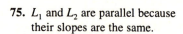

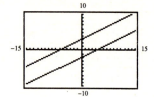

77. L_1 and L_2 are perpendicular because their slopes are negative reciprocals of each other.

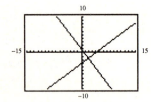

79.

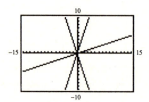

The second and third lines are perpendicular to one another.

81.

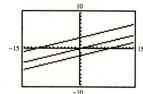

The three lines are parallel to one another.

83. No. Two lines with positive slopes could not be perpendicular to one another. Perpendicular lines have slopes that are negative reciprocals of one another. If the slope of a line is positive, every line perpendicular to it has a negative slope.

85. $-\dfrac{12}{100} = -\dfrac{2000}{x}$

$-12x = -200,000$

$x = \dfrac{-200,000}{-12}$

$\approx 16,667$ ft (or approximately 3.16 miles)

87. The graph indicates that income increased most rapidly in the years of 1991 and 1995.

89. $\dfrac{1}{2}(30) = 15 \Rightarrow \dfrac{3}{4} = \dfrac{h}{15}$

$3(15) = 4h$

$45 = 4h$

$\dfrac{45}{4} = h$

$11.25 \text{ ft} = h$

Mid-Chapter Quiz for Chapter 2

1. $(-1, 5)$ and $(3, 2)$

(a)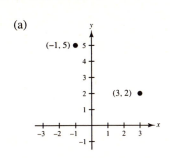

(b) $d = \sqrt{(x_2 - x_1)^2 + (y_2 - y_1)^2}$
$= \sqrt{(3 + 1)^2 + (2 - 5)^2}$
$= \sqrt{4^2 + (-3)^2}$
$= \sqrt{16 + 9}$
$= \sqrt{25}$
$= 5$

(c) $m = \dfrac{y_2 - y_1}{x_2 - x_1}$
$= \dfrac{2 - 5}{3 - (-1)}$
$= \dfrac{-3}{4}$
$= -\dfrac{3}{4}$

2. $(-3, -2)$ and $(2, 10)$

(a)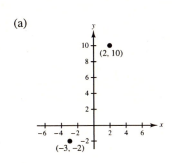

(b) $d = \sqrt{(x_2 - x_1)^2 + (y_2 - y_1)^2}$
$= \sqrt{(2 + 3)^2 + (10 + 2)^2}$
$= \sqrt{5^2 + 12^2}$
$= \sqrt{25 + 144}$
$= \sqrt{269}$
$= 13$

(c) $m = \dfrac{y_2 - y_1}{x_2 - x_1}$
$= \dfrac{10 - (-2)}{2 - (-3)}$
$= \dfrac{12}{5}$

3. $(10, -3)$

4. (a) $4x - 3y = 10$
$4(2) - 3(1) \stackrel{?}{=} 10$
$8 - 3 \stackrel{?}{=} 10$
$5 \neq 10$
No

(b) $4x - 3y = 10$
$4(1) - 3(-2) \stackrel{?}{=} 10$
$4 + 6 \stackrel{?}{=} 10$
$10 = 10$
Yes

(c) $4x - 3y = 10$
$4(2.5) - 3(0) \stackrel{?}{=} 10$
$10 - 0 \stackrel{?}{=} 10$
$10 = 10$
Yes

(d) $4x - 3y = 10$
$4(2) - 3\left(-\frac{2}{3}\right) \stackrel{?}{=} 10$
$8 + \frac{6}{3} \stackrel{?}{=} 10$
$8 + 2 \stackrel{?}{=} 10$
$10 = 10$
Yes

5. $6x - 8y + 48 = 0$

x-intercept

Let $y = 0$.

$6x - 8(0) + 48 = 0$
$6x + 48 = 0$
$6x = -48$
$x = -8$
$(-8, 0)$

y-intercept

Let $x = 0$.

$6(0) - 8y + 48 = 0$
$-8y + 48 = 0$
$-8y = -48$
$y = 6$
$(0, 6)$

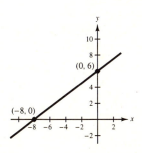

6.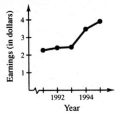

7.

8.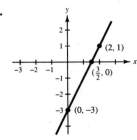

$y = 2x - 3$

x	-1	0	1	$\frac{3}{2}$	2	3
y	-5	-3	-1	0	1	3
(x, y)	$(-1, -5)$	$(0, -3)$	$(1, -1)$	$\left(\frac{3}{2}, 0\right)$	$(2, 1)$	$(3, 3)$

9.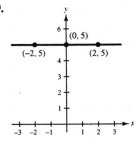

$y = 5$

x	-3	-2	-1	0	1	2	3
y	5	5	5	5	5	5	5
(x, y)	$(-3, 5)$	$(-2, 5)$	$(-1, 5)$	$(0, 5)$	$(1, 5)$	$(2, 5)$	$(3, 5)$

10.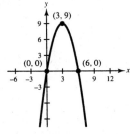

$y = 6x - x^2$

x	-1	0	2	3	5	6	7
y	-7	0	8	9	5	0	-7
(x, y)	$(-1, -7)$	$(0, 0)$	$(2, 8)$	$(3, 9)$	$(5, 5)$	$(6, 0)$	$(7, -7)$

11.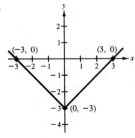

$y = |x| - 3$

x	-4	-3	-1	0	1	3	4
y	1	0	-2	-3	-2	0	1
(x, y)	$(-4, 1)$	$(-3, 0)$	$(-1, -2)$	$(0, -3)$	$(1, -2)$	$(3, 0)$	$(4, 1)$

12. $3x + y - 6 = 0$

$y = -3x + 6$

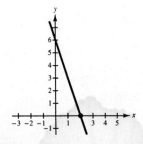

13. $8x - 6y = 30$

$-6y = -8x + 30$

$y = \dfrac{-8}{-6}x + \dfrac{30}{-6}$

$y = \dfrac{4}{3}x - 5$

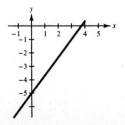

14.
```
Xmin = -4
Xmax = 4
Xscl = 1
Ymin = -3
Ymax = 12
Yscl = 2
```

15.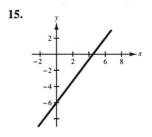

16. $5x + 3y - 9 = 0$

$3y = -5x + 9$

$y = -\frac{5}{3}x + 3$

The slope of this line is $-\frac{5}{3}$. The slope of a line perpendicular to this line would be $\frac{3}{5}$, the negative reciprocal of $-\frac{5}{3}$.

Section 2.4 Relations, Functions, and Function Notation

1. $\{(-2, 0), (0, 1), (1, 4), (0, -1)\}$

Domain: $\{-2, 0, 1\}$

Range: $\{-1, 0, 1, 4\}$

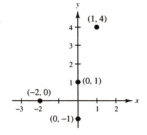

3. $\{(0, 0), (4, -3), (2, 8), (5, 5), (6, 5)\}$

Domain: $\{0, 2, 4, 5, 6\}$

Range: $\{-3, 0, 5, 8\}$

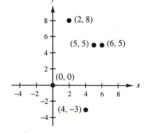

5. $d = rt$

$d = 50t$ with domain $\{3, 2, 8, 6, \frac{1}{2}\}$

$\{(3, 150), (2, 100), (8, 400), (6, 300), (\frac{1}{2}, 25)\}$

7. $\{(1992, \text{Toronto}), (1993, \text{Toronto}), (1995, \text{Atlanta}), (1996, \text{New York})\}$

9. No, it is not a function. One element in the domain is matched with more than one element in the range.

11. No, it is not a function. Elements in the domain are matched with more than one element in the range.

13. Yes, it is a function. Every element in the domain is matched with exactly one element in the range.

15. No, it is not a function. Elements in the domain are matched with more than one element in the range.

17. (a) Yes, because every element in A is matched with exactly one element in B.

(b) No, because the element 1 in A is matched with two elements, -2 and 1, in B.

(c) Yes, because every element in A is matched with exactly one element in B.

(d) No, because not all elements in A are matched with an element in B.

19. Any set of ordered pairs is a relation, but a function is a set of ordered pairs in which no two ordered pairs have the same first coordinate.

21. $(0, 5)$: $0^2 + 5^2 \stackrel{?}{=} 25$

$25 = 25$

$(0, -5)$: $0^2 + (-5)^2 \stackrel{?}{=} 25$

$25 = 25$

In this equation, y is not a function of x because an x-value, 0, is matched with two different y-values.

23. $(1, 3)$: $|3| \stackrel{?}{=} 1 + 2$

$3 = 3$

$(1, -3)$: $|-3| \stackrel{?}{=} 1 + 2$

$3 = 3$

In this equation, y is not a function of x because an x-value, 1, is matched with two different y-values.

25. Yes, there is exactly one high school enrollment for each year. Yes, there is exactly one college enrollment for each year.

27. (a) $f(2) = 3(2) + 5$
(b) $f(-2) = 3(-2) + 5$
(c) $f(k) = 3(k) + 5$
(d) $f(k + 1) = 3(k + 1) + 5$

29. (a) $f(3) = \dfrac{(3)}{(3) + 2}$
(b) $f(-4) = \dfrac{(-4)}{(-4) + 2}$
(c) $f(s) = \dfrac{(s)}{(s) + 2}$
(d) $f(s - 2) = \dfrac{(s - 2)}{(s - 2) + 2}$

31. (a) $f(3) = 12(3) - 7$
$= 36 - 7$
$= 29$
(c) $f(a) + f(1) = [12(a) - 7] + [12(1) - 7]$
$= (12a - 7) + (12 - 7)$
$= 12a - 7 + 5$
$= 12a - 2$
(b) $f(\tfrac{3}{2}) = 12(\tfrac{3}{2}) - 7$
$= 18 - 7$
$= 11$
(d) $f(a + 1) = 12(a + 1) - 7$
$= 12a + 12 - 7$
$= 12a + 5$

33. (a) $f(-1) = \sqrt{-1 + 5} = \sqrt{4} = 2$
(c) $f(\tfrac{16}{3}) = \sqrt{\tfrac{16}{3} + 5} = \sqrt{\tfrac{31}{3}}$
(b) $f(4) = \sqrt{4 + 5} = \sqrt{9} = 3$
(d) $f(5z) = \sqrt{5z + 5}$

35. (a) $f(0) = \dfrac{3(0)}{0 - 5} = \dfrac{0}{-5} = 0$
(c) $f(2) - f(-1) = \dfrac{3(2)}{2 - 5} - \dfrac{3(-1)}{-1 - 5}$
$= \dfrac{6}{-3} - \dfrac{-3}{-6}$
$= -2 - \dfrac{1}{2}$
$= -\dfrac{5}{2}$
(b) $f\left(\dfrac{5}{3}\right) = \dfrac{3(\tfrac{5}{3})}{\tfrac{5}{3} - 5}$
$= \dfrac{5}{-\tfrac{10}{3}}$
$= \dfrac{5}{1} \cdot -\dfrac{3}{10}$
$= -\dfrac{3}{2}$
(d) $f(x + 4) = \dfrac{3(x + 4)}{x + 4 - 5} = \dfrac{3x + 12}{x - 1}$

37. (a) $f(4) = 10 - 2(4) = 10 - 8 = 2$
(c) $f(0) = 10 - 2(0) = 10$
(b) $f(-10) = -10 + 8 = -2$
(d) $f(6) - f(-2) = [10 - 2(6)] - [-2 + 8]$
$= 10 - 12 - 6$
$= -8$

39. (a) $\dfrac{f(x + 2) - f(2)}{x} = \dfrac{[2(x + 2) + 5] - [2(2) + 5]}{x}$
$= \dfrac{2x + 4 + 5 - 4 - 5}{x}$
$= \dfrac{2x}{x} = 2$
(b) $\dfrac{f(x - 3) - f(3)}{x} = \dfrac{[2(x - 3) + 5] - [2(3) + 5]}{x}$
$= \dfrac{2x - 6 + 5 - 6 - 5}{x}$
$= \dfrac{2x - 12}{x}$

41. $g(x) = 1 - x^2$

(a) $g(2.2) = 1 - (2.2)^2$
$= 1 - 4.84$
$= -3.84$

(b) $\dfrac{g(2.2) - g(2)}{0.2} = \dfrac{[1 - (2.2)^2] - [1 - 2^2]}{0.2}$
$= \dfrac{-3.84 - (-3)}{0.2}$
$= \dfrac{-3.84 + 3}{0.2}$
$= \dfrac{-0.84}{0.2}$
$= -4.2$

43. Domain: $\{0, 2, 4, 6\}$
Range: $\{0, 1, 8, 27\}$

45. Domain: all real numbers r such that $r > 0$
Range: all real numbers C such that $C > 0$

47. Domain: all real numbers x such that $x \neq 3$

49. $g(x) = \dfrac{5x}{x^2 - 3x + 2}$
$= \dfrac{5x}{(x-2)(x-1)}$
Domain: all real numbers x such that $x \neq 2, 1$

51. Domain: all real numbers t such that $t \neq 0, -2$

53. Domain: all real numbers x

55. Domain: all real numbers x such that $x \geq 2$

57. Domain: all real numbers x such that $x \geq 0$

59. Domain: all real numbers x

61. Domain: all real numbers t

63. $P(x) = 4x$ or $P = 4x$

65. Volume = (Length)(Width)(Height)
$V = (24 - 2x)(24 - 2x)(x)$
$= 2(12 - x)(2)(12 - x)(x)$
$= 4x(12 - x)^2, \ 0 < x < 12$

67. Each side of the remaining square is $32 - x$.
$A(x) = (32 - x)^2$ or $A = (32 - x)^2, \ 0 < x < 32$

69. $P(x) = 50\sqrt{x} - 0.5x - 500$

(a) $P(1600) = 50\sqrt{1600} - 0.5(1600) - 500$
$= 50(40) - 800 - 500$
$= 2000 - 800 - 500$
$= \$700$

(b) $P(2500) = 50\sqrt{2500} - 0.5(2500) - 500$
$= 50(50) - 1250 - 500$
$= 2500 - 1250 - 500$
$= \$750$

71. $S(L) = \dfrac{128{,}160}{L}$

(a) $S(12) = \dfrac{128{,}160}{12} = 10{,}680$ pounds

(b) $S(16) = \dfrac{128{,}160}{16} = 8010$ pounds

73. (a) No, this is not correct.
(b) Yes, this is correct.

Section 2.5 Graphs of Functions

1. $3x - y + 10 = 0$
$-y = -3x - 10$
$y = 3x + 10$
$f(x) = 3x + 10$

3. $0.2x + 0.8y - 4.5 = 0$
$10(0.2x + 0.8y - 4.5) = 10(0)$
$2x + 8y - 45 = 0$
$8y = -2x + 45$
$y = -\frac{2}{8}x + \frac{45}{8}$
$y = -\frac{1}{4}x + \frac{45}{8}$
$f(x) = -\frac{1}{4}x + \frac{45}{8}$

5. $y - 4 = 0$
$y = 4$
$f(x) = 4$

7. $f(x) = 2x - 6$
x-intercept: $0 = 2x - 6$
$6 = 2x$
$3 = x \Rightarrow (3, 0)$ is the x-intercept
y-intercept: $y = 2(0) - 6$
$y = -6 \Rightarrow (0, -6)$ is the y-intercept

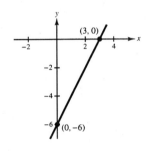

9. $g(x) = -\frac{3}{4}x + 1$
x-intercept: $0 = -\frac{3}{4}x + 1$
$4(0) = 4\left(-\frac{3}{4}x + 1\right)$
$0 = -3x + 4$
$-4 = -3x$
$\frac{4}{3} = x \Rightarrow \left(\frac{4}{3}, 0\right)$ is the x-intercept
y-intercept: $y = -\frac{3}{4}(0) + 1$
$y = 1 \Rightarrow (0, 1)$ is the y-intercept

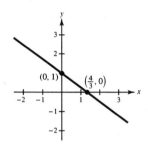

11. No vertical line intersects the graph more than once, so *y is a function* of *x*.

13. Some vertical lines intersect the graph more than once, so *y is not a function* of *x*.

15. Some vertical lines intersect the graph more than once, so *y is not a function* of *x*.

17. Every value of *y* corresponds to exactly one value of *x*, so *x is a function of y*.

19.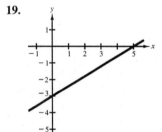
y is a function of x.

21.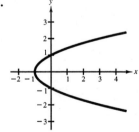
y is a not function of x.

23. Domain = $\{x: x \leq -2 \text{ or } x \geq 2\}$
Range = $\{y: y \geq 0\}$

25. Domain = $\{x: -3 \leq x \leq 3\}$
Range = $\{y: 0 \leq y \leq 3\}$

27.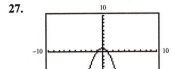
Domain = $\{x: x \text{ is a real number}\}$
Range = $\{y: y \leq 1\}$

29.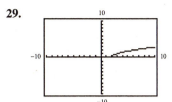
Domain = $\{x: x \geq 2\}$
Range = $\{y: y \geq 0\}$

31. (c)

33. (e)

35. (f)

37. Domain = $\{x: x \text{ is a real number}\}$
Range = $\{4\}$

x	-2	0	2	4	6
y	4	4	4	4	4

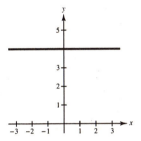

39. Domain = $\{x: x \text{ is a real number}\}$
Range = $\{y: y \text{ is a real number}\}$

x	0	2	$\frac{7}{2}$	5
y	-7	-3	0	3

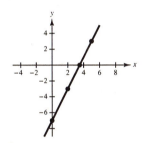

41. Domain = $\{x: x \text{ is a real number}\}$
Range = $\{y: y \geq 0\}$

x	-4	-2	0	2	4
y	8	2	0	2	8

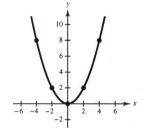

43. $f(x) = -(x-1)^2$

x	-1	0	1	2	3	4
y	-4	-1	0	-1	-4	-9

Domain = $\{x: x \text{ is a real number}\}$
Range = $\{y: y \leq 0\}$

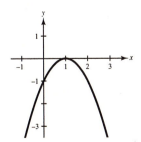

45. $K(s) = |s-4| + 1$

s	0	1	2	4	5	6
$K(s)$	5	4	3	1	6	3

Domain = $\{s: s \text{ is a real number}\}$
Range = $\{y: y \geq 1\}$

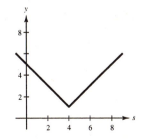

47. Domain = $\{t: t \geq 2\}$
Range = $\{y: y \geq 0\}$

t	0	2	3	6	11
y	—	0	1	2	3

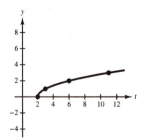

49. Domain{s: s is a real number}
Range{y: y is a real number}

s	−2	−1	0	1	2
g(s)	−4	−½	0	½	4

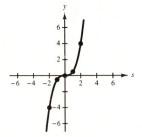

51. Domain{x: 0 ≤ x ≤ 2}
Range = {y: 0 ≤ y ≤ 6}

x	−1	0	⅓	1	5/3	2	3
y	—	6	5	3	1	0	—

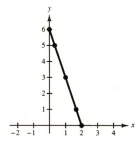

53. Domain = {x: −2 ≤ x ≤ 2}
Range = {y: −8 ≤ y ≤ 8}

x	−2	−1	0	1	2
y	−8	−1	0	1	8

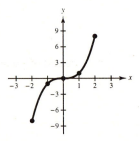

55. $f(t) = \begin{cases} \sqrt{4+t}, & t < 0 \\ \sqrt{4-t}, & t \geq 0 \end{cases}$

t	−4	−3	−1	0	2	3	4
y	0	1	$\sqrt{3}$	2	$\sqrt{2}$	1	0

Domain = {t: −4 ≤ t ≤ 4}
Range = {y: 0 ≤ y ≤ 2}

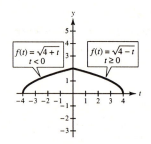

57. $h(x) = \begin{cases} 4 - x^2, & x \leq 2 \\ x - 2, & x > 2 \end{cases}$

x	−3	−2	−1	0	1	2	3	5
y	−5	0	3	4	3	0	1	3

Domain = {x: x is a real number}
Range = {y: y is a real number}

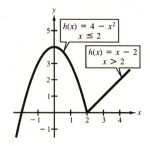

59.
```
Xmin = 0
Xmax = 20
Xscl = 2
Ymin = -10
Ymax = 60
Yscl = 6
```

61. (a) Perimeter = 2(Length) + 2(Width)

$$100 = 2x + 2w$$
$$100 - 2x = 2w$$
$$50 - x = w$$

Area = (Length)(Width)
$$= x(50 - x)$$

(b)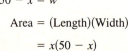

(c) The area is largest when x = 50. This indicates that the area is largest when the rectangle is a square.

Section 2.6 Transformations of Functions

1.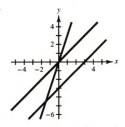

3.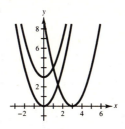

5.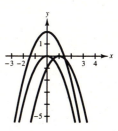

7.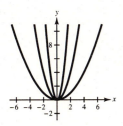

9.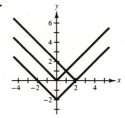

11.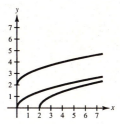

13. Basic function: $y = x^3$.
   Transformation: Horizontal shift 2 units to the right
   Equation: $y = (x - 2)^3$

15. Basic Function: $y = x^2$.
   Transformation: Reflection in the x-axis
   Equation: $y = -x^2$

17. Basic function: $y = \sqrt{x}$.
   Transformation: Reflection in the x-axis and vertical shift upward of 1 unit
   Equation: $y = -\sqrt{x} + 1$

19. Basic Function: $y = x^2$.
   Transformation: Vertical shift downward of 1 unit
   Equation: $y = x^2 - 1$

21. Basic function: $y = x^3$.
   Transformation: Reflection in the x-axis (or y axis) and shift upward of 1 unit
   Equation: $y = -x^3 + 1$ or $y = (-x)^3 + 1$

23. Basic function: $y = x$.
   Transformation: Vertical shift upward of 3 units (or Horizontal shift of 3 units to the left)
   Equation: $y = x + 3$

25. Basic function: $y = |x|$.
   Transformation: Horizontal shift 2 units to the right and vertical shift downward of 2 units
   Equation: $y = |x - 2| - 2$

27. Reflection in the x-axis
   $y = -\sqrt{x}$

29. Horizontal shift to the left of 2 units
   $y = \sqrt{x + 2}$

31. Reflection in the y-axis
   $y = \sqrt{-x}$

33. Vertical shift upward of 3 units

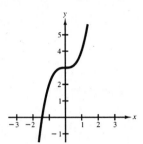

35. Horizontal shift to the right of 3 units

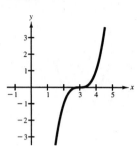

37. Reflection in the y-axis

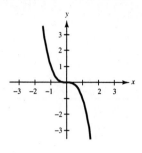

39. $h(x) = 2 - (x-1)^3 = -(x-1)^3 + 2$

Reflection in the x-axis, horizontal shift to the right of 1 unit, and vertical shift upward of 2 units

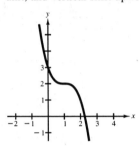

41. Horizontal shift to the right of 5 units

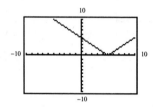

43. Vertical shift downward of 5 units

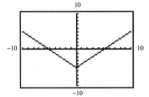

45. Reflection in the x-axis

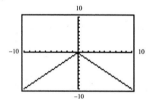

47. The graph of g is a horizontal shift of 2 units to the left.

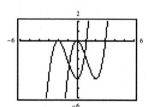

49. The graph of g is a reflection in the y-axis.

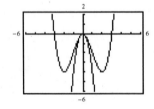

51. The graph is a reflection in the x-axis and a vertical shift upward of 1 unit.

$$g(x) = -(x^3 - 3x^2) + 1$$
$$= -x^3 + 3x^2 + 1$$

53. (a)

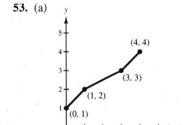

(b)

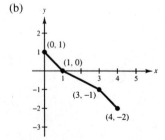

(c)

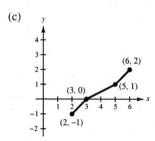

—CONTINUED—

53. —CONTINUED—

(d)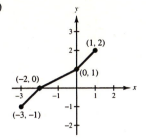

(e)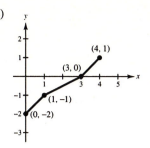

(f)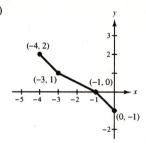

55. (a)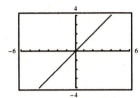

(b)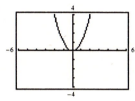

(c)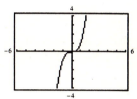

(d)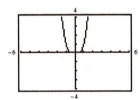

(e)

(f)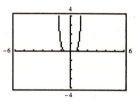

All graphs pass through the origin. The graphs of the even powers resemble the squaring function. The graphs of the odd powers resemble the cubing function. As the powers of x increase, the graphs become flatter for the x-values between -1 and 1.

57.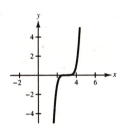

59.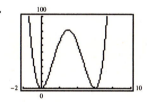

61.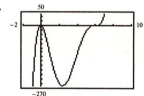

63. (a)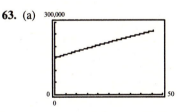

(c)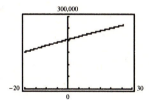

(b) The transformation is a horizontal shift of 20 units to the left. With this shift, $t = 0$ would correspond to the year 1970.

Review Exercises for Chapter 2

1. The greatest difference between the maximum and minimum temperatures occurs during the summer months. The largest difference in these normal daily temperatures is found in the month of June.

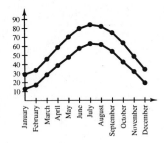

2.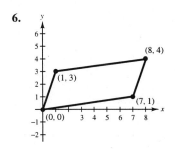

3. The points are not collinear. They form a triangle.

   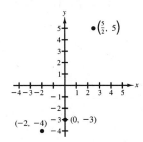

4. The points are not collinear. They form a triangle.

   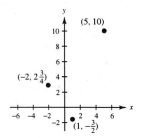

5.

6.

7. The point $(2, -6)$ is in Quadrant IV.

   The point is located to the *right* of the vertical axis and *below* the horizontal axis in Quadrant IV.

8. The point $(-4.8, -2)$ is in Quadrant III.

   The point is located to the *left* of the vertical axis and *below* the horizontal axis in Quadrant III.

9. The point $(4, y)$ may be located in Quadrants I or IV.

   If $y > 0$, the point is located to the *right* of the vertical axis and *above* the horizontal axis in Quadrant I. If $y < 0$, the point is located to the *right* of the vertical axis and *below* the horizontal axis in Quadrant IV.

   Note: If $y = 0$, the point would be located on the x-axis *between* the first and fourth quadrants.

10. $xy > 0 \Rightarrow$ the point is located in Quadrants I or III.

    The product xy is positive; therefore x and y have the same sign. If x and y are positive, the point would be located to the *right* of the vertical axis and *above* the horizontal axis in Quadrant I. If x and y are negative, the point would be located to the *left* of the vertical axis and *below* the horizontal axis in Quadrant III.

11.
(a) $(4, 2)$
$y = 4 - \frac{1}{2}x$
$2 \stackrel{?}{=} 4 - \frac{1}{2}(4)$
$2 \stackrel{?}{=} 4 - 2$
$2 = 2$
Yes, $(4, 2)$ is a solution.

(b) $(-1, 5)$
$y = 4 - \frac{1}{2}x$
$5 \stackrel{?}{=} 4 - \frac{1}{2}(-1)$
$5 \stackrel{?}{=} 4 + \frac{1}{2}$
$5 \neq 4\frac{1}{2}$
No, $(-1, 5)$ is not a solution.

(c) $(-4, 0)$
$y = 4 - \frac{1}{2}x$
$0 \stackrel{?}{=} 4 - \frac{1}{2}(-4)$
$0 \stackrel{?}{=} 4 + 2$
$0 \neq 6$
No, $(-4, 0)$ is not a solution.

(d) $(8, 0)$
$y = 4 - \frac{1}{2}x$
$0 \stackrel{?}{=} 4 - \frac{1}{2}(8)$
$0 \stackrel{?}{=} 4 - 4$
$0 = 0$
Yes, $(8, 0)$ is a solution.

12.
(a) $(3, 10)$
$3x - 2y + 18 = 0$
$3(3) - 2(10) + 18 \stackrel{?}{=} 0$
$9 - 20 + 18 \stackrel{?}{=} 0$
$7 \neq 0$
No, $(3, 10)$ is not a solution.

(b) $(0, 9)$
$3x - 2y + 18 = 0$
$3(0) - 2(9) + 18 \stackrel{?}{=} 0$
$0 - 18 + 18 \stackrel{?}{=} 0$
$0 = 0$
Yes, $(0, 9)$ is a solution.

(c) $(-4, 3)$
$3x - 2y + 18 = 0$
$3(-4) - 2(3) + 18 \stackrel{?}{=} 0$
$-12 - 6 + 18 \stackrel{?}{=} 0$
$0 = 0$
Yes, $(-4, 3)$ is a solution.

(d) $(-8, 0)$
$3x - 2y + 18 = 0$
$3(-8) - 2(0) + 18 \stackrel{?}{=} 0$
$-24 - 0 + 18 \stackrel{?}{=} 0$
$-6 \neq 0$
No, $(-8, 0)$ is not a solution.

13. Graph (c)   **14.** Graph (b)   **15.** Graph (a)   **16.** Graph (d)

17. $y = 6 - \frac{1}{3}x$

x	-3	0	6	12	18
y	7	6	4	2	0

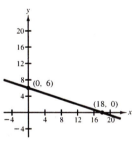

18. $y = \frac{3}{4}x - 2$

x	-1	0	2	$\frac{8}{3}$	4
y	$-\frac{11}{4}$	-2	$-\frac{1}{2}$	0	1

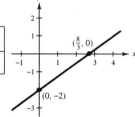

19. $3y - 2x - 3 = 0$
$3y = 2x + 3$
$y = \frac{2x + 3}{3}$
$y = \frac{2}{3}x + 1$

x	-3	$-\frac{3}{2}$	0	1
y	-1	0	1	$\frac{5}{3}$

20. $3x + 4y + 12 = 0$
$4y = -3x - 12$
$y = \frac{-3x - 12}{4}$
$y = -\frac{3}{4}x - 3$

x	-4	-2	0	1
y	0	$-\frac{3}{2}$	-3	$-\frac{7}{2}$

21. $x = |y - 3|$

x	0	2	4	6
y	3	1 and 5	-1 and 7	-3 and 9

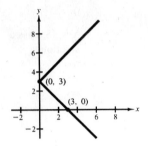

22. $y = 1 - x^3$ or $y = x^3 + 1$

The graph of this equation can be obtained by reflecting the graph of $y = x^3$ in the x-axis and shifting it upward 1 unit.

You can also graph the equation by plotting points.

x	-2	-1	0	1	2
y	9	2	1	0	-7

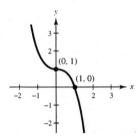

23. $(-1, 1), (6, 3)$

$$m = \frac{3 - 1}{6 - (-1)} = \frac{2}{7}$$

24. $(-2, 5), (3, -8)$

$$m = \frac{-8 - 5}{3 - (-2)} = \frac{-13}{5} = -\frac{13}{5}$$

25. $(-1, 3), (4, 3)$

$$m = \frac{3 - 3}{4 - (-1)} = \frac{0}{5} = 0$$

26. $(7, 2), (7, 8)$

$$m = \frac{8 - 2}{7 - 7} = \frac{6}{0} \text{ (undefined)}$$

27. $(0, 6), (8, 0)$

$$m = \frac{0 - 6}{8 - 0}$$
$$= \frac{-6}{8}$$
$$= -\frac{3}{4}$$

28. $(0, 0), \left(\frac{7}{2}, 6\right)$

$$m = \frac{6 - 0}{7/2 - 0}$$
$$= \frac{6}{7/2}$$
$$= \frac{6}{1} \div \frac{7}{2}$$
$$= \frac{6}{1} \cdot \frac{2}{7}$$
$$= \frac{12}{7}$$

29. $(-3, -3), (0, t), (1, 3)$

$$m_1 = \frac{3 - (-3)}{1 - (-3)}$$
$$= \frac{6}{4} = \frac{3}{2}$$
$$m_2 = \frac{t - (-3)}{0 - (-3)} = \frac{t + 3}{3}$$

Points collinear $\Rightarrow m_1 = m_2 \Rightarrow \dfrac{3}{2} = \dfrac{t + 3}{3}$

$$2(t + 3) = 9$$
$$2t + 6 = 9$$
$$2t = 3$$
$$t = \frac{3}{2}$$

30. $(2, 1), (1, t), (8, 3)$

$$m_1 = \frac{3-1}{8-2}$$

$$= \frac{2}{6}$$

$$= \frac{1}{3}$$

$$m_2 = \frac{t-1}{1-2}$$

$$= \frac{t-1}{-1}$$

$$= -t + 1$$

Points collinear $\Rightarrow m_1 = m_2 \Rightarrow \frac{1}{3} = -t + 1$

$$3\left(\frac{1}{3}\right) = 3(-t + 1)$$

$$1 = -3t + 3$$

$$-2 = -3t$$

$$\frac{-2}{-3} = t$$

$$\frac{2}{3} = t$$

31. $m = -3 = \frac{-3}{1} \Rightarrow \frac{\text{change in } y}{\text{change in } x} = \frac{-3}{1}$

$(2, -4)$

$(2 + 1, -4 - 3) = (3, -7)$

$(3 + 1, -7 - 3) = (4, -10)$

$(4 + 1, -10 - 3) = (5, -13)$,

etc.

32. $m = 2 = \frac{2}{1} \Rightarrow \frac{\text{change in } y}{\text{change in } x} = \frac{2}{1}$

$\left(-4, \frac{1}{2}\right)$

$\left(-4 + 1, \frac{1}{2} + 2\right) = \left(-3, \frac{5}{2}\right)$

$\left(-3 + 1, \frac{5}{2} + 2\right) = \left(-2, \frac{9}{2}\right)$

$\left(-2 + 1, \frac{9}{2} + 1\right) = \left(-1, \frac{13}{2}\right)$,

etc.

33. $m = \frac{5}{4} \Rightarrow \frac{\text{change in } y}{\text{change in } x} = \frac{5}{4}$

$(3, 1)$

$(3 + 4, 1 + 5) = (7, 6)$

$(7 + 4, 6 + 5) = (11, 11)$

$(11 + 4, 11 + 5) = (15, 16)$,

etc.

34. $m = -\frac{1}{3} \Rightarrow \frac{\text{change in } y}{\text{change in } x} = \frac{-1}{3}$

$\left(-3, -\frac{3}{2}\right)$

$\left(-3 + 3, -\frac{3}{2} - 1\right) = \left(0, -\frac{5}{2}\right)$

$\left(0 + 3, -\frac{5}{2} - 1\right) = \left(3, -\frac{7}{2}\right)$

$\left(3 + 3, -\frac{7}{2} - 1\right) = \left(6, -\frac{9}{2}\right)$,

etc.

35. m undefined $\Rightarrow$ the line is vertical.

Every point on the vertical line through $(3, 7)$ has an x-coordinate of 3.

$(3, 0), (3, 10), (3, -4), (3, -9)$,

etc.

36. $m = 0 \Rightarrow$ the line is horizontal.

Every point on the horizontal line through $(7, -2)$ has a y-coordinate of -2.

$(0, -2), (6, -2), (-1, -2), (-10, -2)$, etc.

37. $5x - 2y - 4 = 0$

$-2y = -5x + 4$

$y = \frac{5}{2}x - 2$

38. $x - 3y - 6 = 0$

$-3y = -x + 6$

$y = \frac{1}{3}x - 2$

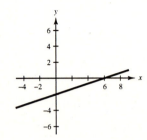

39. $x + 2y - 2 = 0$

$2y = -x + 2$

$y = -\frac{1}{2}x + 1$

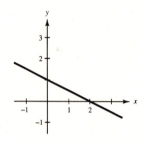

40. $y - 6 = 0$

$y = 6$ (or $y = 0x + 6$)

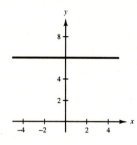

41. The lines are neither parallel nor perpendicular.

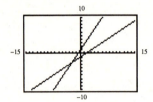

42. The lines are parallel because their slopes are equal.

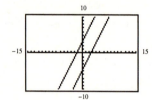

43. The lines are perpendicular because their slopes are negative reciprocals of each other.

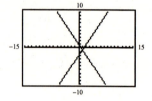

44. The lines are neither parallel nor perpendicular.

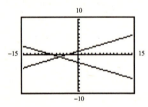

45. The relation *is not* a function because some elements in the domain are matched with more than one element in the range.

46. The relation *is* a function because each element in the domain is matched with exactly one element in the range.

47. The relation *is* a function because each element in the domain is matched with exactly one element in the range.

48. The relation *is not* a function because one element in the domain is matched with more than one element in the range.

49. The point $(0, 0)$ is the x-intercept and the y-intercept.

$9y^2 = 4x^3$

Some vertical lines intersect the graph more than once, so y *is not* a function of x.

$9y^2 = 4x^3$

x-intercept: $9(0)^2 = 4x^3$

$0 = 4x^3$

$0 = x^3$

$0 = x \Longrightarrow (0, 0)$ is the x-intercept

y-intercept: $9y^2 = 4x^3$

$9y^2 = 4(0)^3$

$9y^2 = 0$

$y^2 = 0$

$y = 0 \Longrightarrow (0, 0)$ is the y-intercept

50. The point $(0, 0)$ is the y-intercept and the x-intercepts are $(0, 0)$ and $(4, 0)$.

$y = 4x^3 - x^4$

No vertical line intersects the graph more than once, so y is a function of x.

$y = 4x^3 - x^4$

x-intercept: $0 = 4x^3 - x^4$

$0 = x^3(4 - x)$

$0 = x^3 \Longrightarrow x = 0 \Longrightarrow (0, 0)$ is the x-intercept

$0 = 4 - x \Longrightarrow x = 4 \Longrightarrow (4, 0)$ is the x-intercept

y-intercept: $y = 4x^3 - x^4$

$y = 4(0)^3 - 0^4$

$y = 0 \Longrightarrow (0, 0)$ is the y-intercept

51. The point $(0, 0)$ is the y-intercept and the x-intercepts are $(0, 0)$ and $(3, 0)$.

$$y = x^2(x - 3)$$

No vertical line intersects the graph more than once, so y is a function of x.

$$y = x^2(x - 3)$$

x-intercept: $0 = x^2(x - 3)$

$0 = x^2 \Longrightarrow x = 0 \Longrightarrow (0, 0)$ is an x-intercept

$0 = x - 3 \Longrightarrow x = 3 \Longrightarrow (3, 0)$ is an x-intercept

y-intercept: $y = x^2(x - 3)$

$$y = (0)^2(0 - 3)$$

$$y = 0 \Longrightarrow (0, 0) \text{ is the } y\text{-intercept}$$

52. The point $(0, 0)$ is the x-intercept and the y-intercept.

$$x^3 + y^3 - 6xy = 0$$

Some vertical lines intersect the graph more than once, so y is *not* a function of x.

$$x^3 + y^3 - 6xy = 0$$

x-intercept: $x^3 + y^3 - 6xy = 0$

$$x^3 + 0^3 - 6x(0) = 0$$

$x^3 = 0 \Longrightarrow x = 0 \Longrightarrow (0, 0)$ is an x-intercept

y-intercept: $x^3 + y^3 - 6xy = 0$

$$(0)^3 + y^3 - 6(0)y = 0$$

$$y^3 = 0 \Longrightarrow y = 0 \Longrightarrow (0, 0) \text{ is the } y\text{-intercept}$$

53.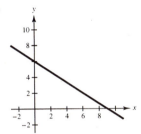

No vertical line intersects the graph more than once, so y is a function of x.

54.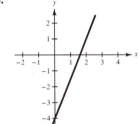

No vertical line intersects the graph more than once, so y is a function of x.

55.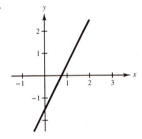

No vertical line intersects the graph more than once, so y is a function of x.

56.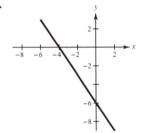

No vertical line intersects the graph more than once, so y is a function of x.

57.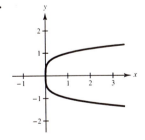

Some vertical lines intersects the graph more than once, so y is not a function of x.

58.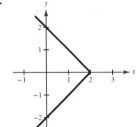

Some vertical lines intersects the graph more than once, so y is not a function of x.

59. $f(x) = 4 - \frac{5}{2}x$

(a) $f(-10) = 4 - \frac{5}{2}(-10)$
$= 4 + 25 = 29$

(b) $f\left(\frac{2}{5}\right) = 4 - \frac{5}{2}\left(\frac{2}{5}\right)$
$= 4 - 1 = 3$

(c) $f(t) + f(-4) = \left(4 - \frac{5}{2}t\right) + \left(4 - \frac{5}{2}(-4)\right)$
$= 4 - \frac{5}{2}t + 4 + 10 = 18 - \frac{5}{2}t$

(d) $f(x + h) = 4 - \frac{5}{2}(x + h)$
$= 4 - \frac{5}{2}x - \frac{5}{2}h$

60. $h(x) = x(x - 8)$

(a) $h(8) = 8(8 - 8) = 0$

(b) $h(10) = 10(10 - 8) = 20$

(c) $h(-3) = -3(-3 - 8)$
$= -3(-11) = 33$

(d) $h(t + 4) = (t + 4)[(t + 4) - 8]$
$= (t + 4)(t - 4) = t^2 - 16$

61. $f(t) = \sqrt{5 - t}$

(a) $f(-4) = \sqrt{5 - (-4)} = \sqrt{9} = 3$

(b) $f(5) = \sqrt{5 - 5} = 0$

(c) $f(3) = \sqrt{5 - 3} = \sqrt{2}$

(d) $f(5z) = \sqrt{5 - 5z}$

62. $g(x) = \frac{|x + 4|}{4}$

(a) $g(0) = \frac{|0 + 4|}{4} = 1$

(b) $g(-8) = \frac{|-8 + 4|}{4} = 1$

(c) $g(2) - g(-5) = \frac{|2 + 4|}{4} - \frac{|-5 + 4|}{4}$
$= \frac{6}{4} - \frac{1}{4} = \frac{5}{4}$

(d) $g(x - 2) = \frac{|x - 2 + 4|}{4} = \frac{|x + 2|}{4}$

63. $f(x) = \begin{cases} -3x, & \text{if } x \leq 0 \\ 1 - x^2, & \text{if } x > 0 \end{cases}$

(a) $f(2) = 1 - 2^2 = -3$

(b) $f\left(-\frac{2}{3}\right) = -3\left(-\frac{2}{3}\right) = 2$

(c) $f(1) = 1 - 1^2 = 0$

(d) $f(4) - f(3) = (1 - 4^2) - (1 - 3^2)$
$= 1 - 16 - 1 + 9 = -7$

64. $h(x) = \begin{cases} x^3, & \text{if } x \leq 1 \\ (x - 1)^2 + 1, & \text{if } x > 1 \end{cases}$

(a) $h(2) = (2 - 1)^2 + 1 = 2$

(b) $h\left(-\frac{1}{2}\right) = \left(-\frac{1}{2}\right)^3 = -\frac{1}{8}$

(c) $h(0) = 0^3 = 0$

(d) $h(4) - h(3) = [(4 - 1)^2 + 1] - [(3 - 1)^2 + 1]$
$= 10 - 5 = 5$

65. $f(x) = 3 - 2x$

(a) $\frac{f(x + 2) - f(2)}{x} = \frac{[3 - 2(x + 2)] - [3 - 2(2)]}{x} = \frac{3 - 2x - 4 - 3 + 4}{x} = \frac{-2x}{x} = -2$

(b) $\frac{f(x - 3) - f(3)}{x} = \frac{[3 - 2(x - 3)] - [3 - 2(3)]}{x} = \frac{3 - 2x + 6 - 3 + 6}{x} = \frac{-2x + 12}{x}$

66. $f(x) = 7x + 10$

(a) $\dfrac{f(x+1) - f(1)}{x} = \dfrac{[7(x+1) + 10] - [7(1) + 10]}{x}$

$= \dfrac{7x + 7 + 10 - 7 - 10]}{x}$

$= \dfrac{7x}{x}$

$= 7$

(b) $\dfrac{f(x-5) - f(5)}{x} = \dfrac{[7(x-5) + 10] - [7(5) + 10]}{x}$

$= \dfrac{7x - 35 + 10 - 35 - 10]}{x}$

$= \dfrac{7x - 70}{x}$

67. $h(x) = 4x^2 - 7$

Domain: All real numbers x

68. $g(s) = \dfrac{s + 1}{(s - 1)(s + 5)}$

Domain: all real numbers s such that $s \neq 1, -5$

69. $f(x) = \sqrt{x - 2}$

Domain: All real numbers x such that $x \geq 2$

70. $f(x) = |x - 6| + 10$

Domain: all real numbers x

71. The viewing rectangle that gives the most complete graph of the function is

| Xmin = -3 |
| Xmax = 3 |
| Xscl = 1 |
| Ymin = -3 |
| Ymax = 5 |
| Yscl = 1 |

72. The viewing rectangle that gives the most complete graph of the function is

| Xmin = -6 |
| Xmax = 6 |
| Xscl = 1 |
| Ymin = -50 |
| Ymax = 50 |
| Yscl = 10 |

73. $g(x) = \frac{1}{8}x^2$

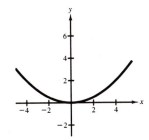

74. $y = 4 - (x - 3)^2$

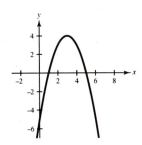

75. $y = (x - 2)^2$

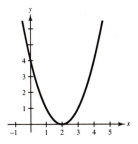

76. $h(x) = 9 - (x - 2)^2$

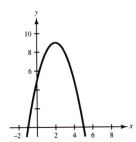

77. $y = \dfrac{1}{2}x(2 - x)$

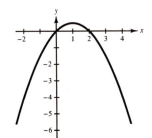

78. $f(t) = \sqrt{\dfrac{t}{2}}$

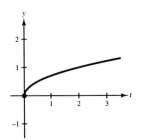

78 Chapter 2 Introduction to Graphs and Functions

79. $y = 8 - 2|x|$

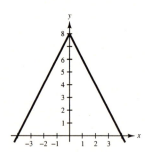

80. $f(x) = |x + 1| - 2$

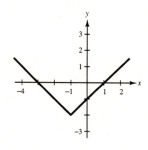

81. $g(x) = \frac{1}{4}x^3, -2 \leq x \leq 2$

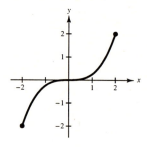

82. $h(x) = x(4 - x), 0 \leq x \leq 4$

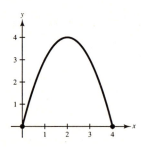

83. $f(x) = \begin{cases} 2 - (x - 1)^2, & x < 1 \\ 2 + (x - 1)^2, & x \geq 1 \end{cases}$

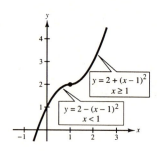

84. $f(x) = \begin{cases} 2x, & x \leq 0 \\ x^2 + 1, & x > 0 \end{cases}$

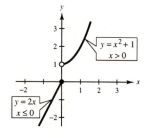

85. $h(x) = -x^4$

reflection in the x-axis

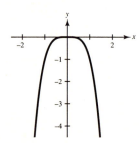

86. $h(x) = x^4 + 2$

vertical shift upward of 2 units

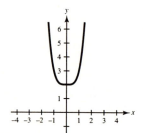

87. $h(x) = (x - 1)^4$

horizontal shift of 1 unit to the right

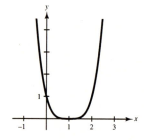

88. $h(x) = 1 - x^4$
$= -x^4 + 1$

reflection in the x-axis and vertical shift upward of 1 unit

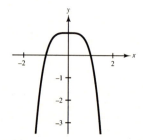

89. (a)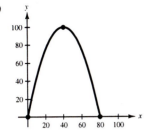

(b) The projectile strikes the ground when the height $y = 0$.

$$y = -\frac{1}{16}x^2 + 5x$$

$$0 = -\frac{1}{16}x^2 + 5x$$

$$0 = -x^2 + 80x$$

$$0 = -x(x - 80)$$

$-x = 0 \Rightarrow x = 0$ Discard this answer.

$x - 80 = 0 \Rightarrow x = 80$

The projectile strikes the ground at a horizontal distance 80 feet from where it was launched.

90. (a) $v = -32t + 80$

$v = -32(2) + 80$

$= -64 + 80$

$= 16$

The velocity is 16 feet per second when $t = 2$.

(b) $v = -32t + 80$

$0 = -32t + 80$

$-80 = -32t$

$\dfrac{-80}{-32} = t$

$\dfrac{5}{2} = t$

The ball reaches its maximum height when $t = 2.5$ seconds.

(c) $v = -32t + 80$

$v = -32(3) + 80$

$= -96 + 80$

$= -16$

The velocity is -16 feet per second when $t = 3$. (The ball is falling at 16 feet per second.)

91. (a) $P = kw^3$

$1000 = k(20)^3$

$1000 = k(8000)$

$\dfrac{1000}{8000} = k$

$\dfrac{1}{8} = k$

The constant of proportionality is $\frac{1}{8}$.

(b) $P = kw^3$

$P = \frac{1}{8}(25)^3$

$P = \frac{1}{8}(15{,}625)$

$P = 1953.125$

The power output is 1953.125 kilowatts for a wind speed of 25 miles per hour.

92. Perimeter $= 100$

$2L + 2W = 100$, (let $x =$ width)

$2L + 2x = 100$

$2L = 100 - 2x$

$L = 50 - x$

Area $= LW$

$= (50 - x)x$

$= 50x - x^2$

Graph:

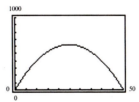

Chapter Test for Chapter 2

1.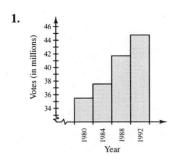

2. The point (x, y), $x > 0$, $y < 0$, is in Quadrant IV.

   The point is located to the *right* of the vertical axis and *below* the horizontal axis in Quadrant IV.

3. $d = \sqrt{(3-0)^2 + (1-9)^2}$
   $= \sqrt{3^2 + (-8)^2}$
   $= \sqrt{73}$
   ≈ 8.54

4. $y = -3(x + 1)$

   x-intercept: $0 = -3(x + 1)$
   $0 = -3x - 3$
   $3 = -3x$
   $-1 = x \Longrightarrow (-1, 0)$ is the x-intercept

   y-intercept: $y = -3(0 + 1)$
   $y = -3(1)$
   $y = -3 \Longrightarrow (0, -3)$ is the y-intercept

5.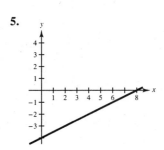

6. (a) $(-4, 7), (2, 3)$

   $m = \dfrac{3 - 7}{2 - (-4)} = \dfrac{-4}{6} = -\dfrac{2}{3}$

   (b) $(3, -2), (3, 6)$

   $m = \dfrac{6 - (-2)}{3 - 3} = \dfrac{8}{0}$ (undefined)

7. $2x + 5y - 10 = 0$

x-intercept	y-intercept
Let $y = 0$	Let $x = 0$
$2x + 5(0) - 10 = 0$	$2(0) + 5y - 10 = 0$
$2x - 10 = 0$	$5y - 10 = 0$
$2x = 10$	$5y = 10$
$x = 5$	$y = 2$
$(5, 0)$	$(0, 2)$

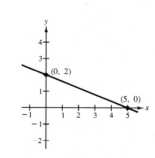

8. $2x - 4y = 12$

$-4 = -2x + 12$

$y = \dfrac{-2}{-4}x + \dfrac{12}{-4}$

$y = \dfrac{1}{2}x - 3$

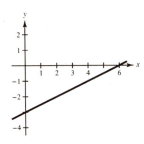

The slope of the given line is 1/2. The slope of a line perpendicular to this line is -2, the negative reciprocal of 1/2.

9. Some vertical lines intersect the graph at more than one point, so *y is not* a function of *x*.

10. $g(x) = \dfrac{x}{x-3}$

(a) $g(2) = \dfrac{2}{2-3}$

$= \dfrac{2}{-1}$

$= -2$

(b) $g\left(\dfrac{7}{2}\right) = \dfrac{7/2}{7/2 - 3}$

$= \dfrac{7}{2} \div \dfrac{1}{2}$

$= \dfrac{7}{2} \cdot \dfrac{2}{1}$

$= 7$

(c) $g(3) = \dfrac{3}{3-3}$

$= \dfrac{3}{0}$

$g(3)$ is undefined

(d) $g(x+2) = \dfrac{x+2}{(x+2) - 3}$

$= \dfrac{x+2}{x+2-3}$

$= \dfrac{x+2}{x-1}$

11. $f(x) = \begin{cases} 3x - 1, & x < 5 \\ x^2 + 4, & x \geq 5 \end{cases}$

(a) $f(10) = 10^2 + 4$

$= 100 + 4$

$= 104$

(b) $f(-8) = 3(-8) - 1$

$= -24 - 1$

$= -25$

(c) $f(5) = 5^2 + 4$

$= 25 + 4$

$= 29$

(d) $f(0) = 3(0) - 1$

$= 0 - 1$

$= -1$

12. (a) $h(t) = \sqrt{t + 9}$

Domain $= \{t: t \geq -9\}$

(b) $f(x) = \dfrac{x+1}{x-4}$

Domain $= \{x: x \neq 4\}$

13. $f(x) = x^2 + 3$

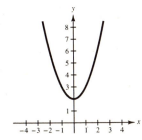

14. (a) horizontal shift to the right of 2 units; $y = |x - 2|$

(b) vertical shift downward of 2 units; $y = |x| - 2$

(c) reflection in the *x*-axis, and vertical shift upward of 2 units; $y = -|x| + 2$

Cumulative Test for Chapters 1-2

1. $-\dfrac{8}{45} \div \dfrac{12}{25} = -\dfrac{8}{45} \cdot \dfrac{25}{12}$

    $= -\dfrac{(4)(2)(5)(5)}{(5)(9)(4)(3)} = -\dfrac{10}{27}$

2. $\dfrac{a^2 - 2ab}{a + b}, a = -4, b = 7$

    $\dfrac{(-4)^2 - 2(-4)(7)}{(-4) + 7} = \dfrac{16 + 56}{3}$

    $= \dfrac{72}{3}$

    $= 24$

3. (a) $(2a^2b)^3(-ab^2)^2 = 2^3 a^{2 \cdot 3} b^3 (-a)^2 b^{2 \cdot 2}$

    $= 8a^6 b^3 a^2 b^4$

    $= 8a^{6+2} b^{3+4}$

    $= 8a^8 b^7$

    (b) $3x(x^2 - 2) - x(x^2 + 5) = 3x^3 - 6x - x^3 - 5x$

    $= (3x^3 - x^3) + (-6x - 5x)$

    $= 2x^3 - 11x$

4. (a) $t(3t - 1) - 2t(t + 4) = 3t^2 - t - 2t^2 - 8t$

    $= (3t^2 - 2t^2) + (-t - 8t)$

    $= t^2 - 9t$

    (b) $[2 + (x - y)]^2 = 2^2 + 2(2)(x - y) + (x - y)^2$

    $= 4 + 4(x - y) + x^2 - 2xy + y^2$

    $= 4 + 4x - 4y + x^2 - 2xy + y^2$

    $= x^2 - 2xy + y^2 + 4x - 4y + 4$

    or $[2 + (x - y)]^2 = (2 + x - y)(2 + x - y)$

    $= 4 + 2x - 2y + 2x + x^2 - xy - 2y - xy + y^2$

    $= 4 + 4x - 4y + x^2 - 2xy + y^2$

    $= x^2 - 2xy + y^2 + 4x - 4y + 4$

5. (a) $12 - 5(3 - x) = x + 3$

    $12 - 15 + 5x = x + 3$

    $-3 + 5x = x + 3$

    $-3 + 4x = 3$

    $4x = 6$

    $x = \dfrac{6}{4}$

    $x = \dfrac{3}{2}$

    (b) $1 - \dfrac{x + 2}{4} = \dfrac{7}{8}$

    $8\left(1 - \dfrac{x + 2}{4}\right) = 8\left(\dfrac{7}{8}\right)$

    $8 - 2(x + 2) = 7$

    $8 - 2x - 4 = 7$

    $-2x + 4 = 7$

    $-2x = 3$

    $x = \dfrac{3}{-2}$

    $x = -\dfrac{3}{2}$

6. (a) $\quad y^2 - 64 = 0$

$\quad\quad (y + 8)(y - 8) = 0$

$\quad\quad\quad y + 8 = 0 \Longrightarrow y = -8$

$\quad\quad\quad y - 8 = 0 \Longrightarrow y = 8$

(b) $\quad 2t^2 - 5t - 3 = 0$

$\quad\quad (2t + 1)(t - 3) = 0$

$\quad\quad\quad 2t + 1 = 0 \Longrightarrow 2t = -1 \Longrightarrow t = -\frac{1}{2}$

$\quad\quad\quad t - 3 = 0 \Longrightarrow t = 3$

7. $2x - 3y + 9 = 0$

$\quad -3y = -2x - 9$

$\quad y = \frac{-2}{-3}x + \frac{-9}{-3}$

$\quad y = \frac{2}{3}x + 3$

8. $y = -4x + 7$

(a) For the given line, the slope $m = -4$.

(b) For a parallel line, the slope $m = -4$ because the slopes of parallel lines are the same.

(c) For a perpendicular line, the slope $m = \frac{1}{4}$ because the slopes of perpendicular lines are negative reciprocals of each other.

9. (a) $8x \cdot \dfrac{1}{8x} = 1$

Multiplicative Inverse Property

(b) $5 + (-3 + x) = (5 - 3) + x$

Associative Property of Addition

10. Perimeter $= (x + 5) + x + x + (2x + 1) + (2x + 5) + (x + 1)$

$\quad\quad\quad\quad = 8x + 12$

11. $y^3 - 3y^2 - 9y + 27 = (y^3 - 3y^2) + (-9y + 27)$

$\quad\quad\quad\quad\quad\quad\quad\quad = y^2(y - 3) - 9(y - 3)$

$\quad\quad\quad\quad\quad\quad\quad\quad = (y - 3)(y^2 - 9)$

$\quad\quad\quad\quad\quad\quad\quad\quad = (y - 3)(y + 3)(y - 3)$

$\quad\quad\quad\quad\quad\quad\quad\quad = (y - 3)^2(y + 3)$

12. $3x^2 - 8x - 35 = (3x + 7)(x - 5)$

13. $x - y^3 = 0$

$\quad -y^3 = -x$

$\quad y^3 = x$

$\quad$ or $y = \sqrt[3]{x}$

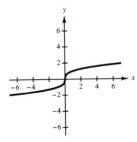

Yes, y is a function of x. (No vertical line intersects the graph more than once.)

14. $\quad f(x) = \sqrt{x - 2}$

$\quad\quad x - 2 \geq 0$

$\quad\quad\quad x \geq 2$

Domain: All real numbers x such that $x \geq 2 = \{x: x \geq 2\}$

15. $f(x) = x^2 - 3x$

   (a) $f(4) = 4^2 - 3(4)$

   $= 16 - 12$

   $= 4$

   (b) $f(c + 3) = (c + 3)^2 - 3(c + 3)$

   $= c^2 + 6c + 9 - 3c - 9$

   $= c^2 + 3c$

16. $(-4, 0)$ and $(4, 6)$

   $m = \dfrac{y_2 - y_1}{x_2 - x_1}$

   $= \dfrac{6 - 0}{4 - (-4)}$

   $= \dfrac{6}{8}$

   $= \dfrac{3}{4}$

17. $4x + 3y - 12 = 0$

   $3y = -4x + 12$

   $y = -\dfrac{4}{3}x + 4$

   The graph is a line with slope of $-4/3$ and a y-intercept of $(0, 4)$.

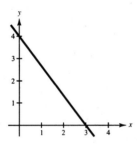

18. $y = -(x - 2)^2$

   The graph is a transformation of the squaring function. The graph of the basic function $y = x^2$ is shifted horizontally 2 units to the right and reflected about the x-axis.

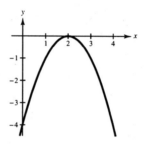

19. $y = |x + 3| + 2$

   The graph is a transformation of the absolute value function. The graph of the basic function $y = |x|$ is shifted horizontally 3 units to the left and shifted vertically upward 2 units.

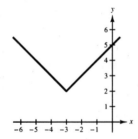

20. $y = x^3 - 1$

   The graph is a transformation of the cubing function. The graph of the basic function $y = x^3$ is shifted vertically downward 1 unit.

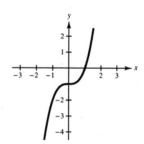

CHAPTER 3
Linear Functions, Equations, and Inequalities

Section 3.1 Writing Equations of Lines 86

Section 3.2 Modeling Data with Linear Functions 91

Section 3.3 Applications of Linear Equations 93

Mid-Chapter Quiz 99

Section 3.4 Business and Scientific Problems 102

Section 3.5 Linear Inequalities in One Variable 110

Section 3.6 Absolute Value Equations and Inequalities 114

Review Exercises 117

Chapter Test 134

Cumulative Test for Chapters 1–3 137

CHAPTER 3
Linear Functions, Equations, and Inequalities

Section 3.1   Writing Equations of Lines
Solutions to Odd-Numbered Exercises

1. $y = \frac{2}{3}x - 2$

This equation is in slope—intercept form.

Slope: $m = \frac{2}{3}$

y-intercept: $(0, -2)$

3. $3x - 2y = 0$

$-2y = -3x$

$y = \frac{-3}{-2}x$

$y = \frac{3}{2}x \quad \left(\text{or } y = \frac{3}{2}x + 0\right)$

This equation is in slope—intercept form.

Slope: $m = \frac{3}{2}$

y-intercept $(0, 0)$

5. $5x - 2y + 24 = 0$

$-2y = -5x - 24$

$y = \frac{-5}{-2}x + \frac{-24}{-2}$

$y = \frac{5}{2}x + 12$

This equation is in slope—intercept form.

Slope: $m = \frac{5}{2}$

y-intercept: $(0, 12)$

7. $y - y_1 = m(x - x_1)$

Point: $(0, 0)$

Slope: $m = -\frac{1}{2}$

$y - 0 = -\frac{1}{2}(x - 0)$

$y = -\frac{1}{2}x$

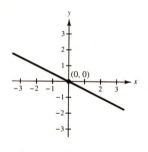

9. $y - y_1 = m(x - x_1)$

Point: $(0, -4)$

Slope: $m = 3$

$y - (-4) = 3(x - 0)$

$y + 4 = 3x$

$y = 3x - 4$

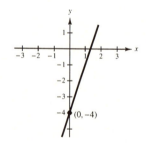

11. $y - y_1 = m(x - x_1)$

Point: $(5, 6)$

Slope: $m = 2$

$y - 6 = 2(x - 5)$

$y - 6 = 2x - 10$

$y = 2x - 4$

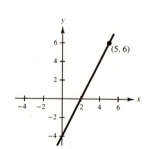

13. $y - y_1 = m(x - x_1)$

Point: $(-8, 1)$

Slope: $m = \frac{3}{4}$

$y - 1 = \frac{3}{4}(x + 8)$

$y - 1 = \frac{3}{4}x + 6$

$y = \frac{3}{4}x + 7$

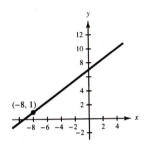

15. $y - y_1 = m(x - x_1)$

Point: $(5, -3)$

Slope: $m = \frac{2}{3}$

$y - (-3) = \frac{2}{3}(x - 5)$

$y + 3 = \frac{2}{3}x - \frac{10}{3}$

$y = \frac{2}{3}x - \frac{10}{3} - 3$

$y = \frac{2}{3}x - \frac{10}{3} - \frac{9}{3}$

$y = \frac{2}{3}x - \frac{19}{3}$

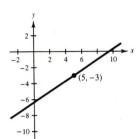

17. $y - y_1 = m(x - x_1)$

Point: $(-8, 5)$

Slope: $m = 0$

$y - 5 = 0(x + 8)$

$y - 5 = 0$

$y = 5$

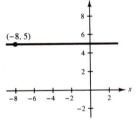

Note: The slope $m = 0 \Rightarrow$ the line is horizontal with an equation of the form $y = b$. The equation of the horizontal line through $(-8, 5)$ is $y = 5$.

19. $y - y_1 = m(x - x_1)$

Point: $(2, -1)$

Slope: m is undefined

$\Rightarrow$ vertical line, $x = a$

$x = 2$

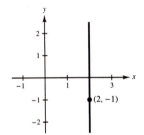

21. $y - y_1 = m(x - x_1)$

Point: $\left(\frac{3}{4}, \frac{5}{2}\right)$

Slope: $m = \frac{4}{3}$

$y - \frac{5}{2} = \frac{4}{3}\left(x - \frac{3}{4}\right)$

$y - \frac{5}{2} = \frac{4}{3}x - 1$

$y = \frac{4}{3}x - \frac{2}{2} + \frac{5}{2}$

$y = \frac{4}{3}x + \frac{3}{2}$

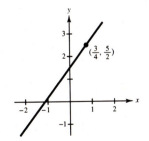

23. Graph (b)

25. Graph (a)

27. $(0, 0)$ and $(2, 3)$

Slope: $m = \dfrac{y_2 - y_1}{x_2 - x_1} = \dfrac{3 - 0}{2 - 0} = \dfrac{3}{2}$

Point: $(0, 0)$

$$y - y_1 = m(x - x_1)$$
$$y - 0 = \dfrac{3}{2}(x - 0)$$
$$y = \dfrac{3}{2}x$$

29. $(7, 3)$ and $(5, -5)$

Slope: $m = \dfrac{y_2 - y_1}{x_2 - x_1} = \dfrac{-5 - 3}{5 - 7} = \dfrac{-8}{-2} = 4$

Point: $(7, 3)$

$$y - y_1 = m(x - x_1)$$
$$y - 3 = 4(x - 7)$$
$$y - 3 = 4x - 28$$
$$y = 4x - 25$$

31. $(-5, 2)$ and $(5, -2)$

Slope: $m = \dfrac{y_2 - y_1}{x_2 - x_1} = \dfrac{-2 - 2}{5 - (-5)} = \dfrac{-4}{10} = -\dfrac{2}{5}$

Point: $(-5, 2)$

$$y - y_1 = m(x - x_1)$$
$$y - 2 = -\dfrac{2}{5}(x + 5)$$
$$y - 2 = -\dfrac{2}{5}x - 2$$
$$y = -\dfrac{2}{5}x$$

33. $(-2, 12)$ and $(6, 12)$

Slope: $m = \dfrac{y_2 - y_1}{x_2 - x_1} = \dfrac{12 - 12}{6 - (-2)} = \dfrac{0}{8} = 0$

$m = 0 \Longrightarrow$ horizontal line, $y = b$

Point: $(-2, 12)$

$$y = 12$$

35. $(-2, 3)$ and $(5, 0)$

Slope: $m = \dfrac{y_2 - y_1}{x_2 - x_1} = \dfrac{0 - 3}{5 - (-2)} = \dfrac{-3}{7} = -\dfrac{3}{7}$

Point: $(-2, 3)$

$$y - y_1 = m(x - x_1)$$
$$y - 3 = -\dfrac{3}{7}(x + 2)$$
$$y - 3 = -\dfrac{3}{7}x - \dfrac{6}{7}$$
$$y = -\dfrac{3}{7}x - \dfrac{6}{7} + 3$$
$$y = -\dfrac{3}{7}x - \dfrac{6}{7} + \dfrac{21}{7}$$
$$y = -\dfrac{3}{7}x + \dfrac{15}{7}$$

37. $(1, -2)$ and $(1, 8)$

Slope: $m = \dfrac{y_2 - y_1}{x_2 - x_1} = \dfrac{8 - (-2)}{1 - 1} = \dfrac{10}{0}$ undefined

m undefined $\Longrightarrow$ line is vertical, $x = a$

Point: $(1, -2)$

$$x = 1$$

39. $(-5, 0.6)$ and $(3, -3.4)$

Slope: $m = \dfrac{y_2 - y_1}{x_2 - x_1} = \dfrac{-3.4 - 0.6}{3 - (-5)} = \dfrac{-4}{8} = -\dfrac{1}{2}$

Point: $(-5, 0.6)$

$y - y_1 = m(x - x_1)$

$y - 0.6 = -\dfrac{1}{2}(x + 5)$

$y - 0.6 = -\dfrac{1}{2}x - \dfrac{5}{2}$

$y = -\dfrac{1}{2}x - \dfrac{5}{2} + 0.6$

$y = -\dfrac{1}{2}x - \dfrac{25}{10} + \dfrac{6}{10}$

$y = -\dfrac{1}{2}x - \dfrac{19}{10}$

41. $\left(\dfrac{3}{2}, 3\right)$ and $\left(\dfrac{9}{2}, -4\right)$

Slope: $m = \dfrac{y_2 - y_1}{x_2 - x_1} = \dfrac{-4 - 3}{(9/2 - 3/2)} = \dfrac{-7}{(6/2)} = -\dfrac{7}{3}$

Point: $\left(\dfrac{3}{2}, 3\right)$

$y - y_1 = m(x - x_1)$

$y - 3 = -\dfrac{7}{3}\left(x - \dfrac{3}{2}\right)$

$y - 3 = -\dfrac{7}{3}x + \dfrac{7}{2}$

$y = -\dfrac{7}{3}x + \dfrac{7}{2} + 3$

$y = -\dfrac{7}{3}x + \dfrac{7}{2} + \dfrac{6}{2}$

$y = -\dfrac{7}{3}x + \dfrac{13}{2}$

43. $(-2, 2)$ and $(4, 5)$

Slope: $m = \dfrac{y_2 - y_1}{x_2 - x_1} = \dfrac{5 - 2}{4 - (-2)} = \dfrac{3}{6} = \dfrac{1}{2}$

Point: $(-2, 2)$

$y - y_1 = m(x - x_1)$

$y - 2 = \dfrac{1}{2}(x + 2)$

$y - 2 = \dfrac{1}{2}x + 1$

$y = \dfrac{1}{2}x + 3$

$f(x) = \dfrac{1}{2}x + 3$

45. $(-2, 3)$ and $(4, 3)$

Slope: $m = \dfrac{y_2 - y_1}{x_2 - x_1} = \dfrac{3 - 3}{4 - (-2)} = \dfrac{0}{6} = 0$

$m = 0 \Rightarrow$ line is horizontal, $y = b$

Point: $(-2, 3)$

$y = 3$

$f(x) = 3$

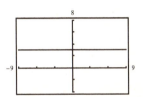

47. Yes, any pair of points on a line can be used to determine an equation of the line.

49. $6x - 2y = 10$

$-2y = -6x + 10$

$y = 3x - 5$

(a) Point $(2, 1)$, $m = 3$

$y - y_1 = m(x - x_1)$

$y - 1 = 3(x - 2)$

$y - 1 = 3x - 6$

$y = 3x - 5$

(b) Point $(2, 1)$, $m = -\dfrac{1}{3}$

$y - y_1 = m(x - x_1)$

$y - 1 = -\dfrac{1}{3}(x - 2)$

$y - 1 = -\dfrac{1}{3}x + \dfrac{2}{3}$

$y = -\dfrac{1}{3}x + \dfrac{5}{3}$

51. $3x + 2y = 4$

$2y = -3x + 4$

$y = -\dfrac{3}{2}x + 2$

(a) Point $(-6, 2)$, $m = -\dfrac{3}{2}$

$y - y_1 = m(x - x_1)$

$y - 2 = -\dfrac{3}{2}(x + 6)$

$y - 2 = -\dfrac{3}{2}x - 9$

$y = -\dfrac{3}{2}x - 7$

(b) Point $(-6, 2)$, $m = \dfrac{2}{3}$

$y - y_1 = m(x - x_1)$

$y - 2 = \dfrac{2}{3}(x + 6)$

$y - 2 = \dfrac{2}{3}x + 4$

$y = \dfrac{2}{3}x + 6$

53.

$4x - 3y = 9$

$-3y = -4x + 9$

$y = \frac{4}{3}x - 3$

(a) Point $(1, -7)$, $m = \frac{4}{3}$

$y - y_1 = m(x - x_1)$

$y + 7 = \frac{4}{3}(x - 1)$

$y + 7 = \frac{4}{3}x - \frac{4}{3}$

$y = \frac{4}{3}x - \frac{4}{3} - 7$

$y = \frac{4}{3}x - \frac{25}{3}$

(b) Point $(1, -7)$, $m = -\frac{3}{4}$

$y - y_1 = m(x - x_1)$

$y + 7 = -\frac{3}{4}(x - 1)$

$y + 7 = -\frac{3}{4}x + \frac{3}{4}$

$y = -\frac{3}{4}x + \frac{3}{4} - 7$

$y = -\frac{3}{4}x - \frac{25}{4}$

55. $y = -5$

This is a horizontal line with slope $m = 0$.

(a) Point $(-1, 2)$, $m = 0$

Horizontal line: $y = 2$

(b) Point $(-1, 2)$, m undefined

Vertical line: $x = -1$

57. $y = -0.6x + 1$

$y = -\frac{3}{5}x + 1$

$y = \frac{5}{3}x - 2$

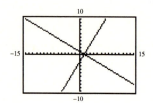

The lines are perpendicular because their slopes are negative reciprocals of one another.

59. $y = 0.6x + 1$

$y = \frac{3}{5}x + 1$

$y = \frac{1}{5}(3x + 22)$

$y = \frac{3}{5}x + \frac{22}{5}$

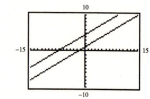

The lines are parallel because their slopes are equal.

61. $y = 3(x - 2)$

$y = 3x - 6$

$y = 3x + 2$

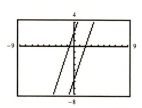

The lines are parallel because their slopes are equal.

63.

$x + 2y - 3 = 0$

$2y = -x + 3$

$y = -\frac{1}{2}x + \frac{3}{2}$

$-2x - 4y + 1 = 0$

$-4y = 2x - 1$

$y = -\frac{1}{2}x + \frac{1}{4}$

The lines are parallel because their slopes are equal.

65. $C = 20x + 5000$

x	0	50	100	500	1000
C	5000	6000	7000	15,000	25,000

(a) $C = 20(0) + 5000$

$= 5000$

(b) $6000 = 20x + 5000$

$1000 = 20x$

$50 = x$

(c) $C = 20(100) + 5000$

$= 2000 + 5000$

$= 7000$

(d) $15,000 = 20x + 5000$

$10,000 = 20x$

$500 = x$

(e) $C = 20(1000) + 5000$

$= 20,000 + 5000$

$= 25,000$

67. $S = 2500 + 0.03M$

69. (a) $S = L - 0.30L = 0.70L$

(b) $S = 0.70(135) = \$94.50$

71. $(450, 50), (525, 45)$

(a) $m = \dfrac{45 - 50}{525 - 450} = \dfrac{-5}{75} = -\dfrac{1}{15}$

$x - 50 = -\dfrac{1}{15}(p - 450)$

$x - 50 = -\dfrac{1}{15}p + 30$

$x = -\dfrac{1}{15}p + 80$

(c) $x = -\dfrac{1}{15}(570) + 80$

$x = -38 + 80$

$x = 42$

Thus, 42 apartments would be occupied if the rent were raised to $570.

(d) $x = -\dfrac{1}{15}(480) + 80$

$x = -32 + 80$

$x = 48$

Thus, 48 apartments would be occupied if the rent were lowered to $480.

(b)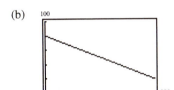

73. (a) $N = 1500 + 60t$

(b)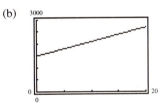

(c) $N = 1500 + 60t, t = 20$ for the year 2000

$N = 1500 + 60(20)$

$N = 1500 + 1200$

$N = 2700$

(d) $N = 1500 + 60t, t = 5$ for the year 1985

$N = 1500 + 60(5)$

$N = 1500 + 300$

$N = 1800$

Section 3.2   Modeling Data with Linear Functions

1. (a)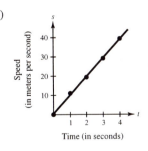

(b)
t	0	1	2	3	4
s (Actual)	0	11.0	19.4	29.2	39.4
$s = 9.7t + 0.4$	0.4	10.1	19.8	29.5	39.2

(c) $s = 9.7t + 0.4, t = 5$

$s = 9.7(5) + 0.4$

$s = 48.5 + 0.4$

$x = 48.9$

After falling 5 seconds, the speed of the object would be 48.9 meters per second.

(d) The slope of 9.7 indicates the increase in speed for each increase of one second in time.

3. (a) $T = mv$

$1067 = m(17{,}072)$

$\dfrac{1067}{17{,}072} = m$

$0.0625 = m$

$T = 0.0625v$

(c) The tax rate is 0.0625 or 6.25%

(b) $T = 0.0625v$, $v = \$11{,}500$

$T = 0.0625(11{,}500)$

$T = 718.75$

The tax on property with an assessed value of $11,500 is $718.75.

5. (a) $I = mC$

$500 = m(1270)$

$\dfrac{500}{1270} = m$

$\dfrac{50}{127} = m$ or $m \approx 0.3937$

$I = \dfrac{50}{127} C$ or $I \approx 0.3937C$

(c) $I \approx 0.3937C$

$I \approx 0.3937(650)$

$I \approx 255.9$

The 650 centimeters is approximately equal to 255.9 inches.

(b) $I \approx 0.3937C$

$15 \approx 0.03937C$

$\dfrac{15}{0.3937} \approx C$

$38.1 \approx C$

Fifteen inches is approximately equal to 38.1 centimeters.

(d)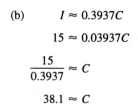

7. (3, 111.6) and (14, 131.1)

Slope: $m = \dfrac{y_2 - y_1}{x_2 - x_1} = \dfrac{131.1 - 111.6}{14 - 3} = \dfrac{19.5}{11} \approx 1.7727$

Point: (3, 111.6)

$y - y_1 = m(x - x_1)$

$y - 111.6 \approx 1.7727(x - 3)$

$y - 111.6 \approx 1.7727x - 5.3181$

$y \approx 1.77x + 106.28$

For 1998, $t = 15$:

$y \approx 1.77(18) + 106.28$

$y \approx 138.1$

The prediction for 1998 is approximately 138.1 million.

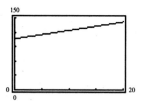

9. Yes, the data appears linear. The slope is negative.

11. No, the data does not appear to be linear.

13. Slope: $m = 125$

Point: (8, 2540)

$V - V_1 = m(t - t_1)$

$V - 2540 = 125(t - 8)$

$V = 125(t - 8) + 2540$ or $V = 125t + 1540$

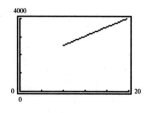

15. Slope: $m = 2000$

Point: $(8, 20{,}400)$

$V - V_1 = m(t - t_1)$

$V - 20{,}400 = 2000(t - 8)$

$V = 2000(t - 8) + 20{,}400$ or $V = 2000t + 4400$

17. Graph (b)

The slope is -10.

The slope represents the change in the unpaid loan per week.

19. Graph (a)

The slope is 0.25.

The slope represents the change in the amount the sales representative is paid per mile.

21. (a) and (b)

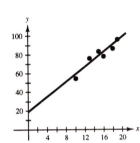

(c) $y \approx 4x + 19$

(d) $y = 4x + 19$

$y = 4(17) + 19$

$= 68 + 19$

$= 87$

A person with an average quiz score of 17 would have an estimated test score of 87.

(e) In part (a), each point shifted upward four units.

In part (b), the line would be shifted upward four units.

In part (c), the equation would be $y = 4x + 23$.

In part (d), the estimated test score would be 91.

23. (a) and (b)

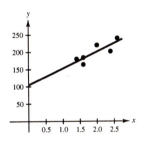

(c) Accuracy of answers will vary.

$y \approx 50x + 100$ or $y \approx 49x + 105$ or $y = 48.5x + 104.5$, etc.

(d) The slope represents the average change in sales volume for each one unit increase in advertising expenditures.

25. Answers will vary.

$y \approx -1.25x + 3$

27. Answers will vary.

$y \approx -1.15x + 6.85$

Section 3.3   Applications of Linear Equations

1. $8 + n$

3. $15 - 3n$

5. $\frac{1}{3}n$

7. $0.30L$

9. $\frac{x}{6}$

11. $\frac{3 + 4x}{8}$

94 Chapter 3 Linear Functions, Equations, and Inequalities

13. $|n - 5|$

15. The sum of three times a number and two

17. Eight times the difference of a number and five

19. The ratio of a number to 8 *or* the quotient of a number and 8

21. The sum of a number and ten, all divided by three

23. *Verbal model:* $\boxed{\text{Value of quarter}} \cdot \boxed{\text{Number of quarters}}$

  Labels: Value of quarter = 0.25 (dollars/quarter)

  Number of quarters = n (quarters)

  Algebraic expression: $0.25n$ (dollars)

25. *Verbal model:* $\boxed{\text{Rate}} \cdot \boxed{\text{Time}}$

  Labels: Rate = 55 (miles per hour)

  Time = t (hours)

  Algebraic expression: $55t$ (miles)

27. *Verbal model:* $\boxed{\text{Distance}} \div \boxed{\text{Rate}}$

  Labels: Distance = 100 (miles)

  Rate = r (miles per hour)

  Algebraic expression: $\dfrac{100}{r}$ (hours)

29. *Verbal model:* $\boxed{\text{Percent of antifreeze}} \cdot \boxed{\text{Amount of coolant}}$

  Labels: Percent of antifreeze = 0.45 (decimal form)

  Amount of coolant = y (gallons)

  Algebraic expression: $0.45y$ (gallons)

31. *Verbal model:* $\boxed{\text{Tax rate}} \cdot \boxed{\text{Taxable income}}$

  Labels: Tax rate = 0.0125 (decimal form)

  Taxable income = I (dollars)

  Algebraic expression: $0.0125I$ (dollars)

33. *Verbal model:* $\boxed{\text{List price}} - \boxed{\text{Discount rate}} \cdot \boxed{\text{List price}}$

  Labels: List price = L (dollars)

  Discount rate = 0.20 (decimal form)

  Algebraic expression: $L - 0.20L = 0.80L$ (dollars)

35. *Verbal model:* $\boxed{\text{Base pay}} + \boxed{\text{Pay per unit produced}} \cdot \boxed{\text{Number of units}}$

  Labels: Base pay = 8.25 (dollars)

  Pay per unit = 0.60 (dollars per unit)

  Number of units = q (units)

  Algebraic expression: $8.25 + 0.60q$ (dollars)

37. $\dfrac{x}{6} = \dfrac{2}{3}$

$3x = 12$

$x = 4$

39. $\dfrac{4}{5} = \dfrac{6}{t}$

$4t = 30$

$t = \dfrac{30}{4} = \dfrac{15}{2}$

41. $\dfrac{y+5}{6} = \dfrac{y-2}{4}$

$4(y+5) = 6(y-2)$

$4y + 20 = 6y - 12$

$20 = 2y - 12$

$32 = 2y$

$16 = y$

43. $\dfrac{36 \text{ inches}}{48 \text{ inches}} = \dfrac{36}{48} = \dfrac{3}{4}$

45. $\dfrac{40 \text{ milliliters}}{1 \text{ liter}} = \dfrac{40 \text{ milliliters}}{1000 \text{ milliliters}} = \dfrac{40}{1000} = \dfrac{1}{25}$

47. Perimeter

Verbal model: $2\boxed{\text{Length}} + 2\boxed{\text{Width}}$

Labels: Width $= w$

Length $= 2w$

Algebraic expression: $2(2w) + 2w = 4w + 2w = 6w$

Area

Verbal model: $\boxed{\text{Length}} \cdot \boxed{\text{Width}}$

Labels: Width $= w$

Length $= 2w$

Algebraic expression: $2w \cdot w = 2w^2$

49. Verbal model: $\boxed{\text{Side}} \cdot \boxed{\text{Side}}$

Label: Side $= s$

Algebraic expression: $s \cdot s = s^2$

51. Verbal model: $\boxed{\text{Width}} \cdot \boxed{\text{Length}}$

Labels: Width $= w$ (meters)

Length $= 6w$ (meters)

Algebraic expression: $w(6w) = 6w^2$ (square meters)

53. Verbal model: $\boxed{\begin{array}{c}\text{First consecutive}\\\text{even integer}\end{array}} + \boxed{\begin{array}{c}\text{Second consecutive}\\\text{even integer}\end{array}} + \boxed{\begin{array}{c}\text{Third consecutive}\\\text{even integer}\end{array}} = 138$

Labels: First consecutive even integer $= n$

Second consecutive even integer $= n + 2$

Third consecutive even integer $= n + 4$

Equation: $n + (n+2) + (n+4) = 138$

$3n + 6 = 138$

$3n = 132$

$n = 44$ and $n + 2 = 46, n + 4 = 48$

The three consecutive even integers are 44, 46, 48.

55. *Verbal model:* $\left(\boxed{\text{Number}} + 18\right) \div 5 = 12$

    Label: Number $= x$

    Equation: $\dfrac{x+18}{5} = 12$

$$5\left(\dfrac{x+18}{5}\right) = (12)5$$

$$x + 18 = 60$$

$$x = 42$$

The number is 42.

57. *Verbal model:* $6\left(\boxed{\text{Number}} - 12\right) = 300$

    Label: Number $= x$

    Equation: $6(x - 12) = 300$

$$6x - 72 = 300$$

$$6x = 372$$

$$x = \dfrac{372}{6}$$

$$x = 62$$

The number is 62.

59. *Verbal model:* $3\,\boxed{\text{Side}} = \boxed{\text{Perimeter}}$

    Labels: Side $= s$(cm)

               Perimeter $= 129$(cm)

    Equation: $3s = 129$

$$s = 43$$

Thus, the length of each side is 43 cm.

61. *Verbal model:* $\boxed{\text{Costs for parts}} + \boxed{\text{Labor cost per hour}} \cdot \boxed{\text{Number of hours}} = \boxed{\text{Total cost}}$

    Labels: Costs for parts $= 275$ (dollars)

               Labor cost per hour $= 35$ (dollars per hour)

               Number of hours $= x$ (hours)

               Total cost $= 380$ (dollars)

    Equation: $275 + 35x = 380$

$$35x = 105$$

$$x = \tfrac{105}{35} = 3$$

Thus, 3 hours were spent in repairing the car.

63. *Verbal model:* $\boxed{\text{Monthly income}} \cdot \boxed{\text{Percent}} = \boxed{\text{Rent}}$

    Labels: Monthly income $= 2800$ (dollars)

               Percent $= 0.15$ (decimal form)

               Rent $= x$ (dollars)

    Equation: $2800(0.15) = x$

$$420 = x$$

The monthly rent payment is $420.

65. *Verbal model:* $\boxed{\text{Number of people laid off}} = \boxed{\text{Percent of work force}} \cdot \boxed{\text{Number of employees}}$

    Labels: Number laid off $= 25$ (people)

               Percentage of work force $= p$ (decimal form)

               Number of employees $= 160$

    Equation: $25 = p(160)$

$$\tfrac{25}{106} = p$$

$$0.15625 = p$$

Thus, 15.625% of the work force was laid off.

67. *Verbal model:* $\boxed{\text{Number of defective parts in sample}} = \boxed{\text{Percentage of defective parts in sample}} \cdot \boxed{\text{Size of sample}}$

Labels: Number of defective parts in sample = 3 (parts)

Percentage of defective parts = 0.015 (decimal form)

Size of sample = x (parts)

Equation: $3 = 0.015x$

$$\frac{3}{0.015} = x$$

$$200 = x$$

Thus, there were 200 parts in the sample.

69. Total Monthly Expenses: $20{,}000 + 2400 + 3700 + 4200 + 800 + 900 + 400 + 1300 = \$33{,}700$

Verbal model: $\boxed{\text{Expense for budget item}} = \boxed{\text{Percent}} \cdot \boxed{\text{Total expenses}}$

Labels: Expense for budget item (wages) = 20,000 (dollars)

Percent = p (decimal form)

Total expenses = 33,700 (dollars)

Equation: $20{,}000 = p(33{,}700)$

$$\frac{20{,}000}{33{,}700} = p$$

$$0.5935 \approx p$$

Wages: $\dfrac{20{,}000}{33{,}700} \approx 0.5935 = 59.35\%$

Taxes: $\dfrac{2400}{33{,}700} \approx 0.0712 = 7.12\%$

Employee Benefits: $\dfrac{3700}{33{,}700} \approx 0.1098 = 10.98\%$

Miscellaneous: $\dfrac{4200}{33{,}700} \approx 0.1246 = 12.46\%$

Insurance: $\dfrac{800}{33{,}700} \approx 0.0237 = 2.37\%$

Supplies: $\dfrac{900}{33{,}700} \approx 0.0267 = 2.67\%$

Utilities: $\dfrac{400}{33{,}700} \approx 0.0119 = 1.19\%$

Rent: $\dfrac{1300}{33{,}700} \approx 0.0386 = 3.86\%$

71. (a) *Verbal model:* $\boxed{\text{Original population}} \cdot \boxed{\text{Percent}} = \boxed{\text{New population}}$

1980 population: $60{,}000(1.04) = 62{,}400$

1990 population: $62{,}400(1.06) = 66{,}144$

(b) Percent increase $= \dfrac{\text{Increase in population}}{\text{1970 population}}$

$= \dfrac{66{,}144 - 60{,}000}{60{,}000}$

$= \dfrac{6144}{60{,}000}$

$= 0.1024$

$= 10.24\%$

The percent increase is not 10% because the base population figures were not the same.

73. $\dfrac{\text{Expanded volume}}{\text{Compressed volume}} = \dfrac{425 \text{ cm}^2}{20 \text{ cm}^3} = \dfrac{85}{4}$

A compression ratio is usually stated as a ratio of a number to 1. Thus, this ratio of $\frac{85}{4}$ could be written as $\frac{21.25}{1}$, or 21.25.

75. Ratio of state tax to gross pay $= \dfrac{12.50}{625} = 0.02 = 2\%$

77. *Verbal model:* $\dfrac{\boxed{\text{Assessed value of first property}}}{\boxed{\text{Taxes on first property}}} = \dfrac{\boxed{\text{Assessed value of second property}}}{\boxed{\text{Taxes on second property}}}$

Labels: First property: Assessed value = 75,000 (dollars); taxes = 1125 (dollars)

Second property: Assessed value = 120,000 (dollars); taxes = x (dollars)

Equation: $\dfrac{75{,}000}{1125} = \dfrac{120{,}000}{x}$

$75{,}000x = 1125(120{,}000) = 135{,}000{,}000$

$x = \dfrac{135{,}000{,}000}{75{,}000} = 1800$

Thus, the taxes on the second property are $1800.

79. *Verbal model:* $\boxed{\text{Gasoline-to-oil ratio}} = \dfrac{\boxed{\text{Amount of gasoline}}}{\boxed{\text{Amount of oil}}}$

Labels: Gasoline–to–oil ratio $= \dfrac{40}{1}$

Amount of gasoline $= x$ (pints)

Amount of oil $= \dfrac{1}{2}$ (pint)

Equation: $\dfrac{40}{1} = \dfrac{x}{1/2}$

$40\left(\dfrac{1}{2}\right) = 1(x)$

$20 = x$

Thus, 20 pints, or $2\frac{1}{2}$ gallons, of gasoline are required.

81. *Verbal model:* $\dfrac{\text{Length of scale on map}}{\text{Actual distance represented}} = \dfrac{\text{Distance between cities on map}}{\text{Actual distance between cities}}$

Labels: Scale: Length on map $\approx 5/32$ (inch); distance represented $= 60$ (miles)

Cities: Map distance $\approx \dfrac{15}{16}$ (inch); actual distance $= x$ (miles)

Equation: $\dfrac{5/32}{60} = \dfrac{15/16}{x}$

$$\dfrac{5}{32}x = 60\left(\dfrac{15}{16}\right)$$

$$32\left(\dfrac{5}{32}x\right) = 60\left(\dfrac{15}{16}\right)32$$

$$5x = 1800$$

$$x = 360$$

Thus, the distance between the cities is approximately 360 miles.

Mid-Chapter Quiz for Chapter 3

1. $y - y_1 = m(x - x_1)$

Point: $\left(0, -\tfrac{3}{2}\right)$

Slope: $m = 2$

$y - \left(-\tfrac{3}{2}\right) = 2(x - 0)$

$y + \tfrac{3}{2} = 2x$

$y = 2x - \tfrac{3}{2}$

2. $y - y_1 = m(x - x_1)$

Point: $(4, 7)$

Slope: $m = \tfrac{1}{2}$

$y - 7 = \tfrac{1}{2}(x - 4)$

$y - 7 = \tfrac{1}{2}x - 2$

$y = \tfrac{1}{2}x + 5$

3. $y - y_1 = m(x - x_1)$

Point: $\left(\tfrac{5}{2}, 6\right)$

Slope: $m = -\tfrac{3}{4}$

$y - 6 = -\tfrac{3}{4}\left(x - \tfrac{5}{2}\right)$

$y - 6 = -\tfrac{3}{4}x + \tfrac{15}{8}$

$y = -\tfrac{3}{4}x + \tfrac{15}{8} + \tfrac{48}{8}$

$y = -\tfrac{3}{4}x + \tfrac{63}{8}$

4. $y - y_1 = m(x - x_1)$

Point: $(-3.5, -1.8)$

Slope: $m = 3$

$y - (-1.8) = 3[x - (-3.5)]$

$y + 1.8 = 3(x + 3.5)$

$y + 1.8 = 3x + 10.5$

$y = 3x + 8.7$

5. $(2, 1)$ and $(4, 5)$

Slope: $m = \dfrac{y_2 - y_1}{x_2 - x_1} = \dfrac{5 - 1}{4 - 2} = \dfrac{4}{2} = 2$

Point: $(2, 1)$

$y - y_1 = m(x - x_1)$

$y - 1 = 2(x - 2)$

$y - 1 = 2x - 4$

$y = 2x - 3$

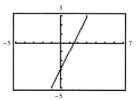

6. $(0, 0.8)$ and $(3, -2.3)$

Slope: $m = \dfrac{y_2 - y_1}{x_2 - x_1} = \dfrac{-2.3 - 0.8}{3 - 0} = \dfrac{-3.1}{3} = -\dfrac{31}{30}$

Point: $(0, 0.8)$

$y - y_1 = m(x - x_1)$

$y - 0.8 = -\dfrac{31}{30}(x - 0)$

$y - 0.8 = -\dfrac{31}{30}x$

$y = -\dfrac{31}{30}x + 0.8$ or $y = -\dfrac{31}{30}x + \dfrac{4}{5}$

7. $(3, -1)$ and $(10, -1)$

Slope: $m = \dfrac{y_2 - y_1}{x_2 - x_1} = \dfrac{-1 - (-1)}{10 - 3} = \dfrac{0}{7} = 0$

$m = 0 \Rightarrow$ horizontal line, $y = b$

The horizontal line through $(3, -1)$ is $y = -1$.

8. $\left(4, \dfrac{5}{3}\right)$ and $(4, 8)$

Slope: $m = \dfrac{y_2 - y_1}{x_2 - x_1} = \dfrac{8 - 5/3}{4 - 4} = \dfrac{8 - 5/3}{0} \Rightarrow m$ is undefined

m undefined $\Rightarrow$ vertical line $x = a$

The vertical line through $(4, 8)$ is $x = 4$.

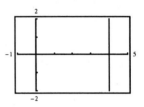

9. $2x - 3y = 1$

$-3y = -2x + 1$

$y = \tfrac{2}{3}x - \tfrac{1}{3}$

(a) Point $(3, 5), m = \tfrac{2}{3}$

$y - y_1 = m(x - x_1)$

$y - 5 = \tfrac{2}{3}(x - 3)$

$y - 5 = \tfrac{2}{3}x - 2$

$y = \tfrac{2}{3}x + 3$

(b) Point $(3, 5), m = -\tfrac{3}{2}$

$y - y_1 = m(x - x_1)$

$y - 5 = -\tfrac{3}{2}(x - 3)$

$y - 5 = -\tfrac{3}{2}x + \tfrac{9}{2}$

$y = -\tfrac{3}{2}x + \tfrac{19}{2}$

10. $3x - 2y - 9 = 0$

x-intercept

Set $y = 0$

$3x - 3(0) - 9 = 0$

$3x - 9 = 0$

$3x = 9$

$x = 3$

$(3, 0)$

y-intercept

Set $x = 0$

$3(0) - 2y - 9 = 0$

$-2y - 9 = 0$

$-2y = 9$

$y = -\tfrac{9}{2}$

$\left(0, -\tfrac{9}{2}\right)$

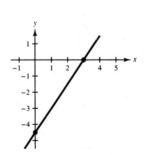

11. Profit = Revenue − Cost

   $= 9.20x - (5.60x + 24{,}000)$

   $= 9.20x - 5.60x - 24{,}000$

   $= 3.60x - 24{,}000$

12. $y \approx 0.057x - 1.58$

   $y \approx 0.057x - 1.58,\ x = 85$

   $y \approx 0.057(85) - 1.58$

   $y \approx 3.3$

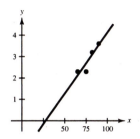

13. The product of a number n and 5 is decreased by 8.

   $5n - 8$

14. Perimeter = 2(Length) + 2(Width)

   $= 2(l) + 2(0.6l)$

   $= 2l + 1.2l$

   $= 3.2l$

   Area = (Length)(Width)

   $= l(0.6l)$

   $= 0.6l^2$

15. Three consecutive even integers $n, (n + 2), (n + 4)$

   $n + (n + 2) + (n + 4) = 3n + 6$

16. *Verbal model:* $\boxed{\dfrac{\text{Defective Units in Sample}}{\text{Units in Sample}}} = \boxed{\dfrac{\text{Defective Units in Shipment}}{\text{Units in Shipment}}}$

   Equation: $\dfrac{1}{300} = \dfrac{x}{600{,}000}$

   $1(600{,}000) = 300x$

   $600{,}000 = 300x$

   $\dfrac{600{,}000}{300} = x$

   $2000 = x$

The expected number of defective units in the shipment is 2000.

Section 3.4 Business and Scientific Problems

1. *Verbal model:* ⎡Selling price⎤ = ⎡Cost⎤ + ⎡Markup⎤

Label: Markup = x (dollars)

Equation:
$$64.33 = 45.97 + x$$
$$64.33 - 45.97 = x$$
$$18.36 = x$$

Verbal model: ⎡Markup⎤ = ⎡Markup rate⎤ · ⎡Cost⎤

Label: Markup rate = p (decimal form)

Equation:
$$18.36 = p \cdot 45.95$$
$$\frac{18.36}{45.95} = p$$
$$0.40 \approx p$$

Thus, the markup is $18.36 and the markup rate is 40%.

3. *Verbal model:* ⎡Selling price⎤ = ⎡Cost⎤ + ⎡Markup⎤

Label: Cost = x (dollars)

Equation:
$$250.80 = x + 98.80$$
$$250.80 - 98.80 = x$$
$$152.00 = x$$

Verbal model: ⎡Markup⎤ = ⎡Markup rate⎤ · ⎡Cost⎤

Label: Markup rate = p (decimal form)

Equation:
$$98.80 = p \cdot 152.00$$
$$\frac{98.80}{152.00} = p$$
$$0.65 = p$$

Thus, the cost is $152.00 and the markup rate is 65%.

5. *Verbal model:* ⎡Selling price⎤ = ⎡Cost⎤ + ⎡Markup⎤

Label: Cost = x (dollars)

Equation:
$$26{,}922.50 = x + 4672.50$$
$$26{,}922.50 - 4672.50 = x$$
$$22{,}250.00 = x$$

Verbal model: ⎡Markup⎤ = ⎡Markup rate⎤ · ⎡Cost⎤

Label: Markup rate = p (decimal form)

Equation:
$$4672.50 = p \cdot 22{,}250.00$$
$$\frac{4672.50}{22{,}250.00} = p$$
$$0.21 = p$$

Thus, the cost is $22,500.00 and the markup rate is 21%.

7. *Verbal model:* ⎡Markup⎤ = ⎡Markup rate⎤ · ⎡Cost⎤

Label: Markup = x (dollars)

Equation: $x = 85.2\% \cdot 225.00 = 191.70$

Verbal model: ⎡Selling price⎤ = ⎡Cost⎤ + ⎡Markup⎤

Label: Selling price = x (dollars)

Equation: $x = 225.00 + 191.70 = 416.70$

Thus, the markup is $191.70 and the selling price is $416.70.

9. *Verbal model:* ⎡Sale price⎤ = ⎡List price⎤ − ⎡Discount⎤

Label: Discount = x (dollars)

Equation:
$$25.74 = 49.50 - x$$
$$25.74 - 49.50 = -x$$
$$-23.76 = -x$$
$$23.76 = x$$

Verbal model: ⎡Discount⎤ = ⎡Discount rate⎤ · ⎡List price⎤

Label: Discount rate = p (decimal form)

Equation:
$$23.76 = p \cdot 49.50$$
$$\frac{23.76}{49.50} = p$$
$$0.48 = p$$

Thus, the discount is $23.76 and the discount rate is 48%.

11. *Verbal model:* $\boxed{\text{Sale price}} = \boxed{\text{List price}} - \boxed{\text{Discount}}$

Label: Sale price $= x$ (dollars)

Equation: $x = 300.00 - 189.00 = 111.00$

Verbal model: $\boxed{\text{Discount}} = \boxed{\text{Discount rate}} \cdot \boxed{\text{List price}}$

Label: Discount rate $= p$ (decimal form)

Equation: $189.00 = p \cdot 300.00$

$$\frac{189.00}{300.00} = p$$

$$0.63 = p$$

Thus, the sale price is $111.00 and the discount rate is 63%.

13. *Verbal model:* $\boxed{\text{Discount}} = \boxed{\text{Discount rate}} \cdot \boxed{\text{List price}}$

Label: Discount $= x$ (dollars)

Equation: $x = 65\% \cdot 95.00 = 61.75$

Verbal model: $\boxed{\text{Sale price}} = \boxed{\text{List price}} - \boxed{\text{Discount}}$

Label: Sale price $= x$ (dollars)

Equation: $x = 95.00 - 61.75 = 33.25$

Thus, the discount is $61.75 and the sale price is $33.25.

15. *Verbal model:* $\boxed{\text{Sale price}} = \boxed{\text{List price}} - \boxed{\text{Discount}}$

Label: List price $= x$ (dollars)

Equation:
$$893.10 = x - 251.90$$
$$893.10 + 251.90 = x$$
$$1145.00 = x$$

Verbal model: $\boxed{\text{Discount}} = \boxed{\text{Discount rate}} \cdot \boxed{\text{List price}}$

Label: Discount rate $= p$ (decimal form)

Equation: $251.90 = p \cdot 1145.00$

$$\frac{251.90}{1145.00} = p$$

$$0.22 = p$$

Thus, the list price is $1145 and the discount rate is 22%.

17. *Verbal model:* $\boxed{\text{Total energy}} \cdot \boxed{\text{Percent}} = \boxed{\text{Energy from coal}}$

Labels: Total energy $= 83.96$ (quadrillion Btu)

Percent $= 0.234$ (decimal form)

Energy from coal $= x$ (quadrillion Btu)

Equation: $83.96(0.234) = x$

$19.65 = x$

The amount of energy obtained from coal was 19.65 quadrillion Btu.

19. *Verbal model:* $\boxed{\text{Selling price}} = \boxed{\text{List price}} - \boxed{\text{Discount}}$

  Labels: Selling price $= x$ (dollars)

  Discount $= 0.20(279.95) = 55.99$ (dollars)

  Equation: $x = 279.95 - 55.99 = \$223.96$ at department store

  Verbal model: $\boxed{\text{Selling price}} = \boxed{\text{List price}} + \boxed{\text{Shipping}}$

  Label: Selling price $= x$ (dollars)

  Equation: $x = 228.95 + 4.32 = \$233.27$ from catalog

  The department store machine is the better buy.

21. *Verbal model:* $\boxed{\text{Parts charges}} + \boxed{\text{Labor rate}} \cdot \boxed{\text{Hours of labor}} = \boxed{\text{Total charges}}$

  Label: Hours of labor $= x$ (hours)

  Equation: $136.37 + 32x = 216.37$

  $$32x = 80$$
  $$x = \frac{80}{32} = 2.5 \text{ hours}$$

  Thus, it took 2.5 hours to repair the auto.

23. *Verbal model:* $\boxed{\text{Total cost}} = \boxed{\text{Cost of first minute}} + \boxed{\text{Cost of each additional minute}} \cdot \boxed{\text{Number of additional minutes}}$

  Label: Number of additional minutes $= x$ (minutes)

  Equation: $5.15 = 0.75 + 0.55x$

  $$4.40 = 0.55x$$
  $$8 = x$$

  Thus, there were 8 *additional* minutes plus the *first* minute, so the call was 9 minutes long.

  Verbal model: $\boxed{\text{Selling price}} = \boxed{\text{List price}} - \boxed{\text{Discount}}$

  Label: Selling price $= x$ (dollars)

  Discount $= 0.60(5.15) = 3.09$ (dollars)

  Equation: $x = 5.15 - 3.09 = \$2.06$

  Thus, the call would have cost $2.06 during the weekend.

25. *Verbal model:* $\boxed{\text{Tip}} = \boxed{\text{Total paid}} - \boxed{\text{Meal cost}}$

  Label: Tip $= x$ (dollars)

  Equation: $x = 10 - 8.45 = \$1.55$

  Verbal model: $\boxed{\text{Tip}} = \boxed{\text{Tip rate}} \cdot \boxed{\text{Meal cost}}$

  Label: Tip rate $= p$ (decimal form)

  Equation: $1.55 = p \cdot 8.45$

  $$\frac{1.55}{8.45} = p$$
  $$0.183 \approx p$$

  Thus, the tip rate was approximately 18.3%.

27. *Verbal model:* | Commission | = | Commission rate | · | Sales |

Label: commission rate = p (decimal form)

Equation: $450 = p \cdot 5000$

$\frac{450}{5000} = p$

$0.09 = p$

The commission rate was 9%.

29. *Verbal model:* | Sales tax | = | Sales tax rate | · | Cost |

Label: Sales tax = x (dollars)

Equation: $x = 6\% \cdot 4450 = 267$

The sales tax was $267.

Verbal model: | Total bill | = | Cost | + | Sales tax |

Label: Total bill = x (dollars)

Equation: $x = 4450 + 267 = 4717$

The total bill was $4717.

Verbal model: | Amount financed | = | Total bill | − | Down payment |

Label: Amount financed = x (dollars)

Equation: $x = 4717 - 1000 = 3717$

The amount that was financed was $3717.

31. *Verbal model:* | Total value | = | Value of $0.20 stamps | + | Value of $0.32 stamps |

Labels: $0.20 stamps: Number = x; value = $0.20x$ (dollars)

$0.32 stamps: Number = $70 - x$; value = $0.32(70 - x)$ (dollars)

Equation: $20.96 = 0.20x + 0.32(70 - x) = 0.20x + 22.40 - 0.32x$

$-1.44 = -0.12x$

$12 = x$ and $70 - x = 58$

Thus, there are 12 $0.20 stamps and 58 $0.32 stamps.

33. *Verbal model:* | Total sales | = | Adult sales | + | Children sales |

Labels: Children's tickets: Number = x, value = $4(x)$ (dollars)

Adults' tickets: Number = $3x$; value = $6(3x)$ (dollars)

Equation: $2200 = 6(3x) + 4(x)$

$2200 = 22x$

$100 = x$

Thus, 100 children's tickets were sold.

35. (a) Interest accumulated on $40,000 invested at 8% for 3 years $Prt = (40{,}000)(0.08)(3) = \$9600$

Interest accumulated on $40,000 invested at 10% for 3 years $Prt = (40{,}000)(0.10)(3) = \$12{,}000$

(b) Verbal model: $\boxed{\text{Interest from 8\% investment}} + \boxed{\text{Interest from 10\% investment}} = \boxed{\text{Total interest}}$

Labels: 8% investment: Amount invested = x (dollars); interest = $0.08x$ (dollars)

10% investment: Amount invested = $40{,}000 - x$ (dollars);

interest = $1.10(40{,}000 - x)$ (dollars)

Equation: $0.08x + 0.10(40{,}000 - x) = 3500$

$0.08x + 4000 - 0.10x = 3500$

$-0.02x + 4000 = 3500$

$-0.02x = -500$

$x = \dfrac{-500}{-0.02}$

$x = 25{,}000$ and $40{,}000 - x = 15{,}000$

You need to invest $15,000 (or more) at 10%.

37. Verbal model: $\boxed{\text{Amount of alcohol in 20\% solution}} + \boxed{\text{Amount of alcohol in 60\% solution}} = \boxed{\text{Amount of alcohol in final 40\% solution}}$

Labels: 20% solution: Number of gallons = x; amount of alcohol = $0.20x$ (gal)

60% solution: Number of gallons = $100 - x$; amount of alcohol = $0.60(100 - x)$ (gal)

40% solution: Number of gallons = 100; amount of alcohol = $0.40(100)$ (gal)

Equation: $0.20x + 0.60(100 - x) = 0.40(100)$

$0.20x + 60 - 0.60x = 40$

$60 - 0.40x = 40$

$-0.40x = -20$

$x = \dfrac{-20}{-0.40}$

$x = 50$ and $100 - x = 50$

Thus, 50 gallons of the 20% solution and 50 gallons of the 60% solution are needed.

39. Verbal model: $\boxed{\text{Amount of alcohol in 15\% solution}} + \boxed{\text{Amount of alcohol in 60\% solution}} = \boxed{\text{Amount of alcohol in final 45\% solution}}$

Labels: 15% solution: Number of quarts = x; amount of alcohol = $0.15x$ (qt)

60% solution: Number of quarts = $24 - x$; amount of alcohol = $0.60(24 - x)$ (qt)

45% solution: Number of quarts = 24; amount of alcohol = $0.45(24)$ (qt)

Equation: $0.15x + 0.60(24 - x) = 0.45(24)$

$0.15x + 14.4 - 0.60x = 10.8$

$14.4 - 0.45x = 108$

$-0.45x = -3.6$

$x = \dfrac{-3.6}{-0.45}$

$x = 8$ and $24 - x = 16$

Thus, 8 quarts of the 15% solution and 16 quarts of the 60% solution are needed.

41. *Verbal model:* $\boxed{\text{Amount of antifreeze in original 40\% solution}} - \boxed{\text{Amount of antifreeze withdrawn}} + \boxed{\text{Amount of pure antifreeze added}} = \boxed{\text{Amount of antifreeze in final 50\% solution}}$

Labels: Original solution: Number of gallons = 5; amount of antifreeze = 0.40(5)

Withdrawn solution: Number of gallons = x; amount of antifreeze = 0.40(x)

Antifreeze added: Number of gallons = x; amount of antifreeze = 1.00(x)

Final solution: Number of gallons = 5; amount of antifreeze = 0.50(5)

Equation: $0.40(5) - 0.40(x) + 1.00(x) = 0.50(5)$

$$2 + 0.60x = 2.50$$

$$0.60x = 0.50$$

$$x = \frac{0.50}{0.60} = \frac{5}{6}$$

Thus, 5/6 of a gallon of the original coolant must be withdrawn and replaced with pure antifreeze.

43. $d = rt$

$d = (650)(\frac{7}{2})$

$d = 2275$ mi

45. $d = rt$

$1000 = 110t$

$\frac{1000}{110} = t$

$\frac{100}{11} = t$ or $t = 9\frac{1}{11}$ hr

47. $d = rt$

$1000 = r(\frac{3}{2})$

$2(1000) = r(\frac{3}{2})(2)$

$2000 = 3r$

$\frac{2000}{3} = r$

$666\frac{2}{3}$ ft/sec = r

49. *Verbal model:* $\boxed{\text{Distance flown by first plane}} + \boxed{\text{Distance flown by second plane}} = \boxed{\text{Distance between planes}}$

Labels: First plane: Rate = 480 (mph); time = $1\frac{1}{3}$ (hours)

Second plane: Rate = 600 (mph); time = $1\frac{1}{3}$ (hours)

Distance between planes = x (miles)

Equation: $480(\frac{4}{3}) + 600(\frac{4}{3}) = x$

$$640 + 800 = x$$

$$1440 = x$$

Thus, the planes are 1440 miles apart after $1\frac{1}{3}$ hours.

51. $d = rt$

$5000 = 17{,}000t$

$\frac{5000}{17{,}000} = t$

$\frac{5}{17}$ hr = t or $t \approx 17.6$ min

53. (a) Distance = (Rate)(Time) ⇒ Time = $\dfrac{\text{Distance}}{\text{Rate}}$

Total time = Time at 63 mph + Time at 54 mph

Total time = $\dfrac{\text{distance at first rate}}{\text{first rate}} + \dfrac{\text{distance at second rate}}{\text{second rate}}$

$$= \dfrac{x}{63} + \dfrac{280 - x}{54}$$

(b)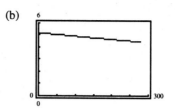

The domain is $0 \leq x \leq 280$.

(c) $4\dfrac{3}{4} = \dfrac{x}{63} + \dfrac{280 - x}{54}$

$\dfrac{19}{4} = \dfrac{x}{63} + \dfrac{280 - x}{54}$

$(756)\left(\dfrac{19}{4}\right) = \left(\dfrac{x}{63} + \dfrac{280 - x}{54}\right)(756)$

$189(19) = x(12) + (280 - x)14$

$3591 = 12x + 3920 - 14x$

$4347 = -2x + 3920$

$-329 = -2x$

$\dfrac{-329}{-2} = x$

$164.5 = x$

A distance of 164.5 miles was traveled at 63 miles per hour.

55. (a) The work rate is 8 pages per minute.

(b) The work rate is $\dfrac{30 \text{ units}}{8 \text{ hours}} = 3.75$ units per hour.

57. *Verbal model:* ⎡Portion done by first pump⎤ + ⎡Portion done by second pump⎤ = ⎡Work done⎤

Labels: First pump: Rate = $\tfrac{1}{30}$ (job per minute); time = t (minutes)

Second pump: Rate = $\tfrac{1}{15}$ (job per minute); time = t (minutes)

Work done = 1 (job)

Equation: $\tfrac{1}{30}t + \tfrac{1}{15}t = 1$

$30\left(\tfrac{1}{30}t + \tfrac{1}{15}t\right) = 30(1)$

$t + 2t = 30$

$3t = 30$

$t = \tfrac{30}{3} = 10$

Thus, it will take 10 minutes to remove the water with both pumps operating together.

59. Perimeter = 2(Height) + 2(Width)

$$3 = 2h + 2(0.62h)$$
$$3 = 2h + 1.24h$$
$$3 = 3.24h$$
$$\frac{3}{3.24} = h$$
$$0.926 \approx h$$

The height of picture frame is approximately 0.962 feet.

61. (a)
$$y = 5.41 + 0.370t$$
$$8.78 = 5.41 + 0.370t$$
$$3.37 = 0.370t$$
$$\frac{3.37}{0.370} = t$$
$$9.1 \approx t$$

The hourly wage was $8.78 hour when $t = 9$ in 1989. (This result could also be obtained from the bar graph.)

(b) $y = 5.41 + 0.370t$

For 1980, $y = 5.41 + 0.370(0) = 5.41$

For 1995, $y = 5.41 + 0.370(15) = 10.96$

$$\text{Average annual hourly raise} = \frac{10.96 - 5.41}{1995 - 1980}$$
$$= \frac{5.55}{15}$$
$$= 0.37$$

The average annual hourly raise over the 15-year period was $0.37. This average is the ratio of the change in hourly wage to the change in years.

63. The hourly wages for bus drivers were increasing at a greater rate than the hourly wages for cafeteria workers.

65. (a) Area = $\frac{1}{2}$(Base)(Height)

$$A(x) = \frac{1}{2}x\left(\frac{2}{3}x + 1\right)$$
$$= \frac{1}{3}x^2 + \frac{1}{2}x, \, x > 0$$

(b)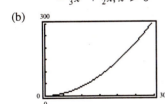

(c) From the graph it appears that the area is 200 square units when the value of x is approximately 23.78 units. (You could use the zoom and trace features of your graphing utility to determine this answer.)

Section 3.5   Linear Inequalities in One Variable

1. The multiplication and division properties for inequality are different than the properties for equality because they require that the inequality symbol must be reversed when both sides of the inequality are multiplied or divided by a negative number.

3. (a) $x = 3$

    $7(3) - 10 \stackrel{?}{>} 0$

    $21 - 10 \stackrel{?}{>} 0$

    $11 > 0$

    Yes, 3 *is* a solution.

   (b) $x = -2$

    $7(-2) - 10 \stackrel{?}{>} 0$

    $-14 - 10 \stackrel{?}{>} 0$

    $-24 \not> 0$

    No, 2 is *not* a solution.

   (c) $x = \frac{5}{2}$

    $7\left(\frac{5}{2}\right) - 10 \stackrel{?}{>} 0$

    $\frac{35}{2} - 10 \stackrel{?}{>} 0$

    $\frac{35}{2} - \frac{20}{2} \stackrel{?}{>} 0$

    $\frac{15}{2} > 0$

    Yes, $\frac{5}{2}$ *is* a solution.

   (d) $x = \frac{1}{2}$

    $7\left(\frac{1}{2}\right) - 10 \stackrel{?}{>} 0$

    $\frac{7}{2} - 10 \stackrel{?}{>} 0$

    $\frac{7}{2} - \frac{20}{2} \stackrel{?}{>} 0$

    $-\frac{13}{2} \not> 0$

    No, $\frac{1}{2}$ is *not* a solution.

5. (a) $x = 10$

    $0 \stackrel{?}{<} \frac{10 + 5}{6} \stackrel{?}{<} 2$

    $0 \stackrel{?}{<} \frac{15}{6} \stackrel{?}{<} 2$

    $0 < 2\frac{1}{2} \not< 2$

    No, 10 is *not* a solution.

   (b) $x = 4$

    $0 \stackrel{?}{<} \frac{4 + 5}{6} \stackrel{?}{<} 2$

    $0 \stackrel{?}{<} \frac{9}{6} \stackrel{?}{<} 2$

    $0 < 1\frac{1}{2} < 2$

    Yes, 4 *is* a solution.

   (c) $x = 0$

    $0 \stackrel{?}{<} \frac{0 + 5}{6} \stackrel{?}{<} 2$

    $0 < \frac{5}{6} < 2$

    Yes, 0 *is* a solution.

   (d) $x = -6$

    $0 \stackrel{?}{<} \frac{-6 + 5}{6} \stackrel{?}{<} 2$

    $0 \not< -\frac{1}{6} < 2$

    No, -6 is *not* a solution.

7. Graph (d)

9. Graph (c)

11.
    $(-5, 3]$

13. $\left(0, \frac{3}{2}\right]$

15. $\left(-\frac{15}{4}, -\frac{5}{2}\right)$

17.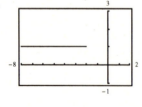
    $(-\infty, -2]$

19.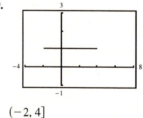
    $(-2, 4]$

21.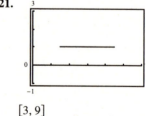
    $[3, 9]$

23. $x + 7 \leq 9$

$x + 7 - 7 \leq 9 - 7$

$x \leq 2$

25. $4x < 22$

$\dfrac{4x}{4} < \dfrac{22}{4}$

$x < \dfrac{11}{2}$

27. $-9x \geq 36$

$\dfrac{-9x}{-9} \leq \dfrac{36}{-9}$

$x \leq -4$

29. $-\dfrac{3}{4}x < -6$

$-\dfrac{4}{3}\left(-\dfrac{3}{4}x\right) > -\dfrac{4}{3}(-6)$

$x > 8$

31. $2x - 5 > 9$

$2x - 5 + 5 > 9 + 5$

$2x > 14$

$\dfrac{2x}{2} > \dfrac{14}{2}$

$x > 7$

33. $5 - x \leq -2$

$5 - x - 5 \leq -2 - 5$

$-x \leq -7$

$(-1)(-x) \geq (-7)(-1)$

$x \geq 7$

35. $5 - 3x < 7$

$5 - 3x - 5 < 7 - 5$

$-3x < 2$

$\dfrac{-3x}{-3} > \dfrac{2}{-3}$

$x > -\dfrac{2}{3}$

37. $3x - 11 > -x + 7$

$3x - 11 + x > -x + 7 + x$

$4x - 11 > 7$

$4x - 11 + 11 > 7 + 11$

$4x > 18$

$\dfrac{4x}{4} > \dfrac{18}{4}$

$x > \dfrac{9}{2}$

39. $16 < 4(y + 2) - 5(2 - y)$

$16 < 4y + 8 - 10 + 5y$

$16 < 9y - 2$

$16 + 2 < 9y - 2 + 2$

$18 < 9y$

$\dfrac{18}{9} < \dfrac{9y}{9}$

$2 < y$

41. $-3(y + 10) \geq 4(y + 10)$

$-3y - 30 \geq 4y + 40$

$3y - 3y - 30 \geq 3y + 4y + 40$

$-30 \geq 7y + 40$

$-40 - 30 \geq 7y + 40 - 40$

$-70 \geq 7y$

$-10 \geq y$

43. $\dfrac{x}{6} - \dfrac{x}{4} \leq 1$

$12\left(\dfrac{x}{6} - \dfrac{x}{4}\right) \leq 1(12)$

$2x - 3x \leq 12$

$-x \leq 12$

$(-1)(-x) \geq 12(-1)$

$x \geq -12$

45. $0 < 2x - 5 < 9$

$0 + 5 < 2x - 5 + 5 < 9 + 5$

$5 < 2x < 14$

$\dfrac{5}{2} < \dfrac{2x}{2} < \dfrac{14}{2}$

$\dfrac{5}{2} < x < 7$

47. $-3 < \dfrac{2x-3}{2} < 3$

$-6 < 2x - 3 < 6$

$-6 + 3 < 2x - 3 + 3 < 6 + 3$

$-3 < 2x < 9$

$\dfrac{-3}{2} < \dfrac{2x}{2} < \dfrac{9}{2}$

$-\dfrac{3}{2} < x < \dfrac{9}{2}$

49. $1 > \dfrac{x-4}{-3} > -2$

$(-3)(1) < -3\left(\dfrac{x-4}{-3}\right) < (-2)(-3)$

$-3 < x - 4 < 6$

$-3 + 4 < x - 4 + 4 < 6 + 4$

$1 < x < 10$

51. $\dfrac{2}{5} < x + 1 < \dfrac{4}{5}$

$\dfrac{2}{5} - 1 < x + 1 - 1 < \dfrac{4}{5} - 1$

$\dfrac{2}{5} - \dfrac{5}{5} < x < \dfrac{4}{5} - \dfrac{5}{5}$

$-\dfrac{3}{5} < x < -\dfrac{1}{5}$

53. $x \geq 0$

55. $z \geq 2$

57. $n \leq 16$

59. x is at least $\dfrac{5}{2}$.

61. z is greater than 0 and no more than π.

63. $-5 \leq t < 8$

$(-1)(-5) \geq (-1)t > (-1)8$

$5 \geq -t > -8$ or

$-8 < -t \leq 5$

$(-8, 5]$

65. $12 \leq 4n \leq 30$

$\dfrac{12}{4} \leq \dfrac{4n}{4} \leq \dfrac{30}{4}$

$3 \leq n \leq \dfrac{15}{2}$

$\left[3, \dfrac{15}{2}\right]$

67. Verbal model: $\boxed{\text{Transportation costs}} + \boxed{\text{Other costs}} \leq \boxed{\text{Total money for trip}}$

Inequality: $1900 + C \leq 4500$

$1900 + C - 1900 \leq 4500 - 1900$

$C \leq 2600$

Thus, all other costs must be no more than $2600.

69. Verbal model: $\boxed{\text{Temp in Miami}} > \boxed{\text{Temp in Washington}}$ and $\boxed{\text{Temp in Washington}} > \boxed{\text{Temp in New York}}$

The average temperature in Miami, therefore, is greater than (>) the average temperature in New York.

71. *Verbal model:* | Operating cost | < | $10,000 |

Inequality:
$$0.28m + 2900 < 10{,}000$$
$$0.28m + 2900 - 2900 < 10{,}000 - 2900$$
$$0.28m < 7100$$
$$\frac{0.28m}{0.28} < \frac{7100}{0.28}$$
$$m < 25{,}357.14286$$

Note: The answer could be written as $m \leq 25{,}357$.

73. *Verbal model:* | Revenue | > | Cost |

Inequality:
$$89.95x > 61x + 875$$
$$89.95x - 61x > 61x + 875 - 61x$$
$$28.95x > 875$$
$$\frac{28.95x}{28.95} > \frac{875}{28.95}$$
$$x > 30.224525$$

Note: The answer could be written as $x \geq 31$.

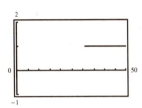

75. *Verbal model:* | Cost of first minute | + | Cost of additional minutes | ≤ | $5.00 |

Label: Number of *additional* minutes $= x$ (minutes)

Inequality:
$$0.96 + 0.75x \leq 5.00$$
$$0.96 + 0.75x - 0.96 \leq 5.00 - 0.96$$
$$0.75x \leq 4.04$$
$$\frac{0.75x}{0.75} \leq \frac{4.04}{0.75}$$
$$x \leq 5.386667$$

Since x represents the additional minutes after the first minute, the call must be less than 6.38 minutes. If a portion of a minute is billed as a full minute, then the call must be less than or equal to 6 minutes.

77. Maximum distance: $5 + 3 = 8$ miles

Minimum distance: $5 - 3 = 2$ miles

$$2 \leq d \leq 8$$

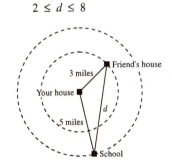

79. First plan-pay per hour: $12.50

Second plan-pay per hour: $8.00 + 0.75 per unit

$$8 + 0.75x > 12.50$$
$$0.75x > 4.50$$
$$x > \frac{4.50}{0.75}$$
$$x > 6$$

The second plan gives the greater hourly wage if 6 or more units are produced.

81. The air pollutant emission of carbon monoxide was greater than 6 parts per million in the years 1987, 1988, and 1989.

Chapter 3 Linear Functions, Equations, and Inequalities

Section 3.6 Absolute Value Equations and Inequalities

1. $|4x + 5| = 10, x = -3$
$|4(-3) + 5| \stackrel{?}{=} 10$
$|-12 + 5| \stackrel{?}{=} 10$
$|-7| \stackrel{?}{=} 10$
$7 \neq 10$

The value $x = -3$ is not a solution of the equation.

3. $|6 - 2w| = 2, w = 4$
$|6 - 2(4)| \stackrel{?}{=} 2$
$|6 - 8| \stackrel{?}{=} 2$
$|-2| \stackrel{?}{=} 2$
$2 = 2$

The value $w = 4$ is a solution of the equation.

5. $|x - 10| = 17$
$x - 10 = -17$ or $x - 10 = 17$

7. $|4x + 1| = \frac{1}{2}$
$4x + 1 = -\frac{1}{2}$ or $4x + 1 = \frac{1}{2}$

9. $|t| = 45$
$t = -45$ or $t = 45$

11. $|h| = 0$
$h = 0$

13. $|x - 16| = 5$
$x - 16 = -5$ or $x - 16 = 5$
$x = 11$ $x = 21$

15. $|2s + 3| = 25$
$2s + 3 = -25$ or $2s + 3 = 25$
$2s = -28$ $2s = 22$
$s = -14$ $s = 11$

17. $|32 - 3y| = 16$
$32 - 3y = -16$ or $32 - 3y = 16$
$-3y = -48$ $-3y = -16$
$y = 16$ $y = \frac{16}{3}$

19. No solution; the absolute value of a real number cannot be negative.

21. $|5x - 3| + 8 = 22$
$|5x - 3| = 14$
$5x - 3 = -14$ or $5x - 3 = 14$
$5x = -11$ $5x = 17$
$x = -\frac{11}{5}$ $x = \frac{17}{5}$

23. $|4 - 3x| = 0$
$4 - 3x = 0$
$-3x = -4$
$x = \frac{-4}{-3}$
$x = \frac{4}{3}$

25. $\left|\frac{2}{3}x + 4\right| = 9$
$\frac{2}{3}x + 4 = -9$ or $\frac{2}{3}x + 4 = 9$
$\frac{2}{3}x = -13$ $\frac{2}{3}x = 5$
$2x = -39$ $2x = 15$
$x = -\frac{39}{2}$ $x = \frac{15}{2}$

27. $|0.32x - 2| = 4$
$0.32x - 2 = -4$ or $0.32x - 2 = 4$
$0.32x = -2$ $0.32x = 6$
$x = \frac{-2}{0.32} = -6.25$ $x = \frac{6}{0.32} = 18.75$

29. $|x + 8| = |2x + 1|$
$x + 8 = -(2x + 1)$ or $x + 8 = 2x + 1$
$x + 8 = -2x - 1$ $8 = x + 1$
$3x + 8 = -1$ $7 = x$
$3x = -9$
$x = -3$

31. $|45 - 4x| = |32 - 3x|$

$45 - 4x = -(32 - 3x)$ or $45 - 4x = 32 - 3x$

$45 - 4x = -32 + 3x \qquad\qquad 45 = 32 + x$

$45 = -32 + 7x \qquad\qquad 13 = x$

$77 = 7x$

$11 = x$

33. $|x + 2| = |3x - 1|$

$x + 2 = -(3x - 1)$ or $x + 2 = 3x - 1$

$x + 2 = -3x + 1 \qquad\qquad -2x + 2 = -1$

$4x + 2 = 1 \qquad\qquad -2x = -3$

$4x = -1 \qquad\qquad x = \frac{3}{2}$

$x = -\frac{1}{4}$

35. $2x + 5 = 5, 2x + 3 = -5$

$|2x + 3| = 5$

37. (a) $x = 2$
$|x| < 3$
$|2| \stackrel{?}{<} 3$
$2 < 3$
Yes

(b) $x = -4$
$|x| < 3$
$|-4| \stackrel{?}{<} 3$
$4 \not< 3$
No

(c) $x = 4$
$|x| < 3$
$|4| \stackrel{?}{<} 3$
$4 \not< 3$
No

(d) $x = -1$
$|x| < 3$
$|-1| \stackrel{?}{<} 3$
$1 < 3$
Yes

39. (a) $x = 2$
$|x| \geq 3$
$|2| \stackrel{?}{\geq} 3$
$2 \not\geq 3$
No

(b) $x = -4$
$|x| \geq 3$
$|-4| \stackrel{?}{\geq} 3$
$4 \geq 3$
Yes

(c) $x = 4$
$|x| \geq 3$
$|4| \stackrel{?}{\geq} 3$
$4 \geq 3$
Yes

(d) $x = -1$
$|x| \geq 3$
$|-1| \stackrel{?}{\geq} 3$
$1 \not\geq 3$
No

41. (a) $x = 9$
$|x - 7| < 3$
$|9 - 7| \stackrel{?}{<} 3$
$|2| \stackrel{?}{<} 3$
$2 < 3$
Yes

(b) $x = -4$
$|x - 7| < 3$
$|-4 - 7| \stackrel{?}{<} 3$
$|-11| \stackrel{?}{<} 3$
$11 \not< 3$
No

(c) $x = 11$
$|x - 7| < 3$
$|11 - 7| \stackrel{?}{<} 3$
$|4| \stackrel{?}{<} 3$
$4 \not< 3$
No

(d) $x = 6$
$|x - 7| < 3$
$|6 - 7| \stackrel{?}{<} 3$
$|-1| \stackrel{?}{<} 3$
$1 < 3$
Yes

43. (a) $x = 9$
$|x - 7| \geq 3$
$|9 - 7| \stackrel{?}{\geq} 3$
$|2| \stackrel{?}{\geq} 3$
$2 \not\geq 3$
No

(b) $x = -4$
$|x - 7| \geq 3$
$|-4 - 7| \stackrel{?}{\geq} 3$
$|-11| \stackrel{?}{\geq} 3$
$11 \geq 3$
Yes

(c) $x = 11$
$|x - 7| \geq 3$
$|11 - 7| \stackrel{?}{\geq} 3$
$|4| \stackrel{?}{\geq} 3$
$4 \geq 3$
Yes

(d) $x = 6$
$|x - 7| \geq 3$
$|6 - 7| \stackrel{?}{\geq} 3$
$|-1| \stackrel{?}{\geq} 3$
$1 \not\geq 3$
No

45. $|y + 5| < 3$

$-3 < y + 5 < 3$

47. $|7 - 2h| \geq 9$

$7 - 2h \leq -9$ or $7 - 2h \geq 9$

49.

51.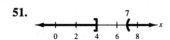

53. $|y| < 4$
$-4 < y < 4$

55. $|y - 2| \leq 4$
$-4 \leq y - 2 \leq 4$
$-2 \leq y \leq 6$

57. $|y + 2| < 4$
$-4 < y + 2 < 4$
$-6 < y < 2$

59. $|y| \geq 4$
$y \leq -4$ or $y \geq 4$

61. $|y - 2| > 4$
$y - 2 < -4$ or $y - 2 > 4$
$y < -2 \quad y > 6$

63. $|y + 2| \geq 4$
$y + 2 \leq -4$ or $y + 2 \geq 4$
$y \leq -6 \quad y \geq 2$

65. $|2x| < 14$
$-14 < 2x < 14$
$-7 < x < 7$

67. $\left|\dfrac{y}{3}\right| \leq 3$
$-3 \leq \dfrac{y}{3} \leq 3$
$-9 \leq y \leq 9$

69. $|3x + 2| < 4$

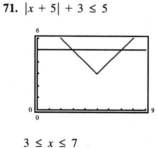

$-2 < x < \dfrac{2}{3}$

71. $|x + 5| + 3 \leq 5$

$3 \leq x \leq 7$

73. $|2x + 3| > 9$

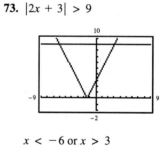

$x < -6$ or $x > 3$

75. $|0.2x - 3| < 4$
$-4 < 0.2x - 3 < 4$
$-1 < 0.2x < 7$
$\dfrac{-1}{0.2} < x < \dfrac{7}{0.2}$
$-5 < x < 35$

77. $\dfrac{|x + 2|}{10} \leq 8$
$|x + 2| \leq 80$
$-80 \leq x + 2 \leq 80$
$-82 \leq x \leq 78$

79. $|6t + 15| \geq 30$
$6t + 15 \leq -30$ or $6t + 15 \geq 30$
$6t \leq -45 \qquad 6t \geq 15$
$t \leq -\dfrac{45}{6} \qquad t \geq \dfrac{15}{6}$
$t \leq -\dfrac{15}{2} \qquad t \geq \dfrac{5}{2}$

81. $\dfrac{|s - 3|}{5} > 4$
$|s - 3| > 20$
$s - 3 < -20$ or $s - 3 > 20$
$s < -17 \qquad s > 23$

83. $\left|\dfrac{z}{10} - 3\right| > 8$
$\dfrac{z}{10} - 3 < -8$ or $\dfrac{z}{10} - 3 > 8$
$\dfrac{z}{10} < -5 \qquad \dfrac{z}{10} > 11$
$z < -50 \qquad z > 110$

85. $|x - 4| \leq 4$
$-4 \leq x - 4 \leq 4$
$0 \leq x \leq 8$
Graph (d)

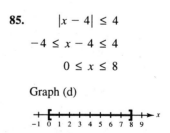

87. $\frac{1}{2}|x - 4| > 4$

$|x - 4| > 8$

$x - 4 < -8$ or $x - 4 > 8$

$x < -4 \qquad x > 12$

Graph (b)

89. $-2 \leq x \leq 2$

$|x| \leq 2$

91. $\qquad 7 < x < 13$

$-3 < x - 10 < 3$

$|x - 10| < 3$

93. $\qquad 16 < x < 22$

$-3 < x - 19 < 3$

$|x - 19| < 3$

95. $|t - 72| < 10$

$-10 < t - 72 < 10$

$62 < t < 82$

97. $\qquad 97.6 < t < 99.6$

$97.6 - 98.6 < t - 98.6 < 99.6 - 98.6$

$-1 < t - 98.6 < 1$

$|t - 98.6| < 1$

99. $\qquad |w - 16| \leq \frac{1}{2}$

$-\frac{1}{2} \leq w - 16 \leq \frac{1}{2}$

$15.5 \leq w \leq 16.5$

$4(15.5) \leq 4w \leq 4(16.5)$

$62 \leq 4w \leq 66$

The greatest amount of chips you can expect in four bags is 66 ounces. The least you can expect is 62 ounces.

Review Exercises for Chapter 3

1. $(1, -4), m = 2$

$y - y_1 = m(x - x_1)$

$y + 4 = 2(x - 1)$

$y + 4 = 2x - 2$

$y = 2x - 6$

2. $(-5, -5), m = 3$

$y - y_1 = m(x - x_1)$

$y + 5 = 3(x + 5)$

$y + 5 = 3x + 15$

$y = 3x + 10$

3. $(-1, 4), m = -4$

$y - y_1 = m(x - x_1)$

$y - 4 = -4(x + 1)$

$y - 4 = -4x - 4$

$y = -4x$

4. $(5, -2), m = -2$

$y - y_1 = m(x - x_1)$

$y + 2 = -2(x - 5)$

$y + 2 = -2x + 10$

$y = -2x + 8$

5. $(\frac{5}{2}, 4), m = -\frac{2}{3}$

$y - y_1 = m(x - x_1)$

$y - 4 = -\frac{2}{3}(x - \frac{5}{2})$

$y - 4 = -\frac{2}{3}x + \frac{5}{3}$

$y = -\frac{2}{3}x + \frac{17}{3}$

6. $(-2, -\frac{4}{3}), m = \frac{3}{2}$

$y - y_1 = m(x - x_1)$

$y + \frac{4}{3} = \frac{3}{2}(x + 2)$

$y + \frac{4}{3} = \frac{3}{2}x + 3$

$y = \frac{3}{2}x + \frac{5}{3}$

7. $(7, 8)$, m is undefined

m undefined $\Rightarrow$ vertical line, $x = a$

$x = 7$

8. $(-6, 5)$, $m = 0$

$m = 0 \Rightarrow$ horizontal line, $y = b$

$y = 5$

9. $(-6, 0)$, $(0, -3)$ or $y - y_1 = m(x - x_1)$

$m = \dfrac{-3 - 0}{0 - (-6)} = \dfrac{-3}{6} = -\dfrac{1}{2}$ $y - 0 = -\dfrac{1}{2}(x + 6)$

$y = mx + b$ $y = -\dfrac{1}{2}x - 3$

$y = -\dfrac{1}{2}x - 3$

10. $(-2, -3)$, $(4, 6)$

$m = \dfrac{6 - (-3)}{4 - (-2)} = \dfrac{9}{6} = \dfrac{3}{2}$

$y - y_1 = m(x - x_1)$

$y + 3 = \dfrac{3}{2}(x + 2)$

$y + 3 = \dfrac{3}{2}x + 3$

$y = \dfrac{3}{2}x$

11. $(0, 10)$, $(6, 10)$

$m = \dfrac{10 - 10}{6 - 0} = \dfrac{0}{6} = 0$

$m = 0 \Rightarrow$ horizontal line, $y = b$

$y = 10$

12. $(-10, 2)$, $(4, -7)$

$m = \dfrac{-7 - 2}{4 - (-10)} = \dfrac{-9}{14} = -\dfrac{9}{14}$

$y - y_1 = m(x - x_1)$

$y - 2 = -\dfrac{9}{14}(x + 10)$

$y - 2 = -\dfrac{9}{14}x - \dfrac{45}{7}$

$y = -\dfrac{9}{14}x - \dfrac{31}{7}$

13. $\left(\dfrac{4}{3}, \dfrac{1}{6}\right)$, $\left(4, \dfrac{7}{6}\right)$

$m = \dfrac{(7/6) - (1/6)}{4 - (4/3)} = \dfrac{1}{(8/3)} = \dfrac{3}{8}$

$y - y_1 = m(x - x_1)$

$y - \dfrac{1}{6} = \dfrac{3}{8}\left(x - \dfrac{4}{3}\right)$

$y - \dfrac{1}{6} = \dfrac{3}{8}x - \dfrac{1}{2}$

$y = \dfrac{3}{8}x - \dfrac{1}{3}$

14. $\left(\dfrac{5}{2}, 0\right)$, $\left(\dfrac{5}{2}, 5\right)$

$m = \dfrac{5 - 0}{(5/2) - (5/2)} = \dfrac{5}{0}$ (undefined)

m undefined $\Rightarrow$ vertical line, $x = a$

$x = \dfrac{5}{2}$

Review Exercises for Chapter 3 119

15.
$2x + 4y = 1$
$4y = -2x + 1$
$y = -\frac{1}{2}x + \frac{1}{4}$
$m = -\frac{1}{2}$

parallel line
(a) $m = -\frac{1}{2}, (-1, 5)$
$y - y_1 = m(x - x_1)$
$y - 5 = -\frac{1}{2}(x + 1)$
$y - 5 = -\frac{1}{2}x - \frac{1}{2}$
$y = -\frac{1}{2}x + \frac{9}{2}$

perpendicular line
(b) $m = 2, (-1, 5)$
$y - y_1 = m(x - x_1)$
$y - 5 = 2(x + 1)$
$y - 5 = 2x + 2$
$y = 2x + 7$

16.
$3x + y = 2$
$y = -3x + 2$
$m = -3$

parallel line
(a) $m = -3, \left(\frac{3}{5}, -\frac{4}{5}\right)$
$y - y_1 = m(x - x_1)$
$y + \frac{4}{5} = -3\left(x - \frac{3}{5}\right)$
$y + \frac{4}{5} = -3x + \frac{9}{5}$
$y = -3x + 1$

perpendicular line
(b) $m = \frac{1}{3}, \left(\frac{3}{5}, -\frac{4}{5}\right)$
$y - y_1 = m(x - x_1)$
$y + \frac{4}{5} = \frac{1}{3}\left(x - \frac{3}{5}\right)$
$y + \frac{4}{5} = \frac{1}{3}x - \frac{1}{5}$
$y = \frac{1}{3}x - 1$

17.
$4x - 3y = 12$
$-3y = -4x + 12$
$y = \frac{4}{3}x - 4$
$m = \frac{4}{3}$

parallel line
(a) $m = \frac{4}{3}, \left(\frac{3}{8}, 3\right)$
$y - y_1 = m(x - x_1)$
$y - 3 = \frac{4}{3}\left(x - \frac{3}{8}\right)$
$y - 3 = \frac{4}{3}x - \frac{1}{2}$
$y = \frac{4}{3}x + \frac{5}{2}$

perpendicular line
(b) $m = -\frac{3}{4}, \left(\frac{3}{8}, 3\right)$
$y - y_1 = m(x - x_1)$
$y - 3 = -\frac{3}{4}\left(x - \frac{3}{8}\right)$
$y - 3 = -\frac{3}{4}x + \frac{9}{32}$
$y = -\frac{3}{4}x + \frac{105}{32}$

18. $5x = 3$
$x = \frac{3}{5}$
vertical line, m is undefined

parallel line
(a) vertical line, $(12, 1)$
$x = 12$
or $x - 12 = 0$

perpendicular line
(b) horizontal line, $(12, 1)$
$y = 1$
or $y - 1 = 0$

19.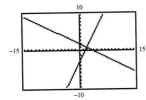
Perpendicular

20.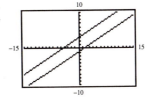
Parallel

21.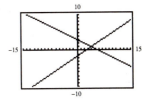
Neither

22.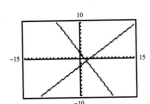
Perpendicular

23. (a) $C = 8.55x + 25{,}000$
(b) $P = 12.60x - C = 12.60x - (8.55x + 25{,}000)$
$= 12.60x - 8.55x - 25{,}000 = 4.05x - 25{,}000$

24. (a) $v = -32t + 80$

$v = -32(2) + 80$

$v = -64 + 80$

$v = 16$

When $t = 2$, the velocity is 16 feet per second.

(b) $v = -32t + 80$

$0 = -32t + 80$

$-80 = -32t$

$\dfrac{-80}{-32} = t$

$2.5 = t$

The ball reaches its maximum height after 2.5 seconds.

(c) $v = -32t + 80v$

$v = -32(3) + 80$

$= -96 + 80$

$= -16$

When $t = 3$, the velocity is -16 feet per second.

25. (a)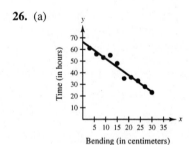

(b)

x	1.5	1	0.3	3.0	4.0	0.5	2.5	1.8
y	46.7	32.9	19.2	48.4	51.2	28.5	53.4	35.5
$y = 8.22x + 24.47$	36.8	32.7	26.9	49.1	57.4	28.6	45.0	39.3

(c) $y = 8.22x + 24.47$, $x = 3.5$

$y = 8.22(3.5) + 24.47$

$y \approx 53.2$

The annual salary for a salesperson who has been with the company for 3.5 years is approximately $53,200.

(d) The slope of 8.22 (or $8,220) represents the average increase in annual salary (in thousands of dollars) for a one year increase in experience.

26. (a)

(b)

x	3	6	9	12	15	18	21	24	27	30
x		61	56	53	55	48	35	36	33	28	23
$y = -1.43x + 66.44$	62.2	57.9	53.6	49.3	45.0	40.7	36.4	32.1	27.8	23.5

(c) $y = -1.43x + 66.44$, $x = 20$

$y = -1.43(20) + 66.44$

$y = 37.84$

When $x = 20$, the predicted time until failure is approximately 37.8 hours.

(d) The slope of -1.43 represents the change (decrease) in time until failure for each 1 centimeter increase in the distance the machine part is bent.

27. (a) $F = md$
$60 = m(4)$
$\frac{60}{4} = m$
$15 = m$
$F = 15d$

(b) $F = 15d, F = 80$
$80 = 15d$
$\frac{80}{15} = d$
$5\frac{1}{3} = d$
When 80 kilograms of force is applied, the spring stretches $5\frac{1}{3}$ centimeters.

(c) $F = 15d$
$F = 15(3.2)$
$F = 48$
If the spring stretches 3.2 centimeters, the force on the spring is 48 kilograms.

28. (a) $o = mg$
$12 = m(340.19)$
$\frac{12}{340.19} = m$
$0.0353 \approx m$
$o \approx 0.0353m$

(b) $o \approx 0.0353g$
$32 \approx 0.0353g$
$\frac{32}{0.353} \approx g$
$907 \approx g$
The 32 ounces are approximately equivalent to 907 grams.

(c) $o \approx 0.353g$
$o \approx 0.353(500)$
$o \approx 18$
The 500 grams are approximately equivalent to 18 ounces.

29. (a)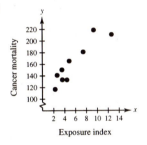

(b) Yes, the relationship appears to be linear. The cancer mortality increases linearly with increased exposure to the carcinogenic substance.

30. (a)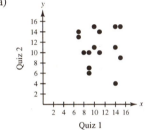

(b) No, the relationship between consecutive quiz scores does not appear to be linear. Quiz scores are dependent on several variables, such as study time and attendance. These variables may vary from one quiz to another.

31. Answers may vary.
$y = -0.5x + 3$ or $y = -0.457x + 2.8$

32. Answers may vary.
$y = x + 2$ or $y = 1.11x + 2.01$

33. (a) and (b)

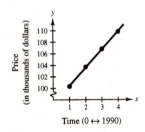

(c) $y \approx 3.16x + 97.25$

(d) The slope of 3.16 represents the average change (increase) in thousands of dollars of the median price of homes for each one year increase in time.

(e) $y \approx 3.16x + 97.25, x = 10$
$y \approx 3.16(10) + 97.25$
$y \approx 31.6 + 97.25$
$y \approx 128.85$

The predicted median sales price of an existing one-family home in the year 2000 is $128,850.

34. (a) and (b)

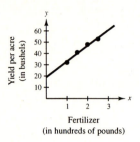

(c) $y = 14x + 19$

(d) The slope of 14 represents the average change (increase) in bushels of wheat for each one-hundred-pound increase per acre of fertilizer.

(e) $y = 14x + 19, x = 1.2$

$y = 14(1.2) + 19$

$ = 16.8 + 19$

$ = 35.8$

When 1.2 hundreds pounds (120 pounds) of fertilizer is applied per acre, the yield is predicted to be 35.8 bushels per acre.

35. Two hundred decreased by 3 times a number

$200 - 3n$

36. One hundred increased by the product of 15 and a real number

$100 + 15n$

37. The sum of the square of a real number and 49

$n^2 + 49$

38. The absolute value of the sum of a real number and 10

$|n + 10|$

39. The absolute value of the quotient of a number and 5.

$\left|\dfrac{n}{5}\right|$

40. The sum of a number and the square of the number.

$n + n^2$

41. $2y + 7$

The sum of twice a number and seven

42. $5u - 3$

Three less than five times a number

43. $\dfrac{x - 5}{4}$

The difference of a number and five, all divided by four

44. $-3(a - 10)$

Negative three times the difference of a number and ten

45. Verbal model: Tax rate · Taxable income

Labels: Tax rate = 0.18 (decimal form)

Taxable income = I (dollars)

Algebraic expression: $0.18I$ (dollars)

46. Verbal model: Rate · Time

Labels: Rate = r (miles per hour)

Time = 8 (hours)

Algebraic expression: $r(8) = 8r$ (miles)

47. Verbal model: Length · Width

Labels: Length = l (units)

Width = $l - 5$ (units)

Algebraic expression: $l(l - 5) = l^2 - 5l$ (square units)

48. Verbal model: First consecutive odd integer + Second consecutive odd integer + Third consecutive odd integer

Labels: First consecutive odd integer = n

Second consecutive odd integer = $n + 2$

Third consecutive odd integer = $n + 4$

Algebraic expression: $n + (n + 2) + (n + 4) = 3n + 6$

49. *Verbal model:* $\boxed{\text{Number of acres}} \cdot \boxed{\text{Price per acre}}$

    Labels: Number of acres = 30 (acre)

           Price per acre = p (*dollars per acre*)

    Algebraic expression: $30p$

50. *Verbal model:* $\boxed{\text{Number of pages}} \cdot \boxed{\text{Time per page}}$

    Labels: Number of pages = z (pages)

           Time per page = 1/8 (pages per minute)

    Algebraic expression: $z\left(\dfrac{1}{8}\right) = \dfrac{z}{8}$

51. 16 feet to 4 yards = $\dfrac{16 \text{ feet}}{12 \text{ feet}} = \dfrac{4}{3}$

52. 3 quarts to 5 pints = $\dfrac{6 \text{ pints}}{5 \text{ pints}} = \dfrac{6}{5}$

53. 45 seconds to 5 minutes = $\dfrac{45 \text{ seconds}}{300 \text{ seconds}} = \dfrac{15}{100} = \dfrac{3}{20}$

54. 3 meters to 150 centimeters = $\dfrac{300 \text{ centimeters}}{150 \text{ centimeters}} = \dfrac{2}{1}$

55. $\dfrac{7}{8} = \dfrac{y}{4}$

    $8y = 28$

    $y = \dfrac{28}{8}$

    $y = \dfrac{7}{2}$

56. $\dfrac{x}{16} = \dfrac{5}{12}$

    $12x = 80$

    $x = \dfrac{80}{12}$

    $x = \dfrac{20}{3}$

57. $\dfrac{b}{15} = \dfrac{5}{6}$

    $6b = 75$

    $b = \dfrac{75}{6}$

    $b = \dfrac{25}{2}$

58. $\dfrac{x+1}{3} = \dfrac{x-1}{2}$

    $2(x+1) = 3(x-1)$

    $2x + 2 = 3x - 3$

    $5 = x$

59. *Verbal model:* $\dfrac{\boxed{\text{Assessed value of property}}}{\boxed{\text{Taxes on first property}}} = \dfrac{\boxed{\text{Assessed value of second property}}}{\boxed{\text{Taxes on second property}}}$

    Labels: First property: Assessed value = 80,000 (dollars); taxes = 1350 (dollars)

                Second property: Assessed value = 110,000 (dollars); taxes = x (dollars)

    Equation: $\dfrac{80{,}000}{1350} = \dfrac{110{,}000}{x}$

                    $80{,}000x = 1350(110{,}000)$

                    $x = \dfrac{1350(110{,}000)}{80{,}000}$

                    $x = 1856.25$

    Thus, the tax is $1856.25.

60. *Verbal model:* $\dfrac{\boxed{\text{First amount of milk}}}{\boxed{\text{First amount of pudding}}} = \dfrac{\boxed{\text{Second amount of milk}}}{\boxed{\text{Second amount of pudding}}}$

    Labels: First: Amount of milk = $1\tfrac{1}{2}$ cups; amount of pudding = 1 (batch)

                Second: Amount of milk = x (cups); amount of pudding = $2\tfrac{1}{2}$ (batches)

    Equation: $\dfrac{3/2}{1} = \dfrac{x}{5/2}$

                  $\left(\dfrac{3}{2}\right)\left(\dfrac{5}{2}\right) = x$

                  $\dfrac{15}{4} = x$ or $x = 3\tfrac{3}{4}$

    Thus, $3\tfrac{3}{4}$ cups of milk are required.

61. *Verbal model:* $\boxed{\dfrac{\text{Length of map scale}}{\text{Distance represented on scale}}} = \boxed{\dfrac{\text{Distance between cities on map}}{\text{Actual distance between cities}}}$

Labels: Scale: Length on map = $\dfrac{1}{3}$ (inch); distance represented = 50 (miles)

Cities: Map distance = $3\dfrac{1}{4}$ (inches); actual distance = x (miles)

Equation: $\dfrac{1/3}{50} = \dfrac{13/4}{x}$

$$\dfrac{1}{3}x = 50\left(\dfrac{13}{4}\right)$$

$$\dfrac{x}{3} = \dfrac{25(13)}{2}$$

$$3\left(\dfrac{x}{3}\right) = \left(\dfrac{325}{2}\right)3$$

$$x = \dfrac{975}{2}$$

$$x = 487.5$$

Thus, the cities are about 487.5 miles apart.

62. *Verbal model:* $\boxed{\text{Gasoline-to-oil ratio}} = \boxed{\dfrac{\text{Amount of gasoline}}{\text{Amount of oil}}}$

Labels: Gasoline-to-oil ratio = $\dfrac{50}{1}$

Amount of gasoline = x (pints)

Amount of oil = $\dfrac{1}{2}$ (pints)

Equation: $\dfrac{50}{1} = \dfrac{x}{1/2}$

$$50\left(\dfrac{1}{2}\right) = x$$

$$25 = x$$

Thus, 25 pints or 3.125 gallons of gasoline are needed.

63. $\dfrac{2}{6} = \dfrac{x}{9}$

$6x = 18$

$x = 3$

64. $\dfrac{3}{3.5} = \dfrac{4}{x}$

$3x = 14$

$x = \dfrac{14}{3}$

Review Exercises for Chapter 3   125

65. *Verbal model:* $\dfrac{\text{Your height}}{\text{Your shadow's length}} = \dfrac{\text{Building's height}}{\text{Length of shadow of building}}$

Labels: You: Height = 6 (feet); Length of shadow = 1.5 (feet)

Building: Height = x (feet); Length of shadow = 20 (feet)

Equation: $\dfrac{6}{1.5} = \dfrac{x}{20}$

$6(20) = 1.5x$

$120 = 1.5x$

$\dfrac{120}{1.5} = x$

$80 = x$

The building is 80 feet tall.

66. *Verbal model:* $\dfrac{\text{Height of flagpole}}{\text{Length of shadow of flagpole}} = \dfrac{\text{Height of lamppost}}{\text{Length of shadow of lamppost}}$

Labels: Flagpole: Height = x (feet); Length of shadow = 30 (feet)

Lamppost: Height = 5 (feet); Length of shadow = 3 (feet)

Equation: $\dfrac{x}{30} = \dfrac{5}{3}$

$3x = 30(5)$

$3x = 150$

$x = 50$

The flagpole is 50 feet tall.

67. Per capita cost in 1980 ≈ $7.50

Per capita cost in 1990 ≈ $10.50

Increase in per capita cost ≈ $3.00

Verbal model: $\boxed{\text{Increase in per capita cost}} = \boxed{\text{Percent}} \cdot \boxed{\text{1980 Per Capita Cost}}$

Labels: Increase in per capita cost = 3 (dollars)

Percent = p (percent in decimal form)

1980 per capita cost = 7.50 (dollars)

Equation: $3 = p(7.50)$

$\dfrac{3}{7.50} = p$

$0.40 = p$

The percent increase in the per capita cost of census taking from 1980 to 1990 was approximately 40%.

Verbal model: $\boxed{\text{Total cost}} = \boxed{\text{Per capita cost}} \cdot \boxed{\text{Population}}$

Labels: Total cost = C (dollars)

Per capita cost = 10.50 (dollars per person)

Population = 250,000,000 (persons)

Equation: $C = 10.50(250,000,000)$

$C = 2,625,000,000$

The cost of the 1990 census was approximately $2,625,000,000.

126 Chapter 3 Linear Functions, Equations, and Inequalities

68. Increase in revenue = 4679.0 − 4521.4
$$= 157.6$$

Verbal model: | Increase in revenue | = | Percent of increase | · | 1995 Revenue |

Labels: Increase in revenue = 157.6 (millions of dollars)
Percent of increase = p (percent in decimal form)
1995 Revenue = 4521.4 (millions of dollars)

Equation: $157.6 = p(4521.4)$

$$\frac{157.6}{4521.4} = p$$

$$0.035 \approx p$$

The increase in revenue was approximately 3.5%.

69.

Year	Percent reversed
1986	$\frac{38}{374} \approx 0.102 = 10.2\%$
1987	$\frac{47}{490} \approx 0.096 = 9.6\%$
1988	$\frac{53}{537} \approx 0.099 = 9.9\%$
1989	$\frac{65}{492} \approx 0.132 = 13.2\%$

70. *Verbal model:* | Current price | + | Price increase | = | Next year's price |

Labels: Current price = 25,750 (dollars)
Rate of increase = 0.055 (percent in decimal form)
Price increase = 25,750(0.055) (dollars)
Next year's price = P (dollars)

Equation: $25,750 + 25,750(0.055) = P$

$$25,750 + 1416.25 = P$$

$$27,166.25 = P$$

The price of the truck for the next model year is estimated to be $27,166.25.

71. *Verbal model:* | Selling price | = | Cost | + | Markup |

Labels: Selling price = x (dollars)
Cost = 259.95 (dollars)
Markup = 0.35(359.59) (dollars)

Equation: $x = 259.59 + 0.35(259.95)$

$$x = 259.95 + 90.98$$

$$x = 350.93$$

Thus, the selling price is $350.93.

72. *Verbal model:* | Selling price | = | Cost | + | Markup |

Labels: Selling price = 175 (dollars)
Cost = 95 (dollars)
Markup rate = p (decimal form)
Markup = p(95) (dollars)

Equation: $175 = 95 + p(95)$

$$80 = p(95)$$

$$\frac{80}{95} = p$$

$$0.842 \approx p$$

Thus, the markup rate is approximately 84.2%.

73. *Verbal model:* $\boxed{\text{Sale price}} = \boxed{\text{List price}} - \boxed{\text{Discount}}$

  Labels: Selling price $= x$ (dollars)

  List price $= 259$ (dollars)

  Discount rate $= 0.25$ (decimal form)

  Discount $= 0.25(259)$

  Equation: $x = 259 - 0.25(259)$

  $x = 259 - 64.75$

  $x = 194.25$

  Thus, the sale price of the coat is $194.25.

74. *Verbal model:* $\boxed{\begin{array}{c}\text{Total price}\\\text{(catalog)}\end{array}} = \boxed{\begin{array}{c}\text{List}\\\text{price}\end{array}} - \boxed{\begin{array}{c}\text{Shipping and}\\\text{handling fee}\end{array}}$

  Labels: Total price $= x$ (dollars)

  List price $= 99.97$ (dollars)

  Fee $= 4.50$ (dollars)

  Equation: $x = 99.97 + 4.50$

  $x = \$104.47$

  Verbal model: $\boxed{\begin{array}{c}\text{Sale price}\\\text{(department store)}\end{array}} = \boxed{\begin{array}{c}\text{List}\\\text{price}\end{array}} - \boxed{\text{Discount}}$

  Labels: Sale price $= x$ (dollars)

  List price $= 125.95$ (dollars)

  Discount $= 0.20\,(125.95)$

  Equation: $x = 125.95 - 0.20(125.95)$

  $x = 125.95 - 25.19$

  $x = \$100.76$

  Thus, the attache case is a better buy at the department store.

75. *Verbal model:* $\boxed{\begin{array}{c}\text{Total}\\\text{salary}\end{array}} = \boxed{\begin{array}{c}\text{Base}\\\text{salary}\end{array}} + \boxed{\begin{array}{c}\text{Commission}\\\text{rate}\end{array}} \cdot \boxed{\text{Sales}}$

  Labels: Total salary $= 650$ (dollars)

  Base salary $= 150$ (dollars)

  Commission rate $= 0.06$ (decimal form)

  Sales $= x$ (dollars)

  Equation: $650 = 150 + 0.06x$

  $500 = 0.06x$

  $\dfrac{500}{0.06} = x$

  $8333.33 \approx x$

  Thus, sales of approximately $8333.33 are needed.

76. *Verbal model:* $\boxed{\text{Total surveyed}} = \boxed{\text{Number preferring Candidate A}} + \boxed{\text{Number preferring Candidate B}} + \boxed{\text{Number preferring Candidate C}}$

Labels: Total surveyed $= 1200$ (people)

Number preferring A $= x$ (people)

Number preferring B $= x$ (people)

Number preferring C $= \frac{4}{3}x$ (people)

Equation: $1200 = x + x + \frac{4}{3}x$

$1200 = \frac{3}{3}x + \frac{3}{3}x + \frac{4}{3}x$

$1200 = \frac{10}{3}x$

$3600 = 10x$

$360 = x$ and $\frac{4}{3}x = \frac{4}{3}(360) = 480$

Thus, 480 people preferred Candidate C.

77. *Verbal model:* $\boxed{\text{Amount of salt in 30\% solution}} + \boxed{\text{Amount of salt in 60\% solution}} = \boxed{\text{Amount of salt in final 50\% solution}}$

Labels: 30% solution: Number of liters $= x$; amount of salt $= 0.30x$ (liters)

60% solution: Number of liters $= 10 - x$; amount of salt $= 0.60(10 - x)$ (liters)

50% solution: Number of liters $= 10$; amount of salt $= 0.50(10)$ (liters)

Equation: $0.30x + 0.60(10 - x) = 0.50(10)$

$0.30x + 6 - 0.60x = 5$

$-0.30x + 6 = 5$

$-0.30x = -1$

$x = \dfrac{-1}{-0.30}$

$x = \dfrac{10}{3} \Rightarrow 10 - x = \dfrac{20}{3}$

Thus, $3\frac{1}{3}$ liters of the 30% solution and $6\frac{2}{3}$ liters of the 60% solution are needed.

78. *Verbal model:* $\boxed{\text{Amount of alcohol in 25\% solution}} + \boxed{\text{Amount of alcohol in 50\% solution}} = \boxed{\text{Amount of alcohol in final 40\% solution}}$

Labels: 25% solution: Number of gallons $= x$; amount of alcohol $= 0.25x$ (gallons)

50% solution: Number of gallons $= 8 - x$; amount of alcohol $= 0.58(8 - x)$ (gallons)

40% solution: Number of gallons $= 10$; amount of alcohol $= 0.40(8)$ (gallons)

Equation: $0.25x + 0.50(8 - x) = 0.40(8)$

$0.25x + 4 - 0.50x = 3.2$

$-0.25x + 4 = 3.2$

$-0.25x = -0.8$

$x = \dfrac{-0.8}{-0.25}$

$x = 3.2 \Rightarrow 8 - x = 4.8$

Thus, 3.2 gallons of the 25% solution and 4.8 gallons of the 50% solution are needed.

79. *Verbal model:* $\boxed{\text{Distance}} = \boxed{\text{Rate}} \cdot \boxed{\text{Time}}$

Labels: Distance = 330 (miles)

Rate = 52 (miles per hour)

Time = x (hours)

Equation: $330 = 52x$

$\dfrac{330}{52} = x$

$6.35 \approx x$

Thus, approximately 6.35 hours are required.

80. *Verbal model:* $\boxed{\text{Distance}} = \boxed{\text{Rate}} \cdot \boxed{\text{Time}}$

Labels: Distance = 15 (kilometers)

Rate = x (kilometers per hour)

Time = $41\frac{1}{3}$ (minutes)

Equation: $x = 120\left(2\frac{1}{3}\right)$

$15 = \dfrac{124}{3}x$

$45 = 124x$

$\dfrac{45}{124} = x$

Thus, the average speed was 45/124 kilometers per minute or approximately 21.8 kilometers per hour.

81. *Verbal model:* $\boxed{\text{Distance}} = \boxed{\text{Rate}} \cdot \boxed{\text{Time}}$

Labels: Distance = x (miles)

Rate = 1200 (miles per hour)

Time = $2\frac{1}{3}$ (hours)

Equation: $x = 1200\left(2\frac{1}{3}\right)$

$x = 1200\left(\dfrac{7}{3}\right)$

$x = 400(7)$

$x = 2800$

Thus, the jet can travel 2800 miles.

82. *Verbal model:* $\boxed{\begin{array}{c}\text{Distance}\\\text{(second part)}\end{array}} = \boxed{\begin{array}{c}\text{Rate}\\\text{(second part)}\end{array}} \cdot \boxed{\begin{array}{c}\text{Time}\\\text{(second part)}\end{array}}$

Labels: Entire trip: Distance = 400 (miles); rate = 50 (mph) $\Rightarrow$ Time = $\dfrac{400}{50}$ = 8 (hours)

First part: Rate = 40 (mph); time = 2 (hours) $\Rightarrow$ Distance = 40(2) = 80 (miles)

Second part: Rate = x (mph); time = 8 − 2 (hours), Distance = 400 − 80 (miles)

Equation: $400 - 80 = x(8 - 2)$

$320 = 6x$

$\dfrac{320}{6} = x$

$53\frac{1}{3} = x$

The average speed for the second part of the trip must be $53\frac{1}{3}$ miles per hour.

130 Chapter 3 Linear Functions, Equations, and Inequalities

83. *Verbal model:* $\boxed{\text{Portion done by faster worker}} + \boxed{\text{Portion done by slower worker}} = \boxed{\text{Work done}}$

Labels: Faster worker: Rate $= \dfrac{1}{8}$ (task per hour); time $= t$ (hours)

Slower worker: Rate $= \dfrac{1}{10}$ (task per hour); time $= t$ (hours)

Work done $= \dfrac{1}{2}$ (task)

Equation: $\dfrac{1}{8}t + \dfrac{1}{10}t = \dfrac{1}{2}$

$40\left(\dfrac{1}{8}t + \dfrac{1}{10}t\right) = 40\left(\dfrac{1}{2}\right)$

$5t + 4t = 20$

$9t = 20$

$t = \dfrac{20}{9}$

It would take them $2\dfrac{2}{9}$ hours to complete half the task.

84. *Verbal model:* $\boxed{\text{Portion done by faster worker}} + \boxed{\text{Portion done by slower worker}} = \boxed{\text{Work done}}$

Labels: Faster worker: Rate $= \dfrac{1}{4.5}$ (task per hour); time $= t$ (hours)

Slower worker: Rate $= \dfrac{1}{6}$ (task per hour); time $= t$ (hours)

Work done $= 1$ (task)

Equation: $\dfrac{1}{4.5}t + \dfrac{1}{6}t = 1$

$18\left(\dfrac{1}{4.5}t + \dfrac{1}{6}t\right) = 18(1)$

$4t + 3t = 18$

$7t = 18$

$t = \dfrac{18}{7}$

It would take them $2\dfrac{4}{7}$ hours to complete the task.

85. *Verbal model:* $\boxed{\text{Simple Interest}} = \boxed{\text{Principle}} \cdot \boxed{\text{Rate}} \cdot \boxed{\text{Time}}$

Labels: Simple Interest $= I$ (dollars)

Principle $= 2000$ (dollars)

Rate $= 0.085$ (percent in decimal form)

Time $= 4$ (years)

Equation: $I = 1000(0.085)(4)$

$I = 340$

The total simple interest earned in 4 years is $340.

86. *Verbal model:* $\boxed{\text{Simple Interest}} = \boxed{\text{Principle}} \cdot \boxed{\text{Rate}} \cdot \boxed{\text{Time}}$

Labels: Simple Interest = 37.50 (dollars)

Principle = 500 (dollars)

Rate = p (percent in decimal form)

Time = 1 (years)

Equation: $37.50 = 500(p)(1)$

$37.50 = 500p$

$\dfrac{37.50}{500} = p$

$0.075 = p$

The annual simple interest rate is 7.5%.

87. *Verbal model:* $\boxed{\text{Simple Interest}} = \boxed{\text{Principle}} \cdot \boxed{\text{Rate}} \cdot \boxed{\text{Time}}$

Labels: Simple Interest = 20,000 (dollars)

Principle = P (dollars)

Rate = 0.095 (percent in decimal form)

Time = 1 (years)

Equation: $20,000 = P(0.095)(1)$

$20,000 = 0.095P$

$\dfrac{20,000}{0.095} = P$

$210,526.32 \approx P$

The principle required is $210,526.32.

88. *Verbal model:* $\boxed{\text{Simple Interest}} = \boxed{\text{Principle}} \cdot \boxed{\text{Rate}} \cdot \boxed{\text{Time}}$

Labels: Simple Interest = I (dollars)

Principle = 3.25 million or 3,250,000 (dollars)

Rate = 0.12 (percent in decimal form)

Time = 2 (years)

Equation: $I = 3,250,000(0.12)(2)$

$I = 780,000$

Principle + Interest = 3,250,000 + 780,000

= 4,030,000

The total amount that must be repaid is $4,030,000.

89. *Verbal model:* [Interest on 8.5% investment] + [Interest on 10% investment] = [Total interest]

Labels: Amount invested at 8.5% = x (dollars)

Amount invested at 10% = $50{,}000 - x$ (dollars)

Total interest = 4700 (dollars)

Equation: $0.085x + 0.10(50{,}000 - x) = 4700$

$0.085x + 5000 - 0.10x = 4700$

$85x + 5{,}000{,}000 - 100x = 4{,}700{,}000$

$-15x = -300{,}000$

$x = \dfrac{-300{,}000}{-15}$

$x = 20{,}000$ and $50{,}000 - x = 30{,}000$

Thus, $30,000 is the minimum amount to invest at 10%.

90. *Verbal model:* [Interest] = [Principle] · [Rate] · [Time]

Equation: $x = 1000 \cdot 0.07 \cdot \tfrac{1}{2}$

$x = \$35$

Verbal model: [New principal] = [Principle] + [Interest]

Equation: $x = 1000 + 35$

$x = \$1035$

Verbal model: [Interest] = [New principal] · [Rate] · [Time]

Equation: $x = 1035 \cdot 0.07 \cdot \tfrac{1}{2}$

$x = \$36.23$

Verbal model: [Total interest] = [Interest 1st 6 months] + [Interest 2nd 6 months]

Equation: $x = 35 + 36.23$

$x = \$71.23$

Thus, the total interest earned during the first year is $71.23.

91. *Verbal model:* [Length] · [Width] = [Area]

Labels: Length = x (inches)

Width = 6 (inches)

Area = 48 (square inches)

Equation: $x(6) = 48$

$6x = 48$

$x = 8$

The length of rectangle is 8 inches and width is 6 inches.

92. *Verbal model:* 2[Length] + 2[Width] = [Perimeter]

Labels: Length = $4x + 10$ (feet)

Width = $5x$ (feet)

Perimeter = 110 (feet)

Equation: $2(4x + 10) + 2(5x) = 110$

$8x + 20 + 10x = 110$

$18x + 20 = 110$

$18x = 90$

$x = 5$

93. $|x - 2| - 2 = 4$
$|x - 2| = 6$
$x - 2 = -6$ or $x - 2 = 6$
$x = -4 \qquad x = 8$

94. $|2x + 3| = 7$
$2x + 3 = -7$ or $2x + 3 = 7$
$2x = -10 \qquad 2x = 4$
$x = -5 \qquad x = 2$

95. $|3x - 4| = |x + 2|$
$3x - 4 = x + 2$ or $3x - 4 = -(x + 2)$
$2x - 4 = 2 \qquad 3x - 4 = -x - 2$
$2x = 6 \qquad 4x - 4 = -2$
$x = 3 \qquad 4x = 2$
$x = \frac{2}{4}$
$x = \frac{1}{2}$

96. $|5x + 6| = |2x - 1|$
$5x + 6 = 2x - 1$ or $5x + 6 = -(2x - 1)$
$3x + 6 = -1 \qquad 5x + 6 = -2x + 1$
$3x = -7 \qquad 7x + 6 = 1$
$x = -\frac{7}{3} \qquad 7x = -5$
$x = -\frac{5}{7}$

97. $5x + 3 > 18$
$5x > 15$
$x > 3$

98. $-11x \geq 44$
$x \leq -4$

99. $\frac{1}{3} - \frac{1}{2}y < 12$
$2 - 3y < 72$
$-3y < 70$
$y > -\frac{70}{3}$

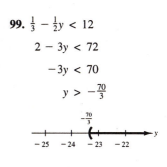

100. $3(2 - y) \geq 2(1 + y)$
$6 - 3y \geq 2 + 2y$
$6 - 5y \geq 2$
$-5y \geq -4$
$y \leq \frac{4}{5}$

101. $-4 < \frac{x}{5} \leq 4$
$-20 < x \leq 20$

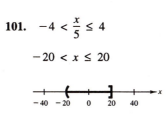

102. $-13 \leq 3 - 4x < 13$
$-16 \leq -4x < 10$
$4 \geq x > -\frac{5}{2}$

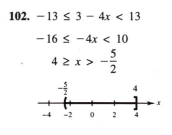

103. $5 > \frac{x + 1}{-3} > 0$
$-15 < x + 1 < 0$
$-16 < x < -1$

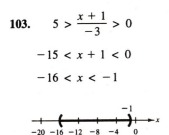

104. $12 \geq \frac{x - 3}{2} > 1$
$24 \geq x - 3 > 2$
$27 \geq x > 5$

105. $|2x - 7| < 15$
$-15 < 2x - 7 < 15$
$-8 < 2x < 22$
$-4 < x < 11$

106. $|5x - 1| < 9$

$-9 < 5x - 1 < 9$

$-8 < 5x < 10$

$-\dfrac{8}{5} < x < 2$

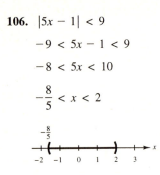

107. $|x - 4| > 3$

$x - 4 < -3$ or $x - 4 > 3$

$x < 1 \qquad x > 7$

108. $|t + 3| > 2$

$t + 3 < -2$ or $t + 3 > 2$

$t < -5 \qquad t > -1$

109. $|b + 2| - 6 \geq 1$

$|b + 2| \geq 7$

$b + 2 \leq -7$ or $b + 2 \geq 7$

$b \leq -9 \qquad b \geq 5$

110. $\left|\dfrac{t}{3}\right| < 1$

$-1 < \dfrac{t}{3} < 1$

$-3 < t < 3$

111. z is no more than 10..

$z \leq 10$

112. x is nonnegative.

$x \geq 0$

113. y is at least 7 but less than 14.

$7 \leq y < 14$

114. The volume V is less than 27 cubic feet.

$V < 27$

115. $\qquad 1 < x < 5$

$1 - 3 < x - 3 < 5 - 3$

$-2 < x - 3 < 2$

$|x - 3| < 2$

116. $\qquad -18 \leq x \leq -12$

$-18 + 15 \leq x + 15 \leq -12 + 15$

$-3 \leq x + 15 \leq 3$

$|x + 15| \leq 3$

Chapter Test for Chapter 3

1. $(25, -15)$ and $(75, 10)$

Slope: $m = \dfrac{y_2 - y_1}{x_2 - x_1} = \dfrac{10 - (-15)}{75 - 25} = \dfrac{25}{50} = \dfrac{1}{2}$

Point: $(25, 15)$

$y - y_1 = m(x - x_1)$

$y - (-15) = \dfrac{1}{2}(x - 25)$

$y + 15 = \dfrac{1}{2}x - \dfrac{25}{2}$

$y = \dfrac{1}{2}x - \dfrac{25}{2} - \dfrac{30}{2}$

$y = \dfrac{1}{2}x - \dfrac{55}{2}$

2. $5x + 3y - 9 = 0$

$3y = -5x + 9$

$y = -\dfrac{5}{3}x + 3$

$m = -\dfrac{5}{3} \Rightarrow$ a perpendicular line has slope $m = \dfrac{3}{5}$

Point $(10, 2)$, $m = \dfrac{3}{5}$

$y - y_1 = m(x - x_1)$

$y - 2 = \dfrac{3}{5}(x - 10)$

$y - 2 = \dfrac{3}{5}x - 6$

$y = \dfrac{3}{5}x - 4$

3. (0, 26,000) and (4, 10,000)

Slope: $m = \dfrac{V_2 - V_1}{t_2 - t_1} = \dfrac{10{,}000 - 26{,}000}{4 - 0} = \dfrac{-16{,}000}{4} = -4000$

Point: (0, 26,000)

$V - V_1 = m(t - t_1)$

$V - 26{,}000 = -4000(t - 0)$

$V - 26{,}000 = -4000t$

$V = -4000t + 26{,}000$

$16{,}000 = -4000t + 26{,}000$

$-10{,}000 = -4000t$

$2.5 = t$

The value of the car will be $16,000 in 2.5 years.

4.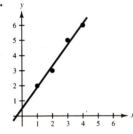

$y = 1.4x + 0.5$

5. $T = 3t + 72$

6. Perimeter = 2(Length) + 2(Width)
   $= 2(x + 7) + 2x$
   $= 2x + 14 + 2x$
   $= 4x + 14$

7. $5n - 8 = 27$

   $5n = 35$

   $n = 7$

The number is 7.

8. *Verbal model:* | First even integer | + | Second even integer | = | 54 |

   Labels: First even integer $= n$

   Second even integer $= n + 2$

   Equation: $n + (n + 2) = 54$

   $2n + 2 = 54$

   $2n = 52$

   $n = 26$ and $n + 2 = 28$

The two consecutive even integers are 26 and 28.

9. *Verbal model:* $\boxed{\dfrac{\text{Tax on first property}}{\text{Assessed value of first property}}} = \boxed{\dfrac{\text{Tax on second property}}{\text{Assessed value of second property}}}$

Equation: $\dfrac{1200}{90{,}000} = \dfrac{x}{110{,}000}$

$90{,}000x = 1200(110{,}000)$

$x = \dfrac{1200(110{,}000)}{90{,}000}$

$x \approx \$1466.67$

10. *Verbal model:* $\boxed{\text{Cost for parts}} + 16 \boxed{\text{Number of half–hours of labor}} = \boxed{\text{Total bill}}$

Label: Half-hours of labor $= x$

Equation: $85 + 16x = 165$

$16x = 80$

$x = \dfrac{80}{16}$

$x = 5$

Thus, 5 *half*-hours or $2\tfrac{1}{2}$ hours were spent on the repair of the appliance.

11. *Verbal model:* $\boxed{\text{Amount of antifreeze in 10\% solution}} + \boxed{\text{Amount of antifreeze in 40\% solution}} = \boxed{\text{Amount of antifreeze in 30\% solution}}$

Labels: 10% solution: Number of liters $= x$; amount of antifreeze $= 0.10x$ (liters)

40% solution: Number of liters $= 100 - x$; amount of antifreeze $= 0.40(100 - x)$(liters)

30% solution: Number of liters $= 100$; amount of antifreeze $= 0.30(100)$(liters)

Equation: $0.10x + 0.40(100 - x) = 0.30(100)$

$0.10x + 40 - 0.40x = 30$

$40 - 0.30x = 30$

$-0.30x = -10$

$x = \dfrac{-10}{-0.30}$

$x = 33\tfrac{1}{3}$ and $100 - x = 66\tfrac{2}{3}$

Thus, $33\tfrac{1}{3}$ liters of the 10% solution and $66\tfrac{2}{3}$ liters of the 40% solution are required.

12. *Verbal model:* $\boxed{\text{Distance of second car}} - \boxed{\text{Distance of first car}} = 10$

Labels: First car: Rate $= 40$ (miles per hour); time $= t$ (hours)

Second car: Rate $= 55$ (miles per hour); time $= t$ (hours)

Equation: $55t - 40t = 10$

$15t = 10$

$t = \dfrac{10}{15}$

$t = \dfrac{2}{3}$

Thus, $\tfrac{2}{3}$ of an hour, or 40 minutes, must elapse before the two cars are 10 miles apart.

13. *Verbal model:* | Simple Interest | = | Principle | · | Rate | · | Time |

    Labels: Simple Interest = 300 (dollars)

                Principle = P (dollars)

                Rate = 0.075 (percent in decimal form)

                Time = 2 (years)

    Equation: $300 = P(0.075)(2)$

                    $300 = 0.15P$

                    $\dfrac{300}{0.15} = P$

                    $2000 = P$

The principle required is $2000.

14. t is at least 8

    $t \geq 8$

15. $|x + 6| - 3 = 8$

    $|x + 6| = 11$

    $x + 6 = -11$ or $x + 6 = 11$

    $x = -17$ $x = 5$

16. $|4x - 1| = |2x + 7|$

    $4x - 1 = -(2x + 7)$ or $4x - 1 = 2x + 7$

    $4x - 1 = -2x - 7$ $2x - 1 = 7$

    $6x - 1 = -7$ $2x = 8$

    $6x = -6$ $x = 4$

    $x = -1$

17. $1 + 2x > 7 - x$

    $1 + 3x > 7$

    $3x > 6$

    $x > 2$

18. $0 \leq \dfrac{1 - x}{4} < 2$

    $0 \leq 1 - x < 8$

    $-1 \leq -x < 7$

    $1 \geq x > -7$

19. $|x - 3| \leq 2$

    $-2 \leq x - 3 \leq 2$

    $1 \leq x \leq 5$

20. $|x + 4| > 1$

    $x + 4 < -1$ or $x + 4 > 1$

    $x < -5$ $x > -3$

Cumulative Test for Chapters 1–3

1. $5(57 - 33) = 5(24)$

                   $= 120$

2. $-\dfrac{4}{15} \cdot \dfrac{15}{16} = -\dfrac{\cancel{4}(\cancel{15})(1)}{\cancel{15}(\cancel{4})(4)}$

                   $= -\dfrac{1}{4}$

3. $(12 - 15)^3 = (-3)^3$

                   $= -27$

4. $\left(\dfrac{5}{8}\right)^2 = \dfrac{5^2}{8^2}$

                 $= \dfrac{25}{64}$

5. $2(x + 5) - 3 - (2x - 3) = 2x + 10 - 3 - 2x + 3$

                                 $= 10$

6. $4 - 2[3 + 4(x + 1)] = 4 - 2[3 + 4x + 4]$

                           $= 4 - 6 - 8x - 8$

                           $= -8x - 10$

138 Chapter 3 Linear Functions, Equations, and Inequalities

7. $x^2 - 3x + 2 = (x - 2)(x - 1)$

8. $4x^2 - 28x + 49 = (2x - 7)(2x - 7)$ or $(2x - 7)^2$

9. $3x^2 + 9x - 12 = 0$
$3(x^2 + 3x - 4) = 0$
$3(x + 4)(x - 1) = 0$
$3 \neq 0$
$x + 4 = 0 \Longrightarrow x = -4$
$x - 1 = 0 \Longrightarrow x = 1$

10. $f(x) = 3 - 2x$
(a) $f(5) = 3 - 2(5)$
$= 3 - 10$
$= -7$
(b) $f(x + 3) - f(3) = [3 - 2(x + 3)] - [3 - 2(3)]$
$= (3 - 2x - 6) - (3 - 6)$
$= (-2x - 3) - (-3)$
$= -2x - 3 + 3$
$= -2x$

11. $3x + 7y = 20$
$7y = -3x + 20$
$y = -\frac{3}{7}x + \frac{20}{7}$
$m = -\frac{3}{7}$
Perpendicular line has slope $m = \frac{7}{3}$.

12. $(-2, 7)$ and $(5, 5)$
Slope: $m = \frac{y_2 - y_1}{x_2 - x_1} = \frac{5 - 7}{5 - (-2)} = \frac{-2}{7} = -\frac{2}{7}$
Point: $(-2, 7)$
$y - y_1 = m(x - x_1)$
$y - 7 = -\frac{2}{7}[x - (-2)]$
$y - 7 = -\frac{2}{7}(x + 2)$
$y - 7 = -\frac{2}{7}x - \frac{4}{7}$
$y = -\frac{2}{7}x - \frac{4}{7} + \frac{49}{7}$
$y = -\frac{2}{7}x + \frac{45}{7}$

13. $C = 5.75x + 12{,}000$

14. *Verbal model:* $\boxed{\text{New Premium}} = \boxed{\text{Original Premium}} + \boxed{\text{Increase}}$

Labels: New Premium $= x$ (dollars)
Original premium $= 1225$ (dollars)
Increase: $0.15(1225)$ (dollars)

Equation: $x = 1225 + 0.15(1225)$
$= 1225 + 183.75$
$= 1408.75$ (dollars)

The new premium is $1408.75.

15. $\dfrac{x}{13} = \dfrac{4.5}{9}$

$9x = 13(4.5)$

$9x = 58.5$

$x = \dfrac{58.5}{9}$

$x = 6.5$

The side of the triangle is 6.5 units.

16. *Verbal model:* $\boxed{\text{Interest from 7.5\% investment}} + \boxed{\text{Interest from 9\% investment}} = \boxed{\text{Total interest}}$

Labels: 7.5% investment: Amount invested $= x$ (dollars)

Interest $= 0.075x$ (dollars)

9% investment: Amount invested $= 24{,}000 - x$ (dollars)

Interest $= 0.09(24{,}000 - x)$ (dollars)

Total interest $= 1935$

Equation: $0.075x + 0.09(24{,}000 - x) = 1935$

$0.075x + 2160 - 0.09x = 1935$

$-0.015x + 2160 = 1935$

$-0.015x = -225$

$x = \dfrac{-225}{-0.015}$

$x = 15{,}000$ and $24{,}000 - x = 9000$

Thus, $15,000 is invested in the 7.5% bond and $9000 is invested in the 9% bond.

17. $7 - 3x > 4 - x$

$7 - 2x > 4$

$-2x > -3$

$x < \dfrac{-3}{-2}$

$x < \dfrac{3}{2}$

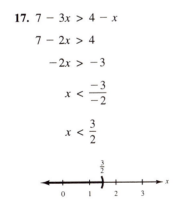

18. $|x - 2| \geq 3$

$x - 2 \leq -3 \text{ or } x - 2 \geq 3$

$x \leq -1 \qquad x \geq 5$

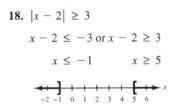

CHAPTER 4
Systems of Linear Equations and Inequalities

Section 4.1 Systems of Linear Equations in Two Variables **141**

Section 4.2 Systems of Linear Equations in Three Variables **150**

Section 4.3 Matrices and Linear Systems **159**

Mid-Chapter Quiz **169**

Section 4.4 Determinants and Linear Systems **171**

Section 4.5 Graphs of Linear Inequalities in Two Variables **181**

Section 4.6 Systems of Inequalities and Linear Programming **184**

Review Exercises **190**

Chapter Test **211**

Cumulative Test for Chapters 1–4 . . . . **214**

CHAPTER 4
Systems of Linear Equations and Inequalities

Section 4.1   Systems of Linear Equations in Two Variables
Solutions to Odd-Numbered Exercises

1. If the graphs of a system of equations do not intersect, the system has no solution.

3. $\begin{cases} x + 2y = 9 \\ -2x + 3y = 10 \end{cases}$

   (a) $(1, 4)$

   $1 + 2(4) \stackrel{?}{=} 9$

   $1 + 8 = 9$

   $-2(1) + 3(4) \stackrel{?}{=} 10$

   $-2 + 12 = 10$

   Yes, $(1, 4)$ *is* a solution.

   (b) $(3, -1)$

   $3 + 2(-1) \stackrel{?}{=} 9$

   $3 - 2 \neq 9$

   No, $(3, -1)$ is *not* a solution.

5. $\begin{cases} -2x + 7y = 46 \\ y = -3x \end{cases}$

   (a) $(-3, 2)$

   $-2(-3) + 7(2) = 46$

   $6 + 14 \neq 46$

   No, $(-3, 2)$ is *not* a solution.

   (b) $(-2, 6)$

   $-2(-2) + 7(6) \stackrel{?}{=} 46$

   $4 + 42 = 46$

   $6 \stackrel{?}{=} -3(-2)$

   $6 = 6$

   Yes, $(-2, 6)$ *is* a solution.

7. Because the lines are parallel, there is no point of intersection and, therefore, no solution.

9. The lines appear to intersect at $\left(1, \frac{1}{3}\right)$.

   Check:

   $5(1) - 3\left(\frac{1}{3}\right) \stackrel{?}{=} 4 \qquad 2(1) + 3\left(\frac{1}{3}\right) \stackrel{?}{=} 3$

   $5 - 1 = 4 \qquad\qquad\qquad 2 + 1 = 3$

   The solution is $\left(1, \frac{1}{3}\right)$.

11. Because the lines coincide, there are infinitely many solutions. The solution set consists of all points (x, y) lying on the line $-x + 2y = 5$.

13. The solution is $(-1, -1)$.

    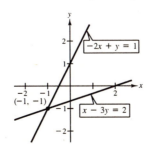

15. The solution is $(10, 0)$.

    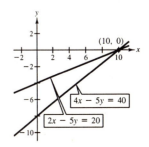

17. The solution is (9, 12).

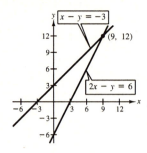

19. The solution is $\left(-\frac{3}{2}, \frac{5}{2}\right)$.

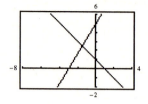

21. The solution is (3, 5).

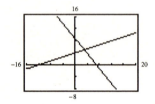

23. The solution is $\left(\frac{1}{2}, -1\right)$.

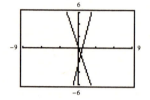

25. $4x - 5y = 3$ $-8x + 10y = -6$
$-5y = -4x + 3$ $10y = 8x - 6$
$y = \frac{4}{5}x - \frac{3}{5}$ $y = \frac{8}{10}x - \frac{6}{10}$
     $= \frac{4}{5}x - \frac{3}{5}$

The two equations are equivalent, so the two lines coincide and the system has infinitely many solutions. The system is consistent.

27. $-2x + 5y = 3$ $5x + 2y = 8$
$5y = 2x + 3$ $2y = -5x + 8$
$y = \frac{2}{5}x + \frac{3}{5}$ $y = -\frac{5}{2}x + 4$
$m_1 = \frac{2}{5}$ $m_2 = -\frac{5}{2}$

$m_1 \ne m_2 \Rightarrow$ The lines intersect. The system has one solution. The system is consistent.

29. The system is inconsistent.

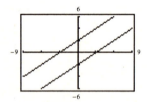

31. The system is consistent. The system has one solution.

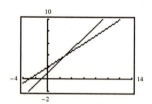

33. $\begin{cases} x - 100y = -200 \Rightarrow -3x + 300y = 600 \\ 3x - 275y = 198 \Rightarrow \underline{3x - 275y = 198} \end{cases}$
$25y = 798$
$y = \frac{798}{25}$

$x - 100\left(\frac{798}{25}\right) = -200$
$x - 4(798) = -200$
$x - 3192 = -200$
$x = 2992$

$\left(2992, \frac{798}{25}\right)$

35. $\begin{cases} 3x - 25y = 50 \Rightarrow -9x + 75y = -150 \\ 9x - 100y = 50 \underline{9x - 100y = 50} \end{cases}$
$-25y = -100$
$y = 4$

$3x - 25(4) = 50$
$3x - 100 = 50$
$3x = 150$
$x = 50$

(50, 4)

37. $\begin{cases} x - 2y = 0 \Rightarrow x = 2y \\ 3x + 2y = 8 \end{cases}$

$$3x + 2y = 8$$
$$3(2y) + 2y = 8$$
$$6y + 2y = 8$$
$$8y = 8$$
$$y = 1 \quad \text{and} \quad x = 2(1) = 2$$
(2, 1)

39. $\begin{cases} x = 4 \\ x - 2y = -2 \end{cases}$

$$4 - 2y = -2$$
$$-2y = -6$$
$$y = 3 \quad \text{and} \quad x = 4$$
(4, 3)

41. $\begin{cases} 7x + 8y = 24 \\ x - 8y = 8 \Rightarrow x = 8 + 8y \end{cases}$

$$7x + 8y = 24$$
$$7(8 + 8y) + 8y = 24$$
$$56 + 56y + 8y = 24$$
$$56 + 64y = 24$$
$$64y = -32$$
$$y = -\tfrac{32}{64}$$
$$y = -\tfrac{1}{2} \quad \text{and} \quad x = 8 + 8\left(-\tfrac{1}{2}\right)$$
$$x = 8 - 4 = 4$$
$\left(4, -\tfrac{1}{2}\right)$

43. $\begin{cases} x + y = 3 \Rightarrow x = 3 - y \\ 2x - y = 0 \end{cases}$

$$2x - y = 0$$
$$2(3 - y) - y = 0$$
$$6 - 2y - y = 0$$
$$6 - 3y = 0$$
$$-3y = -6$$
$$y = 2 \quad \text{and} \quad x = 3 - 2$$
$$x = 1$$
(1, 2)

45. $\begin{cases} x + y = 2 \Rightarrow x = 2 - y \\ x - 4y = 12 \end{cases}$

$$x - 4y = 12$$
$$(2 - y) - 4y = 12$$
$$2 - 5y = 12$$
$$-5y = 10$$
$$y = -2 \quad \text{and} \quad x = 2 - (-2) = 4$$
(4, −2)

47. $\begin{cases} x + 6y = 19 \Rightarrow x = 19 - 6y \\ x - 7y = -7 \end{cases}$

$$x - 7y = -7$$
$$(19 - 6y) - 7y = -7$$
$$19 - 13y = -7$$
$$-13y = -26$$
$$y = 2 \quad \text{and} \quad x = 19 - 6(2) = 7$$
(7, 2)

49. $\begin{cases} 2x + 5y = 29 \Rightarrow 2x = -5y + 29 \Rightarrow x + -\tfrac{5}{2}y + \tfrac{29}{2} \\ 5x + 2y = 13 \end{cases}$

$$5\left(-\tfrac{5}{2}y + \tfrac{29}{2}\right) + 2y = 13$$
$$-\tfrac{2}{25}y + \tfrac{145}{2} + 2y = 13$$
$$-25y + 145 + 4y = 26$$
$$-21y = -119$$
$$y = \tfrac{-119}{-21}$$
$$y = \tfrac{17}{3} \quad \text{and} \quad x = -\tfrac{5}{2}\left(\tfrac{17}{3}\right) + \tfrac{29}{2}$$
$$x = -\tfrac{85}{6} + \tfrac{87}{6}$$
$$x = \tfrac{1}{3}$$
$\left(\tfrac{1}{3}, \tfrac{17}{3}\right)$

51. $\begin{cases} 4x - 14y = -15 \Rightarrow 4x = 14y - 15 \Rightarrow x = \frac{7}{2}y - \frac{15}{4} \\ 18x - 12y = 9 \end{cases}$

$18\left(\frac{7}{2}y - \frac{15}{4}\right) - 12y = 9$

$63y - \frac{135}{2} - 12y = 9$

$126y - 135 - 24y = 18$

$102y = 153$

$y = \frac{153}{102}$

$y = \frac{3}{2}$ and $x = \frac{7}{2}\left(\frac{3}{2}\right) - \frac{15}{4}$

$x = \frac{21}{4} - \frac{15}{4}$

$x = \frac{6}{4}$

$x = \frac{3}{2}$

$\left(\frac{3}{2}, \frac{3}{2}\right)$

53. $\begin{cases} -x + 2y = 1 \\ \underline{x - y = 2} \end{cases}$

$y = 3$ and $x - 3 = 2$

$x = 5$

$(5, 3)$

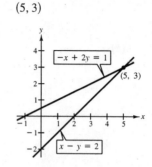

55. $\begin{cases} x + y = 0 \Rightarrow 2x + 2y = 0 \\ 3x - 2y = 10 \Rightarrow \underline{3x - 2y = 10} \end{cases}$

$5x = 10$

$x = 2$ and $2 + y = 0$

$y = -2$

$(2, -2)$

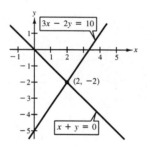

57. $\begin{cases} x - y = 1 \Rightarrow 3x - 3y = 3 \\ -3x + 3y = 8 \Rightarrow \underline{-3x + 3y = 8} \end{cases}$

$0 = 11$ False

The system has *no* solution; it is inconsistent.

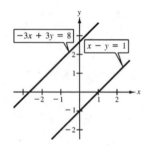

59. $\begin{cases} x - 3y = 5 \Rightarrow 2x - 6y = 10 \\ -2x + 6y = -10 \Rightarrow \underline{-2x + 6y = -10} \end{cases}$

$0 = 0$

The system has *infinitely* many solutions. The solution set consists of all ordered pairs (x, y) such that $x - 3y = 5$.

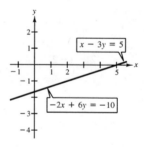

61. $\begin{cases} 3x - 2y = 5 \\ \underline{x + 2y = 7} \end{cases}$

$4x = 12$

$x = 3$ and $3 + 2y = 7$

$2y = 4$

$y = 2$

$(3, 2)$

63. $\begin{cases} 4x + y = -3 \\ \underline{-4x + 3y = 23} \end{cases}$

$4y = 20$

$y = 5$ and $4x + 5 = -3$

$4x = -8$

$x = -2$

$(-2, 5)$

65. $\begin{cases} x - 3y = 2 \implies -3x + 9y = -6 \\ 3x - 7y = 4 \implies \underline{3x - 7y = 4} \end{cases}$

$ 2y = -2$

$ y = -1 \quad \text{and} \quad x - 3(-1) = 2$

$ x + 3 = 2$

$ x = -1$

$(-1, -1)$

67. $\begin{cases} 2u + 3v = 8 \implies 6u + 9v = 24 \\ 3u + 4v = 13 \implies \underline{-6u - 8v = -26} \end{cases}$

$ v = -2 \quad \text{and} \quad 2u + 3(-2) = 8$

$ 2u - 6 = 8$

$ 2u = 14$

$ u = 7$

$(7, -2)$

69. $\begin{cases} 12x - 5y = 2 \implies 24x - 10y = 4 \\ -24x + 10y = 6 \implies \underline{-24x + 10y = 6} \end{cases}$

$ 0 = 10 \quad \text{False}$

The system has *no* solution; it is inconsistent.

71. $\begin{cases} \frac{2}{3}r - s = 0 \implies 10r - 15s = 0 \\ 10r + 4s = 19 \implies \underline{-10r - 4s = -19} \end{cases}$

$ -19s = -19$

$ s = 1 \quad \text{and} \quad 10r - 15(1) = 0$

$ 10r = 15$

$ r = \frac{15}{10} = \frac{3}{2}$

$\left(\frac{3}{2}, 1\right)$

73. $\begin{cases} 0.7u - v = -0.4 \implies 7u - 10v = -4 \implies 28u - 40v = -16 \\ 0.3u - 0.8v = 0.2 \implies 3u - 8v = 2 \implies \underline{-15u + 40v = -10} \end{cases}$

$ 13u = -26$

$ u = -2 \quad \text{and} \quad 7(-2) - 10v = -4$

$ -14 - 10v = -4$

$ -10v = 10$

$ v = -1$

$(-2, -1)$

75. $\begin{cases} 5x + 7y = 25 \Rightarrow -10x - 14y = -50 \\ x + 1.4y = 5 \Rightarrow 10x + 14y = 50 \end{cases}$
$$ 0 = 0$$

The system has *infinitely* many solutions. The solution set consists of all ordered pairs (x, y) such that $5x + 7y = 25$.

77. $\begin{cases} 2x = 25 \Rightarrow 4x = 50 \\ 4x - 10y = 52 \Rightarrow -4x + 10y = -0.52 \end{cases}$
$$ 10y = 49.48$$
$$ y = 4.948 \text{ and } 2x = 25$$
$$ x = \tfrac{25}{2}$$

$\left(\tfrac{25}{2}, 4.948\right)$

79. $\begin{cases} \tfrac{3}{2}x - y = 4 \Rightarrow 3x - 2y = 8 \\ -x + \tfrac{2}{3}y = -1 \Rightarrow -3x + 2y = -3 \end{cases}$
$$ 0 = 5 \quad \text{False}$$

The system has *no* solution; it is inconsistent.

81. $\begin{cases} \tfrac{3}{2}x + 2y = 12 \Rightarrow 3x + 4y = 24 \\ \tfrac{1}{4}x + y = 4 \Rightarrow -x - 4y = -16 \end{cases}$
$$ 2x = 8$$
$$ x = 4 \text{ and } \tfrac{1}{4}(4) + y = 4$$
$$ 1 + y = 4$$
$$ y = 3$$

$(4, 3)$

83. $\begin{cases} y = 5x - 3 \\ y = -2x + 11 \end{cases}$

$5x - 3 = -2x + 11$ and $y = 5(2) - 3$
$7x - 3 = 11$ $ y = 7$
$ 7x = 14$
$ x = 2$

$(2, 7)$

85. $\begin{cases} 2x - y = 20 \\ -x + y = -5 \end{cases}$

$ x = 15$ and $2(15) - y = 20$
$ 30 - y = 20$
$ -y = -10$
$ y = 10$

$(15, 10)$

87. $\begin{cases} 3y = 2x + 21 \\ x = 50 - 4y \end{cases}$

$3y = 2(50 - 4y) + 21$
$3y = 100 - 8y + 21$
$3y = -8y + 121$
$11y = 121$
$y = 11$ and $x = 50 - 4(11)$
$ x = 50 - 44$
$ x = 6$

$(6, 11)$

89. $\begin{cases} 2x + 3y = 0 \Rightarrow 6x + 9y = 0 \\ 3x + 5y = -1000 \Rightarrow -6x - 10y = 2000 \end{cases}$
$$ -y = 2000$$
$$ y = -2000 \text{ and } 2x + 3(-2000) = 0$$
$$ 2x - 6000 = 0$$
$$ 2x = 6000$$
$$ x = 3000$$

$(3000, -2000)$

91. $\begin{cases} 5x - 10y = 40 \implies 10x - 20y = -80 \\ -2x + ky = 30 \implies \underline{-10x + 5ky = 150} \end{cases}$

When the two equations are added, the result is:

$-20y + 5ky = 70$

$(-20 + 5k)y = 70$

The system is inconsistent if:

$-20 + 5k = 0$

$5k = 20$

$k = 4$

If $k = 4$, the system is inconsistent.

93. False. The lines represented by a consistent system of linear equations either intersect at one point (one solution) or coincide (infinitely many solutions).

95. $\left(3, -\tfrac{3}{2}\right)$

There are many correct answers. Here are some examples.

$1(3) + 2\left(-\tfrac{3}{2}\right) = 0 \implies \begin{cases} x + 2y = 0 \\ x - 4y = 9 \end{cases}$

$1(3) - 4\left(-\tfrac{3}{2}\right) = 9 \implies$

$3(3) - 2\left(-\tfrac{3}{2}\right) = 12 \implies \begin{cases} 3x - 2y = 12 \\ 5x + 2y = 12 \end{cases}$

$5(3) + 2\left(-\tfrac{3}{2}\right) = 12 \implies$

97. $\begin{cases} 2l + 2w = 220 \\ l = 1.20w \end{cases}$

$2(1.20w) + 2w = 220$

$2.40w + 2w = 220$

$4.40w = 220$

$w = 50$ and $l = 1.20(50)$

$l = 60$

The length of the rectangle is 60 meters and the width is 50 meters.

99. *Verbal Model:* $12 \cdot \boxed{\text{Price per gallon of regular gasoline}} + 8 \cdot \boxed{\text{Price per gallon of premium gasoline}} = \boxed{\text{Total price}}$

$\boxed{\text{Price per gallon of premium gasoline}} = \boxed{\text{Price per gallon of regular gasoline}} + 0.11$

Labels: Price per gallon of regular gasoline $= x$ (dollars)
Price per gallon of premium gasoline $= y$ (dollars)
Total price $= 23.08$ (dollars)

Equations: $\begin{cases} 12x + 8y = 23.08 \\ y = x + 0.11 \end{cases}$

$12x + 8y = 23.08$

$12x + 8(x + 0.11) = 23.08$

$12x + 8x + 0.88 = 23.08$

$20x + 0.88 = 23.08$

$20x = 22.20$

$x = 1.11$ and $y = 1.11 + 0.11$

$y = 1.22$

$(1.11, 1.22)$

Regular unleaded gasoline is \$1.11 per gallon; premium unleaded gasoline is \$1.22 per gallon.

101. Verbal Model: $\boxed{\text{Tons of \$125 hay}} + \boxed{\text{Tons of \$75 hay}} = \boxed{\text{Total tons}}$

$\boxed{\text{Value of \$125 hay}} + \boxed{\text{Value of \$75 hay}} = \boxed{\text{Total value}}$

Labels: $125 hay: Number of tons = x, Value = $125x$ (dollars)
 $75 hay: Number of tons = y, Value = $75y$ (dollars)
Totals: Total number of tons = 100, Total value = 90(100) (dollars)

Equations:
$$\begin{cases} x + y = 100 \Rightarrow -125x - 125y = -12{,}500 \\ 125x + 75y = 90(100) \Rightarrow \underline{125x + 75y = 9000} \end{cases}$$

$$-50y = -3500$$
$$y = 70 \quad \text{and} \quad x + 70 = 100$$
$$x = 30$$

(30, 70)

Thus, 30 tons of the $125 per ton hay and 70 tons of the $75 per ton hay must be purchased.

103. Verbal Model: $\boxed{\text{Amount invested at 8\%}} + \boxed{\text{Amount invested at 9.5\%}} = \boxed{\text{Total investment}}$

$\boxed{\text{Interest on 8\% investment}} + \boxed{\text{Interest on 9.5\% investment}} = \boxed{\text{Total interest}}$

Labels: 8%: Amount of investments = x, Interest = $0.08x$ (dollars)
 9.5%: Amount of investment = y, Interest = $0.095y$ (dollars)
Total: Total investment = 20,000, Total interest = 1675 (dollars)

Equations:
$$\begin{cases} x + y = 20{,}000 \Rightarrow -80x - 80y = -1{,}600{,}000 \\ 0.08x + 0.095y = 1675 \Rightarrow \underline{80x + 95y = 1{,}675{,}000} \end{cases}$$

$$15y = 75{,}000$$
$$y = 5000 \quad \text{and} \quad x + 5000 = 20{,}000$$
$$x = 15{,}000$$

(15,000, 5000)

Thus, $15,000 is invested at 8% and $5000 is invested at 9.5%.

105. Verbal Model: $\boxed{\text{Length of longer piece}} + \boxed{\text{Length of shorter piece}} = \boxed{\text{Total length of rope}}$

$\boxed{\text{Length of longer piece}} = 4 \boxed{\text{Length of shorter piece}}$

Labels: Length of longer piece = x (inches)
Length of shorter piece = $160 - x$ (inches)
Length of rope = 160 (inches)

Equations:
$$\begin{cases} x + y = 160 \\ x = 4y \end{cases}$$

$$(4y) + y = 160$$
$$5y = 160$$
$$y = 32 \quad \text{and} \quad x = 4(32)$$
$$x = 128$$

One piece of rope is 128 inches long and the other piece is 32 inches long.

107. Verbal Model:

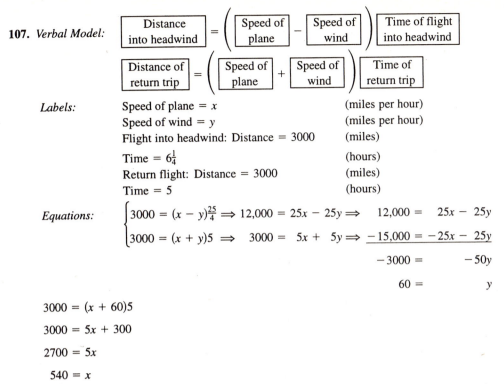

Labels: Speed of plane $= x$ (miles per hour)
Speed of wind $= y$ (miles per hour)
Flight into headwind: Distance $= 3000$ (miles)
Time $= 6\frac{1}{4}$ (hours)
Return flight: Distance $= 3000$ (miles)
Time $= 5$ (hours)

Equations:
$$\begin{cases} 3000 = (x-y)\frac{25}{4} \Rightarrow 12{,}000 = 25x - 25y \Rightarrow 12{,}000 = 25x - 25y \\ 3000 = (x+y)5 \Rightarrow 3000 = 5x + 5y \Rightarrow -15{,}000 = -25x - 25y \end{cases}$$

$$ -3000 = -50y$$
$$ 60 = y$$

$3000 = (x + 60)5$

$3000 = 5x + 300$

$2700 = 5x$

$540 = x$

Thus, the plane's speed in still air is 540 miles per hour and the speed of the wind is 60 miles per hour.

109. (a)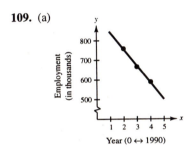

(b) $3b + 9m = 2012 \Rightarrow -9b - 27m = -6036$
$9b + 29m = 5866 \Rightarrow 9b + 29m = 5866$
$$ 2m = -170$$
$$ m = -85 \quad \text{and} \quad 3b + 9(-85) = 2012$$
$$\phantom{(b) 9b + 29m = 5866 \Rightarrow m = -85 \quad \text{and} \quad } 3b - 765 = 2012$$
$$\phantom{(b) 9b + 29m = 5866 \Rightarrow m = -85 \quad \text{and} \quad } 3b = 2777$$
$$\phantom{(b) 9b + 29m = 5866 \Rightarrow m = -85 \quad \text{and} \quad } b = \tfrac{2777}{3}$$

$y = -85x + \tfrac{2777}{3}$

(c) The slope of -85 represents the change (decrease in thousands) in employment in aircraft industries per year.

Section 4.2 Systems of Linear Equations in Three Variables

1. (a) $(0, 3, -2)$

$$0 + 3(3) + 2(-2) \stackrel{?}{=} 1$$
$$0 + 9 - 4 \neq 1$$

No, $(0, 3, -2)$ is not a solution.

(b) $(12, 5, -13)$

$$12 + 3(5) + 2(-13) \stackrel{?}{=} 1$$
$$12 + 15 - 26 = 1$$

$$5(12) - (5) + 3(-13) \stackrel{?}{=} 16$$
$$60 - 5 - 39 = 16$$

$$-3(12) + 7(5) + (-13) \stackrel{?}{=} -14$$
$$-36 + 35 - 13 = -14$$

Yes, $(12, 5, -13)$ is a solution.

(c) $(1, -2, 3)$

$$1 + 3(-2) + 2(3) \stackrel{?}{=} 1$$
$$1 - 6 + 6 = 1$$

$$5(1) - (-2) + 3(3) \stackrel{?}{=} 16$$
$$5 + 2 + 9 = 16$$

$$-3(1) + 7(-2) + (3) \stackrel{?}{=} -14$$
$$-3 - 14 + 3 = -14$$

Yes, $(1, -2, 3)$ is a solution.

(d) $(-2, 5, -3)$

$$-2 + 3(5) + 2(-3) \stackrel{?}{=} 1$$
$$-2 + 15 - 6 \neq 1$$

No, $(-2, 5, -3)$ is not a solution.

3. $\begin{cases} x - 2y + 4z = 4 \\ 3y - z = 2 \\ z = -5 \end{cases}$

$3y - (-5) = 2$ $x - 2(-1) + 4(-5) = 4$
$3y + 5 = 2$ $x + 2 - 20 = 4$
$3y = -3$ $x - 18 = 4$
$y = -1$ $x = 22$

$(22, -1, -5)$

5. $\begin{cases} x - 2y + 4z = 4 \\ y = 3 \\ y + z = 2 \end{cases}$

$3 + z = 2$ $x - 2(3) + 4(-1) = 4$
$z = -1$ $x - 6 - 4 = 4$
    $x - 10 = 4$
    $x = 14$

$(14, 3, -1)$

7. The system has a "stair-step" pattern with leading coefficients of 1.

9. $\begin{cases} x - 2y + 3z = 5 \\ -x + 3y - 5z = 4 \\ 2x - 3z = 0 \end{cases}$

$\begin{cases} x - 2y + 3z = 5 \\ y - 2z = 9 \\ 2x - 3z = 0 \end{cases}$

This step eliminates the x-term in the second equation.

11. $\begin{cases} x + z = 4 \\ y = 2 \\ -3z = -9 \end{cases}$ (-4)Eqn. 1 + Eqn. 3

$\begin{cases} x + z = 4 \\ y = 2 \\ z = 3 \end{cases}$ $(-1/3)$Eqn. 3

$x + 3 = 4$
$x = 1$

$(1, 2, 3)$

13. $\begin{cases} x + y + z = 6 \\ -3y - z = -9 \quad (-2)\text{Eqn. 1} + \text{Eqn. 2} \\ -3y - 4z = -18 \quad (-3)\text{Eqn. 1} + \text{Eqn. 3} \end{cases}$

$\begin{cases} x + y + z = 6 \\ -3y - z = -9 \\ -3z = -9 \quad (-1)\text{Eqn. 2} + \text{Eqn. 3} \end{cases}$

$\begin{cases} x + y + z = 6 \\ y + \frac{1}{3}z = 3 \quad (-1/3)\text{Eqn. 2} \\ z = 3 \quad (-1/3)\text{Eqn. 3} \end{cases}$

$y + \frac{1}{3}(3) = 3 \qquad x + 2 + 3 = 6$
$y + 1 = 3 \qquad\qquad x + 5 = 6$
$y = 2 \qquad\qquad\quad x = 1$

$(1, 2, 3)$

15. $\begin{cases} x + y + z = -3 \\ -3y - 7z = 23 \quad (-4)\text{Eqn. 1} + \text{Eqn. 2} \\ -5y = 15 \quad (-2)\text{Eqn. 1} + \text{Eqn. 3} \end{cases}$

$\begin{cases} x + y + z = -3 \\ y = -3 \quad (-1/5)\text{Eqn. 3} \\ -3y - 7z = 23 \quad \text{Eqn. 2} \end{cases}$

$\begin{cases} x + y + z = -3 \\ y = -3 \\ -7z = 14 \quad (3)\text{Eqn. 2} + \text{Eqn. 3} \end{cases}$

$\begin{cases} x + y + z = -3 \\ y = -3 \\ z = -2 \quad (-1/7)\text{Eqn. 3} \end{cases}$

$x + (-3) + (-2) = -3$
$x - 5 = -3$
$x = 2$

$(2, -3, -2)$

17. $\begin{cases} x + 2y + 6z = 5 \\ 3y + 4z = 8 \quad \text{Eqn. 1} + \text{Eqn. 2} \\ -6y - 8z = -4 \quad (-1)\text{Eqn. 1} + \text{Eqn. 3} \end{cases}$

$\begin{cases} x + 2y + 6z = 5 \\ 3y + 4z = 8 \\ 0 = 12 \quad (2)\text{Eqn. 2} + \text{Eqn. 3} \end{cases}$

False

The system has *no* solution; it is inconsistent.

19. $\begin{cases} x + z = 1 \quad (1/2)\text{Eqn. 1} \\ 5x + 3y = 4 \\ 3y - 4z = 4 \end{cases}$

$\begin{cases} x + z = 1 \\ 3y - 5z = -1 \quad (-5)\text{Eqn. 1} + \text{Eqn. 2} \\ 3y - 4z = 4 \end{cases}$

$\begin{cases} x + z = 1 \\ y - \frac{5}{3}z = -\frac{1}{3} \quad (1/3)\text{Eqn. 2} \\ 3y - 4z = 4 \end{cases}$

$\begin{cases} x + z = 1 \\ y - \frac{5}{3}z = -\frac{1}{3} \\ z = 5 \quad (-3)\text{Eqn. 2} + \text{Eqn. 3} \end{cases}$

$y - \frac{5}{3}(5) = -\frac{1}{3} \qquad x + 5 = 1$
$y - \frac{25}{3} = -\frac{1}{3} \qquad\quad x = -4$
$y = \frac{24}{3} = 8$

$(-4, 8, 5)$

21. $\begin{cases} x + y + 8z = 3 \\ 2x + y + 11z = 4 \\ x + 3z = 0 \end{cases}$

$\begin{cases} x + y + 8z = 3 \\ -y - 5z = -2 \quad (-2)\text{Eqn. 1} + \text{Eqn. 2} \\ -y - 5z = -3 \quad (-1)\text{Eqn. 1} + \text{Eqn. 2} \end{cases}$

$\begin{cases} x + y + 8z = 3 \\ -y - 5z = -2 \\ 0 = -1 \quad (-1)\text{Eqn. 2} + \text{Eqn. 3} \end{cases}$

False

The system has no solution; it is inconsistent.

23. $\begin{cases} x - 2y + \frac{1}{2}z = 0 \quad (1/2)\text{Eqn. 1} \\ 3x + 2z = -1 \\ -6x + 3y + 2z = -10 \end{cases}$

$\begin{cases} x - 2y + \frac{1}{2}z = 0 \\ 6y + \frac{1}{2}z = -1 \quad (-3)\text{Eqn. 1} + \text{Eqn. 2} \\ -9y + 5z = -10 \quad (6)\text{Eqn. 1} + \text{Eqn. 3} \end{cases}$

$\begin{cases} x - 2y + \frac{1}{2}z = 0 \\ y + \frac{1}{12}z = -\frac{1}{6} \quad (1/6)\text{Eqn. 2} \\ -9y + 5z = -10 \end{cases}$

$\begin{cases} x - 2y + \frac{1}{2}z = 0 \\ y + \frac{1}{12}z = -\frac{1}{6} \\ \frac{23}{4}z = -\frac{23}{2} \quad (9)\text{Eqn. 2} + \text{Eqn. 3} \end{cases}$

$\begin{cases} x - 2y + \frac{1}{2}z = 0 \\ y + \frac{1}{12}z = -\frac{1}{6} \\ z = -2 \quad (4/23)\text{Eqn. 3} \end{cases}$

$y + \frac{1}{12}(-2) = -\frac{1}{6}$ $x - 2(0) + \frac{1}{2}(-2) = 0$

$y - \frac{1}{6} = -\frac{1}{6}$ $x - 1 = 0$

$y = 0$ $x = 1$

$(1, 0, -2)$

25. $\begin{cases} x + 2z = 2 \quad (1/2)\text{Eqn. 2} \\ y + z = 5 \quad \text{Eqn. 1} \\ 2x - 3y = -14 \end{cases}$

$\begin{cases} x + 2z = 2 \\ y + z = 5 \\ -3y - 4z = -18 \quad (-2)\text{Eqn. 1} + \text{Eqn. 3} \end{cases}$

$\begin{cases} x + 2z = 2 \\ y + z = 5 \\ -z = -3 \quad (3)\text{Eqn. 2} + \text{Eqn. 3} \end{cases}$

$\begin{cases} x + 2z = 2 \\ y + z = 5 \\ z = 3 \quad (-1)\text{Eqn. 3} \end{cases}$

$y + 3 = 5$ $x + 2(3) = 2$

$y = 2$ $x + 6 = 2$

$x = -4$

$(-4, 2, 3)$

27. $\begin{cases} 2x + 6y - 4z = 8 \\ 3x + 10y - 7z = 12 \\ -2x - 6y + 5z = -3 \end{cases}$

$\begin{cases} x + 3y - 2z = 4 \quad (1/2)\text{Eqn. 1} \\ 3x + 10y - 7z = 12 \\ -2x - 6y + 5z = -3 \end{cases}$

$\begin{cases} x + 3y - 2z = 4 \\ y - z = 0 \quad (-3)\text{Eqn. 1} + \text{Eqn. 2} \\ z = 5 \quad (2)\text{Eqn. 1} + \text{Eqn. 3} \end{cases}$

$y - 5 = 0$ $x + 3(5) - 2(5) = 4$

$y = 5$ $x + 15 - 10 = 4$

$x + 5 = 4$

$x = -1$

$(-1, 5, 5)$

29. $\begin{cases} x - 2y - z = 3 \\ 5y - z = -5 \quad (-2)\text{Eqn. 1} + \text{Eqn. 2} \\ 10y - 2z = -10 \quad (-1)\text{Eqn. 1} + \text{Eqn. 3} \end{cases}$

$\begin{cases} x - 2y - z = 3 \\ y - \frac{1}{5}z = -1 \quad (1/5)\text{Eqn. 2} \\ 10y - 2z = -10 \end{cases}$

$\begin{cases} x - 2y - z = 3 \\ y - \frac{1}{5}z = -1 \\ 0 = 0 \quad (-10)\text{Eqn. 2} + \text{Eqn. 3} \end{cases}$

The system has *infinitely* many solutions. Let $z = a$.

$y - \frac{1}{5}a = -1 \qquad x - 2(\frac{1}{5}a - 1) - a = 3$

$y = \frac{1}{5}a - 1 \qquad x - \frac{2}{5}a + 2 - \frac{5}{5}a = 3$

$\qquad\qquad\qquad\qquad x - \frac{7}{5}a = 1$

$\qquad\qquad\qquad\qquad x = \frac{7}{5}a + 1$

$(\frac{7}{5}a + 1, \frac{1}{5}a - 1, a)$

Note: The answer could be written as $(7a + 8, a, 5a + 5)$ or $(a, \frac{1}{7}a - \frac{8}{7}, \frac{5}{7}a - \frac{5}{7})$.

31. $\begin{cases} 4x + 2z = 1 \quad \text{Eqn. 2} \\ 3x + y + z = 2 \quad \text{Eqn. 1} \\ 5x - y + 3z = 0 \end{cases}$

$\begin{cases} x + \frac{1}{2}z = \frac{1}{4} \quad (1/4)\text{Eqn. 1} \\ 3x + y + z = 2 \\ 5x - y + 3z = 0 \end{cases}$

$\begin{cases} x + \frac{1}{2}z = \frac{1}{4} \\ y - \frac{1}{2}z = \frac{5}{4} \quad (-3)\text{Eqn. 1} + \text{Eqn. 2} \\ -y + \frac{1}{2}z = -\frac{5}{4} \quad (-5)\text{Eqn. 1} + \text{Eqn. 3} \end{cases}$

$\begin{cases} x + \frac{1}{2}z = \frac{1}{4} \\ y - \frac{1}{2}z = \frac{5}{4} \\ 0 = 0 \qquad \text{Eqn. 2} + \text{Eqn. 3} \end{cases}$

There are *infinitely* many solutions. Let $z = a$.

$y - \frac{1}{2}a = \frac{5}{4} \qquad x + \frac{1}{2}a = \frac{1}{4}$

$y = \frac{1}{2}a + \frac{5}{4} \qquad x = -\frac{1}{2}a + \frac{1}{4}$

$(-\frac{1}{2}a + \frac{1}{4}, \frac{1}{2}a + \frac{5}{4}, a)$

Note: The answer could be written as $(a, -a + \frac{3}{2}, -2a + \frac{1}{2})$ or $(-a + \frac{3}{2}, a, 2a - \frac{5}{2})$.

33. $\begin{cases} x + 3z = 7 \quad (10)\text{Eqn. 2} \\ 2x + 13y + 6z = 1 \quad (10)\text{Eqn. 1} \\ 2x + 10y + 8z = 8 \end{cases}$

$\begin{cases} x + 3z = 7 \\ 13y = -13 \quad (-2)\text{Eqn. 1} + \text{Eqn. 2} \\ 10y + 2z = -6 \quad (-2)\text{Eqn. 1} + \text{Eqn. 3} \end{cases}$

$\begin{cases} x + 3z = 7 \\ y = -1 \quad (1/13)\text{Eqn. 2} \\ 10y + 2z = -6 \end{cases}$

$\begin{cases} x + 3z = 7 \\ y = -1 \\ 2z = 4 \quad (-10)\text{Eqn. 2} + \text{Eqn. 3} \end{cases}$

$\begin{cases} x + 3z = 7 \\ y = -1 \\ z = 2 \quad (1/2)\text{Eqn. 3} \end{cases}$

$x + 3(2) = 7$

$x + 6 = 7$

$x = 1$

$(1, -1, 2)$

35. $\begin{cases} x + 4y - 2z = 2 \\ -3x + y + z = -2 \\ 5x + 7y - 5z = 6 \end{cases}$

$\begin{cases} x + 4y - 2z = 2 \\ 13y - 5z = 4 \quad (3)\text{Eqn. 1} + \text{Eqn. 2} \\ -13y + 5z = -4 \quad (-5)\text{Eqn. 1} + \text{Eqn. 3} \end{cases}$

$\begin{cases} x + 4y - 2z = 2 \\ 13y - 5z = 4 \\ 0 = 0 \qquad \text{Eqn. 2} + \text{Eqn. 3} \end{cases}$

The system has infinitely many solutions. Let $z = a$.

$13y - 5a = 4$

$13y = 5a + 4$

$y = \frac{5}{13}a + \frac{4}{13}$

$x + 4(\frac{5}{13}a + \frac{4}{13}) - 2a = 2$

$x + \frac{20}{13}a + \frac{16}{13} - 2a = 2$

$x - \frac{6}{13}a = 2 - \frac{16}{13}$

$x = \frac{6}{13}a + \frac{10}{13}$

$(\frac{6}{13}a + \frac{10}{13}, \frac{5}{13}a + \frac{4}{13}, a)$

Note: The answer could be written as $(\frac{6}{5}a + \frac{2}{5}, a, \frac{13}{5}a - \frac{4}{5})$ or $(a, \frac{5}{6}a - \frac{1}{3}, \frac{13}{6}a - \frac{5}{3})$.

37.

$$1(4) + 1(-3) + 1(2) = 3$$
$$3(4) - 5(-3) + 1(2) = 29$$
$$-5(4) - 8(-3) + -2(2) = 0$$

$$\begin{cases} x + y + z = 3 \\ 3x - 5y + z = 29 \\ -5x - 8y - 2z = 0 \end{cases}$$

$$1(4) - 1(-3) - 1(2) = 5$$
$$7(4) + 8(-3) + 5(2) = 14$$
$$3(4) + 1(-3) + 7(2) = 23$$

$$\begin{cases} x - y - z = 5 \\ 7x + 8y + 5z = 14 \\ 3x + y + 7z = 23 \end{cases}$$

39. $(0, -4)$: $\quad -4 = a(0)^2 + b(0) + c$
$(1, 1)$: $\quad 1 = a(1)^2 + b(1) + c$
$(2, 10)$: $\quad 10 = a(2)^2 + b(2) + c$

$$\begin{cases} c = -4 \\ a + b + c = 1 \\ 4a + 2b + c = 10 \end{cases}$$

$$\begin{cases} a + b + c = 1 \quad \text{Eqn. 2} \\ 4a + 2b + c = 10 \quad \text{Eqn. 3} \\ c = -4 \quad \text{Eqn. 1} \end{cases}$$

$$\begin{cases} a + b + c = 1 \\ -2b - 3c = 6 \quad (-4)\text{Eqn. 1 + Eqn. 2} \\ c = -4 \end{cases}$$

$$\begin{cases} a + b + c = 1 \\ b + \tfrac{3}{2}c = -3 \quad (-1/2)\text{Eqn. 2} \\ c = -4 \end{cases}$$

$b + \tfrac{3}{2}(-4) = -3 \qquad a + 3 + (-4) = 1$
$b - 6 = -3 \qquad\qquad\quad a - 1 = 1$
$b = 3 \qquad\qquad\qquad\quad a = 2$

$(2, 3, -4)$
$y = 2x^2 + 3x - 4$

41. $(1, 0)$: $\quad 0 = a(1)^2 + b(1) + c$
$(2, -1)$: $\quad -1 = a(2)^2 + b(2) + c$
$(3, 0)$: $\quad 0 = a(3)^2 + b(3) + c$

$$\begin{cases} a + b + c = 0 \\ 4a + 2b + c = -1 \\ 9a + 3b + c = 0 \end{cases}$$

$$\begin{cases} a + b + c = 0 \\ -2b - 3c = -1 \quad (-4)\text{Eqn. 1 + Eqn. 2} \\ -6b - 8c = 0 \quad (-9)\text{Eqn. 1 + Eqn. 3} \end{cases}$$

$$\begin{cases} a + b + c = 0 \\ b + \tfrac{3}{2}c = \tfrac{1}{2} \quad (-1/2)\text{Eqn. 2} \\ -6b - 8c = 0 \end{cases}$$

$$\begin{cases} a + b + c = 0 \\ b + \tfrac{3}{2}c = \tfrac{1}{2} \\ c = 3 \quad (6)\text{Eqn. 2 + Eqn. 3} \end{cases}$$

$b + \tfrac{3}{2}(3) = \tfrac{1}{2} \qquad a + (-4) + 3 = 0$
$b + \tfrac{9}{2} = \tfrac{1}{2} \qquad\qquad a - 1 = 0$
$b = -\tfrac{8}{2} \qquad\qquad\quad a = 1$
$b = -4$

$(1, -4, 3)$
$y = x^2 - 4x + 3$

43. $(-1, -3)$: $\quad -3 = a(-1)^2 + b(-1) + c$
$\quad\;\;(1, 1)$: $\quad\;\;\; 1 = a(1)^2 + b(1) + c$
$\quad\;\;(2, 0)$: $\quad\;\;\; 0 = a(2)^2 + b(2) + c$

$$\begin{cases} a - b + c = -3 \\ a + b + c = 1 \\ 4a + 2b + c = 0 \end{cases}$$

$$\begin{cases} a - b + c = -3 \\ \quad\;\; 2b \quad\;\; = 4 \\ \quad\;\; 6b - 3c = 12 \end{cases}\quad \begin{array}{l}(-1)\text{Eqn. 1} + \text{Eqn. 2}\\(-4)\text{Eqn. 1} + \text{Eqn. 3}\end{array}$$

$$\begin{cases} a - b + c = -3 \\ \quad\;\; b \quad\;\; = 2 \\ \quad\;\; 6b - 3c = 12 \end{cases}\quad (1/2)\text{Eqn. 2}$$

$$\begin{cases} a - b + c = -3 \\ \quad\;\; b \quad\;\; = 2 \\ \quad\quad\; -3c = 0 \end{cases}\quad (-6)\text{Eqn. 2} + \text{Eqn. 3}$$

$$\begin{cases} a - b + c = -3 \\ \quad\;\; b \quad\;\; = 2 \\ \quad\quad\;\; c = 0 \end{cases}\quad (-1/3)\text{Eqn. 3}$$

$a - 2 + 0 = -3$
$\quad\quad\quad\; a = -1$

$(-1, 2, 0)$

$y = -x^2 + 2x$

45. $(0, 0)$: $\quad 0^2 + 0^2 + D(0) + E(0) + F = 0$
$\quad\;\;(2, -2)$: $\; 2^2 + (-2)^2 + D(2) + E(-2) + F = 0$
$\quad\;\;(4, 0)$: $\quad 4^2 + 0^2 + D(4) + E(0) + F = 0$

$$\begin{cases} \quad\quad\quad\;\; F = 0 \\ 2D - 2E + F = -8 \\ 4D \quad\quad + F = -16 \end{cases}$$

$\quad 4D + F = -16 \quad\quad\quad 2D - 2E + F = -8$
$\quad 4D + 0 = -16 \quad\quad\quad 2(-4) - 2E + 0 = -8$
$\quad\quad 4D = -16 \quad\quad\quad\quad\; -2E - 8 = -8$
$\quad\quad\;\; D = -4 \quad\quad\quad\quad\quad\quad -2E = 0$
$\quad\quad\quad\quad\quad\quad\quad\quad\quad\quad\quad\quad\quad\; E = 0$

$(-4, 0, 0)$

$x^2 + y^2 - 4x = 0$

47. $(3, -1)$: $\quad 3^2 + (-1)^2 + D(3) + E(-1) + F = 0$
$(-2, 4)$: $\quad (-2)^2 + 4^2 + D(-2) + E(4) + F = 0$
$(6, 8)$: $\quad 6^2 + 8^2 + D(6) + E(8) + F = 0$

$$\begin{cases} 3D - E + F = -10 \\ -2D + 4E + F = -20 \\ 6D + 8E + F = -100 \end{cases}$$

$$\begin{cases} -2D + 4E + F = -20 & \text{Eqn. 2} \\ 3D - E + F = -10 & \text{Eqn. 1} \\ 6D + 8E + F = -100 \end{cases}$$

$$\begin{cases} D - 2E - \tfrac{1}{2}F = 10 & (-1/2)\text{Eqn. 1} \\ 3D - E + F = -10 \\ 6D + 8E + F = -100 \end{cases}$$

$$\begin{cases} D - 2E - \tfrac{1}{2}F = 10 \\ 5E + \tfrac{5}{2}F = -40 & (-3)\text{Eqn. 1} + \text{Eqn. 2} \\ 20E + 4F = -160 & (-6)\text{Eqn. 1} + \text{Eqn. 3} \end{cases}$$

$$\begin{cases} D - 2E - \tfrac{1}{2}F = 10 \\ E + \tfrac{1}{2}F = -8 & (1/5)\text{Eqn. 2} \\ 20E + 4F = -160 \end{cases}$$

$$\begin{cases} D - 2E - \tfrac{1}{2}F = 10 \\ E + \tfrac{1}{2}F = -8 \\ -6F = 0 & (-20)\text{Eqn. 2} + \text{Eqn. 3} \end{cases}$$

$$\begin{cases} D - 2E - \tfrac{1}{2}F = 10 \\ E + \tfrac{1}{2}F = -8 \\ F = 0 & (-1/6)\text{Eqn. 3} \end{cases}$$

$E + \tfrac{1}{2}F = -8 \qquad\qquad D - 2E - \tfrac{1}{2}F = 10$
$E + 0 = -8 \qquad\qquad D - 2(-8) - \tfrac{1}{2}(0) = 10$
$E = -8 \qquad\qquad\qquad D + 16 = 10$
$\qquad\qquad\qquad\qquad\qquad D = -6$

$(-6, -8, 0)$
$x^2 + y^2 - 6x - 8y = 0$

49. $(-3, 5)$: $\quad (-3)^2 + 5^2 + D(-3) + E(5) + F = 0$
$(4, 6)$: $\quad 4^2 + 6^2 + D(4) + E(6) + F = 0$
$(5, 5)$: $\quad 5^2 + 5^2 + D(5) + E(5) + F = 0$

$$\begin{cases} -3D + 5E + F = -34 \\ 4D + 6E + F = -52 \\ 5D + 5E + F = -50 \end{cases}$$

$$\begin{cases} D - \tfrac{5}{3}E - \tfrac{1}{3}F = \tfrac{34}{3} & (-1/3)\text{Eqn. 1} \\ 4D + 6E + F = -52 \\ 5D + 5E + F = -50 \end{cases}$$

$$\begin{cases} D - \tfrac{5}{3}E - \tfrac{1}{3}F = \tfrac{34}{3} \\ \tfrac{38}{3}E + \tfrac{7}{3}F = -\tfrac{292}{3} & (-4)\text{Eqn. 1} + \text{Eqn. 2} \\ \tfrac{40}{3}E + \tfrac{8}{3}F = -\tfrac{320}{3} & (-5)\text{Eqn. 1} + \text{Eqn. 3} \end{cases}$$

$$\begin{cases} D - \tfrac{5}{3}E - \tfrac{1}{3}F = \tfrac{34}{3} \\ E + \tfrac{7}{38}F = -\tfrac{146}{19} & (3/38)\text{Eqn. 2} \\ \tfrac{40}{3}E + \tfrac{8}{3}F = -\tfrac{320}{3} \end{cases}$$

$$\begin{cases} D - \tfrac{5}{3}E - \tfrac{1}{3}F = \tfrac{34}{3} \\ E + \tfrac{7}{38}F = -\tfrac{146}{19} \\ \tfrac{4}{19}F = -\tfrac{80}{19} & (-40/3)\text{Eqn. 2} + \text{Eqn. 3} \end{cases}$$

$$\begin{cases} D - \tfrac{5}{3}E - \tfrac{1}{3}F = \tfrac{34}{3} \\ E + \tfrac{7}{38}F = -\tfrac{146}{19} \\ F = -20 & (19/4)\text{Eqn. 3} \end{cases}$$

$E + \tfrac{7}{38}(-20) = -\tfrac{146}{19} \qquad D - \tfrac{5}{3}(-4) - \tfrac{1}{3}(-20) = \tfrac{34}{3}$
$E - \tfrac{70}{19} = -\tfrac{146}{19} \qquad\qquad D + \tfrac{20}{3} + \tfrac{20}{3} = \tfrac{34}{3}$
$E = -\tfrac{76}{19} \qquad\qquad\qquad D = -\tfrac{6}{3}$
$E = -4 \qquad\qquad\qquad\qquad D = -2$

$(-2, -4, -20)$
$x^2 + y^2 - 2x - 4y - 20 = 0$

51. $(1, 128)$: $128 = \frac{1}{2}a(1)^2 + v_0(1) + s_0$

$(2, 80)$: $80 = \frac{1}{2}a(2)^2 + v_0(2) + s_0$

$(3, 0)$: $0 = \frac{1}{2}a(3)^2 + v_0(3) + s_0$

$\begin{cases} \frac{1}{2}a + v_0 + s_0 = 128 \\ 2a + 2v_0 + s_0 = 80 \\ \frac{9}{2}a + 3v_0 + s_0 = 0 \end{cases}$

$\begin{cases} a + 2v_0 + 2s_0 = 256 & \text{(2)Eqn. 1} \\ 2a + 2v_0 + s_0 = 80 \\ 9a + 6v_0 + 2s_0 = 0 & \text{(2)Eqn. 2} \end{cases}$

$\begin{cases} a + 2v_0 + 2s_0 = 256 \\ -2v_0 - 3s_0 = -432 & (-2)\text{Eqn. 1} + \text{Eqn. 2} \\ -12v_0 - 16s_0 = -2304 & (-9)\text{Eqn. 1} + \text{Eqn. 3} \end{cases}$

$\begin{cases} a + 2v_0 + 2s_0 = 256 \\ v_0 + \frac{3}{2}s_0 = 216 & (-1/2)\text{Eqn. 2} \\ -12v_0 - 16s_0 = -2304 \end{cases}$

$\begin{cases} a + 2v_0 + 2s_0 = 256 \\ v_0 + \frac{3}{2}s_0 = 216 \\ 2s_0 = 288 & (12)\text{Eqn. 2} + \text{Eqn. 3} \end{cases}$

$\begin{cases} a + 2v_0 + 2s_0 = 256 \\ v_0 + \frac{3}{2}s_0 = 216 \\ s_0 = 144 & (1/2)\text{Eqn. 3} \end{cases}$

$v_0 + \frac{3}{2}(144) = 216 \qquad a + 2(0) + 2(144) = 256$

$v_0 + 216 = 216 \qquad\qquad a + 288 = 256$

$v_0 = 0 \qquad\qquad\qquad a = -32$

$(-32, 0, 144)$

$s = \frac{1}{2}(-32)t^2 + 0t + 144$

$s = -16t^2 + 144$

53. $(1, 32)$: $32 = \frac{1}{2}a(1)^2 + v_0(1) + s_0$

$(2, 32)$: $32 = \frac{1}{2}a(2)^2 + v_0(2) + s_0$

$(3, 0)$: $0 = \frac{1}{2}a(3)^2 + v_0(3) + s_0$

$\begin{cases} \frac{1}{2}a + v_0 + s_0 = 32 \\ 2a + 2v_0 + s_0 = 32 \\ \frac{9}{2}a + 3v_0 + s_0 = 0 \end{cases}$

$\begin{cases} a + 2v_0 + 2s_0 = 64 & \text{(2)Eqn. 1} \\ 2a + 2v_0 + s_0 = 32 \\ 9a + 6v_0 + 2s_0 = 0 & \text{(2)Eqn. 3} \end{cases}$

$\begin{cases} a + 2v_0 + 2s_0 = 64 \\ -2s_0 - 3s_0 = -96 & (-2)\text{Eqn. 1} + \text{Eqn. 2} \\ -12s_0 - 16s_0 = -576 & (-9)\text{Eqn. 1} + \text{Eqn. 3} \end{cases}$

$\begin{cases} a + 2v_0 + 2s_0 = 64 \\ v_0 + \frac{3}{2}s_0 = 48 & (-1/2)\text{Eqn. 2} \\ -12v_0 - 16s_0 = -576 \end{cases}$

$\begin{cases} a + 2v_0 + 2s_0 = 64 \\ v_0 + \frac{3}{2}s_0 = 48 \\ 2s_0 = 0 & (12)\text{Eqn. 2} + \text{Eqn. 3} \end{cases}$

$\begin{cases} a + 2v_0 + 2s_0 = 64 \\ v_0 + \frac{3}{2}s_0 = 48 \\ s_0 = 0 & (1/2)\text{Eqn. 3} \end{cases}$

$v_0 + \frac{3}{2}(0) = 48 \qquad a + 2(48) + 2(0) = 64$

$v_0 = 48 \qquad\qquad a + 96 = 64$

$\qquad\qquad\qquad a = -32$

$(-32, 48, 0)$

$s = \frac{1}{2}(-32)t^2 + 48t + 0 = -16t^2 + 48t$

55.

	X	Y	Z	Gal
A	20%		50%	12
B	40%		50%	16
C	40%	100%		26

$$\begin{cases} 0.20x + 0.50z = 12 \\ 0.40x + 0.50z = 16 \\ 0.40x + y = 26 \end{cases}$$

$$\begin{cases} 20x + 50z = 1200 \\ 40x + 50z = 1600 \\ 40x + 100y = 2600 \end{cases}$$

$$\begin{cases} x + \frac{5}{2}z = 60 \\ -50z = -800 \\ 100y - 100z = 200 \end{cases}$$

$$\begin{cases} x + \frac{5}{2}z = 60 \\ y - z = 2 \\ z = 16 \end{cases}$$

$$y - 16 = 2 \qquad x + \tfrac{5}{2}(16) = 60$$
$$y = 18 \qquad x + 40 = 60$$
$$ x = 20$$

(20, 18, 16)

Thus, 20 gallons of spray X, 18 gallons of spray Y, and 16 gallons of spray Z are needed.

57.
$$\begin{cases} 0.40s + 0.30w + 0.50p = 30 \\ 0.20s + 0.25w + 0.25p = 17 \\ 0.10s + 0.15w + 0.25p = 10 \end{cases}$$

$$\begin{cases} s + \frac{3}{4}w + \frac{5}{4}p = 75 \\ 20s + 25w + 25p = 1700 \\ 10s + 15w + 25p = 1000 \end{cases}$$

$$\begin{cases} s + \frac{3}{4}w + \frac{5}{4}p = 75 \\ 10w \phantom{+ \frac{25}{2}p} = 200 \\ \frac{15}{2}w + \frac{25}{2}p = 250 \end{cases}$$

$$\begin{cases} s + \frac{3}{4}w + \frac{5}{4}p = 75 \\ w \phantom{+ \frac{25}{2}p} = 20 \\ \frac{15}{2}w + \frac{25}{2}p = 250 \end{cases}$$

$$\begin{cases} s + \frac{3}{4}w + \frac{5}{4}p = 75 \\ w \phantom{+ \frac{25}{2}p} = 20 \\ \frac{25}{2}p = 100 \end{cases}$$

$$\begin{cases} s + \frac{3}{4}w + \frac{5}{4}p = 75 \\ w = 20 \\ p = 8 \end{cases}$$

$$s + \tfrac{3}{4}(20) + \tfrac{5}{4}(8) = 75$$
$$s + 15 + 10 = 75$$
$$s + 25 = 75$$
$$s = 50$$

(50, 20, 8)

Thus, there are 50 members in the string section, 20 in the wind section, and 8 in the percussion section.

Section 4.3 Matrices and Linear Systems

1. 3 rows, 2 columns, 3×2

3. 2 rows, 3 columns, 2×3

5. $\begin{bmatrix} 4 & -5 & \vdots & -2 \\ -1 & 8 & \vdots & 10 \end{bmatrix}$

7. $\begin{bmatrix} 1 & 10 & -3 & \vdots & 2 \\ 5 & -3 & 4 & \vdots & 0 \\ 2 & 4 & 0 & \vdots & 6 \end{bmatrix}$

9. $\begin{cases} 4x + 3y = 8 \\ x - 2y = 3 \end{cases}$

11. $\begin{cases} x + 2z = -10 \\ 3y - z = 5 \\ 4x + 2y = 3 \end{cases}$

13. $\begin{bmatrix} 1 & 4 & 3 \\ 2 & 10 & 5 \end{bmatrix}$

$-2R_1 + R_2 \begin{bmatrix} 1 & 4 & 3 \\ 0 & 2 & -1 \end{bmatrix}$

15. $\begin{bmatrix} 1 & 1 & 4 & -1 \\ 3 & 8 & 10 & 3 \\ -2 & 1 & 12 & 6 \end{bmatrix}$

$\begin{matrix} -3R_1 + R_2 \\ 2R_1 + R_3 \end{matrix} \begin{bmatrix} 1 & 1 & 4 & -1 \\ 0 & 5 & -2 & 6 \\ 0 & 3 & 20 & 4 \end{bmatrix}$

$\tfrac{1}{5}R_2 \begin{bmatrix} 1 & 1 & 4 & -1 \\ 0 & 1 & -\tfrac{2}{5} & \tfrac{6}{5} \\ 0 & 3 & 20 & 4 \end{bmatrix}$

17. $\begin{bmatrix} 1 & 2 & 3 \\ 2 & -1 & -4 \end{bmatrix}$

$-2R_1 + R_2 \begin{bmatrix} 1 & 2 & 3 \\ 0 & -5 & -10 \end{bmatrix}$

$-\tfrac{1}{5}R_2 \begin{bmatrix} 1 & 2 & 3 \\ 0 & 1 & 2 \end{bmatrix}$

19. $\begin{bmatrix} 4 & 6 & 1 \\ -2 & 2 & 5 \end{bmatrix}$ or $\begin{bmatrix} 4 & 6 & 1 \\ -2 & 2 & 5 \end{bmatrix}$

$\begin{matrix} R_2 \\ R_1 \end{matrix} \begin{bmatrix} -2 & 2 & 5 \\ 4 & 6 & 1 \end{bmatrix}$

$\tfrac{1}{4}R_1 \begin{bmatrix} 1 & \tfrac{3}{2} & \tfrac{1}{4} \\ -2 & 2 & 5 \end{bmatrix}$

$-\tfrac{1}{2}R_1 \begin{bmatrix} 1 & -1 & -\tfrac{5}{2} \\ 4 & 6 & 1 \end{bmatrix}$

$2R_1 + R_2 \begin{bmatrix} 1 & \tfrac{3}{2} & \tfrac{1}{4} \\ 0 & 5 & \tfrac{11}{2} \end{bmatrix}$

$-4R_1 + R_2 \begin{bmatrix} 1 & -1 & -\tfrac{5}{2} \\ 0 & 10 & 11 \end{bmatrix}$

$\tfrac{1}{5}R_2 \begin{bmatrix} 1 & \tfrac{3}{2} & \tfrac{1}{4} \\ 0 & 1 & \tfrac{11}{10} \end{bmatrix}$

$\tfrac{1}{10}R_2 \begin{bmatrix} 1 & -1 & -\tfrac{5}{2} \\ 0 & 1 & \tfrac{11}{10} \end{bmatrix}$

21. $\begin{bmatrix} 1 & 1 & 0 & 5 \\ -2 & -1 & 2 & -10 \\ 3 & 6 & 7 & 14 \end{bmatrix}$

$\begin{matrix} 2R_1 + R_2 \\ -3R_1 + R_3 \end{matrix} \begin{bmatrix} 1 & 1 & 0 & 5 \\ 0 & 1 & 2 & 0 \\ 0 & 3 & 7 & -1 \end{bmatrix}$

$-3R_2 + R_3 \begin{bmatrix} 1 & 1 & 0 & 5 \\ 0 & 1 & 2 & 0 \\ 0 & 0 & 1 & -1 \end{bmatrix}$

23. $\begin{bmatrix} 1 & -1 & -1 & 1 \\ 4 & -4 & 1 & 8 \\ -6 & 8 & 18 & 0 \end{bmatrix}$

$\begin{matrix} -4R_1 + R_2 \\ 6R_1 + R_3 \end{matrix} \begin{bmatrix} 1 & -1 & -1 & 1 \\ 0 & 0 & 5 & 4 \\ 0 & 2 & 12 & 6 \end{bmatrix}$

$\begin{matrix} R_3 \\ R_2 \end{matrix} \begin{bmatrix} 1 & -1 & -1 & 1 \\ 0 & 2 & 12 & 6 \\ 0 & 0 & 5 & 4 \end{bmatrix}$

$\begin{matrix} \tfrac{1}{2}R_2 \\ \tfrac{1}{5}R_3 \end{matrix} \begin{bmatrix} 1 & -1 & -1 & 1 \\ 0 & 1 & 6 & 3 \\ 0 & 0 & 1 & \tfrac{4}{5} \end{bmatrix}$

25. $\begin{bmatrix} 1 & 1 & -1 & 3 \\ 2 & 1 & 2 & 5 \\ 3 & 2 & 1 & 8 \end{bmatrix}$

$\begin{array}{c} -2R_1 + R_2 \\ -3R_1 + R_3 \end{array} \begin{bmatrix} 1 & 1 & -1 & 3 \\ 0 & -1 & 4 & -1 \\ 0 & -1 & 4 & -1 \end{bmatrix}$

$-1R_2 \begin{bmatrix} 1 & 1 & -1 & 3 \\ 0 & 1 & -4 & 1 \\ 0 & -1 & 4 & -1 \end{bmatrix}$

$R_2 + R_3 \begin{bmatrix} 1 & 1 & -1 & 3 \\ 0 & 1 & -4 & 1 \\ 0 & 0 & 0 & 0 \end{bmatrix}$

27. $\begin{cases} x - 2y = 4 \\ y = -3 \end{cases}$

$x - 2(-3) = 4$

$x + 6 = 4$

$x = -2$

$(-2, -3)$

29. $\begin{cases} x - y + 2z = 4 \\ y - z = 2 \\ z = -2 \end{cases}$

$\begin{array}{ll} y - (-2) = 2 & x - 0 + 2(-2) = 4 \\ y + 2 = 2 & x - 4 = 4 \\ y = 0 & x = 8 \end{array}$

$(8, 0, -2)$

31. $\begin{bmatrix} 1 & 2 & \vdots & 7 \\ 3 & 1 & \vdots & 8 \end{bmatrix}$

$-3R_1 + R_2 \begin{bmatrix} 1 & 2 & \vdots & 7 \\ 0 & -5 & \vdots & -13 \end{bmatrix}$

$-\frac{1}{5}R_2 \begin{bmatrix} 1 & 2 & \vdots & 7 \\ 0 & 1 & \vdots & \frac{13}{5} \end{bmatrix}$

$\begin{cases} x + 2y = 7 \\ y = \frac{13}{5} \end{cases}$

$x + 2\left(\frac{13}{5}\right) = 7$

$x + \frac{26}{5} = 7$

$x = \frac{9}{5}$

$\left(\frac{9}{5}, \frac{13}{5}\right)$

33. $\begin{bmatrix} 6 & -4 & \vdots & 2 \\ 5 & 2 & \vdots & 7 \end{bmatrix}$

$\frac{1}{6}R_1 \begin{bmatrix} 1 & -\frac{2}{3} & \vdots & \frac{1}{3} \\ 5 & 2 & \vdots & 7 \end{bmatrix}$

$-5R_1 + R_2 \begin{bmatrix} 1 & -\frac{2}{3} & \vdots & \frac{1}{3} \\ 0 & \frac{16}{3} & \vdots & \frac{16}{3} \end{bmatrix}$

$\frac{3}{16}R_2 \begin{bmatrix} 1 & -\frac{2}{3} & \vdots & \frac{1}{3} \\ 0 & 1 & \vdots & 1 \end{bmatrix}$

$\begin{cases} x - \frac{2}{3}y = \frac{1}{3} \\ y = 1 \end{cases}$

$x - \frac{2}{3}(1) = \frac{1}{3}$

$x = 1$

$(1, 1)$

35. $\begin{bmatrix} -1 & 2 & \vdots & 1.5 \\ 2 & -4 & \vdots & 3 \end{bmatrix}$

$-R_1 \begin{bmatrix} 1 & -2 & \vdots & -1.5 \\ 2 & -4 & \vdots & 3 \end{bmatrix}$

$-2R_1 + R_2 \begin{bmatrix} 1 & -2 & \vdots & -1.5 \\ 0 & 0 & \vdots & 6 \end{bmatrix}$

$\begin{cases} x - 2y = -1.5 \\ 0 = 6 \quad \text{False} \end{cases}$

The system has *no* solution; it is inconsistent.

37.
$$\begin{bmatrix} 1 & -2 & -1 & \vdots & 6 \\ 0 & 1 & 4 & \vdots & 5 \\ 4 & 2 & 3 & \vdots & 8 \end{bmatrix}$$

$-4R_1 + R_3 \begin{bmatrix} 1 & -2 & -1 & \vdots & 6 \\ 0 & 1 & 4 & \vdots & 5 \\ 0 & 10 & 7 & \vdots & -16 \end{bmatrix}$

$-10R_2 + R_3 \begin{bmatrix} 1 & -2 & -1 & \vdots & 6 \\ 0 & 1 & 4 & \vdots & 5 \\ 0 & 0 & -33 & \vdots & -66 \end{bmatrix}$

$-\frac{1}{33}R_3 \begin{bmatrix} 1 & -2 & -1 & \vdots & 6 \\ 0 & 1 & 4 & \vdots & 5 \\ 0 & 0 & 1 & \vdots & 2 \end{bmatrix}$

$\begin{cases} x - 2y - z = 6 \\ y + 4z = 5 \\ z = 2 \end{cases}$

$y + 4(2) = 5 \qquad x - 2(-3) - 2 = 6$
$y + 8 = 5 \qquad\quad x + 6 - 2 = 6$
$y = -3 \qquad\qquad x + 4 = 6$
$\qquad\qquad\qquad\qquad x = 2$

$(2, -3, 2)$

39.
$$\begin{bmatrix} 1 & 1 & -5 & \vdots & 3 \\ 1 & 0 & -2 & \vdots & 1 \\ 2 & -1 & -1 & \vdots & 0 \end{bmatrix}$$

$-R_1 + R_2 \begin{bmatrix} 1 & 1 & -5 & \vdots & 3 \\ 0 & -1 & 3 & \vdots & -2 \\ 0 & -3 & 9 & \vdots & -6 \end{bmatrix}$
$-2R_1 + R_3$

$-R_2 \begin{bmatrix} 1 & 1 & -5 & \vdots & 3 \\ 0 & 1 & -3 & \vdots & 2 \\ 0 & -3 & 9 & \vdots & -6 \end{bmatrix}$

$3R_2 + R_3 \begin{bmatrix} 1 & 1 & -5 & \vdots & 3 \\ 0 & 1 & -3 & \vdots & 2 \\ 0 & 0 & 0 & \vdots & 0 \end{bmatrix}$

$\begin{cases} x + y - 5z = 3 \\ y - 3z = 2 \\ 0 = 0 \end{cases}$

The system has *inifinitely* many solutions. Let $z = a$.

$y - 3a = 2 \qquad x + (3a + 2) - 5a = 3$
$y = 3a + 2 \qquad\quad x - 2a + 2 = 3$
$\qquad\qquad\qquad\qquad x = 2a + 1$

$(2a + 1, 3a + 2, a)$

41.
$$\begin{bmatrix} 2 & 4 & 0 & \vdots & 10 \\ 2 & 2 & 3 & \vdots & 3 \\ -3 & 1 & 2 & \vdots & -3 \end{bmatrix}$$

$\frac{1}{2}R_1 \begin{bmatrix} 1 & 2 & 0 & \vdots & 5 \\ 2 & 2 & 3 & \vdots & 3 \\ -3 & 1 & 2 & \vdots & -3 \end{bmatrix}$

$-2R_1 + R_2 \begin{bmatrix} 1 & 2 & 0 & \vdots & 5 \\ 0 & -2 & 3 & \vdots & -7 \\ 0 & 7 & 2 & \vdots & 12 \end{bmatrix}$
$3R_1 + R_3$

$-\frac{1}{2}R_2 \begin{bmatrix} 1 & 2 & 0 & \vdots & 5 \\ 0 & 1 & -\frac{3}{2} & \vdots & \frac{7}{2} \\ 0 & 7 & 2 & \vdots & 12 \end{bmatrix}$

$-7R_2 + R_3 \begin{bmatrix} 1 & 2 & 0 & \vdots & 5 \\ 0 & 1 & -\frac{3}{2} & \vdots & \frac{7}{2} \\ 0 & 0 & \frac{25}{2} & \vdots & -\frac{25}{2} \end{bmatrix}$

$\frac{2}{25}R_3 \begin{bmatrix} 1 & 2 & 0 & \vdots & 5 \\ 0 & 1 & -\frac{3}{2} & \vdots & \frac{7}{2} \\ 0 & 0 & 1 & \vdots & -1 \end{bmatrix}$

$\begin{cases} x + 2y = 5 \\ y - \frac{3}{2}z = \frac{7}{2} \\ z = -1 \end{cases}$

$y - \frac{3}{2}(-1) = \frac{7}{2} \qquad x + 2(2) = 5$
$y + \frac{3}{2} = \frac{7}{2} \qquad\quad x + 4 = 5$
$y = 2 \qquad\qquad\quad x = 1$

$(1, 2, -1)$

43. $\begin{bmatrix} 1 & -3 & 2 & \vdots & 8 \\ 0 & 2 & -1 & \vdots & -4 \\ 1 & 0 & 1 & \vdots & 3 \end{bmatrix}$

$-R_1 + R_3 \begin{bmatrix} 1 & -3 & 2 & \vdots & 8 \\ 0 & 2 & -1 & \vdots & -4 \\ 0 & 3 & -1 & \vdots & -5 \end{bmatrix}$

$\tfrac{1}{2}R_2 \begin{bmatrix} 1 & -3 & 2 & \vdots & 8 \\ 0 & 1 & -\tfrac{1}{2} & \vdots & -2 \\ 0 & 3 & -1 & \vdots & -5 \end{bmatrix}$

$-3R_2 + R_3 \begin{bmatrix} 1 & -3 & 2 & \vdots & 8 \\ 0 & 1 & -\tfrac{1}{2} & \vdots & -2 \\ 0 & 0 & \tfrac{1}{2} & \vdots & 1 \end{bmatrix}$

$2R_3 \begin{bmatrix} 1 & -3 & 2 & \vdots & 8 \\ 0 & 1 & -\tfrac{1}{2} & \vdots & -2 \\ 0 & 0 & 1 & \vdots & 2 \end{bmatrix}$

$\begin{cases} x - 3y + 2z = 8 \\ y - \tfrac{1}{2}z = -2 \\ z = 2 \end{cases}$

$y - \tfrac{1}{2}(2) = -2 \qquad x - 3(-1) + 2(2) = 8$
$y - 1 = -2 \qquad\qquad x + 3 + 4 = 8$
$y = -1 \qquad\qquad\quad x + 7 = 8$
$\qquad\qquad\qquad\qquad\qquad x = 1$

$(1, -1, 2)$

45. $\begin{bmatrix} -2 & -2 & -15 & \vdots & 0 \\ 1 & 2 & 2 & \vdots & 18 \\ 3 & 3 & 22 & \vdots & 2 \end{bmatrix}$

$-\tfrac{1}{2}R_1 \begin{bmatrix} 1 & 1 & \tfrac{15}{2} & \vdots & 0 \\ 1 & 2 & 2 & \vdots & 18 \\ 3 & 3 & 22 & \vdots & 2 \end{bmatrix}$

$\begin{matrix}-R_1 + R_2 \\ -3R_1 + R_3\end{matrix} \begin{bmatrix} 1 & 1 & \tfrac{15}{2} & \vdots & 0 \\ 0 & 1 & -\tfrac{11}{2} & \vdots & 18 \\ 0 & 0 & -\tfrac{1}{2} & \vdots & 2 \end{bmatrix}$

$-2R_3 \begin{bmatrix} 1 & 1 & \tfrac{15}{2} & \vdots & 0 \\ 0 & 1 & -\tfrac{11}{2} & \vdots & 18 \\ 0 & 0 & 1 & \vdots & -4 \end{bmatrix}$

$\begin{cases} x + y + \tfrac{15}{2}z = 0 \\ y - \tfrac{11}{2}z = 18 \\ z = -4 \end{cases}$

$y - \tfrac{11}{2}(-4) = 18 \qquad x + (-4) + \tfrac{15}{2}(-4) = 0$
$y + 22 = 18 \qquad\qquad x - 4 - 30 = 0$
$y = -4 \qquad\qquad\qquad x = 34$

$(34, -4, -4)$

47. $\begin{bmatrix} 2 & 0 & 4 & \vdots & 1 \\ 1 & 1 & 3 & \vdots & 0 \\ 1 & 3 & 5 & \vdots & 0 \end{bmatrix}$ or $\begin{bmatrix} 2 & 0 & 4 & \vdots & 1 \\ 1 & 1 & 3 & \vdots & 0 \\ 1 & 3 & 5 & \vdots & 0 \end{bmatrix}$

$\begin{matrix}R_2 \\ \curvearrowright \\ R_1\end{matrix} \begin{bmatrix} 1 & 1 & 3 & \vdots & 0 \\ 2 & 0 & 4 & \vdots & 1 \\ 1 & 3 & 5 & \vdots & 0 \end{bmatrix}$
$\qquad\qquad\qquad\qquad\tfrac{1}{2}R_1 \begin{bmatrix} 1 & 0 & 2 & \vdots & \tfrac{1}{2} \\ 1 & 1 & 3 & \vdots & 0 \\ 1 & 3 & 5 & \vdots & 0 \end{bmatrix}$

$\begin{matrix}-2R_1 + R_2 \\ -R_1 + R_2\end{matrix} \begin{bmatrix} 1 & 1 & 3 & \vdots & 0 \\ 0 & -2 & -2 & \vdots & 1 \\ 0 & 2 & 2 & \vdots & 0 \end{bmatrix}$
$\qquad\qquad\qquad\quad\begin{matrix}-R_1 + R_2 \\ -R_1 + R_3\end{matrix} \begin{bmatrix} 1 & 0 & 2 & \vdots & \tfrac{1}{2} \\ 0 & 1 & 1 & \vdots & -\tfrac{1}{2} \\ 0 & 3 & 3 & \vdots & -\tfrac{1}{2} \end{bmatrix}$

$-\tfrac{1}{2}R_2 \begin{bmatrix} 1 & 1 & 3 & \vdots & 0 \\ 0 & 1 & 1 & \vdots & -\tfrac{1}{2} \\ 0 & 2 & 2 & \vdots & 0 \end{bmatrix}$
$\qquad\qquad\qquad\quad -3R_2 + R_3 \begin{bmatrix} 1 & 0 & 2 & \vdots & \tfrac{1}{2} \\ 0 & 1 & 1 & \vdots & -\tfrac{1}{2} \\ 0 & 0 & 0 & \vdots & 1 \end{bmatrix}$

$-2R_2 + R_3 \begin{bmatrix} 1 & 1 & 3 & \vdots & 0 \\ 0 & 1 & 1 & \vdots & -\tfrac{1}{2} \\ 0 & 0 & 0 & \vdots & 1 \end{bmatrix}$
$\qquad\qquad\qquad\qquad\begin{cases} x + 2z = \tfrac{1}{2} \\ y + z = -\tfrac{1}{2} \\ 0 = 1 \quad \text{False} \end{cases}$

$\begin{cases} x + y + 3z = 0 \\ y + z = -\tfrac{1}{2} \\ 0 = 1 \quad \text{False} \end{cases}$
$\qquad\qquad\qquad$ The system has *no* solution, it is inconsistent.

The system has *no* solution; it is inconsistent.

49.
$$\begin{bmatrix} 1 & 3 & 0 & \vdots & 2 \\ 2 & 6 & 0 & \vdots & 4 \\ 2 & 5 & 4 & \vdots & 3 \end{bmatrix}$$

$$\begin{array}{c} \\ -2R_1 + R_2 \\ -2R_1 + R_3 \end{array} \begin{bmatrix} 1 & 1 & 0 & \vdots & 2 \\ 0 & 0 & 0 & \vdots & 0 \\ 0 & -1 & 4 & \vdots & -1 \end{bmatrix}$$

$$\begin{array}{c} \\ R_3 \\ R_2 \end{array} \begin{bmatrix} 1 & 3 & 0 & \vdots & 2 \\ 0 & -1 & 4 & \vdots & -1 \\ 0 & 0 & 0 & \vdots & 0 \end{bmatrix}$$

$$-1R_2 \begin{bmatrix} 1 & 3 & 0 & \vdots & 2 \\ 0 & 1 & -4 & \vdots & 1 \\ 0 & 0 & 0 & \vdots & 0 \end{bmatrix}$$

$$\begin{cases} x + 3y \phantom{{}- 4z} = 2 \\ y - 4z = 1 \\ \phantom{x + 3y -{}}0 = 0 \end{cases}$$

The system has *infinitely* many solutions.

Let $z = a$

$y - 4a = 1 \qquad x + 3(4a + 1) = 2$

$y = 4a + 1 \qquad x + 12a + 3 = 2$

$\qquad\qquad\qquad\qquad\qquad x = -12a - 1$

$(-12a - 1, 4a + 1, a)$

51. There will be a row in the matrix with a nonzero entry in the last column and zero entries in all other columns.

53. Verbal Model: $\boxed{\text{Amount borrowed at 8\%}} + \boxed{\text{Amount borrowed at 9\%}} + \boxed{\text{Amount borrowed at 12\%}} = \boxed{\text{Total borrowed}}$

$\boxed{\text{Interest on 8\% loan}} + \boxed{\text{Interest on 9\% loan}} + \boxed{\text{Interest on 12\% loan}} = \boxed{\text{Total interest}}$

$\boxed{\text{Amount borrowed at 8\%}} = 4 \cdot \boxed{\text{Amount borrowed at 12\%}}$

Labels:
 8%: Amount borrowed $= x$, Interest $= 0.08x$ (dollars)
 9%: Amount borrowed $= y$, Interest $= 0.09y$ (dollars)
 12%: Amount borrowed $= z$, Interest $= 0.12z$ (dollars)
 Totals: Total borrowed $= 1{,}500{,}000$, Total interest $= 133{,}000$ (dollars)

Equations:
$$\begin{cases} x + y + z = 1{,}500{,}000 \\ 0.08x + 0.09y + 0.12z = 133{,}000 \\ x = 4z \end{cases}$$

$$\begin{cases} x + y + z = 1{,}500{,}000 \\ 8x + 9y + 12z = 13{,}300{,}000 \\ x - 4z = 0 \end{cases}$$

$$\begin{bmatrix} 1 & 1 & 1 & \vdots & 1{,}500{,}000 \\ 8 & 9 & 12 & \vdots & 13{,}300{,}000 \\ 1 & 0 & -4 & \vdots & 0 \end{bmatrix}$$

$$\begin{matrix} \\ -8R_1 + R_2 \\ -R_1 + R_2 \end{matrix} \begin{bmatrix} 1 & 1 & 1 & \vdots & 1{,}500{,}000 \\ 0 & 1 & 4 & \vdots & 1{,}300{,}000 \\ 0 & -1 & -5 & \vdots & -1{,}500{,}000 \end{bmatrix}$$

$$\begin{matrix} \\ \\ R_2 + R_3 \end{matrix} \begin{bmatrix} 1 & 1 & 1 & \vdots & 1{,}500{,}000 \\ 0 & 1 & 4 & \vdots & 1{,}300{,}000 \\ 0 & 0 & -1 & \vdots & -200{,}000 \end{bmatrix}$$

$$\begin{matrix} \\ \\ -R_3 \end{matrix} \begin{bmatrix} 1 & 1 & 1 & \vdots & 1{,}500{,}000 \\ 0 & 1 & 4 & \vdots & 1{,}300{,}000 \\ 0 & 0 & 1 & \vdots & 200{,}000 \end{bmatrix}$$

$$\begin{cases} x + y + z = 1{,}500{,}000 \\ y + 4z = 1{,}300{,}000 \\ z = 200{,}000 \end{cases}$$

$y + 4(200{,}000) = 1{,}300{,}000 \qquad x + 500{,}000 + 200{,}000 = 1{,}500{,}000$

$y + 800{,}000 = 1{,}300{,}000 \qquad\qquad x + 700{,}000 = 1{,}500{,}000$

$y = 500{,}000 \qquad\qquad\qquad\qquad x = 800{,}000$

$(800{,}000,\ 500{,}000,\ 200{,}000)$

Thus, \$800,000 was borrowed at 8%, \$500,000 was borrowed at 9%, and \$200,000 was borrowed at 12%.

55. $(1, 7)$: $\quad 7 = a(1)^2 + b(1) + c$

$(2, 12)$: $\quad 12 = a(2)^2 + b(2) + c$

$(3, 19)$: $\quad 19 = a(3)^2 + b(3) + c$

$$\begin{cases} a + b + c = 7 \\ 4a + 2b + c = 12 \\ 9a + 3b + c = 19 \end{cases}$$

$$\begin{bmatrix} 1 & 1 & 1 & \vdots & 7 \\ 4 & 2 & 1 & \vdots & 12 \\ 9 & 3 & 1 & \vdots & 19 \end{bmatrix}$$

$$\begin{matrix} \\ -4R_1 + R_2 \\ -9R_1 + R_3 \end{matrix} \begin{bmatrix} 1 & 1 & 1 & \vdots & 7 \\ 0 & -2 & -3 & \vdots & -16 \\ 0 & -6 & -8 & \vdots & -44 \end{bmatrix}$$

$$-\tfrac{1}{2}R_2 \begin{bmatrix} 1 & 1 & 1 & \vdots & 7 \\ 0 & 1 & \tfrac{3}{2} & \vdots & 8 \\ 0 & -6 & -8 & \vdots & -44 \end{bmatrix}$$

$$6R_2 + R_3 \begin{bmatrix} 1 & 1 & 1 & \vdots & 7 \\ 0 & 1 & \tfrac{3}{2} & \vdots & 8 \\ 0 & 0 & 1 & \vdots & 4 \end{bmatrix}$$

$$\begin{cases} a + b + c = 7 \\ b + \tfrac{3}{2}c = 8 \\ c = 4 \end{cases}$$

$b + \tfrac{3}{2}(4) = 8 \qquad a + 2 + 4 = 7$

$b + 6 = 8 \qquad\quad\ \ a + 6 = 7$

$ b = 2 \qquad\quad\ \ a = 1$

$(1, 2, 4)$

$y = x^2 + 2x + 4$

57. Two matrices are row-equivalent if one can be obtained from the other by a series of elementary row operations.

59. (a) $(0, 6)$: $\quad 6 = a(0)^2 + b(0) + c$

$(25, 18.5)$: $\quad 18.5 = a(25)^2 + b(25) + c$

$(50, 26)$: $\quad 26 = a(50)^2 + b(50) + c$

$$\begin{cases} c = 6 \\ 625a + 25b + c = 18.5 \\ 2500 + 50b + c = 26 \end{cases}$$

$$\begin{bmatrix} 0 & 0 & 1 & \vdots & 6 \\ 625 & 25 & 1 & \vdots & 18.5 \\ 2500 & 50 & 1 & \vdots & 26 \end{bmatrix}$$

$\overset{R_3}{\underset{R_1}{\curvearrowright}} \begin{bmatrix} 2500 & 50 & 1 & \vdots & 26 \\ 625 & 25 & 1 & \vdots & 18.5 \\ 0 & 0 & 1 & \vdots & 6 \end{bmatrix}$

$\tfrac{1}{2500}R_1 \begin{bmatrix} 1 & 0.02 & 0.0004 & \vdots & 0.0104 \\ 625 & 25 & 1 & \vdots & 18.5 \\ 0 & 0 & 1 & \vdots & 6 \end{bmatrix}$

$-625R_1 + R_2 \begin{bmatrix} 1 & 0.02 & 0.0004 & \vdots & 0.0104 \\ 0 & 12.5 & 0.75 & \vdots & 12 \\ 0 & 0 & 1 & \vdots & 6 \end{bmatrix}$

$\tfrac{2}{25}R_2 \begin{bmatrix} 1 & 0.02 & 0.0004 & \vdots & 0.0104 \\ 0 & 1 & 0.06 & \vdots & 0.96 \\ 0 & 0 & 1 & \vdots & 6 \end{bmatrix}$

$$\begin{cases} a + 0.02b + 0.0004c = 0.0104 \\ b + 0.06c = 0.96 \\ c = 6 \end{cases}$$

$b + 0.06(6) = 0.96 \qquad a + 0.02(0.6) + 0.0004(6) = 0.0104$

$b + 0.36 = 0.96 \qquad\qquad a + 0.012 + 0.0024 = 0.0104$

$\qquad b = 0.6 \qquad\qquad\qquad\qquad a = -0.004$

$(-0.004, 0.6, 6)$ or $\left(-\tfrac{1}{250}, \tfrac{3}{5}, 0\right)$

$y = -0.004x^2 + 0.6x + 6$ or $y = -\tfrac{1}{250}x^2 + \tfrac{3}{5}x + 6$

(b)
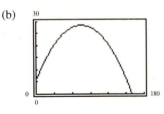

The maximum height of the ball is approximately 28.5 feet. The approximate point at which the ball struck the ground is 159.4 feet from where it was thrown.

61. (a) $(2, 980)$: $\quad 980 = a(2)^2 + b(2) + c$

$(3, 1003)$: $\quad 1003 = a(3)^2 + b(3) + c$

$(4, 1054)$: $\quad 1054 = a(4)^2 + b(4) + c$

$$\begin{cases} 4a + 2b + c = 980 \\ 9a + 3b + c = 1003 \\ 16a + 4b + c = 1054 \end{cases}$$

$$\begin{bmatrix} 4 & 2 & 1 & \vdots & 980 \\ 9 & 3 & 1 & \vdots & 1003 \\ 16 & 4 & 1 & \vdots & 1054 \end{bmatrix}$$

$\frac{1}{4}R_1 \begin{bmatrix} 1 & \frac{1}{2} & \frac{1}{4} & \vdots & 245 \\ 9 & 3 & 1 & \vdots & -1202 \\ 16 & 4 & 1 & \vdots & -2866 \end{bmatrix}$

$\begin{matrix} \\ -9R_1 + R_2 \\ -16R_1 + R_3 \end{matrix} \begin{bmatrix} 1 & \frac{1}{2} & \frac{1}{4} & \vdots & 245 \\ 0 & -\frac{3}{2} & -\frac{5}{4} & \vdots & -1202 \\ 0 & -4 & -3 & \vdots & -2866 \end{bmatrix}$

$-\frac{2}{3}R_2 \begin{bmatrix} 1 & \frac{1}{2} & \frac{1}{4} & \vdots & 245 \\ 0 & 1 & \frac{5}{6} & \vdots & \frac{2404}{3} \\ 0 & -4 & -3 & \vdots & -2866 \end{bmatrix}$

$4R_2 + R_3 \begin{bmatrix} 1 & \frac{1}{2} & \frac{1}{4} & \vdots & 245 \\ 0 & 1 & \frac{5}{6} & \vdots & \frac{2404}{3} \\ 0 & 0 & \frac{1}{3} & \vdots & \frac{1018}{3} \end{bmatrix}$

$3R_3 \begin{bmatrix} 1 & \frac{1}{2} & \frac{1}{4} & \vdots & 245 \\ 0 & 1 & \frac{5}{6} & \vdots & \frac{2404}{3} \\ 0 & 0 & 1 & \vdots & 1018 \end{bmatrix}$

$3R_3 \begin{bmatrix} 1 & \frac{1}{2} & \frac{1}{4} & \vdots & 245 \\ 0 & 1 & \frac{5}{6} & \vdots & \frac{2404}{3} \\ 0 & 0 & 1 & \vdots & 1018 \end{bmatrix}$

$$\begin{cases} a + \frac{1}{2}b + \frac{1}{4}c = 245 \\ b + \frac{5}{6}c = \frac{2404}{3} \\ c = 1018 \end{cases}$$

$b + \frac{5}{6}(1018) = \frac{2404}{3}$

$b + \frac{2545}{3} = \frac{2404}{3}$

$b = -\frac{141}{3}$

$b = -47$

$a + \frac{1}{2}(-47) + \frac{1}{4}(1018) = 245$

$a + 231 = 245$

$a = 14$

$(14, -47, 1018)$

$y = 14t^2 - 47t + 1018$

(b)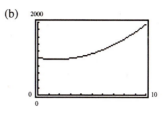

(c) For the year 2000, $t = 10$.

$y = 14t^2 - 47t + 1018$

$y = 14(10)^2 - 47(10) + 1018$

$y = 1948$ billion dollars

63. $\begin{cases} A + B + C = 0 \\ -B + C = 0 \\ -A = 1 \end{cases}$

$$\begin{bmatrix} 1 & 1 & 1 & \vdots & 0 \\ 0 & -1 & 1 & \vdots & 0 \\ -1 & 0 & 0 & \vdots & 1 \end{bmatrix}$$

$R_1 + R_3 \begin{bmatrix} 1 & 1 & 1 & \vdots & 0 \\ 0 & -1 & 1 & \vdots & 0 \\ 0 & 1 & 1 & \vdots & 1 \end{bmatrix}$

$-R_2 \begin{bmatrix} 1 & 1 & 1 & \vdots & 0 \\ 0 & 1 & -1 & \vdots & 0 \\ 0 & 1 & 1 & \vdots & 1 \end{bmatrix}$

$-R_2 + R_3 \begin{bmatrix} 1 & 1 & 1 & \vdots & 0 \\ 0 & 1 & -1 & \vdots & 0 \\ 0 & 0 & 2 & \vdots & 1 \end{bmatrix}$

$\frac{1}{2}R_3 \begin{bmatrix} 1 & 1 & 1 & \vdots & 0 \\ 0 & 1 & -1 & \vdots & 0 \\ 0 & 0 & 1 & \vdots & \frac{1}{2} \end{bmatrix}$

$\begin{cases} A + B + C = 0 \\ B - C = 0 \\ C = \dfrac{1}{2} \end{cases}$

$B - \dfrac{1}{2} = 0 \qquad A + \dfrac{1}{2} + \dfrac{1}{2} = 0$

$ B = \dfrac{1}{2} \qquad\qquad\quad A = -1$

$\left(-1, \dfrac{1}{2}, \dfrac{1}{2}\right)$

$\dfrac{1}{x^3 - x} = \dfrac{-1}{x} + \dfrac{1/2}{x+1} + \dfrac{1/2}{x-1}$

Mid-Chapter Quiz for Chapter 4

1. The solution is $(2, 1)$.

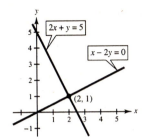

2. The solution is $(2, -1)$.

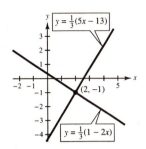

3. $\begin{cases} 5x - y = 32 \implies -y = -5x + 32 \implies y = 5x - 32 \\ 6x - 9y = 18 \end{cases}$

$6x - 9(5x - 32) = 18$

$6x - 45x + 288 = 18$

$-39x + 288 = 18$

$-39x = -270$

$x = \frac{-270}{-39}$

$x = \frac{90}{13}$ and $y = 5\left(\frac{90}{13}\right) - 32$

$y = \frac{450}{13} - \frac{416}{13}$

$y = \frac{34}{13}$

$\left(\frac{90}{13}, \frac{34}{13}\right)$

4. $\begin{cases} 0.2x + 0.7y = 8 \\ -x + 2y = 15 \implies -x = -2y + 15 \implies x = 2y - 15 \end{cases}$

$0.2(2y - 15) + 0.7y = 8$

$0.4y - 3 + 0.7y = 8$

$1.1y - 3 = 8$

$1.1y = 11$

$y = \frac{11}{1.1}$

$y = 10$ and $x = 2(10) - 15$

$x = 20 - 15$

$x = 5$

$(5, 10)$

5. $\begin{cases} x + 10y = 18 \\ 5x + 2y = 42 \end{cases}$

$\begin{cases} x + 10y = 18 \\ -48y = -48 \end{cases}$

$\begin{cases} x + 10y = 18 \\ y = 1 \end{cases}$

$x + 10(1) = 18$

$x = 8$

$(8, 1)$

6. $\begin{cases} 3x + 11y = 38 \\ 7x - 5y = -34 \end{cases}$

$\begin{cases} x + \frac{11}{3}y = \frac{38}{3} \\ 7x - 5y = -34 \end{cases}$

$\begin{cases} x + \frac{11}{3}y = \frac{38}{3} \\ -\frac{92}{3}y = -\frac{368}{3} \end{cases}$

$\begin{cases} x + \frac{11}{3}y = \frac{38}{3} \\ y = 4 \end{cases}$

$x + \frac{11}{3}(4) = \frac{38}{3}$

$x + \frac{44}{3} = \frac{38}{3}$

$x = -\frac{6}{3}$

$x = -2$

$(-2, 4)$

7. $\begin{cases} x + 4z = 17 \\ -3x + 2y - z = -20 \\ x - 5y + 3z = 19 \end{cases}$

$\begin{cases} x + 4z = 17 \\ 2y + 11z = 31 \\ -5y - z = 2 \end{cases}$

$\begin{cases} x + 4z = 17 \\ y + \frac{11}{2}z = \frac{31}{2} \\ -5y - z = 2 \end{cases}$

$\begin{cases} x + 4z = 17 \\ y + \frac{11}{2}z = \frac{31}{2} \\ \frac{53}{2}z = \frac{159}{2} \end{cases}$

$\begin{cases} x + 4z = 17 \\ y + \frac{11}{2}z = \frac{31}{2} \\ z = 3 \end{cases}$

$y + \frac{11}{2}(3) = \frac{31}{2}$ and $x + 4(3) = 17$
$y + \frac{33}{2} = \frac{31}{2}$ $x + 12 = 17$
$y = -1$ $x = 5$

$(5, -1, 3)$

8. $\begin{cases} x - 3y + z = -3 \\ 3x + 2y - 5z = 18 \\ y + z = -1 \end{cases}$

$\begin{cases} x - 3y + z = -3 \\ 11y - 8z = 27 \\ y + z = -1 \end{cases}$

$\begin{cases} x - 3y + z = -3 \\ y - \frac{8}{11}z = \frac{27}{11} \\ y + z = -1 \end{cases}$

$\begin{cases} x - 3y + z = -3 \\ y - \frac{8}{11}z = \frac{27}{11} \\ \frac{19}{11}z = -\frac{38}{11} \end{cases}$

$\begin{cases} x - 3y + z = -3 \\ y - \frac{8}{11}z = \frac{27}{11} \\ z = -2 \end{cases}$

$y - \frac{8}{11}(-2) = \frac{27}{11}$ and $x - 3(1) + (-2) = -3$
$y + \frac{16}{11} = \frac{27}{11}$ $x - 5 = -3$
$y = 1$ $x = 2$

$(2, 1, -2)$

9. $(10, -12)$; There are many correct answers. Here are some examples.

$3(10) + 2(-12) = 6 \Rightarrow \begin{cases} 3x + 2y = 6 \\ x + y = -2 \end{cases}$
$1(10) + 1(-12) = -2 \Rightarrow$

$2(10) + 1(-12) = 8 \Rightarrow \begin{cases} 2x + y = 8 \\ 3x - y = 42 \end{cases}$
$3(10) - 1(-12) = 42 \Rightarrow$

10. $(2, -3, 1)$; There are many correct answers. Here are some examples.

$1(2) + 1(-3) + 1(1) = 0 \Rightarrow \begin{cases} x + y + z = 0 \\ 3x - y + 2z = 11 \\ x + 3y - z = -8 \end{cases}$
$3(2) - (-3) + 2(1) = 11 \Rightarrow$
$1(2) + 3(-3) - 1(1) = -8 \Rightarrow$

$1(2) + 1(-3) - 1(1) = -2 \Rightarrow \begin{cases} x + y - z = -2 \\ 5x + 4y + 2z = 0 \\ 4x + 2y + 5z = 7 \end{cases}$
$5(2) + 4(-3) + 2(1) = 0 \Rightarrow$
$4(2) + 2(-3) + 5(1) = 7 \Rightarrow$

11. *Verbal Model:* $\boxed{\text{Distance driven by one driver}} + \boxed{\text{Distance driven by other driver}} = \boxed{\text{Total distance}}$

$\boxed{\text{Distance driven by one driver}} = 3 \cdot \boxed{\text{Distance driven by other driver}}$

Labels: Distance driven by one driver $= x$ (miles)
Distance driven by other driver $= y$ (miles)
Total distance $= 300$ (miles)

Equations: $\begin{cases} x + y = 300 \\ x = 3y \end{cases}$ or $\begin{cases} x + y = 300 \\ x - 3y = 0 \end{cases}$

12. *Verbal Model:* $\boxed{\text{Gallons of 20\% solution}} + \boxed{\text{Gallons of 50\% solution}} = \boxed{\text{Gallons of 30\% solution}}$

$\boxed{\text{Amount of salt in 20\% solution}} + \boxed{\text{Amount of salt in 50\% solution}} = \boxed{\text{Amount of salt in 30\% solution}}$

Labels: 20% solution: Number of gallons $= x$; Amount of salt $= 0.20x$
50% solution: Number of gallons $= y$; Amount of salt $= 0.50y$
30% solution: Number of gallons $= 20$; Amount of salt $= 0.30(20)$

Equations: $\begin{cases} x + y = 20 \\ 0.20x + 0.50y = 0.30(20) \end{cases}$

13. $y = ax^2 + bx + c$

$(1, 2)$: $\quad 2 = a(1)^2 + b(1) + c$

$(-1, -4)$: $\quad -4 = a(-1)^2 + b(-1) + c$

$(2, 8)$: $\quad 8 = a(2)^2 + b(2) + c$

$\begin{cases} a + b + c = 2 \\ a - b + c = -4 \\ 4a + 2b + c = 8 \end{cases}$

Section 4.4 Determinants and Linear Systems

1. $\begin{vmatrix} 2 & 1 \\ 3 & 4 \end{vmatrix} = 2(4) - 3(1) = 8 - 3 = 5$

3. $\begin{vmatrix} 5 & 2 \\ -6 & 3 \end{vmatrix} = 5(3) - (-6)(2)$
$= 15 + 12 = 27$

5. $\begin{vmatrix} 5 & -4 \\ -10 & 8 \end{vmatrix} = 5(8) - (-10)(-4)$
$= 40 - 40 = 0$

7. $\begin{vmatrix} 2 & 6 \\ 0 & 3 \end{vmatrix} = 2(3) - 0(6) = 6 - 0 = 6$

9. $\begin{vmatrix} -7 & 6 \\ \frac{1}{2} & 3 \end{vmatrix} = -7(3) - \frac{1}{2}(6)$
$= -21 - 3 = -24$

11. $\begin{vmatrix} 0.3 & 0.5 \\ 0.5 & 0.3 \end{vmatrix} = 0.3(0.3) - 0.5(0.5)$
$= 0.09 - 0.25 = -0.16$

13. $\begin{vmatrix} 2 & 3 & -1 \\ 6 & 0 & 0 \\ 4 & 1 & 1 \end{vmatrix}$

First row: $\quad 2\begin{vmatrix} 0 & 0 \\ 1 & 1 \end{vmatrix} - 3\begin{vmatrix} 6 & 0 \\ 4 & 1 \end{vmatrix} + (-1)\begin{vmatrix} 6 & 0 \\ 4 & 1 \end{vmatrix} = 2(0) - 3(6) - 1(6) = 0 - 18 - 6 = -24$

Second row: $\quad -6\begin{vmatrix} 3 & -1 \\ 1 & 1 \end{vmatrix} + 0\begin{vmatrix} 2 & -1 \\ 4 & 1 \end{vmatrix} - 0\begin{vmatrix} 2 & 3 \\ 4 & 1 \end{vmatrix} = -6(4) + 0 - 0 = -24$

Third row: $\quad 4\begin{vmatrix} 3 & -1 \\ 0 & 0 \end{vmatrix} - 1\begin{vmatrix} 2 & -1 \\ 6 & 0 \end{vmatrix} + 1\begin{vmatrix} 2 & 3 \\ 6 & 0 \end{vmatrix} = 4(0) - 1(6) + 1(-18) = 0 - 6 - 18 = -24$

First column: $\quad 2\begin{vmatrix} 0 & 0 \\ 1 & 1 \end{vmatrix} - 6\begin{vmatrix} 3 & -1 \\ 1 & 1 \end{vmatrix} + 4\begin{vmatrix} 3 & -1 \\ 0 & 0 \end{vmatrix} = 2(0) - 6(4) + 4(0) = 0 - 24 + 0 = -24$

Second column: $\quad -3\begin{vmatrix} 6 & 0 \\ 4 & 1 \end{vmatrix} + 0\begin{vmatrix} 2 & -1 \\ 4 & 1 \end{vmatrix} - 1\begin{vmatrix} 2 & -1 \\ 6 & 0 \end{vmatrix} = -3(6) + 0 - 1(6) = -18 + 0 - 6 = -24$

Third column: $\quad -1\begin{vmatrix} 6 & 0 \\ 4 & 1 \end{vmatrix} - 0\begin{vmatrix} 2 & 3 \\ 4 & 1 \end{vmatrix} + 1\begin{vmatrix} 2 & 3 \\ 6 & 0 \end{vmatrix} = -1(6) - 0 + 1(-18) = -6 - 0 - 18 = -24$

15. $\begin{vmatrix} 1 & 1 & 2 \\ 3 & 1 & 0 \\ -2 & 0 & 3 \end{vmatrix}$

First column: $\quad 1\begin{vmatrix} 1 & 0 \\ 0 & 3 \end{vmatrix} - 3\begin{vmatrix} 1 & 2 \\ 0 & 3 \end{vmatrix} + (-2)\begin{vmatrix} 1 & 2 \\ 1 & 0 \end{vmatrix} = 1(3) - 3(3) - 2(-2) = 3 - 9 + 4 = -2$

Second column: $\quad -1\begin{vmatrix} 3 & 0 \\ -2 & 3 \end{vmatrix} + 1\begin{vmatrix} 1 & 2 \\ -2 & 3 \end{vmatrix} - 0\begin{vmatrix} 1 & 2 \\ 3 & 0 \end{vmatrix} = -1(9) + 1(7) - 0 = -9 + 7 - 0 = -2$

Third column: $\quad 2\begin{vmatrix} 3 & 1 \\ -2 & 0 \end{vmatrix} - 0\begin{vmatrix} 1 & 1 \\ -2 & 0 \end{vmatrix} + 3\begin{vmatrix} 1 & 1 \\ 3 & 1 \end{vmatrix} = 2(2) - 0 + 3(-2) = 4 - 0 - 6 = -2$

First row: $\quad 1\begin{vmatrix} 1 & 0 \\ 0 & 3 \end{vmatrix} - 1\begin{vmatrix} 3 & 0 \\ -2 & 3 \end{vmatrix} + 2\begin{vmatrix} 3 & 1 \\ -2 & 0 \end{vmatrix} = 1(3) - 1(9) + 2(2) = 3 - 9 + 4 = -2$

Second row: $\quad -3\begin{vmatrix} 1 & 2 \\ 0 & 3 \end{vmatrix} + 1\begin{vmatrix} 1 & 2 \\ -2 & 3 \end{vmatrix} - 0\begin{vmatrix} 1 & 1 \\ -2 & 0 \end{vmatrix} = -3(3) + 1(7) - 0 = -9 + 7 - 0 = -2$

Third row: $\quad -2\begin{vmatrix} 1 & 2 \\ 1 & 0 \end{vmatrix} - 0\begin{vmatrix} 1 & 2 \\ 3 & 0 \end{vmatrix} + 3\begin{vmatrix} 1 & 1 \\ 3 & 1 \end{vmatrix} = -2(-2) - 0 + 3(-2) = 4 - 0 - 6 = -2$

17. $\begin{vmatrix} 2 & 4 & 6 \\ 0 & 3 & 1 \\ 0 & 0 & -5 \end{vmatrix} = 2\begin{vmatrix} 3 & 1 \\ 0 & -5 \end{vmatrix} - 0\begin{vmatrix} 4 & 6 \\ 0 & -5 \end{vmatrix} + 0\begin{vmatrix} 4 & 6 \\ 3 & 1 \end{vmatrix}$

$\qquad = 2(-15) - 0 + 0 = -30$

19. $\begin{vmatrix} -2 & 2 & 3 \\ 1 & -1 & 0 \\ 0 & 1 & 4 \end{vmatrix} = -2\begin{vmatrix} -1 & 0 \\ 1 & 4 \end{vmatrix} - 1\begin{vmatrix} 2 & 3 \\ 1 & 4 \end{vmatrix} + 0\begin{vmatrix} 2 & 3 \\ -1 & 0 \end{vmatrix}$

$\qquad = -2(-4) - 1(5) + 0 = 8 - 5 + 0 = 3$

21. $\begin{vmatrix} 1 & 4 & -2 \\ 3 & 6 & -6 \\ -2 & 1 & 4 \end{vmatrix} = 1\begin{vmatrix} 6 & -6 \\ 1 & 4 \end{vmatrix} - 3\begin{vmatrix} 4 & -2 \\ 1 & 4 \end{vmatrix} + (-2)\begin{vmatrix} 4 & -2 \\ 6 & -6 \end{vmatrix}$

$\qquad = 1(30) - 3(18) - 2(-12) = 30 - 54 + 24 = 0$

23. $\begin{vmatrix} -3 & 2 & 1 \\ 4 & 5 & 6 \\ 2 & -3 & 1 \end{vmatrix} = -3\begin{vmatrix} 5 & 6 \\ -3 & 1 \end{vmatrix} - 4\begin{vmatrix} 2 & 1 \\ -3 & 1 \end{vmatrix} + 2\begin{vmatrix} 2 & 1 \\ 5 & 6 \end{vmatrix}$

$= -3(23) - 4(5) + 2(7) = -69 - 20 + 14 = -75$

25. $\begin{vmatrix} 1 & 4 & -2 \\ 3 & 2 & 0 \\ -1 & 4 & 3 \end{vmatrix} = -2\begin{vmatrix} 3 & 2 \\ -1 & 4 \end{vmatrix} - 0\begin{vmatrix} 1 & 4 \\ -1 & 4 \end{vmatrix} + 3\begin{vmatrix} 1 & 4 \\ 3 & 2 \end{vmatrix}$

$= -2(14) - 0 + 3(-10) = -28 - 30 = -58$

27. $\begin{vmatrix} 0.1 & 0.2 & 0.3 \\ -0.3 & 0.2 & 0.2 \\ 5 & 4 & 4 \end{vmatrix} = 5\begin{vmatrix} 0.2 & 0.3 \\ 0.2 & 0.2 \end{vmatrix} - 4\begin{vmatrix} 0.1 & 0.3 \\ -0.3 & 0.2 \end{vmatrix} + 4\begin{vmatrix} 0.1 & 0.2 \\ -0.3 & 0.2 \end{vmatrix}$

$= 5(-0.02) - 4(0.11) + 4(0.08) = -0.10 - 0.44 + 0.32 = -0.22$

29. $\begin{vmatrix} x & y & 1 \\ 3 & 1 & 1 \\ -2 & 0 & 1 \end{vmatrix} = -y\begin{vmatrix} 3 & 1 \\ -2 & 1 \end{vmatrix} + 1\begin{vmatrix} x & 1 \\ -2 & 1 \end{vmatrix} - 0\begin{vmatrix} x & 1 \\ 3 & 1 \end{vmatrix}$

$= -y(5) + 1(x + 2) - 0 = -5y + x + 2 = x - 5y + 2$

31. $\begin{vmatrix} 5 & -3 & 2 \\ 7 & 5 & -7 \\ 0 & 6 & -1 \end{vmatrix} = 248$

33. $\begin{vmatrix} 35 & 15 & 70 \\ -8 & 20 & 3 \\ -5 & 6 & 20 \end{vmatrix} = 19{,}185$

35. $\begin{vmatrix} 0.4 & 0.3 & 0.3 \\ -0.2 & 0.6 & 0.6 \\ 3 & 1 & 1 \end{vmatrix} = 0$

37. $\begin{vmatrix} 2 & -3 & 3 \\ \frac{3}{4} & 1 & -\frac{1}{4} \\ 12 & 3 & -\frac{1}{2} \end{vmatrix} = -20.875 \text{ or } -\frac{167}{8}$

39. $\begin{vmatrix} \frac{3}{2} & -\frac{3}{4} & 1 \\ 10 & 8 & 7 \\ 12 & -4 & 12 \end{vmatrix} = 77$

41. $\begin{vmatrix} 0.2 & 0.8 & -0.3 \\ 0.1 & 0.8 & 0.6 \\ -10 & -5 & 1 \end{vmatrix} = -6.37$

43. $D = \begin{vmatrix} 1 & 2 \\ -1 & 1 \end{vmatrix} = 1 - (-2) = 1 + 2 = 3$

$x = \dfrac{D_x}{D} = \dfrac{\begin{vmatrix} 5 & 2 \\ 1 & 1 \end{vmatrix}}{3} = \dfrac{5-2}{3} = \dfrac{3}{3} = 1$

$y = \dfrac{D_y}{D} = \dfrac{\begin{vmatrix} 1 & 5 \\ -1 & 1 \end{vmatrix}}{3} = \dfrac{1-(-5)}{3} = \dfrac{6}{3} = 2$

(1, 2)

45. $D = \begin{vmatrix} 3 & 4 \\ 5 & 3 \end{vmatrix} = 9 - 20 = -11$

$x = \dfrac{D_x}{D} = \dfrac{\begin{vmatrix} -2 & 4 \\ 4 & 3 \end{vmatrix}}{-11} = \dfrac{-6-16}{-11} = \dfrac{-22}{-11} = 2$

$y = \dfrac{D_y}{D} = \dfrac{\begin{vmatrix} 3 & -2 \\ 5 & 4 \end{vmatrix}}{-11} = \dfrac{12-(-10)}{-11} = \dfrac{22}{-11} = -2$

(2, −2)

47. $D = \begin{vmatrix} 20 & 8 \\ 12 & -24 \end{vmatrix} = -480 - 96 = -576$

$x = \dfrac{D_x}{D} = \dfrac{\begin{vmatrix} 11 & 8 \\ 21 & -24 \end{vmatrix}}{-576} = \dfrac{-432}{-576} = \dfrac{\cancel{9(16)}(3)}{\cancel{9(16)}(4)} = \dfrac{3}{4}$

$y = \dfrac{D_y}{D} = \dfrac{\begin{vmatrix} 20 & 11 \\ 12 & 21 \end{vmatrix}}{-576} = \dfrac{288}{-576} = -\dfrac{1}{2}$

$\left(\dfrac{3}{4}, -\dfrac{1}{2}\right)$

49. $D = \begin{vmatrix} -0.4 & 0.8 \\ 2 & -4 \end{vmatrix} = 1.6 - 1.6 = 0$

This system cannot be solved by Cramer's Rule because $D = 0$.

51. $D = \begin{vmatrix} 3 & 6 \\ 6 & 14 \end{vmatrix} = 42 - 36 = 6$

$x = \dfrac{D_x}{D} = \dfrac{\begin{vmatrix} 5 & 6 \\ 11 & 14 \end{vmatrix}}{6} = \dfrac{70 - 66}{6} = \dfrac{4}{6} = \dfrac{2}{3}$

$y = \dfrac{D_y}{D} = \dfrac{\begin{vmatrix} 3 & 5 \\ 6 & 11 \end{vmatrix}}{6} = \dfrac{33 - 30}{6} = \dfrac{3}{6} = \dfrac{1}{2}$

$\left(\dfrac{2}{3}, \dfrac{1}{2}\right)$

53. $D = \begin{vmatrix} 4 & -1 & 1 \\ 2 & 2 & 3 \\ 5 & -2 & 6 \end{vmatrix} = 4\begin{vmatrix} 2 & 3 \\ -2 & 6 \end{vmatrix} - 2\begin{vmatrix} -1 & 1 \\ -2 & 6 \end{vmatrix} + 5\begin{vmatrix} -1 & 1 \\ 2 & 3 \end{vmatrix}$

$= 4(18) - 2(-4) + 5(-5) = 72 + 8 - 25 = 55$

$x = \dfrac{D_x}{D} = \dfrac{\begin{vmatrix} -5 & -1 & 1 \\ 10 & 2 & 3 \\ 1 & -2 & 6 \end{vmatrix}}{55} = \dfrac{-5\begin{vmatrix} 2 & 3 \\ -2 & 6 \end{vmatrix} - 10\begin{vmatrix} -1 & 1 \\ -2 & 6 \end{vmatrix} + 1\begin{vmatrix} -1 & 1 \\ 2 & 3 \end{vmatrix}}{55}$

$= \dfrac{-5(18) - 10(-4) + 1(-5)}{55} = \dfrac{-55}{55} = -1$

$y = \dfrac{D_y}{D} = \dfrac{\begin{vmatrix} 4 & -5 & 1 \\ 2 & 10 & 3 \\ 5 & 1 & 6 \end{vmatrix}}{55} = \dfrac{4\begin{vmatrix} 10 & 3 \\ 1 & 6 \end{vmatrix} - 2\begin{vmatrix} -5 & 1 \\ 1 & 6 \end{vmatrix} + 5\begin{vmatrix} -5 & 1 \\ 10 & 3 \end{vmatrix}}{55}$

$= \dfrac{4(57) - 2(-31) + 5(-25)}{55} = \dfrac{165}{55} = 3$

$z = \dfrac{D_z}{D} = \dfrac{\begin{vmatrix} 4 & -1 & -5 \\ 2 & 2 & 10 \\ 5 & -2 & 1 \end{vmatrix}}{55} = \dfrac{4\begin{vmatrix} 2 & 10 \\ -2 & 1 \end{vmatrix} - 2\begin{vmatrix} -1 & -5 \\ -2 & 1 \end{vmatrix} + 5\begin{vmatrix} -1 & -5 \\ 2 & 10 \end{vmatrix}}{55}$

$= \dfrac{4(22) - 2(-11) + 5(0)}{55} = \dfrac{110}{55} = 2$

$(-1, 3, 2)$

55. $D = \begin{vmatrix} 3 & 4 & 4 \\ 4 & -4 & 6 \\ 6 & -6 & 0 \end{vmatrix} = 4\begin{vmatrix} 4 & -4 \\ 6 & -6 \end{vmatrix} - 6\begin{vmatrix} 3 & 4 \\ 6 & -6 \end{vmatrix} + 0\begin{vmatrix} 3 & 4 \\ 4 & -4 \end{vmatrix}$

$$= 4(0) - 6(-42) + 0 = 252$$

$x = \dfrac{D_x}{D} = \dfrac{\begin{vmatrix} 11 & 4 & 4 \\ 11 & -4 & 6 \\ 3 & -6 & 0 \end{vmatrix}}{252} = \dfrac{4\begin{vmatrix} 11 & -4 \\ 3 & -6 \end{vmatrix} - 6\begin{vmatrix} 11 & 4 \\ 3 & -6 \end{vmatrix} + 0}{252}$

$$= \dfrac{4(-54) - 6(-78) + 0}{252} = \dfrac{252}{252} = 1$$

$y = \dfrac{D_y}{D} = \dfrac{\begin{vmatrix} 3 & 11 & 4 \\ 4 & 11 & 6 \\ 6 & 3 & 0 \end{vmatrix}}{252} = \dfrac{4\begin{vmatrix} 4 & 11 \\ 6 & 3 \end{vmatrix} - 6\begin{vmatrix} 3 & 11 \\ 6 & 3 \end{vmatrix} + 0}{252}$

$$= \dfrac{4(-54) - 6(-57) + 0}{252} = \dfrac{126}{252} = \dfrac{1}{2}$$

$z = \dfrac{D_z}{D} = \dfrac{\begin{vmatrix} 3 & 4 & 11 \\ 4 & -4 & 11 \\ 6 & -6 & 3 \end{vmatrix}}{252} = \dfrac{3\begin{vmatrix} -4 & 11 \\ -6 & 3 \end{vmatrix} - 4\begin{vmatrix} 4 & 11 \\ -6 & 3 \end{vmatrix} + 6\begin{vmatrix} 4 & 11 \\ -4 & 11 \end{vmatrix}}{252}$

$$= \dfrac{3(54) - 4(78) + 6(88)}{252} = \dfrac{378}{252} = \dfrac{3}{2}$$

$\left(1, \dfrac{1}{2}, \dfrac{3}{2}\right)$

57. $D = \begin{vmatrix} 3 & 3 & 4 \\ 3 & 5 & 9 \\ 5 & 9 & 17 \end{vmatrix} = 3\begin{vmatrix} 5 & 9 \\ 9 & 17 \end{vmatrix} - 3\begin{vmatrix} 3 & 4 \\ 9 & 17 \end{vmatrix} + 5\begin{vmatrix} 3 & 4 \\ 5 & 9 \end{vmatrix}$

$$= 3(4) - 3(15) + 5(7) = 2$$

$a = \dfrac{D_a}{D} = \dfrac{\begin{vmatrix} 1 & 3 & 4 \\ 2 & 5 & 9 \\ 4 & 9 & 17 \end{vmatrix}}{2} = \dfrac{1\begin{vmatrix} 5 & 9 \\ 9 & 17 \end{vmatrix} - 2\begin{vmatrix} 3 & 4 \\ 9 & 17 \end{vmatrix} + 4\begin{vmatrix} 3 & 4 \\ 5 & 9 \end{vmatrix}}{2}$

$$= \dfrac{1(4) - 2(15) + 4(7)}{2} = \dfrac{2}{2} = 1$$

$b = \dfrac{D_b}{D} = \dfrac{\begin{vmatrix} 3 & 1 & 4 \\ 3 & 2 & 9 \\ 5 & 4 & 17 \end{vmatrix}}{2} = \dfrac{3\begin{vmatrix} 2 & 9 \\ 4 & 17 \end{vmatrix} - 3\begin{vmatrix} 1 & 4 \\ 4 & 17 \end{vmatrix} + 5\begin{vmatrix} 1 & 4 \\ 2 & 9 \end{vmatrix}}{2}$

$$= \dfrac{3(-2) - 3(1) + 5(1)}{2} = \dfrac{-4}{2} = -2$$

$c = \dfrac{D_c}{D} = \dfrac{\begin{vmatrix} 3 & 3 & 1 \\ 3 & 5 & 2 \\ 5 & 9 & 4 \end{vmatrix}}{2} = \dfrac{3\begin{vmatrix} 5 & 2 \\ 9 & 4 \end{vmatrix} - 3\begin{vmatrix} 3 & 1 \\ 9 & 4 \end{vmatrix} + 5\begin{vmatrix} 3 & 1 \\ 5 & 2 \end{vmatrix}}{2}$

$$= \dfrac{3(2) - 3(3) + 5(1)}{2} = \dfrac{2}{2} = 1$$

$(1, -2, 1)$

59. $D = \begin{vmatrix} -3 & 10 \\ 9 & -3 \end{vmatrix} = -81$

$x = \dfrac{\begin{vmatrix} 22 & 10 \\ 0 & -3 \end{vmatrix}}{-81} = \dfrac{-66}{-81} = \dfrac{22}{27}$

$y = \dfrac{\begin{vmatrix} -3 & 22 \\ 9 & 0 \end{vmatrix}}{-81} = \dfrac{-198}{-81} = \dfrac{22}{9}$

$\left(\dfrac{22}{27}, \dfrac{22}{9}\right)$

61. $D = \begin{vmatrix} 4 & -1 \\ -2 & 1 \end{vmatrix} = 2$

$x = \dfrac{\begin{vmatrix} -2 & -1 \\ 3 & 1 \end{vmatrix}}{2} = \dfrac{1}{2}$

$y = \dfrac{\begin{vmatrix} 4 & -2 \\ -2 & 3 \end{vmatrix}}{2} = \dfrac{8}{2} = 4$

$\left(\dfrac{1}{2}, 4\right)$

63. $D = \begin{vmatrix} 1 & 1 & -1 \\ 6 & 4 & 3 \\ 3 & 0 & 6 \end{vmatrix} = 9$

$x = \dfrac{\begin{vmatrix} 2 & 1 & -1 \\ 4 & 4 & 3 \\ -3 & 0 & 6 \end{vmatrix}}{9} = \dfrac{3}{9} = \dfrac{1}{3}$

$y = \dfrac{\begin{vmatrix} 1 & 2 & -1 \\ 6 & 4 & 3 \\ 3 & -3 & 6 \end{vmatrix}}{9} = \dfrac{9}{9} = 1$

$z = \dfrac{\begin{vmatrix} 1 & 1 & 2 \\ 6 & 4 & 4 \\ 3 & 0 & -3 \end{vmatrix}}{9} = \dfrac{-6}{9} = -\dfrac{2}{3}$

$\left(\dfrac{1}{3}, 1, -\dfrac{2}{3}\right)$

65. $D = \begin{vmatrix} 3 & 1 & 1 \\ 1 & -4 & 2 \\ 1 & -3 & 1 \end{vmatrix} = 8$

$x = \dfrac{\begin{vmatrix} 6 & 1 & 1 \\ -1 & -4 & 2 \\ 0 & -3 & 1 \end{vmatrix}}{8} = \dfrac{16}{8} = 2$

$y = \dfrac{\begin{vmatrix} 3 & 6 & 1 \\ 1 & -1 & 2 \\ 1 & 0 & 1 \end{vmatrix}}{8} = \dfrac{4}{8} = \dfrac{1}{2}$

$z = \dfrac{\begin{vmatrix} 3 & 1 & 6 \\ 1 & -4 & -1 \\ 1 & -3 & 0 \end{vmatrix}}{8} = \dfrac{-4}{8} = -\dfrac{1}{2}$

$\left(2, \dfrac{1}{2}, -\dfrac{1}{2}\right)$

67. $D = \begin{vmatrix} 3 & -2 & 3 \\ 1 & 3 & 6 \\ 1 & 2 & 9 \end{vmatrix} = 48$

$x = \dfrac{\begin{vmatrix} 8 & -2 & 3 \\ -3 & 3 & 6 \\ -5 & 2 & 9 \end{vmatrix}}{48} = \dfrac{153}{48} = \dfrac{51}{16}$

$y = \dfrac{\begin{vmatrix} 3 & 8 & 3 \\ 1 & -3 & 6 \\ 1 & -5 & 9 \end{vmatrix}}{48} = \dfrac{-21}{48} = -\dfrac{7}{16}$

$z = \dfrac{\begin{vmatrix} 3 & -2 & 8 \\ 1 & 3 & -3 \\ 1 & 2 & -5 \end{vmatrix}}{48} = \dfrac{-39}{48} = -\dfrac{13}{16}$

$\left(\dfrac{51}{16}, -\dfrac{7}{16}, -\dfrac{13}{16}\right)$

69. No, the matrix must be square.

71. $\begin{vmatrix} x_1 & y_1 & 1 \\ x_2 & y_2 & 1 \\ x_3 & y_3 & 1 \end{vmatrix} = \begin{vmatrix} 0 & 3 & 1 \\ 4 & 0 & 1 \\ 8 & 5 & 1 \end{vmatrix} = 0 - 4\begin{vmatrix} 3 & 1 \\ 5 & 1 \end{vmatrix} + 8\begin{vmatrix} 3 & 1 \\ 0 & 1 \end{vmatrix}$

$= 0 - 4(-2) + 8(3)$

$= 8 + 24$

$= 32$

$A = +\frac{1}{2}(32) = 16$

73. $\begin{vmatrix} x_1 & y_1 & 1 \\ x_2 & y_2 & 1 \\ x_3 & y_3 & 1 \end{vmatrix} = \begin{vmatrix} -2 & 1 & 1 \\ 3 & -1 & 1 \\ 1 & 6 & 1 \end{vmatrix} = -2\begin{vmatrix} -1 & 1 \\ 6 & 1 \end{vmatrix} - 3\begin{vmatrix} 1 & 1 \\ 6 & 1 \end{vmatrix} + 1\begin{vmatrix} 1 & 1 \\ -1 & 1 \end{vmatrix}$

$= -2(-7) - 3(-5) + 1(2)$

$= 14 + 15 + 2$

$= 31$

$A = +\frac{1}{2}(31) = \frac{31}{2}$

75. Area of shaded region = Area of rectangle − Area of triangle

The remaining vertices of the rectangle are $(6, -2), (-3, -2)$, and $(-3, 2)$.

Rectangle: The length of the rectangle is $|6 - (-3)| = 9$.

The width of the rectangle is $|2 - (-2)| = 4$.

The area of the rectangle is $9(4) = 36$.

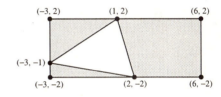

Triangle: $\begin{vmatrix} x_1 & y_1 & 1 \\ x_2 & y_2 & 1 \\ x_3 & y_3 & 1 \end{vmatrix} = \begin{vmatrix} 1 & 2 & 1 \\ 2 & -2 & 1 \\ -3 & -1 & 1 \end{vmatrix} = 1\begin{vmatrix} -2 & 1 \\ -1 & 1 \end{vmatrix} - 2\begin{vmatrix} 2 & 1 \\ -1 & 1 \end{vmatrix} + (-3)\begin{vmatrix} 2 & 1 \\ -2 & 1 \end{vmatrix}$

$= 1(-1) - 2(3) - 3(4)$

$= -1 - 6 - 12$

$= -19$

Area of triangle $= -\frac{1}{2}(-19) = \frac{19}{2}$

Area of shaded region $= 36 - \frac{19}{2} = \frac{72}{2} - \frac{19}{2} = \frac{53}{2}$

77. $\begin{vmatrix} x_1 & y_1 & 1 \\ x_2 & y_2 & 1 \\ x_3 & y_3 & 1 \end{vmatrix} = \begin{vmatrix} -1 & 11 & 1 \\ 0 & 8 & 1 \\ 2 & 2 & 1 \end{vmatrix} = -1\begin{vmatrix} 8 & 1 \\ 2 & 1 \end{vmatrix} - 0 + 2\begin{vmatrix} 11 & 1 \\ 8 & 1 \end{vmatrix}$

$= -1(6) + 2(3)$

$= -6 + 6$

$= 0$

Yes, the three points *are* collinear.

79. $\begin{vmatrix} x_1 & y_1 & 1 \\ x_2 & y_2 & 1 \\ x_3 & y_3 & 1 \end{vmatrix} = \begin{vmatrix} -2 & \frac{1}{3} & 1 \\ 2 & 1 & 1 \\ 3 & \frac{1}{5} & 1 \end{vmatrix} = -2\begin{vmatrix} 1 & 1 \\ \frac{1}{5} & 1 \end{vmatrix} - 2\begin{vmatrix} \frac{1}{3} & 1 \\ \frac{1}{5} & 1 \end{vmatrix} + 3\begin{vmatrix} \frac{1}{3} & 1 \\ 1 & 1 \end{vmatrix}$

$= -2\left(\frac{4}{5}\right) - 2\left(\frac{2}{15}\right) + 3\left(-\frac{2}{3}\right)$

$= -\frac{8}{5} - \frac{4}{15} - 2$

$= -\frac{24}{15} - \frac{4}{15} - \frac{30}{15} = -\frac{58}{15}$

No, the three points are *not* collinear.

81. $\begin{vmatrix} x & y & 1 \\ 0 & 0 & 1 \\ 5 & 3 & 1 \end{vmatrix} = 0$

$\begin{vmatrix} x & y & 1 \\ 0 & 0 & 1 \\ 5 & 3 & 1 \end{vmatrix} = -0 + 0 - 1\begin{vmatrix} x & y \\ 5 & 3 \end{vmatrix} = -1(3x - 5y) = -3x + 5y = 0 \quad \text{or } 3x - 5y = 0$

Thus, an equation of the line through $(0, 0)$ and $(5, 3)$ is $3x - 5y = 0$.

83. $\begin{vmatrix} x & y & 1 \\ 10 & 7 & 1 \\ -2 & -7 & 1 \end{vmatrix} = 0$

$\begin{vmatrix} x & y & 1 \\ 10 & 7 & 1 \\ -2 & -7 & 1 \end{vmatrix} = x\begin{vmatrix} 7 & 1 \\ -7 & 1 \end{vmatrix} - 10\begin{vmatrix} y & 1 \\ -7 & 1 \end{vmatrix} - 2\begin{vmatrix} y & 1 \\ 7 & 1 \end{vmatrix} = 0$

$x(14) - 10(y + 7) - 2(y - 7) = 0$

$14x - 10y - 70 - 2y + 14 = 0$

$14x - 12y - 56 = 0 \quad \text{or} \quad 7x - 6y - 28 = 0$

Thus, an equation of the line through $(10, 7)$ and $(-2, -7)$ is $14x - 12y - 56 = 0$ (or $7x - 6y - 28 = 0$).

85. $(0, 1)$: $\quad 1 = a(0)^2 + b(0) + c \Rightarrow \quad\quad\quad c = 1$

$(1, -3)$: $\quad -3 = a(1)^2 + b(1) + c \Rightarrow \quad a + b + c = -3$

$(-2, 21)$: $\quad 21 = a(-2)^2 + b(-2) + c \Rightarrow 4a - 2b + c = 21$

$D = \begin{vmatrix} 0 & 0 & 1 \\ 1 & 1 & 1 \\ 4 & -2 & 1 \end{vmatrix} = 0 - 0 + 1\begin{vmatrix} 1 & 1 \\ 4 & -2 \end{vmatrix} = 1(-6) = -6$

$a = \dfrac{D_a}{D} = \dfrac{\begin{vmatrix} 1 & 0 & 1 \\ -3 & 1 & 1 \\ 21 & -2 & 1 \end{vmatrix}}{-6} = \dfrac{1\begin{vmatrix} 1 & 1 \\ -2 & 1 \end{vmatrix} - 0 + 1\begin{vmatrix} -3 & 1 \\ 21 & -2 \end{vmatrix}}{-6} = \dfrac{1(3) - 0 + 1(-15)}{-6} = \dfrac{-12}{-6} = 2$

$b = \dfrac{D_b}{D} = \dfrac{\begin{vmatrix} 0 & 1 & 1 \\ 1 & -3 & 1 \\ 4 & 21 & 1 \end{vmatrix}}{-6} = \dfrac{0 - 1\begin{vmatrix} 1 & 1 \\ 4 & 1 \end{vmatrix} + 1\begin{vmatrix} 1 & -3 \\ 4 & 21 \end{vmatrix}}{-6} = \dfrac{0 - 1(-3) + 1(33)}{-6} = \dfrac{36}{-6} = -6$

$c = \dfrac{D_c}{D} = \dfrac{\begin{vmatrix} 0 & 0 & 1 \\ 1 & 1 & -3 \\ 4 & -2 & 21 \end{vmatrix}}{-6} = \dfrac{0 - 0 + 1\begin{vmatrix} 1 & 1 \\ 4 & -2 \end{vmatrix}}{-6} = \dfrac{0 - 0 + 1(-6)}{-6} = \dfrac{-6}{-6} = 1$

$(2, -6, 1)$

$y = 2x^2 - 6x + 1$

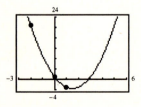

87. $(1, -1)$: $\quad -1 = a(1)^2 + b(1) + c \Rightarrow a + b + c = -1 \Rightarrow a + b + c = -1$

$(-1, -5)$: $\quad -5 = a(-1)^2 + b(-1) + c \Rightarrow a - b + c = -5 \Rightarrow a - b + c = -5$

$\left(\frac{1}{2}, \frac{1}{4}\right)$: $\quad \frac{1}{4} = a\left(\frac{1}{2}\right)^2 + b\left(\frac{1}{2}\right) + c \Rightarrow \frac{1}{4}a + \frac{1}{2}b + c = \frac{1}{4} \Rightarrow a + 2b + 4c = 1$

$$D = \begin{vmatrix} 1 & 1 & 1 \\ 1 & -1 & 1 \\ 1 & 2 & 4 \end{vmatrix} = 1\begin{vmatrix} -1 & 1 \\ 2 & 4 \end{vmatrix} - 1\begin{vmatrix} 1 & 1 \\ 2 & 4 \end{vmatrix} + 1\begin{vmatrix} 1 & 1 \\ -1 & 1 \end{vmatrix}$$

$$= 1(-6) - 1(2) + 1(2) = -6$$

$$a = \frac{D_a}{D} = \frac{\begin{vmatrix} -1 & 1 & 1 \\ -5 & -1 & 1 \\ 1 & 2 & 4 \end{vmatrix}}{-6} = \frac{-1\begin{vmatrix} -1 & 1 \\ 2 & 4 \end{vmatrix} - (-5)\begin{vmatrix} 1 & 1 \\ 2 & 4 \end{vmatrix} + 1\begin{vmatrix} 1 & 1 \\ -1 & 1 \end{vmatrix}}{-6}$$

$$= \frac{-1(-6) + 5(2) + 1(2)}{-6} = \frac{18}{-6} = -3$$

$$b = \frac{D_b}{D} = \frac{\begin{vmatrix} 1 & -1 & 1 \\ 1 & -5 & 1 \\ 1 & 1 & 4 \end{vmatrix}}{-6} = \frac{1\begin{vmatrix} -5 & 1 \\ 1 & 4 \end{vmatrix} - 1\begin{vmatrix} -1 & 1 \\ 1 & 4 \end{vmatrix} + 1\begin{vmatrix} -1 & 1 \\ -5 & 1 \end{vmatrix}}{-6}$$

$$= \frac{1(-21) - 1(-5) + 1(4)}{-6} = \frac{-12}{-6} = 2$$

$$c = \frac{D_c}{D} = \frac{\begin{vmatrix} 1 & 1 & -1 \\ 1 & -1 & -5 \\ 1 & 2 & 1 \end{vmatrix}}{-6} = \frac{1\begin{vmatrix} -1 & -5 \\ 2 & 1 \end{vmatrix} - 1\begin{vmatrix} 1 & -1 \\ 2 & 1 \end{vmatrix} + 1\begin{vmatrix} 1 & -1 \\ -1 & -5 \end{vmatrix}}{-6}$$

$$= \frac{1(9) - 1(3) + 1(-6)}{-6} = \frac{0}{-6} = 0$$

$(-3, 2, 0)$

$y = -3x^2 + 2x + 0 = -3x^2 + 2x$

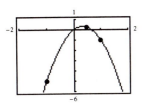

89. (a) $(2, 448.2)$: $448.2 = a(2)^2 + b(2) + c$
$(3, 465.1)$: $465.1 = a(3)^2 + b(3) + c$
$(4, 512.7)$: $512.7 = a(4)^2 + b(4) + c$

$$\begin{cases} 4a + 2b + c = 448.2 \\ 9a + 3b + c = 465.1 \\ 16a + 4b + c = 512.7 \end{cases}$$

$$D = \begin{vmatrix} 4 & 2 & 1 \\ 9 & 3 & 1 \\ 16 & 4 & 1 \end{vmatrix} = -2$$

$$a = \frac{\begin{vmatrix} 448.2 & 2 & 1 \\ 465.1 & 3 & 1 \\ 512.7 & 4 & 1 \end{vmatrix}}{-2} = \frac{-30.7}{-2} = 15.35$$

$$b = \frac{\begin{vmatrix} 4 & 448.2 & 1 \\ 9 & 465.1 & 1 \\ 16 & 512.7 & 1 \end{vmatrix}}{-2} = \frac{119.7}{-2} = -59.85$$

$$c = \frac{\begin{vmatrix} 4 & 2 & 448.2 \\ 9 & 3 & 465.1 \\ 16 & 4 & 512.7 \end{vmatrix}}{-2} = \frac{-1013}{-2} = 506.5$$

$(15.35, -59.85, 506.5)$

$y_1 = 15.35t^2 - 59.85t + 506.5$

(c)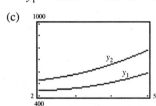

(b) $(2, 532.7)$: $532.7 = a(2)^2 + b(2) + c$
$(3, 580.7)$: $580.7 = a(3)^2 + b(3) + c$
$(4, 663.8)$: $663.8 = a(4)^2 + b(4) + c$

$$\begin{cases} 4a + 2b + c = 532.7 \\ 9a + 3b + c = 580.7 \\ 16a + 4b + c = 663.8 \end{cases}$$

$$D = \begin{vmatrix} 4 & 2 & 1 \\ 9 & 3 & 1 \\ 16 & 4 & 1 \end{vmatrix} = -2$$

$$a = \frac{\begin{vmatrix} 532.7 & 2 & 1 \\ 580.7 & 3 & 1 \\ 663.8 & 4 & 1 \end{vmatrix}}{-2} = \frac{-35.1}{-2} = 17.55$$

$$b = \frac{\begin{vmatrix} 4 & 532.7 & 1 \\ 9 & 580.7 & 1 \\ 16 & 663.8 & 1 \end{vmatrix}}{-2} = \frac{79.5}{-2} = -39.75$$

$$c = \frac{\begin{vmatrix} 4 & 2 & 532.7 \\ 9 & 3 & 580.7 \\ 16 & 4 & 663.8 \end{vmatrix}}{-2} = \frac{-1084}{-2} = 542$$

$(17.55, -39.75, 542)$

$y = 17.55t^2 - 39.75t + 542$

(d) $y_1 - y_2 = 15.35t^2 - 59.85t + 506.5 -$
$\qquad (17.55t^2 - 39.75t + 542)$
$\qquad = -2.20t^2 - 20.10t - 35.5$

91. (a) $D = \begin{vmatrix} k & 1-k \\ 1-k & k \end{vmatrix} = k^2 - (1-k)^2$
$\qquad = k^2 - (1 - 2k + k^2)$
$\qquad = k^2 - 1 + 2k - k^2$
$\qquad = 2k - 1$

$x = \dfrac{D_x}{D} = \dfrac{\begin{vmatrix} 1 & 1-k \\ 3 & k \end{vmatrix}}{2k-1} = \dfrac{k - 3(1-k)}{2k-1}$

$\qquad = \dfrac{k - 3 + 3k}{2k-1} = \dfrac{4k-3}{2k-1}$

$y = \dfrac{D_y}{D} = \dfrac{\begin{vmatrix} k & 1 \\ 1-k & 3 \end{vmatrix}}{2k-1} = \dfrac{3k - (1-k)}{2k-1}$

$\qquad = \dfrac{3k - 1 + k}{2k-1} = \dfrac{4k-1}{2k-1}$

$\left(\dfrac{4k-3}{2k-1}, \dfrac{4k-1}{2k-1}\right)$

(b) Cramer's Rule cannot be used when $D = 0$ and $D = 2k - 1$.

$2k - 1 = 0$
$2k = 1$
$k = \dfrac{1}{2}$

If $k = \tfrac{1}{2}$, Cramer's Rule cannot be used.

93. $\begin{vmatrix} 4-x & -2 \\ 1 & 1-x \end{vmatrix} = 0$

$(4-x)(1-x) - (1)(-2) = 0$

$4 - 4x - x + x^2 + 2 = 0$

$x^2 - 5x + 6 = 0$

$(x-2)(x-3) = 0$

$x - 2 = 0 \Rightarrow x = 2$

$x - 3 = 0 \Rightarrow x = 3$

Section 4.5 Graphs of Linear Inequalities in Two Variables

1. $y \geq -2$

   Graph (b)

3. $3x - 2y < 0$

   $-2y < -3x$

   $y > \frac{3}{2}x$

   Graph (d)

5. $x + y < 4$

   $y < -x + 4$

   Graph (f)

7. (a) $(0, 0)$

   $0 - 2(0) \overset{?}{<} 4$

   $0 < 4$

   Yes, $(0, 0)$ *is* a solution.

   (b) $(2, -1)$

   $2 - 2(-1) \overset{?}{<} 4$

   $2 + 2 \overset{?}{<} 4$

   $4 \not< 4$

   No, $(2, -1)$ is *not* a solution.

   (c) $(3, 4)$

   $3 - 2(4) \overset{?}{<} 4$

   $3 - 8 \overset{?}{<} 4$

   $-5 < 4$

   Yes, $(3, 4)$ *is* a solution.

   (d) $(5, 1)$

   $5 - 2(1) \overset{?}{<} 4$

   $5 - 2 \overset{?}{<} 4$

   $3 < 4$

   Yes, $(5, 1)$ *is* a solution.

9. (a) $(1, 3)$

   $3(1) + 3 \overset{?}{\geq} 10$

   $6 \not\geq 10$

   No, $(1, 3)$ is *not* a solution.

   (b) $(-3, 1)$

   $3(-3) + 1 \overset{?}{\geq} 10$

   $-9 + 1 \overset{?}{\geq} 10$

   $-8 \not\geq 10$

   No, $(-3, 1)$ is *not* a solution.

   (c) $(3, 1)$

   $3(3) + 1 \overset{?}{\geq} 10$

   $10 \geq 10$

   Yes, $(3, 1)$ *is* a solution.

   (d) $(2, 15)$

   $3(2) + 15 \overset{?}{\geq} 10$

   $21 \geq 10$

   Yes, $(2, 15)$ *is* a solution.

11. (a) $(0, 2)$

$2 \overset{?}{>} 0.2(0) - 1$

$2 > -1$

Yes, $(0, 2)$ *is* a solution.

(b) $(6, 0)$

$0 \overset{?}{>} 0.2(6) - 1$

$0 \overset{?}{>} 1.2 - 1$

$0 \not> 0.2$

No, $(6, 0)$ is *not* a solution.

(c) $(4, -1)$

$-1 \overset{?}{>} 0.2(4) - 1$

$-1 \overset{?}{>} 0.8 - 1$

$-1 \not> -0.2$

No, $(4, -1)$ is *not* a solution.

(d) $(-2, 7)$

$7 \overset{?}{>} 0.2(-2) - 1$

$7 \overset{?}{>} -0.4 - 1$

$7 > -1.4$

Yes, $(-2, 7)$ *is* a solution.

13. (a) $(-1, 4)$

$4 \overset{?}{\le} 3 - |-1|$

$4 \overset{?}{\le} 3 - 1$

$4 \not\le 2$

No, $(-1, 4)$ is *not* a solution.

(b) $(2, -2)$

$-2 \overset{?}{\le} 3 - |-2|$

$-2 \overset{?}{\le} 3 - 2$

$-2 \le 1$

Yes, $(2, -2)$ *is* a solution.

(c) $(6, 0)$

$0 \overset{?}{\le} 3 - |6|$

$0 \overset{?}{\le} 3 - 6$

$0 \not\le -3$

No, $(6, 0)$ is *not* a solution.

(d) $(5, -2)$

$-2 \overset{?}{\le} 3 - |5|$

$-2 \overset{?}{\le} 3 - 5$

$-2 \le -2$

Yes, $(5, -2)$ *is* a solution.

15.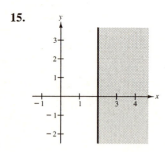

17.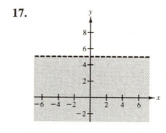

19.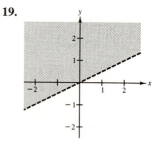

21.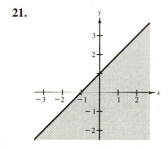

23. Note: The equation $y - 1 = -\frac{1}{2}(x - 2)$ in point-slope form is an equation of the line through the point $(2, 1)$ with slope $m = -\frac{1}{2}$.

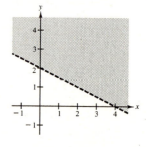

25. $\frac{x}{3} + \frac{y}{4} \leq 1$

$\frac{y}{4} \leq -\frac{x}{3} + 1$

$y \leq -\frac{4}{3}x + 4$

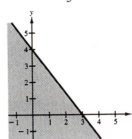

27. $x - 2y \geq 6$

$-2y \geq -x + 6$

$y \leq \frac{1}{2}x - 3$

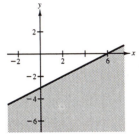

29. $3x - 2y \geq 4$

$-2y \geq -3x + 4$

$y \leq \frac{3}{2}x - 2$

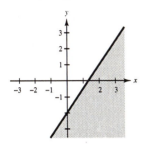

31. $0.2x + 0.3y < 2$

$2x + 3y < 20$

$3y < -2x + 20$

$y < -\frac{2}{3}x + \frac{20}{3}$

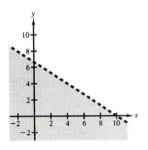

33.

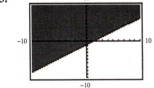

35.

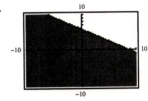

37. $x - 2y - 4 \geq 0$

$-2y \geq -x + 4$

$y \leq \frac{1}{2}x - 2$

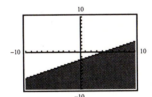

39. $2x + 3y - 12 \leq 0$

$3y \leq -2x + 12$

$y \leq -\frac{2}{3}x + 4$

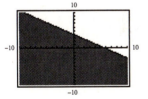

41. Line through $(-1, 5)$ and $(3, 2)$:

$m = \frac{y_2 - y_1}{x_2 - x_1}$

$m = \frac{2 - 5}{3 - (-1)} = \frac{-3}{4} = -\frac{3}{4}$

$y - y_1 = m(x - x_1)$

$y - 5 = -\frac{3}{4}(x + 1) = -\frac{3}{4}x - \frac{3}{4}$

$y = -\frac{3}{4}x + \frac{17}{4}$

The shaded region is *above* the line, and the boundary line is dashed. Thus, the inequality is $y > -\frac{3}{4}x + \frac{17}{4}$ (or $3x + 4y > 17$).

43. Horizontal line through $(0, 2)$:

$y = 2$

The shaded region is *below* the line, and the boundary line is dashed. Thus, the inequality is $y < 2$.

184 Chapter 4 Systems of Linear Equations and Inequalities

45. Line through $(0, 0)$ and $(2, 1)$:

$$m = \frac{y_2 - y_1}{x_2 - x_1}$$

$$m = \frac{1 - 0}{2 - 0} = \frac{1}{2}$$

$$y = mx + b = \frac{1}{2}x + 0 = \frac{1}{2}x$$

The shaded region is *above* the line, and the boundary line is dashed. Thus, the inequality is $y > \frac{1}{2}x$ (or $-x + 2y > 0$ or $x - 2y < 0$).

47. A line on a plane divides the plane into two regions—the set of points on one side of the line and the set of points on the other side of the line. Each of these regions is a half-plane. Here is an example of an inequality whose graph is a half-plane:

$$x + y > 2$$

49. You can test a point in one of the half-planes to determine whether the coordinates of that point satisfy the inequality. If they do, the half-plane containing the test point is the solution set. If not, the half-plane on the opposite side of the line is the solution set.

51. *Verbal Model:* $\quad 2\;\boxed{\text{Length}}\; + 2\;\boxed{\text{Width}}\; \leq 500$

Inequality: $\quad 2x + 2y \leq 500$

$$2y \leq -2x + 500$$

$$y \leq -x + 250$$

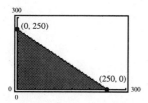

53. Let $x =$ number of hours working at the grocery store

Let $y =$ number of hours mowing lawns

The inequality is $9x + 6y \geq 150$.

(**Note:** x and y cannot be negative.)

$$9x + 6y \geq 150$$

$$6y \geq -9x + 150$$

$$y \geq -\tfrac{3}{2}x + 25$$

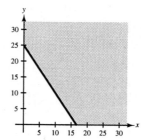

The solutions include $(10, 10)$, $(15, 5)$, $(20, 0)$, $(12, 15)$, $(7, 15)$, etc.

Section 4.6 Systems of Inequalities and Linear Programming

1. Graph (c)

3. Graph (f)

5. Graph (a)

7.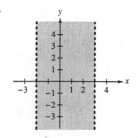

9.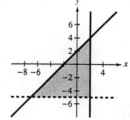

11.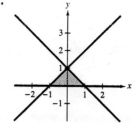

13. 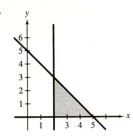   **15.** 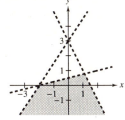   **17.**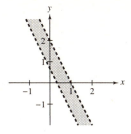

19. 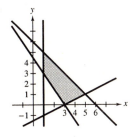   **21.** 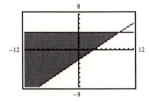   **23.**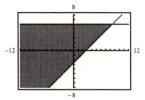

25. 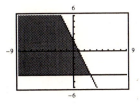   **27.**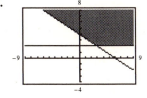

29. Lines: $x = 1$ System of inequalities:
$x = 8$
$y = 3$
$y = -5$

$$\begin{cases} x \geq 1 \\ x \leq 8 \\ y \leq 3 \\ y \geq -5 \end{cases}$$

31. Line through $(-6, 3)$ and $(4, 12)$:

$m = \dfrac{y_2 - y_1}{x_2 - x_1}$

$m = \dfrac{12 - 3}{4 - (-6)} = \dfrac{9}{10}$

$y - y_1 = m(x - x_1)$

$y - 3 = \dfrac{9}{10}(x + 6) = \dfrac{9}{10}x + \dfrac{27}{5}$

$y = \dfrac{9}{10}x + \dfrac{42}{5}$

—CONTINUED—

Line through $(4, 12)$ and $(3, 9)$:

$m = \dfrac{y_2 - y_1}{x_2 - x_1}$

$m = \dfrac{9 - 12}{3 - 4} = \dfrac{-3}{-1} = 3$

$y - y_1 = m(x - x_1)$

$y - 12 = 3(x - 4) = 3x - 12$

$y = 3x$

Line through $(3, 9)$ and $(-6, 3)$:

$m = \dfrac{y_2 - y_1}{x_2 - x_1}$

$m = \dfrac{3 - 9}{-6 - 3} = \dfrac{-6}{-9} = \dfrac{2}{3}$

$y - y_1 = m(x - x_1)$

$y - 9 = \dfrac{2}{3}(x - 3) = \dfrac{2}{3}x - 2$

$y = \dfrac{2}{3}x + 7$

31. —CONTINUED—

Lines:
$$y = \frac{9}{10}x + \frac{42}{5}$$
$$y = 3x$$
$$y = \frac{2}{3}x + 7$$

System of inequalities:
$$\begin{cases} y \leq \frac{9}{10}x + \frac{42}{5} \\ y \geq 3x \\ y \geq \frac{2}{3}x + 7 \end{cases}$$

33. Line through $(0, 0)$ and $(70, -10)$:

$$m = \frac{y_2 - y_1}{x_2 - x_1}$$
$$m = \frac{-10 - 0}{70 - 0} = \frac{-10}{70} = -\frac{1}{7}$$
$$y = mx + b$$
$$y = -\frac{1}{7}x + 0 = -\frac{1}{7}x$$

Lines:
$$y = -\frac{1}{7}x$$
$$y = 0$$
$$y = -10$$
$$x = 90$$

System of inequalities:
$$\begin{cases} y \geq -\frac{1}{7}x \\ y \leq 0 \\ y \geq -10 \\ x < 90 \end{cases}$$

35. *Verbal Model:*

[Amount in first account] + [Amount in second account] $\leq 20{,}000$

[Amount in first account] ≥ 5000

[Amount in second account] ≥ 5000

[Amount in second account] ≥ 2 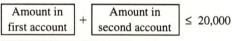 [Amount in first account]

Labels: Amount in first account $= x$ (dollars)
Amount in second account $= y$ (dollars)

System of inequalities:
$$\begin{cases} x + y \leq 20{,}000 \\ x \geq 5000 \\ y \geq 5000 \\ y \geq 2x \end{cases}$$

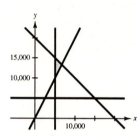

37. *Verbal Model:*

[Number of $15 tickets] + [Number of $25 tickets] $\geq 15{,}000$

15 [Number of $15 tickets] $+ 25$ [Number of $25 tickets] $\geq 275{,}000$

[Number of $15 tickets] ≥ 8000

[Number of $25 tickets] ≥ 4000

Labels: Number of $15 tickets $= x$
Number of $25 tickets $= y$

System of inequalities:
$$\begin{cases} x + y \geq 15{,}000 \\ 15x + 25y \geq 275{,}000 \\ x \geq 8000 \\ y \geq 4000 \end{cases}$$

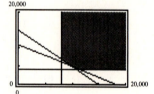

39. (0, 0): $C = 4(0) + 5(0) = 0$ Minimum value of C
(0, 6): $C = 4(0) + 5(6) = 30$ Maximum value of C
(6, 0): $C = 4(6) + 5(0) = 24$

The minimum value of C is 0; it occurs at (0, 0). The maximum value of C is 30; it occurs at (0, 6).

41. (0, 0): $C = 10(0) + 6(0) = 0$ Minimum value of C
(0, 6): $C = 10(0) + 6(6) = 36$
(6, 0): $C = 10(6) + 6(0) = 60$ Maximum value of C

The minimum value of C is 0; it occurs at (0, 0). The maximum value of C is 60; it occurs at (6, 0).

43. (0, 0): $C = 3(0) + 2(0) = 0$ Minimum value of C
(0, 5): $C = 3(0) + 2(5) = 10$
(3, 4): $C = 3(3) + 2(4) = 17$ Maximum value of C
(4, 0): $C = 3(4) + 2(0) = 12$

The minimum value of C is 0; it occurs at (0, 0). The maximum value of C is 17; it occurs at (3, 4).

45. (0, 0): $C = 5(0) + 0.5(0) = 0$ Minimum value of C
(0, 5): $C = 5(0) + 0.5(5) = 2.5$
(3, 4): $C = 5(3) + 0.5(4) = 17$
(4, 0): $C = 5(4) + 0.5(0) = 20$ Maximum value of C

The minimum value of C is 0; it occurs at (0, 0). The maximum value of C is 20; it occurs at (4, 0).

47. (0, 0): $C = 10(0) + 7(0) = 0$ Minimum value of C
(0, 45): $C = 10(0) + 7(45) = 315$
(30, 45): $C = 10(30) + 7(45) = 615$
(60, 20): $C = 10(60) + 7(20) = 740$ Maximum value of C
(60, 0): $C = 10(60) + 7(0) = 600$

The minimum value of C is 0; it occurs at (0, 0). The maximum value of C is 740; it occurs at (60, 20).

49. (0, 0): $C = 25(0) + 35(0) = 0$ Minimum value of C
(0, 45): $C = 25(0) + 35(45) = 1575$
(30, 45): $C = 25(30) + 35(45) = 2325$ Maximum value of C
(60, 20): $C = 25(60) + 35(20) = 2200$
(60, 0): $C = 25(60) + 35(0) = 1500$

The minimum value of C is 0; it occurs at (0, 0). The maximum value of C is 2325; it occurs at (30, 45).

51. Vertices: $\begin{cases} x = -5 \\ y = -1 \end{cases}$ $\begin{cases} x = -5 \\ y = 3 \end{cases}$ $\begin{cases} x = 4 \\ y = 3 \end{cases}$ $\begin{cases} x = 4 \\ y = -1 \end{cases}$

(−5, −1)   (−5, 3)   (4, 3)   (4, −1)

(−5, −1): $C = -2(-5) + (-1) = 9$
(−5, 3): $C = -2(-5) + (3) = 13$ Maximum value of C
(4, 3): $C = -2(4) + (3) = -5$
(4, −1): $C = -2(4) + (-1) = -9$ Minimum value of C

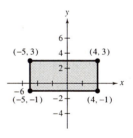

The minimum value of C is −9; it occurs at (4, −1). The maximum value of C is 13; it occurs at (−5, 3).

53. Vertices: $\begin{cases} x = 0 \\ 2x + 3y = 24 \end{cases}$ $\begin{cases} x = 0 \\ y = 10 \end{cases}$ $\begin{cases} x = 12 \\ y = 10 \end{cases}$ $\begin{cases} x = 12 \\ 2x + 3y = 24 \end{cases}$

$(0, 8)$ $(0, 10)$ $(12, 10)$ $(12, 0)$

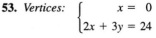

$(0, 8)$: $C = 0 + 4(8) = 32$

$(0, 10)$: $C = 0 + 4(10) = 40$

$(12, 10)$: $C = 12 + 4(10) = 52$ Maximum value of C

$(12, 0)$: $C = 12 + 4(0) = 12$ Minimum value of C

The minimum value of C is 12; it occurs at $(12, 0)$. The maximum value of C is 52; it occurs at $(12, 10)$.

55. Vertices: $\begin{cases} x = 0 \\ y = 0 \end{cases}$ $\begin{cases} x = 0 \\ 2x + 5y = 10 \end{cases}$ $\begin{cases} y = 0 \\ 2x + 5y = 10 \end{cases}$

$(0, 0)$ $(0, 2)$ $(5, 0)$

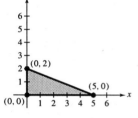

$(0, 0)$: $C = 6(0) + 10(0) = 0$ Minimum value of C

$(0, 2)$: $C = 6(0) + 10(2) = 20$

$(5, 0)$: $C = 6(5) + 10(0) = 30$ Maximum value of C

The minimum value of C is 0; it occurs at $(0, 0)$. The maximum value of C is 30; it occurs at $(5, 0)$.

57. $(0, 0)$: $C = 9(0) + 4(0) = 0$ Minimum value of C

$(0, 2)$: $C = 9(0) + 4(2) = 8$

$(5, 0)$: $C = 9(5) + 4(0) = 45$ Maximum value of C

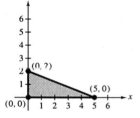

The minimum value of C is 0; it occurs at $(0, 0)$. The maximum value of C is 45; it occurs at $(5, 0)$.

59. Vertices: $\begin{cases} x = 0 \\ 4x + 3y = 27 \end{cases}$ $\begin{cases} 4x + 3y = 27 \\ x + y = 8 \end{cases}$ $\begin{cases} x + y = 8 \\ 3x + 5y = 30 \end{cases}$ $\begin{cases} 3x + 5y = 30 \\ y = 0 \end{cases}$

$(0, 9)$ $(3, 5)$ $(5, 3)$ $(10, 0)$

$(0, 9)$: $C = 4(0) + 5(9) = 45$

$(3, 5)$: $C = 4(3) + 5(5) = 37$

$(5, 3)$: $C = 4(5) + 5(3) = 35$ Minimum value of C

$(10, 0)$: $C = 4(10) + 5(0) = 40$

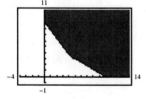

The minimum value of C is 35; it occurs at $(5, 3)$. There is no maximum value of C because the region is unbounded.

61. $(0, 9)$: $C = 2(0) + 7(9) = 63$

$(3, 5)$: $C = 2(3) + 7(5) = 41$

$(5, 3)$: $C = 2(5) + 7(3) = 31$

$(10, 0)$: $C = 2(10) + 7(0) = 20$ Minimum value of C

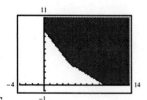

The minimum value of C is 20; it occurs at $(10, 0)$. There is no maximum value of C because the region is unbounded.

63.

	Days required per acre of crop A	Days required per acre of crop B	Available days
Trimming	1	2	240
Picking	0.3	0.1	30

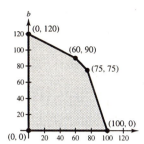

Labels: Acres of crop A = a
Acres of crop B = b

Constraints: $\begin{cases} a + b \le 150 \\ a + 2b \le 240 \\ 0.3a + 0.1b \le 30 \\ a \ge 0 \\ b \ge 0 \end{cases}$

Vertices: $\begin{cases} a = 0 \\ b = 0 \end{cases}$ $\begin{cases} a = 0 \\ a + 2b = 240 \end{cases}$ $\begin{cases} a + 2b = 240 \\ a + b = 150 \end{cases}$ $\begin{cases} a + b = 150 \\ 0.3a + 0.1b = 30 \end{cases}$ $\begin{cases} 0.3a + 0.1b = 30 \\ b = 0 \end{cases}$

(0, 0)   (0, 120)   (60, 90)   (75, 75)   (100, 0)

$C = 140a + 235b$

(0, 0): $C = 140(0) + 235(0) = 0$

(0, 120): $C = 140(0) + 235(120) = 28{,}200$

(60, 90): $C = 140(60) + 235(90) = 29{,}550$ Maximum value of C

(75, 75): $C = 140(75) + 235(75) = 28{,}125$

(100, 0): $C = 140(100) + 235(0) = 14{,}000$

The maximum profit is $29,550 when 60 acres of crop A and 90 acres of crop B are planted.

65. *Labels:* Number of bags of brand X = x
Number of bags of brand Y = y

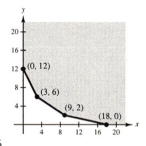

Constraints: $\begin{cases} 2x + y \ge 12 \\ 2x + 9y \ge 36 \\ 2x + 3y \ge 24 \\ x \ge 0 \\ y \ge 0 \end{cases}$

Vertices: $\begin{cases} x = 0 \\ 2x + y = 12 \end{cases}$ $\begin{cases} 2x + y = 12 \\ 2x + 3y = 24 \end{cases}$ $\begin{cases} 2x + 3y = 24 \\ 2x + 9y = 36 \end{cases}$ $\begin{cases} 2x + 9y = 36 \\ y = 0 \end{cases}$

(0, 12)   (3, 6)   (9, 2)   (18, 0)

(0, 12): $25(0) + 20(12) = 240$

(3, 6): $25(3) + 20(6) = 195$ Minimum value of C

(9, 2): $25(9) + 20(2) = 265$

(18, 0): $25(18) + 20(0) = 450$

Thus, 3 bags of brand X and 6 bags of brand Y should be mixed for a minimum cost of $195.

Review Exercises for Chapter 4

1. The solution is (1, 1).

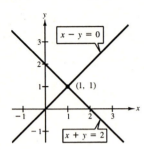

2. The solution is (3, 3).

   Note:
   $$2x = 3(y - 1) \implies \quad 2x = 3y - 3$$
   $$2x - 3y = -3$$

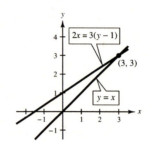

3. The system has *no* solution; it is inconsistent.

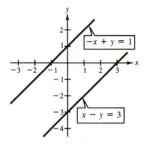

4. The solution is (2, −3).

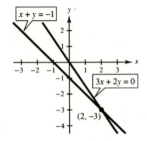

5. The solution is (4, 8).

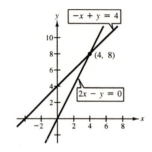

6. The system has *no* solution; it is inconsistent.

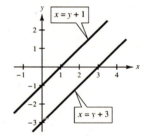

7. (3, 4)

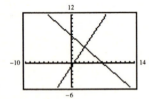

8. (2, −3)

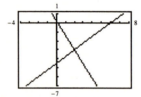

9. (2, 1)

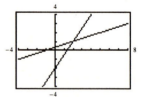

10. (3, −2)

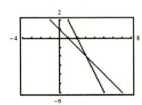

11. $\begin{cases} 2x + 3y = 1 \\ x + 4y = -2 \end{cases} \implies x = -4y - 2$

$$2x + 3y = 1$$
$$2(-4y - 2) + 3y = 1$$
$$-8y - 4 + 3y = 1$$
$$-5y - 4 = 1$$
$$-5y = 5$$
$$y = -1 \quad \text{and} \quad x = -4(-1) - 2$$
$$x = 4 - 2$$
$$x = 2$$

(2, −1)

12. $\begin{cases} 3x - 7y = 10 \\ -2x + y = -14 \Longrightarrow y = 2x - 14 \end{cases}$

$$3x - 7y = 10$$
$$3x - 7(2x - 14) = 10$$
$$3x - 14x + 98 = 10$$
$$-11x + 98 = 10$$
$$-11x = -88$$
$$x = 8 \quad \text{and} \quad y = 2(8) - 14$$
$$y = 16 - 14$$
$$y = 2$$

(8, 2)

13. $\begin{cases} -5x + 2y = 4 \Longrightarrow 2y = 5x + 4 \Longrightarrow y = \frac{5}{2}x + 2 \\ 10x - 4y = 7 \end{cases}$

$$10x - 4y = 7$$
$$10x - 4\left(\tfrac{5}{2}x + 2\right) = 7$$
$$10x - 10x - 8 = 7$$
$$-8 = 7 \quad \text{False}$$

The system has no solution; it is inconsistent.

14. $\begin{cases} 5x + 2y = 3 \Longrightarrow 2y = -5x + 3 \Longrightarrow y = -\frac{5}{2}x + \frac{3}{2} \\ 2x + 3y = 10 \end{cases}$

$$2x + 3y = 10$$
$$2x + 3\left(-\tfrac{5}{2}x + \tfrac{3}{2}\right) = 10$$
$$2x - \tfrac{15}{2}x + \tfrac{9}{2} = 10$$
$$4x - 15x + 9 = 20$$
$$-11x + 9 = 20$$
$$-11x = 11$$
$$x = -1 \quad \text{and} \quad y = -\tfrac{5}{2}(-1) + \tfrac{3}{2}$$
$$y = \tfrac{5}{2} + \tfrac{3}{2}$$
$$y = 4$$

(−1, 4)

15. $\begin{cases} 3x - 7y = 5 \Longrightarrow 3x = 7y + 5 \Longrightarrow x = \frac{7}{3}y + \frac{5}{3} \\ 5x - 9y = -5 \end{cases}$

$$5x - 9y = -5$$
$$5\left(\tfrac{7}{3}y + \tfrac{5}{3}\right) - 9y = -5$$
$$\tfrac{35}{3}y + \tfrac{25}{3} - 9y = -5$$
$$35y + 25 - 27y = -15$$
$$8y + 25 = -15$$
$$8y = -40$$
$$y = -5 \quad \text{and} \quad x = \tfrac{7}{3}(-5) + \tfrac{5}{3}$$
$$x = -\tfrac{35}{3} + \tfrac{5}{3}$$
$$x = -\tfrac{30}{3}$$
$$x = -10$$

(−10, −5)

16. $\begin{cases} 24x - 4y = 20 \\ 6x - y = 5 \Longrightarrow -y = -6x + 5 \Longrightarrow y = 6x - 5 \end{cases}$

$$24x - 4y = 20$$
$$24x - 4(6x - 5) = 20$$
$$24x - 24x + 20 = 20$$
$$20 = 20$$

The system has *infinitely* many solutions. The solution set consists of all ordered pairs (x, y) such that $6x - y = 5$.

17. $\begin{cases} x + y = 0 \Longrightarrow -x - y = 0 \\ 2x + y = 0 \Longrightarrow \underline{2x + y = 0} \end{cases}$

$$x = 0 \quad \text{and} \quad 0 + y = 0$$
$$y = 0$$

(0, 0)

18. $\begin{cases} 4x + y = 1 \\ \underline{x - y = 4} \end{cases}$

$$5x = 5$$
$$x = 1 \quad \text{and} \quad 4(1) + y = 1$$
$$4 + y = 1$$
$$y = -3$$

(1, −3)

19. $\begin{cases} 2x - y = 2 \Rightarrow 16x - 8y = 16 \\ 6x + 8y = 39 \Rightarrow 6x + 8y = 39 \end{cases}$

$ 22x = 55$

$ x = \frac{55}{22}$

$ x = \frac{5}{2}$ and $2(\frac{5}{2}) - y = 2$

$ 5 - y = 2$

$ -y = -3$

$ y = 3$

$(\frac{5}{2}, 3)$

20. $\begin{cases} 0.2x + 0.3y = 0.14 \Rightarrow 20x + 30y = 14 \Rightarrow 20x + 30y = 14 \\ 0.4x + 0.5y = 0.20 \Rightarrow 4x + 5y = 2 \Rightarrow -20x - 25y = -10 \end{cases}$

$ 5y = 4$

$ y = \frac{4}{5}$

$4x + 5(\frac{4}{5}) = 2$

$4x + 4 = 2$

$4x = -2$

$x = -\frac{1}{2}$

$(-\frac{1}{2}, \frac{4}{5})$

21. $\begin{cases} -x + y + 2z = 1 \\ 2x + 3y + z = -2 \\ 5x + 4y + 2z = 4 \end{cases}$

$\begin{cases} x - y - 2z = -1 & (-1)\text{Eqn. 1} \\ 2x + 3y + z = -2 \\ 5x + 4y + 2z = 4 \end{cases}$

$\begin{cases} x - y - 2z = -1 \\ 5y + 5z = 0 & (-2)\text{Eqn. 1} + \text{Eqn. 2} \\ 9y + 12z = 9 & (-5)\text{Eqn. 1} + \text{Eqn. 3} \end{cases}$

$\begin{cases} x - y - 2z = -1 \\ y + z = 0 & (1/5)\text{Eqn. 2} \\ 9y + 12z = 9 \end{cases}$

$\begin{cases} x - y - 2z = -1 \\ y + z = 0 \\ 3z = 9 & (-9)\text{Eqn. 2} + \text{Eqn. 3} \end{cases}$

$\begin{cases} x - y - 2z = -1 \\ y + z = 0 \\ z = 3 & (1/3)\text{Eqn. 3} \end{cases}$

$y + 3 = 0 x - (-3) - 2(3) = -1$

$y = -3 x + 3 - 6 = -1$

$ x - 3 = -1$

$ x = 2$

$(2, -3, 3)$

22. $\begin{cases} 2x + 3y + z = 10 \\ 2x - 3y - 3z = 22 \\ 4x - 2y + 3z = -2 \end{cases}$

$\begin{cases} x + \frac{3}{2}y + \frac{1}{2}z = 5 & (1/2)\text{Eqn. 1} \\ 2x - 3y - 3z = 22 \\ 4x - 2y + 3z = -2 \end{cases}$

$\begin{cases} x + \frac{3}{2}y + \frac{1}{2}z = 5 \\ -6y - 4z = 12 & (-2)\text{Eqn. 1} + \text{Eqn. 2} \\ -8y + z = -22 & (-4)\text{Eqn. 1} + \text{Eqn. 3} \end{cases}$

$\begin{cases} x + \frac{3}{2}y + \frac{1}{2}z = 5 \\ y + \frac{2}{3}z = -2 & (-1/6)\text{Eqn. 2} \\ -8y + z = -22 \end{cases}$

$\begin{cases} x + \frac{3}{2}y + \frac{1}{2}z = 5 \\ y + \frac{2}{3}z = -2 \\ \frac{19}{3}z = -38 & (8)\text{Eqn. 2} + \text{Eqn. 3} \end{cases}$

$\begin{cases} x + \frac{3}{2}y + \frac{1}{2}z = 5 \\ y + \frac{2}{3}z = -2 \\ z = -6 & (3/19)\text{Eqn. 3} \end{cases}$

$y + \frac{2}{3}(-6) = -2 x + \frac{3}{2}(2) + \frac{1}{2}(-6) = 5$

$y - 4 = -2 x + 3 - 3 = 5$

$y = 2 x = 5$

$(5, 2, -6)$

23. $\begin{cases} 5x + 4y = 2 \\ -x + y = -22 \end{cases}$

$$\begin{bmatrix} 5 & 4 & \vdots & 2 \\ -1 & 1 & \vdots & -22 \end{bmatrix}$$

$\begin{matrix} R_2 \\ R_1 \end{matrix} \begin{bmatrix} -1 & 1 & \vdots & -22 \\ 5 & 4 & \vdots & 2 \end{bmatrix}$

$-1R_1 \begin{bmatrix} 1 & -1 & \vdots & 22 \\ 5 & 4 & \vdots & 2 \end{bmatrix}$

$-5R_1 + R_2 \begin{bmatrix} 1 & -1 & \vdots & 22 \\ 0 & 9 & \vdots & -108 \end{bmatrix}$

$\frac{1}{9}R_2 \begin{bmatrix} 1 & -1 & \vdots & 22 \\ 0 & 1 & \vdots & -12 \end{bmatrix}$

$\begin{cases} x - y = 22 \\ y = -12 \end{cases}$

$x - (-12) = 22$

$x + 12 = 22$

$x = 10$

$(10, -12)$

24. $\begin{cases} 2x - 5y = 2 \\ 3x - 7y = 1 \end{cases}$

$$\begin{bmatrix} 2 & -5 & \vdots & 2 \\ 3 & -7 & \vdots & 1 \end{bmatrix}$$

$\frac{1}{2}R_1 \begin{bmatrix} 1 & -\frac{5}{2} & \vdots & 1 \\ 3 & -7 & \vdots & 1 \end{bmatrix}$

$-3R_1 + R_2 \begin{bmatrix} 1 & -\frac{5}{2} & \vdots & 1 \\ 0 & \frac{1}{2} & \vdots & -2 \end{bmatrix}$

$2R_2 \begin{bmatrix} 1 & -\frac{5}{2} & \vdots & 1 \\ 0 & 1 & \vdots & -4 \end{bmatrix}$

$\begin{cases} x - \frac{5}{2}y = 1 \\ y = -4 \end{cases}$

$x - \frac{5}{2}(-4) = 1$

$x + 10 = 1$

$x = -9$

$(-9, -4)$

25. $\begin{cases} x + 2y + 6z = 4 \\ -3x + 2y - z = -4 \\ 4x + 2z = 16 \end{cases}$

$$\begin{bmatrix} 1 & 2 & 6 & \vdots & 4 \\ -3 & 2 & -1 & \vdots & -4 \\ 4 & 0 & 2 & \vdots & 16 \end{bmatrix}$$

$\begin{matrix} 3R_1 + R_2 \\ -4R_1 + R_3 \end{matrix} \begin{bmatrix} 1 & 2 & 6 & \vdots & 4 \\ 0 & 8 & 17 & \vdots & 8 \\ 0 & -8 & -22 & \vdots & 0 \end{bmatrix}$

$\frac{1}{8}R_2 \begin{bmatrix} 1 & 2 & 6 & \vdots & 4 \\ 0 & 1 & \frac{17}{8} & \vdots & 1 \\ 0 & -8 & -22 & \vdots & 0 \end{bmatrix}$

$8R_2 + R_3 \begin{bmatrix} 1 & 2 & 6 & \vdots & 4 \\ 0 & 1 & \frac{17}{8} & \vdots & 1 \\ 0 & 0 & -5 & \vdots & 8 \end{bmatrix}$

$-\frac{1}{5}R_3 \begin{bmatrix} 1 & 2 & 6 & \vdots & 4 \\ 0 & 1 & \frac{17}{8} & \vdots & 1 \\ 0 & 0 & 1 & \vdots & -\frac{8}{5} \end{bmatrix}$

$\begin{cases} x + 2y + 6z = 4 \\ y + \frac{17}{8}z = 1 \\ z = -\frac{8}{5} \end{cases}$

$y + \frac{17}{8}\left(-\frac{8}{5}\right) = 1 \qquad x + 2\left(\frac{22}{5}\right) + 6\left(-\frac{8}{5}\right) = 4$

$y - \frac{17}{5} = 1 \qquad x + \frac{44}{5} - \frac{48}{5} = 4$

$y = \frac{22}{5} \qquad x - \frac{4}{5} = 4$

$\qquad x = \frac{24}{5}$

$\left(\frac{24}{5}, \frac{22}{5}, -\frac{8}{5}\right)$

26. $\begin{cases} 2x_1 + 3x_2 + 3x_3 = 3 \\ 6x_1 + 6x_2 + 12x_3 = 13 \\ 12x_1 + 9x_2 - x_3 = 2 \end{cases}$

$\begin{bmatrix} 2 & 3 & 3 & \vdots & 3 \\ 6 & 6 & 12 & \vdots & 13 \\ 12 & 9 & -1 & \vdots & 2 \end{bmatrix}$

$\begin{matrix} R_2 \\ R_1 \end{matrix} \begin{bmatrix} 6 & 6 & 12 & \vdots & 13 \\ 2 & 3 & 3 & \vdots & 3 \\ 12 & 9 & -1 & \vdots & 2 \end{bmatrix}$

$\frac{1}{6}R_1 \begin{bmatrix} 1 & 1 & 2 & \vdots & \frac{13}{6} \\ 2 & 3 & 3 & \vdots & 3 \\ 12 & 9 & -1 & \vdots & 2 \end{bmatrix}$

$\begin{matrix} \\ -2R_1 + R_2 \\ -12R_1 + R_3 \end{matrix} \begin{bmatrix} 1 & 1 & 2 & \vdots & \frac{13}{6} \\ 0 & 1 & -1 & \vdots & -\frac{4}{3} \\ 0 & -3 & -25 & \vdots & -24 \end{bmatrix}$

$\begin{matrix} \\ \\ 3R_2 + R_3 \end{matrix} \begin{bmatrix} 1 & 1 & 2 & \vdots & \frac{13}{6} \\ 0 & 1 & -1 & \vdots & -\frac{4}{3} \\ 0 & 0 & -28 & \vdots & -28 \end{bmatrix}$

$\begin{matrix} \\ \\ -\frac{1}{28}R_3 \end{matrix} \begin{bmatrix} 1 & 1 & 2 & \vdots & \frac{13}{6} \\ 0 & 1 & -1 & \vdots & -\frac{4}{3} \\ 0 & 0 & 1 & \vdots & 1 \end{bmatrix}$

$\begin{cases} x_1 + x_2 + 2x_3 = \frac{13}{6} \\ x_2 - x_3 = -\frac{4}{3} \\ x_3 = 1 \end{cases}$

$\begin{aligned} x_2 - 1 &= -\frac{4}{3} \\ x_2 &= -\frac{1}{3} \end{aligned}$ $\qquad \begin{aligned} x_1 + \left(-\frac{1}{3}\right) + 2(1) &= \frac{13}{6} \\ x_1 + \frac{5}{3} &= \frac{13}{6} \\ x_1 &= \frac{13}{6} - \frac{10}{6} \\ x_1 &= \frac{1}{2} \end{aligned}$

$\left(\frac{1}{2}, -\frac{1}{3}, 1\right)$

27. $\begin{cases} 0.2x - 0.1y = 0.07 \\ 0.4x - 0.5y = -0.01 \end{cases}$

$\begin{bmatrix} 0.2 & -0.1 & \vdots & 0.07 \\ 0.4 & -0.5 & \vdots & -0.01 \end{bmatrix}$

$\begin{matrix} 100R_1 \\ 100R_2 \end{matrix} \begin{bmatrix} 20 & -10 & \vdots & 7 \\ 40 & -50 & \vdots & -1 \end{bmatrix}$

$\frac{1}{20}R_1 \begin{bmatrix} 1 & -\frac{1}{2} & \vdots & \frac{7}{20} \\ 40 & -50 & \vdots & -1 \end{bmatrix}$

$-40R_1 + R_2 \begin{bmatrix} 1 & -\frac{1}{2} & \vdots & \frac{7}{20} \\ 0 & -30 & \vdots & -15 \end{bmatrix}$

$-\frac{1}{30}R_2 \begin{bmatrix} 1 & -\frac{1}{2} & \vdots & \frac{7}{20} \\ 0 & 1 & \vdots & \frac{1}{2} \end{bmatrix}$

$\begin{cases} x - \frac{1}{2}y = \frac{7}{20} \\ y = \frac{1}{2} \end{cases}$

$x - \frac{1}{2}\left(\frac{1}{2}\right) = \frac{7}{20}$

$x - \frac{1}{4} = \frac{7}{20}$

$x = \frac{12}{20}$

$x = \frac{3}{5}$

$\left(\frac{3}{5}, \frac{1}{2}\right)$ or $(0.6, 0.5)$

28. $\begin{cases} 2x + y = 0.3 \\ 3x - y = -1.3 \end{cases}$

$\begin{bmatrix} 2 & 1 & \vdots & 0.3 \\ 3 & -1 & \vdots & -1.3 \end{bmatrix}$

$\begin{matrix} 10R_1 \\ 10R_2 \end{matrix} \begin{bmatrix} 20 & 10 & \vdots & 3 \\ 30 & -10 & \vdots & -13 \end{bmatrix}$

$\frac{1}{20}R_1 \begin{bmatrix} 1 & \frac{1}{2} & \vdots & \frac{3}{20} \\ 30 & -10 & \vdots & -13 \end{bmatrix}$

$-30R_1 + R_2 \begin{bmatrix} 1 & \frac{1}{2} & \vdots & \frac{3}{20} \\ 0 & -25 & \vdots & -\frac{35}{2} \end{bmatrix}$

$-\frac{1}{25}R_2 \begin{bmatrix} 1 & \frac{1}{2} & \vdots & \frac{3}{20} \\ 0 & 1 & \vdots & \frac{7}{10} \end{bmatrix}$

$\begin{cases} x + \frac{1}{2}y = \frac{3}{20} \\ y = \frac{7}{10} \end{cases}$

$x + \frac{1}{2}\left(\frac{7}{10}\right) = \frac{3}{20}$

$x + \frac{7}{20} = \frac{3}{20}$

$x = -\frac{4}{20}$

$x = -\frac{1}{5}$

$\left(-\frac{1}{5}, \frac{7}{10}\right)$ or $(-0.2, 0.7)$

29. $\begin{bmatrix} 5 & -3 & 2 & \vdots & 2 \\ 2 & 2 & -3 & \vdots & 3 \\ 1 & -7 & 8 & \vdots & -4 \end{bmatrix}$

$\frac{1}{5}R_1 \begin{bmatrix} 1 & -0.6 & 0.4 & \vdots & 0.4 \\ 2 & 2 & -3 & \vdots & 3 \\ 1 & -7 & 8 & \vdots & -4 \end{bmatrix}$

$\begin{matrix} -2R_1 + R_2 \\ -R_1 + R_3 \end{matrix} \begin{bmatrix} 1 & -0.6 & 0.4 & \vdots & 0.4 \\ 0 & 3.2 & -3.8 & \vdots & 2.2 \\ 0 & -6.4 & 7.6 & \vdots & -4.4 \end{bmatrix}$

$\frac{1}{3.2}R_2 \begin{bmatrix} 1 & -0.6 & 0.4 & \vdots & 0.4 \\ 0 & 1 & -1.1875 & \vdots & 0.6875 \\ 0 & -6.4 & 7.6 & \vdots & -4.4 \end{bmatrix}$

$6.4R_2 + R_3 \begin{bmatrix} 1 & -0.6 & 0.4 & \vdots & 0.4 \\ 0 & 1 & -1.1875 & \vdots & 0.6875 \\ 0 & 0 & 0 & \vdots & 0 \end{bmatrix}$

$\begin{cases} x - 0.6y + 0.4z = 0.4 \\ y - 1.1875z = 0.6875 \\ 0 = 0 \end{cases}$

The system has infinitely many solutions. Let $z = a$.

$y - 1.1875a = 0.6875$

$y = 1.1875a + 0.6875$

or $y = \frac{19}{16}a + \frac{11}{16}$

$x - 0.6(1.1875a + 0.6875) + 0.4a = 0.4$

$x - 0.7125a - 0.4125 + 0.4a = 0.4$

$x = 0.3125a + 0.8125$

or $x = \frac{5}{16}a + \frac{13}{16}$

30. $\begin{bmatrix} 3 & 2 & 5 & \vdots & 4 \\ 4 & -3 & -4 & \vdots & 1 \\ -8 & 2 & 3 & \vdots & 0 \end{bmatrix}$

$\frac{1}{3}R_1 \begin{bmatrix} 1 & \frac{2}{3} & \frac{5}{3} & \vdots & \frac{4}{3} \\ 4 & -3 & -4 & \vdots & 1 \\ -8 & 2 & 3 & \vdots & 0 \end{bmatrix}$

$\begin{matrix} -4R_1 + R_2 \\ 8R_1 + R_3 \end{matrix} \begin{bmatrix} 1 & \frac{2}{3} & \frac{5}{3} & \vdots & \frac{4}{3} \\ 0 & -\frac{17}{3} & -\frac{32}{3} & \vdots & -\frac{13}{3} \\ 0 & \frac{22}{3} & \frac{49}{3} & \vdots & \frac{32}{3} \end{bmatrix}$

$-\frac{3}{17}R_2 \begin{bmatrix} 1 & \frac{2}{3} & \frac{5}{3} & \vdots & \frac{4}{3} \\ 0 & 1 & \frac{32}{17} & \vdots & \frac{13}{17} \\ 0 & \frac{22}{3} & \frac{49}{3} & \vdots & \frac{32}{3} \end{bmatrix}$

$-\frac{22}{3}R_2 + R_3 \begin{bmatrix} 1 & \frac{2}{3} & \frac{5}{3} & \vdots & \frac{4}{3} \\ 0 & 1 & \frac{32}{17} & \vdots & \frac{13}{17} \\ 0 & 0 & \frac{43}{17} & \vdots & \frac{86}{17} \end{bmatrix}$

$\frac{17}{43}R_3 \begin{bmatrix} 1 & \frac{2}{3} & \frac{5}{3} & \vdots & \frac{4}{3} \\ 0 & 1 & \frac{32}{17} & \vdots & \frac{13}{17} \\ 0 & 0 & 1 & \vdots & 2 \end{bmatrix}$

$\begin{cases} x + \frac{2}{3}y + \frac{5}{3}z = \frac{4}{3} \\ y + \frac{32}{17}z = \frac{13}{17} \\ z = 2 \end{cases}$

$y + \frac{32}{17}(2) = \frac{13}{17}$ $x + \frac{2}{3}(-3) + \frac{5}{3}(2) = \frac{4}{3}$

$y = -\frac{51}{17}$ $x + \frac{4}{3} = \frac{4}{3}$

$y = -3$ $x = 0$

$(0, -3, 2)$

31. $\begin{vmatrix} 7 & 10 \\ 10 & 15 \end{vmatrix} = 105 - 100 = 5$

32. $\begin{vmatrix} -3.4 & 1.2 \\ -5 & 2.5 \end{vmatrix} = -8.5 + 6 = -2.5$

33. Expanding along first row: $\begin{vmatrix} 8 & 6 & 3 \\ 6 & 3 & 0 \\ 3 & 0 & 2 \end{vmatrix} = 8\begin{vmatrix} 3 & 0 \\ 0 & 2 \end{vmatrix} - 6\begin{vmatrix} 6 & 0 \\ 3 & 2 \end{vmatrix} + 3\begin{vmatrix} 6 & 3 \\ 3 & 0 \end{vmatrix}$

$$= 8(6) - 6(12) + 3(-9)$$
$$= 48 - 72 - 27$$
$$= -51$$

Expanding along second row: $\begin{vmatrix} 8 & 6 & 3 \\ 6 & 3 & 0 \\ 3 & 0 & 2 \end{vmatrix} = -6\begin{vmatrix} 6 & 3 \\ 0 & 2 \end{vmatrix} + 3\begin{vmatrix} 8 & 3 \\ 3 & 2 \end{vmatrix} + 0$

$$= -6(12) + 3(7) + 0$$
$$= -72 + 21$$
$$= -51$$

Expanding along third row: $\begin{vmatrix} 8 & 6 & 3 \\ 6 & 3 & 0 \\ 3 & 0 & 2 \end{vmatrix} = 3\begin{vmatrix} 6 & 3 \\ 3 & 0 \end{vmatrix} - 0 + 2\begin{vmatrix} 8 & 6 \\ 6 & 3 \end{vmatrix}$

$$= 3(-9) - 0 + 2(-12)$$
$$= -27 - 24$$
$$= -51$$

Expanding along first column: $\begin{vmatrix} 8 & 6 & 3 \\ 6 & 3 & 0 \\ 3 & 0 & 2 \end{vmatrix} = 8\begin{vmatrix} 3 & 0 \\ 0 & 2 \end{vmatrix} - 6\begin{vmatrix} 6 & 3 \\ 0 & 2 \end{vmatrix} + 3\begin{vmatrix} 6 & 3 \\ 3 & 0 \end{vmatrix}$

$$= 8(6) - 6(12) + 3(-9)$$
$$= 48 - 72 - 27$$
$$= -51$$

Expanding along second column: $\begin{vmatrix} 8 & 6 & 3 \\ 6 & 3 & 0 \\ 3 & 0 & 2 \end{vmatrix} = -6\begin{vmatrix} 6 & 0 \\ 3 & 2 \end{vmatrix} + 3\begin{vmatrix} 8 & 3 \\ 3 & 2 \end{vmatrix} + 0$

$$= -6(12) + 3(7) + 0$$
$$= -72 + 21$$
$$= -51$$

Expanding along third column: $\begin{vmatrix} 8 & 6 & 3 \\ 6 & 3 & 0 \\ 3 & 0 & 2 \end{vmatrix} = 3\begin{vmatrix} 6 & 3 \\ 3 & 0 \end{vmatrix} - 0 + 2\begin{vmatrix} 8 & 6 \\ 6 & 3 \end{vmatrix}$

$$= 3(-9) - 0 + 2(-12)$$
$$= -27 - 24$$
$$= -51$$

34. Expanding along first row: $\begin{vmatrix} 7 & -1 & 10 \\ -3 & 0 & -2 \\ 12 & 1 & 1 \end{vmatrix} = 7\begin{vmatrix} 0 & -2 \\ 1 & 1 \end{vmatrix} - (-1)\begin{vmatrix} -3 & -2 \\ 12 & 1 \end{vmatrix} + 10\begin{vmatrix} -3 & 0 \\ 12 & 1 \end{vmatrix}$

$$= 7(2) + 1(21) + 10(-3)$$
$$= 14 + 21 - 30$$
$$= 5$$

Expanding along second row: $\begin{vmatrix} 7 & -1 & 10 \\ -3 & 0 & -2 \\ 12 & 1 & 1 \end{vmatrix} = -(-3)\begin{vmatrix} -1 & 10 \\ 1 & 1 \end{vmatrix} + 0 - (-2)\begin{vmatrix} 7 & -1 \\ 12 & 1 \end{vmatrix}$

$$= 3(-11) + 0 + 2(19)$$
$$= -33 + 38$$
$$= 5$$

Expanding along third row: $\begin{vmatrix} 7 & -1 & 10 \\ -3 & 0 & -2 \\ 12 & 1 & 1 \end{vmatrix} = 12\begin{vmatrix} -1 & 10 \\ 0 & -2 \end{vmatrix} - 1\begin{vmatrix} 7 & 10 \\ -3 & -2 \end{vmatrix} + 1\begin{vmatrix} 7 & -1 \\ -3 & 0 \end{vmatrix}$

$$= 12(2) - 1(16) + 1(-3)$$
$$= 24 - 16 - 3$$
$$= 5$$

Expanding along first column: $\begin{vmatrix} 7 & -1 & 10 \\ -3 & 0 & -2 \\ 12 & 1 & 1 \end{vmatrix} = 7\begin{vmatrix} 0 & -2 \\ 1 & 1 \end{vmatrix} - (-3)\begin{vmatrix} -1 & 10 \\ 0 & 1 \end{vmatrix} + 12\begin{vmatrix} -1 & 10 \\ 0 & -2 \end{vmatrix}$

$$= 7(2) + 3(-11) + 12(2)$$
$$= 14 - 33 + 24$$
$$= 5$$

Expanding along second column: $\begin{vmatrix} 7 & -1 & 10 \\ -3 & 0 & -2 \\ 12 & 1 & 1 \end{vmatrix} = -(-3)\begin{vmatrix} -1 & 10 \\ 1 & 1 \end{vmatrix} + 0 - (-2)\begin{vmatrix} 7 & -1 \\ 12 & 1 \end{vmatrix}$

$$= 3(-11) + 0 + 2(19)$$
$$= -33 + 38$$
$$= 5$$

Expanding along third column: $\begin{vmatrix} 7 & -1 & 10 \\ -3 & 0 & -2 \\ 12 & 1 & 1 \end{vmatrix} = 10\begin{vmatrix} -3 & 0 \\ 12 & 1 \end{vmatrix} - (-2)\begin{vmatrix} 7 & -1 \\ 12 & 1 \end{vmatrix} + 1\begin{vmatrix} 7 & -1 \\ -3 & 0 \end{vmatrix}$

$$= 10(-3) + 2(19) + 1(-3)$$
$$= -30 + 38 - 3$$
$$= 5$$

35. $\begin{vmatrix} 8 & 3 & 2 \\ 1 & -2 & 4 \\ 6 & 0 & 5 \end{vmatrix} = 6\begin{vmatrix} 3 & 2 \\ -2 & 4 \end{vmatrix} - 0 + 5\begin{vmatrix} 8 & 3 \\ 1 & -2 \end{vmatrix}$

$= 6(16) - 0 + 5(-19)$

$= 96 - 95$

$= 1$

36. $\begin{vmatrix} 4 & 0 & 10 \\ 1 & 10 & 0 \\ 10 & 0 & 34 \end{vmatrix} = 0 + 10\begin{vmatrix} 4 & 10 \\ 10 & 34 \end{vmatrix} + 0$

$= 0 + 10(36) + 0$

$= 360$

37. $\begin{vmatrix} 2 & -5 & 0 \\ 4 & 7 & 0 \\ -7 & 25 & 3 \end{vmatrix} = 102$

38. $\begin{vmatrix} 8 & 7 & 6 \\ -4 & 0 & 0 \\ 5 & 1 & 4 \end{vmatrix} = 88$

39. $\begin{cases} 7x + 12y = 63 \\ 2x + 3y = 15 \end{cases}$

$D = \begin{vmatrix} 7 & 12 \\ 2 & 3 \end{vmatrix} = 21 - 24 = -3$

$x = \dfrac{D_x}{D} = \dfrac{\begin{vmatrix} 63 & 12 \\ 15 & 3 \end{vmatrix}}{-3} = \dfrac{189 - 180}{-3} = \dfrac{9}{-3} = -3$

$y = \dfrac{D_y}{D} = \dfrac{\begin{vmatrix} 7 & 63 \\ 2 & 15 \end{vmatrix}}{-3} = \dfrac{105 - 126}{-3} = \dfrac{-21}{-3} = 7$

$(-3, 7)$

40. $\begin{cases} 12x + 42y = -17 \\ 30x - 18y = 19 \end{cases}$

$D = \begin{vmatrix} 12 & 42 \\ 30 & -18 \end{vmatrix} = -216 - 1260 = -1476$

$x = \dfrac{D_x}{D} = \dfrac{\begin{vmatrix} -17 & 42 \\ 19 & -18 \end{vmatrix}}{-1476} = \dfrac{306 - 798}{-1476} = \dfrac{-492}{-1476} = \dfrac{1}{3}$

$y = \dfrac{D_y}{D} = \dfrac{\begin{vmatrix} 12 & -17 \\ 30 & 19 \end{vmatrix}}{-1476} = \dfrac{228 + 510}{-1476} = \dfrac{738}{-1476} = -\dfrac{1}{2}$

$\left(\dfrac{1}{3}, -\dfrac{1}{2}\right)$

41. $\begin{cases} 3x - 2y = 16 \\ 12x - 8y = -5 \end{cases}$

$D = \begin{vmatrix} 3 & -2 \\ 12 & -8 \end{vmatrix} = -24 + 24 = 0$

This system cannot be solved by Cramer's Rule because $D = 0$.

42. $\begin{cases} 4x + 24y = 20 \\ -3x + 12y = -5 \end{cases}$

$D = \begin{vmatrix} 4 & 24 \\ -3 & 12 \end{vmatrix} = 48 + 72 = 120$

$x = \dfrac{D_x}{D} = \dfrac{\begin{vmatrix} 20 & 24 \\ -5 & 12 \end{vmatrix}}{120} = \dfrac{240 + 120}{120} = \dfrac{360}{120} = 3$

$y = \dfrac{D_y}{D} = \dfrac{\begin{vmatrix} 4 & 20 \\ -3 & -5 \end{vmatrix}}{120} = \dfrac{-20 + 60}{120} = \dfrac{40}{120} = \dfrac{1}{3}$

$\left(3, \dfrac{1}{3}\right)$

43. $\begin{cases} -x + y + 2z = 1 \\ 2x + 3y + z = -2 \\ 5x + 4y + 2z = 4 \end{cases}$

$D = \begin{vmatrix} -1 & 1 & 2 \\ 2 & 3 & 1 \\ 5 & 4 & 2 \end{vmatrix} = -1\begin{vmatrix} 3 & 1 \\ 4 & 2 \end{vmatrix} - 2\begin{vmatrix} 1 & 2 \\ 4 & 2 \end{vmatrix} + 5\begin{vmatrix} 1 & 2 \\ 3 & 1 \end{vmatrix} = -1(2) - 2(-6) + 5(-5) = -2 + 12 - 25 = -15$

$x = \dfrac{D_x}{D} = \dfrac{\begin{vmatrix} 1 & 1 & 2 \\ -2 & 3 & 1 \\ 4 & 4 & 2 \end{vmatrix}}{-15} = \dfrac{1\begin{vmatrix} 3 & 1 \\ 4 & 2 \end{vmatrix} - (-2)\begin{vmatrix} 1 & 2 \\ 4 & 2 \end{vmatrix} + 4\begin{vmatrix} 1 & 2 \\ 3 & 1 \end{vmatrix}}{-15} = \dfrac{1(2) + 2(-6) + 4(-5)}{-15} = \dfrac{-30}{-15} = 2$

$y = \dfrac{D_y}{D} = \dfrac{\begin{vmatrix} -1 & 1 & 2 \\ 2 & -2 & 1 \\ 5 & 4 & 2 \end{vmatrix}}{-15} = \dfrac{-1\begin{vmatrix} -2 & 1 \\ 4 & 2 \end{vmatrix} - 2\begin{vmatrix} 1 & 2 \\ 4 & 2 \end{vmatrix} + 5\begin{vmatrix} 1 & 2 \\ -2 & 1 \end{vmatrix}}{-15} = \dfrac{-1(-8) - 2(-6) + 5(5)}{-15} = \dfrac{45}{-15} = -3$

$z = \dfrac{D_z}{D} = \dfrac{\begin{vmatrix} -1 & 1 & 1 \\ 2 & 3 & -2 \\ 5 & 4 & 4 \end{vmatrix}}{-15} = \dfrac{-1\begin{vmatrix} 3 & -2 \\ 4 & 4 \end{vmatrix} - 2\begin{vmatrix} 1 & 1 \\ 4 & 4 \end{vmatrix} + 5\begin{vmatrix} 1 & 1 \\ 3 & -2 \end{vmatrix}}{-15} = \dfrac{-1(20) - 2(0) + 5(-5)}{-15} = \dfrac{-45}{-15} = 3$

$(2, -3, 3)$

44. $\begin{cases} 2x_1 + x_2 + 2x_3 = 4 \\ 2x_1 + 2x_2 = 5 \\ 2x_1 - x_2 + 6x_3 = 2 \end{cases}$

$D = \begin{vmatrix} 2 & 1 & 2 \\ 2 & 2 & 0 \\ 2 & -1 & 6 \end{vmatrix} = 2\begin{vmatrix} 2 & 0 \\ -1 & 6 \end{vmatrix} - 2\begin{vmatrix} 1 & 2 \\ -1 & 6 \end{vmatrix} + 2\begin{vmatrix} 1 & 2 \\ 2 & 0 \end{vmatrix} = 2(12) - 2(8) + 2(-4) = 24 - 16 - 8 = 0$

This system cannot be solved by Cramer's Rule because $D = 0$.

45. $(1, 0), (5, 0), (5, 8)$

$\begin{vmatrix} x_1 & y_1 & 1 \\ x_2 & y_2 & 1 \\ x_3 & y_3 & 1 \end{vmatrix} = \begin{vmatrix} 1 & 0 & 1 \\ 5 & 0 & 1 \\ 5 & 8 & 1 \end{vmatrix} = -0 + 0 - 8\begin{vmatrix} 1 & 1 \\ 5 & 1 \end{vmatrix} = -8(-4) = 32$

$A = +\tfrac{1}{2}(32) = 16$

46. $(-4, 0), (4, 0), (0, 6)$

$\begin{vmatrix} x_1 & y_1 & 1 \\ x_2 & y_2 & 1 \\ x_3 & y_3 & 1 \end{vmatrix} = \begin{vmatrix} -4 & 0 & 1 \\ 4 & 0 & 1 \\ 0 & 6 & 1 \end{vmatrix} = -0 + 0 - 6\begin{vmatrix} -4 & 1 \\ 4 & 1 \end{vmatrix} = -6(-8) = 48$

$A = +\tfrac{1}{2}(48) = 24$

47. $(1, 2), (4, -5), (3, 2)$

$\begin{vmatrix} x_1 & y_1 & 1 \\ x_2 & y_2 & 1 \\ x_3 & y_3 & 1 \end{vmatrix} = \begin{vmatrix} 1 & 2 & 1 \\ 4 & -5 & 1 \\ 3 & 2 & 1 \end{vmatrix} = 1\begin{vmatrix} -5 & 1 \\ 2 & 1 \end{vmatrix} - 4\begin{vmatrix} 2 & 1 \\ 2 & 1 \end{vmatrix} + 3\begin{vmatrix} 2 & 1 \\ -5 & 1 \end{vmatrix}$

$= 1(-7) - 4(0) + 3(7) = -7 - 0 + 21 = 14$

$A = +\tfrac{1}{2}(14) = 7$

48. $\left(\frac{3}{2}, 1\right), \left(4, -\frac{1}{2}\right), (4, 2)$

$$\begin{vmatrix} x_1 & y_1 & 1 \\ x_2 & y_2 & 1 \\ x_3 & y_3 & 1 \end{vmatrix} = \begin{vmatrix} \frac{3}{2} & 1 & 1 \\ 4 & -\frac{1}{2} & 1 \\ 4 & 2 & 1 \end{vmatrix} = \frac{3}{2}\begin{vmatrix} -\frac{1}{2} & 1 \\ 2 & 1 \end{vmatrix} - 4\begin{vmatrix} 1 & 1 \\ 2 & 1 \end{vmatrix} + 4\begin{vmatrix} 1 & 1 \\ -\frac{1}{2} & 1 \end{vmatrix}$$

$$= \frac{3}{2}\left(-\frac{5}{2}\right) - 4(-1) + 4\left(\frac{3}{2}\right)$$

$$= -\frac{15}{4} + 4 + 6$$

$$= -\frac{15}{4} + \frac{16}{4} + \frac{24}{4}$$

$$= \frac{25}{4}$$

$A = +\frac{1}{2}\left(\frac{25}{4}\right) = \frac{25}{8}$

49. $(-4, 0), (4, 4)$

$$\begin{vmatrix} x & y & 1 \\ -4 & 0 & 1 \\ 4 & 4 & 1 \end{vmatrix} = 0$$

$$\begin{vmatrix} x & y & 1 \\ -4 & 0 & 1 \\ 4 & 4 & 1 \end{vmatrix} = x\begin{vmatrix} 0 & 1 \\ 4 & 1 \end{vmatrix} - y\begin{vmatrix} -4 & 1 \\ 4 & 1 \end{vmatrix} + 1\begin{vmatrix} -4 & 0 \\ 4 & 4 \end{vmatrix} = 0$$

$x(-4) - y(-8) + 1(-16) = 0$

$-4x + 8y - 16 = 0 \quad \text{or} \quad x - 2y + 4 = 0$

Thus, an equation of the line through $(-4, 0)$ and $(4, 4)$ is $x - 2y + 4 = 0$.

50. $(2, 5), (6, -1)$

$$\begin{vmatrix} x & y & 1 \\ 2 & 5 & 1 \\ 6 & -1 & 1 \end{vmatrix} = 0$$

$$\begin{vmatrix} x & y & 1 \\ 2 & 5 & 1 \\ 6 & -1 & 1 \end{vmatrix} = x\begin{vmatrix} 5 & 1 \\ -1 & 1 \end{vmatrix} - y\begin{vmatrix} 2 & 1 \\ 6 & 1 \end{vmatrix} + 1\begin{vmatrix} 2 & 5 \\ 6 & -1 \end{vmatrix} = 0$$

$x(6) - y(-4) + 1(-32) = 0$

$6x + 4y - 32 = 0 \quad \text{or} \quad 3x + 2y - 16 = 0$

Thus, an equation of the line through $(2, 5)$ and $(6, -1)$ is $3x + 2y - 16 = 0$.

51. $\left(-\frac{5}{2}, 3\right), \left(\frac{7}{2}, 1\right)$

$$\begin{vmatrix} x & y & 1 \\ -\frac{5}{2} & 3 & 1 \\ \frac{7}{2} & 1 & 1 \end{vmatrix} = 0$$

$$\begin{vmatrix} x & y & 1 \\ -\frac{5}{2} & 3 & 1 \\ \frac{7}{2} & 1 & 1 \end{vmatrix} = x\begin{vmatrix} 3 & 1 \\ 1 & 1 \end{vmatrix} - y\begin{vmatrix} -\frac{5}{2} & 1 \\ \frac{7}{2} & 1 \end{vmatrix} + 1\begin{vmatrix} -\frac{5}{2} & 3 \\ \frac{7}{2} & 1 \end{vmatrix} = 0$$

$x(2) - y(-6) + 1(-13) = 0$

$2x + 6y - 13 = 0$

Thus, an equation of the line through $\left(-\frac{5}{2}, 3\right)$ and $\left(\frac{7}{2}, 1\right)$ is $2x + 6y - 13 = 0$.

52. $(-0.8, 0.2), (0.7, 3.2)$

$$\begin{vmatrix} x & y & 1 \\ -0.8 & 0.2 & 1 \\ 0.7 & 3.2 & 1 \end{vmatrix} = 0$$

$$\begin{vmatrix} x & y & 1 \\ -0.8 & 0.2 & 1 \\ 0.7 & 3.2 & 1 \end{vmatrix} = x\begin{vmatrix} 0.2 & 1 \\ 3.2 & 1 \end{vmatrix} - y\begin{vmatrix} -0.8 & 1 \\ 0.7 & 1 \end{vmatrix} + 1\begin{vmatrix} -0.8 & 0.2 \\ 0.7 & 3.2 \end{vmatrix} = 0$$

$$x(-3) - y(-1.5) + 1(-2.7) = 0$$

$$-3x + 1.5y - 2.7 = 0$$

$$30x - 15y + 27 = 0 \quad \text{or} \quad 10x - 5y + 9 = 0$$

Thus, an equation of the line through $(-0.8, 0.2)$ and $(0.7, 3.2)$ is $-3x + 1.5y - 2.7 = 0$ or $10x - 5y + 9 = 0$.

53. $\left(\frac{2}{3}, -4\right)$; there are *many* correct answers. Here are some examples.

$$3\left(\tfrac{2}{3}\right) + (-4) = -2 \Rightarrow \begin{cases} 3x + y = -2 \\ 6x - y = 8 \end{cases}$$
$$6\left(\tfrac{2}{3}\right) - (-4) = 8$$

$$-3\left(\tfrac{2}{3}\right) - 4(-4) = 14 \Rightarrow \begin{cases} -3x - 4y = 14 \\ 9x + 2y = -2 \end{cases}$$
$$9\left(\tfrac{2}{3}\right) + 2(-4) = -2$$

54. $(-10, 12)$; there are *many* correct answers. Here are some examples.

$$2(-10) + 3(12) = 16 \Rightarrow \begin{cases} 2x + 3y = 16 \\ 6x + 5y = 0 \end{cases}$$
$$6(-10) + 5(12) = 0$$

$$1(-10) + 1(12) = 2 \Rightarrow \begin{cases} x + y = 2 \\ 3x + 2y = -6 \end{cases}$$
$$3(-10) + 2(12) = -6$$

55. *Verbal Model:* $\boxed{\text{Revenue}} = \boxed{\text{Cost}}$

Labels: Number of items $= x$

Revenue $= 5.25x$ (dollars)

Cost $= 25{,}000 + 3.75x$ (dollars)

Equation: $5.25x = 25{,}000 + 3.75x$

$$1.5x = 25{,}000$$

$$x = \frac{25{,}000}{1.5}$$

$$x = 16{,}666\tfrac{2}{3}$$

$$x \approx 16{,}667$$

Thus, 16,667 items must be sold before the business breaks even.

56. *Verbal Model:* $2\boxed{\text{Length}} + 2\boxed{\text{Width}} = \boxed{\text{Perimeter}}$

$\boxed{\text{Length}} = 1.5\boxed{\text{Width}}$

Labels: Length $= x$ (meters)

Width $= y$ (meters)

Perimeter $= 480$ (meters)

Equations: $\begin{cases} 2x + 2y = 480 \\ x = 1.5y \end{cases}$

$$2x + 2y = 480$$

$$2(1.5y) + 2y = 480$$

$$3y + 2y = 480$$

$$5y = 480$$

$$y = 96 \quad \text{and} \quad x = 1.5(96)$$

$$x = 144$$

$(144, 96)$

Thus, the length of the rectangle is 144 meters and the width is 96 meters.

57. *Verbal Model:* $\boxed{\text{Gallons of 75\% solution}} + \boxed{\text{Gallons of 50\% solution}} = \boxed{\text{Gallons of mixture}}$

$\boxed{\begin{array}{c}\text{Amount of acid}\\\text{in 75\% solution}\end{array}} + \boxed{\begin{array}{c}\text{Amount of acid}\\\text{in 50\% solution}\end{array}} = \boxed{\begin{array}{c}\text{Amount of acid}\\\text{in mixture}\end{array}}$

Labels: 75% solution: Number of gallons = x, Amount of acid = $0.75x$ (gallons)

50% solution: Number of gallons = y, Amount of acid = $0.50y$ (gallons)

Mixture: Number of gallons = 10, Amount of acid = $0.60(10)$ (gallons)

Equation:
$$\begin{cases} x + y = 100 \\ 0.75x + 0.50y = 0.60(100) \end{cases} \Rightarrow \begin{array}{r} 50x + 50y = 5000 \\ \underline{-75x - 50y = -6000} \\ -25x \qquad\quad = -1000 \\ x \qquad\quad = 40 \text{ and } 40 + y = 100 \\ y = 60 \end{array}$$

(40, 60)

Thus, 40 gallons of the 75% solution and 60 gallons of the 50% solution must be used.

58. *Verbal Model:* $\boxed{\text{Length of longer piece}} + \boxed{\text{Length of shorter piece}} = 128$

$\boxed{\text{Length of longer piece}} = 3\boxed{\text{Length of shorter piece}}$

Labels: Length of longer piece = x (inches)

Length of shorter piece = y (inches)

Equations:
$$\begin{cases} x + y = 128 \\ x = 3y \end{cases}$$

$x + y = 128$

$(3y) + y = 128$

$4y = 128$

$y = 32$ and $x = 3(32)$

$x = 96$

(96, 32)

Thus, the longer piece of rope is 96 inches long, and the shorter piece is 32 inches long.

59. *Verbal Model:* $\boxed{\text{Number of \$9.95 tapes}} + \boxed{\text{Number of \$14.95 tapes}} = 650$

$9.95\boxed{\text{Number of \$9.95 tapes}} + 14.95\boxed{\text{Number of \$14.95 tapes}} = 7717.50$

Labels: Number $9.95 tapes = x

Number of $14.95 tapes = y

Equations:
$$\begin{cases} x + y = 650 \\ 9.95x + 14.95y = 7717.50 \end{cases} \Rightarrow \begin{array}{r} 995x + 995y = 646{,}750 \\ \underline{-995x - 1495y = -771{,}750} \\ -500y = -125{,}000 \\ y = \frac{-125{,}000}{-500} \\ y = 250 \text{ and } x + 250 = 650 \\ x = 400 \end{array}$$

(400, 250)

Thus, 400 of the $9.95 tapes and 250 of the $14.95 tapes were sold.

60. Verbal Model: $\boxed{\text{Distance of slower plane}} + \boxed{\text{Distance of faster plane}} = 275$

$\boxed{\text{Rate of faster plane}} = \boxed{\text{Rate of slower plane}} + 25$

Labels: Slower plane: Rate $= x$ (miles per hour)

Time $= 40$ min $= \frac{2}{3}$ (hour)

Distance $= \frac{2}{3}x$ (miles)

Faster plane: Rate $= y$ (miles per hour)

Time $= 40$ min $= \frac{2}{3}$ (hour)

Distance $= \frac{2}{3}y$ (miles)

Equations: $\begin{cases} \frac{2}{3}x + \frac{2}{3}y = 275 \\ y = x + 25 \end{cases} \Rightarrow 2x + 2y = 825$

$2x + 2y = 825$

$2x + 2(x + 25) = 825$

$2x + 2x + 50 = 825$

$4x + 50 = 825$

$4x = 775$

$x = \frac{775}{4}$

$x = 193\frac{3}{4}$ and $y = 193\frac{3}{4} + 25$

$y = 218\frac{3}{4}$

Thus, the ground speeds of the planes are $193\frac{3}{4}$ miles per hour and $218\frac{3}{4}$ miles per hour.

61. Verbal Model: $\boxed{\text{Amount invested at 7\%}} + \boxed{\text{Amount invested at 9\%}} + \boxed{\text{Amount invested at 11\%}} = 20{,}000$

$\boxed{\text{Amount invested at 9\%}} = \boxed{\text{Amount invested at 7\%}} - 3000$

$\boxed{\text{Amount invested at 11\%}} = \boxed{\text{Amount invested at 7\%}} - 1000$

Labels: Amount invested at 7% $= x$ (dollars)

Amount invested at 9% $= y$ (dollars)

Amount invested at 11% $= z$ (dollars)

Equations: $\begin{cases} x + y + z = 20{,}000 \\ y = x - 3000 \\ z = x - 1000 \end{cases}$

$x + y + z = 20{,}000$

$x + (x - 3000) + (x - 1000) = 20{,}000$

$3x - 4000 = 20{,}000$

$3x = 24{,}000$

$x = 8000$ and $y = 8000 - 3000$ and $z = 8000 - 1000$

$y = 5000$ $z = 7000$

$(8000, 5000, 7000)$

Thus, $8000 is invested at 7%, $5000 at 9%, and $7000 at 11%.

62. Verbal Model: ⬚First number⬚ + ⬚Second number⬚ + ⬚Third number⬚ = 68

⬚Second number⬚ = ⬚First number⬚ + 4

⬚Third number⬚ = 2 ⬚First number⬚

Labels: First number $= x$
Second number $= y$
Third number $= z$

Equations: $\begin{cases} x + y + z = 68 \\ y = x + 4 \\ z = 2x \end{cases}$

$x + y + z = 68$
$x + (x + 4) + 2x = 68$
$4x + 4 = 68$
$4x = 64$
$x = 16$ and $y = 16 + 4$ and $z = 2(16)$
$y = 20$ $z = 32$

(16, 20, 32)

Thus, the three numbers are 16, 20, and 32.

63. $y = ax^2 + bx + c$

$(0, -6)$: $-6 = a(0)^2 + b(0) + c \Rightarrow c = -6$

$(1, -3)$: $-3 = a(1)^2 + b(1) + c \Rightarrow a + b + c = -3$

$(2, 4)$: $4 = a(2)^2 + b(2) + c \Rightarrow 4a + 2b + c = 4$

$\begin{cases} a + b + c = -3 \\ 4a + 2b + c = 4 \\ c = -6 \end{cases}$

$\begin{cases} a + b + c = -3 \\ -2b - 3c = 16 \quad (-4)\text{Eqn. 1} + \text{Eqn. 2} \\ c = -6 \end{cases}$

$\begin{cases} a + b + c = -3 \\ b + \frac{3}{2}c = -8 \quad (-1/2)\text{Eqn. 2} \\ c = -6 \end{cases}$

$b + \frac{3}{2}(-6) = -8$ $\quad$ $a + 1 - 6 = -3$
$b - 9 = -8$ $\quad\quad\quad$ $a - 5 = -3$
$b = 1$ $\quad\quad\quad\quad\quad$ $a = 2$

$(2, 1, -6)$

$y = 2x^2 + x - 6$

64. (a) Points (0, 10), (15, 15), (30, 10) shifted upward one
unit $\Rightarrow$ (0, 11), (15, 16), (30, 11)

$$y = ax^2 + bx + c$$

(0, 11): $11 = a(0)^2 + b(0) + c$

(15, 16): $16 = a(15)^2 + b(15) + c$

(30, 11): $11 = a(30)^2 + b(30) + c$

$$\begin{cases} c = 11 \\ 225a + 15b + c = 16 \\ 900a + 30b + c = 11 \end{cases}$$

$$D = \begin{vmatrix} 0 & 0 & 1 \\ 225 & 15 & 1 \\ 900 & 30 & 1 \end{vmatrix} = -6750$$

$$a = \frac{\begin{vmatrix} 11 & 0 & 1 \\ 16 & 15 & 1 \\ 11 & 30 & 1 \end{vmatrix}}{-6750} = \frac{150}{-6750} = -\frac{1}{45}$$

$$b = \frac{\begin{vmatrix} 0 & 11 & 1 \\ 225 & 16 & 1 \\ 900 & 11 & 1 \end{vmatrix}}{-6750} = \frac{-4500}{-6750} = \frac{2}{3}$$

$$\left(-\frac{1}{45}, \frac{2}{3}, 11\right)$$

$$y = -\frac{1}{45}x^2 + \frac{2}{3}x + 11$$

(b)

(c) From the graphing utility you can see that when $y = 5$, x is approximately equal to 7.25. Thus, the child is approximately 7.25 feet from the edge of the garage.

65. $x^2 + y^2 + Dx + Ey + F = 0$

(2, 2): $2^2 + 2^2 + D(2) + E(2) + F = 0 \Rightarrow 2D + 2E + F = -8$

(5, −1): $5^2 + (-1)^2 + D(5) + E(-1) + F = 0 \Rightarrow 5D - E + F = -26$

(−1, −1): $(-1)^2 + (-1)^2 + D(-1) + E(-1) + F = 0 \Rightarrow -D - E + F = -2$

$$\begin{cases} D + E - F = 2 \\ 5D - E + F = -26 \\ 2D + 2E + F = -8 \end{cases}$$

$$\begin{cases} D + E - F = 2 \\ -6E + 6F = -36 \quad (-5)\text{Eqn. 1} + \text{Eqn. 2} \\ 3F = -12 \quad (-2)\text{Eqn. 1} + \text{Eqn. 3} \end{cases}$$

$$\begin{cases} D + E - F = 2 \\ E - F = 6 \quad (-1/6)\text{Eqn. 2} \\ 3F = -12 \end{cases}$$

$$\begin{cases} D + E - F = 2 \\ E - F = 6 \\ F = -4 \quad (1/3)\text{Eqn. 3} \end{cases}$$

$E - (-4) = 6$

$E + 4 = 6$

$E = 2$

$D + 2 - (-4) = 2$

$D + 6 = 2$

$D = -4$

$(-4, 2, -4)$

$x^2 + y^2 - 4x + 2y - 4 = 0$

66. $x^2 + y^2 + Dx + Ey + F = 0$

(4, 2): $\quad 4^2 \quad + 2^2 \quad + D(4) \quad + E(2) \quad + F = 0 \Rightarrow \quad 4D + 2E + F = -20$

(1, 3): $\quad 1^2 \quad + 3^2 \quad + D(1) \quad + E(3) \quad + F = 0 \Rightarrow \quad D + 3E + F = -10$

$(-2, -6): \quad (-2)^2 + (-6)^2 + D(-2) + E(-6) + F = 0 \Rightarrow -2D - 6E + F = -40$

$$\begin{cases} D + 3E + F = -10 \\ 4D + 2E + F = -20 \\ -2D - 6E + F = -40 \end{cases}$$

$$\begin{cases} D + 3E + F = -10 \\ \quad -10E - 3F = 20 \quad (-4)\text{Eqn. 1 + Eqn. 2} \\ \quad\quad\quad 3F = -60 \quad (2)\text{Eqn. 1 + Eqn. 3} \end{cases}$$

$$\begin{cases} D + 3E + F = -10 \\ \quad E + \frac{3}{10}F = -2 \quad (-1/10)\text{Eqn. 2} \\ \quad\quad\quad F = -20 \quad (1/3)\text{Eqn. 3} \end{cases}$$

$E + \frac{3}{10}(-20) = -2 \quad\quad D + 3(4) + (-20) = -10$

$E - 6 = -2 \quad\quad\quad\quad D + 12 - 20 = -10$

$E = 4 \quad\quad\quad\quad\quad\quad D - 8 = -10$

$\quad\quad\quad\quad\quad\quad\quad\quad\quad\quad D = -2$

$(-2, 4, -20)$

$x^2 + y^2 - 2x + 4y - 20 = 0$

67. $x - 2 \geq 0$

$x \geq 2$

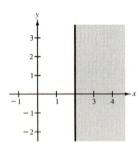

68. $y + 3 < 0$

$y < -3$

69. $2x + y < 1$

$y < -2x + 1$

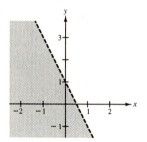

70. $3x - 4y > 2$

$-4y > -3x + 2$

$y < \frac{3}{4}x - \frac{1}{2}$

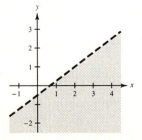

71. $\quad x \leq 4y - 2$

$x + 2 \leq 4y$

$\frac{1}{4}x + \frac{1}{2} \leq y$

$y \geq \frac{1}{4}x + \frac{1}{2}$

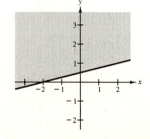

72. $(y - 3) \geq \frac{2}{3}(x - 5)$

Note: This equation $y - 3 = \frac{2}{3}(x - 5)$ in point-slope form is an equation of the line through the point (5, 3) with slope $m = \frac{2}{3}$.

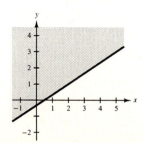

73. $\begin{cases} x + 2y \leq 160 \\ 3x + y \leq 180 \\ x \geq 0 \\ y \geq 0 \end{cases}$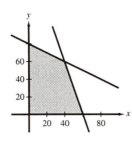

74. $\begin{cases} 2x + 3y \leq 24 \\ 2x + y \leq 16 \\ x \geq 0 \\ y \geq 0 \end{cases}$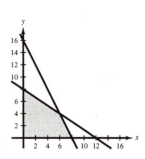

75. $\begin{cases} 3x + 2y \geq 24 \\ x + 2y \geq 12 \\ 2 \leq x \leq 15 \\ y \leq 15 \end{cases}$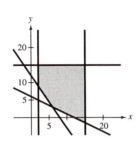

76. $\begin{cases} 2x + y \geq 16 \\ x + 3y \geq 18 \\ 0 \leq x \leq 25 \\ 0 \leq y \leq 25 \end{cases}$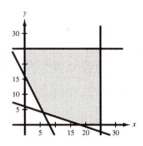

77.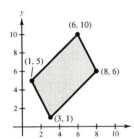

Line through (1, 5) and (6, 10):

$m = \dfrac{y_2 - y_1}{x_2 - x_1}$

$m = \dfrac{10 - 5}{6 - 1} = \dfrac{5}{5} = 1$

$y - y_1 = m(x - x_1)$

$y - 5 = 1(x - 1)$

$y - 5 = x - 1$

$y = x + 4$

Line through (6, 10) and (8, 6):

$m = \dfrac{y_2 - y_1}{x_2 - x_1}$

$m = \dfrac{6 - 10}{8 - 6} = \dfrac{-4}{2} = -2$

$y - y_1 = m(x - x_1)$

$y - 10 = -2(x - 6)$

$y - 10 = -2x + 12$

$y = -2x + 22$

Line through (8, 6) and (3, 1):

$m = \dfrac{y_2 - y_1}{x_2 - x_1}$

$m = \dfrac{1 - 6}{3 - 8} = \dfrac{-5}{-5} = 1$

$y - y_1 = m(x - x_1)$

$y - 6 = 1(x - 8)$

$y - 6 = x - 8$

$y = x - 2$

Line through (3, 1) and (1, 5):

$m = \dfrac{y_2 - y_1}{x_2 - x_1}$

$m = \dfrac{5 - 1}{1 - 3} = \dfrac{4}{-2} = -2$

$y - y_1 = m(x - x_1)$

$y - 1 = -2(x - 3)$

$y - 1 = -2x + 6$

$y = -2x + 7$

Lines:

$y = x + 4$

$y = -2x + 22$

$y = x - 2$

$y = -2x + 7$

System of inequalities:

$\begin{cases} y \leq x + 4 \\ y \leq -2x + 22 \\ y \geq x - 2 \\ y \geq -2x + 7 \end{cases}$ or $\begin{cases} x - y \geq -4 \\ 2x + y \leq 22 \\ x - y \leq 2 \\ 2x + y \geq 7 \end{cases}$

78.

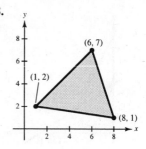

Line through (1, 2) and (6, 7):

$$m = \frac{y_2 - y_1}{x_2 - x_1}$$

$$m = \frac{7 - 2}{6 - 1} = \frac{5}{5} = 1$$

$$y - y_1 = m(x - x_1)$$

$$y - 2 = 1(x - 1)$$

$$y - 2 = x - 1$$

$$y = x + 1$$

Line through (6, 7) and (8, 1):

$$m = \frac{y_2 - y_1}{x_2 - x_1}$$

$$m = \frac{1 - 7}{8 - 6} = \frac{-6}{2} = -3$$

$$y - y_1 = m(x - x_1)$$

$$y - 7 = -3(x - 6)$$

$$y - 7 = -3x + 18$$

$$y = -3x + 25$$

Line through (8, 1) and (1, 2):

$$m = \frac{y_2 - y_1}{x_2 - x_1}$$

$$m = \frac{2 - 1}{1 - 8} = \frac{1}{-7} = -\frac{1}{7}$$

$$y - y_1 = m(x - x_1)$$

$$y - 1 = -\frac{1}{7}(x - 8)$$

$$y - 1 = -\frac{1}{7}x + \frac{8}{7}$$

$$y = -\frac{1}{7}x + \frac{15}{7}$$

Lines:

$$y = x + 1$$

$$y = -3x + 25$$

$$y = -\frac{1}{7}x + \frac{15}{7}$$

System of inequalities:

$$\begin{cases} y \leq x + 1 \\ y \leq -3x + 25 \\ y \geq -\frac{1}{7}x + \frac{15}{7} \end{cases}$$

or

$$\begin{cases} x - y \geq -1 \\ 3x + y \leq 25 \\ x + 7y \geq 15 \end{cases}$$

79. *Verbal Model:* $\boxed{\text{Bushels marketed at Harrisburg}} + \boxed{\text{Bushels marketed at Philadelphia}} \leq 1500$

$\boxed{\text{Bushels marketed at Harrisburg}} \geq 400$

$\boxed{\text{Bushels marketed at Philadelphia}} \geq 600$

Labels: Bushels marketed at Harrisburg $= x$

Bushels marketed at Philadelphia $= y$

Inequalities: $\begin{cases} x + y \leq 1500 \\ x \geq 400 \\ y \geq 600 \end{cases}$

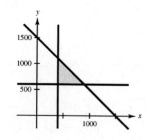

80. *Verbal Model:* $20 \boxed{\begin{array}{c}\text{Units of}\\\text{product I}\end{array}} + 30 \boxed{\begin{array}{c}\text{Units of}\\\text{product II}\end{array}} \leq 24{,}000$

$12 \boxed{\begin{array}{c}\text{Units of}\\\text{product I}\end{array}} + 8 \boxed{\begin{array}{c}\text{Units of}\\\text{product II}\end{array}} \leq 12{,}400$

Labels: Units of product I $= x$

Units of product II $= y$

Inequalities: $\begin{cases} 20x + 30y \leq 24{,}000 \\ 12x + 8y \leq 12{,}400 \\ x \geq 0 \\ y \geq 0 \end{cases}$

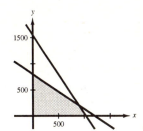

81. $C = 3x + 4y$

$(0, 0)$: $C = 3(0) + 4(0) = 0$

$(0, 10)$: $C = 3(0) + 4(10) = 40$

$(5, 8)$: $C = 3(5) + 4(8) = 47$ Maximum value of C

$(7, 0)$: $C = 3(7) + 4(0) = 21$

The maximum value of C is 47; it occurs at $(5, 8)$.

82. $C = 10x + 7y$

$(0, 100)$: $C = 10(0) + 7(100) = 700$

$(25, 50)$: $C = 10(25) + 7(50) = 600$ Minimum value of C

$(75, 0)$: $C = 10(75) + 7(0) = 750$

The maximum value of C is 600; it occurs at $(25, 50)$.

83. $\begin{cases} x \geq 0 \\ y \geq 0 \\ 2x + y \geq 25 \\ 3x + 2y \geq 45 \end{cases}$

Vertices: $\begin{cases} x = 0 \\ 2x + y = 25 \end{cases}$ $\begin{cases} 2x + y = 25 \\ 3x + 2y = 45 \end{cases}$ $\begin{cases} 3x + 2y = 45 \\ y = 0 \end{cases}$

$(0, 25)$ $(5, 15)$ $(15, 0)$

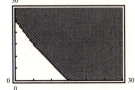

$C = 1.75x + 2.25y$

$(0, 25)$: $C = 1.75(0) + 2.25(25) = 56.25$

$(5, 15)$: $C = 1.75(5) + 2.25(15) = 42.5$

$(15, 0)$: $C = 1.75(15) + 2.25(0) = 26.25$ Minimum value of C

The minimum value of C is 26.25; it occurs at $(15, 0)$.

84. $\begin{cases} x \geq 0 \\ y \geq 0 \\ x + 2y \leq 1500 \\ 5x + 2y \leq 3500 \end{cases}$

Vertices: $\begin{cases} x = 0 \\ y = 0 \end{cases}$ $\begin{cases} x = 0 \\ x + 2y = 1500 \end{cases}$ $\begin{cases} x + 2y = 1500 \\ 5x + 2y = 3500 \end{cases}$ $\begin{cases} 5x + 2y = 3500 \\ y = 0 \end{cases}$

$(0, 0)$ $(0, 750)$ $(500, 500)$ $(700, 0)$

$C = 50x + 70y$

$(0, 0)$: $C = 50(0) + 70(0) = 0$

$(0, 750)$: $C = 50(0) + 70(750) = 52{,}500$

$(500, 500)$: $C = 50(500) + 70(500) = 60{,}000$ Maximum value of C

$(700, 0)$: $C = 50(700) + 70(0) = 35{,}000$

The maximum value of C is 60,000; it occurs at $(500, 500)$.

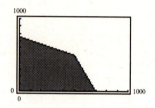

85.

Process	Hours for Product A	Hours for Product B	Hours available per day
I	4	2	24
II	1	2	9

$\begin{cases} 4a + 2b \leq 24 \\ a + 2b \leq 9 \\ a \geq 0 \\ b \geq 0 \end{cases}$

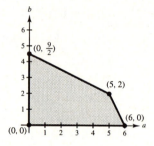

Vertices: $\begin{cases} a = 0 \\ b = 0 \end{cases}$ $\begin{cases} a = 0 \\ a + 2b = 9 \end{cases}$ $\begin{cases} a + 2b = 9 \\ 4a + 2b = 24 \end{cases}$ $\begin{cases} 4a + 2b = 24 \\ b = 0 \end{cases}$

$(0, 0)$ $\left(0, \frac{9}{2}\right)$ $(5, 2)$ $(6, 0)$

$C = 18a + 24b$

$(0, 0)$: $C = 18(0) + 24(0) = 0$

$\left(0, \frac{9}{2}\right)$: $C = 18(0) + 24\left(\frac{9}{2}\right) = 108$

$(5, 2)$: $C = 18(5) + 24(2) = 138$ Maximum value of C

$(6, 0)$: $C = 18(6) + 24(0) = 108$

The maximum profit is $138 when 5 units of product A and 2 units of product B are produced.

86.

	Units per bag of Brand X	Units per bag of Brand Y	Minimum requirement
Element A	8	2	16
Element B	1	1	5
Element C	2	7	20

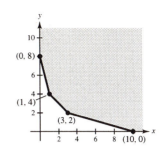

$$\begin{cases} 8x + 2y \geq 16 \\ x + y \geq 5 \\ 2x + 7y \geq 20 \\ x \geq 0 \\ y \geq 0 \end{cases}$$

Vertices: $\begin{cases} x = 0 \\ 8x + 2y = 16 \end{cases}$ $\begin{cases} 8x + 2y = 16 \\ x + y = 5 \end{cases}$ $\begin{cases} x + y = 5 \\ 2x + 7y = 20 \end{cases}$ $\begin{cases} 2x + 7y = 20 \\ y = 0 \end{cases}$

$(0, 8)$ $\qquad$ $(1, 4)$ $\qquad$ $(3, 2)$ $\qquad$ $(10, 0)$

$C = 15x + 30y$

$(0, 8)$: $C = 15(0) + 30(8) = 240$

$(1, 4)$: $C = 15(1) + 30(4) = 135$

$(3, 2)$: $C = 15(3) + 30(2) = 105$ $\qquad$ Minimum value of C

$(10, 0)$: $C = 15(10) + 30(0) = 150$

Thus, 3 bags of brand X and 2 bags of brand Y should be mixed for a minimum cost of $105.

Chapter Test for Chapter 4

1. $\begin{cases} 5x - y = 6 \Rightarrow -y = -5x + 6 \Rightarrow y = 5x - 6 \\ 4x - 3y = -4 \end{cases}$

$\qquad\qquad 4x - 3y = -4$

$4x - 3(5x - 6) = -4$

$4x - 15x + 18 = -4$

$-11x + 18 = -4$

$-11x = -22$

$x = 2$ $\quad$ and $\quad$ $y = 5(2) - 6$

$\qquad\qquad\qquad\qquad y = 10 - 6$

$\qquad\qquad\qquad\qquad y = 4$

$(2, 4)$

2. The solution is $(5, 4)$.

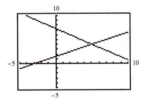

3. $\begin{cases} x + 2y - 4z = 0 \\ 3x + y - 2z = 5 \\ 3x - y + 2z = 7 \end{cases}$

$\begin{cases} x + 2y - 4z = 0 \\ -5y + 10z = 5 \quad (-3)\text{Eqn. 1} + \text{Eqn. 2} \\ -7y + 14z = 7 \quad (-3)\text{Eqn. 1} + \text{Eqn. 3} \end{cases}$

$\begin{cases} x + 2y - 4z = 0 \\ y - 2z = -1 \quad (-1/5)\text{Eqn. 2} \\ -7y + 14z = 7 \end{cases}$

$\begin{cases} x + 2y - 4z = 0 \\ y - 2z = -1 \\ 0 = 0 \quad (7)\text{Eqn. 2} + \text{Eqn. 3} \end{cases}$

The system has *infinitely* many solutions. Let $z = a$.

$y - 2z = -1 \qquad\qquad x + 2y - 4z = 0$
$y - 2a = -1 \qquad\qquad x + 2(2a - 1) - 4a = 0$
$y = 2a - 1 \qquad\qquad x + 4a - 2 - 4a = 0$
$\qquad\qquad\qquad\qquad\qquad x = 2$

$(2, 2a - 1, a)$

4. $\begin{bmatrix} 1 & -3 & 1 & \vdots & -3 \\ 3 & 2 & -5 & \vdots & 18 \\ 0 & 1 & 1 & \vdots & -1 \end{bmatrix}$

$-3R_1 + R_2 \begin{bmatrix} 1 & -3 & 1 & \vdots & -3 \\ 0 & 11 & -8 & \vdots & 27 \\ 0 & 1 & 1 & \vdots & -1 \end{bmatrix}$

$\begin{matrix} R_3 \\ R_2 \end{matrix} \begin{bmatrix} 1 & -3 & 1 & \vdots & -3 \\ 0 & 1 & 1 & \vdots & -1 \\ 0 & 11 & -8 & \vdots & 27 \end{bmatrix}$

$-11R_2 + R_3 \begin{bmatrix} 1 & -3 & 1 & \vdots & -3 \\ 0 & 1 & 1 & \vdots & -1 \\ 0 & 0 & -19 & \vdots & 38 \end{bmatrix}$

$-\tfrac{1}{19}R_3 \begin{bmatrix} 1 & -3 & 1 & \vdots & -3 \\ 0 & 1 & 1 & \vdots & -1 \\ 0 & 0 & 1 & \vdots & -2 \end{bmatrix}$

$\begin{cases} x - 3y + z = -3 \\ y + z = -1 \\ z = -2 \end{cases}$

$y + (-2) = -1 \qquad x - 3(1) + (-2) = -3$
$y = 1 \qquad\qquad\qquad x - 5 = -3$
$\qquad\qquad\qquad\qquad\qquad x = 2$

$(2, 1, -2)$

5. $\begin{cases} 2x - 7y = 7 \\ 3x + 7y = 13 \end{cases}$

$D = \begin{vmatrix} 2 & -7 \\ 3 & 7 \end{vmatrix} = 14 - (-21) = 35$

$x = \dfrac{D_x}{D} = \dfrac{\begin{vmatrix} 7 & -7 \\ 13 & 7 \end{vmatrix}}{35} = \dfrac{49 - (-91)}{35} = \dfrac{140}{35} = 4$

$y = \dfrac{D_y}{D} = \dfrac{\begin{vmatrix} 2 & 7 \\ 3 & 13 \end{vmatrix}}{35} = \dfrac{26 - 21}{35} = \dfrac{-5}{-35} = \dfrac{1}{7}$

$\left(4, \dfrac{1}{7}\right)$

6. $D = \begin{vmatrix} 4 & 1 & 2 \\ 0 & 3 & 1 \\ -3 & 1 & -3 \end{vmatrix} = -25$

$x = \dfrac{D_x}{D} = \dfrac{\begin{vmatrix} -4 & 1 & 2 \\ 8 & 3 & 1 \\ 5 & 1 & -3 \end{vmatrix}}{-25} = \dfrac{55}{-25} = -\dfrac{11}{5}$

$y = \dfrac{D_y}{D} = \dfrac{\begin{vmatrix} 4 & -4 & 2 \\ 0 & 8 & 1 \\ -3 & 5 & -3 \end{vmatrix}}{-25} = \dfrac{-56}{-25} = \dfrac{56}{25}$

$z = \dfrac{D_z}{D} = \dfrac{\begin{vmatrix} 4 & 1 & -4 \\ 0 & 3 & 8 \\ -3 & 1 & 5 \end{vmatrix}}{-25} = \dfrac{-32}{-25} = \dfrac{32}{25}$

$\left(-\dfrac{11}{5}, \dfrac{56}{25}, \dfrac{32}{25}\right)$

7. $\begin{vmatrix} 3 & -2 & 0 \\ -1 & 5 & 3 \\ 2 & 7 & 1 \end{vmatrix} = 3\begin{vmatrix} 5 & 3 \\ 7 & 1 \end{vmatrix} - (-2)\begin{vmatrix} -1 & 3 \\ 2 & 1 \end{vmatrix} + 0$

$= 3(-16) + 2(-7) + 0$
$= -48 - 14$
$= -62$

8. $y = ax^2 + bx + c$

(0, 4): $4 = a(0)^2 + b(0) + c \Rightarrow \quad c = 4$

(1, 3): $3 = a(1)^2 + b(1) + c \Rightarrow a + b + c = 3$

(2, 6): $6 = a(2)^2 + b(2) + c \Rightarrow 4a + 2b + c = 6$

$$\begin{cases} a + b + c = 3 \\ 4a + 2b + c = 6 \\ \phantom{4a + 2b + {}} c = 4 \end{cases}$$

$$\begin{cases} a + b + c = 3 \\ \phantom{a + {}} -2b - 3c = -6 \qquad (-4)\text{Eqn. 1 + Eqn. 2} \\ \phantom{a + b + {}} c = 4 \end{cases}$$

$$\begin{cases} a + b + c = 3 \\ \phantom{a + {}} b + \tfrac{3}{2}c = 3 \qquad (-1/2)\text{Eqn. 2} \\ \phantom{a + b + {}} c = 4 \end{cases}$$

$b + \tfrac{3}{2}(4) = 3 \qquad a + (-3) + 4 = 3$

$b + 6 = 3 \qquad\qquad a + 1 = 3$

$b = -3 \qquad\qquad\quad a = 2$

$(2, -3, 4)$

$y = 2x^2 - 3x + 4$

9. (0, 0), (5, 4), (6, 0)

$\begin{vmatrix} x_1 & y_1 & 1 \\ x_2 & y_2 & 1 \\ x_3 & y_3 & 1 \end{vmatrix} = \begin{vmatrix} 0 & 0 & 1 \\ 5 & 4 & 1 \\ 6 & 0 & 1 \end{vmatrix} = 0 - 0 + 1\begin{vmatrix} 5 & 4 \\ 6 & 0 \end{vmatrix}$

$ = 0 - 0 + 1(-24)$

$ = -24$

$A = -\tfrac{1}{2}(-24) = 12$

10. $x + 2y \le 4$

$2y \le -x + 4$

$y \le -\tfrac{1}{2}x + 2$

11. $\begin{cases} 3x - y < 4 \\ x > 0 \\ \phantom{3x - {}}y > 0 \end{cases}$

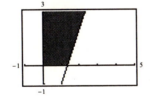

12. $\begin{cases} x + y < 6 \\ 2x + 3y > 9 \\ x \ge 0 \\ y \ge 0 \end{cases}$

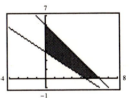

13. $C = 5x + 11y$

(0, 0): $C = 5(0) + 11(0) = 0$ \qquad Minimum value of C

(0, 4): $C = 5(0) + 11(4) = 44$

(3, 3): $C = 5(3) + 11(3) = 48$ \qquad Maximum value of C

(5, 0): $C = 5(5) + 11(0) = 25$

The minimum value of C is 0; it occurs at (0, 0). The maximum value of C is 48; it occurs at (3, 3).

14. *Verbal Model:* $\boxed{\text{Distance driven by first person}} + \boxed{\text{Distance driven by second person}} = 200$

$\boxed{\text{Distance driven by first person}} = 4 \boxed{\text{Distance driven by second person}}$

Labels: Distance driven by first person $= x$ (miles)

Distance driven by second person $= y$ (miles)

Equations: $\begin{cases} x + y = 200 \\ x = 4y \end{cases}$

$x + y = 200$

$(4y) + y = 200$

$5y = 200$

$y = 40 \quad \text{and} \quad x = 4(40)$

$x = 160$

(160, 40)

Thus, one person drives 160 miles and the other person drives 40 miles.

Cumulative Test for Chapters 1–4

1. $(-3a^5)^2 \cdot (-6a^8) = (-3)^2 a^{5 \cdot 2}(-6)a^8$
$= 9(-6)a^{10+8}$
$= -54a^{18}$

2. $\dfrac{(2x^3y)^4}{6x^2y^3} = \dfrac{2^4 x^{3 \cdot 4} y^4}{6x^2y^3}$
$= \dfrac{16x^{12}y^4}{6x^2y^3}$
$= \dfrac{8x^{12-2}y^{4-3}}{3}$
$= \dfrac{8x^{10}y}{3} \text{ or } \dfrac{8}{3}x^{10}y$

3. $x^3 - 3x^2 - x + 3 = (x^3 - 3x^2) + (-x + 3)$
$= x^2(x - 3) - 1(x - 3)$
$= (x - 3)(x^2 - 1)$
$= (x - 3)(x + 1)(x - 1)$

4. $y^3 - 64 = y^3 - 4^3$
$= (y - 4)(y^2 + 4y + 16)$

5. $x + \dfrac{x}{2} = 4$

$2\left(x + \dfrac{x}{2}\right) = 2(4)$

$2x + x = 8$

$3x = 8$

$x = \dfrac{8}{3}$

6. $8(x - 1) + 14 = 3(x + 7)$

$8x - 8 + 14 = 3x + 21$

$8x + 6 = 3x + 21$

$5x + 6 = 21$

$5x = 15$

$x = 3$

7. $x^2 + x - 42 = 0$

$(x + 7)(x - 6) = 0$

$x + 7 = 0 \Longrightarrow x = -7$

$x - 6 = 0 \Longrightarrow x = 6$

8. (a) $g(x) = x^5 - 2$
Vertical shift two units downward

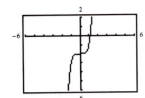

(b) $g(x) = (x - 2)^5$
Horizontal shift two units to the right

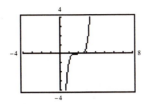

(c) $g(x) = -x^5$
Reflection in the x-axis

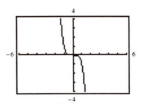

9. (a) $2(\text{Length}) + 2(\text{Width}) = \text{Perimeter}$

$$2x + 2y = 500$$
$$2y = 500 - 2x$$
$$y = 250 - x$$

(b) $\text{Area} = (\text{Length})(\text{Width})$

$$A = xy$$
$$A = x(250 - x)$$

10. $5x - y = 8$

$$-y = -5x + 8$$
$$y = 5x - 8$$

$m = 5$ and slope of parallel line is 5.
Point: $(7, -2)$
Slope: $m = 5$

$$y - y_1 = m(x - x_1)$$
$$y - (-2) = 5(x - 7)$$
$$y + 2 = 5x - 35$$
$$y = 5x - 37$$

11. $-16 < 6x + 2 \leq 5$

$$-18 < 6x \leq 3$$
$$-3 < x \leq \tfrac{1}{2}$$

12.

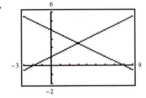

From the graph, the solution appears to be $\left(3, \tfrac{5}{2}\right)$.

$$x + 2y = 8 \implies -2x - 4y = -16$$
$$2x - 4y = -4 \implies 2x - 4y = -4$$
$$-8y = -20$$
$$y = \tfrac{-20}{-8}$$
$$y = \tfrac{5}{2} \quad \text{and} \quad x + 2\left(\tfrac{5}{2}\right) = 8$$
$$x + 5 = 8$$
$$x = 3$$

$\left(3, \tfrac{5}{2}\right)$

13.

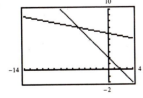

From the graph, the solution appears to be $(-5, 7)$.

$$x + y = 2 \implies x + y = 2$$
$$0.2x + y = 6 \implies -0.2x - y = -6$$
$$0.8x = -4$$
$$x = \tfrac{-4}{0.8}$$
$$x = -5 \quad \text{and} \quad (-5) + y = 2$$
$$y = 7$$

$(-5, 7)$

14. $\begin{cases} 2x + y - 2z = 1 \\ x \quad\quad - z = 1 \\ 3x + 3y + z = 12 \end{cases}$

$\begin{cases} x \quad\quad - z = 1 \\ 2x + y - 2z = 1 \\ 3x + 3y + z = 12 \end{cases}$ Interchange Eqn. 1 and Eqn. 2

$\begin{cases} x \quad\quad - z = 1 \\ \quad\; y \quad\quad = -1 \\ \quad\; 3y + 4z = 9 \end{cases}$ (-2)Eqn. 1 + Eqn. 2
(-3)Eqn. 1 + Eqn. 3

$\begin{cases} x \quad\quad - z = 1 \\ \quad\; y \quad\quad = -1 \\ \quad\quad\quad\; 4z = 12 \end{cases}$ (-3)Eqn. 2 + Eqn. 3

$\begin{cases} x \quad\quad - z = 1 \\ \quad\; y \quad\quad = -1 \\ \quad\quad\quad\;\; z = 3 \end{cases}$ $\left(\frac{1}{4}\right)$Eqn. 3

$x - 3 = 1$
$\quad\; x = 4$

$(4, -1, 3)$

CHAPTER 5
Radicals and Complex Numbers

Section 5.1 Integer Exponents and Scientific Notation 218

Section 5.2 Rational Exponents and Radicals 221

Section 5.3 Simplyifying and Combining Radicals 223

Mid-Chapter Quiz 226

Section 5.4 Multiplying and Dividing Radicals 228

Section 5.5 Solving Radical Equations 231

Section 5.6 Complex Numbers 236

Review Exercises 240

Chapter Test 247

Cumulative Test for Chapters 1-5 249

CHAPTER 5
Radicals and Complex Numbers

Section 5.1 Integer Exponents and Scientific Notation
Solutions to Odd-Numbered Exercises

1. $(-2x)^4 = (-2)^4 x^4 = 16x^4$
   $(-2x)^4 \neq -2x^4$
   In the first expression, the base of the exponent is $-2x$, but in the second expression, the base of the exponent is x.

3. $5^{-2} = \dfrac{1}{5^2} = \dfrac{1}{25}$

5. $-10^{-3} = -\dfrac{1}{10^3} = -\dfrac{1}{1000}$

7. $(-3)^{-5} = \dfrac{1}{(-3)^5} = \dfrac{1}{-243} = -\dfrac{1}{243}$

9. $\dfrac{1}{4^{-3}} = 1 \cdot 4^3 = 64$

11. $\dfrac{1}{(-2)^{-5}} = 1 \cdot (-2)^5 = -32$

13. $\left(\dfrac{2}{3}\right)^{-1} = \left(\dfrac{3}{2}\right)^1 = \dfrac{3}{2}$

15. $\left(\dfrac{3}{16}\right)^0 = 1$

17. $27 \cdot 3^{-3} = 27\left(\dfrac{1}{3^3}\right) = 27\left(\dfrac{1}{27}\right) = 1$

19. $\dfrac{3^4}{3^{-2}} = 3^4 \cdot 3^2 = 3^6 = 729$

21. $\dfrac{10^3}{10^{-2}} = 10^3 \cdot 10^2 = 10^5 = 100{,}000$

23. $(4^2 \cdot 4^{-1})^{-2} = (4^1)^{-2}$
    $= 4^{-2} = \dfrac{1}{4^2} = \dfrac{1}{16}$
    or
    $(4^2 \cdot 4^{-1})^{-2} = 4^{-4} \cdot 4^2$
    $= 4^{-2} = \dfrac{1}{16}$

25. $(2^{-3})^2 = 2^{-6} = \dfrac{1}{2^6} = \dfrac{1}{64}$

27. $2^{-3} + 2^{-4} = \dfrac{1}{2^3} + \dfrac{1}{2^4}$
    $= \dfrac{1}{8} + \dfrac{1}{16}$
    $= \dfrac{2}{16} + \dfrac{1}{16}$
    $= \dfrac{3}{16}$

29. $\left(\dfrac{3}{4} + \dfrac{5}{8}\right)^{-2} = \left(\dfrac{6}{8} + \dfrac{5}{8}\right)^{-2} = \left(\dfrac{11}{8}\right)^{-2} = \left(\dfrac{8}{11}\right)^2 = \dfrac{64}{121}$

31. $(5^0 - 4^{-2})^{-1} = \left(1 - \dfrac{1}{4^2}\right)^{-1} = \left(\dfrac{16}{16} - \dfrac{1}{16}\right)^{-1}$
    $= \left(\dfrac{15}{16}\right)^{-1} = \dfrac{16}{15}$

33. $y^4 \cdot y^{-2} = y^{4+(-2)} = y^2$ or $y^4 \cdot y^{-2} = \dfrac{y^4}{y^2} = y^2$

35. $z^5 \cdot z^{-3} = z^{5+(-3)}$ or $z^5 \cdot z^{-3} = \dfrac{z^5}{z^2}$
    $= z^2$ $\qquad = z^{5-3}$
    $\qquad\qquad = z^2$

37. $\dfrac{1}{x^{-6}} = x^6$

39. $\dfrac{a^{-6}}{a^{-7}} = \dfrac{a^7}{a^6} = a^{7-6} = a$ or $\dfrac{a^{-6}}{a^{-7}} = a^{-6-(-7)} = a^{-6+7} = a$

41. $\dfrac{(4t)^0}{t^{-2}} = \dfrac{1}{t^{-2}} = t^2$

43. $(2x^2)^{-2} = 2^{-2}x^{-4} = \dfrac{1}{2^2 x^4} = \dfrac{1}{4x^4}$

45. $(-3x^{-3}y^2)(4x^2 y^{-5}) = -12x^{-1}y^{-3} = -\dfrac{12}{xy^3}$

47. $(3x^2 y^{-2})^{-2} = 3^{-2}x^{-4}y^4 = \dfrac{y^4}{3^2 x^4} = \dfrac{y^4}{9x^4}$

49. $\dfrac{6^2 x^3 y^{-3}}{12x^{-2}y} = \dfrac{36x^3 x^2}{12y^3 y} = \dfrac{3x^5}{y^4}$

51. $\left(\dfrac{3u^2 v^{-1}}{3^3 u^{-1} v^3}\right)^{-2} = \left(\dfrac{u^3}{3^2 v^4}\right)^{-2} = \left(\dfrac{9v^4}{u^3}\right)^2 = \dfrac{81v^8}{u^6}$

or

$\left(\dfrac{3u^2 v^{-1}}{3^3 u^{-1} v^3}\right)^{-2} = \dfrac{3^{-2} u^{-4} v^2}{3^{-6} u^2 v^{-6}} = \dfrac{3^6 v^2 v^6}{3^2 u^2 u^4} = \dfrac{3^4 v^8}{u^6} = \dfrac{81v^8}{u^6}$

53. $[(2x^{-3}y^{-2})^2]^{-2} = (2x^{-3}y^{-2})^{-4}$
$\qquad = 2^{-4} x^{12} y^8 = \dfrac{x^{12} y^8}{16}$

55. $(4m)^3 \left(\dfrac{4}{3m}\right)^{-2} = 4^3 m^3 \cdot \dfrac{4^{-2}}{3^{-2} m^{-2}}$
$\qquad = 4^3 m^3 \cdot \dfrac{3^2 m^2}{4^2}$
$\qquad = \dfrac{64(9)m^3 m^2}{16}$
$\qquad = \dfrac{\cancel{16}(4)(9)m^{3+2}}{\cancel{16}}$
$\qquad = 36m^5$

57. $(5x^2 y^4)^3 (xy^{-5})^{-3} = 5^3 x^{2\cdot 3} y^{4 \cdot 3} \cdot x^{-3} y^{-5(-3)}$
$\qquad = 125 x^6 y^{12} \cdot x^{-3} y^{15}$
$\qquad = 125 x^{6 + (-3)} y^{12+15}$
$\qquad = 125 x^3 y^{27}$

59. $\left(\dfrac{x}{10}\right)^{-1} = \left(\dfrac{10}{x}\right)^1 = \dfrac{10}{x}$

61. $\left(\dfrac{a^{-2}}{b^{-2}}\right)\left(\dfrac{b}{a}\right)^3 = \left(\dfrac{b^2}{a^2}\right)\left(\dfrac{b^3}{a^3}\right) = \dfrac{b^5}{a^5}$

63. $[(x^{-4}y^{-6})^{-1}]^2 = [x^{-4}y^{-6}]^{-2} = x^8 y^{12}$

or

$[(x^{-4}y^{-6})^{-1}]^2 = (x^4 y^6)^2 = x^8 y^{12}$

65. $\dfrac{(2a^{-2}b^4)^3}{(10a^3 b)^2} = \dfrac{2^3 a^{-2(3)} b^{4(3)}}{10^2 a^{3(2)} b^2}$
$\qquad = \dfrac{8 a^{-6} b^{12}}{100 a^6 b^2}$
$\qquad = \dfrac{\cancel{4}(2) b^{12}}{\cancel{4}(25) a^6 a^6 b^2}$
$\qquad = \dfrac{2 b^{12-2}}{25 a^{6+6}}$
$\qquad = \dfrac{2 b^{10}}{25 a^{12}}$

67. $(2x^3 y^{-1})^{-3}(4xy^{-6}) = 2^{-3} x^{3(-3)} y^{-1(-3)} \cdot 4xy^{-6}$
$\qquad = 2^{-3} x^{-9} y^3 \cdot 4xy^{-6}$
$\qquad = \dfrac{4xy^3}{2^3 x^9 y^6}$
$\qquad = \dfrac{4}{8x^8 y^3}$
$\qquad = \dfrac{1}{2x^8 y^3}$

69. Area = (Length)(Width) = $(4x^4)(x^4) = 4x^8$

71. $3{,}600{,}000 = 3.6 \times 10^6$

73. $0.00381 = 3.81 \times 10^{-3}$

75. $57{,}500{,}000 = 5.75 \times 10^7$

77. $9{,}461{,}000{,}000{,}000{,}000 = 9.461 \times 10^{15}$

79. $0.0000899 = 8.99 \times 10^{-5}$

81. $6 \times 10^7 = 60{,}000{,}000$

83. $1.359 \times 10^{-7} = 0.0000001359$

85. $\$9.36 \times 10^{10} = \$93{,}600{,}000{,}000$

87. $1.3 \times 10^7 = 13{,}000{,}000$

89. $4.8 \times 10^{-10} = 0.00000000048$

91. $(2 \times 10^9)(3.4 \times 10^{-4}) = 6.8 \times 10^5$

93. $\dfrac{3.6 \times 10^9}{9 \times 10^5} = 0.4 \times 10^4$

$\phantom{\dfrac{3.6 \times 10^9}{9 \times 10^5}} = 4 \times 10^3$

95. $(4{,}500{,}000)(2{,}000{,}000{,}000) = (4.5 \times 10^6)(2 \times 10^9)$

$\phantom{(4{,}500{,}000)(2{,}000{,}000{,}000)} = 9 \times 10^{15}$

97. $(6.5 \times 10^6)(2 \times 10^4) = 13 \times 10^{10}$

$ = 1.3 \times 10^{11}$

99. $\dfrac{3.6 \times 10^{12}}{6 \times 10^5} = 0.6 \times 10^7$

$\phantom{\dfrac{3.6 \times 10^{12}}{6 \times 10^5}} = 6 \times 10^6$

101. $\dfrac{1.357 \times 10^{12}}{(4.2 \times 10^2)(6.87 \times 10^{-3})} \approx 4.70 \times 10^{11}$

Keystrokes:

1.357 [EXP] 12 [÷] [(] 4.2 [EXP] 2 [×] 6.87 [EXP] [+/−] 3 [)] [=] Scientific

1.357 [EE] 12 [÷] [(] 4.2 [EE] 2 [×] 6.87 [EE] [(−)] 3 [)] [ENTER] Graphing

103. $\dfrac{(0.0000565)(2{,}850{,}000{,}000{,}000)}{0.00465} = \dfrac{(5.65 \times 10^{-5})(2.85 \times 10^{12})}{4.65 \times 10^{-3}} \approx 3.46 \times 10^{10}$

Keystrokes:

5.65 [EXP] [+/−] 5 [×] 2.85 [EXP] 12 [÷] 4.65 [EXP] [+/−] 3 [=] Scientific

5.65 [EE] [(−)] 5 [×] 2.85 [EE] 12 [÷] 4.65 [EE] [(−)] 3 [ENTER] Graphing

105. $\dfrac{1.49 \times 10^{11}}{9.45 \times 10^{15}} \approx 0.158 \times 10^{-4}$ or 1.58×10^{-5} years

$\approx (0.0000158)(365)$ days

$\approx (0.0000158)(365)(24)$ hours

$\approx (0.0000158)(365)(24)(60)$ minutes

≈ 8.3 minutes

107. $\dfrac{1.99 \times 10^{30}}{5.975 \times 10^{24}} \approx 0.333 \times 10^6 \approx 3.33 \times 10^5 \approx 333{,}000$

The mass of the sun is approximately 333,000 times the mass of the earth.

Section 5.2 Rational Exponents and Radicals

1. Because $7^2 = 49$, $\boxed{7}$ is a square root of 49.

3. Because $4.2^3 = 74.088$, $\boxed{4.2}$ is a cube root of 74.088.

5. Because $45^2 = 2025$, 45 is a $\boxed{\text{square root}}$ of 2025.

7. If a and b are real numbers, n is an integer greater than one, and $a = b^n$, then b is the nth root of a.

9. $\sqrt{64} = 8$

11. $\sqrt{-100}$ is not a real number.

13. $\sqrt{81} = 9$

15. $-\sqrt{\frac{4}{9}} = -\frac{2}{3}$

17. $\sqrt{0.09} = 0.3$

19. $\sqrt{0.16} = 0.4$

21. $\sqrt{49 - 4(2)(-15)} = \sqrt{49 + 120} = \sqrt{169} = 13$

23. $\sqrt[3]{125} = 5$

25. $\sqrt[3]{1000} = 10$

27. $\sqrt[3]{-\frac{1}{64}} = -\frac{1}{4}$

29. $\sqrt[4]{81} = 3$

31. $-\sqrt[4]{-625}$ is not a real number.

33. $\sqrt[5]{-0.00243} = -0.3$

35. Irrational number

37. Rational number $\left(\sqrt{900} = 30\right)$

39. $16^{1/2} = 4$

41. $27^{2/3} = 9$

43. $\left(\sqrt[4]{256}\right)^3 = 64$ or $\sqrt[4]{256^3} = 64$

45. $25^{1/2} = \sqrt{25} = 5$

47. $-36^{1/2} = -\sqrt{36} = -6$

49. $16^{3/4} = \left(\sqrt[4]{16}\right)^3 = 2^3 = 8$

51. $32^{-2/5} = \frac{1}{32^{2/5}} = \frac{1}{\left(\sqrt[5]{32}\right)^2} = \frac{1}{2^2} = \frac{1}{4}$

53. $\left(\frac{8}{27}\right)^{2/3} = \left(\sqrt[3]{\frac{8}{27}}\right)^2 = \left(\frac{2}{3}\right)^2 = \frac{4}{9}$

55. $\left(\frac{121}{9}\right)^{-1/2} = \left(\frac{9}{121}\right)^{1/2} = \sqrt{\frac{9}{121}} = \frac{3}{11}$

57. $\sqrt{73} \approx 8.5440$

Keystrokes:

73 $\sqrt{}$ Scientific

$\sqrt{}$ 73 ENTER Graphing

59. $\frac{8 - \sqrt{35}}{2} \approx 1.0420$

Keystrokes:

(8 − 35 $\sqrt{}$) ÷ 2 =
Scientific

(8 − $\sqrt{}$ 35) ÷ 2 = ENTER
Graphing

61. $1698^{-3/4} \approx 0.0038$

Keystrokes:

1698 y^x (3 +/− ÷ 4) =
Scientific

1698 ^ ((−) 3 ÷ 4) ENTER
Graphing

63. $\sqrt[4]{342} = 342^{1/4} \approx 4.3004$

Keystrokes:

342 y^x (1 ÷ 4) =
Scientific

342 ^ (1 ÷ 4) ENTER
Graphing

65. $\sqrt[3]{545^2} \approx 66.7213$

Keystrokes:

545 y^x (2 ÷ 3) =
Scientific

545 ^ (2 ÷ 3) ENTER
Graphing

67. $\sqrt{t^2} = |t|$

69. $\sqrt[3]{y^9} = (y^9)^{1/3} = y^3$

71. $\sqrt[3]{t^6} = (t^6)^{1/3} = t^2$

73. $\sqrt{x^8} = (x^8)^{1/2} = x^4$

75. $(3^{1/4} \cdot 3^{3/4}) = 3^{1/4 + 3/4} = 3^1 = 3$

77. $\frac{2^{1/5}}{2^{6/5}} = 2^{1/5 - 6/5} = 2^{-1} = \frac{1}{2}$

79. $\left(\frac{2}{3}\right)^{5/3} \cdot \left(\frac{2}{3}\right)^{1/3} = \left(\frac{2}{3}\right)^{5/3 + 1/3}$

$= \left(\frac{2}{3}\right)^{6/3}$

$= \left(\frac{2}{3}\right)^{2}$

$= \frac{4}{9}$

81. $x^{2/3} \cdot x^{7/3} = x^{(2/3) + (7/3)}$

$= x^{9/3} = x^3$

83. $(3x^{-1/3}y^{3/4})^2 = 3^2 x^{(-1/3)2} y^{(3/4)2}$

$= 9x^{-2/3}y^{3/2}$

$= \frac{9y^{3/2}}{x^{2/3}}$

85. $\frac{18y^{4/3}z^{-1/3}}{24y^{-2/3}z} = \frac{18y^{4/3}y^{2/3}}{24z^{1/3}z} = \frac{18y^{(4/3)+(2/3)}}{24z^{1+(1/3)}}$

$= \frac{\cancel{6}(3)y^{6/3}}{\cancel{6}(4)z^{4/3}} = \frac{3y^2}{4z^{4/3}}$

87. $\left(\frac{x^{1/4}}{x^{1/6}}\right)^3 = (x^{(1/4) - (1/6)})^3 = (x^{(3/12) - (2/12)})^3$

$= (x^{1/12})^3 = x^{(1/12)3} = x^{3/12} = x^{1/4}$

89. $(c^{2/3})^{1/3} = c^{(3/2)(1/3)}$

$= c^{3/6} = c^{1/2}$

91. $\frac{x^{4/3}y^{2/3}}{(xy)^{1/3}} = \frac{x^{4/3}y^{2/3}}{x^{1/3}y^{1/3}}$

$= x^{4/3 - 1/3}y^{2/3 - 1/3}$

$= x^1 y^{1/3}$

$= xy^{1/3}$

93. $\sqrt{\sqrt[4]{y}} = \sqrt{y^{1/4}} = (y^{1/4})^{1/2}$

$= y^{(1/4)(1/2)} = y^{1/8}$ or $\sqrt[8]{y}$

95. Domain: All real numbers $x \geq 0$ or $[0, \infty)$

97. Domain: All real numbers $x > 0$ or $(0, \infty)$

99. $y = \dfrac{5}{\sqrt[4]{x^3}}$

Domain: All real numbers $x > 0$.

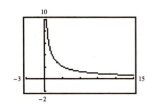

101. $g(x) = 2x^{3/5}$

Domain: All real numbers x

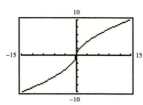

103. $x^{1/2}(2x - 3) = 2x^{(1/2) + 1} - 3x^{1/2} = 2x^{3/2} - 3x^{1/2}$

105. $y^{-1/3}(y^{1/3} + 5y^{4/3}) = y^{(-1/3) + (1/3)} + 5y^{(-1/3) + (4/3)}$

$= y^0 + 5y^{3/3} = 1 + 5y$

107. $r = 1 - \left(\dfrac{S}{C}\right)^{1/n}$

$r = 1 - \left(\dfrac{25{,}000}{75{,}000}\right)^{1/8} = 1 - \left(\dfrac{1}{3}\right)^{1/8}$

$r \approx 0.128 \approx 12.8\%$

The annual depreciation rate is approximately 12.8%.

109. $\sqrt[3]{2197} = 13$

The inside dimensions of the oven are 13 in. × 13 in. × 13 in.

111. $0.03\sqrt{v} = 0.03\sqrt{\frac{3}{4}} = 0.03\sqrt{0.75} \approx 0.026$ in.

113. If $x < 0$, $\sqrt{x^2} \neq x$.

Note: $\sqrt{x^2} = \begin{cases} x, & x \geq 0 \\ -x, & x < 0 \end{cases}$

Section 5.3　Simplifying and Combining Radicals

1. $\sqrt{3} \cdot \sqrt{10} = \sqrt{30}$

3. $\sqrt[3]{11} \cdot \sqrt[3]{10} = \sqrt[3]{110}$

5. $\dfrac{\sqrt{15}}{\sqrt{31}} = \sqrt{\dfrac{15}{31}}$

7. $\dfrac{\sqrt[5]{152}}{\sqrt[5]{3}} = \sqrt[5]{\dfrac{152}{3}}$

9. $\sqrt{9 \cdot 35} = 3\sqrt{35}$

11. $\sqrt[4]{81 \cdot 11} = 3\sqrt[4]{11}$

13. $\sqrt{\dfrac{35}{9}} = \dfrac{\sqrt{35}}{3}$

15. $\sqrt[3]{\dfrac{11}{1000}} = \dfrac{\sqrt[3]{11}}{10}$

17. $\sqrt{20} = \sqrt{4 \cdot 5}$
    $= \sqrt{2^2 \cdot 5}$
    $= 2\sqrt{5}$

19. $\sqrt{27} = \sqrt{9 \cdot 3}$
    $= \sqrt{3^2 \cdot 3}$
    $= 3\sqrt{3}$

21. $\sqrt{0.04} = 0.2$

23. $\sqrt[3]{24} = \sqrt[3]{8 \cdot 3}$
    $= \sqrt[3]{2^3 \cdot 3}$
    $= 2\sqrt[3]{3}$

25. $\sqrt[4]{30{,}000} = \sqrt[4]{10{,}000 \cdot 3}$
    $= \sqrt[4]{10^4 \cdot 3}$
    $= 10\sqrt[4]{3}$

27. $\sqrt{\dfrac{15}{4}} = \dfrac{\sqrt{15}}{2}$

29. $\sqrt[3]{\dfrac{35}{64}} = \dfrac{\sqrt[3]{35}}{4}$

31. $\sqrt[5]{\dfrac{15}{243}} = \dfrac{\sqrt[5]{15}}{3}$

33. $\sqrt{4 \times 10^{-4}} = \sqrt{0.0004} = 0.02$

35. $\sqrt[3]{2.4 \times 10^6} = \sqrt[3]{2{,}400{,}000}$
    $= \sqrt[3]{2^3 \cdot 3 \cdot 10^3 \cdot 10^2}$
    $= 2(10)\sqrt[3]{3(100)}$
    $= 20\sqrt[3]{300}$

37. $\sqrt[5]{3 \times 10^5} = 10\sqrt[5]{3}$

39. $\sqrt{9x^5} = \sqrt{3^2 x^4 (x)}$
    $= 3x^2 \sqrt{x}$

41. $\sqrt{48y^4} = \sqrt{4^2 \cdot 3 y^4}$
    $= 4y^2 \sqrt{3}$

43. $\sqrt[3]{x^4 y^3} = \sqrt[3]{x^3 y^3 (x)} = xy\sqrt[3]{x}$

45. $\sqrt[5]{32x^5 y^6} = \sqrt[5]{2^5 x^5 y^5 (y)} = 2xy\sqrt[5]{y}$

47. $\sqrt{\dfrac{13}{25}} = \dfrac{\sqrt{13}}{5}$

49. $\sqrt[5]{\dfrac{32x^2}{y^5}} = \dfrac{\sqrt[5]{2^5(x^2)}}{\sqrt[5]{y^5}} = \dfrac{2\sqrt[5]{x^2}}{y}$

51. $\sqrt[3]{\dfrac{54a^4}{b^9}} = \dfrac{\sqrt[3]{27a^3 (2a)}}{\sqrt[3]{b^9}}$
    $= \dfrac{\sqrt[3]{3^3 a^3 (2a)}}{\sqrt[3]{b^9}} = \dfrac{3a\sqrt[3]{2a}}{b^3}$

53. $\sqrt{\dfrac{32a^4}{b^2}} = \dfrac{\sqrt{16a^4(2)}}{\sqrt{b^2}}$
    $= \dfrac{\sqrt{4^2 a^4 (2)}}{\sqrt{b^2}} = \dfrac{4a^2 \sqrt{2}}{|b|}$

55. $\sqrt[4]{(3x^2)^4} = 3x^2$

57. $y_1 = \sqrt{12x^2}$

$y_2 = 2x\sqrt{3}$

$y_1 \neq y_2$ because $\sqrt{12x^2} = 2|x|\sqrt{3}$

From the graphs, you can see that the range of y_1 is $[0, \infty)$, and the range of y_2 is all real numbers.

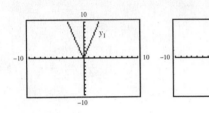

59. $y_1 = \sqrt[3]{16x^3} = \sqrt[3]{2^3 \cdot 2 \cdot x^3} = 2x\sqrt[3]{2}$

$y_2 = 2x\sqrt[3]{2}$

$y_1 = y_2$

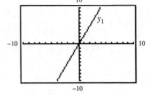 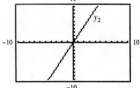

61. $\sqrt{\dfrac{1}{3}} = \dfrac{\sqrt{1}}{\sqrt{3}} = \dfrac{1 \cdot \sqrt{3}}{\sqrt{3} \cdot \sqrt{3}}$

$= \dfrac{\sqrt{3}}{\sqrt{3^2}} = \dfrac{\sqrt{3}}{3}$

63. $\dfrac{12}{\sqrt{3}} = \dfrac{12\sqrt{3}}{\sqrt{3} \cdot \sqrt{3}} = \dfrac{12\sqrt{3}}{\sqrt{3^2}}$

$= \dfrac{12\sqrt{3}}{3} = \dfrac{\cancel{3}(4)\sqrt{3}}{\cancel{3}} = 4\sqrt{3}$

65. $\sqrt[4]{\dfrac{5}{4}} = \dfrac{\sqrt[4]{5}}{\sqrt[4]{2^2}} = \dfrac{\sqrt[4]{5} \cdot \sqrt[4]{2^2}}{\sqrt[4]{2^2} \cdot \sqrt[4]{2^2}}$

$= \dfrac{\sqrt[4]{20}}{\sqrt[4]{2^4}} = \dfrac{\sqrt[4]{20}}{2}$

67. $\dfrac{6}{\sqrt[3]{32}} = \dfrac{6\sqrt[3]{2}}{\sqrt[3]{2^5} \cdot \sqrt[3]{2}} = \dfrac{6\sqrt[3]{2}}{\sqrt[3]{2^6}}$

$= \dfrac{6\sqrt[3]{2}}{2^2} = \dfrac{3(2)\sqrt[3]{2}}{2(2)} = \dfrac{3\sqrt[3]{2}}{2}$

69. $\dfrac{1}{\sqrt{y}} = \dfrac{1\sqrt{y}}{\sqrt{y} \cdot \sqrt{y}} = \dfrac{\sqrt{y}}{\sqrt{y^2}} = \dfrac{\sqrt{y}}{y}$

71. $\sqrt{\dfrac{4}{x}} = \dfrac{\sqrt{4}}{\sqrt{x}} = \dfrac{2 \cdot \sqrt{x}}{\sqrt{x} \cdot \sqrt{x}}$

$= \dfrac{2\sqrt{x}}{\sqrt{x^2}} = \dfrac{2\sqrt{x}}{x}$

73. $\sqrt{\dfrac{4}{x^3}} = \dfrac{\sqrt{4}\sqrt{x}}{\sqrt{x^3}\sqrt{x}} = \dfrac{2\sqrt{x}}{\sqrt{x^4}} = \dfrac{2\sqrt{x}}{x^2}$

75. $\sqrt[3]{\dfrac{2x}{3y}} = \dfrac{\sqrt[3]{2x} \cdot \sqrt[3]{9y^2}}{\sqrt[3]{3y} \cdot \sqrt[3]{9y^2}}$

$= \dfrac{\sqrt[3]{18xy^2}}{\sqrt[3]{3^3 y^3}} = \dfrac{\sqrt[3]{18xy^2}}{3y}$

77. $\dfrac{a^3}{\sqrt[3]{ab^2}} = \dfrac{a^3 \sqrt[3]{a^2 b}}{\sqrt[3]{ab^2} \sqrt[3]{a^2 b}}$

$= \dfrac{a^3 \sqrt[3]{a^2 b}}{\sqrt[3]{a^3 b^3}} = \dfrac{a^3 \sqrt[3]{a^2 b}}{ab}$

$= \dfrac{a^2\cancel{(a)}\sqrt[3]{a^2 b}}{\cancel{a}(b)} = \dfrac{a^2 \sqrt[3]{a^2 b}}{b}$

79. $\dfrac{6}{\sqrt{3b^3}} = \dfrac{6\sqrt{3b}}{\sqrt{3b^3}\sqrt{3b}} = \dfrac{6\sqrt{3b}}{\sqrt{9b^4}}$

$= \dfrac{6\sqrt{3b}}{\sqrt{3^2 b^4}} = \dfrac{6\sqrt{3b}}{3b^2}$

$= \dfrac{\cancel{3}(2)\sqrt{3b}}{\cancel{3}b^2} = \dfrac{2\sqrt{3b}}{b^2}$

81. $y_1 = \sqrt{\dfrac{3}{x}} = \dfrac{\sqrt{3}}{\sqrt{x}} = \dfrac{\sqrt{3}}{\sqrt{x}} \cdot \dfrac{\sqrt{x}}{\sqrt{x}}$

$= \dfrac{\sqrt{3x}}{x} = y_2$

83. $3\sqrt{2} - \sqrt{2} = 2\sqrt{2}$

85. $12\sqrt{8} - 3\sqrt[3]{8} = 12\sqrt{4 \cdot 2} - 3\sqrt[3]{2^3}$

$= 12 \cdot 2\sqrt{2} - 3 \cdot 2$

$= 24\sqrt{2} - 6$

87. $2\sqrt[3]{54} + 12\sqrt[3]{16} = 2\sqrt[3]{27 \cdot 2} + 12\sqrt[3]{8 \cdot 2}$

$= 2 \cdot 3\sqrt[3]{2} + 12 \cdot 2\sqrt[3]{2}$

$= 6\sqrt[3]{2} + 24\sqrt[3]{2} = 30\sqrt[3]{2}$

89. $5\sqrt{9x} - 3\sqrt{x} = 5\sqrt{3^2 x} - 3\sqrt{x}$

$= 5(3)\sqrt{x} - 3\sqrt{x}$

$= 15\sqrt{x} - 3\sqrt{x}$

$= 12\sqrt{x}$

91. $\sqrt{25y} + \sqrt{64y} = \sqrt{5^2 y} + \sqrt{8^2 y}$

$= 5\sqrt{y} + 8\sqrt{y} = 13\sqrt{y}$

93. $10\sqrt[3]{z} - \sqrt[3]{z^4} = 10\sqrt[3]{z} - \sqrt[3]{z^3(z)}$
$= 10\sqrt[3]{z} - z\sqrt[3]{z}$
$= (10 - z)\sqrt[3]{z}$

95. $y_1 = 7\sqrt{x^3} - 2x\sqrt{4x}$
$= 7x\sqrt{x} - 4x\sqrt{x}$
$= 3x\sqrt{x}$
$= y_2$

97. $\sqrt{5} - \dfrac{3}{\sqrt{5}} = \dfrac{\sqrt{5}}{1} - \dfrac{3\sqrt{5}}{\sqrt{5}\cdot\sqrt{5}} = \dfrac{\sqrt{5}}{1} - \dfrac{3\sqrt{5}}{5}$
$= \dfrac{5\sqrt{5}}{5} - \dfrac{3\sqrt{5}}{5} = \dfrac{5\sqrt{5} - 3\sqrt{5}}{5} = \dfrac{2\sqrt{5}}{5}$

99. $\sqrt{20} - \sqrt{\dfrac{1}{5}} = \sqrt{4\cdot 5} - \dfrac{\sqrt{1}}{\sqrt{5}} = \dfrac{2\sqrt{5}}{1} - \dfrac{1\sqrt{5}}{\sqrt{5}\cdot\sqrt{5}}$
$= \dfrac{2\sqrt{5}}{1} - \dfrac{\sqrt{5}}{5} = \dfrac{5\cdot 2\sqrt{5}}{5\cdot 1} - \dfrac{\sqrt{5}}{5}$
$= \dfrac{10\sqrt{5}}{5} - \dfrac{\sqrt{5}}{5} = \dfrac{10\sqrt{5} - \sqrt{5}}{5} = \dfrac{9\sqrt{5}}{5}$

101. $\sqrt{7} + \sqrt{18} = \sqrt{7} + 3\sqrt{2} \approx 6.888$
$\sqrt{7 + 18} = \sqrt{25} = 5$
Thus, $\sqrt{7} + \sqrt{18} > \sqrt{7 + 18}$

103. $\sqrt{3^2 + 2^2} = \sqrt{9 + 4} = \sqrt{13} \approx 3.606$
Thus, $5 > \sqrt{3^2 + 2^2}$

105. $c = \sqrt{a^2 + b^2}$
$c = \sqrt{3^2 + 6^2}$
$c = \sqrt{9 + 36}$
$c = \sqrt{45}$
$c = 3\sqrt{5}$

The length of the hypotenuse is $3\sqrt{5}$.

107. Let $x = $ the length of the hypotenuse of each triangular cut-out.
$c = \sqrt{a^2 + b^2}$
$x = \sqrt{2^2 + 2^2}$
$x = \sqrt{4 + 4}$
$x = \sqrt{8}$
$x = 2\sqrt{2}$

Perimeter = 2 (Length of longest sides) + 4 (Length of each hypotenuse)
Perimeter $= 2(8 - 2\cdot 2) + 4(2\sqrt{2})$
$= 2(4) + 4(2\sqrt{2})$
$= 8 + 8\sqrt{2}$

The perimeter of the remaining piece of plywood is $8 + 8\sqrt{2}$ feet.

109. $T = 2\pi\sqrt{\dfrac{L}{32}}$

$T = 2\pi\sqrt{\dfrac{4}{32}} = 2\pi\sqrt{\dfrac{1}{8}} \approx 2.22$

The period of the pendulum is approximately 2.22 seconds.

Mid-Chapter Quiz for Chapter 5

1. $-12^{-2} = -\dfrac{1}{12^2}$
$= -\dfrac{1}{144}$

2. $\left(\dfrac{3}{4}\right)^{-3} = \dfrac{3^{-3}}{4^{-3}}$
$= \dfrac{4^3}{3^3}$
$= \dfrac{64}{27}$

3. $\sqrt{\dfrac{25}{9}} = \dfrac{\sqrt{25}}{\sqrt{9}}$
$= \dfrac{5}{3}$

4. $(-64)^{2/3} = \left(\sqrt[3]{-64}\right)^2$
$= (-4)^2$
$= 16$

5. $(t^3)^{-1/2}(3t^3) = t^{3(-1/2)}(3)(t^3)$
$= 3t^{-3/2}t^3$
$= 3t^{(-3/2)+3}$
$= 3t^{3/2}$

6. $\dfrac{(10x)^0}{(4x^{-2})^{3/2}} = \dfrac{1}{4^{3/2}x^{(-2)(3/2)}}$
$= \dfrac{1}{(\sqrt{4})^3 x^{-3}}$
$= \dfrac{x^3}{8}$

7. $\dfrac{10u^{-2}}{15u} = \dfrac{5(2)}{5(3)u \cdot u^2}$
$= \dfrac{2}{3u^3}$

8. $(3x^2y^{-1})(4x^{-2}y)^{-2} = \dfrac{3x^2}{y} \cdot 4^{-2}x^{(-2)(-2)}y^{-2}$
$= \dfrac{3x^2}{y} \cdot \dfrac{x^4}{4^2 y^2}$
$= \dfrac{3x^6}{16y^3}$

9. (a) $13{,}400{,}000 = 1.34 \times 10^7$
(b) $0.00075 = 7.5 \times 10^{-4}$

10. (a) $(3 \times 10^3)^4 = 3^4 \times 10^{12}$
$= 81 \times 10^{12}$
$= 8.1 \times 10^{13}$ or $81{,}000{,}000{,}000{,}000$

(b) $\dfrac{3.2 \times 10^4}{16 \times 10^7} = 0.2 \times 10^{-3}$
$= 2 \times 10^{-4}$ or 0.0002

11. (a) $\sqrt{150} = \sqrt{25(6)}$
$= 5\sqrt{6}$
(b) $\sqrt[3]{54} = \sqrt[3]{27(2)}$
$= 3\sqrt[3]{2}$

12. (a) $\sqrt{27x^2} = \sqrt{9x^2} \cdot \sqrt{3}$
$= 3|x|\sqrt{3}$
(b) $\sqrt[4]{81x^6} = \sqrt[4]{81x^4 \cdot x^2}$
$= 3|x|\sqrt[4]{x^2}$ or $3|x|\sqrt{x}$
Note: $\sqrt[4]{x^2} = x^{2/4} = x^{1/2} = \sqrt{x}$

13. (a) $\sqrt[4]{\dfrac{5}{16}} = \dfrac{\sqrt[4]{5}}{\sqrt[4]{16}}$
$= \dfrac{\sqrt[4]{5}}{2}$
(b) $\sqrt{\dfrac{24}{49}} = \dfrac{\sqrt{24}}{\sqrt{49}}$
$= \dfrac{\sqrt{4 \cdot 6}}{7}$
$= \dfrac{2\sqrt{6}}{7}$

14. (a) $\sqrt{\dfrac{40u^3}{9}} = \dfrac{\sqrt{4u^2 \cdot 10u}}{\sqrt{9}}$

$= \dfrac{2u\sqrt{10u}}{3}$

(b) $\sqrt[3]{\dfrac{16}{u^{12}}} = \dfrac{\sqrt[3]{8 \cdot 2}}{\sqrt[3]{u^{12}}}$

$= \dfrac{2\sqrt[3]{2}}{u^4}$

15. (a) $\sqrt{\dfrac{2}{3}} = \dfrac{\sqrt{2}}{\sqrt{3}} \cdot \dfrac{\sqrt{3}}{\sqrt{3}}$

$= \dfrac{\sqrt{6}}{(\sqrt{3})^2}$

$= \dfrac{\sqrt{6}}{3}$

(b) $\dfrac{24}{\sqrt{12}} = \dfrac{24}{\sqrt{12}} \cdot \dfrac{\sqrt{3}}{\sqrt{3}}$

$= \dfrac{24\sqrt{3}}{\sqrt{36}}$

$= \dfrac{4\cancel{(6)}\sqrt{3}}{\cancel{6}}$

$= 4\sqrt{3}$

16. (a) $\dfrac{10}{\sqrt{5x}} = \dfrac{10}{\sqrt{5x}} \cdot \dfrac{\sqrt{5x}}{\sqrt{5x}}$

$= \dfrac{10\sqrt{5x}}{(\sqrt{5x})^2}$

$= \dfrac{10\sqrt{5x}}{5x}$

$= \dfrac{2\cancel{(5)}\sqrt{5x}}{\cancel{5}x}$

$= \dfrac{2\sqrt{5x}}{x}$

(b) $\sqrt[3]{\dfrac{3}{2a}} = \dfrac{\sqrt[3]{3}}{\sqrt[3]{2a}} \cdot \dfrac{\sqrt[3]{4a^2}}{\sqrt[3]{4a^2}}$

$= \dfrac{\sqrt[3]{12a^2}}{\sqrt[3]{8a^3}}$

$= \dfrac{\sqrt[3]{12a^2}}{2a}$

17. $\sqrt{200y} - 3\sqrt{8y} = \sqrt{100 \cdot 2y} - 3\sqrt{4 \cdot 2y}$

$= 10\sqrt{2y} - 3(2)\sqrt{2y}$

$= 10\sqrt{2y} - 6\sqrt{2y}$

$= 4\sqrt{2y}$

18. $6x\sqrt[3]{5x^2} + 2\sqrt[3]{40x^4} = 6x\sqrt[3]{5x^2} + 2\sqrt[3]{8x^3 \cdot 5x}$

$= 6x\sqrt[3]{5x^2} + 2(2x)\sqrt[3]{5x}$

$= 6x\sqrt[3]{5x^2} + 4x\sqrt[3]{5x}$

19. $\sqrt{5^2 + 12^2} = \sqrt{25 + 144}$

$= \sqrt{169}$

$= 13$

20. 97. Let $x =$ the length of the hypotenuse of each triangular cut-out.

$c = \sqrt{a^2 + b^2}$ (Pythagorean Theorem)

$x = \sqrt{2^2 + 2^2}$

$x = \sqrt{4 + 4}$

$x = \sqrt{8}$

$x = \sqrt{4(2)}$

$x = 2\sqrt{2}$

Let $x =$ length of horizontal side,

$y =$ length of vertical side, and

$h =$ length of hypotenuse of triangular cut–out

Perimeter $= 2x + 2y + 4h$

Perimeter $= 2(11 - 2 \cdot 2) + 2(8.5 - 2 \cdot 2) + 4(2\sqrt{2})$

$= 2(7) + 2(4.5) + 4(2\sqrt{2})$

$= 14 + 9 + 8\sqrt{2}$

$= 23 + 8\sqrt{2}$

The perimeter of the remaining piece of paper is $23 + 8\sqrt{2}$ inches.

Section 5.4 Multiplying and Dividing Radicals

1. $\sqrt{2} \cdot \sqrt{8} = \sqrt{16} = 4$

3. $\sqrt{3} \cdot \sqrt{6} = \sqrt{18}$
$= \sqrt{9 \cdot 2}$
$= 3\sqrt{2}$

5. $\sqrt{5}(2 - \sqrt{3}) = 2\sqrt{5} - \sqrt{5}\sqrt{3}$
$= 2\sqrt{5} - \sqrt{15}$

7. $\sqrt{2}(\sqrt{20} + 8) = \sqrt{2}\sqrt{20} + 8\sqrt{2}$
$= \sqrt{40} + 8\sqrt{2}$
$= \sqrt{4 \cdot 10} + 8\sqrt{2}$
$= 2\sqrt{10} + 8\sqrt{2}$

9. $(\sqrt{3} + 2)(\sqrt{3} - 2) = (\sqrt{3})^2 - 2^2$
$= 3 - 4 = -1$

11. $(3 - \sqrt{5})(3 + \sqrt{5}) = 3^2 - (\sqrt{5})^2$
$= 9 - 5$
$= 4$

13. $(2\sqrt{2} + \sqrt{4})(2\sqrt{2} - \sqrt{4}) = (2\sqrt{2})^2 - (\sqrt{4})^2$
$= 4(2) - 4 = 8 - 4 = 4$

15. $(\sqrt{20} + 2)^2 = (\sqrt{20})^2 + 2(\sqrt{20})(2) + 2^2$
$= 20 + 4\sqrt{4 \cdot 5} + 4 = 20 + 4 \cdot 2\sqrt{5} + 4$
$= 24 + 8\sqrt{5}$

17. $(10 + \sqrt{2x})^2 = 10^2 + 2(10)\sqrt{2x} + (\sqrt{2x})^2$
$= 100 + 20\sqrt{2x} + 2x$

19. $\sqrt{y}(\sqrt{y} + 4) = (\sqrt{y})^2 + 4\sqrt{y}$
$= y + 4\sqrt{y}$

21. $(\sqrt{5} + 3)(\sqrt{3} - 5) = \sqrt{5}\sqrt{3} - 5\sqrt{5} + 3\sqrt{3} - 15$
$= \sqrt{15} - 5\sqrt{5} + 3\sqrt{3} - 15$

23. $(9\sqrt{x} + 2)(5\sqrt{x} - 3) = 45(\sqrt{x})^2 - 27\sqrt{x} + 10\sqrt{x} - 6$
$= 45x - 17\sqrt{x} - 6$

25. $(\sqrt{x} + \sqrt{y})(\sqrt{x} - \sqrt{y}) = (\sqrt{x})^2 - (\sqrt{y})^2 = x - y$

27. $\sqrt[3]{4}(\sqrt[3]{2} - 7) = \sqrt[3]{4}\sqrt[3]{2} - 7\sqrt[3]{4} = \sqrt[3]{8} - 7\sqrt[3]{4} = 2 - 7\sqrt[3]{4}$

29. $(\sqrt[3]{2x} + 5)^2 = (\sqrt[3]{2x})^2 + 2(\sqrt[3]{2x})(5) + 5^2$
$= \sqrt[3]{4x^2} + 10\sqrt[3]{2x} + 25$

31. $(\sqrt[3]{2y} + 10)(\sqrt[3]{4y^2} - 10) = \sqrt[3]{2y}\sqrt[3]{4y^2} - 10\sqrt[3]{2y} + 10\sqrt[3]{4y^2} - 100$
$= \sqrt[3]{8y^3} - 10\sqrt[3]{2y} + 10\sqrt[3]{4y^2} - 100$
$= 2y - 10\sqrt[3]{2y} + 10\sqrt[3]{4y^2} - 100$

33. $5x\sqrt{3} + 15\sqrt{3} = 5\sqrt{3}(x + 3)$
The missing factor is $(x + 3)$.

35. $4\sqrt{12} - 2x\sqrt{27} = 4\sqrt{4 \cdot 3} - 2x\sqrt{9 \cdot 3}$
$= 4 \cdot 2\sqrt{3} - 2x \cdot 3\sqrt{3}$
$= 8\sqrt{3} - 6x\sqrt{3}$
$= 2\sqrt{3}(4 - 3x)$
The missing factor is $(4 - 3x)$.

37. $6u^2 + \sqrt{18u^3} = 6u^2 + \sqrt{9u^2(2u)}$
$\phantom{6u^2 + \sqrt{18u^3}} = 6u^2 + 3u\sqrt{2u}$
$\phantom{6u^2 + \sqrt{18u^3}} = 3u(2u + \sqrt{2u})$
The missing factor is $(2u + \sqrt{2u})$.

39. $\dfrac{4 - 8\sqrt{x}}{12} = \dfrac{\cancel{4}(1 - 2\sqrt{x})}{\cancel{4}(3)}$
$\phantom{\dfrac{4 - 8\sqrt{x}}{12}} = \dfrac{1 - 2\sqrt{x}}{3}$

41. $\dfrac{-2y + \sqrt{12y^3}}{8y} = \dfrac{-2y + \sqrt{4y^2(3y)}}{8y}$
$\phantom{\dfrac{-2y + \sqrt{12y^3}}{8y}} = \dfrac{-2y + 2y\sqrt{3y}}{8y}$
$\phantom{\dfrac{-2y + \sqrt{12y^3}}{8y}} = \dfrac{\cancel{2y}(-1 + \sqrt{3y})}{\cancel{2y}(4)}$
$\phantom{\dfrac{-2y + \sqrt{12y^3}}{8y}} = \dfrac{-1 + \sqrt{3y}}{4}$

43. $f(x) = x^2 - 6x + 1$

(a) $f(2 - \sqrt{3}) = (2 - \sqrt{3})^2 - 6(2 - \sqrt{3}) + 1$
$\phantom{f(2 - \sqrt{3})} = 2^2 - 2(2)\sqrt{3} + (\sqrt{3})^2 - 12 + 6\sqrt{3} + 1$
$\phantom{f(2 - \sqrt{3})} = 4 - 4\sqrt{3} + 3 - 12 + 6\sqrt{3} + 1$
$\phantom{f(2 - \sqrt{3})} = 2\sqrt{3} - 4$

(b) $f(3 - 2\sqrt{2}) = (3 - 2\sqrt{2})^2 - 6(3 - 2\sqrt{2}) + 1$
$\phantom{f(3 - 2\sqrt{2})} = 3^2 - 2(3)(2\sqrt{2}) + (2\sqrt{2})^2 - 18 + 12\sqrt{2} + 1$
$\phantom{f(3 - 2\sqrt{2})} = 9 - 12\sqrt{2} + 4(2) - 18 + 12\sqrt{2} + 1$
$\phantom{f(3 - 2\sqrt{2})} = 0$

45. $f(x) = x^2 - 2x - 1$

(a) $f(1 + \sqrt{2}) = (1 + \sqrt{2}) - 2(1 + \sqrt{2}) - 1$
$\phantom{f(1 + \sqrt{2})} = 1^2 + 2(1)\sqrt{2} + (\sqrt{2})^2 - 2 - 2\sqrt{2} - 1$
$\phantom{f(1 + \sqrt{2})} = 1 + 2\sqrt{2} + 2 - 2 - 2\sqrt{2} - 1$
$\phantom{f(1 + \sqrt{2})} = 0$

(b) $f(\sqrt{4}) = f(2)$
$\phantom{f(\sqrt{4})} = (2)^2 - 2(2) - 1$
$\phantom{f(\sqrt{4})} = 4 - 4 - 1$
$\phantom{f(\sqrt{4})} = -1$

47. Conjugate: $2 - \sqrt{5}$
Product: $2^2 - (\sqrt{5})^2 = 4 - 5 = -1$

49. Conjugate: $\sqrt{11} + \sqrt{3}$
Product: $(\sqrt{11})^2 - (\sqrt{3})^2 = 11 - 3 = 8$

51. Conjugate: $\sqrt{x} + 3$
Product: $(\sqrt{x})^2 - 3^2 = x - 9$

53. Conjugate: $\sqrt{2u} + \sqrt{3}$
Product: $(\sqrt{2u})^2 - (\sqrt{3})^2 = 2u - 3$

55. $\dfrac{6}{\sqrt{22} - 2} = \dfrac{6(\sqrt{22} + 2)}{(\sqrt{22} - 2)(\sqrt{22} + 2)}$
$\phantom{\dfrac{6}{\sqrt{22} - 2}} = \dfrac{6(\sqrt{22} + 2)}{(\sqrt{22})^2 - (2)^2}$
$\phantom{\dfrac{6}{\sqrt{22} - 2}} = \dfrac{6(\sqrt{22} + 2)}{22 - 4}$
$\phantom{\dfrac{6}{\sqrt{22} - 2}} = \dfrac{6(\sqrt{22} + 2)}{18}$
$\phantom{\dfrac{6}{\sqrt{22} - 2}} = \dfrac{\cancel{6}(\sqrt{22} + 2)}{3(\cancel{6})}$
$\phantom{\dfrac{6}{\sqrt{22} - 2}} = \dfrac{\sqrt{22} + 2}{3}$

57. $\dfrac{8}{\sqrt{7} + 3} = \dfrac{8(\sqrt{7} - 3)}{(\sqrt{7} + 3)(\sqrt{7} - 3)}$
$\phantom{\dfrac{8}{\sqrt{7} + 3}} = \dfrac{8(\sqrt{7} - 3)}{(\sqrt{7})^2 - 3^2}$
$\phantom{\dfrac{8}{\sqrt{7} + 3}} = \dfrac{8(\sqrt{7} - 3)}{7 - 9}$
$\phantom{\dfrac{8}{\sqrt{7} + 3}} = \dfrac{8(\sqrt{7} - 3)}{-2}$
$\phantom{\dfrac{8}{\sqrt{7} + 3}} = -\dfrac{4(\cancel{2})(\sqrt{7} - 3)}{\cancel{2}}$
$\phantom{\dfrac{8}{\sqrt{7} + 3}} = -4(\sqrt{7} - 3)$
or $-4\sqrt{7} + 12$

59. $\dfrac{2}{6+\sqrt{2}} = \dfrac{2}{6+\sqrt{2}} \cdot \dfrac{6-\sqrt{2}}{6-\sqrt{2}}$

$= \dfrac{12-\sqrt{2}}{6^2-(\sqrt{2})^2}$

$= \dfrac{12-\sqrt{2}}{36-2}$

$= \dfrac{12-\sqrt{2}}{34}$

$= \dfrac{2(6-\sqrt{2})}{2(17)}$

$= \dfrac{6-\sqrt{2}}{17}$

61. $(\sqrt{7}+2) \div (\sqrt{7}-2) = \dfrac{\sqrt{7}+2}{\sqrt{7}-2} = \dfrac{(\sqrt{7}+2)(\sqrt{7}+2)}{(\sqrt{7}-2)(\sqrt{7}+2)}$

$= \dfrac{(\sqrt{7})^2 + 2(\sqrt{7})(2) + 2^2}{(\sqrt{7})^2 - 2^2}$

$= \dfrac{7+4\sqrt{7}+4}{7-4} = \dfrac{11+4\sqrt{7}}{3}$

63. $\dfrac{3x}{\sqrt{15}-\sqrt{3}} = \dfrac{3x(\sqrt{15}+\sqrt{3})}{(\sqrt{15}-\sqrt{3})(\sqrt{15}+\sqrt{3})} = \dfrac{3x(\sqrt{15}+\sqrt{3})}{(\sqrt{15})^2-(\sqrt{3})^2} = \dfrac{3x(\sqrt{15}+\sqrt{3})}{15-3}$

$= \dfrac{3x(\sqrt{15}+\sqrt{3})}{12} = \dfrac{3x(\sqrt{15}+\sqrt{3})}{3(4)} = \dfrac{x(\sqrt{15}+\sqrt{3})}{4}$ or $\dfrac{x\sqrt{15}+x\sqrt{3}}{4}$

65. $\dfrac{2t^2}{\sqrt{5t}-\sqrt{t}} = \dfrac{2t^2(\sqrt{5t}+\sqrt{t})}{(\sqrt{5t}-\sqrt{t})(\sqrt{5t}+\sqrt{t})} = \dfrac{2t^2(\sqrt{5t}+\sqrt{t})}{(\sqrt{5t})^2-(\sqrt{t})^2} = \dfrac{2t^2(\sqrt{5t}+\sqrt{t})}{5t-t}$

$= \dfrac{2t^2(\sqrt{5t}+\sqrt{t})}{4t} = \dfrac{2t(t)(\sqrt{5t}+\sqrt{t})}{2(2t)} = \dfrac{t(\sqrt{5t}+\sqrt{t})}{2}$ or $\dfrac{t\sqrt{5t}+t\sqrt{t}}{2}$

67. $(\sqrt{x}-5) \div (2\sqrt{x}-1) = \dfrac{\sqrt{x}-5}{2\sqrt{x}-1} = \dfrac{(\sqrt{x}-5)(2\sqrt{x}+1)}{(2\sqrt{x}-1)(2\sqrt{x}+1)}$

$= \dfrac{2(\sqrt{x})^2 + \sqrt{x} - 10\sqrt{x} - 5}{(2\sqrt{x})^2 - 1^2} = \dfrac{2x - 9\sqrt{x} - 5}{4x-1}$

69. $\dfrac{\sqrt{u+v}}{\sqrt{u-v}-\sqrt{u}} = \dfrac{\sqrt{u+v}}{\sqrt{u-v}-\sqrt{u}} \cdot \dfrac{\sqrt{u-v}+\sqrt{u}}{\sqrt{u-v}+\sqrt{u}}$

$= \dfrac{\sqrt{u+v}(\sqrt{u-v}+\sqrt{u})}{(\sqrt{u-v})^2-(\sqrt{u})^2}$

$= \dfrac{\sqrt{u+v}(\sqrt{u-v}+\sqrt{u})}{u-v-u}$

$= \dfrac{\sqrt{u+v}(\sqrt{u-v}+\sqrt{u})}{-v}$

$= -\dfrac{\sqrt{u+v}(\sqrt{u-v}+\sqrt{u})}{v}$

71. $y_1 = \dfrac{10}{\sqrt{x}+1}$

$= \dfrac{10}{\sqrt{x}+1} \cdot \dfrac{\sqrt{x}-1}{\sqrt{x}-1}$

$= \dfrac{10(\sqrt{x}-1)}{(\sqrt{x})^2-1^2}$

$= \dfrac{10(\sqrt{x}-1)}{x-1}$

$= y_2$

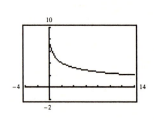

73. $y_1 = \dfrac{2\sqrt{x}}{2 - \sqrt{x}}$

$= \dfrac{2\sqrt{x}}{2 - \sqrt{x}} \cdot \dfrac{2 + \sqrt{x}}{2 + \sqrt{x}}$

$= \dfrac{2\sqrt{x}(2 + \sqrt{x})}{2^2 - (\sqrt{x})^2}$

$= \dfrac{4\sqrt{x} + 2x}{4 - x}$

$= \dfrac{2(2\sqrt{x} + x)}{4 - x}$

$= y_2$

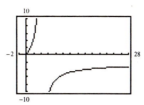

75. Area = (Width)(Height) = $(8\sqrt{3})\left(\sqrt{24^2 - (\sqrt{3})^2}\right) = (8\sqrt{3})(\sqrt{24^2 - 64(3)})$

$= (8\sqrt{3})(\sqrt{576 - 192}) = (8\sqrt{3})(\sqrt{384}) = (8\sqrt{3})(\sqrt{64(6)}) = (8\sqrt{3})(8\sqrt{6})$

$= 64\sqrt{18} = 64\sqrt{9(2)} = 64 \cdot 3\sqrt{2} = 192\sqrt{2}$

The area is $192\sqrt{2}$ in^2.

77. $\dfrac{500}{\sqrt{k^2 + 1}} = \dfrac{500k}{\sqrt{k^2 + 1}} \cdot \dfrac{\sqrt{k^2 + 1}}{\sqrt{k^2 + 1}}$

$= \dfrac{500k\sqrt{k^2 + 1}}{(\sqrt{k^2 + 1})^2}$

$= \dfrac{500k\sqrt{k^2 + 1}}{k^2 + 1}$

Section 5.5 Solving Radical Equations

1. $\sqrt{x} - 10 = 0$

   (a) $x = -4$

   $\sqrt{-4} - 10 \neq 0$

   $\sqrt{-4}$ is not a real number.

   No, -4 is not a real solution.

   (c) $x = \sqrt{10}$

   $\sqrt{\sqrt{10}} - \sqrt{10} \neq 0$

   No, $\sqrt{10}$ is not a solution.

   (b) $x = -100$

   $\sqrt{-100} - 10 \neq 0$

   $\sqrt{-100}$ is not a real number.

   No, -100 is not a solution.

   (d) $x = 100$

   $\sqrt{100} - 10 = 0$

   Yes, 100 is a solution.

3. $\sqrt[3]{y - 4} = 4$

   (a) $x = -60$

   $\sqrt[3]{-60 - 4} \stackrel{?}{=} -60$

   $\sqrt[3]{-64} \stackrel{?}{=} 4$

   $-4 \neq 4$

   No, -60 is not a solution.

   (c) $x = 20$

   $\sqrt[3]{20 - 4} \stackrel{?}{=} 4$

   $\sqrt[3]{16} \neq 4$

   No, 20 is not a solution.

   (b) $x = 68$

   $\sqrt[3]{68 - 4} \stackrel{?}{=} 4$

   $\sqrt[3]{64} = 4$

   Yes, 68 is a solution.

   (d) $x = 0$

   $\sqrt[3]{0 - 4} \stackrel{?}{=} 4$

   $\sqrt[3]{-4} \neq 4$

   No, 0 is not a solution.

5. $\sqrt{x} = 20$
$(\sqrt{x})^2 = 20^2$
$x = 400$
Check: $\sqrt{400} \stackrel{?}{=} 20$
$20 = 20$

7. $\sqrt{y} - 7 = 0$
$\sqrt{y} = 7$
$(\sqrt{y})^2 = 7^2$
$y = 49$
Check: $\sqrt{49} - 7 \stackrel{?}{=} 0$
$7 - 7 \stackrel{?}{=} 0$
$0 = 0$

9. $\sqrt{u} + 13 = 0$
$\sqrt{u} = -13$
$(\sqrt{u})^2 = (-13)^2$
$u = 169$ (Extraneous)
Check: $\sqrt{169} + 13 \stackrel{?}{=} 0$
$13 + 13 \stackrel{?}{=} 0$
$26 \neq 0$

The equation has *no* solution.

11. $\sqrt{a + 100} = 25$
$(\sqrt{a + 100})^2 = 25^2$
$a + 100 = 625$
$a = 525$
Check: $\sqrt{525 + 100} \stackrel{?}{=} 25$
$\sqrt{625} \stackrel{?}{=} 25$
$25 = 25$

13. $\sqrt{10x} = 30$
$(\sqrt{10x})^2 = 30^2$
$10x = 900$
$x = \frac{900}{10}$
$x = 90$
Check: $\sqrt{10(90)} \stackrel{?}{=} 30$
$\sqrt{900} \stackrel{?}{=} 30$
$30 = 30$

15. $\sqrt{3y + 5} - 3 = 4$
$\sqrt{3y + 5} = 7$
$(\sqrt{3y + 5})^2 = 7^2$
$3y + 5 = 49$
$3y = 44$
$y = \frac{44}{3}$
Check: $\sqrt{3(\frac{44}{3}) + 5} - 3 \stackrel{?}{=} 4$
$\sqrt{49} - 3 = 4$
$7 - 3 \stackrel{?}{=} 4$
$4 = 4$

17. $5\sqrt{x + 2} = 8$
$(5\sqrt{x + 2})^2 = 8^2$
$25(x + 2) = 64$
$25x + 50 = 64$
$25x = 14$
$x = \frac{14}{25}$
Check: $\sqrt{\frac{14}{25} + 2} \stackrel{?}{=} 8$
$5\sqrt{\frac{64}{25}} \stackrel{?}{=} 8$
$5(\frac{8}{5}) \stackrel{?}{=} 8$
$8 = 8$

19. $\sqrt{x^2 + 5} = x + 3$
$(\sqrt{x^2 + 5})^2 = (x + 3)^2$
$x^2 + 5 = x^2 + 6x + 9$
$5 = 6x + 9$
$-4 = 6x$
$\frac{-4}{6} = x$
$-\frac{2}{3} = x$
Check: $\sqrt{(-\frac{2}{3})^2 + 5} \stackrel{?}{=} -\frac{2}{3} + 3$
$\sqrt{\frac{4}{9} + 5} \stackrel{?}{=} -\frac{2}{3} + 3$
$\sqrt{\frac{49}{9}} \stackrel{?}{=} \frac{7}{3}$
$\frac{7}{3} = \frac{7}{3}$

21. $\sqrt{2x} = x - 4$
$(\sqrt{2x})^2 = (x - 4)^2$
$2x = x^2 - 8x + 16$
$0 = x^2 - 10x + 16$
$0 = (x - 8)(x - 2)$
$x - 8 = 0 \Longrightarrow x = 8$
$x - 2 = 0 \Longrightarrow x = 2$ (Extraneous)
Check: $\sqrt{2(8)} \stackrel{?}{=} 8 - 4$
$\sqrt{16} \stackrel{?}{=} 4$
$4 = 4$
Check: $\sqrt{2(2)} \stackrel{?}{=} 2 - 4$
$\sqrt{4} \stackrel{?}{=} -2$
$2 \neq -2$

23. $\sqrt{3x+2} + 5 = 0$

$\sqrt{3x+2} = -5$

$(\sqrt{3x+2})^2 = (-5)^2$

$3x + 2 = 25$

$3x = 23$

$x = \frac{23}{3}$ (Extraneous)

Check: $\sqrt{3(\frac{23}{3}) + 2} + 5 \stackrel{?}{=} 0$

$\sqrt{23 + 2} + 5 \stackrel{?}{=} 0$

$\sqrt{25} + 5 \stackrel{?}{=} 0$

$5 + 5 \neq 0$

25. $\sqrt{x+3} = \sqrt{2x-1}$

$(\sqrt{x+3})^2 = (\sqrt{2x-1})^2$

$x + 3 = 2x - 1$

$3 = x - 1$

$4 = x$

Check: $\sqrt{4+3} \stackrel{?}{=} \sqrt{2(4)-1}$

$\sqrt{7} \stackrel{?}{=} \sqrt{8-1}$

$\sqrt{7} = \sqrt{7}$

27. $\sqrt{3y-5} = 3\sqrt{y}$

$(\sqrt{3y-5})^2 = (3\sqrt{y})^2$

$3y - 5 = 9y$

$-5 = 6y$

$-\frac{5}{6} = y$ (Extraneous)

Check: $\sqrt{3(-\frac{5}{6}) - 5} - 3\sqrt{-\frac{5}{6}} \stackrel{?}{=} 0$

The solution $y = -\frac{5}{6}$ is extraneous because it yields square roots of negative radicands. Thus, the equation has *no* solution.

29. $\sqrt[3]{3x-4} = \sqrt[3]{x+10}$

$(\sqrt[3]{3x-4})^3 = (\sqrt[3]{x+10})^3$

$3x - 4 = x + 10$

$2x - 4 = 10$

$2x = 14$

$x = \frac{14}{2}$

$x = 7$

Check: $\sqrt[3]{3(7) - 4} \stackrel{?}{=} \sqrt[3]{7 + 10}$

$\sqrt[3]{17} = \sqrt[3]{17}$

31. $\sqrt[3]{2x+15} - \sqrt[3]{x} = 0$

$\sqrt[3]{2x+15} = \sqrt[3]{x}$

$(\sqrt[3]{2x+15})^3 = (\sqrt[3]{x})^3$

$2x + 15 = x$

$15 = -x$

$-15 = x$

Check: $\sqrt[3]{2(-15)+15} - \sqrt[3]{-15} = 0$

$\sqrt[3]{-15} - \sqrt[3]{-15} \stackrel{?}{=} 0$

$0 = 0$

33. $\sqrt{8x+1} = x + 2$

$(\sqrt{8x+1})^2 = (x+2)^2$

$8x + 1 = x^2 + 4x + 4$

$0 = x^2 - 4x + 3$

$0 = (x-3)(x-1)$

$x - 3 = 0 \Rightarrow x = 3$

$x - 1 = 0 \Rightarrow x = 1$

Check: $\sqrt{8(3)+1} \stackrel{?}{=} 3 + 2$

$\sqrt{25} \stackrel{?}{=} 5$

$5 = 5$

Check: $\sqrt{8(1)+1} \stackrel{?}{=} 1 + 2$

$\sqrt{9} \stackrel{?}{=} 3$

$3 = 3$

35. $\sqrt{5x-4} = 2 - \sqrt{5x}$

$(\sqrt{5x-4})^2 = (2 - \sqrt{5x})^2$

$5x - 4 = 2^2 - 2(2)\sqrt{5x} + (\sqrt{5x})^2$

$5x - 4 = 4 - 4\sqrt{5x} + 5x$

$-4 = 4 - 4\sqrt{5x}$

$-8 = -4\sqrt{5x}$

$2 = \sqrt{5x}$

$2^2 = (\sqrt{5x})^2$

$4 = 5x$

$\frac{4}{5} = x$

Check: $\sqrt{5(\frac{4}{5}) - 4} \stackrel{?}{=} 2 - \sqrt{5(\frac{4}{5})}$

$\sqrt{4 - 4} \stackrel{?}{=} 2 - \sqrt{4}$

$\sqrt{0} \stackrel{?}{=} 2 - 2$

$0 = 0$

37.
$$\sqrt{2t+3} = 3 - \sqrt{2t}$$
$$(\sqrt{2t+3})^2 = (3 - \sqrt{2t})^2$$
$$2t + 3 = 3^2 - 2(3)(\sqrt{2t}) + (\sqrt{2t})^2$$
$$2t + 3 = 9 - 6\sqrt{2t} + 2t$$
$$3 = 9 - 6\sqrt{2t}$$
$$-6 = -6\sqrt{2t}$$
$$1 = \sqrt{2t}$$
$$1^2 = (\sqrt{2t})^2$$
$$1 = 2t$$
$$\tfrac{1}{2} = t$$

Check: $\sqrt{2(\tfrac{1}{2}) + 3} \stackrel{?}{=} 3 - \sqrt{2(\tfrac{1}{2})}$
$$\sqrt{4} \stackrel{?}{=} 3 - \sqrt{1}$$
$$2 \stackrel{?}{=} 3 - 1$$
$$2 = 2$$

39. The solution is approximately 1.407.

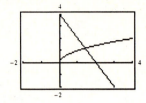

41. The solution is approximately 1.569.

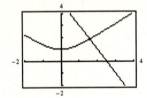

43. The solution is approximately 4.840.

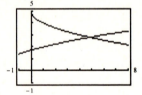

45. The solution is approximately 1.978.

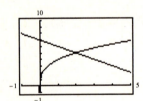

47.
$$t = 2\pi\sqrt{\frac{L}{32}}$$
$$1.5 = 2\pi\sqrt{\frac{L}{32}}$$
$$\frac{1.5}{2\pi} = \sqrt{\frac{L}{32}}$$
$$\left(\frac{1.5}{2\pi}\right)^2 = \left(\sqrt{\frac{L}{32}}\right)^2$$
$$\frac{2.25}{4\pi^2} = \frac{L}{32}$$
$$32\left(\frac{2.25}{4\pi^2}\right) = L$$
$$\frac{8(2.25)}{\pi^2} = L$$
$$\frac{18}{\pi^2} = L \text{ or } L \approx 1.82$$

The pendulum is approximately 1.82 feet long.

49.
$$S = \pi r \sqrt{r^2 + h^2}$$
$$\frac{S}{\pi r} = \sqrt{r^2 + h^2}$$
$$\left(\frac{S}{\pi r}\right)^2 = \left(\sqrt{r^2 + h^2}\right)^2$$
$$\frac{S^2}{\pi^2 r^2} = r^2 + h^2$$
$$\frac{S^2}{\pi^2 r^2} - r^2 = h^2 \text{ or } h^2 = \frac{S^2 - \pi^2 r^4}{\pi^2 r^2}$$

51.
$$t = \sqrt{\frac{d}{16}} = 2$$
$$2^2 = \left(\sqrt{\frac{d}{16}}\right)^2$$
$$4 = \frac{d}{16}$$
$$16(4) = d$$
$$64 = d$$

53. $v = \sqrt{2gh} = \sqrt{2(32)(50)} = \sqrt{3200}$
$= \sqrt{1600(2)} = 40\sqrt{2}$ or $v \approx 56.57$

55.
$$v = \sqrt{2gh}$$
$$60 = \sqrt{2(32)h} = \sqrt{64h}$$
$$60^2 = \left(\sqrt{64h}\right)^2$$
$$3600 = 64h$$
$$\frac{3600}{64} = h$$
$$\frac{\cancel{16}(225)}{\cancel{16}(4)} = h$$
$$\frac{225}{4} = h \text{ or } h = 56.25$$

The object was dropped from a height of 56.25 feet.

57. Graph (c)

59. Graph (d)

61. $p = 50 - \sqrt{0.8(x-1)}$
$$30.02 = 50 - \sqrt{0.8(x-1)}$$
$$-19.98 = -\sqrt{0.8(x-1)}$$
$$19.98 = \sqrt{0.8(x-1)}$$
$$(19.98)^2 = \left(\sqrt{0.8(x-1)}\right)^2$$
$$399.2004 = 0.8(x-1) = 0.8x - 0.8$$
$$400.0004 = 0.8x$$
$$\frac{400.0004}{0.8} = x$$
$$500 \approx x$$

Thus, the demand is approximately 500 units per day.

Section 5.6 Complex Numbers

1. $\sqrt{-4} = \sqrt{4(-1)} = \sqrt{4}\sqrt{-1} = 2i$

3. $-\sqrt{-144} = -\sqrt{144(-1)}$
   $= -\sqrt{144}\sqrt{-1} = -12i$

5. $\sqrt{-\frac{4}{25}} = \sqrt{\frac{4}{25}(-1)} = \sqrt{\frac{4}{25}}\sqrt{-1} = \frac{2}{5}i$

7. $\sqrt{-0.09} = \sqrt{0.09(-1)}$
   $= \sqrt{0.09}\sqrt{-1} = 0.3i$

9. $\sqrt{-8} = \sqrt{8(-1)} = \sqrt{8}\sqrt{-1}$
   $= \sqrt{4(2)}i = 2\sqrt{2}i$

11. $\sqrt{-27} = \sqrt{27(-1)}$
    $= \sqrt{9(3)}\sqrt{-1}$
    $= 3\sqrt{3}i$

13. $\sqrt{-7} = \sqrt{7(-1)}$
    $= \sqrt{7}\sqrt{-1} = \sqrt{7}i$

15. $\sqrt{-16} + 6i = \sqrt{16}\sqrt{-1} + 6i$
    $= 4i + 6i$
    $= (4 + 6)i = 10i$

17. $\sqrt{-50} - \sqrt{-8} = \sqrt{50}\sqrt{-1} - \sqrt{8}\sqrt{-1}$
    $= \sqrt{25(2)}i - \sqrt{4(2)}i$
    $= 5\sqrt{2}i - 2\sqrt{2}i$
    $= (5\sqrt{2} - 2\sqrt{2})i$
    $= 3\sqrt{2}i$

19. $\sqrt{-8}\sqrt{-2} = \sqrt{8}i\sqrt{2}i = \sqrt{16}i^2$
    $= 4(-1) = -4$

21. $\sqrt{-18}\sqrt{-3} = (\sqrt{18}i)(\sqrt{3}i)$
    $= \sqrt{54}i^2 = \sqrt{9(6)}i^2$
    $= 3\sqrt{6}(-1) = -3\sqrt{6}$

23. $\sqrt{-3}(\sqrt{-3} + \sqrt{-4}) = \sqrt{3}i(\sqrt{3}i + 2i)$
    $= (\sqrt{3})^2i^2 + 2\sqrt{3}i^2$
    $= 3(-1) + 2\sqrt{3}(-1)$
    $= -3 - 2\sqrt{3}$

25. $\sqrt{-5}(\sqrt{-16} - \sqrt{-10}) = \sqrt{5}i(4i - \sqrt{10}i)$
    $= 4\sqrt{5}i^2 - \sqrt{50}i^2$
    $= 4\sqrt{5}(-1) - \sqrt{25(2)}(-1)$
    $= -4\sqrt{5} + 5\sqrt{2}$

27. $(\sqrt{-16})^2 = (\sqrt{16}i)^2 = (\sqrt{16})^2i^2$
    $= 16(-1) = -16$

29. $a = 3$ and $b = -4$

31. $5 - 4i = (a + 3) + (b - 1)i$
    $5 = a + 3$ and $-4 = b - 1$
    $2 = a$ $\qquad -3 = b$

33. $-4 - \sqrt{-8} = a + bi$
    $-4 - \sqrt{4(2)}i = a + bi$
    $-4 - 2\sqrt{2}i = a + bi$
    $a = -4$ and $b = -2\sqrt{2}$

35. $a + 5 = 7$ and $b - 1 = -3$
    $a = 2$ $\qquad b = -2$

37. $(4 - 3i) + (6 + 7i) = (4 + 6) + (-3 + 7)i$
    $= 10 + 4i$

39. $(-4 - 7i) + (-10 - 33i) = (-4 - 10) + (-7 - 33)i$
    $= -14 - 40i$

41. $13i - (14 - 7i) = -14 + [13 - (-7)]i = -14 + 20i$

43. $(30 - i) - (18 + 6i) + 3i^2 = (30 - 18) + (-1 - 6)i + 3(-1)$
$= 12 - 7i - 3$
$= 9 - 7i$

45. $\left(\frac{4}{3} + \frac{1}{3}i\right) + \left(\frac{5}{6} + \frac{7}{6}i\right) = \left(\frac{4}{3} + \frac{5}{6}\right) + \left(\frac{1}{3} + \frac{7}{6}\right)i$
$= \left(\frac{8}{6} + \frac{5}{6}\right) + \left(\frac{2}{6} + \frac{7}{6}\right)i = \frac{13}{6} + \frac{9}{6}i$
$= \frac{13}{6} + \frac{3}{2}i$

47. $15i - (3 - 25i) + \sqrt{-81} = 15i - (3 - 25i) + 9i$
$= -3 + [15 - (-25) + 9]i$
$= -3 + 49i$

49. $(3i)(12i) = 36i^2 = 36(-1) = -36$

51. $(-6i)(-i)(6i) = 36i^3 = 36(-i) = -36i$

53. $(-3i)^3 = (-3)^3 i^3 = -27i^3$
$= -27(-i) = 27i$

55. $-5(13 + 2i) = -65 - 10i$

57. $4i(-3 - 5i) = -12i - 20i^2 = -12i - 20(-1)$
$= -12i + 20 = 20 - 12i$

59. $(4 + 3i)(-7 + 4i) = -28 + 16i - 21i + 12i^2$
$= -28 - 5i + 12(-1) = -40 - 5i$

61. $(-7 + 7i)(4 - 2i) = -28 + 14i + 28i - 14i^2$
$= -28 + 42i - 14(-1)$
$= -14 + 42i$

63. $(3 - 4i)^2 = 3^2 - 2(3)(4i) + (4i)^2$
$= 9 - 24i + 16i^2$
$= 9 - 24i + 16(-1)$
$= -7 - 24i$

65. $(2 + 5i)^2 = 2^2 + 2(2)(5i) + (5i)^2$
$= 4 + 20i + 25i^2$
$= 4 + 20i + 25(-1)$
$= -21 + 20i$

67. $\left(-2 + \sqrt{-5}\right)\left(-2 - \sqrt{-5}\right) = \left(-2 + \sqrt{5(-1)}\right)\left(-2 - \sqrt{5(-1)}\right)$
$= \left(-2 + \sqrt{5}i\right)\left(-2 - \sqrt{5}i\right)$
$= (-2)^2 - \left(\sqrt{5}i\right)^2$
$= 4 - 5i^2$
$= 4 - 5(-1)$
$= 4 + 5$
$= 9$

69. $(2 + i)^3 = (2 + i)^2(2 + i)$
$= [2^2 + 2(2)i + i^2](2 + i)$
$= [4 + 4i + (-1)](2 + i)$
$= (3 + 4i)(2 + i)$
$= 6 + 3i + 8i + 4i^2$
$= 6 + 11i + 4(-1)$
$= 2 + 11i$

71. Number: $2 + i$

Conjugate: $2 - i$

Product: $2^2 + 1^2 = 5$

Note: $(2 + i)(2 - i) = 4 - 2i + 2i - i^2 = 5$

73. Number: $5 - \sqrt{6}i$

Conjugate: $5 + \sqrt{6}i$

Product: $5^2 + \left(\sqrt{6}\right)^2 = 31$

Note: $\left(5 + \sqrt{6}i\right)\left(5 - \sqrt{6}i\right) = 25 + 5\sqrt{6}i - 5\sqrt{6}i - 6i^2 = 31$

75. Number: $-2 - 8i$

Conjugate: $-2 + 8i$

Product: $(-2)^2 + 8^2 = 68$

Note: $(-2 - 8i)(-2 + 8i) = 4 - 16i + 16i - 64i^2 = 68$

77. Number: $10i$

Conjugate: $-10i$

Product: $0^2 + 10^2 = 100$

Note: $(10i)(-10i) = -100i^2 = 100$

79. Number: $1 + \sqrt{-3},\ 1 + \sqrt{3}i$

Conjugate: $1 - \sqrt{-3},\ 1 - \sqrt{3}i$

Product: $1^2 + \left(\sqrt{3}\right)^2 = 4$

Note: $\left(1 + \sqrt{3}i\right)\left(1 - \sqrt{3}i\right) = 1 - \sqrt{3}i + \sqrt{3}i - 3i^2 = 4$

81. Number: $1.5 + \sqrt{-0.25},\ 1.5 + 0.5i$

Conjugate: $1.5 - \sqrt{-0.25},\ 1.5 - 0.5i$

Product: $(1.5)^2 + (0.5)^2 = 2.5$

Note: $(1.5 + 0.5i)(1.5 - 0.5i) = 2.25 - 0.75i + 0.75i - 0.25i^2 = 2.5$

83. $\dfrac{4}{1 - i} = \dfrac{4(1 + i)}{(1 - i)(1 + i)}$

$= \dfrac{4 + 4i}{1^2 + 1^2} = \dfrac{4 + 4i}{2} = 2 + 2i$

85. $\dfrac{-12}{2 + 7i} = \dfrac{-12(2 - 7i)}{(2 + 7i)(2 - 7i)}$

$= \dfrac{-24 + 84i}{2^2 + 7^2} = \dfrac{-24 + 84i}{53}$

$= -\dfrac{24}{53} + \dfrac{84}{53}i$

87. $\dfrac{20}{2i} = \dfrac{20(-2i)}{2i(-2i)} = \dfrac{-40i}{-4i^2} = \dfrac{-40i}{-4(-1)}$

$= \dfrac{-40i}{4} = -10i \text{ or } 0 - 10i$

89. $\dfrac{4i}{1 - 3i} = \dfrac{4i(1 + 3i)}{(1 - 3i)(1 + 3i)} = \dfrac{4i + 12i^2}{1^2 + 3^2}$

$= \dfrac{4i + 12(-1)}{10} = \dfrac{-12}{10} + \dfrac{4i}{10}$

$= -\dfrac{6}{5} + \dfrac{2}{5}i$

91. $\dfrac{2 + 3i}{1 + 2i} = \dfrac{(2 + 3i)(1 - 2i)}{(1 + 2i)(1 - 2i)}$

$= \dfrac{2 - 4i + 3i - 6i^2}{1^2 + 2^2} = \dfrac{2 - i - 6(-1)}{5} = \dfrac{8 - i}{5} = \dfrac{8}{5} - \dfrac{1}{5}i$

93. $\dfrac{1}{1 - 2i} + \dfrac{4}{1 + 2i} = \dfrac{1(1 + 2i)}{(1 - 2i)(1 + 2i)} + \dfrac{4(1 - 2i)}{(1 + 2i)(1 - 2i)} = \dfrac{1 + 2i}{1^2 + 2^2} + \dfrac{4 - 8i}{1^2 + 2^2}$

$= \dfrac{(1 + 2i)}{5} + (4 - 8i) - \dfrac{5 - 6i}{5} = \dfrac{5}{5} - \dfrac{6}{5}i = 1 - \dfrac{6}{5}i$

95. $\dfrac{i}{4-3i} - \dfrac{5}{2+i} = \dfrac{i(4+3i)}{(4-3i)(4+3i)} - \dfrac{5(2-i)}{(2+i)(2-i)}$

$= \dfrac{4i+3i^2}{4^2+3^2} - \dfrac{10-5i}{2^2+1^2} = \dfrac{4i+3(-1)}{25} - \dfrac{10-5i}{5}$

$= \dfrac{-3+4i}{25} - \dfrac{10-5i}{5} = \dfrac{(-3+4i)-5(10-5i)}{25}$

$= \dfrac{-3+4i-50+25i}{25} = \dfrac{-53+29i}{25} = -\dfrac{53}{25} + \dfrac{29}{25}i$

97. $x^2 + 2x + 5 = 0$

(a) $x = -1 + 2i$

$(-1+2i)^2 + 2(-1+2i) + 5 \stackrel{?}{=} 0$

$1 - 4i + 4i^2 - 2 + 4i + 5 \stackrel{?}{=} 0$

$1 + 4(-1) - 2 + 5 - 4i \stackrel{?}{=} 0$

$(1 - 4 - 2 + 5) + (-4 + 4)i \stackrel{?}{=} 0$

$0 = 0$

Yes, $-1 + 2i$ is a solution.

(b) $x = -1 - 2i$

$(-1-2i)^2 + 2(-1-2i) + 5 \stackrel{?}{=} 0$

$1 + 4i + 4i^2 - 2 - 4i + 5 \stackrel{?}{=} 0$

$1 + 4(-1) - 2 + 5 + 4i - 4i \stackrel{?}{=} 0$

$(1 - 4 - 2 + 5) + (4 - 4)i \stackrel{?}{=} 0$

$0 = 0$

Yes, $-1 - 2i$ is a solution.

99. $x^3 + 4x^2 + 9x + 36 = 0$

(a) $x = -4$

$(-4)^3 + 4(-4)^2 + 9(-4) + 36 \stackrel{?}{=} 0$

$-64 + 64 - 36 + 36 \stackrel{?}{=} 0$

$0 = 0$

Yes, -4 is a solution.

(b) $x = -3i$

$(-3i)^3 + 4(-3i)^2 + 9(-3i) + 36 \stackrel{?}{=} 0$

$-27i^3 + 4(9i^2) - 27i + 36 \stackrel{?}{=} 0$

$-27(-i) + 36(-1) - 27i + 36 \stackrel{?}{=} 0$

$27i - 36 - 27i + 36 \stackrel{?}{=} 0$

$0 = 0$

Yes, $-3i$ is a solution.

101. $(a + bi) + (a - bi) = (a + a) + (b - b)i$

$= 2a + 0i = 2a$

103. $(a + bi) - (a - bi) = (a - a) + [b - (-b)]i$

$= 0 + 2bi = 2bi$

105. $x^2 = -1 \Longrightarrow x$ is not a real number.

The square of every real number is nonnegative.

Review Exercises for Chapter 5

1. $(2^3 \cdot 3^2)^{-1} = (8 \cdot 9)^{-1} = 72^{-1} = \dfrac{1}{72}$

2. $(2^{-2} \cdot 5^2)^{-2} = 2^{(-2)(-2)}5^{2(-2)}$
   $= 2^4 5^{-4} = \dfrac{2^4}{5^4} = \dfrac{16}{625}$

3. $\left(\dfrac{2}{5}\right)^{-3} = \left(\dfrac{5}{2}\right)^3 = \dfrac{125}{8}$

4. $\left(\dfrac{1}{3^{-2}}\right)^2 = (3^2)^2 = 3^4 = 81$

5. $(6 \times 10^3)^2 = 36 \times 10^6$
   $= 36{,}000{,}000$ or 3.6×10^7

6. $(3 \times 10^{-3})(8 \times 10^7) = 24 \times 10^4$
   $= 240{,}000$ or 2.4×10^5

7. $\dfrac{3.5 \times 10^7}{7 \times 10^4} = 0.5 \times 10^3 = 500$

8. $\dfrac{1}{(6 \times 10^{-3})^2} = \dfrac{1}{6^2 \times 10^{-6}}$
   $= \dfrac{10^6}{36}$
   $= \dfrac{1{,}000{,}000}{36}$
   $= \dfrac{250{,}000}{9}$

9. $\dfrac{4x^2}{2x} = \dfrac{(2)(2)(x)(x)}{2x} = 2x$

10. $4(-3x)^3 = 4(-3)^3 x^3 = 4(-27)x^3$
    $= -108x^3$

11. $(x^3 y^{-4})^2 = x^6 y^{-8} = \dfrac{x^6}{y^8}$

12. $5yx^0 = 5y(1) = 5y$

13. $\dfrac{t^{-5}}{t^{-2}} = \dfrac{t^2}{t^5} = \dfrac{1(t^2)}{t^2(t^3)} = \dfrac{1}{t^3}$

14. $\dfrac{a^5 \cdot a^{-3}}{a^{-2}} = \dfrac{a^{5+(-3)}}{a^{-2}} = \dfrac{a^2}{a^{-2}}$
    $= a^2 \cdot a^2 = a^4$

15. $\left(\dfrac{y}{3}\right)^{-3} = \left(\dfrac{3}{y}\right)^3 = \dfrac{27}{y^3}$

16. $(2x^2 y^4)^4 (2x^2 y^4)^{-4} = (2x^2 y^4)^{4+(-4)}$
    $= (2x^2 y^4)^0 = 1$

17. $\sqrt{1.44} = 1.2$

18. $\sqrt{0.16} = 0.4$

19. $\sqrt{\dfrac{25}{36}} = \dfrac{5}{6}$

20. $-\sqrt{\dfrac{64}{225}} = -\dfrac{8}{15}$

21. $\sqrt{169 - 25} = \sqrt{144}$
    $= 12$

22. $\sqrt{16 + 9} = \sqrt{25} = 5$

23. $1800(1 + 0.08)^{24} \approx 11{,}414.13$

24. $0.0024(7{,}658{,}400) = (2.4 \times 10^{-3})(7.6584 \times 10^6)$
    $= 18{,}380.16$

25. $\sqrt{13^2 - 4(2)(7)} = \sqrt{169 - 56}$
    $= \sqrt{113} \approx 10.63$

26. $\dfrac{-3.7 + \sqrt{15.8}}{2(2.3)} \approx 0.06$

27. $\sqrt{49} = 7 \Rightarrow 49^{1/2} = 7$

28. $\sqrt[3]{0.125} = 0.5 \Rightarrow 0.125^{1/3} = 0.5$

29. $216^{1/3} = 6 \Rightarrow \sqrt[3]{216} = 6$

30. $16^{1/4} = 2 \Rightarrow \sqrt[4]{16} = 2$

31. $27^{4/3} = \left(\sqrt[3]{27}\right)^4$
    $= 3^4 = 81$

32. $16^{3/4} = \left(\sqrt[4]{16}\right)^3$
    $= 2^3$
    $= 8$

33. $25^{3/2} = \left(\sqrt{25}\right)^3$
    $= 5^3$
    $= 125$

34. $243^{-2/5} = \dfrac{1}{243^{2/5}} = \dfrac{1}{\left(\sqrt[5]{243}\right)^2}$
    $= \dfrac{1}{3^2} = \dfrac{1}{9}$

35. $75^{-3/4} \approx 0.04$

36. $510^{5/3} \approx 32{,}554.94$

37. $x^{3/4} \cdot x^{-1/6} = x^{(3/4)+(-1/6)}$
$= x^{(18/24)-(4/24)}$
$= x^{14/24} = x^{7/12}$

38. $(2y^2)^{3/2}(2y^{-4})^{1/2} = 2^{3/2}y^{2(3/2)}2^{1/2}y^{-4(1/2)}$
$= 2^{(3/2)+(1/2)}y^3 y^{-2}$
$= 2^{4/2}y^{3-2} = 2^2 y = 4y$

39. $\dfrac{15x^{1/4}y^{3/5}}{5x^{1/2}y} = 3x^{(1/4)-(1/2)}y^{(3/5)-1}$
$= 3x^{(1/4)-(2/4)}y^{(3/5)-(5/5)}$
$= 3x^{-1/4}y^{-2/5}$
$= \dfrac{3}{x^{1/4}y^{2/5}}$

40. $\dfrac{48a^2 b^{5/2}}{14a^{-3}b^{-1/2}} = \dfrac{\cancel{2}(24)a^2 a^3 b^{5/2} b^{1/2}}{\cancel{2}(7)}$
$= \dfrac{24a^{2+3}b^{(5/2)+(1/2)}}{7}$
$= \dfrac{24a^5 b^3}{7}$

41. $\sqrt{360} = \sqrt{36 \cdot 10} = 6\sqrt{10}$

42. $\sqrt{\dfrac{50}{9}} = \dfrac{\sqrt{25 \cdot 2}}{\sqrt{9}} = \dfrac{5\sqrt{2}}{3}$

43. $\sqrt{0.25x^4 y} = \sqrt{0.25x^4(y)}$
$= 0.5x^2\sqrt{y}$

44. $\sqrt{0.16s^6 t^3} = \sqrt{0.16s^6 t^2(t)}$
$= 0.4s^3 t\sqrt{t}$

45. $\sqrt[3]{48a^3 b^4} = \sqrt[3]{8a^3 b^3(6b)}$
$= 2ab\sqrt[3]{6b}$

46. $\sqrt[4]{32u^4 v^5} = \sqrt[4]{16u^4 v^4(2v)}$
$= 2uv\sqrt[4]{2v}$

47. $\sqrt{\dfrac{5}{6}} = \dfrac{\sqrt{5} \cdot \sqrt{6}}{\sqrt{6} \cdot \sqrt{6}} = \dfrac{\sqrt{30}}{\sqrt{6^2}}$
$= \dfrac{\sqrt{30}}{6}$

48. $\sqrt{\dfrac{3}{20}} = \dfrac{\sqrt{3} \cdot \sqrt{5}}{\sqrt{20} \cdot \sqrt{5}} = \dfrac{\sqrt{15}}{\sqrt{100}}$
$= \dfrac{\sqrt{15}}{10}$

49. $\dfrac{3}{\sqrt{12x}} = \dfrac{3\sqrt{3x}}{\sqrt{12x} \cdot \sqrt{3x}} = \dfrac{3\sqrt{3x}}{\sqrt{36x^2}}$
$= \dfrac{3\sqrt{3x}}{6x} = \dfrac{\cancel{3}\sqrt{3x}}{\cancel{3}(2)(x)} = \dfrac{\sqrt{3x}}{2x}$

50. $\dfrac{4y}{\sqrt{10z}} = \dfrac{4y\sqrt{10z}}{\sqrt{10z} \cdot \sqrt{10z}} = \dfrac{4y\sqrt{10z}}{\sqrt{10^2 z^2}}$
$= \dfrac{4y\sqrt{10z}}{10z} = \dfrac{\cancel{2}(2y)\sqrt{10z}}{\cancel{2}(5z)} = \dfrac{2y\sqrt{10z}}{5z}$

51. $\dfrac{2}{\sqrt[3]{2x}} = \dfrac{2\sqrt[3]{4x^2}}{\sqrt[3]{2x} \cdot \sqrt[3]{4x^2}} = \dfrac{2\sqrt[3]{4x^2}}{\sqrt[3]{2^3 x^3}}$
$= \dfrac{2\sqrt[3]{4x^2}}{2x} = \dfrac{\sqrt[3]{4x^2}}{x}$

52. $\sqrt[3]{\dfrac{16t}{s^2}} = \dfrac{\sqrt[3]{16t}\sqrt[3]{s}}{\sqrt[3]{s^2}\sqrt[3]{s}}$
$= \dfrac{\sqrt[3]{8(2ts)}}{\sqrt[3]{s^3}} = \dfrac{2\sqrt[3]{2ts}}{s}$

53. $\dfrac{6}{7-\sqrt{7}} = \dfrac{6}{7-\sqrt{7}} \cdot \dfrac{7+\sqrt{7}}{7+\sqrt{7}}$
$= \dfrac{6(7+\sqrt{7})}{7^2 - (\sqrt{7})^2}$
$= \dfrac{6(7+\sqrt{7})}{49-7}$
$= \dfrac{6(7+\sqrt{7})}{42}$
$= \dfrac{7+\sqrt{7}}{7}$

54. $\dfrac{x}{\sqrt{x}+1} = \dfrac{x}{\sqrt{x}+1} \cdot \dfrac{\sqrt{x}-1}{\sqrt{x}-1}$
$= \dfrac{x(\sqrt{x}-1)}{(\sqrt{x})^2 - 1^2}$
$= \dfrac{x(\sqrt{x}-1)}{x-1}$ or $\dfrac{x\sqrt{x}-x}{x-1}$

55. $3\sqrt{40} - 10\sqrt{90} = 3\sqrt{4 \cdot 10} - 10\sqrt{9 \cdot 10}$
$= 3 \cdot 2\sqrt{10} - 10 \cdot 3\sqrt{10}$
$= 6\sqrt{10} - 30\sqrt{10} = -24\sqrt{10}$

242 Chapter 5 Radicals and Complex Numbers

56. $9\sqrt{50} - 5\sqrt{8} + \sqrt{48} = 9\sqrt{25 \cdot 2} - 5\sqrt{4 \cdot 2} + \sqrt{16 \cdot 3}$
$= 9 \cdot 5\sqrt{2} - 5 \cdot 2\sqrt{2} + 4\sqrt{3}$
$= 45\sqrt{2} - 10\sqrt{2} + 4\sqrt{3}$
$= 35\sqrt{2} + 4\sqrt{3}$

57. $10\sqrt[4]{y+3} - 3\sqrt[4]{y+3} = 7\sqrt[4]{y+3}$

58. $\sqrt{25x} + \sqrt{49x} - \sqrt[3]{8x} = 5\sqrt{x} + 7\sqrt{x} - 2\sqrt[3]{x}$
$= 12\sqrt{x} - 2\sqrt[3]{x}$

59. $(\sqrt{5} + 6)^2 = (\sqrt{5})^2 + 2(\sqrt{5})(6) + 6^2$
$= 5 + 12\sqrt{5} + 36 = 41 + 12\sqrt{5}$

60. $(\sqrt{3} - \sqrt{x})(\sqrt{3} + \sqrt{x}) = (\sqrt{3})^2 - (\sqrt{x})^2$
$= 3 - x$

61. $(2\sqrt{3} + 7)(\sqrt{6} - 2) = 2\sqrt{18} - 4\sqrt{3} + 7\sqrt{6} - 14$
$= 2\sqrt{9(2)} - 4\sqrt{3} + 7\sqrt{6} - 14$
$= 6\sqrt{2} - 4\sqrt{3} + 7\sqrt{6} - 14$

62. $\dfrac{15}{\sqrt{x} + 3} = \dfrac{15(\sqrt{x} - 3)}{(\sqrt{x} + 3)(\sqrt{x} - 3)} = \dfrac{15\sqrt{x} - 45}{(\sqrt{x})^2 - 3^2} = \dfrac{15\sqrt{x} - 45}{x - 9}$

63. $(\sqrt{x} + 10) \div (\sqrt{x} - 10) = \dfrac{\sqrt{x} + 10}{\sqrt{x} - 10} = \dfrac{(\sqrt{x} + 10)(\sqrt{x} + 10)}{(\sqrt{x} - 10)(\sqrt{x} + 10)}$
$= \dfrac{(\sqrt{x})^2 + 2(\sqrt{x})(10) + 10^2}{(\sqrt{x})^2 - 10^2} = \dfrac{x + 20\sqrt{x} + 100}{x - 100}$

64. $(3\sqrt{s} + 4) \div (\sqrt{s} + 2) = \dfrac{3\sqrt{s} + 4}{\sqrt{s} + 2} = \dfrac{(3\sqrt{s} + 4)(\sqrt{s} - 2)}{(\sqrt{s} + 2)(\sqrt{s} - 2)}$
$= \dfrac{3(\sqrt{s})^2 - 6\sqrt{s} + 4\sqrt{s} - 8}{(\sqrt{s})^2 - 2^2} = \dfrac{3s - 2\sqrt{s} - 8}{s - 4}$

65.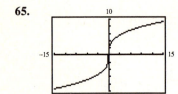

66.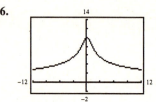

67.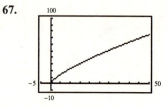

68.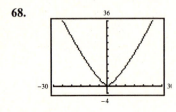

69. $\sqrt{y} = 15$
$(\sqrt{y})^2 = 15^2$
$y = 225$

Check: $\sqrt{225} \stackrel{?}{=} 15$
$15 = 15$

70. $\sqrt{3x} + 9 = 0$
$\sqrt{3x} = -9$
$(\sqrt{3x})^2 = (-9)^2$
$3x = 81$
$x = \dfrac{81}{3}$
$x = 27$ (Extraneous)

Check: $\sqrt{3(27)} + 9 \stackrel{?}{=} 0$
$\sqrt{81} + 9 \stackrel{?}{=} 0$
$9 + 9 \stackrel{?}{=} 0$
$18 \neq 0$

The equation has *no* solution.

71.
$$\sqrt{2(a-7)} = 14$$
$$\left(\sqrt{2(a-7)}\right)^2 = 14^2$$
$$2(a-7) = 196$$
$$2a - 14 = 196$$
$$2a = 210$$
$$a = \frac{210}{2}$$
$$a = 105$$
Check: $\sqrt{2(105-7)} \stackrel{?}{=} 14$
$$\sqrt{2(98)} \stackrel{?}{=} 14$$
$$\sqrt{196} \stackrel{?}{=} 14$$
$$14 = 14$$

72.
$$\sqrt{3(2x+3)} = \sqrt{x+15}$$
$$\left(\sqrt{3(2x+3)}\right)^2 = \left(\sqrt{x+15}\right)^2$$
$$3(2x+3) = x + 15$$
$$6x + 9 = x + 15$$
$$5x + 9 = 15$$
$$5x = 6$$
$$x = \frac{6}{5}$$
Check: $\sqrt{3\left(2 \cdot \frac{6}{5} + 3\right)} \stackrel{?}{=} \sqrt{\frac{6}{5} + 15}$
$$\sqrt{3\left(\frac{12}{5} + \frac{15}{5}\right)} \stackrel{?}{=} \sqrt{\frac{6}{5} + \frac{75}{5}}$$
$$\sqrt{3\left(\frac{27}{5}\right)} \stackrel{?}{=} \sqrt{\frac{81}{5}}$$
$$\sqrt{\frac{81}{5}} = \sqrt{\frac{81}{5}}$$

73.
$$\sqrt{2(x+5)} = x + 5$$
$$\left(\sqrt{2(x+5)}\right)^2 = (x+5)^2$$
$$2(x+5) = x^2 + 10x + 25$$
$$2x + 10 = x^2 + 10x + 25$$
$$0 = x^2 + 8x + 15$$
$$0 = (x+3)(x+5)$$
$$x + 3 = 0 \Rightarrow x = -3$$
$$x + 5 = 0 \Rightarrow x = -5$$
Check: $\sqrt{2(-3+5)} \stackrel{?}{=} -3 + 5$
$$\sqrt{2(2)} \stackrel{?}{=} 2$$
$$\sqrt{4} \stackrel{?}{=} 2$$
$$2 = 2$$
Check: $\sqrt{2(-5+5)} \stackrel{?}{=} -5 + 5$
$$\sqrt{2(0)} \stackrel{?}{=} 0$$
$$\sqrt{0} \stackrel{?}{=} 0$$
$$0 = 0$$

74.
$$\sqrt{5t} = 1 + \sqrt{5(t-1)}$$
$$\left(\sqrt{5t}\right)^2 = \left[1 + \sqrt{5(t-1)}\right]^2$$
$$5t = 1 + 2\sqrt{5(t-1)} + \left(\sqrt{5(t-1)}\right)^2$$
$$5t = 1 + 2\sqrt{5(t-1)} + 5(t-1)$$
$$5t = 1 + 2\sqrt{5(t-1)} + 5t - 5$$
$$0 = -4 + 2\sqrt{5(t-1)}$$
$$4 = 2\sqrt{5(t-1)}$$
$$2 = \sqrt{5(t-1)}$$
$$2^2 = \left(\sqrt{5(t-1)}\right)^2$$
$$4 = 5(t-1)$$
$$4 = 5t - 5$$
$$9 = 5t$$
$$\frac{9}{5} = t$$
Check: $\sqrt{5\left(\frac{9}{5}\right)} \stackrel{?}{=} 1 + \sqrt{5\left(\frac{9}{5} - 1\right)}$
$$\sqrt{9} \stackrel{?}{=} 1 + \sqrt{9-5}$$
$$3 \stackrel{?}{=} 1 + \sqrt{4}$$
$$3 \stackrel{?}{=} 1 + 2$$
$$3 = 3$$

75. $\sqrt[3]{5x+2} - \sqrt[3]{7x-8} = 0$

$\sqrt[3]{5x+2} = \sqrt[3]{7x-8}$

$(\sqrt[3]{5x+2})^3 = (\sqrt[3]{7x-8})^3$

$5x + 2 = 7x - 8$

$2 = 2x - 8$

$10 = 2x$

$\dfrac{10}{2} = x$

$5 = x$

Check: $\sqrt[3]{5(5)+2} - \sqrt[3]{7(5)-8} \stackrel{?}{=} 0$

$\sqrt[3]{27} - \sqrt[3]{27} \stackrel{?}{=} 0$

$0 = 0$

76. $\sqrt[4]{9x-2} - \sqrt[4]{8x} = 0$

$\sqrt[4]{9x-2} = \sqrt[4]{8x}$

$(\sqrt[4]{9x-2})^4 = (\sqrt[4]{8x})^4$

$9x - 2 = 8x$

$-2 = -x$

$2 = x$

Check: $\sqrt[4]{9(2)-2} - \sqrt[4]{8(2)} \stackrel{?}{=} 0$

$\sqrt[4]{16} - \sqrt[4]{16} \stackrel{?}{=} 0$

$2 - 2 \stackrel{?}{=} 0$

$0 = 0$

77. $\sqrt{1+6x} = 2 - \sqrt{6x}$

$(\sqrt{1+6x})^2 = (2 - \sqrt{6x})^2$

$1 + 6x = 4 - 2(2)(\sqrt{6x}) + (\sqrt{6x})^2$

$1 + 6x = 4 - 4\sqrt{6x} + 6x$

$1 = 4 - 4\sqrt{6x}$

$-3 = -4\sqrt{6x}$

$(-3)^2 = (-4\sqrt{6x})^2$

$9 = 16(6x)$

$9 = 96x$

$\dfrac{9}{96} = x$

$\dfrac{3}{32} = x$

Check: $\sqrt{1 + 6\left(\dfrac{3}{32}\right)} \stackrel{?}{=} 2 - \sqrt{6\left(\dfrac{3}{32}\right)}$

$\sqrt{\dfrac{32}{32} + \dfrac{18}{32}} \stackrel{?}{=} 2 - \sqrt{\dfrac{18}{32}}$

$\sqrt{\dfrac{50}{32}} \stackrel{?}{=} 2 - \sqrt{\dfrac{9}{16}}$

$\sqrt{\dfrac{25}{16}} \stackrel{?}{=} 2 - \dfrac{3}{4}$

$\dfrac{5}{4} \stackrel{?}{=} \dfrac{8}{4} - \dfrac{3}{4}$

$\dfrac{5}{4} = \dfrac{5}{4}$

78. $\sqrt{2+9b} + 1 = 3\sqrt{b}$

$\sqrt{2+9b} = 3\sqrt{b} - 1$

$(\sqrt{2+9b})^2 = (3\sqrt{b} - 1)^2$

$2 + 9b = (3\sqrt{b})^2 - 2 \cdot 3\sqrt{b} + 1^2$

$2 + 9b = 9b - 6\sqrt{b} + 1$

$2 = -6\sqrt{b} + 1$

$1 = -6\sqrt{b}$

$1^2 = (-6\sqrt{b})^2$

$1 = 36b$

$\dfrac{1}{36} = b$ (Extraneous)

Check: $\sqrt{2 + 9\left(\dfrac{1}{36}\right)} + 1 \stackrel{?}{=} 3\sqrt{\dfrac{1}{36}}$

$\sqrt{2 + \dfrac{9}{36}} + 1 \stackrel{?}{=} 3\left(\dfrac{1}{6}\right)$

$\sqrt{\dfrac{8}{4} + \dfrac{1}{4}} + 1 \stackrel{?}{=} \dfrac{3}{6}$

$\sqrt{\dfrac{9}{4}} + 1 \stackrel{?}{=} \dfrac{3}{6}$

$\dfrac{3}{2} + 1 \neq \dfrac{1}{2}$

The equation has *no* solution.

79. From the graph it appears that $x \approx 1.978$.

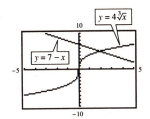

80. From the graph it appears that $x = 3.24$.

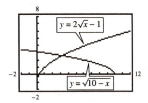

81. $\sqrt{-48} = \sqrt{48}\sqrt{-1}$
$= \sqrt{4^2(3)}\,i = 4\sqrt{3}\,i$

82. $\sqrt{-0.16} = \sqrt{(0.16)(-1)}$
$= 0.4i$

83. $10 - 3\sqrt{-27} = 10 - 3\sqrt{9(3)(-1)}$
$= 10 - 3(3)\sqrt{3}\,i$
$= 10 - 9\sqrt{3}\,i$

84. $3 + 2\sqrt{-500} = 3 + 2\sqrt{100(5)}\sqrt{-1}$
$= 3 + 2(10)\sqrt{5}\,i = 3 + 20\sqrt{5}\,i$

85. $\dfrac{3}{4} - 5\sqrt{-\dfrac{3}{25}} = \dfrac{3}{4} - 5\sqrt{\dfrac{3}{25}}\sqrt{-1}$
$= \dfrac{3}{4} - \dfrac{5\sqrt{3}}{\sqrt{25}}i = \dfrac{3}{4} - \dfrac{\cancel{5}\sqrt{3}}{\cancel{5}}i$
$= \dfrac{3}{4} - \sqrt{3}\,i$

86. $-0.5 + 3\sqrt{-1.21} = -0.5 + 3\sqrt{1.21}\sqrt{-1}$
$= -0.5 + 3(1.1)i$
$= -0.5 + 3.3i$

87. $(-4 + 5i) - (-12 + 8i) = (-4 + 12) + (5 - 8)i = 8 - 3i$

88. $5(3 - 8i) + (5 + 12i) = (15 - 40i) + (5 + 12i)$
$= (15 + 5) + (-40 + 12)i$
$= 20 - 28i$

89. $(-2)(15i)(-3i) = 90i^2 = 90(-1) = -90$

90. $-10i(4 - 7i) = -40i + 70i^2 = -40i + 70(-1)$
$= -70 - 40i$

91. $(4 - 3i)(4 + 3i) = 4^2 + 3^2$ or $(4 - 3i)(4 + 3i) = 16 + 12i - 12i - 9i^2$
$\qquad\qquad\qquad\;\; = 16 + 9 \qquad\qquad\qquad\qquad\qquad\qquad = 16 - 9(-1)$
$\qquad\qquad\qquad\;\; = 25 \qquad\qquad\qquad\qquad\qquad\qquad\quad\; = 16 + 9$
$\qquad\qquad\qquad\qquad\qquad\qquad\qquad\qquad\qquad\qquad\qquad\; = 25$

92. $(6 - 5i)^2 = 6^2 - 2(6)(5i) + (5i)^2$
$= 36 - 60i + 25i^2$
$= 36 - 60i + 25(-1) = 11 - 60i$

93. $(12 - 5i)(2 + 7i) = 24 + 84i - 10i - 35i^2$
$= 24 + 74i - 35(-1)$
$= 59 + 74i$

94. $\dfrac{4}{5i} = \dfrac{4(-5i)}{(5i)(-5i)} = \dfrac{-20i}{-25i^2}$
$= \dfrac{-20i}{-25(-1)} = \dfrac{-20i}{25} = -\dfrac{4}{5}i$

95. $\dfrac{5i}{2 + 9i} = \dfrac{5i(2 - 9i)}{(2 + 9i)(2 - 9i)} = \dfrac{10i - 45i^2}{2^2 + 9^2}$
$= \dfrac{10i - 45(-1)}{85} = \dfrac{45 + 10i}{85}$
$= \dfrac{45}{85} + \dfrac{10}{85}i = \dfrac{9}{17} + \dfrac{2}{17}i$

96. $\dfrac{2+i}{1-9i} = \dfrac{(2+i)(1+9i)}{(1-9i)(1+9i)} = \dfrac{2+18i+i+9i^2}{1^2+9^2}$

$\qquad = \dfrac{2+19i+9(-1)}{82} = \dfrac{-7+19i}{82}$

$\qquad = -\dfrac{7}{82} + \dfrac{19}{82}i$

97. Let $x = $ the length of the hypotenuse of each triangular cut-out.

$\quad c = \sqrt{a^2+b^2}$ (Pythagorean Theorem)

$\quad x = \sqrt{3^2+3^2}$

$\quad x = \sqrt{9+9}$

$\quad x = \sqrt{18}$

$\quad x = \sqrt{9(2)}$

$\quad x = 3\sqrt{2}$

Let $x = $ Length of horizontal side,

$\quad y = $ length of vertical side, and

$\quad h = $ length of hypotenuse of triangular cut-out

Perimeter $= 2x + 2y + 4h$

Perimeter $= 2(14 - 2 \cdot 3) + 2(8.5 - 2 \cdot 3) + 4(3\sqrt{2})$

$\qquad\quad = 2(8) + 2(2.5) + 4(3\sqrt{2})$

$\qquad\quad = 16 + 5 + 12\sqrt{2}$

$\qquad\quad = 21 + 12\sqrt{2}$

The perimeter of the remaining peice of paper is $21 + 12\sqrt{2}$ inches.

98. $\begin{cases} 2(\text{Length}) + 2(\text{Width}) = \text{Perimeter} \\ \text{Diagonal} = \sqrt{(\text{Length})^2 + (\text{Width})^2} \end{cases}$

$\begin{cases} 2L + 2W = 84 \Rightarrow L + W = 42 \Rightarrow W = 42 - L \\ 30 = \sqrt{L^2 + W^2} \Rightarrow 900 = L^2 + W^2 \end{cases}$

$L^2 + (42 - L)^2 = 900$

$L^2 + 1764 - 84L + L^2 = 900$

$\quad 2L^2 - 84L + 864 = 0$

$\quad\ \ L^2 - 42L + 432 = 0$

$\quad\ \ (L - 24)(L - 18) = 0$

$\qquad L - 24 = 0 \Rightarrow L = 24$ and $W = 42 - 24 = 18$

$\qquad L - 18 = 0 \Rightarrow L = 18$ and $W = 42 - 18 = 24$

The dimensions of the rectangle are 24 inches by 18 inches.

99.
$$t = 2\pi\sqrt{\frac{L}{32}}$$
$$1.3 = 2\pi\sqrt{\frac{L}{32}}$$
$$\frac{1.3}{2\pi} = \sqrt{\frac{L}{32}}$$
$$\left(\frac{1.3}{2\pi}\right)^2 = \left(\sqrt{\frac{L}{32}}\right)^2$$
$$\frac{1.69}{4\pi^2} = \frac{L}{32}$$
$$32\left(\frac{1.69}{4\pi^2}\right) = L$$
$$\frac{8(1.69)}{\pi^2} = L \text{ or } L \approx 1.37$$

The length of the pendulum is 1.37 feet.

100.
$$t = \sqrt{\frac{d}{16}}$$
$$4 = \sqrt{\frac{d}{16}}$$
$$(4)^2 = \left(\sqrt{\frac{d}{16}}\right)^2$$
$$16 = \frac{d}{16}$$
$$16(16) = d$$
$$256 = d$$

The height of the bridge is 256 feet.

Chapter Test for Chapter 5

1. (a) $2^{-2} + 2^{-3} = \frac{1}{2^2} + \frac{1}{2^3} = \frac{1}{4} + \frac{1}{8} = \frac{2}{8} + \frac{1}{8} = \frac{3}{8}$

(b) $\dfrac{6.3 \times 10^{-3}}{2.1 \times 10^2} = \dfrac{6.3}{2.1} \times 10^{-3-2} = 3 \times 10^{-5}$

2. (a) $27^{-2/3} = \dfrac{1}{27^{2/3}} = \dfrac{1}{(\sqrt[3]{27})^2} = \dfrac{1}{3^2} = \dfrac{1}{9}$

(b) $\sqrt{2}\sqrt{18} = \sqrt{36} = 6$

3. $0.000032 = 3.2 \times 10^{-5}$

4. $3.04 \times 10^7 = 30{,}400{,}000$

5. (a) $\dfrac{12t^{-2}}{20t^{-1}} = \dfrac{12t}{20t^2} = \dfrac{\cancel{4}(3)\cancel{(t)}}{\cancel{4}(5)\cancel{(t)}(t)} = \dfrac{3}{5t}$

(b) $(y^{-2})^{-1} = y^{-2(-1)} = y^2$

6. (a) $\left(\dfrac{x^{1/2}}{x^{1/3}}\right)^2 = \left(\dfrac{x^{3/6}}{x^{2/6}}\right)^2 = (x^{1/6})^2 = x^{(1/6)2} = x^{2/6} = x^{1/3}$

or $\left(\dfrac{x^{1/2}}{x^{1/3}}\right)^2 = \dfrac{x^{(1/2)2}}{x^{(1/3)2}} = \dfrac{x}{x^{2/3}} = x^{1 - (2/3)} = x^{1/3}$

(b) $5^{1/4} \cdot 5^{7/4} = 5^{(1/4) + (7/4)} = 5^{8/4} = 5^2 = 25$

7. (a) $\sqrt{\dfrac{32}{9}} = \dfrac{\sqrt{32}}{\sqrt{9}} = \dfrac{\sqrt{16(2)}}{\sqrt{9}} = \dfrac{4\sqrt{2}}{3}$

(b) $\sqrt[3]{24} = \sqrt[3]{8(3)} = \sqrt[3]{2^3(3)} = 2\sqrt[3]{3}$

8. To rationalize a denominator is to multiply the numerator and denominator of a radical expression by a factor so that no radical contains a fraction and no denominator of a fraction contains a radical.

(a) $\dfrac{10}{\sqrt{6} - \sqrt{2}} = \dfrac{10}{\sqrt{6} - \sqrt{2}} \cdot \dfrac{\sqrt{6} + \sqrt{2}}{\sqrt{6} + \sqrt{2}}$

$= \dfrac{10(\sqrt{6} + \sqrt{2})}{(\sqrt{6})^2 - (\sqrt{2})^2}$

$= \dfrac{10(\sqrt{6} + \sqrt{2})}{6 - 2}$

$= \dfrac{10(\sqrt{6} + \sqrt{2})}{4}$

$= \dfrac{5\cancel{(2)}(\sqrt{6} + \sqrt{2})}{2\cancel{(2)}}$

$= \dfrac{5(\sqrt{6} + \sqrt{2})}{2}$

(b) $\dfrac{2}{\sqrt[3]{9y}} = \dfrac{2}{\sqrt[3]{9y}} \cdot \dfrac{\sqrt[3]{3y^2}}{\sqrt[3]{3y^2}}$

$= \dfrac{2\sqrt[3]{3y^2}}{\sqrt[3]{27y^3}}$

$= \dfrac{2\sqrt[3]{3y^2}}{3y}$

9. $5\sqrt{3x} - 3\sqrt{75x} = 5\sqrt{3x} - 3\sqrt{25(3x)}$
$= 5\sqrt{3x} - 3(5)\sqrt{3x}$
$= 5\sqrt{3x} - 15\sqrt{3x}$
$= -10\sqrt{3x}$

10. $\sqrt{5}(\sqrt{15x} + 3) = \sqrt{75x} + 3\sqrt{5}$
$= \sqrt{25(3x)} + 3\sqrt{5}$
$= 5\sqrt{3x} + 3\sqrt{5}$

11. $(4 - \sqrt{2x})^2 = 16 - 2(4)\sqrt{2x} + (\sqrt{2x})^2$
$= 16 - 8\sqrt{2x} + 2x$

12. $\sqrt{x^2 - 1} = x - 2$
$(\sqrt{x^2 - 1})^2 = (x - 2)^2$
$x^2 - 1 = x^2 - 4x + 4$
$-1 = -4x + 4$
$-5 = -4x$
$\dfrac{-5}{-4} = x$
$\dfrac{5}{4} = x$ (Extraneous)

Check: $\sqrt{\left(\dfrac{5}{4}\right)^2 - 1} \stackrel{?}{=} \dfrac{5}{4} - 2$
$\sqrt{\dfrac{25}{16} - \dfrac{16}{16}} \stackrel{?}{=} \dfrac{5}{4} - \dfrac{8}{4}$
$\sqrt{\dfrac{9}{16}} \stackrel{?}{=} -\dfrac{3}{4}$
$\dfrac{3}{4} \neq -\dfrac{3}{4}$

The equation has *no* solution.

13. $\sqrt{x} - x + 6 = 0$
$\sqrt{x} = x - 6$
$(\sqrt{x})^2 = (x - 6)^2$
$x = x^2 - 12x + 36$
$0 = x^2 - 13x + 36$
$0 = (x - 9)(x - 4)$
$x - 9 = 0 \Rightarrow x = 9$
$x - 4 = 0 \Rightarrow x = 4$ (Extraneous)

Check: $\sqrt{9} - 9 + 6 \stackrel{?}{=} 0$
$3 - 9 + 6 \stackrel{?}{=} 0$
$0 = 0$

Check: $\sqrt{4} - 4 + 6 \stackrel{?}{=} 0$
$2 - 4 + 6 \stackrel{?}{=} 0$
$4 \neq 0$

14. $\sqrt{x - 4} = \sqrt{x + 7} - 1$
$(\sqrt{x - 4})^2 = (\sqrt{x + 7} - 1)^2$
$x - 4 = x + 7 - 2\sqrt{x + 7} + 1$
$x - 4 = x + 8 - 2\sqrt{x + 7}$
$-4 = 8 - 2\sqrt{x + 7}$
$-12 = -2\sqrt{x + 7}$
$6 = \sqrt{x + 7}$
$(6)^2 = (\sqrt{x + 7})^2$
$36 = x + 7$
$29 = x$

Check: $\sqrt{29 - 4} \stackrel{?}{=} \sqrt{29 + 7} - 1$
$\sqrt{25} \stackrel{?}{=} \sqrt{36} - 1$
$5 = 6 - 1$

15. $(2 + 3)i - \sqrt{-25} = 2 + 3i - \sqrt{25}\sqrt{-1}$
$= 2 + 3i - 5i = 2 - 2i$

16. $(2 - 3i)^2 = 2^2 - 2(2)(3i) + (3i)^2$
$= 4 - 12i + 9i^2$
$= 4 - 12i + 9(-1) = -5 - 12i$

17. $\sqrt{-16}(1 + \sqrt{-4}) = \sqrt{16}\sqrt{-1}(1 + \sqrt{4}\sqrt{-1})$
$= 4i(1 + 2i) = 4i + 8i^2$
$= 4i + 8(-1) = -8 + 4i$

18. $(3 - 2i)(1 + 5i) = 3 + 15i - 2i - 10i^2$
$= 3 + 13i - 10(-1) = 13 + 13i$

19. $\dfrac{5 - 2i}{3 + i} = \dfrac{5 - 2i}{3 + i} \cdot \dfrac{3 - i}{3 - i}$
$= \dfrac{15 - 5i - 6i + 2i^2}{3^2 - i^2}$
$= \dfrac{15 - 11i + 2(-1)}{9 - (-1)}$
$= \dfrac{13 - 11i}{10}$
$= \dfrac{13}{10} - \dfrac{11}{10}i$

20. $v = \sqrt{2gh}$
$80 = \sqrt{2(32)h}$
$80 = \sqrt{64h}$
$(80)^2 = (\sqrt{64h})^2$
$6400 = 64h$
$\dfrac{6400}{64} = h$
$100 = h$

The rock was dropped from a height of 100 feet.

Cumulative Test for Chapters 1–5

1. $y \leq 45$

2. $x \geq 15$

3. Additive Identity Property

4. Distributive Property

5. $9.35 + 0.75q$

6. $(2n - 1) + (2n + 1) = 4n$

7. $16x^2 - 121 = (4x)^2 - 11^2$
$= (4x + 11)(4x - 11)$

8. $9t^2 - 24t + 16 = (3t)^2 - 2(3t)(4) + 4^2$
$= (3t - 4)^2$

9. $x(x - 10) - 4(x - 10) = (x - 10)(x - 4)$

10. $4x^3 - 12x^2 + 16x = 4x(x^2 - 3x + 4)$

11. $\dfrac{x}{4} - \dfrac{2}{3} = 0$
$12\left(\dfrac{x}{4} - \dfrac{2}{3}\right) = 12(0)$
$12\left(\dfrac{x}{4}\right) - 12\left(\dfrac{2}{3}\right) = 0$
$3x - 8 = 0$
$3x = 8$
$x = \dfrac{8}{3}$

12. $2x - 3[1 + (4 - x)] = 0$

$2x - 3[5 - x] = 0$

$2x - 15 + 3x = 0$

$5x - 15 = 0$

$5x = 15$

$x = 3$

13. $3x^2 - 13x - 10 = 0$

$(3x + 2)(x - 5) = 0$

$3x + 2 = 0 \Longrightarrow 3x = -2 \Longrightarrow x = -\frac{2}{3}$

$x - 5 = 0 \Longrightarrow x = 5$

14. $x(x - 3) = 40$

$x^2 - 3x = 40$

$x^2 - 3x - 40 = 0$

$(x - 8)(x + 5) = 0$

$x - 8 = 0 \Longrightarrow x = 8$

$x + 5 = 0 \Longrightarrow x = -5$

15. $|2x + 5| = 11$

$2x + 5 = -11$ or $2x + 5 = 11$

$2x = -16 \qquad\qquad 2x = 6$

$x = -8 \qquad\qquad x = 3$

16. $\sqrt{x - 5} - 6 = 0$

$\sqrt{x - 5} = 6$

$(\sqrt{x - 5})^2 = 6^2$

$x - 5 = 36$

$x = 41$

Check: $\sqrt{41 - 5} - 6 \stackrel{?}{=} 0$

$\sqrt{36} - 6 \stackrel{?}{=} 0$

$6 - 6 = 0$

17. $(-3, 2)$ and $(5, -4)$

$m = \dfrac{y_2 - y_1}{x_2 - x_1}$

$= \dfrac{-4 - 2}{5 - (-3)}$

$= \dfrac{-6}{8}$

$= -\dfrac{\cancel{2}(3)}{\cancel{2}(4)}$

$= -\dfrac{3}{4}$

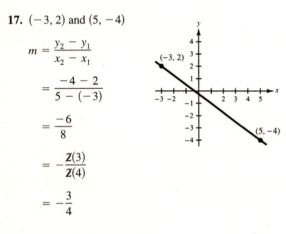

18. $(2, 8)$ and $(7, -3)$

$m = \dfrac{y_2 - y_1}{x_2 - x_1}$

$= \dfrac{-3 - 8}{7 - 2}$

$= \dfrac{-11}{5}$

$= \dfrac{-11}{5}$

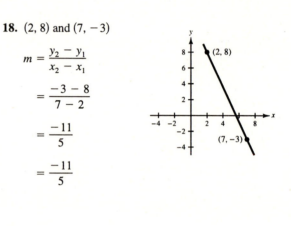

19. $f(x) = 3x - x^2$

$f(2 + t) - f(2) = 3(2 + t) - (2 + t)^2 - [3(2) - 2^2]$

$= 6 + 3t - (4 + 4t + t^2) - 6 + 4$

$= 6 + 3t - 4 - 4t - t^2 - 6 + 4$

$= -t^2 - t$

20. $D = 48t$

21. (a) $g(x) = -\sqrt{x}$

(b) $g(x) = \sqrt{x} + 2$

(c) $g(x) = \sqrt{x - 2}$

22. Amount withheld $= (0.035)(3100)$

$= \$108.50$

23. $\begin{cases} 4x - y = 0 \implies 8x - 2y = 0 \\ -3x + 2y = 2 \implies \underline{-3x + 2y = 2} \end{cases}$

$\qquad\qquad\qquad\qquad\quad 5x \quad\;\; = 2$

$\qquad\qquad\qquad\qquad x = \frac{2}{5}$ and $4\left(\frac{2}{5}\right) - y = 0$

$\qquad\qquad\qquad\qquad\qquad\qquad\quad \frac{8}{5} - y = 0$

$\qquad\qquad\qquad\qquad\qquad\qquad\quad\;\; -y = -\frac{8}{5}$

$\qquad\qquad\qquad\qquad\qquad\qquad\qquad\;\; y = \frac{8}{5}$

$\left(\frac{2}{5}, \frac{8}{5}\right)$

24. $x - y \qquad = -1$
$\quad\; x + 2y - 2z = 3$
$\; 3x - y + 2z = 3$

$\begin{bmatrix} 1 & -1 & 0 & -1 \\ 1 & 2 & -2 & 3 \\ 3 & -1 & 2 & 3 \end{bmatrix}$

$\begin{matrix} \\ -R_1 + R_2 \\ -3R_1 + R_3 \end{matrix} \begin{bmatrix} 1 & -1 & 0 & -1 \\ 0 & 3 & -2 & 4 \\ 0 & 2 & 2 & 6 \end{bmatrix}$

$\begin{matrix} \\ -\frac{1}{3}R_1 \\ \\ \end{matrix} \begin{bmatrix} 1 & -1 & 0 & -1 \\ 0 & 1 & -\frac{2}{3} & \frac{4}{3} \\ 0 & 2 & 2 & 6 \end{bmatrix}$

$\begin{matrix} \\ \\ -2R_2 + R_3 \end{matrix} \begin{bmatrix} 1 & -1 & 0 & -1 \\ 0 & 1 & -\frac{2}{3} & \frac{4}{3} \\ 0 & 0 & \frac{10}{3} & \frac{10}{3} \end{bmatrix}$

$\begin{matrix} \\ \\ \frac{3}{10}R_3 \end{matrix} \begin{bmatrix} 1 & -1 & 0 & -1 \\ 0 & 1 & -\frac{2}{3} & \frac{4}{3} \\ 0 & 0 & 1 & 1 \end{bmatrix}$

$\begin{cases} x - y \qquad\;\; = -1 \\ \quad\;\; y - \frac{2}{3}z = \frac{4}{3} \\ \qquad\qquad z = 1 \end{cases}$ and $y - \frac{2}{3}(1) = \frac{4}{3} \quad x - (2) = -1$

$\qquad\qquad\qquad\qquad\qquad\qquad\qquad\qquad y = 2 \qquad\qquad x = 1$

$(1, 2, 1)$

25. (a) $4b + 5m = 11$

$\quad\;\; 5b + 21m = 1$

$D = \begin{vmatrix} 4 & 5 \\ 5 & 21 \end{vmatrix} = 84 - 25 = 59$

$b = \dfrac{D_b}{D} = \dfrac{\begin{vmatrix} 11 & 5 \\ 1 & 21 \end{vmatrix}}{59} = \dfrac{226}{59}$

$m = \dfrac{D_m}{D} = \dfrac{\begin{vmatrix} 4 & 11 \\ 5 & 1 \end{vmatrix}}{59} = -\dfrac{51}{59}$

$y = mx + b$

$y = -\dfrac{51}{59}x + \dfrac{226}{59}$

(b)

26. $(-5, 8), (10, 0),$ and $(3, -4)$

$\begin{vmatrix} -5 & 8 & 1 \\ 10 & 0 & 1 \\ 3 & -4 & 1 \end{vmatrix} = -8\begin{vmatrix} 10 & 1 \\ 3 & 1 \end{vmatrix} + 0 - (-4)\begin{vmatrix} -5 & 1 \\ 10 & 1 \end{vmatrix}$

$\qquad\qquad\qquad\;\; = -8(7) + 0 + 4(-15)$

$\qquad\qquad\qquad\;\; = -56 - 60$

$\qquad\qquad\qquad\;\; = -116$

Area $= -\frac{1}{2}(-116) = 58$

27. $\sqrt{24x^2y^3} = \sqrt{4 \cdot x^2 \cdot y^2 \cdot 6y}$

$\qquad\qquad\; = 2|x|y\sqrt{6y}$

28. $\sqrt[3]{9} \cdot \sqrt[3]{15} = \sqrt[3]{135}$

$\qquad\qquad\quad\; = \sqrt[3]{27 \cdot 5}$

$\qquad\qquad\quad\; = 3\sqrt[3]{5}$

29. $(12a^{-4}b^6) = \sqrt{\dfrac{12b^6}{a^4}}$

$\qquad\qquad\qquad = \dfrac{\sqrt{4 \cdot b^6 \cdot 3}}{\sqrt{a^4}}$

$\qquad\qquad\qquad = \dfrac{2b^3\sqrt{3}}{a^2}$

30. $(16^{1/3})^{3/4} = 16^{(1/3)(3/4)}$

$\qquad\qquad\quad\; = 16^{1/4}$

$\qquad\qquad\quad\; = \sqrt[4]{16}$

$\qquad\qquad\quad\; = 2$

CHAPTER 6
Quadratic Functions, Equations, and Inequalities

Section 6.1	The Factoring and Square Root Methods	253
Section 6.2	Completing the Square	259
Section 6.3	The Quadratic Formula and the Discriminant	266
Section 6.4	Applications of Quadratic Equations	273
Mid-Chapter Quiz		278
Section 6.5	Graphing Quadratic Functions	280
Section 6.6	Modeling Data with Quadratic Functions	288
Section 6.7	Quadratic Inequalities in One Variable	289
Review Exercises		295
Chapter Test		307
Cumulative Test for Chapters 1–6		310

CHAPTER 6
Quadratic Functions, Equations, and Inequalities

Section 6.1   The Factoring and Square Root Methods
Solutions to Odd-Numbered Exercises

1. $x^2 - 12x + 35 = 0$
$(x - 7)(x - 5) = 0$
$x - 7 = 0 \Rightarrow x = 7$
$x - 5 = 0 \Rightarrow x = 5$

3. $x^2 + x - 72 = 0$
$(x + 9)(x - 8) = 0$
$x + 9 = 0 \Rightarrow x = -9$
$x - 8 = 0 \Rightarrow x = 8$

5. $x^2 + 4x = 45$
$x^2 + 4x - 45 = 0$
$(x + 9)(x - 5) = 0$
$x + 9 = 0 \Rightarrow x = -9$
$x - 5 = 0 \Rightarrow x = 5$

7. $4x^2 - 12x = 0$
$4x(x - 3) = 0$
$4x = 0 \Rightarrow x = 0$
$x - 3 = 0 \Rightarrow x = 3$

9. $u(u - 9) - 12(u - 9) = 0$
$(u - 9)(u - 12) = 0$
$u - 9 = 0 \Rightarrow u = 9$
$u - 12 = 0 \Rightarrow u = 12$

11. $4x^2 - 25 = 0$
$(2x + 5)(2x - 5) = 0$
$2x + 5 = 0 \Rightarrow x = -\frac{5}{2}$
$2x - 5 = 0 \Rightarrow x = \frac{5}{2}$

13. $x^2 - 12x + 36 = 0$
$(x - 6)(x - 6) = 0$
$x - 6 = 0 \Rightarrow x = 6$

15. $x^2 + 60x + 900 = 0$
$(x + 30)(x + 30) = 0$
$x + 30 = 0 \Rightarrow x = -30$

17. $(y - 4)(y - 3) = 6$
$y^2 - 7y + 12 = 6$
$y^2 - 7y + 6 = 0$
$(y - 6)(y - 1) = 0$
$y - 6 = 0 \Rightarrow y = 6$
$y - 1 = 0 \Rightarrow y = 1$

19. $2x(3x + 2) = 5 - 6x^2$
$6x^2 + 4x = 5 - 6x^2$
$12x^2 + 4x - 5 = 0$
$(6x + 5)(2x - 1) = 0$
$6x + 5 = 0 \Rightarrow x = -\frac{5}{6}$
$2x - 1 = 0 \Rightarrow x = \frac{1}{2}$

21. $3x(x - 6) - 5(x - 6) = 0$
$(x - 6)(3x - 5) = 0$
$x - 6 = 0 \Rightarrow x = 6$
$3x - 5 = 0 \Rightarrow x = \frac{5}{3}$

23.
$$6x^2 = 54$$
$$6x^2 - 54 = 0$$
$$6(x^2 - 9) = 0$$
$$6(x+3)(x-3) = 0$$
$$6 \neq 0$$
$$x + 3 = 0 \Rightarrow x = -3$$
$$x - 3 = 0 \Rightarrow x = 3$$

25.
$$\frac{y^2}{2} = 32$$
$$2\left(\frac{y^2}{2}\right) = 2(32)$$
$$y^2 = 64$$
$$y^2 - 64 = 0$$
$$(y+8)(y-8) = 0$$
$$y + 8 = 0 \Rightarrow y = -8$$
$$y - 8 = 0 \Rightarrow y = 8$$

27. According to the Zero-Factor Property, if a product of factors is equal to zero, then one or more of the factors must be equal to zero. If a quadratic polynomial is equal to zero and that polynomial can be factored, then one or more of those factors must be equal to zero. By factoring the quadratic polynomial, setting each linear factor equal to zero and solving the linear equations, you find the solution(s) of the quadratic equation.

29. $x^2 = 64$
$$x = \pm\sqrt{64}$$
$$x = \pm 8$$

31. $25x^2 = 16$
$$x^2 = \tfrac{16}{25}$$
$$x = \pm\sqrt{\tfrac{16}{25}}$$
$$x = \pm\tfrac{4}{5}$$

33. $4u^2 - 225 = 0$
$$4u^2 = 225$$
$$u^2 = \tfrac{225}{4}$$
$$u = \pm\sqrt{\tfrac{225}{4}}$$
$$u = \pm\tfrac{15}{2}$$

35. $(x+4)^2 = 169$
$$x + 4 = \pm\sqrt{169}$$
$$x + 4 = \pm 13$$
$$x = -4 \pm 13$$
$$x = -4 + 13 = 9$$
$$x = -4 - 13 = -17$$

37. $(x-3)^2 = 0.25$
$$x - 3 = \pm\sqrt{0.25}$$
$$x - 3 = \pm 0.5$$
$$x = 3 \pm 0.5$$
$$x = 3 + 0.5 = 3.5$$
$$x = 3 - 0.5 = 2.5$$

39. $(x-2)^2 = 7$
$$x - 2 = \pm\sqrt{7}$$
$$x = 2 \pm \sqrt{7}$$

41. $(2x+1)^2 = 50$
$$2x + 1 = \pm\sqrt{50} = \pm 5\sqrt{2}$$
$$2x = -1 \pm 5\sqrt{2}$$
$$x = \frac{-1 \pm 5\sqrt{2}}{2}$$

43. $(4x-3)^2 - 98 = 0$
$$(4x-3)^2 = 98$$
$$4x - 3 = \pm\sqrt{98} = \pm 7\sqrt{2}$$
$$4x = 3 \pm 7\sqrt{2}$$
$$x = \frac{3 \pm 7\sqrt{2}}{4}$$

45. $z^2 = -36$
$$z = \pm\sqrt{-36} = \pm 6i$$

47. $x^2 + 4 = 0$
$$x^2 = -4$$
$$x = \pm\sqrt{-4} = \pm 2i$$

49. $(t-3)^2 = -25$
$$t - 3 = \pm\sqrt{-25} = \pm 5i$$
$$t = 3 \pm 5i$$

51. $(3z + 4)^2 + 144 = 0$

$(3z + 4)^2 = -144$

$3x + 4 = \pm\sqrt{-144} = \pm 12i$

$3z = -4 \pm 12i$

$z = \dfrac{-4 \pm 12i}{3}$ or $z = -\dfrac{4}{3} \pm 4i$

53. $9(x + 6)^2 = -121$

$(x + 6)^2 = -\dfrac{121}{9}$

$x + 6 = \pm\sqrt{-\dfrac{121}{9}} = \pm\dfrac{11}{3}i$

$x = -6 \pm \dfrac{11}{3}i$ or $x = \dfrac{-18 \pm 11i}{3}$

55. $(x - 1)^2 = -27$

$x - 1 = \pm\sqrt{-27}$

$= \pm\sqrt{27}\,i = \pm 3\sqrt{3}\,i$

$x = 1 \pm 3\sqrt{3}\,i$

57. $(x + 1)^2 + 0.04 = 0$

$(x + 1)^2 = -0.04$

$x + 1 = \pm\sqrt{-0.04} = \pm 0.2i$

$x = -1 \pm 0.2i$

59. $\left(c - \dfrac{2}{3}\right)^2 + \dfrac{1}{9} = 0$

$\left(c - \dfrac{2}{3}\right)^2 = -\dfrac{1}{9}$

$c - \dfrac{2}{3} = \pm\sqrt{-\dfrac{1}{9}} = \pm\dfrac{1}{3}i$

$c = \dfrac{2}{3} \pm \dfrac{1}{3}i$ or $c = \dfrac{2 \pm i}{3}$

61. $\left(x + \dfrac{7}{3}\right)^2 = -\dfrac{38}{9}$

$x + \dfrac{7}{3} = \pm\sqrt{-\dfrac{38}{9}} = \pm\dfrac{\sqrt{38}}{3}i$

$x = -\dfrac{7}{3} \pm \dfrac{\sqrt{38}}{3}i$ or $x = \dfrac{-7 \pm \sqrt{38}\,i}{3}$

63. The x-intercepts appear to be $(3, 0)$ and $(-3, 0)$.

$x^2 - 9 = 9$

$x^2 = 9$

$x = \pm\sqrt{9}$

$x = \pm 3$

The solutions of the equation are the x-coordinates of the x-intercepts.

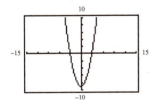

65. The x-intercepts appear to be $(5, 0)$ and $(-3, 0)$.

$x^2 - 2x - 15 = 0$

$(x - 5)(x + 3) = 0$

$x - 5 = 0 \Longrightarrow x = 5$

$x + 3 = 0 \Longrightarrow x = -3$

The solutions of the equation are the x-coordinates of the x-intercepts.

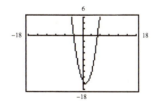

67. The x-intercepts appear to be $(1, 0)$ and $(5, 0)$.

$4 - (x - 3)^2 = 0$

$4 = (x - 3)^2$

$\pm\sqrt{4} = (x - 3)$

$\pm 2 = x - 3$

$3 \pm 2 = x$

$x = 3 + 2 \Longrightarrow x = 5$

$x = 3 - 2 \Longrightarrow x = 1$

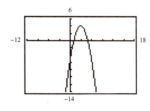

The solutions of the equation are the x-coordinates of the x-intercepts.

69. The x-intercepts appear to be $(2, 0)$ and $\left(-\frac{3}{2}, 0\right)$.

$$2x^2 - x - 6 = 0$$
$$(2x + 3)(x - 2) = 0$$
$$2x + 3 = 0 \Rightarrow x = -\frac{3}{2}$$
$$x - 2 = 0 \Rightarrow x = 2$$

The solutions of the equation are the x-coordinates of the x-intercepts.

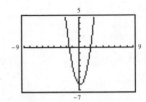

71. The x-intercepts appear to be $(4, 0)$ and $\left(-\frac{4}{3}, 0\right)$.

$$3x^2 - 8x - 16 = 0$$
$$(3x + 4)(x - 4) = 0$$
$$3x + 4 = 0 \Rightarrow x = -\frac{4}{3}$$
$$x - 4 = 0 \Rightarrow x = 4$$

The solutions of the equation are the x-coordinates of the x-intercepts.

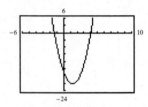

73. There are no x-intercepts. The roots of the equation are imaginary.

$$(x - 1)^2 + 1 = 0$$
$$(x - 1)^2 = -1$$
$$x - 1 = \pm\sqrt{-1}$$
$$x - 1 = \pm i$$
$$x = 1 \pm i$$

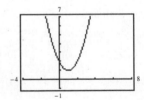

75. There are no x-intercepts. The roots of the equation are imaginary.

$$(x + 3)^2 + 5 = 0$$
$$(x + 3)^2 = -5$$
$$x + 3 = \pm\sqrt{-5}$$
$$x + 3 = \pm\sqrt{5}i$$
$$x = -3 \pm \sqrt{5}i$$

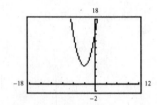

77. There are no x-intercepts. The roots of the equation are imaginary.

$$x^2 + 7 = 0$$
$$x^2 = -7$$
$$x = \pm\sqrt{-7}$$
$$x = \pm\sqrt{7}i$$

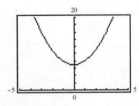

79. $2x^2 - 5x = 0$
$$x(2x - 5) = 0$$
$$x = 0$$
$$2x - 5 = 0 \Rightarrow x = \frac{5}{2}$$

81. $\quad x^2 - 100 = 0 \qquad$ or $\quad x^2 - 100 = 0$
$$(x + 10)(x - 10) = 0 \qquad\qquad x^2 = 100$$
$$x + 10 = 0 \Rightarrow x = -10 \qquad\quad x = \pm\sqrt{100}$$
$$x - 10 = 0 \Rightarrow x = 10 \qquad\qquad x = \pm 10$$

83. $(x - 5)^2 + 100 = 0$

$(x - 5)^2 = -100$

$x - 5 = \pm\sqrt{-100}$

$x - 5 = \pm 10i$

$x = 5 \pm 10i$

85. $x^2 + y^2 = 4$

$y^2 = 4 - x^2$

$y = \pm\sqrt{4 - x^2}$

$f(x) = \sqrt{4 - x^2}$

$g(x) = -\sqrt{4 - x^2}$

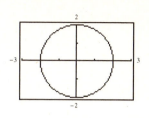

87. $x^2 + 4y^2 = 4$

$4y^2 = 4 - x^2$

$y^2 = \dfrac{4 - x^2}{4}$

$y = \pm\sqrt{\dfrac{4 - x^2}{4}}$

$y = \pm\sqrt{\dfrac{4 - x^2}{2}}$

$f(x) = \dfrac{\sqrt{4 - x^2}}{2}$ or $\dfrac{1}{2}\sqrt{4 - x^2}$

$g(x) = -\dfrac{\sqrt{4 - x^2}}{2}$ or $-\dfrac{1}{2}\sqrt{4 - x^2}$

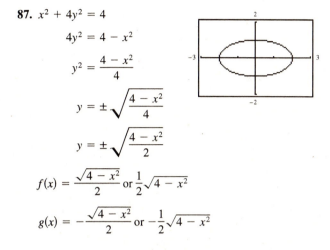

89. $x^4 - 5x^2 + 4 = 0$ Let $u = x^2$.

$u^2 - 5u + 4 = 0$

$(u - 4)(u - 1) = 0$

$u - 4 = 0 \Rightarrow u = 4$

$u - 1 = 0 \Rightarrow u = 1$

$u = 4 \Rightarrow x^2 = 4$

$x = \pm 2$

$u = 1 \Rightarrow x^2 = 1$

$x = \pm 1$

91. $x^4 - 5x^2 + 6 = 0$ Let $u = x^2$.

$u^2 - 5u + 6 = 0$

$(u - 2)(u - 3) = 0$

$u - 2 = 0 \Rightarrow u = 2$

$u - 3 = 0 \Rightarrow u = 3$

$u = 2 \Rightarrow x^2 = 2$

$x = \pm\sqrt{2}$

$u = 3 \Rightarrow x^2 = 3$

$x = \pm\sqrt{3}$

93. $x^4 - 3x^2 - 4 = 0$ Let $u = x^2$.

$u^2 - 3u - 4 = 0$

$(u - 4)(u + 1) = 0$

$u - 4 = 0 \Rightarrow u = 4$

$u + 1 = 0 \Rightarrow u = -1$

$u = 4 \Rightarrow x^2 = 4$

$x = \pm 2$

$u = -1 \Rightarrow x^2 = -1$

$x = \pm i$

95. $(x^2 - 4)^2 + 2(x^2 - 4) - 3 = 0$ Let $u = x^2 - 4$.

$u^2 + 2u - 3 = 0$

$(u - 1)(u + 3) = 0$

$u - 1 = 0 \Rightarrow u = 1$

$u + 3 = 0 \Rightarrow u = -3$

$u = 1 \Rightarrow x^2 - 4 = 1$

$x^2 = 5$

$x = \pm\sqrt{5}$

$u = -3 \Rightarrow x^2 - 4 = -3$

$x^2 = 1$

$x = \pm 1$

97. $x^{2/3} - x^{1/3} - 6 = 0$ Let $u = x^{1/3}$.

$u^2 - u - 6 = 0$

$(u - 3)(u + 2) = 0$

$u - 3 = 0 \Rightarrow u = 3$

$u + 2 = 0 \Rightarrow u = -2$

$u = 3 \Rightarrow x^{1/3} = 3$

$x = 3^3$

$x = 27$

$u = -2 \Rightarrow x^{1/3} = -2$

$x = (-2)^3$

$x = -8$

99. $2x^{2/3} - 7x^{1/3} + 5 = 0$ Let $u = x^{1/3}$.

$2u^2 - 7u + 5 = 0$

$(2u - 5)(u - 1) = 0$

$2u - 5 = 0 \Rightarrow u = \frac{5}{2}$

$u - 1 = 0 \Rightarrow u = 1$

$u = \frac{5}{2} \Rightarrow x^{1/3} = \frac{5}{2}$

$x = \left(\frac{5}{2}\right)^3$

$x = \frac{125}{8}$

$u = 1 \Rightarrow x^{1/3} = 1$

$x = 1^3$

$x = 1$

101. $x^{2/5} - 3x^{1/5} + 2 = 0$ Let $u = x^{1/5}$.

$u^2 - 3u + 2 = 0$

$(u - 1)(u - 2) = 0$

$u - 1 = 0 \Rightarrow u = 1$

$u - 2 = 0 \Rightarrow u = 2$

$u = 1 \Rightarrow x^{1/5} = 1$

$x = 1^5$

$x = 1$

$u = 2 \Rightarrow x^{1/5} = 2$

$x = 2^5$

$x = 32$

103. $2x^{2/5} - 7x^{1/5} + 3 = 0$ Let $u = x^{1/5}$.

$2u^2 - 7u + 3 = 0$

$(2u - 1)(u - 3) = 0$

$2u - 1 = 0 \Rightarrow u = \frac{1}{2}$

$u - 3 = 0 \Rightarrow u = 3$

$u = \frac{1}{2} \Rightarrow x^{1/5} = \frac{1}{2}$

$x = \left(\frac{1}{2}\right)^5$

$x = \frac{1}{32}$

$u = 3 \Rightarrow x^{1/5} = 3$

$x = 3^5$

$x = 243$

105. $6^2 + 8^2 = x^2$

$36 + 64 = x^2$

$100 = x^2$

$\pm\sqrt{100} = x$

$\pm 10 = x$ (Choose the positive solution.)

The side of the triangle is 10 units long.

107. $7^2 + x^2 = 9^2$

$49 + x^2 = 81$

$x^2 = 32$

$x = \pm\sqrt{32} = \pm 4\sqrt{2}$ (Choose the positive solution.)

$x \approx 5.66$

The side of the triangle is $4\sqrt{2}$ or approximately 5.66 units long.

109. Let d = length of diagonal

$d^2 = 50^2 + 94^2$

$d^2 = 2500 + 8836$

$d^2 = 11{,}336$

$d = \sqrt{11{,}336}$

$= \sqrt{4 \cdot 2834}$

$= 2\sqrt{2834}$

$d \approx 106.47$

The length of the diagonal is approximately 106.47 feet.

111. Let x = length of a side of the square.

$x^2 + x^2 = 25^2$

$2x^2 = 625$

$x^2 = \frac{625}{2}$

$x = \sqrt{\frac{625}{2}} = \frac{\sqrt{625}}{\sqrt{2}} = \frac{\sqrt{625}}{\sqrt{2}} \cdot \frac{\sqrt{2}}{\sqrt{2}} = \frac{25\sqrt{2}}{2}$

Each side of the square has a length of $(25\sqrt{2})/2$ inches or approximately 17.68 inches.

113. $h = -16t^2 + s_0$, $s_0 = 128$

$h = -16t^2 + 128$

$16t^2 = 128$

$t^2 = 8$

$t = \sqrt{8}$

$t = 2\sqrt{2}$

$t \approx 2.83$

The object reaches the ground in approximately 2.83 seconds.

115. When the object reaches the ground, $h = 0$.

$0 = 144 + 128t - 16t^2$

$0 = 16(9 + 8t - t^2)$

$0 = 16(9 - t)(1 + t)$

$16 \neq 0$

$9 - t = 0 \implies t = 9$

$1 + t = 0 \implies t = -1$

(Choose the positive solution.) The object reaches the ground in 9 seconds.

117. $y = (26.2 + 1.2t)^2$, $-2 \leq t \leq 3$

$(26.2 + 1.2t)^2 = 625$

$26.2 + 1.2t = \sqrt{625}$

$26.2 + 1.2t = 25$

$1.2t = -1.2$

$t = -1 \implies$ The year was 1989.

The expenditures were approximately $625 billion in 1989.

119. $1685.40 = 1500(1 + r)^2$

$\dfrac{1685.40}{1500} = (1 + r)^2$

$1.1236 = (1 + r)^2$

$\sqrt{1.1236} = 1 + r$

$1.06 = 1 + r$

$0.06 = r$

The interest rate r is 6%.

Section 6.2   Completing the Square

1. Yes, it is possible for a quadratic equation to have no real number solutions. For example, the equation $x^2 + 1 = 0$ has no real number solutions. The graph of $y = x^2 + 1$ has no x-intercepts.

3. $x^2 + 8x + \boxed{16}$

$\left(\dfrac{8}{2}\right)^2 = 4^2 = 16$

5. $y^2 - 20y + \boxed{100}$

$\left(-\dfrac{20}{2}\right)^2 = (-10)^2 = 100$

7. $t^2 + 5t + \boxed{\dfrac{25}{4}}$

$\left(\dfrac{5}{2}\right)^2 = \dfrac{25}{4}$

9. $x^2 - \dfrac{6}{5}x + \boxed{\dfrac{9}{25}}$

$\left(\dfrac{-6/5}{2}\right)^2 = \left(\dfrac{-3}{5}\right)^2$

$= \dfrac{9}{25}$

11. $y^2 - \dfrac{3}{5}y + \boxed{\dfrac{9}{100}}$

$\left(\dfrac{-3/5}{2}\right)^2 = \left(-\dfrac{3}{10}\right)^2$

$= \dfrac{9}{100}$

13. $r^2 - 0.4r + \boxed{0.04}$

$\left(-\dfrac{0.4}{2}\right)^2 = (-0.2)^2$

$= 0.04$

15. (a) $x^2 - 20x = 0$

$x^2 - 20x + (-10)^2 = 0 + (-10)^2$

$(x - 10)^2 = 100$

$x - 10 = \pm\sqrt{100}$

$x - 10 = \pm 10$

$x = 10 \pm 10$

$x = 10 + 10 \implies x = 20$

$x = 10 - 10 \implies x = 0$

(b) $x^2 - 20x = 0$

$x(x - 20) = 0$

$x = 0$

$x - 20 = 0 \implies x = 20$

17. (a) $\quad x^2 + 6x = 0$

$x^2 + 6x + (3)^2 = 0 + (3)^2$

$(x + 3)^2 = 9$

$x + 3 = \pm\sqrt{9}$

$x + 3 = \pm 3$

$x = -3 \pm 3$

$x = -3 + 3 \Rightarrow x = 0$

$x = -3 - 3 \Rightarrow x = -6$

(b) $x^2 + 6x = 0$

$x(x + 6) = 0$

$x = 0$

$x + 6 = 0 \Rightarrow x = -6$

19. (a) $\quad t^2 - 8t + 7 = 0$

$t^2 - 8t = -7$

$t^2 - 8t + (-4)^2 = -7 + 16$

$(t - 4)^2 = 9$

$t - 4 = \pm\sqrt{9} = \pm 3$

$t = 4 \pm 3$

$t = 4 + 3 = 7$

$t = 4 - 3 = 1$

(b) $t^2 - 8t + 7 = 0$

$(t - 7)(t - 1) = 0$

$t - 7 = 0 \Rightarrow t = 7$

$t - 1 = 0 \Rightarrow t = 1$

21. (a) $\quad x^2 + 2x - 24 = 0$

$x^2 + 2x = 24$

$x^2 + 2x + (1)^2 = 24 + 1$

$(x + 1)^2 = 25$

$x + 1 = \pm\sqrt{25} = \pm 5$

$x = -1 \pm 5$

$x = -1 + 5 \Rightarrow x = 4$

$x = -1 - 5 \Rightarrow x = -6$

(b) $x^2 + 2x - 24 = 0$

$(x + 6)(x - 4) = 0$

$x + 6 = 0 \Rightarrow x = -6$

$x - 4 = 0 \Rightarrow x = 4$

23. (a) $\quad x^2 + 7x + 12 = 0$

$x^2 + 7x = -12$

$x^2 + 7x + \left(\frac{7}{2}\right)^2 = -12 + \left(\frac{49}{4}\right)$

$\left(x + \frac{7}{2}\right)^2 = \frac{1}{4}$

$x + \frac{7}{2} = \pm\sqrt{\frac{1}{4}} = \pm\frac{1}{2}$

$x = -\frac{7}{2} \pm \frac{1}{2}$

$x = -\frac{7}{2} + \frac{1}{2} \Rightarrow x = -3$

$x = -\frac{7}{2} - \frac{1}{2} \Rightarrow x = -4$

(b) $x^2 + 7x + 12 = 0$

$(x + 3)(x + 4) = 0$

$x + 3 = 0 \Rightarrow x = -3$

$x + 4 = 0 \Rightarrow x = -4$

25. (a) $\quad x^2 - 3x - 18 = 0$

$x^2 - 3x = 18$

$x^2 - 3x + \left(-\frac{3}{2}\right)^2 = 18 + \frac{9}{4}$

$\left(x - \frac{3}{2}\right)^2 = \frac{81}{4}$

$x - \frac{3}{2} = \pm\sqrt{\frac{81}{4}} = \pm\frac{9}{2}$

$x = \frac{3}{2} \pm \frac{9}{2}$

$x = \frac{3}{2} + \frac{9}{2} \Rightarrow x = 6$

$x = \frac{3}{2} - \frac{9}{2} \Rightarrow x = -3$

(b) $x^2 - 3x - 18 = 0$

$(x - 6)(x + 3) = 0$

$x - 6 = 0 \Rightarrow x = 6$

$x + 3 = 0 \Rightarrow x = -3$

27. (a) $\quad 2x^2 - 11x + 12 = 0$

$2x^2 - 11x = -12$

$x^2 - \frac{11}{2}x = -6$

$x^2 - \frac{11}{2}x + \left(-\frac{11}{4}\right)^2 = -6 + \frac{121}{16}$

$\left(x - \frac{11}{4}\right)^2 = \frac{25}{16}$

$x - \frac{11}{4} = \pm\sqrt{\frac{25}{16}} = \pm\frac{5}{4}$

$x = \frac{11}{4} \pm \frac{5}{4}$

$x = \frac{11}{4} + \frac{5}{4} \Rightarrow x = 4$

$x = \frac{11}{4} - \frac{5}{4} \Rightarrow x = \frac{3}{2}$

(b) $2x^2 - 11x + 12 = 0$

$(2x - 3)(x - 4) = 0$

$2x - 3 = 0 \Rightarrow x = \frac{3}{2}$

$x - 4 = 0 \Rightarrow x = 4$

29. $x^2 - 4x - 3 = 0$

$x^2 - 4x = 3$

$x^2 - 4x + (-2)^2 = 3 + 4$

$(x - 2)^2 = 7$

$x - 2 = \pm\sqrt{7}$

$x = 2 \pm \sqrt{7}$

$x = 2 + \sqrt{7} \Rightarrow x \approx 4.65$

$x = 2 - \sqrt{7} \Rightarrow x \approx -0.65$

31. $x^2 + 4x - 3 = 0$

$x^2 + 4x = 3$

$x^2 + 4x + (2)^2 = 3 + 4$

$(x + 2)^2 = 7$

$x + 2 = \pm\sqrt{7}$

$x = -2 \pm \sqrt{7}$

$x = -2 + \sqrt{7} \Rightarrow x \approx 0.65$

$x = -2 - \sqrt{7} \Rightarrow x \approx -4.65$

33. $u^2 - 4u + 1 = 0$

$u^2 - 4u = -1$

$u^2 - 4u + (-2)^2 = -1 + 4$

$(u - 2)^2 = 3$

$u - 2 = \pm\sqrt{3}$

$u = 2 \pm \sqrt{3}$

$u = 2 + \sqrt{3} \Rightarrow u \approx 3.73$

$u = 2 - \sqrt{3} \Rightarrow u \approx 0.27$

35. $x^2 + 2x + 3 = 0$

$x^2 + 2x = -3$

$x^2 + 2x + 1^2 = -3 + 1$

$(x + 1)^2 = -2$

$x + 1 = \pm\sqrt{-2}$

$x = -1 \pm \sqrt{2}i$

$x = -1 + \sqrt{2}i \Rightarrow x \approx -1 + 1.41i$

$x = -1 - \sqrt{2}i \Rightarrow x \approx -1 - 1.41i$

37. $x^2 - 10x - 2 = 0$

$x^2 - 10x = 2$

$x^2 - 10x + (-5)^2 = 2 + 25$

$(x - 5)^2 = 27$

$x - 5 = \pm\sqrt{27}$

$x = 5 \pm 3\sqrt{3}$

$x = 5 + 3\sqrt{3} \Rightarrow x \approx 10.20$

$x = 5 - 3\sqrt{3} \Rightarrow x \approx -0.20$

39. $y^2 + 20y + 10 = 0$

$y^2 + 20y = -10$

$y^2 + 20y + 10^2 = -10 + 100$

$(y + 10)^2 = 90$

$y + 10 = \pm\sqrt{90}$

$y = -10 \pm 3\sqrt{10}$

$y = -10 + 3\sqrt{10} \Rightarrow y \approx -0.51$

$y = -10 - 3\sqrt{10} \Rightarrow y \approx -19.49$

41. $x^2 - \dfrac{2}{3}x - 3 = 0$

$x^2 - \dfrac{2}{3}x = 3$

$x^2 - \dfrac{2}{3}x + \left(-\dfrac{1}{3}\right)^2 = 3 + \dfrac{1}{9}$

$\left(x - \dfrac{1}{3}\right)^2 = \dfrac{28}{9}$

$x - \dfrac{1}{3} = \pm\dfrac{2\sqrt{7}}{3}$

$x = \dfrac{1}{3} \pm \dfrac{2\sqrt{7}}{3}$

$x = \dfrac{1 + 2\sqrt{7}}{3} \Rightarrow x \approx 2.10$

$x = \dfrac{1 - 2\sqrt{7}}{3} \Rightarrow x \approx -1.43$

43. $t^2 + 5t + 3 = 0$

$t^2 + 5t = -3$

$t^2 + 5t + \left(\dfrac{5}{2}\right)^2 = -3 + \dfrac{25}{4}$

$\left(t + \dfrac{5}{2}\right)^2 = \dfrac{13}{4}$

$t + \dfrac{5}{2} = \pm\dfrac{\sqrt{13}}{2}$

$t = -\dfrac{5}{2} \pm \dfrac{\sqrt{13}}{2}$

$t = \dfrac{-5 + \sqrt{13}}{2} \Rightarrow t \approx -0.70$

$t = \dfrac{-5 - \sqrt{13}}{2} \Rightarrow t \approx -4.30$

45.
$$v^2 + 3v - 2 = 0$$
$$v^2 + 3v = 2$$
$$v^2 + 3v + \left(\frac{3}{2}\right)^2 = 2 + \frac{9}{4}$$
$$\left(v + \frac{3}{2}\right)^2 = \frac{17}{4}$$
$$v + \frac{3}{2} = \pm\frac{\sqrt{17}}{2}$$
$$v = -\frac{3}{2} \pm \frac{\sqrt{17}}{2}$$
$$v = \frac{-3 + \sqrt{17}}{2} \Rightarrow v \approx 0.56$$
$$v = \frac{-3 - \sqrt{17}}{2} \Rightarrow v \approx -3.56$$

47.
$$-x^2 + x - 1 = 0$$
$$-x^2 + x = 1$$
$$x^2 - x = -1$$
$$x^2 - x + \left(-\frac{1}{2}\right)^2 = -1 + \frac{1}{4}$$
$$\left(x - \frac{1}{2}\right)^2 = -\frac{3}{4}$$
$$x - \frac{1}{2} = \pm\frac{\sqrt{3}i}{2}$$
$$x = \frac{1}{2} \pm \frac{\sqrt{3}i}{2} \text{ or } x = \frac{1 \pm \sqrt{3}i}{2}$$
$$x = \frac{1}{2} + \frac{\sqrt{3}}{2}i \Rightarrow x \approx 0.5 + 0.87i$$
$$x = \frac{1}{2} - \frac{\sqrt{3}}{2}i \Rightarrow x \approx 0.5 - 0.87i$$

49.
$$2x^2 + 8x + 3 = 0$$
$$2x^2 + 8x = -3$$
$$x^2 + 4x = -\frac{3}{2}$$
$$x^2 + 4x + 2^2 = -\frac{3}{2} + 4$$
$$(x + 2)^2 = \frac{5}{2}$$
$$x + 2 = \pm\sqrt{\frac{5}{2}} = \pm\frac{\sqrt{10}}{2}$$
$$x = -2 \pm \frac{\sqrt{10}}{2}$$
$$x = \frac{-4 + \sqrt{10}}{2} \Rightarrow x \approx -0.42$$
$$x = \frac{-4 - \sqrt{10}}{2} \Rightarrow x \approx -3.58$$

51.
$$3x^2 + 9x + 5 = 0$$
$$3x^2 + 9x = -5$$
$$x^2 + 3x = -\frac{5}{3}$$
$$x^2 + 3x + \left(\frac{3}{2}\right)^2 = -\frac{5}{3} + \frac{9}{4}$$
$$\left(x + \frac{3}{2}\right)^2 = \frac{7}{12}$$
$$x + \frac{3}{2} = \pm\sqrt{\frac{7}{12}} = \pm\frac{\sqrt{21}}{\sqrt{36}}$$
$$x = -\frac{3}{2} \pm \frac{\sqrt{21}}{6}$$
$$x = \frac{-9 + \sqrt{21}}{6} \Rightarrow x \approx -0.74$$
$$x = \frac{-9 - \sqrt{21}}{6} \Rightarrow x \approx -2.26$$

53.
$$4y^2 + 4y - 9 = 0$$
$$4y^2 + 4y = 9$$
$$y^2 + y = \frac{9}{4}$$
$$y^2 + y + \left(\frac{1}{2}\right)^2 = \frac{9}{4} + \frac{1}{4}$$
$$\left(y + \frac{1}{2}\right)^2 = \frac{10}{4}$$
$$y + \frac{1}{2} = \pm\frac{\sqrt{10}}{2}$$
$$y = -\frac{1}{2} \pm \frac{\sqrt{10}}{2}$$
$$y = \frac{-1 + \sqrt{10}}{2} \Rightarrow y \approx 1.08$$
$$y = \frac{-1 - \sqrt{10}}{2} \Rightarrow y \approx -2.08$$

55.
$$x(x - 7) = 2$$
$$x^2 - 7x = 2$$
$$x^2 - 7x + \left(-\frac{7}{2}\right)^2 = 2 + \frac{49}{4}$$
$$\left(x - \frac{7}{2}\right)^2 = \frac{57}{4}$$
$$x - \frac{7}{2} = \pm\frac{\sqrt{57}}{2}$$
$$x = \frac{7}{2} \pm \frac{\sqrt{57}}{2}$$
$$x = \frac{7 + \sqrt{57}}{2} \Rightarrow x \approx 7.27$$
$$x = \frac{7 - \sqrt{57}}{2} \Rightarrow x \approx -0.27$$

Section 6.2   Completing the Square   263

57. $\frac{1}{2}t^2 + t + 2 = 0$

$t^2 + 2t + 4 = 0$

$t^2 + 2t = -4$

$t^2 + 2t + (1)^2 = -4 + (1)^2$

$(t + 1)^2 = -3$

$t + 1 = \pm\sqrt{-3}$

$t + 1 = \pm\sqrt{3}i$

$t = -1 \pm \sqrt{3}i$

$t = -1 + \sqrt{3}i \Rightarrow t = -1 + 1.73i$

$t = -1 - \sqrt{3}i \Rightarrow t = -1 - 1.73i$

59. $0.1x^2 + 0.2x + 0.5 = 0$

$x^2 + 2x + 5 = 0$

$x^2 + 2x = -5$

$x^2 + 2x + (1)^2 = -5 + (1)^2$

$(x + 1)^2 = -4$

$x + 1 = \pm\sqrt{-4}$

$x + 1 = \pm 2i$

$x = -1 \pm 2i$

61. $\dfrac{x}{2} = \dfrac{x + 1}{x}$

$x^2 = 2(x + 1)$

$x^2 = 2x + 2$

$x^2 - 2x = 2$

$x^2 - 2x + (1)^2 = 2 + (1)^2$

$(x - 1)^2 = 3$

$x - 1 = \pm\sqrt{3}$

$x = 1 \pm \sqrt{3}$

63. $\sqrt{2x + 1} = x - 3$

$\left(\sqrt{2x + 1}\right)^2 = (x - 3)^2$

$2x + 1 = x^2 - 6x + 9$

$0 = x^2 - 8x + 8$

$-8 = x^2 - 8x$

$-8 + 16 = x^2 - 8x + (-4)^2$

$8 = (x - 4)^2$

$\pm\sqrt{8} = x - 4$

$\pm 2\sqrt{2} = x - 4$

$4 \pm 2\sqrt{2} = x$

$x = 4 + 2\sqrt{2} \Rightarrow x \approx 6.83$

$x = 4 - 2\sqrt{2} \Rightarrow x \approx 1.17$ (Extraneous)

Check: $\sqrt{2(6.83) + 1} \stackrel{?}{\approx} 6.83 - 3 \approx ?$

$\sqrt{14.66} \stackrel{?}{\approx} 3.83$

$3.83 \approx 3.83$

Check: $\sqrt{2(1.17) + 1} \stackrel{?}{\approx} 1.17 - 3$

$\sqrt{3.34} \stackrel{?}{\approx} -1.83$

$1.83 \neq -1.83$

65. $x^2 + 4x - 1 = 0$

$x^2 + 4x = 1$

$x^2 + 4x + (2)^2 = 1 + (2)^2$

$(x + 2)^2 = 5$

$x + 2 = \pm\sqrt{5}$

$x = -2 \pm \sqrt{5}$

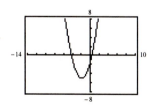

Note: $-2 + \sqrt{5} \approx 0.24$ and $-2 - \sqrt{5} \approx -4.24$

The solutions of the equation are the x-coordinates of the x-intercepts, $\left(-2 \pm \sqrt{5}, 0\right)$.

67.
$$x^2 - 2x - 5 = 0$$
$$x^2 - 2x = 5$$
$$x^2 - 2x + (-1)^2 = 5 + (-1)^2$$
$$(x - 1)^2 = 6$$
$$x - 1 = \pm\sqrt{6}$$
$$x = 1 \pm \sqrt{6}$$

Note: $1 + \sqrt{6} \approx 3.45$ and $1 - \sqrt{6} \approx -1.45$

The solutions of the equation are the x-coordinates of the x-intercepts, $\left(1 \pm \sqrt{6}, 0\right)$.

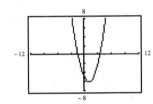

69.
$$\tfrac{1}{3}x^2 + 2x - 6 = 0$$
$$x^2 + 6x - 18 = 0$$
$$x^2 + 6x = 18$$
$$x^2 + 6x + (3)^2 = 18 + (3)^2$$
$$(x + 3)^2 = 27$$
$$x + 3 = \pm\sqrt{27}$$
$$x + 3 = \pm 3\sqrt{3}$$
$$x = -3 \pm 3\sqrt{3}$$

Note: $-3 + 3\sqrt{3} \approx 2.20$ and $-3 - 3\sqrt{3} \approx -8.20$

The solutions of the equation are the x-coordinates of the x-intercepts, $\left(-3 \pm 3\sqrt{3}, 0\right)$.

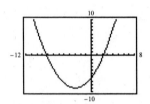

71.
$$-x^2 - x + 3 = 0$$
$$x^2 + x - 3 = 0$$
$$x^2 + x = 3$$
$$x^2 + x + \left(\tfrac{1}{2}\right)^2 = 3 + \left(\tfrac{1}{2}\right)^2$$
$$\left(x + \tfrac{1}{2}\right)^2 = \tfrac{13}{4}$$
$$x + \tfrac{1}{2} = \pm\sqrt{\tfrac{13}{4}}$$
$$x = -\tfrac{1}{2} \pm \tfrac{\sqrt{13}}{2}$$

Note: $-\tfrac{1}{2} + \tfrac{\sqrt{13}}{2} \approx 1.30$ and $-\tfrac{1}{2} - \tfrac{\sqrt{13}}{2} \approx -2.30$

The solutions of the equation are the x-coordinates of the x-intercepts, $\left(-\tfrac{1}{2} \pm \tfrac{\sqrt{13}}{2}, 0\right)$.

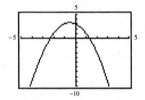

73. (a) Area of square: x^2

Area of rectangles: $2(4x) = 8x$

Total area: $x^2 + 8x$

(b) Area of small square: $4(4) = 16$

Entire area: $x^2 + 8x + 16$

(c) Dimensions: $(x + 4)(x + 4)$

Area: $(x + 4)^2$ or $x^2 + 8x + 16$

75. Area $= \tfrac{1}{2}(\text{Base})(\text{Height})$

$$12 = \tfrac{1}{2}x(x + 2)$$
$$24 = x(x + 2)$$
$$24 = x^2 + 2x$$
$$0 = x^2 + 2x - 24 = (x + 6)(x - 4)$$

$x + 6 = 0 \Rightarrow x = -6$ (Discard this negative solution.)

$x - 4 = 0 \Rightarrow x = 4$ and $x + 2 = 6$

The base of the triangle is 4 centimeters and the height is 6 centimeters.

77.
$$(\text{Length})(\text{Width}) = \text{Area}$$
$$(2x)\left(\frac{200 - 4x}{3}\right) = 1400$$
$$\frac{400x - 8x^2}{3} = 1400$$
$$400x - 8x^2 = 4200$$
$$-8x^2 + 400x - 4200 = 0$$
$$x^2 - 50x + 525 = 0$$
$$(x - 15)(x - 35) = 0$$
$$x - 15 = 0 \Rightarrow x = 15 \text{ and } \frac{200 - 4x}{3} = \frac{200 - 60}{3} = 46\tfrac{2}{3}$$
$$x - 35 = 0 \Rightarrow x = 35 \text{ and } \frac{200 - 4x}{3} = \frac{200 - 140}{3} = 20$$

The dimensions are either 15 feet by $46\tfrac{2}{3}$ feet or 35 feet by 20 feet.

79. $x^2 + 15^2 = 75^2$
$$x^2 + 225 = 5625$$
$$x^2 = 5400$$
$$x = \pm\sqrt{5400} = \pm 30\sqrt{6} \quad \text{(Choose the positive solution.)}$$
$$x \approx 73.5$$

Thus, the boat is approximately 73.5 feet from the dock.

81.
$$R = x\left(50 - \tfrac{1}{2}x\right)$$
$$1218 = 50x - \tfrac{1}{2}x^2$$
$$2436 = 100x - x^2$$
$$x^2 - 100x + 2436 = 0$$
$$x^2 - 100x = -2436$$
$$x^2 - 100x + (-50)^2 = -2436 + 2500$$
$$(x - 50)^2 = 64$$
$$x - 50 = \pm\sqrt{64} = \pm 8$$
$$x = 50 \pm 8$$
$$x = 50 + 8 = 58$$
$$x = 50 - 8 = 42$$

Thus, either 58 units or 42 units must be sold to produce a revenue of $1218. **Note:** The equation $x^2 - 100x + 2436 = 0$ could also be solved by factoring.

Section 6.3 The Quadratic Formula and the Discriminant

1. $\quad 2x^2 = 7 - 2x$
$\quad 2x^2 + 2x - 7 = 0$

3. $\quad x(10 - x) = 5$
$\quad 10x - x^2 = 5$
$\quad -x^2 + 10x - 5 = 0 \text{ or } x^2 - 10x + 5 = 0$

5. (a) $x^2 - 11x + 28 = 0$

$a = 1, b = -11, c = 28$

$x = \dfrac{-(-11) \pm \sqrt{(-11)^2 - 4(1)(28)}}{2(1)}$

$= \dfrac{11 \pm \sqrt{121 - 112}}{2} = \dfrac{11 \pm \sqrt{9}}{2} = \dfrac{11 \pm 3}{2}$

$x = \dfrac{11 + 3}{2} \implies x = 7$

$x = \dfrac{11 - 3}{2} \implies x = 4$

(b) $x^2 - 11x + 28 = 0$

$(x - 7)(x - 4) = 0$

$x - 7 = 0 \implies x = 7$

$x - 4 = 0 \implies x = 4$

7. (a) $x^2 + 6x + 8 = 0$

$a = 1, b = 6, c = 8$

$x = \dfrac{-6 \pm \sqrt{6^2 - 4(1)(8)}}{2(1)}$

$= \dfrac{-6 \pm \sqrt{36 - 32}}{2} = \dfrac{-6 \pm \sqrt{4}}{2} = \dfrac{-6 \pm 2}{2}$

$x = \dfrac{-6 + 2}{2} \implies x = -2$

$x = \dfrac{-6 - 2}{2} \implies x = -4$

(b) $x^2 + 6x + 8 = 0$

$(x + 4)(x + 2) = 0$

$x + 4 = 0 \implies x = -4$

$x + 2 = 0 \implies x = -2$

9. (a) $4x^2 + 4x + 1 = 0$

$a = 4, b = 4, c = 1$

$x = \dfrac{-4 \pm \sqrt{4^2 - 4(4)(1)}}{2(4)}$

$= \dfrac{-4 \pm \sqrt{0}}{8} = -\dfrac{4}{8} = -\dfrac{1}{2}$

(b) $4x^2 + 4x + 1 = 0$

$(2x + 1)(2x + 1) = 0$

$2x + 1 = 0 \implies 2x = -1 \implies x = -\dfrac{1}{2}$

11. (a) $4x^2 + 12x + 9 = 0$

$a = 4, b = 12, c = 9$

$x = \dfrac{-12 \pm \sqrt{12^2 - 4(4)(9)}}{2(4)}$

$= \dfrac{-12 \pm \sqrt{0}}{8} = \dfrac{-12}{8} = -\dfrac{3}{2}$

(b) $4x^2 + 12x + 9 = 0$

$(2x + 3)(2x + 3) = 0$

$2x + 3 = 0 \implies 2x = -3 \implies x = -\dfrac{3}{2}$

13. (a) $6x^2 - x - 2 = 0$

$a = 6, b = -1, c = -2$

$x = \dfrac{-(-1) \pm \sqrt{(-1)^2 - 4(6)(-2)}}{2(6)}$

$= \dfrac{1 \pm \sqrt{1 + 48}}{12} = \dfrac{1 \pm \sqrt{49}}{12} = \dfrac{1 \pm 7}{12}$

$x = \dfrac{1 + 7}{12} \implies x = \dfrac{2}{3}$

$x = \dfrac{1 - 7}{12} \implies x = -\dfrac{1}{2}$

(b) $6x^2 - x - 2 = 0$

$(3x - 2)(2x + 1) = 0$

$3x - 2 = 0 \implies 3x = 2 \implies x = \dfrac{2}{3}$

$2x + 1 = 0 \implies 2x = -1 \implies x = -\dfrac{1}{2}$

15. (a) $x^2 - 5x - 300 = 0$

$a = 1, b = -5, c = -300$

$x = \dfrac{-(-5) \pm \sqrt{(-5)^2 - 4(1)(-300)}}{2(1)}$

$= \dfrac{5 \pm \sqrt{25 + 1200}}{2} = \dfrac{5 \pm \sqrt{1225}}{2} = \dfrac{5 \pm 35}{2}$

$x = \dfrac{5 + 35}{2} \implies x = 20$

$x = \dfrac{5 - 35}{2} \implies x = -15$

(b) $x^2 - 5x - 300 = 0$

$(x - 20)(x + 15) = 0$

$x - 20 = 0 \implies x = 20$

$x + 15 = 0 \implies x = -15$

17. $a = 1$, $b = 1$, $c = 1$

$$b^2 - 4ac = 1^2 - 4(1)(1)$$
$$= 1 - 4 = -3$$

Because the discriminant is negative, the equation has two distinct imaginary solutions.

19. $a = 2$, $b = -5$, $c = -4$

$$b^2 - 4ac = (-5)^2 - 4(2)(-4)$$
$$= 25 + 32 = 57$$

Because the discriminant is positive but is not a perfect square, the equation has two distinct irrational solutions.

21. $a = 1$, $b = 7$, $c = 15$

$$b^2 - 4ac = 7^2 - 4(1)(15)$$
$$= 49 - 60 = -11$$

Because the discriminant is negative, the equation has two distinct imaginary solutions.

23. $a = 4$, $b = -12$, $c = 9$

$$b^2 - 4ac = (-12)^2 - 4(4)(9)$$
$$= 144 - 144 = 0$$

Because the discriminant is zero, the equation has one (repeated) rational solution.

25. $3x^2 - x + 2 = 0$

$a = 3$, $b = -1$, $c = 2$

$$b^2 - 4ac = (-1)^2 - 4(3)(2)$$
$$= 1 - 24$$
$$= -23$$

Because the discriminant is negative, the equation has two distinct imaginary solutions.

27. $a = 1$, $b = -2$, $c = -4$

$$x = \frac{-(-2) \pm \sqrt{(-2)^2 - 4(1)(-4)}}{2(1)}$$

$$= \frac{2 \pm \sqrt{4 + 16}}{2} = \frac{2 \pm \sqrt{20}}{2} = \frac{2 \pm 2\sqrt{5}}{2} = \frac{\cancel{2}(1 \pm \sqrt{5})}{\cancel{2}} = 1 \pm \sqrt{5}$$

29. $a = 1$, $b = 4$, $c = 1$

$$t = \frac{-4 \pm \sqrt{4^2 - 4(1)(1)}}{2(1)}$$

$$= \frac{-4 \pm \sqrt{16 - 4}}{2} = \frac{-4 \pm \sqrt{12}}{2} = \frac{-4 \pm 2\sqrt{3}}{2} = \frac{\cancel{2}(-2 \pm \sqrt{3})}{\cancel{2}} = -2 \pm \sqrt{3}$$

31. $a = 1$, $b = 6$, $c = -3$

$$x = \frac{-6 \pm \sqrt{6^2 - 4(1)(-3)}}{2(1)}$$

$$= \frac{-6 \pm \sqrt{36 + 12}}{2} = \frac{-6 \pm \sqrt{48}}{2} = \frac{-6 \pm 4\sqrt{3}}{2} = \frac{\cancel{2}(-3 \pm 2\sqrt{3})}{\cancel{2}} = -3 \pm 2\sqrt{3}$$

33. $a = 1$, $b = -10$, $c = 23$

$$x = \frac{-(-10) \pm \sqrt{(-10)^2 - 4(1)(23)}}{2(1)}$$

$$= \frac{10 \pm \sqrt{100 - 92}}{2} = \frac{10 \pm \sqrt{8}}{2} = \frac{10 \pm 2\sqrt{2}}{2} = \frac{\cancel{2}(5 \pm \sqrt{2})}{\cancel{2}} = 5 \pm \sqrt{2}$$

35. $a = 1, b = 3, c = 3$

$$x = \frac{-3 \pm \sqrt{3^2 - 4(1)(3)}}{2(1)}$$

$$= \frac{-3 \pm \sqrt{9 - 12}}{2} = \frac{-3 \pm \sqrt{-3}}{2} = \frac{-3 \pm \sqrt{3}i}{2} \text{ or } x = -\frac{3}{2} \pm \frac{\sqrt{3}}{2}i$$

37. $a = 2, b = -2, c = -1$

$$v = \frac{-(-2) \pm \sqrt{(-2)^2 - 4(2)(-1)}}{2(2)}$$

$$= \frac{2 \pm \sqrt{4 + 8}}{4} = \frac{2 \pm \sqrt{12}}{4} = \frac{2 \pm 2\sqrt{3}}{4} = \frac{2(1 \pm \sqrt{3})}{2(2)} = \frac{1 \pm \sqrt{3}}{2}$$

39. $a = 2, b = 4, c = -3$

$$x = \frac{-4 \pm \sqrt{4^2 - 4(2)(-3)}}{2(2)}$$

$$= \frac{-4 \pm \sqrt{16 + 24}}{4} = \frac{-4 \pm \sqrt{40}}{4} = \frac{-4 \pm 2\sqrt{10}}{4} = \frac{2(-2 \pm \sqrt{10})}{2(2)} = \frac{-2 \pm \sqrt{10}}{2}$$

41. $a = 9, b = 6, c = -4$

$$z = \frac{-6 \pm \sqrt{6^2 - 4(9)(-4)}}{2(9)}$$

$$= \frac{-6 \pm \sqrt{36 + 144}}{18} = \frac{-6 \pm \sqrt{180}}{18} = \frac{-6 \pm 6\sqrt{5}}{18} = \frac{6(-1 \pm \sqrt{5})}{6(3)} = \frac{-1 \pm \sqrt{5}}{3}$$

43. $a = 1, b = -0.4, c = -0.16$

$$x = \frac{-(-0.4) \pm \sqrt{(-0.4)^2 - 4(1)(-0.16)}}{2(1)}$$

$$= \frac{0.4 \pm \sqrt{0.16 + 0.64}}{2} = \frac{0.4 \pm \sqrt{0.80}}{2} = \frac{0.4 \pm 0.4\sqrt{5}}{2} = \frac{2(0.2 \pm 0.2\sqrt{5})}{2} = 0.2 \pm 0.2\sqrt{5}$$

$\left(\text{Note: } 0.2 \pm 0.2\sqrt{5} = \frac{2 \pm 2\sqrt{5}}{10} = \frac{1 \pm \sqrt{5}}{5}, \text{ so this solution could also be written as } x = \frac{1 \pm \sqrt{5}}{5}.\right)$

45. $a = 2.5, b = 1, c = -0.9$

$$x = \frac{-1 \pm \sqrt{1^2 - 4(2.5)(-0.9)}}{2(2.5)} = \frac{-1 \pm \sqrt{1 + 9}}{5} = \frac{-1 \pm \sqrt{10}}{5}$$

47. $4x^2 - 6x + 3 = 0$

$a = 4, b = -6, c = 3$

$$x = \frac{-(-6) \pm \sqrt{(-6)^2 - 4(4)(3)}}{2(4)}$$

$$= \frac{6 \pm \sqrt{36 - 48}}{8} = \frac{6 \pm \sqrt{-12}}{8} = \frac{6 \pm 2\sqrt{3}i}{8} = \frac{2(3 \pm \sqrt{3}i)}{2(4)} = \frac{3 \pm \sqrt{3}i}{4} \text{ or } x = \frac{3}{4} \pm \frac{\sqrt{3}}{4}i$$

49. $9x^2 = 1 + 9x$

$9x^2 - 9x - 1 = 0$

$a = 9, b = -9, c = -1$

$x = \dfrac{-(-9) \pm \sqrt{(-9)^2 - 4(9)(-1)}}{2(9)}$

$= \dfrac{9 \pm \sqrt{81 + 36}}{18} = \dfrac{9 \pm \sqrt{117}}{18} = \dfrac{9 \pm 3\sqrt{13}}{18} = \dfrac{\cancel{3}(3 \pm \sqrt{13})}{\cancel{3}(6)} = \dfrac{3 \pm \sqrt{13}}{6}$

51. $z^2 - 169 = 0$

$z^2 = 169$

$z = \pm\sqrt{169} = \pm 13$

53. $y^2 + 15y = 0$

$y(y + 15) = 0$

$y = 0$

$y + 15 = 0 \Rightarrow y = -15$

55.

$25(x - 3)^2 - 36 = 0$

$[5(x - 3) + 6][5(x - 3) - 6] = 0$

$(5x - 15 + 6)(5x - 15 - 6) = 0$

$(5x - 9)(5x - 21) = 0$

$5x - 9 = 0 \Rightarrow x = \dfrac{9}{5}$

$5x - 21 = 0 \Rightarrow x = \dfrac{21}{5}$

or $25(x - 3)^2 - 36 = 0$

$25(x - 3)^2 = 36$

$(x - 3)^2 = \dfrac{36}{25}$

$x - 3 = \pm\sqrt{\dfrac{36}{25}}$

$x = 3 \pm \dfrac{6}{5}$

$x = \dfrac{15}{5} + \dfrac{6}{5} = \dfrac{21}{5}$

$x = \dfrac{15}{5} - \dfrac{6}{5} = \dfrac{9}{5}$

57. $(x + 4)^2 + 16 = 0$

$(x + 4)^2 = -16$

$x + 4 = \pm\sqrt{-16} = \pm 4i$

$x = -4 \pm 4i$

59. $a = 18, b = 15, c = -50$

$x = \dfrac{-15 \pm \sqrt{15^2 - 4(18)(-50)}}{2(18)}$

$= \dfrac{-15 \pm \sqrt{225 + 3600}}{36} = \dfrac{-15 \pm \sqrt{3825}}{36} = \dfrac{-15 \pm 15\sqrt{17}}{36} = \dfrac{\cancel{3}(-5 \pm 5\sqrt{17})}{\cancel{3}(12)} = \dfrac{-5 \pm 5\sqrt{17}}{12}$

61. $x^2 - 24x + 128 = 0$

$(x - 16)(x - 8) = 0$

$x - 16 = 0 \Rightarrow x = 16$

$x - 8 = 0 \Rightarrow x = 8$

63. $a = 1, b = 8, c = 25$

$x = \dfrac{-8 \pm \sqrt{8^2 - 4(1)(25)}}{2(1)}$

$= \dfrac{-8 \pm \sqrt{64 - 100}}{2} = \dfrac{-8 \pm \sqrt{-36}}{2} = \dfrac{-8 \pm 6i}{2} = \dfrac{\cancel{2}(-4 \pm 3i)}{\cancel{2}} = -4 \pm 3i$

65. $y = 3x^2 - 6x + 1$

$3x^2 - 6x + 1 = 0$

$a = 3, b = -6, c = 1$

$x = \dfrac{-(-6) \pm \sqrt{(-6)^2 - 4(3)(1)}}{2(3)}$

$= \dfrac{6 \pm \sqrt{36 - 12}}{6}$

$= \dfrac{6 \pm \sqrt{24}}{6}$

$= \dfrac{6 \pm 2\sqrt{6}}{6}$

$= \dfrac{2(3 \pm \sqrt{6})}{2(3)}$

$= \dfrac{3 \pm \sqrt{6}}{3}$

$x = \dfrac{3 + \sqrt{6}}{3} \approx 1.82$

$x = \dfrac{3 - \sqrt{6}}{3} \approx 0.18$

(1.82, 0) and (0.18, 0)

The solutions of the equation are the x-coordinates of the x-intercepts.

67. $y = -(4x^2 - 20x + 25)$

$-(4x^2 - 20x + 25) = 0$

$4x^2 - 20x + 25 = 0$

$(2x - 5)(2x - 5) = 0$

$2x - 5 = 0 \Rightarrow x = \dfrac{5}{2}$

$\left(\dfrac{5}{2}, 0\right)$

The solution of the equation is the x-coordinate of the x-intercept.

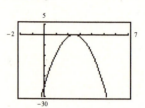

69. $y = 5x^2 - 18x + 6$

$5x^2 - 18x + 6 = 0$

$a = 5, b = -18, c = 6$

$x = \dfrac{-(-18) \pm \sqrt{(-18)^2 - 4(5)(6)}}{2(5)}$

$= \dfrac{18 \pm \sqrt{324 - 120}}{10}$

$= \dfrac{18 \pm \sqrt{204}}{10}$

$= \dfrac{18 \pm 2\sqrt{51}}{10}$

$= \dfrac{2(9 \pm \sqrt{51})}{2(5)}$

$= \dfrac{9 \pm \sqrt{51}}{5}$

$x = \dfrac{9 + \sqrt{51}}{5} \approx 3.23$

$x = \dfrac{9 - \sqrt{51}}{5} \approx 0.37$

(3.23, 0) and (0.37, 0)

The solutions of the equation are the x-coordinates of the x-intercepts.

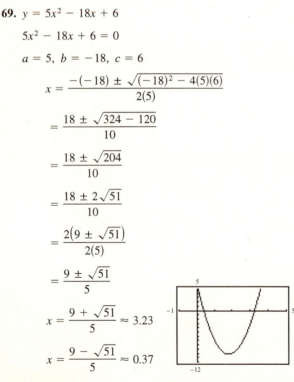

71. $y = -0.04x^2 + 4x - 0.8$

$-0.04x^2 + 4x - 0.8 = 0$

$0.04x^2 - 4x + 0.8 = 0$

$a = 0.04, b = -4, c = 0.8$

$x = \dfrac{-(-4) \pm \sqrt{(-4)^2 - 4(0.04)(0.8)}}{2(0.04)}$

$= \dfrac{4 \pm \sqrt{16 - 0.128}}{0.08}$

$= \dfrac{4 \pm \sqrt{15.872}}{0.08}$

$x = \dfrac{4 + \sqrt{15.872}}{0.08} \approx 99.80$

$x = \dfrac{4 - \sqrt{15.872}}{0.08} \approx 0.20$

(99.80, 0) and (0.20, 0)

The solutions of the equation are the x-coordinates of the x-intercepts.

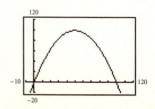

73. There are no real solutions; there are two imaginary solutions.

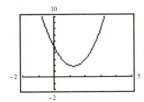

75. There are two real solutions.

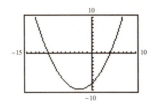

77. Discriminant: $b^2 - 4ac = (-6)^2 - 4(1)(c) = 36 - 4c$

(a) Two real-number solutions $\Rightarrow$ Discriminant > 0

$$36 - 4c > 0$$
$$-4c > -36$$
$$c < 9$$

(b) One real-number solution $\Rightarrow$ Discriminant $= 0$

$$36 - 4c = 0$$
$$-4c = -36$$
$$c = 9$$

(c) Two imaginary-number solutions $\Rightarrow$ Discriminant > 0

$$36 - 4c < 0$$
$$-4c < -36$$
$$c > 9$$

The equation has two real-number solutions when c is less than 9, one real-number solution when c equals 9, and two imaginary-number solutions when c is greater then 9.

79. Discriminant: $b^2 - 4ac = 8^2 - 4(1)(c) = 64 - 4c$

(a) Two real-number solutions $\Rightarrow$ Discriminant > 0

$$64 - 4c > 0$$
$$-4c > -64$$
$$c < 16$$

(b) One real-number solution $\Rightarrow$ Discriminant $= 0$

$$64 - 4c = 0$$
$$-4c = -64$$
$$c = 16$$

(c) Two imaginary-number solutions $\Rightarrow$ Discriminant < 0

$$64 - 4c < 0$$
$$-4c < -64$$
$$c > 16$$

The equation has two real-number solutions when c is less than 16, one real-number solution when c equals 16, and two imaginary-number solutions when c is greater then 16.

81.
$$\frac{2x^2}{5} - \frac{x}{2} = 1$$

$$10\left(\frac{2x^2}{5} - \frac{x}{2}\right) = 10(1)$$

$$4x^2 - 5x = 10$$

$$4x^2 - 5x - 10 = 0$$

$a = 4$, $b = -5$, $c = -10$

$$x = \frac{-(-5) \pm \sqrt{(-5)^2 - 4(4)(-10)}}{2(4)}$$

$$= \frac{5 \pm \sqrt{25 + 160}}{8} = \frac{5 \pm \sqrt{185}}{8}$$

$$x = \frac{5 + \sqrt{185}}{8} \Rightarrow x \approx 2.33$$

$$x = \frac{5 - \sqrt{185}}{8} \Rightarrow x \approx -1.08$$

83. $\sqrt{x+3} = x - 1$

$(\sqrt{x+3})^2 = (x-1)^2$

$x + 3 = x^2 - 2x + 1$

$0 = x^2 - 3x - 2$

$a = 1, b = -3, c = -2$

$x = \dfrac{-(-3) \pm \sqrt{(-3)^2 - 4(1)(-2)}}{2(1)} = \dfrac{3 \pm \sqrt{17}}{2}$

$x = \dfrac{3 + \sqrt{17}}{2} \Rightarrow x \approx 3.56$

$x = \dfrac{3 - \sqrt{17}}{2} \Rightarrow x \approx -0.56$ (Extraneous)

Check: $\sqrt{3.56 + 3} \stackrel{?}{\approx} 3.56 - 1$

$\sqrt{6.56} \stackrel{?}{\approx} 2.56$

$2.56 \approx 2.56$

Check: $\sqrt{-0.56 + 3} \stackrel{?}{\approx} -0.56 - 1$

$\sqrt{2.44} \stackrel{?}{\approx} -1.56$

$1.56 \neq -1.56$

85. (Length)(Width) = Area

$(x + 6.3)(x) = 58.14$

$x^2 + 6.3x = 58.14$

$x^2 + 6.3x - 58.14 = 0$

$a = 1, b = 6.3, c = -58.14$

$x = \dfrac{-6.3 \pm \sqrt{(6.3)^2 - 4(1)(-58.14)}}{2(1)}$

$= \dfrac{-6.3 \pm \sqrt{39.69 + 232.56}}{2} = \dfrac{-6.3 \pm \sqrt{272.25}}{2}$

$x = \dfrac{-6.3 + \sqrt{272.25}}{2} = 5.1$ and $x + 6.3 = 11.4$

$x = \dfrac{-6.3 - \sqrt{272.25}}{2} = -11.4$ (Discard negative solution.)

The dimensions of the rectangle are 5.1 centimeters by 11.4 centimeters.

87. (a) $50 = -16t^2 + 40t + 50$

$0 = -16t^2 + 40t = 8t(-2t + 5)$

$8t = 0 \Rightarrow t = 0$

$-2t + 5 = 0 \Rightarrow -2t = -5 \Rightarrow t = \tfrac{5}{2}$

Thus, the ball is 50 feet above the water again $\tfrac{5}{2}$ seconds, or 2.5 seconds, after it is thrown.

(b) $0 = -16t^2 + 40t + 50$, (The height $h = 0$ when the ball strikes the water.)

$a = -16, b = 40, c = 50$

$t = \dfrac{-40 \pm \sqrt{40^2 - 4(-16)(50)}}{2(-16)} = \dfrac{-40 \pm \sqrt{4800}}{-32} = \dfrac{-40 \pm 40\sqrt{3}}{-32}$

$= \dfrac{8(-5 \pm 5\sqrt{3})}{8(-4)} = \dfrac{-5 \pm 5\sqrt{3}}{-4}$ or $\dfrac{5 \pm 5\sqrt{3}}{4}$ (Choose the positive solution.)

$t = \dfrac{5 + 5\sqrt{3}}{4} \approx 3.4$

Thus, the ball strikes the water approximately 3.4 seconds after it is thrown.

89. (a)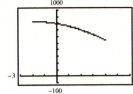

(b) According to the graph, there were approximately 750,000 employees in the aerospace industry in the year 1991.

(c) $y = 795.36 - 32.11t - 7.86t^2$ and $t = 5$

$y = 795.36 - 32.11(5) - 7.86(5)^2$

≈ 439 thousand

The predicted number of employees for the year 1995 is approximately 439,000.

Section 6.4   Applications of Quadratic Equations

1. $\dfrac{9 \text{ dollars}}{\text{hour}} \cdot (20 \text{ hours}) = 180 \text{ dollars}$

The units of the product are dollars.

3. *Verbal Model:* $\boxed{\text{Smaller positive consecutive integer}} \cdot \boxed{\text{Larger positive consecutive integer}} = 10 \boxed{\text{Smaller positive consecutive integer}} - 8$

Labels: Smaller positive consecutive integer $= n$

Larger positive consecutive integer $= n + 1$

Equation:
$n(n + 1) = 10n - 8$

$n^2 + n = 10n - 8$

$n^2 - 9n + 8 = 0$

$(n - 8)(n - 1) = 0$

$n - 8 = 0 \Rightarrow n = 8$ and $n + 1 = 9$

$n - 1 = 0 \Rightarrow n = 1$ and $n + 1 = 2$

The consecutive integers are 8 and 9 or 1 and 2.

5. *Verbal Model:* $\boxed{\text{Smaller positive consecutive even integer}} \cdot \boxed{\text{Larger positive consecutive even integer}} = 3 \boxed{\text{Larger positive consecutive even integer}} + 50$

Labels: Smaller positive consecutive integer $= n$

Larger positive consecutive integer $= n + 2$

Equation:
$n(n + 2) = 3(n + 2) + 50$

$n^2 + 2n = 3n + 6 + 50$

$n^2 - n = 56$

$n^2 - n - 56 = 0$

$(n - 8)(n + 7) = 0$

$n - 8 = 0 \Rightarrow n = 8$ and $n + 2 = 10$

$n + 7 = 0 \Rightarrow n = -7$ (Discard negative solution.)

The consecutive even integers are 8 and 10.

7. *Verbal Model:* $2\boxed{\text{Length}} + 2\boxed{\text{Width}} = \boxed{\text{Perimeter}}$

Equation:
$$2l + 2(0.75l) = 42$$
$$2l + 1.5l = 42$$
$$3.5l = 42$$
$$l = \frac{42}{3.5}$$
$$l = 12 \text{ and } 0.75(12) = 9$$

Verbal Model: $\boxed{\text{Area}} = \boxed{\text{Length}} \cdot \boxed{\text{Width}}$

Equation: $A = 12(9) = 108$

The width is 9 inches, the length is 12 inches, and the area is 108 square inches.

9. *Verbal Model:* $\boxed{\text{Length}} \cdot \boxed{\text{Width}} = \boxed{\text{Area}}$

Equation:
$$2.5w(w) = 250$$
$$2.5w^2 = 250$$
$$w^2 = 100$$
$$w = \pm\sqrt{100}\quad w = \pm 10 \text{ (Choose the positive solution.)}$$
$$w = 10 \text{ and } 2.5w = 25$$

Verbal Model: $\boxed{\text{Perimeter}} = 2\boxed{\text{Length}} + 2\boxed{\text{Width}}$

Equation: $P = 2(25) + 2(10) = 50 + 20 = 70$

The width is 10 feet, the length is 25 feet, and the perimeter is 70 feet.

11. *Verbal Model:* $\boxed{\text{Length}} \cdot \boxed{\text{Width}} = \boxed{\text{Area}}$

Equation:
$$l\left(\tfrac{1}{3}l\right) = 192$$
$$\tfrac{1}{3}l^2 = 192$$
$$l^2 = 576$$
$$l = \pm\sqrt{576} \text{ (Choose the positive solution.)}$$
$$l = 24 \text{ and } \tfrac{1}{3}l = 8$$

Verbal Model: $\boxed{\text{Perimeter}} = 2\boxed{\text{Length}} + 2\boxed{\text{Width}}$

Equation: $P = 2(24) + 2(8) = 48 + 16 = 64$

The width is 8 inches, the length is 24 inches, and the perimeter is 64 inches.

13. *Verbal Model:* $2\boxed{\text{Length}} + 2\boxed{\text{Width}} = \boxed{\text{Perimeter}}$

Equation:
$$2(w + 3) + 2w = 54$$
$$2w + 6 + 2w = 54$$
$$4w + 6 = 54$$
$$4w = 48$$
$$w = 12 \text{ and } w + 3 = 15$$

Verbal Model: $\boxed{\text{Area}} = \boxed{\text{Length}} \cdot \boxed{\text{Width}}$

Equation: $A = 15(12) = 180$

The width is 12 kilometers, the length is 15 kilometers, and the area is 180 square kilometers.

15. *Verbal Model:* $\boxed{\text{Length}} \cdot \boxed{\text{Width}} = \boxed{\text{Area}}$

Equation:
$$l(l - 20) = 12{,}000$$
$$l^2 - 20l = 12{,}000$$
$$l^2 - 20l - 12{,}000 = 0$$
$$(l - 120)(l + 100) = 0$$
$$l - 120 = 0 \implies l = 120 \text{ and } l - 20 = 100$$
$$l + 100 = 0 \implies l = -100 \text{ (Discard this negative solution.)}$$

Verbal Model: $\boxed{\text{Perimeter}} = 2\boxed{\text{Length}} + 2\boxed{\text{Width}}$

Equation: $P = 2(120) + 2(100) = 240 + 200 = 440$

The width is 100 meters, the length is 120 meters, and the perimeter is 440 meters.

17. *Verbal Model:* $\boxed{\text{Length}} \cdot \boxed{\text{Width}} = \boxed{\text{Area}}$

Labels: Width = x (feet)
Length = $350 - 2x$ (feet)
Area = 12,500 (square feet)

Equation:
$$(350 - 2x)x = 12{,}500$$
$$350x - 2x^2 = 12{,}500$$
$$-2x^2 + 350x - 12{,}500 = 0$$
$$2x^2 - 350x + 12{,}500 = 0$$
$$x^2 - 175x + 6250 = 0$$
$$(x - 50)(x - 125) = 0$$
$$x - 50 = 0 \implies x = 50 \text{ and } 350 - 2x = 250$$
$$x - 125 = 0 \implies x = 125 \text{ and } 350 - 2x = 100$$

The dimensions of the region are 50 feet by 250 feet *or* 125 feet by 100 feet.

19. *Verbal Model:* $\frac{1}{2}\boxed{\text{Height}}\left(\boxed{\text{One base}} + \boxed{\text{Other base}}\right) = \boxed{\text{Area}}$

Labels: Height = x (feet)
One base = x (feet)
Other base = $550 - 2x$ (feet)
Area = 43,560 (square feet)

Equation:
$$\tfrac{1}{2}(x)[x + (550 - 2x)] = 43{,}560$$
$$\tfrac{1}{2}x(-x + 550) = 43{,}560$$
$$-\tfrac{1}{2}x^2 + 275x = 43{,}560$$
$$-\tfrac{1}{2}x^2 + 275x - 43{,}560 = 0$$
$$x^2 - 550x + 87{,}120 = 0$$
$$a = 1, b = -550, c = 87{,}120$$
$$b^2 - 4ac = (-550)^2 - 4(1)(87{,}120) = -45{,}980$$

Because the discriminant is negative, the equation has *no real* solutions. Thus, the area of the lot is *not* one acre.

21. (Length)(Width) = Area

$$(x + 20)(x) = 25{,}500$$
$$x^2 + 20x = 25{,}500$$
$$x^2 + 20x - 25{,}500 = 0$$
$$(x + 170)(x - 150) = 0$$

$x + 170 = 0 \implies x = -170$ (Discard negative solution.)

$x - 150 = 0 \implies x = 150$ and $x + 20 = 170$

The dimensions of the new lot are 150 feet by 170 feet.

23. *Verbal Model:* $\left(\boxed{\text{Length}}\right)^2 + \left(\boxed{\text{Width}}\right)^2 = \left(\boxed{\text{Diagonal}}\right)^2$

Labels: Length = l (inches); Width = $51 - l$ (inches)

Note: $2l + 2w = 102 \implies 2w = 102 - 2l \implies w = 51 - l$

Diagonal = 39 (inches)

Equation:
$$l^2 + (51 - l)^2 = 39^2$$
$$l^2 + 2601 - 102l + l^2 = 1521$$
$$2l^2 - 102l + 1080 = 0$$
$$l^2 - 51l + 540 = 0$$
$$(l - 15)(l - 36) = 0$$

$l - 15 = 0 \implies l = 15$ and $51 - l = 36$

$l - 36 = 0 \implies l = 36$ and $51 - l = 15$

The dimensions of the rectangle are 15 inches by 36 inches.

25. *Verbal Model:* $\left(\boxed{\begin{array}{c}\text{Distance from}\\ \text{A to B}\end{array}}\right)^2 + \left(\boxed{\begin{array}{c}\text{Distance from}\\ \text{B to C}\end{array}}\right)^2 = \left(\boxed{\begin{array}{c}\text{Distance from}\\ \text{C to A}\end{array}}\right)^2$

Labels: Distance from A to B = x (miles)

Distance from B to C = $18 - x$ (miles) (*Note:* $x > 18 - x$)

Distance from C to A = 16 (miles)

Equation:
$$x^2 + (18 - x)^2 = 16^2$$
$$x^2 + 324 - 36x + x^2 = 256$$
$$2x^2 - 36x + 68 = 0$$
$$x^2 - 18x + 34 = 0$$

$a = 1, b = -18, c = 34$

$$x = \frac{-(-18) \pm \sqrt{(-18)^2 - 4(1)(34)}}{2(1)} = \frac{18 \pm \sqrt{188}}{2} = \frac{18 \pm 2\sqrt{47}}{2} = 9 \pm \sqrt{47}$$

$x = 9 + \sqrt{47} \approx 15.86$

$x = 9 - \sqrt{47} \approx 2.14$

Thus, the distance from A to B is approximately 15.86 miles or 2.14 miles.

Section 6.4 Applications of Quadratic Equations 277

27.
$$A = P(1 + r)^2$$
$$3499.20 = 3000(1 + r)^2$$
$$\frac{3499.20}{3000} = (1 + r)^2$$
$$1.1614 = (1 + r)^2$$
$$\sqrt{1.1614} = 1 + r$$
$$1.08 = 1 + r$$
$$0.08 = r$$

The interest rate is 8%.

29.
$$A = P(1 + r)^2$$
$$280.90 = 250(1 + r)^2$$
$$\frac{280.90}{250} = (1 + r)^2$$
$$1.1236 = (1 + r)^2$$
$$\sqrt{1.1236} = 1 + r$$
$$1.06 = 1 + r$$
$$0.06 = r$$

The interest rate is 6%.

31.
$$A = P(1 + r)^2$$
$$8420.20 = 8000(1 + r)^2$$
$$\frac{8420.20}{8000} = (1 + r)^2$$
$$1.0525 \approx (1 + r)^2$$
$$\sqrt{1.0525} \approx 1 + r$$
$$1.0259 \approx 1 + r$$
$$0.0259 \approx r$$

The interest rate is 2.59%.

33.
$$h = h_0 - 16t^2$$
$$0 = 144 - 16t^2$$
$$= 16(9 - t^2) = 16(3 + t)(3 - t)$$
$$16 \neq 0$$
$$3 + t = 0 \Rightarrow t = -3 \quad \text{(Discard negative solution.)}$$
$$3 - t = 0 \Rightarrow t = 3$$

Thus, it takes 3 seconds for the object to fall to ground level.

35.
$$h = h_0 - 16t^2$$
$$0 = 1454 - 16t^2$$
$$16t^2 = 1454$$
$$t^2 = \frac{1454}{16}$$
$$t = \pm\frac{\sqrt{1454}}{4} \quad \text{(Choose the positive solution.)}$$
$$t = \frac{\sqrt{1454}}{4} \approx 9.5$$

Thus, it takes approximately 9.5 seconds for the object to fall to ground level.

37.
$$h = 3 + 75t - 16t^2$$
$$0 = 3 + 75t - 16t^2$$
$$16t^2 - 75t - 3 = 0$$
$$a = 16, \ b = -75, \ c = -3$$
$$t = \frac{-(-75) \pm \sqrt{(-75)^2 - 4(16)(-3)}}{2(16)}$$
$$= \frac{75 \pm \sqrt{5817}}{32} \quad \text{(Choose the positive solution.)}$$
$$t = \frac{75 + \sqrt{5817}}{32} \approx 4.7$$

Thus, the ball hits the ground approximately 4.7 seconds after it is hit.

39. Revenue − Cost = Profit
$$R = x(90 - x)$$
$$C = 100 + 30x$$
$$P = \$800$$
$$x(90 - x) - (100 + 30x) = 800$$
$$90x - x^2 - 100 - 30x = 800$$
$$-x^2 + 60x - 900 = 0$$
$$x^2 - 60x + 900 = 0$$
$$(x - 30)(x - 30) = 0$$
$$x - 30 = 0 \Rightarrow x = 30$$

The profit will be $800 when the number of units $x = 30$.

41. Distance from station to farthest listener = r, the radius of the circle
$$\text{Area of circle} = \pi r^2$$
$$25{,}500 = \pi r^2$$
$$\frac{25{,}500}{\pi} = r^2$$
$$8116.2 \approx r^2$$
$$\sqrt{8116.2} \approx r$$
$$90.02 \approx r$$

The station is approximately 90 miles from its farthest listener.

Mid-Chapter Quiz for Chapter 6

1. $2x^2 - 72 = 0$
    $2(x^2 - 36) = 0$
    $2(x + 6)(x - 6) = 0$
    $2 \neq 0$
    $x + 6 = 0 \implies x = -6$
    $x - 6 = 0 \implies x = 6$

2. $2x^2 + 3x - 20 = 0$
    $(2x - 5)(x + 4) = 0$
    $2x - 5 = 0 \implies x = \frac{5}{2}$
    $x + 4 = 0 \implies x = -4$

3. $t^2 = 12$
    $t = \pm\sqrt{12}$
    $t = \pm\sqrt{4 \cdot 3}$
    $t = \pm 2\sqrt{3}$

4. $(u - 3)^2 - 16 = 0$
    $(u - 3)^2 = 16$
    $u - 3 = \pm\sqrt{16}$
    $u - 3 = \pm 4$
    $u = 3 \pm 4$
    $u = 3 + 4 \implies u = 7$
    $u = 3 - 4 \implies u = -1$

5. $s^2 + 10s + 1 = 0$
    $s^2 + 10s = -1$
    $s^2 + 10s + 5^2 = -1 + 5^2$
    $(s + 5)^2 = 24$
    $x + 5 = \pm\sqrt{24}$
    $x + 5 = \pm\sqrt{4 \cdot 6}$
    $x + 5 = \pm 2\sqrt{6}$
    $x = -5 \pm 2\sqrt{6}$

6. $2y^2 + 6y - 5 = 0$
    $y^2 + 3y - \frac{5}{2} = 0$
    $y^2 + 3y = \frac{5}{2}$
    $y^2 + 3y + \left(\frac{3}{2}\right)^2 = \frac{5}{2} + \left(\frac{3}{2}\right)^2$
    $\left(y + \frac{3}{2}\right)^2 = \frac{10}{4} + \frac{9}{4}$
    $y + \frac{3}{2} = \pm\sqrt{\frac{19}{4}}$
    $y = -\frac{3}{2} \pm \frac{\sqrt{19}}{2}$ or $y = \frac{-3 \pm \sqrt{19}}{2}$

7. $x^2 + 4x - 6 = 0$
    $a = 1, b = 4, c = -6$
    $x = \dfrac{-4 \pm \sqrt{4^2 - 4(1)(-6)}}{2(1)}$
    $= \dfrac{-4 \pm \sqrt{40}}{2}$
    $= \dfrac{-4 \pm 2\sqrt{10}}{2}$
    $= \dfrac{2(-2 \pm \sqrt{10})}{2(1)}$
    $= -2 \pm \sqrt{10}$

8. $6v^2 - 3v - 4 = 0$
    $a = 6, b = -3, c = -4$
    $v = \dfrac{-(-3) \pm \sqrt{(-3)^2 - 4(6)(-4)}}{2(6)}$
    $= \dfrac{3 + \sqrt{105}}{12}$

9. $x^2 + 5x + 7 = 0$

$a = 1, b = 5, c = 7$

$x = \dfrac{-5 \pm \sqrt{5^2 - 4(1)(7)}}{2(1)}$

$= \dfrac{-5 \pm \sqrt{-3}}{2}$

$= -\dfrac{5}{2} \pm \dfrac{\sqrt{3}i}{2}$

10. $36 - (t - 4)^2 = 0$

$-(t - 4)^2 = -36$

$(t - 4)^2 = 36$

$t - 4 = \pm \sqrt{36}$

$t - 4 = \pm 6$

$t = 4 \pm 6$

$t = 4 + 6 \implies t = 10$

$t = 4 - 6 \implies t = -2$

11. $x(x - 10) + 3(x - 10) = 0$

$(x - 10)(x + 3) = 0$

$x - 10 = 0 \implies x = 10$

$x + 3 = 0 \implies x = -3$

12. $x(x - 3) = 10$

$x^2 - 3x = 10$

$x^2 - 3x - 10 = 0$

$(x - 5)(x + 2) = 0$

$x - 5 = 0 \implies x = 5$

$x + 2 = 0 \implies x = -2$

13. $4b^2 - 12b + 9 = 0$

$(2b - 3)(2b - 3) = 0$

$2b - 3 = 0 \implies b = \tfrac{3}{2}$

14. $3m^2 + 10m + 5 = 0$

$a = 3, b = 10, c = 5$

$m = \dfrac{-10 \pm \sqrt{10^2 - 4(3)(5)}}{2(3)}$

$= \dfrac{-10 \pm \sqrt{40}}{6}$

$= \dfrac{-10 \pm 2\sqrt{10}}{6}$

$= \dfrac{\cancel{2}(-5 \pm \sqrt{10})}{\cancel{2}(3)}$

$= \dfrac{-5 \pm \sqrt{10}}{3}$

15. $x^4 + 5x^2 - 14 = 0$ Let $u = x^2$.

$u^2 + 5u - 14 = 0$

$(u + 7)(u - 2) = 0$

$u + 7 = 0 \implies u = -7$

$u - 2 = 0 \implies u = 2$

$u = -7 \implies x^2 = -7$

$x = \pm\sqrt{-7}$

$x = \pm\sqrt{7}i$

$u = 2 \implies x^2 = 2$

$x = \pm\sqrt{2}$

16. $x^{2/3} - 8x^{1/3} + 15 = 0$ Let $u = x^{1/3}$.

$u^2 - 8u + 15 = 0$

$(u - 3)(u - 5) = 0$

$u - 3 = 0 \implies u = 3$

$u - 5 = 0 \implies u = 5$

$u = 3 \implies x^{1/3} = 3$

$x = 3^3$

$x = 27$

$u = 5 \implies x^{1/3} = 5$

$x = 5^3$

$x = 125$

17. $y = \dfrac{1}{2}x^2 - 3x - 1$

$\dfrac{1}{2}x^2 - 3x - 1 = 0$

$x^2 - 6x - 2 = 0$

$a = 1,\ b = -6,\ c = -2$

$x = \dfrac{-(-6) \pm \sqrt{(-6)^2 - 4(1)(-2)}}{2(1)}$

$= \dfrac{6 \pm \sqrt{44}}{2}$

$= \dfrac{6 \pm 2\sqrt{11}}{2}$

$= \dfrac{2(3 \pm \sqrt{11})}{2(1)}$

$= 3 \pm \sqrt{11}$

$x = 3 + \sqrt{11} \implies x \approx 6.32$

$x = 3 - \sqrt{11} \implies x \approx -0.32$

$(6.32, 0)$ and $(-0.32, 0)$

The solutions are the x-coordinates of the x-intercepts.

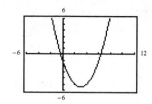

18. $y = x^2 + 0.45x - 4$

$x^2 + 0.45x - 4 = 0$

$a = 1,\ b = 0.45,\ c = -4$

$x = \dfrac{-0.45 \pm \sqrt{(0.45)^2 - 4(1)(-4)}}{2(1)}$

$= \dfrac{-0.45 \pm \sqrt{16.2025}}{2}$

$x = \dfrac{-0.45 + \sqrt{16.2025}}{2} \implies x \approx 1.79$

$x = \dfrac{-0.45 - \sqrt{16.2025}}{2} \implies x \approx -2.24$

$(1.79, 0)$ and $(-2.24, 0)$

The solutions are the x-coordinates of the x-intercepts.

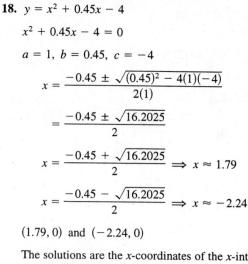

19.

$R = x(20 - 0.2x)$ and $R = \$500$

$500 = x(20 - 0.2x)$

$500 = 20x - 0.2x^2$

$0.2x^2 - 20x + 500 = 0$

$x^2 - 100x + 2500 = 0$

$(x - 50)(x - 50) = 0$

$x - 50 = 0 \implies x = 50$

To produce a revenue of $500, 50 units must be sold.

20.

Area $= x(100 - x)$ and Area $= 2275$

$2275 = x(100 - x)$

$2275 = 100x - x^2$

$x^2 - 100x + 2275 = 0$

$(x - 35)(x - 65) = 0$

$x - 35 = 0 \implies x = 35$

$x - 65 = 0 \implies x = 65$

The dimensions of the rectangle are 35 meters by 65 meters.

Section 6.5 Graphing Quadratic Functions

1. Graph (e)

3. Graph (b)

5. Graph (d)

7. The graph of the quadratic function $y = ax^2 + bx + c$ opens upward if $a > 0$, and it opens downward if $a < 0$.

9. $y = 2(x - 0)^2 + 2$

$a = 2$

Because $a > 0$, the parabola opens upward.

Vertex (h, k): $(0, 2)$

11. $y = 4 - (x - 10)^2$ or $y = -(x - 10)^2 + 4$

$a = -1$

Because $a < 0$, the parabola opens downward.

Vertex (h, k): $(10, 4)$

13. $y = x^2 - 6$ or $y = 1(x - 0)^2 - 6$

$a = 1$

Because $a > 0$, the parabola opens upward.

Vertex (h, k): $(0, -6)$

15. $y = -(x - 3)^2$

$= -1(x - 3)^2 + 0$

$a = -1$

Because $a < 0$, the parabola opens downward.

Vertex (h, k): $(3, 0)$

17. $y = 25 - x^2$

$0 = 25 - x^2 = (5 + x)(5 - x)$

$5 + x = 0 \Rightarrow x = -5$

$5 - x = 0 \Rightarrow x = 5$

x-intercepts: $(-5, 0)$ and $(5, 0)$

$y = 25 - 0^2$

$y = 25$

y-intercept: $(0, 25)$

19. $y = x^2 - 9x$

$0 = x^2 - 9x = x(x - 9)$

$x = 0$

$x - 9 = 0 \Rightarrow x = 9$

x-intercepts: $(0, 0)$ and $(9, 0)$

$y = 0^2 - 9(0)$

$y = 0$

y-intercept: $(0, 0)$

21. $y = 4x^2 - 12x + 9$

$0 = (2x - 3)(2x - 3)$

$2x - 3 = 0 \Rightarrow 2x = 3 \Rightarrow x = \frac{3}{2}$

x-intercept: $\left(\frac{3}{2}, 0\right)$

$y = 4(0)^2 - 12(0) + 9$

$y = 9$

y-intercept: $(0, 9)$

23. $y = x^2 - 3x + 3$

$0 = x^2 - 3x + 3$

$a = 1, b = -3, c = 3$

$x = \dfrac{-(-3) \pm \sqrt{(-3)^2 - 4(1)(3)}}{2(1)}$

$= \dfrac{3 \pm \sqrt{-3}}{2}$

$= \dfrac{3 \pm \sqrt{3}i}{2}$

There are no *real* solutions. The parabola has *no* x-intercepts.

$y = 0^2 - 3(0) + 3$

$y = 3$

y-intercept: $(0, 3)$

25. $f(x) = x^2 + 2 = (x - 0)^2 + 2$

Vertex (h, k): $(0, 2)$

27. $y = x^2 - 4x + 7$

$= (x^2 - 4x + (-2)^2 - (-2)^2) + 7 = (x^2 - 4x + 4) - 4 + 7 = (x - 2)^2 + 3$

Vertex (h, k): $(2, 3)$

29. $y = x^2 + 6x + 5$

$= x^2 + 6x + 3^2 - 3^2 + 5 = (x^2 + 6x + 9) - 9 + 5 = (x + 3)^2 - 4$

Vertex (h, k): $(-3, -4)$

31. $y = -x^2 + 6x - 10$

$y = -1(x^2 - 6x) - 10$

$= -1(x^2 - 6x + (-3)^2 - (-3)^2) - 10$

$= -1(x^2 - 6x + 9) + 9 - 10$

$= -1(x - 3)^2 - 1$

Vertex (h, k): $(3, -1)$

33. $y = -x^2 + 2x - 7$

$= -1(x^2 - 2x) - 7$

$= -1(x^2 - 2x + (-1)^2 - (-1)^2) - 7$

$= -1(x^2 - 2x + 1) + 1 - 7$

$= -1(x - 1)^2 - 6$ or $= -(x - 1)^2 - 6$

Vertex (h, k): $(1, -6)$

35. $y = 2x^2 + 6x + 2$

$= 2(x^2 + 3x) + 2$

$= 2\left[x^2 + 3x + \left(\frac{3}{2}\right)^2 - \left(\frac{3}{2}\right)^2\right] + 2$

$= 2\left(x^2 + 3x + \frac{9}{4}\right) - 2\left(\frac{9}{4}\right) + 2$

$= 2\left(x + \frac{3}{2}\right)^2 - \frac{9}{2} + \frac{4}{2}$

$= 2\left(x + \frac{3}{2}\right)^2 - \frac{5}{2}$

Vertex (h, k): $\left(-\frac{3}{2}, -\frac{5}{2}\right)$

37. $y = x^2 - 4 = (x - 0)^2 - 4$

Vertex (h, k): $(0, -4)$

x-intercepts:

$0 = x^2 - 4 = (x + 2)(x - 2)$

$x + 2 = 0 \Rightarrow x = -2$

$x - 2 = 0 \Rightarrow x = 2$

$(-2, 0)$ and $(2, 0)$

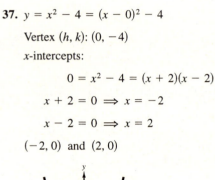

39. $y = -x^2 + 4 = -(x - 0)^2 + 4$

Vertex (h, k): $(0, 4)$

x-intercepts:

$0 = -x^2 + 4 = 4 - x^2 = (2 + x)(2 - x)$

$2 + x = 0 \Rightarrow x = -2$

$2 - x = 0 \Rightarrow x = 2$

$(-2, 0)$ and $(2, 0)$

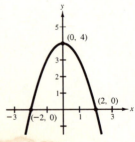

41. $f(x) = x^2 - 3x = \left(x^2 - 3x + \left(-\frac{3}{2}\right)^2\right) - \left(-\frac{3}{2}\right)^2$

$= \left(x^2 - 3x + \frac{9}{4}\right) - \frac{9}{4} = \left(x - \frac{3}{2}\right)^2 - \frac{9}{4}$

Vertex (h, k): $\left(\frac{3}{2}, -\frac{9}{4}\right)$

x-intercepts:

$0 = x^2 - 3x = x(x - 3)$

$x = 0$

$x - 3 = 0 \Rightarrow x = 3$

$(0, 0)$ and $(3, 0)$

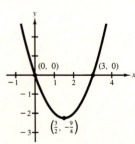

43. $g(x) = -x^2 + 3x = -(x^2 - 3x)$
$= -\left[x^2 - 3x + \left(-\frac{3}{2}\right)^2 - \left(-\frac{3}{2}\right)^2\right]$
$= -\left(x^2 - 3x + \frac{9}{4}\right) + \frac{9}{4}$
$= -\left(x - \frac{3}{2}\right)^2 + \frac{9}{4}$

Vertex (h, k): $\left(\frac{3}{2}, \frac{9}{4}\right)$

x-intercepts:
$$0 = -x^2 + 3x = x(-x + 3)$$
$$x = 0$$
$$-x + 3 = 0 \implies x = 3$$

$(0, 0)$ and $(3, 0)$

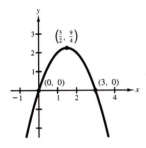

45. $y = (x - 4)^2 = (x - 4)^2 + 0$

Vertex (h, k): $(4, 0)$

x-intercept:
$$0 = (x - 4)^2$$
$$x - 4 = 0 \implies x = 4$$

$(4, 0)$

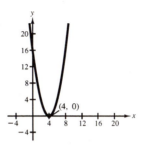

47. $y = x^2 - 8x + 15 = x^2 - 8x + (-4)^2 - (-4)^2 + 15$
$= (x^2 - 8x + 16) - 16 + 15 = (x - 4)^2 - 1$

Vertex (h, k): $(4, -1)$

x-intercepts:
$$0 = x^2 - 8x + 15 = (x - 5)(x - 3)$$
$$x - 5 = 0 \implies x = 5$$
$$x - 3 = 0 \implies x = 3$$

$(5, 0)$ and $(3, 0)$

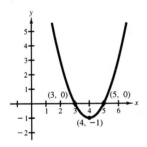

49. $y = -(x^2 + 6x + 5) = -(x^2 + 6x) - 5$
$= -(x^2 + 6x + 3^2 - 3^2) - 5$
$= -(x^2 + 6x + 9) + 9 - 5$
$= -(x + 3)^2 + 4$

Vertex (h, k): $(-3, 4)$

x-intercepts:
$$0 = -(x^2 + 6x + 5) = -(x + 5)(x + 1)$$
$$x + 5 = 0 \implies x = -5$$
$$x + 1 = 0 \implies x = -1$$

$(-5, 0)$ and $(-1, 0)$

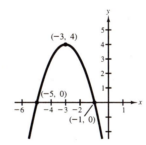

51. $y = -x^2 + 6x - 7 = -(x^2 - 6x) - 7$
$= -(x^2 - 6x + 3^2 - 3^2) - 7$
$= -(x^2 - 6x + 9) + 9 - 7 = -(x - 3)^2 + 2$

Vertex (h, k): $(3, 2)$

x-intercepts:
$$0 = -x^2 + 6x - 7$$
$$(-1)(0) = -1(-x^2 + 6x - 7)$$
$$0 = x^2 - 6x + 7$$
$$a = 1, \; b = -6, \; c = 7$$
$$x = \frac{-(-6) \pm \sqrt{(-6)^2 - 4(1)(7)}}{2(1)}$$
$$= \frac{6 \pm \sqrt{8}}{2} = \frac{6 \pm 2\sqrt{2}}{2} = \frac{2(3 \pm \sqrt{2})}{2} = 3 \pm \sqrt{2}$$

$(3 + \sqrt{2}, 0)$ and $(3 - \sqrt{2}, 0)$

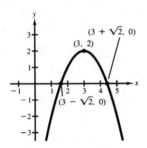

53. $y = 2(x^2 + 6x + 8)$
$y = 2(x^2 + 6x) + 16$
$y = 2(x^2 + 6x + 3^2 - 3^2) + 16$
$y = 2(x^2 + 6x + 9) - 18 + 16$
$y = 2(x + 3)^2 - 2$

Vertex (h, k): $(-3, -2)$

x-intercepts:
$$0 = 2(x^2 + 6x + 8)$$
$$0 = 2(x + 4)(x + 2)$$
$$2 \neq 0$$
$$x + 4 = 0 \Rightarrow x = -4$$
$$x + 2 = 0 \Rightarrow x = -2$$

$(-4, 0)$ and $(-2, 0)$

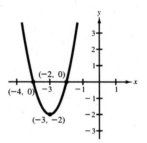

55. $y = \frac{1}{2}(x^2 - 2x - 3) = \frac{1}{2}(x^2 - 2x) - \frac{3}{2}$
$= \frac{1}{2}[x^2 - 2x + (-1)^2 - (-1)^2] - \frac{3}{2}$
$= \frac{1}{2}(x^2 - 2x + 1) - \frac{1}{2} - \frac{3}{2} = \frac{1}{2}(x - 1)^2 - 2$

Vertex (h, k): $(1, -2)$

x-intercepts:
$$0 = \frac{1}{2}(x^2 - 2x - 3) = \frac{1}{2}(x - 3)(x + 1)$$
$$\frac{1}{2} \neq 0$$
$$x - 3 = 0 \Rightarrow x = 3$$
$$x + 1 = 0 \Rightarrow x = -1$$

$(3, 0)$ and $(-1, 0)$

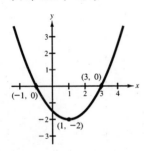

57. $y = 5 - \frac{x^2}{3} = -\frac{1}{3}x^2 + 5 = -\frac{1}{3}(x - 0)^2 + 5$

Vertex (h, k): $(0, 5)$

x-intercepts:
$$0 = 5 - \frac{x^2}{3}$$
$$0 = 15 - x^2$$
$$x^2 = 15$$
$$x = \pm\sqrt{15}$$

$(\sqrt{15}, 0)$ and $(-\sqrt{15}, 0)$

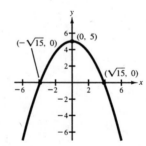

59. $y = \frac{1}{5}(3x^2 - 24x + 38) = \frac{3}{5}(x^2 - 8x) + \frac{38}{5}$

$= \frac{3}{5}[x^2 - 8x + (-4)^2 - (-4)^2] + \frac{38}{5}$

$= \frac{3}{5}(x^2 - 8x + 16) - \frac{3}{5}(16) + \frac{38}{5} = \frac{3}{5}(x - 4)^2 - 2$

Vertex (h, k): $(4, -2)$

x-intercepts:

$0 = \frac{1}{5}(3x^2 - 24x + 38)$

$5(0) = 5 \cdot \frac{1}{5}(3x^2 - 24x + 38)$

$0 = 3x^2 - 24x + 38$

$a = 3, \ b = -24, \ c = 38$

$x = \frac{-(-24) \pm \sqrt{(-24)^2 - 4(3)(38)}}{2(3)}$

$= \frac{24 \pm \sqrt{120}}{6} = \frac{24 \pm 2\sqrt{30}}{6} = \frac{12 \pm \sqrt{30}}{3}$

$\left(\frac{12 \pm \sqrt{30}}{3}, 0\right)$ and $\left(\frac{12 - \sqrt{30}}{3}, 0\right)$

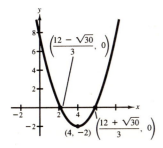

61. $y = \frac{1}{6}(2x^2 - 8x + 11)$

$= \frac{1}{3}x^2 - \frac{4}{3}x + \frac{11}{6}$

Vertex $(h, k) = \left(\frac{-b}{2a}, f\left(\frac{-b}{2a}\right)\right)$

$\frac{-b}{2a} = \frac{-(-4/3)}{2(2/3)}$

$= \frac{4/3}{2/3}$

$= 2$

$f(2) = \frac{1}{3}(2)^2 - \frac{4}{3}(2) + \frac{11}{6}$

$= \frac{4}{3} - \frac{8}{3} + \frac{11}{6}$

$= \frac{8}{6} - \frac{16}{6} + \frac{11}{6}$

$= \frac{3}{6}$

$= \frac{1}{2}$

Vertex: $\left(2, \frac{1}{2}\right)$

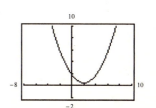

63. $y = -0.7x^2 - 2.7x + 2.3$

Vertex $(h, k) = \left(\frac{-b}{2a}, f\left(\frac{-b}{2a}\right)\right)$

$\frac{-b}{2a} = \frac{-(-2.7)}{2(-0.7)}$

$= \frac{2.7}{-1.4} = -\frac{27}{14} \approx -1.9$

$f\left(-\frac{27}{14}\right) = -0.7\left(-\frac{27}{14}\right)^2 - 2.7\left(-\frac{27}{14}\right) + 2.3$

≈ 4.9

Vertex: $(-1.9, 4.9)$

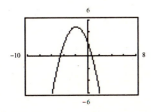

65. $y_1 = -x^2 + 6$

$y_2 = 2$

$y_1 = y_2$

$-x^2 + 6 = 2$

$-x^2 = -4$

$x^2 = 4$

$x = \pm\sqrt{4}$

$x = \pm 2$

$(2, 2)$ and $(-2, 2)$

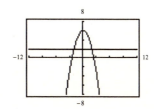

67.
$$y_1 = \frac{1}{2}x^2 - 3x + \frac{13}{2}$$
$$y_2 = 3$$
$$y_1 = y_2$$
$$\frac{1}{2}x^2 - 3x + \frac{13}{2} = 3$$
$$x^2 - 6x + 13 = 6$$
$$x^2 - 6x = -7$$
$$x^2 - 6x + 9 = -7 + 9$$
$$(x - 3)^2 = 2$$
$$x - 3 = \pm\sqrt{2}$$
$$x = 3 \pm \sqrt{2}$$
$\left(3 + \sqrt{2}, 3\right)$ and $\left(3 - \sqrt{2}, 3\right)$

Approximately (4.4, 3) and (1.6, 3)

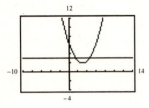

69. $y = a(x - h)^2 + k$ with $(h, k) = (2, 0)$
$y = a(x - 2)^2 + 0$ and $(x, y) = (0, 4)$
$4 = a(0 - 2)^2 + 0 = a(4)$
$1 = a \implies y = 1(x - 2)^2 + 0$
$ = 1(x^2 - 4x + 4) = x^2 - 4x + 4$

71. $y = a(x - h)^2 + k$ and $(h, k) = (-2, 4)$
$y = a(x + 2)^2 + 4$ and $(x, y) = (0, 0)$
$0 = a(0 + 2)^2 + 4 = 4a + 4$
$-4 = 4a$
$-1 = a \implies y = -1(x + 2)^2 + 4$
$ = -1(x^2 + 4x + 4) + 4$
$ = -x^2 - 4x - 4 + 4 = -x^2 - 4x$

73. $y = a(x - h)^2 + k$ and $(h, k) = (-3, 3)$
$y = a(x + 3)^2 + 3$ and $(x, y) = (-2, 1)$
$1 = a(-2 + 3)^2 + 3 = a(1) + 3$
$-2 = a \implies y = -2(x + 3)^2 + 3$
$ = -2(x^2 + 6x + 9) + 3$
$ = -2x^2 - 12x - 18 + 3$
$ = -2x^2 - 12x - 15$

75. $y = a(x - h)^2 + k$ with $(h, k) = (2, 1)$ and $a = 1$
$y = 1(x - 2)^2 + 1$
$ = x^2 - 4x + 4 + 1$
$ = x^2 - 4x + 5$

77. $y = a(x - h)^2 + k$ with $(h, k) = (-3, 4)$ and $a = -1$
$y = -1(x + 3)^2 + 4$
$ = -(x^2 + 6x + 9) + 4$
$ = -x^2 - 6x - 5$

79. $y = a(x - h)^2 + k$ with $(h, k) = (2, -4)$
$y = a(x - 2)^2 - 4$ and $(x, y) = (0, 0)$
$0 = a(0 - 2)^2 - 4 = a(4) - 4$
$4 = 4a$
$1 = a \implies y = 1(x - 2)^2 - 4$
$ = 1(x^2 - 4x + 4) - 4$
$ = x^2 - 4x + 4 - 4$
$ = x^2 - 4x$

81. $y = a(x - h)^2 + k$ with $(h, k) = (3, 2)$
$y = a(x - 3)^2 + 2$ and $(x, y) = (1, 4)$
$4 = a(1 - 3)^2 + 2 = a(4) + 2$
$2 = 4a$
$\frac{1}{2} = a \implies y = \frac{1}{2}(x - 3)^2 + 2$
$\phantom{\frac{1}{2} = a \implies y} = \frac{1}{2}(x^2 - 6x + 9) + 2$
$\phantom{\frac{1}{2} = a \implies y} = \frac{1}{2}x^2 - 3x + \frac{9}{2} + 2$
$\phantom{\frac{1}{2} = a \implies y} = \frac{1}{2}x^2 - 3x + \frac{13}{2}$

83. $y = a(x - h)^2 + k$ with $(h, k) = (-1, 5)$

$y = a(x + 1)^2 + 5$ and $(x, y) = (0, 1)$

$1 = a(0 + 1)^2 + 5 = a(1) + 5$

$-4 = a \implies y = -4(x + 1)^2 + 5$

$= -4(x^2 + 2x + 1) + 5$

$= -4x^2 - 8x - 4 + 5$

$= -4x^2 - 8x + 1$

85. $y = a(x - h)^2 + k$ with $(h, k) = (5, 2)$

$y = a(x - 5)^2 + 2$ and $(x, y) = (10, 3)$

$3 = a(10 - 5)^2 + 2 = a(25) + 2$

$1 = 25a$

$\frac{1}{25} = a \implies y = \frac{1}{25}(x - 5)^2 + 2$

$= \frac{1}{25}(x^2 - 10x + 25) + 2$

$= \frac{1}{25}x^2 - \frac{2}{5}x + 1 + 2$

$= \frac{1}{25}x^2 - \frac{2}{5}x + 3$

87. (a)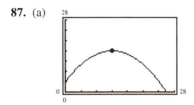

(c) The ball reached its maximum height at the vertex of the parabola.

$y = -\frac{1}{12}x^2 + 2x + 4$

$= -\frac{1}{12}(x^2 - 24x) + 4$

$= -\frac{1}{12}[x^2 - 24x + (-12)^2 - (-12)^2] + 4$

$= -\frac{1}{12}(x^2 - 24x + 144) + 12 + 4$

$= -\frac{1}{12}(x - 12)^2 + 16$

Vertex: $(12, 16)$

Thus, the maximum height of the ball was 16 feet.

(b) When the ball left the child's hand, the horizontal distance $x = 0$.

$y = -\frac{1}{12}(0)^2 + 2(0) + 4 = 4$

Thus, the ball was 4 feet high when it left the child's hand.

(d) When the ball struck the ground, the height $y = 0$.

$0 = -\frac{1}{12}x^2 + 2x + 4$

$0 = x^2 - 24x - 48$

$a = 1, b = -24, c = -48$

$x = \frac{-(-24) \pm \sqrt{(-24)^2 - 4(1)(-48)}}{2(1)}$

$= \frac{24 \pm \sqrt{768}}{2}$

$= \frac{24 \pm 16\sqrt{3}}{2}$

$= 12 \pm 8\sqrt{3}$ (Choose the positive solution.)

Thus, the ball struck the ground at a distance of $12 + 8\sqrt{3}$ or approximately 25.9 feet from the child.

89. $P = 230 + 20s - \frac{1}{2}s^2$

$P = -\frac{1}{2}s^2 + 20s + 230$

$P = -\frac{1}{2}(s^2 - 40s) + 230$

$P = -\frac{1}{2}(s^2 - 40s + 400 - 400) + 230$

$P = -\frac{1}{2}(s^2 - 40s + 400) + 200 + 230$

$P = -\frac{1}{2}(s - 20)^2 + 430$

Vertex (h, k): $(20, 430)$

Thus, $20(100)$ or $2000 of advertising yields a maximum profit.

91. $A = \frac{2}{\pi}(100x - x^2)$, $0 < x < 100$

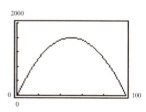

From the graph, it appears that the maximum occurs when $x = 50$.

93. $y = a(x - h)^2 + k$ with $(h, k) = (0, 0)$

$y = a(x - 0)^2 + 0$ and $(x, y) = (500, 100)$

$$100 = a(500 - 0)^2 + 0$$
$$100 = a(500)^2$$
$$100 = 250{,}000a$$
$$\frac{100}{250{,}000} = a$$
$$\frac{1}{2500} = a$$
$$y = \frac{1}{2500}(x - 0)^2 + 0$$
$$y = \frac{1}{2500}x^2$$

Section 6.6 Modeling Data with Quadratic Functions

1. A linear model

3. A quadratic model

5.
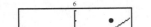
$y = 1.2x + 1.6$

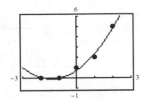
$y \approx 0.429x^2 + 1.200x + 0.743$

7.
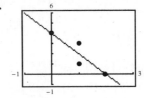
$y = -2x + 4$

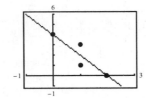
$y = 0x^2 - 2x + 4$

9.
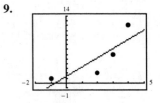
$y = 1.929x + 1.393$

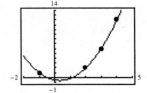
$y \approx 0.936x^2 - 0.613x + 0.547$

11.
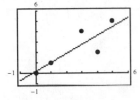
$y = 0.860x + 0.163$

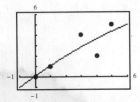
$y = -0.036x^2 + 1.036x + 0.071$

13.
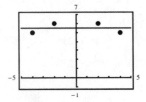
$y = 5.5$

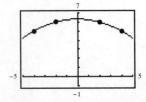
$y \approx -0.083x^2 + 0x + 6.333$

15. (a)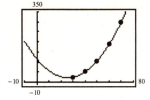

$y = 0.141x^2 - 7.241x + 116.743$

17.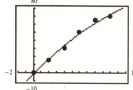

$y = -0.223x^2 + 9.661x - 1.786$

(b) According to the model when $x = 70$, then y is approximately 301 feet.

19. (a) $N = 2.760x + 7.379$

(b) $N = 0.104x^2 + 1.418x + 9.126$

(c)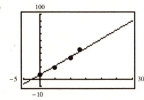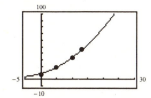

(d) Linear: 90.2

Quadratic: 145.3

The quadratic will increase at a faster rate

Section 6.7   Quadratic Inequalities in One Variable

1. When both sides of an inequality are multiplied by a negative number, the direction of the inequality is reversed.

3. $4x^2 - 91 = 0$

$(2x + 9)(2x - 9) = 0$

$2x + 9 = 0 \Rightarrow x = -\frac{9}{2}$

$2x - 9 = 0 \Rightarrow x = \frac{9}{2}$

Critical numbers: $-\frac{9}{2}, \frac{9}{2}$

5. $x(2x - 5) = 0$

$x = 0$

$2x - 5 = 0 \Rightarrow x = \frac{5}{2}$

Critical numbers: $0, \frac{5}{2}$

7. $x^2 - 4x + 3 = 0$

$(x - 3)(x - 1) = 0$

$x - 3 = 0 \Rightarrow x = 3$

$x - 1 = 0 \Rightarrow x = 1$

Critical numbers: 1, 3

9. $4x^2 - 20x + 25 = 0$

$(2x - 5)(2x - 5) = 0$

$2x - 5 = 0 \Rightarrow x = \frac{5}{2}$

Critical number: $\frac{5}{2}$

11. $2x^2 - 7x - 4 > 0$

(a) $x = 0$

$2(0)^2 - 7(0) - 4 \overset{?}{>} 0$

$-4 \not> 0$

No, 0 is not a solution.

(c) $x = -\frac{1}{2}$

$2\left(-\frac{1}{2}\right)^2 - 7\left(-\frac{1}{2}\right) - 4 \overset{?}{>} 0$

$\frac{1}{2} + \frac{7}{2} - \frac{8}{2} \overset{?}{>} 0$

$0 \not> 0$

No, $-\frac{1}{2}$ is not a solution.

(b) $x = 6$

$2(6)^2 - 7(6) - 4 \overset{?}{>} 0$

$72 - 42 - 4 \overset{?}{>} 0$

$26 > 0$

Yes, 6 is a solution.

(d) $x = -\frac{3}{2}$

$2\left(-\frac{3}{2}\right)^2 - 7\left(-\frac{3}{2}\right) - 4 \overset{?}{>} 0$

$\frac{9}{2} + \frac{21}{2} - \frac{8}{2} \overset{?}{>} 0$

$11 > 0$

Yes, $-\frac{3}{2}$ is a solution.

13. $x - 4 = 0$

$x = 4$

Critical number: 4

Test Interval	Representative x-value	Value of Polynomial	Conclusion
$(-\infty, 4)$	0	$0 - 4 = -4$	Negative
$(4, \infty)$	5	$5 - 4 = 1$	Positive

15. $2x(x - 4) = 0$

$2x = 0 \Rightarrow x = 0$

$x - 4 = 0 \Rightarrow x = 4$

Critical numbers: 0, 4

Test Interval	Representative x-value	Value of Polynomial	Conclusion
$(-\infty, 0)$	-1	$2(-1)(-1 - 4) = 10$	Positive
$(0, 4)$	1	$2(1)(1 - 4) = -6$	Negative
$(4, \infty)$	5	$2(5)(5 - 4) = 10$	Positive

17. $x^2 - 9 = 0$

$(x + 3)(x - 3) = 0$

$x + 3 = 0 \Rightarrow x = -3$

$x - 3 = 0 \Rightarrow x = 3$

Critical numbers: $-3, 3$

Test Interval	Representative x-value	Value of Polynomial	Conclusion
$(-\infty, -3)$	-5	$(-5)^2 - 9 = 16$	Positive
$(-3, 3)$	0	$(0)^2 - 9 = -9$	Negative
$(3, \infty)$	5	$(5)^2 - 9 = 16$	Positive

19. $x^2 - 4x - 5 = 0$

$(x - 5)(x + 1) = 0$

$x - 5 = 0 \Rightarrow x = 5$

$x + 1 = 0 \Rightarrow x = -1$

Critical numbers: $-1, 5$

Test Interval	Representative x-value	Value of Polynomial	Conclusion
$(-\infty, -1)$	-2	$(-2)^2 - 4(-2) - 5 = 7$	Positive
$(-1, 5)$	0	$0^2 - 4(0) - 5 = -5$	Negative
$(5, \infty)$	6	$6^2 - 4(6) - 5 = 7$	Positive

Section 6.7 Quadratic Inequalities in One Variable

21. $2x + 6 \geq 0$

$2x + 6 = 0$

$2x = -6$

$x = -3$

Critical number: -3

The solution is $[-3, \infty)$.

Test Interval	Representative x-value	Value of Polynomial	Conclusion
$(-\infty, -3]$	-5	$2(-5) + 6 = -4$	Negative
$[-3, \infty)$	0	$2(0) + 6 = 6$	Positive

23. $-\frac{3}{4}x + 6 < 0$

$-\frac{3}{4}x + 6 = 0$

$-3x + 24 = 0$

$-3x = -24$

$x = 8$

Critical number: 8

The solution is $(8, \infty)$.

Test Interval	Representative x-value	Value of Polynomial	Conclusion
$(-\infty, 8)$	0	$\left(-\frac{3}{4}\right)(0) + 6 = 6$	Positive
$(8, \infty)$	12	$\left(-\frac{3}{4}\right)(12) + 6 = -3$	Negative

25. $3x(x - 2) < 0$

$3x(x - 2) = 0$

$3x = 0 \Rightarrow x = 0$

$x - 2 = 0 \Rightarrow x = 2$

Critical numbers: 0, 2

The solution is $(0, 2)$.

Test Interval	Representative x-value	Value of Polynomial	Conclusion
$(-\infty, 0)$	-2	$3(-2)(-2 - 2) = 24$	Positive
$(0, 2)$	1	$3(1)(1 - 2) = -3$	Negative
$(2, \infty)$	4	$3(4)(4 - 2) = 24$	Positive

27. $3x(2 - x) < 0$

$3x(2 - x) = 0$

$3x = 0 \Rightarrow x = 0$

$2 - x = 0 \Rightarrow x = 2$

Critical numbers: 0, 2

The solution is $(-\infty, 0) \cup (2, \infty)$.

Test Interval	Representative x-value	Value of Polynomial	Conclusion
$(-\infty, 0)$	-2	$3(-2)[2 - (-2)] = -24$	Negative
$(0, 2)$	1	$3(1)(2 - 1) = 3$	Positive
$(2, \infty)$	4	$3(4)(2 - 4) = -24$	Negative

29. $x^2 - 4 \geq 0$

$x^2 - 4 = 0$

$(x + 2)(x - 2) = 0$

$x + 2 = 0 \Rightarrow x = -2$

$x - 2 = 0 \Rightarrow x = 2$

Critical numbers: $-2, 2$

The solution is $(-\infty, -2] \cup [2, \infty)$.

Test Interval	Representative x-value	Value of Polynomial	Conclusion
$(-\infty, -2]$	-5	$(-5)^2 - 4 = 21$	Positive
$[-2, 2]$	0	$0^2 - 4 = -4$	Negative
$[2, \infty)$	5	$5^2 - 4 = 21$	Positive

31. $x^2 + 3x \leq 10$

$x^2 + 3x - 10 \leq 0$

$x^2 + 3x - 10 = 0$

$(x + 5)(x - 2) = 0$

$x + 5 = 0 \Rightarrow x = -5$

$x - 2 = 0 \Rightarrow x = 2$

Critical numbers: $-5, 2$

The solution is $[-5, 2]$.

Test Interval	Representative x-value	Value of Polynomial	Conclusion
$(-\infty, -5]$	-8	$(-8)^2 + 3(-8) - 10 = 30$	Positive
$[-5, 2]$	0	$0^2 + 3(0) - 10 = -10$	Negative
$[2, \infty)$	5	$5^2 + 3(5) - 10 = 30$	Positive

33. $-2u^2 + 7u + 4 < 0$

$2u^2 - 7u - 4 > 0$

$2u^2 - 7u - 4 = 0$

$(2u + 1)(u - 4) = 0$

$2u + 1 = 0 \Rightarrow u = -\tfrac{1}{2}$

$u - 4 = 0 \Rightarrow u = 4$

Critical numbers: $-\tfrac{1}{2}, 4$

The solution is $\left(-\infty, -\tfrac{1}{2}\right) \cup (4, \infty)$.

Test Interval	Representative u-value	Value of Polynomial	Conclusion
$\left(-\infty, -\tfrac{1}{2}\right)$	-1	$2(-1)^2 - 7(-1) - 4 = 5$	Positive
$\left(-\tfrac{1}{2}, 4\right)$	0	$2(0)^2 - 7(0) - 4 = -4$	Negative
$(4, \infty)$	5	$2(5)^2 - 7(5) - 4 = 11$	Positive

35. $x^2 + 4x + 5 < 0$

$x^2 + 4x + 5 = 0$

$x = \dfrac{-4 \pm \sqrt{4^2 - 4(1)(5)}}{2(1)}$

$= \dfrac{-4 \pm \sqrt{-4}}{2}$

$= \dfrac{-4 \pm 2i}{2} = -2 \pm i$

No critical numbers

There is no solution.

Note: $x^2 + 4x + 5 > 0$ for all real numbers x.

Test Interval	Representative x-value	Value of Polynomial	Conclusion
$(-\infty, \infty)$	0	$0^2 + 4(0) + 5 = 5$	Positive

37. $x^2 + 2x + 1 \geq 0$

$x^2 + 2x + 1 = 0$

$(x + 1)^2 = 0$

$x + 1 = 0 \Rightarrow x = -1$

Critical number: -1

The solution is $(-\infty, \infty)$.

Note: $(-\infty, -1] \cup [-1, \infty) = (-\infty, \infty)$

Test Interval	Representative x-value	Value of Polynomial	Conclusion
$(-\infty, -1]$	-2	$(-2)^2 + 2(-2) + 1 = 1$	Positive
$[-1, \infty)$	0	$0^2 + 2(0) + 1 = 1$	Positive

39. $x^2 - 4x + 2 > 0$

$x^2 - 4x + 2 = 0$

$x = \dfrac{-(-4) \pm \sqrt{(-4)^2 - 4(1)(2)}}{2(1)}$

$= \dfrac{4 \pm \sqrt{8}}{2}$

$= \dfrac{4 \pm 2\sqrt{2}}{2}$

$= 2 \pm \sqrt{2}$

Critical numbers: $2 - \sqrt{2}, 2 + \sqrt{2}$

The solution is $(-\infty, 2 - \sqrt{2}) \cup (2 + \sqrt{2}, \infty)$.

Test Interval	Representative x-value	Value of Polynomial	Conclusion
$(-\infty, 2 - \sqrt{2})$	0	$0^2 - 4(0) + 2 = 2$	Positive
$(2 - \sqrt{2}, 2 + \sqrt{2})$	2	$2^2 - 4(2) + 2 = -2$	Negative
$(2 + \sqrt{2}, \infty)$	4	$4^2 - 4(4) + 2 = 2$	Positive

41. $(x - 5)^2 < 0$

$(x - 5)^2 = 0$

$x - 5 = 0 \Rightarrow x = 5$

Critical number: 5

There is no solution.

Note: $(x - 5)^2 \geq 0$ for all real numbers x.

Test Interval	Representative x-value	Value of Polynomial	Conclusion
$(-\infty, 5)$	0	$(0 - 5)^2 = 25$	Positive
$(5, \infty)$	10	$(10 - 5)^2 = 25$	Positive

43. $6 - (x - 5)^2 < 0$

$6 - (x^2 - 10x + 25) < 0$

$-x^2 + 10x - 19 < 0$

$x^2 - 10x + 19 > 0$

$x^2 - 10x + 19 = 0$

$x = \dfrac{-(-10) \pm \sqrt{(-10)^2 - 4(1)(19)}}{2(1)}$

$= \dfrac{10 \pm \sqrt{24}}{2} = \dfrac{10 \pm 2\sqrt{6}}{2} = 5 \pm \sqrt{6}$

Critical numbers: $5 - \sqrt{6}, 5 + \sqrt{6}$

The solution is $(-\infty, 5 - \sqrt{6}) \cup (5 + \sqrt{6}, \infty)$.

Test Interval	Representative x-value	Value of Polynomial	Conclusion
$(-\infty, 5 - \sqrt{6})$	0	$0^2 - 10(0) + 19 = 19$	Positive
$(5 - \sqrt{6}, 5 + \sqrt{6})$	5	$5^2 - 10(5) + 19 = -6$	Negative
$(5 + \sqrt{6}, \infty)$	8	$8^2 - 10(8) + 19 = 3$	Positive

45. $x^2 - 6x + 9 \geq 0$

$x^2 - 6x + 9 = 0$

$(x - 3)(x - 3) = 0$

$x - 3 = 0 \Rightarrow x = 3$

Critical number: 3

The solution is $(-\infty, \infty)$.

Test Interval	Representative x-value	Value of Polynomial	Conclusion
$(-\infty, 3]$	0	$0^2 - 6(0) + 9 = 9$	Positive
$[3, \infty)$	10	$(10)^2 - 6(10) + 9 = 49$	Positive

47. $y = x^2 - 6x$, $y < 0$

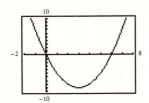

The solution is $(0, 6)$.

49. $y = 0.5x^2 + 1.25x - 3$, $y > 0$

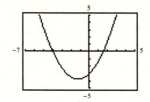

The solution is $(-\infty, -4) \cup \left(\frac{3}{2}, \infty\right)$.

51. $y = x^2 + 4x + 4$, $y \geq 9$

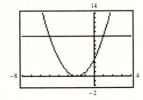

The solution is $(-\infty, -5] \cup [1, \infty)$.

53. $y = 9 - 0.2(x - 2)^2$, $y < 4$

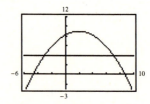

The solution is $(-\infty, -3) \cup (7, \infty)$.

55.
$$-16t^2 + 128t > 240$$
$$-16t^2 + 128t - 240 > 0$$
$$t^2 - 8t + 15 < 0$$
$$t^2 - 8t + 15 = 0$$
$$(t - 5)(t - 3) = 0$$
$$t - 5 = 0 \Rightarrow t = 5$$
$$t - 3 = 0 \Rightarrow t = 3$$

Test Interval	Representative x-value	Value of Polynomial	Conclusion
$(-\infty, 0)$	0	$0^2 - 8(0) + 15 = 15$	Positive
$(3, 5)$	4	$4^2 - 8(4) + 15 = -1$	Negative
$(5, \infty)$	6	$6^2 - 8(6) + 15 = 3$	Positive

Critical numbers: 3, 5

Solution: $(3, 5)$

The height will exceed 240 feet for values of t in the interval $(3, 5)$ or for 3 seconds $< t <$ 5 seconds.

57.
$$(1000)(1 + r)^2 > 1150$$
$$(1 + r)^2 < 1.15$$
$$r^2 + 2r + 1 > 1.15$$
$$r^2 + 2r - 0.15 > 0$$
$$r^2 + 2r - 0.15 = 0$$
$$r = \frac{-2 \pm \sqrt{2^2 - 4(1)(-0.15)}}{2(1)}$$
$$r = \frac{-2 \pm \sqrt{4.6}}{2}$$

—CONTINUED—

57. —CONTINUED—

Test Interval	Representative x-value	Value of Polynomial	Conclusion
$\left(-\infty, \dfrac{-2-\sqrt{4.6}}{2}\right)$	-3	$(-3)^2 + 2(-3) - 0.5 = 2.85$	Positive
$\left(\dfrac{-2-\sqrt{4.6}}{2}, \dfrac{-2+\sqrt{4.6}}{2}\right)$	0	$0^2 + 2(0) - 0.15 = -0.15$	Negative
$\left(\dfrac{-2+\sqrt{4.6}}{2}, \infty\right)$	1	$1^2 + 2(1) - 0.15 = 2.85$	Positive

Critical numbers: $\dfrac{-2-\sqrt{4.6}}{2}, \dfrac{-2+\sqrt{4.6}}{2}$

Solution: $\left(-\infty, \dfrac{-2-\sqrt{4.6}}{2}\right) \cup \left(\dfrac{-2+\sqrt{4.6}}{2}, \infty\right)$ Discard negative values.

The interest rate must exceed $(-2+\sqrt{4.6})/2$ or $r > 0.0724$. Thus, the interest will exceed \$150 if $r > 7.24\%$.

59.
$$A = l(50 - l)$$
$$l(50 - l) \geq 500$$
$$50l - l^2 - 500 \geq 0$$
$$-l^2 + 50l - 500 \geq 0$$
$$l^2 - 50l + 500 \leq 0$$
$$l = \dfrac{-(-50) \pm \sqrt{(-50)^2 - 4(1)(500)}}{2(1)}$$
$$l = \dfrac{50 \pm \sqrt{500}}{2}$$
$$l = \dfrac{50 \pm 10\sqrt{5}}{2}$$
$$l = 25 \pm 5\sqrt{5}$$

Critical numbers: $25 - 5\sqrt{5}, 25 + 5\sqrt{5}$

Solution: $[25 - 5\sqrt{5}, 25 + 5\sqrt{5}]$

The length of the field must be in the interval $[25 - 5\sqrt{5}, 25 + 5\sqrt{5}]$ or $25 - 5\sqrt{5}$ meters $\leq l \leq 25 + 5\sqrt{5}$ meters.

Test Interval	Representative l-value	Value of Polynomial	Conclusion
$(-\infty, 25 - 5\sqrt{5})$	0	$0^2 - 50(0) + 500 = 500$	Positive
$[25 - 5\sqrt{5}, 25 + 5\sqrt{5}]$	2	$20^2 - 50(20) + 500 = -100$	Negative
$[25 + 5\sqrt{5}, \infty)$	4	$40^2 - 50(20) + 500 = 100$	Positive

Review Exercises for Chapter 6

1. $x^2 + 12x = 0$

$x(x + 12) = 0$

$x = 0$

$x + 12 = 0 \Rightarrow x = -12$

2. $u^2 - 18u = 0$

$u(u - 18) = 0$

$u = 0$

$u - 18 = 0 \Rightarrow u = 18$

296 Chapter 6 Quadratic Functions, Equations, and Inequalities

3. $3z(z + 10) - 8(z + 10) = 0$
$(z + 10)(3z - 8) = 0$
$z + 10 = 0 \implies z = -10$
$3z - 8 = 0 \implies z = \frac{8}{3}$

4. $7x(2x - 9) + 4(2x - 9) = 0$
$(2x - 9)(7x + 4) = 0$
$2x - 9 = 0 \implies x = \frac{9}{2}$
$7x + 4 = 0 \implies x = -\frac{4}{7}$

5. $4y^2 - 1 = 0$
$(2y + 1)(2y - 1) = 0$
$2y + 1 = 0 \implies y = -\frac{1}{2}$
$2y - 1 = 0 \implies y = \frac{1}{2}$

6. $2z^2 - 72 = 0$
$2(z^2 - 36) = 0$
$2(z + 6)(z - 6) = 0$
$2 \neq 0$
$z + 6 = 0 \implies z = -6$
$z - 6 = 0 \implies z = 6$

7. $4y^2 + 20y + 25 = 0$
$(2y + 5)(2y + 5) = 0$
$2y + 5 = 0 \implies y = -\frac{5}{2}$

8. $x^2 + \frac{8}{3}x + \frac{16}{9} = 0$
$\left(x + \frac{4}{3}\right)\left(x + \frac{4}{3}\right) = 0$
$x + \frac{4}{3} = 0 \implies x = -\frac{4}{3}$

9. $t^2 - t - 20 = 0$
$(t - 5)(t + 4) = 0$
$t - 5 = 0 \implies t = 5$
$t + 4 = 0 \implies t = -4$

10. $z^2 + \frac{2}{3}z - \frac{8}{9} = 0$
$\left(z + \frac{4}{3}\right)\left(z - \frac{2}{3}\right) = 0$
$z + \frac{4}{3} = 0 \implies z = -\frac{4}{3}$
$z - \frac{2}{3} = 0 \implies z = \frac{2}{3}$

11. $2x^2 - 2x - 180 = 0$
$2(x^2 - x - 90) = 0$
$2(x - 10)(x + 9) = 0$
$2 \neq 0$
$x - 10 = 0 \implies x = 10$
$x + 9 = 0 \implies x = -9$

12. $15x^2 - 30x - 45 = 0$
$15(x^2 - 2x - 3) = 0$
$15(x - 3)(x + 1) = 0$
$15 \neq 0$
$x - 3 = 0 \implies x = 3$
$x + 1 = 0 \implies x = -1$

13. $x^2 = 10,000$
$x = \pm\sqrt{10,000}$
$x = \pm 100$

14. $x^2 = 98$
$x = \pm\sqrt{98}$
$x = \pm 7\sqrt{2}$

15. $y^2 - 2.25 = 0$
$y^2 = 2.25$
$y = \pm\sqrt{2.25}$
$y = \pm 1.5$

16. $y^2 - 8 = 0$
$y^2 = 8$
$y = \pm\sqrt{8}$
$y = \pm 2\sqrt{2}$

17. $(x - 16)^2 = 400$
$x - 16 = \pm\sqrt{400}$
$x - 16 = \pm 20$
$x = 16 \pm 20$
$x = 16 + 20 \implies x = 36$
$x = 16 - 20 \implies x = -4$

18. $(x + 3)^2 = 0.04$
$x + 3 = \pm\sqrt{0.04}$
$x + 3 = \pm 0.2$
$x = -3 \pm 0.2$
$x = -3 + 0.2 \implies x = -2.8$
$x = -3 - 0.2 \implies x = -3.2$

19. $x^2 - 6x - 3 = 0$

$x^2 - 6x = 3$

$x^2 - 6x + (-3)^2 = 3 + 9$

$(x - 3)^2 = 12$

$x - 3 = \pm\sqrt{12}$

$x - 3 = \pm 2\sqrt{3}$

$x = 3 \pm 2\sqrt{3}$

20. $x^2 + 12x + 6 = 0$

$x^2 + 12x = -6$

$x^2 + 12x + 6^2 = -6 + 36$

$(x + 6)^2 = 30$

$x + 6 = \pm\sqrt{30}$

$x = -6 \pm \sqrt{30}$

21. $x^2 - 3x + 3 = 0$

$x^2 - 3x = -3$

$x^2 - 3x + \left(-\dfrac{3}{2}\right)^2 = -3 + \dfrac{9}{4}$

$\left(x - \dfrac{3}{2}\right)^2 = -\dfrac{3}{4}$

$x - \dfrac{3}{2} = \pm\dfrac{\sqrt{3}\,i}{2}$

$x = \dfrac{3 \pm \sqrt{3}\,i}{2}$ or $x = \dfrac{3}{2} \pm \dfrac{\sqrt{3}}{2}i$

22. $t^2 + \dfrac{1}{2}t - 1 = 0$

$t^2 + \dfrac{1}{2}t = 1$

$t^2 + \dfrac{1}{2}t + \left(\dfrac{1}{4}\right)^2 = 1 + \dfrac{1}{16}$

$\left(t + \dfrac{1}{4}\right)^2 = \dfrac{17}{16}$

$t + \dfrac{1}{4} = \pm\dfrac{\sqrt{17}}{4}$

$t = \dfrac{-1 \pm \sqrt{17}}{4}$

23. $2y^2 + 10y + 3 = 0$

$2y^2 + 10y = -3$

$y^2 + 5y = -\dfrac{3}{2}$

$y^2 + 5y + \left(\dfrac{5}{2}\right)^2 = -\dfrac{3}{2} + \dfrac{25}{4}$

$\left(y + \dfrac{5}{2}\right)^2 = \dfrac{19}{4}$

$y + \dfrac{5}{2} = \pm\dfrac{\sqrt{19}}{2}$

$y = \dfrac{-5 \pm \sqrt{19}}{2}$

24. $3x^2 - 2x + 2 = 0$

$3x^2 - 2x = -2$

$x^2 - \dfrac{2}{3}x = -\dfrac{2}{3}$

$x^2 - \dfrac{2}{3}x + \left(-\dfrac{1}{3}\right)^2 = -\dfrac{2}{3} + \dfrac{1}{9}$

$\left(x - \dfrac{1}{3}\right)^2 = -\dfrac{5}{9}$

$x - \dfrac{1}{3} = \pm\dfrac{\sqrt{5}\,i}{3}$

$x = \dfrac{1 \pm \sqrt{5}\,i}{3}$ or $x = \dfrac{1}{3} \pm \dfrac{\sqrt{5}}{3}i$

25. $y^2 + y - 30 = 0$

$a = 1,\ b = 1,\ c = -30$

$y = \dfrac{-1 \pm \sqrt{1^2 - 4(1)(-30)}}{2(1)}$

$y = \dfrac{-1 \pm \sqrt{121}}{2}$

$y = \dfrac{-1 \pm 11}{2}$

$y = \dfrac{-1 + 11}{2} \Longrightarrow y = 5$

$y = \dfrac{-1 - 11}{2} \Longrightarrow y = -6$

26. $x^2 - x - 72 = 0$

$a = 1,\ b = -1,\ c = -72$

$x = \dfrac{-(-1) \pm \sqrt{(-1)^2 - 4(1)(-72)}}{2(1)}$

$x = \dfrac{1 \pm \sqrt{289}}{2}$

$x = \dfrac{1 \pm 17}{2}$

$x = \dfrac{1 + 17}{2} \Longrightarrow x = 9$

$x = \dfrac{1 - 17}{2} \Longrightarrow x = -8$

27. $2y^2 + y - 21 = 0$

$a = 2, b = 1, c = -21$

$y = \dfrac{-1 \pm \sqrt{1^2 - 4(2)(-21)}}{2(2)}$

$y = \dfrac{-1 \pm \sqrt{169}}{4}$

$y = \dfrac{-1 \pm 13}{4}$

$y = \dfrac{-1 + 13}{4} \Longrightarrow y = 3$

$y = \dfrac{-1 - 13}{4} \Longrightarrow y = -\dfrac{7}{2}$

28. $2x^2 - 3x - 20 = 0$

$a = 2, b = -3, c = -20$

$x = \dfrac{-(-3) \pm \sqrt{(-3)^2 - 4(2)(-20)}}{2(2)}$

$x = \dfrac{3 \pm \sqrt{169}}{4}$

$x = \dfrac{3 \pm 13}{4}$

$x = \dfrac{3 + 13}{4} \Longrightarrow x = 4$

$x = \dfrac{3 - 13}{4} \Longrightarrow x = -\dfrac{10}{4} = -\dfrac{5}{2}$

29. $0.3t^2 - 2t + 5 = 0$

$a = 0.3, b = -2, c = 5$

$t = \dfrac{-(-2) \pm \sqrt{(-2)^2 - 4(0.3)(5)}}{2(0.3)}$

$t = \dfrac{2 \pm \sqrt{-2}}{0.6}$

$t = \dfrac{2 \pm \sqrt{2}i}{0.6}$ or $t = \dfrac{10}{3} \pm \dfrac{5\sqrt{2}}{3}i$

Note: $\dfrac{2 \pm \sqrt{2}i}{0.6} = \dfrac{(2 \pm \sqrt{2}i)(10)}{(0.6)(10)}$

$= \dfrac{20 \pm 10\sqrt{2}i}{6}$

$= \dfrac{10}{3} \pm \dfrac{5\sqrt{2}}{3}i$

30. $-u^2 + 2.5u + 3 = 0$

$a = -1, b = 2.5, c = 3$

$u = \dfrac{-2.5 \pm \sqrt{2.5^2 - 4(-1)(3)}}{2(-1)}$

$u = \dfrac{-2.5 \pm \sqrt{6.25 + 12}}{-2}$

$u = \dfrac{-2.5 \pm \sqrt{18.25}}{-2}$

$u = \dfrac{-2.5 \pm 0.5\sqrt{73}}{-2}$ or

$u = \dfrac{2.5 \pm 0.5\sqrt{73}}{2}$ or

$u = \dfrac{5 \pm \sqrt{73}}{4}$

31. $(v - 3)^2 = 250$

$v - 3 = \pm\sqrt{250}$

$v - 3 = \pm 5\sqrt{10}$

$v = 3 \pm 5\sqrt{10}$

32. $x^2 - 36x = 0$

$x(x - 36) = 0$

$x = 0$

$x - 36 = 0 \Longrightarrow x = 36$

33. $-x^2 + 5x + 84 = 0$

$x^2 - 5x - 84 = 0$

$(x - 12)(x + 7) = 0$

$x - 12 = 0 \Longrightarrow x = 12$

$x + 7 = 0 \Longrightarrow x = -7$

34. $9x^2 + 6x + 1 = 0$

$(3x + 1)(3x + 1) = 0$

$3x + 1 = 0 \Longrightarrow x = -\dfrac{1}{3}$

35. $(x - 9)^2 - 121 = 0$

$(x - 9)^2 = 121$

$x - 9 = \pm\sqrt{121}$

$x = 9 \pm 11$

$x = 9 + 11 = 20$

$x = 9 - 11 = -2$

36. $60 - (x - 6)^2 = 0$

$-(x - 6)^2 = -60$

$(x - 6)^2 = 60$

$x - 6 = \pm\sqrt{60}$

$x - 6 = \pm 2\sqrt{15}$

$x = 6 \pm 2\sqrt{15}$

37. $z^2 - 6z + 10 = 0$

$a = 1, b = -6, c = 10$

$z = \dfrac{-(-6) \pm \sqrt{(-6)^2 - 4(1)(10)}}{2(1)}$

$z = \dfrac{6 \pm \sqrt{-4}}{2}$

$z = \dfrac{6 \pm 2i}{2}$

$z = 3 \pm i$

38. $z^2 - 14z + 5 = 0$

$a = 1, b = -14, c = 5$

$z = \dfrac{-(-14) \pm \sqrt{(-14)^2 - 4(1)(5)}}{2(1)}$

$z = \dfrac{14 \pm \sqrt{176}}{2}$

$z = \dfrac{14 \pm 4\sqrt{11}}{2}$

$z = 7 \pm 2\sqrt{11}$

39. $2y^2 + 3y + 1 = 0$

$(2y + 1)(y + 1) = 0$

$2y + 1 = 0 \implies y = -\tfrac{1}{2}$

$y + 1 = 0 \implies y = -1$

40.

$x - 5 = \sqrt{x - 2}$

$(x - 5)^2 = \left(\sqrt{x - 2}\right)^2$

$x^2 - 10x + 25 = x - 2$

$x^2 - 11x + 27 = 0$

$a = 1, b = -11, c = 27$

$x = \dfrac{-(-11) \pm \sqrt{11^2 - 4(1)(27)}}{2(1)}$

$x = \dfrac{11 \pm \sqrt{13}}{2}$

$x = \dfrac{11 + \sqrt{13}}{2}$ $\left(x = \dfrac{11 - \sqrt{13}}{2}\right)$ is extraneous.

Check: $\dfrac{11 + \sqrt{13}}{2} \approx 7.30$

$7.30 - 5 \stackrel{?}{\approx} \sqrt{7.30 - 2}$

$2.30 \stackrel{?}{\approx} \sqrt{5.30}$

$2.30 \approx 2.30$

Check: $\dfrac{11 - \sqrt{13}}{2} \approx 3.70$

$3.70 - 5 \stackrel{?}{\approx} \sqrt{3.70 - 2}$

$-1.30 \stackrel{?}{\approx} \sqrt{1.70}$

$-1.30 \neq 1.30$

41. $x^4 - 4x^2 - 5 = 0$ Let $u = x^2$.

$u^2 - 4u - 5 = 0$

$(u - 5)(u + 1) = 0$

$u - 5 = 0 \implies u = 5$

$u + 1 = 0 \implies u = -1$

$u = 5 \implies x^2 = 5$

$x = \pm\sqrt{5}$

$u = -1 \implies x^2 = -1$

$x = \pm\sqrt{-1}$

$x = \pm i$

42. $x + 2\sqrt{x} - 3 = 0$ Let $u = \sqrt{x}$.

$u^2 + 2u - 3 = 0$

$(u - 1)(u + 3) = 0$

$u - 1 = 0 \implies u = 1$

$u + 3 = 0 \implies u = -3$

$u = 1 \implies \sqrt{x} = 1$

$x = 1^2$

$x = 1$

$u = -3 \implies \sqrt{x} = -3$

$x = (-3)^2$

$x = 9$ (Extraneous)

Check: $1 + 2\sqrt{1} - 3 = 0$

$1 + 2 - 3 = 0$

Check: $9 + 2\sqrt{9} - 3 = 0$

$9 + 6 - 3 \neq 0$

43. $x^{2/5} + 4x^{1/5} + 3 = 0$ Let $u = x^{1/5}$.

$u^2 + 4u + 3 = 0$

$(u + 3)(u + 1) = 0$

$u + 3 = 0 \implies u = -3$

$u + 1 = 0 \implies u = -1$

$u = -3 \implies x^{1/5} = -3$

$x = (-3)^5$

$x = -243$

$u = -1 \implies x^{1/5} = -1$

$x = (-1)^5$

$x = -1$

44. $6\left(\dfrac{1}{x}\right)^2 + 7\left(\dfrac{1}{x}\right) - 3 = 0$ Let $u = \dfrac{1}{x}$.

$6u^2 + 7u - 3 = 0$

$(3u - 1)(2u + 3) = 0$

$3u - 1 = 0 \implies u = \dfrac{1}{3}$

$2u + 3 = 0 \implies u = -\dfrac{3}{2}$

$u = \dfrac{1}{3} \implies \dfrac{1}{x} = \dfrac{1}{3}$

$x = 3$

$u = -\dfrac{3}{2} \implies \dfrac{1}{x} = -\dfrac{3}{2}$

$x = -\dfrac{2}{3}$

45. $y = x^2 - 7x$ Let $y = 0$.

$x^2 - 7x = 0$

$x(x - 7) = 0$

$x = 0$

$x - 7 = 0 \implies x = 7$

$(0, 0)$ and $(7, 0)$

The solutions of the equation are the *x*-coordinates of the *x*-intercepts.

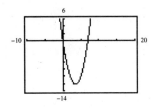

46. $y = 12x^2 + 11x - 15$ Let $y = 0$.

$12x^2 + 11x - 15 = 0$

$(3x + 5)(4x - 3) = 0$

$3x + 5 = 0 \implies x = -\dfrac{5}{3}$

$4x - 3 = 0 \implies x = \dfrac{3}{4}$

$\left(-\dfrac{5}{3}, 0\right)$ and $\left(\dfrac{3}{4}, 0\right)$

The solutions of the equation are the *x*-coordinates of the *x*-intercepts.

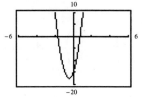

47. $y = \dfrac{1}{16}x^4 - x^2 + 3$ Let $y = 0$.

$\dfrac{1}{16}x^4 - x^2 + 3 = 0$

$x^4 - 16x^2 + 48 = 0$ Let $u = x^2$

$u^2 - 16u + 48 = 0$

$(u - 12)(u - 4) = 0$

$u - 12 = 0 \implies u = 12$

$u - 4 = 0 \implies u = 4$

$u = 12 \implies x^2 = 12$

$x = \pm\sqrt{12}$

$x = \pm 2\sqrt{3}$

$u = 4 \implies x^2 = 4$

$x = \pm\sqrt{4}$

$x = \pm 2$

$(2, 0), (-2, 0), (2\sqrt{3}, 0), (-2\sqrt{3}, 0)$

The solutions of the equation are the *x*-coordinates of the *x*-intercepts.

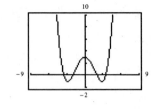

48. $\left(\dfrac{1}{x}\right)^2 + 2\left(\dfrac{1}{x}\right) - 3 = 0$ Let $u = \dfrac{1}{x}$.

$u^2 + 2u - 3 = 0$

$(u - 1)(u + 3) = 0$

$u - 1 = 0 \Rightarrow u = 1$

$u + 3 = 0 \Rightarrow u = -3$

$u = 1 \Rightarrow \dfrac{1}{x} = 1$

$x = 1$

$u = -3 \Rightarrow \dfrac{1}{x} = -3$

$x = -\dfrac{1}{3}$

The solutions of the equation are the x-coordinates of the x-intercepts.

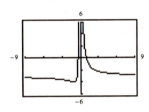

49. $y = x^2 - 8x + 17$

$0 = x^2 - 8x + 17$

$a = 1,\ b = -8,\ c = 17$

$x = \dfrac{-(-8) \pm \sqrt{(-8)^2 - 4(1)(17)}}{2(1)}$

$x = \dfrac{8 \pm \sqrt{-4}}{2}$

$x = \dfrac{8 \pm 2i}{2}$

$x = 4 \pm i$

There are no x-intercepts. The solutions are imaginary.

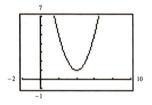

50. $y = -(x + 3)^2 - 2$

$0 = -(x + 3)^2 - 2$

$(x + 3)^2 = -2$

$x + 3 = \pm\sqrt{-2}$

$x + 3 = \pm\sqrt{2}\,i$

$x = -3 \pm \sqrt{2}\,i$

There are no x-intercepts. The solutions are imaginary.

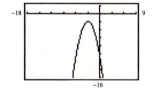

51. $y = 4(x - 3)^2 + 6$

$a = 4$

Because $a > 0$, the parabola opens upward.

Vertex: $(h, k) = (3, 6)$

52. $y = -(x - 7)^2 - 1$

$a = -1$

Because $a < 0$, the parabola opens downward.

Vertex: $(h, k) = (7, -1)$

53. $y = -3(x + 4)^2$

$a = -3$

Because $a < 0$, the parabola opens downward.

Vertex: $(h, k) = (-4, 0)$

54. $y = 5(x + 2)^2 + 9$

$a = 5$

Because $a > 0$, the parabola opens upward.

Vertex: $(h, k) = (-2, 9)$

55. $y = x^2 + 8x$

$y = x^2 + 8x + 4^2 - 4^2$

$y = (x^2 + 8x + 16) - 16$

$y = (x + 4)^2 - 16$

$a = 1$

Because $a > 0$, the parabola opens upward.

Vertex: $(h, k) = (-4, -16)$

x-intercepts: Let $y = 0$

$x^2 + 8x = 0$

$x(x + 8) = 0$

$x = 0$

$x + 8 = 0 \Rightarrow x = -8$

$(0, 0)$ and $(-8, 0)$

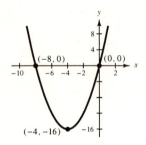

56. $y = -x^2 + 1$

$y = -(x - 0)^2 + 1$

$a = -1$

Because $a < 0$, the parabola opens downward.

Vertex: $(h, k) = (0, 1)$

x-intercepts: Let $y = 0$

$-x^2 + 1 = 0$

$-x^2 = -1$

$x^2 = 1$

$x = \pm\sqrt{1}$

$x = \pm 1$

$(1, 0)$ and $(-1, 0)$

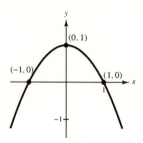

57. $y = x^2 - 6x + 5$

$y = x^2 - 6x + (-3)^2 - (-3)^2 + 5$

$y = (x^2 - 6x + 9) - 9 + 5$

$y = (x - 3)^2 - 4$

$a = 1$

Because $a > 0$, the parabola opens upward.

Vertex: $(h, k) = (3, -4)$

x-intercepts: Let $y = 0$

$x^2 - 6x + 5 = 0$

$(x - 5)(x - 1) = 0$

$x - 5 = 0 \Rightarrow x = 5$

$x - 1 = 0 \Rightarrow x = 1$

$(5, 0)$ and $(1, 0)$

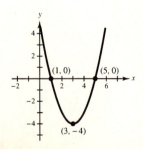

58. $y = -(x - 2)^2$

$a = -1$

Because $a < 0$, the parabola opens downward.

Vertex: $(h, k) = (2, 0)$

x-intercepts: Let $y = 0$

$0 = -(x - 2)^2$

$(x - 2)^2 = 0$

$x - 2 = 0$

$x = 2$

$(2, 0)$

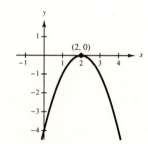

59. $y = a(x - h)^2 + k$, with $(h, k) = (3, 5)$ and $a = -2$.

$y = -2(x - 3)^2 + 5$

$y = -2(x^2 - 6x + 9) + 5$

$y = -2x^2 + 12x - 18 + 5$

$y = -2x^2 + 12x - 13$

60. $y = a(x - h)^2 + k$, with $(h, k) = (-2, 3)$ and $a = 3$.

$y = 3(x + 2)^2 + 3$

$y = 3(x^2 + 4x + 4) + 3$

$y = 3x^2 + 12x + 12 + 3$

$y = 3x^2 + 12x + 15$

61. $y = a(x - h)^2 + k$, with $(h, k) = (5, 0)$.

$y = a(x - 5)^2 + 0$, and $(x, y) = (1, 1)$

$1 = a(1 - 5)^2 + 0$

$1 = a(16) + 0$

$0 = 16a$

$\frac{1}{16} = a \implies y = \frac{1}{16}(x - 5)^2 + 0$

$y = \frac{1}{16}(x^2 - 10x + 25)$

$y = \frac{1}{16}x^2 - \frac{5}{8}x + \frac{25}{16}$

62. $y = a(x - h)^2 + k$, with $(h, k) = (-2, 5)$.

$y = a(x + 2)^2 + 5$ and $(x, y) = (0, 1)$

$1 = a(0 + 2)^2 + 5$

$1 = a(4) + 5$

$-4 = 4a$

$-1 = a \implies y = -1(x + 2)^2 + 5$

$y = -(x^2 + 4x + 4) + 5$

$y = -x^2 - 4x - 4 + 5$

$y = -x^2 - 4x + 1$

63. (a) $h = 200 - 16t^2$, $t = 0$

$h = 200 - 16(0)^2$

$= 200 - 0$

$= 200$

When $t = 0$, the height of the object is 200 feet.

(b) The object was dropped because the coefficient of the first-degree term is 0.

(c) $h = 200 - 16t^2$, $t > 0$

When the object strikes the ground, the height $h = 0$.

$0 = 200 - 16t^2$

$16t^2 = 200$

$t^2 = \frac{200}{16}$

$t = \pm \frac{\sqrt{200}}{\sqrt{16}}$

$t = \pm \frac{10\sqrt{2}}{4}$

$t = \pm \frac{5\sqrt{2}}{2}$ (Choose the positive solution.)

The object strikes the ground in $\frac{5\sqrt{2}}{2}$ or approximately 3.5 seconds.

64. (a) $h = -16t^2 + 64t + 192$, $t = 0$

$h = -16(0)^2 + 64(0) + 192$

$= 0 + 0 + 192$

$= 192$

When $t = 0$, the height of the object is 192 feet.

(b) The object was thrown upward because the coefficient of the first-degree term, 64, is positive.

(c) $h = -16t^2 + 64t + 192$, $t > 0$

When the object strikes the ground, the height $h = 0$.

$0 = -16t^2 + 64t + 192$

$0 = t^2 - 4t - 12$

$0 = (t - 6)(t + 2)$

$t - 6 = 0 \implies t = 6$

$t + 2 = 0 \implies t = -2$ (Discard this negative solution.)

The object strikes the ground in 6 seconds.

65. $y = -\frac{1}{16}x^2 + 5x$

(a)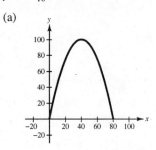

(c) $0 = -\frac{1}{16}x^2 + 5x$

$0 = x^2 - 80x$

$0 = x(x - 80)$

$x = 0$

$x - 80 = 0 \Rightarrow x = 80$

The projectile will strike the ground 80 feet from the launch point.

(b) $y = -\frac{1}{16}x^2 + 5x$

$y = -\frac{1}{16}(x^2 - 80x)$

$y = -\frac{1}{16}[x^2 - 80x + (-40)^2 - (-40)^2]$

$y = -\frac{1}{16}(x^2 - 80x + 1600) + \frac{1600}{16}$

$y = -\frac{1}{16}(x - 40)^2 + 100$

Vertex $(h, k) = (40, 100)$

The maximum height is 100 feet.

66. *Verbal Model:* $\boxed{\text{Area}} = \frac{1}{2} \boxed{\text{Base}} \cdot \boxed{\text{Height}}$

Labels: Area = 3000 (square inches); Base = b (inches); Height = $1\frac{2}{3}(b)$ or $\frac{5}{3}b$ (inches)

Equation: $3000 = \frac{1}{2}b\left(\frac{5}{3}b\right)$

$3000 = \frac{5}{6}b^2$

$18{,}000 = 5b^2$

$3600 = b^2$

$\pm\sqrt{3600} = b$

$\pm 60 = b$

$b = 60$ and $\frac{5}{3}b = 100$

The base of the triangle is 60 inches and the height is 100 inches.

67. (a) Perimeter = 2(Length) + 2(Width)

$48 = 2l + 2w$

$48 - 2l = 2w$

$\dfrac{48 - 2l}{2} = w$

$24 - l = w$

(b) Area = (Length)(Width)

$A = lw$

$A = l(24 - l)$

(c)

l	2	4	6	8	10	12	14	16	18
A	44	80	108	128	140	144	140	128	108

68. (a) $d = \sqrt{h^2 + 3^2}$

$d = \sqrt{h^2 + 9}$

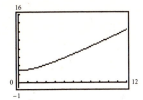

From the graph it appears that $h = 2.6$ when $d = 4$.

(b)
h	1	2	3	4	5	6	7
d	3.16	3.61	4.24	5	5.83	6.71	7.62

From the table it appears that h is approximately 2.5 when $d = 4$.

(c) $\sqrt{h^2 + 9} = d$

$\sqrt{h^2 + 9} = 4$

$\left(\sqrt{h^2 + 9}\right)^2 = 4^2$

$h^2 + 9 = 16$

$h^2 = 7$

$h = \sqrt{7}$ or $h \approx 2.646$

69. (a) $S = at^2 + bt + c$

$a \approx 0.031$

$b \approx 3.977$

$c \approx 21.444$

$S = 0.031t^2 + 3.977t + 21.444$

(b)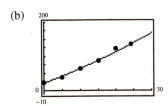

(c) $S = 0.031t^2 + 3.977t + 21.444$, when $t = 30$

$S = 0.031(30)^2 + 3.977(30) + 21.444$

$S \approx 169$ thousands

$S \approx \$169,000$

The median price in the year 2000 is approximately $169,000.

70. $\text{Percent} = (2.739 + 0.064t)^2$

$(2.739 + 0.064t)^2 = 25$

$2.739 + 0.064t = \sqrt{25}$

$2.739 + 0.064t = 5$

$0.064t = 2.261$

$t = \dfrac{2.261}{0.064}$

$t \approx 35$

The percent exceeded 25% in 1995 (when $t = 35$).

71. $4x - 12 < 0$

$4(x - 3) < 0$

$4(x - 3) = 0$

$4 \neq 0$

$x - 3 = 0 \Rightarrow x = 3$

Critical number: 3

Solution: $(-\infty, 3)$

Test Interval	Representative x-value	Value of Polynomial	Conclusion
$(-\infty, 3)$	0	$4(0) - 12 = -12$	Negative
$(3, \infty)$	5	$4(5) - 12 = 8$	Positive

72. $3(x + 2) > 0$

$3(x + 2) = 0$

$3 \neq 0$

$x + 2 = 0 \implies x = -2$

Critical number: -2

Solution: $(-2, \infty)$

Test Interval	Representative x-value	Value of Polynomial	Conclusion
$(-\infty, -2)$	-4	$3(-4 + 2) = -6$	Negative
$(-2, \infty)$	0	$3(0 + 2) = 6$	Positive

73. $5x(7 - x) > 0$

$5x(7 - x) = 0$

$5x = 0 \implies x = 0$

$7 - x = 0 \implies x = 7$

Critical numbers: $0, 7$

Solution: $(0, 7)$

Test Interval	Representative x-value	Value of Polynomial	Conclusion
$(-\infty, 0)$	-2	$5(-2)[7 - (-2)] = -90$	Negative
$(0, 7)$	3	$5(3)(7 - 3) = 60$	Positive
$(7, \infty)$	9	$5(9)(7 - 9) = -90$	Negative

74. $-2x(x - 10) \leq 0$

$-2x(x - 10) = 0$

$2x = 0 \implies x = 0$

$x - 10 = 0 \implies x = 10$

Critical numbers: $0, 10$

Solution: $(-\infty, 0] \cup [10, \infty)$

Test Interval	Representative x-value	Value of Polynomial	Conclusion
$(-\infty, 0]$	-2	$-2(-2)(-2 - 10) = -48$	Negative
$[0, 10]$	5	$-2(5)(5 - 10) = 50$	Positive
$[10, \infty)$	12	$-2(12)(12 - 10) = -48$	Negative

75. $(x - 5)^2 - 36 > 0$

$(x - 5)^2 - 36 = 0$

$(x - 5)^2 = 36$

$x - 5 = \pm\sqrt{36}$

$x = 5 \pm 6$

$x = 5 + 6 = 11$

$x = 5 - 6 = -1$

Critical numbers: $-1, 11$

Solution: $(-\infty, -1) \cup (11, \infty)$

Test Interval	Representative x-value	Value of Polynomial	Conclusion
$(-\infty, -1)$	-2	$(-2 - 5)^2 - 36 = 13$	Positive
$(-1, 11)$	0	$(0 - 5)^2 - 36 = -11$	Negative
$(11, \infty)$	12	$(12 - 5)^2 - 36 = 13$	Positive

76. $16 - (x - 2)^2 \leq 0$

$16 - (x - 2)^2 = 0$

$(x - 2)^2 = 16$

$x - 2 = \pm\sqrt{16}$

$x = 2 \pm 4$

$x = 2 + 4 = 6$

$x = 2 - 4 = -2$

Critical numbers: $-2, 6$

Solution: $(-\infty, -2] \cup [6, \infty)$

Test Interval	Representative x-value	Value of Polynomial	Conclusion
$(-\infty, -2]$	-4	$16 - (-4 - 2)^2 = -20$	Negative
$[-2, 6]$	0	$16 - (0 - 2)^2 = 12$	Positive
$[6, \infty)$	8	$16 - (8 - 2)^2 = -20$	Negative

77. $2x^2 + 3x - 20 < 0$

$2x^2 + 3x - 20 = 0$

$(2x - 5)(x + 4) = 0$

$2x - 5 = 0 \implies x = \frac{5}{2}$

$x + 4 = 0 \implies x = -4$

Critical numbers: $-4, \frac{5}{2}$

Solution: $\left(-4, \frac{5}{2}\right)$

Test Interval	Representative x-value	Value of Polynomial	Conclusion
$(-\infty, -4)$	-5	$2(-5)^2 + 3(-5) - 20 = 15$	Positive
$\left(-4, \frac{5}{2}\right)$	0	$2(0)^2 + 3(0) - 20 = -20$	Negative
$\left(\frac{5}{2}, \infty\right)$	3	$2(3)^2 + 3(3) - 20 = 7$	Positive

78. $3x^2 - 2x - 8 > 0$

$3x^2 - 2x - 8 = 0$

$(3x + 4)(x - 2) = 0$

$3x + 4 = 0 \implies x = -\frac{4}{3}$

$x - 2 = 0 \implies x = 2$

Critical numbers: $-\frac{4}{3}, 2$

Solution: $\left(-\infty, -\frac{4}{3}\right) \cup (2, \infty)$

Test Interval	Representative x-value	Value of Polynomial	Conclusion
$\left(-\infty, -\frac{4}{3}\right)$	-2	$3(-2)^2 - 2(-2) - 8 = 8$	Positive
$\left(-\frac{4}{3}, 2\right)$	0	$3(0)^2 - 2(0) - 8 = -8$	Negative
$(2, \infty)$	3	$3(3)^2 - 2(3) - 8 = 13$	Positive

Chapter Test for Chapter 6

1. $x(x + 5) - 10(x + 5) = 0$

$(x + 5)(x - 10) = 0$

$x + 5 = 0 \implies x = -5$

$x - 10 = 0 \implies x = 10$

2. $8x^2 - 21x - 9 = 0$

$(8x + 3)(x - 3) = 0$

$8x + 3 = 0 \implies x = -\frac{3}{8}$

$x - 3 = 0 \implies x = 3$

3. $(x - 2)^2 = 0.09$

$x - 2 = \pm\sqrt{0.09}$

$x - 2 = \pm 0.3$

$x = 2 \pm 0.3$

$x = 2 + 0.3 = 2.3$

$x = 2 - 0.3 = 1.7$

4. $(x + 3)^2 + 81 = 0$

$(x + 3)^2 = -81$

$x + 3 = \pm\sqrt{-81}$

$x + 3 = \pm 9i$

$x = -3 \pm 9i$

5. $x^2 - 3x + c$

$x^2 - 3x + \left(-\frac{3}{2}\right)^2$

$x^2 - 3x + \frac{9}{4}$

$c = \frac{9}{4}$

6. $2x^2 - 6x + 3 = 0$

$2x^2 - 6x = -3$

$x^2 - 3x = -\dfrac{3}{2}$

$x^2 - 3x + \left(-\dfrac{3}{2}\right)^2 = -\dfrac{3}{2} + \dfrac{9}{4}$

$\left(x - \dfrac{3}{2}\right)^2 = \dfrac{3}{4}$

$x - \dfrac{3}{2} = \pm\dfrac{\sqrt{3}}{2}$

$x = \dfrac{3 \pm \sqrt{3}}{2}$

7. $5x^2 - 12x + 10 = 0$

$a = 5,\ b = -12,\ c = 10$

$b^2 - 4ac = (-12)^2 - 04(5)(10)$

$= 144 - 200$

$= -56$

Because the discriminant is negative, the equation has 2 distinct imaginary roots.

8. $3x^2 - 8x + 3 = 0$

$a = 3,\ b = -8,\ c = 3$

$x = \dfrac{-(-8) \pm \sqrt{(-8)^2 - 4(3)(3)}}{2(3)}$

$= \dfrac{8 \pm \sqrt{28}}{6}$

$= \dfrac{8 \pm 2\sqrt{7}}{6}$

$= \dfrac{4 \pm \sqrt{7}}{3}$

9. $2y(y - 2) = 7$

$2y^2 - 4y = 7$

$2y^2 - 4y - 7 = 0$

$a = 2,\ b = -4,\ c = -7$

$y = \dfrac{-(-4) \pm \sqrt{(-4)^2 - 4(2)(-7)}}{2(2)}$

$= \dfrac{4 \pm \sqrt{72}}{4}$

$= \dfrac{4 \pm 6\sqrt{2}}{4}$

$= \dfrac{2 \pm 3\sqrt{2}}{2}$

10. $x^{2/3} - 6x^{1/3} + 8 = 0$ Let $u = x^{1/3}$

$u^2 - 6u + 8 = 0$

$(u - 4)(u - 2) = 0$

$u - 4 = 0 \Rightarrow u = 4$

$u - 2 = 0 \Rightarrow u = 2$

$u = 4 \Rightarrow x^{1/3} = 4$

$x = 4^3$

$x = 64$

$u = 2 \Rightarrow x^{1/3} = 2$

$x = 2^3$

$x = 8$

11. $y = -x^2 + 16$

$y = -1(x - 0)^2 + 16$

Vertex: $(0, 16)$

x-intercepts: Let $y = 0$

$0 = -x^2 + 16$

$x^2 = 16$

$x = \pm 4$

$(4, 0)$ and $(-4, 0)$

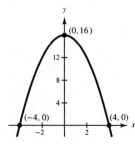

12. $y = x^2 - 2x - 15$

$y = x^2 - 2x + (-1)^2 - (-1)^2 - 15$

$y = (x^2 - 2x + 1) - 1 - 15$

$y = (x - 1)^2 - 16$

Vertex: $(1, -16)$

x-intercepts: Let $y = 0$

$$0 = x^2 - 2x - 15$$
$$0 = (x - 5)(x + 3)$$
$$x - 5 = 0 \implies x = 5$$
$$x + 3 = 0 \implies x = -3$$

$(5, 0)$ and $(-3, 0)$

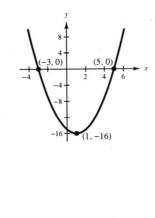

13. $2x(x - 3) < 0$

$2x(x - 3) = 0$

$2x = 0 \implies x = 0$

$x - 3 = 0 \implies x = 3$

Critical numbers: $0, 3$

Solution: $(0, 3)$

Test Interval	Representative x-value	Value of Polynomial	Conclusion
$(-\infty, 0)$	-2	$2(-2)(-2 - 3) = 20$	Positive
$(0, 3)$	1	$2(1)(1 - 3) = -4$	Negative
$(3, \infty)$	5	$2(5)(5 - 3) = 20$	Positive

14. $x^2 - 4x \geq 12$

$x^2 - 4x - 12 \geq 0$

$x^2 - 4x - 12 = 0$

$(x - 6)(x + 2) = 0$

$x - 6 = 0 \implies x = 6$

$x + 2 = 0 \implies x = -2$

Critical numbers: $-2, 6$

Solution: $(-\infty, -2] \cup [6, \infty)$

Test Interval	Representative x-value	Value of Polynomial	Conclusion
$(-\infty, -2]$	-4	$(-4)^2 - 4(-4) - 12 = 20$	Positive
$[-2, 6]$	0	$0^2 - 4(0) - 12 = -12$	Negative
$[6, \infty)$	8	$8^2 - 4(8) - 12 = 20$	Positive

15. $y = a(x - h)^2 + k$

$(h, k) = (3, -2) \implies y = a(x - 3)^2 - 2$

$(x, y) = (0, 4) \implies 4 = a(0 - 3)^2 - 2$

$$4 = 9a - 2$$
$$6 = 9a$$
$$\tfrac{2}{3} = a$$

$y = \tfrac{2}{3}(x - 3)^2 - 2$

$y = \tfrac{2}{3}(x^2 - 6x + 9) - 2$

$y = \tfrac{2}{3}x^2 - 4x + 6 - 2$

$y = \tfrac{2}{3}x^2 - 4x + 4$

16. Verbal Model: $\boxed{\text{Length}} \cdot \boxed{\text{Width}} = \boxed{\text{Area}}$

Labels: Length $= l$ (feet); Width $= l - 8$ (feet); Area $= 240$ (square feet)

Equation:
$$l(l - 8) = 240$$
$$l^2 - 8l = 240$$
$$l^2 - 8l - 240 = 0$$
$$(l - 20)(l + 12) = 0$$
$$l - 20 = 0 \implies l = 20 \text{ and } l - 8 = 12$$
$$l + 12 = 0 \implies l = -12 \text{ (Discard this negative solution.)}$$

Thus, the length of the rectangle is 20 feet and the width is 12 feet.

17.
$$h = -16t^2 + 75$$
$$35 = -16t^2 + 75$$
$$16t^2 - 40 = 0$$
$$16t^2 = 40$$
$$t^2 = \frac{40}{16}$$
$$t = \pm\sqrt{\frac{40}{16}}$$
$$t = \pm\frac{2\sqrt{10}}{4}$$
$$t = \pm\frac{\sqrt{10}}{2} \text{ (Choose the positive solution.)}$$
$$t = \frac{\sqrt{10}}{2} \approx 1.58$$

It will take the object approximately 1.58 seconds to fall to a height of 35 feet.

18. $(0, 0), (2, 2), (3, 6),$ and $(4, 12)$

$a = 1, b = -1, c = 0$

$y = x^2 - x$

Cumulative Test for Chapters 1–6

1. $2x^2 + 5x - 7 = (2x + 7)(x - 1)$

2. $11x^2 + 6x - 5 = (11x - 5)(x + 1)$

3. $12x^3 - 27x = 3x(4x^2 - 9)$
$= 3x[(2x)^2 - 3^2]$
$= 3x(2x + 3)(2x - 3)$

4. $8x^3 + 125 = (2x)^3 + 5^3$
$= (2x + 5)(4x^2 - 10x + 25)$

5. $125 - 50x = 0$
$-50x = -125$
$x = \frac{-125}{-50}$
$x = \frac{5}{2}$

6. $t^2 - 8t = 0$
$t(t - 8) = 0$
$t = 0$
$t - 8 = 0 \implies t = 8$

7. $x^2(x+2) - (x+2) = 0$
   $(x+2)(x^2-1) = 0$
   $(x+2)(x+1)(x-1) = 0$
   $x+2 = 0 \implies x = -2$
   $x+1 = 0 \implies x = -1$
   $x-1 = 0 \implies x = 1$

8. $x(10-x) = 25$
   $10x - x^2 = 25$
   $0 = x^2 - 10x + 25$
   $0 = (x-5)^2$
   $x - 5 = 0 \implies x = 5$

9. $\dfrac{x+3}{7} = \dfrac{x-1}{4}$
   $4(x+3) = 7(x-1)$
   $4x + 12 = 7x - 7$
   $-3x + 12 = -7$
   $-3x = -19$
   $x = \dfrac{19}{3}$

10. $\dfrac{x}{4} - \dfrac{x+2}{6} = \dfrac{3}{2}$
    $12\left(\dfrac{x}{4} - \dfrac{x+2}{6}\right) = 12\left(\dfrac{3}{2}\right)$
    $3x - 2(x+2) = 18$
    $3x - 2x - 4 = 18$
    $x - 4 = 18$
    $x = 22$

11. Point: $(4, -2)$
    Slope: $m = \dfrac{5}{2}$
    $y - y_1 = m(x - x_1)$
    $y - (-2) = \dfrac{5}{2}(x - 4)$
    $y + 2 = \dfrac{5}{2}x - 10$
    $y = \dfrac{5}{2}x - 12$

12. $m = \dfrac{y_2 - y_1}{x_2 - x_1}$
    $m = \dfrac{2 - 8}{1 - (-5)}$
    $= \dfrac{-6}{6}$
    $= -1$
    Point: $(1, 2)$
    Slope: $m = -1$
    $y - y_1 = m(x - x_1)$
    $y - 2 = -1(x - 1)$
    $y - 2 = -x + 1$
    $y = -x + 3$

13. No, the graph does not represent y as a function of x because a vertical line could cross the graph at more than one point.

14. Area of triangle $= \dfrac{1}{2}$(Base)(Height)
    Area $= \dfrac{1}{2}(5x)(2x + 9)$
    $= \dfrac{5x}{2}(2x + 9)$ or $5x^2 + \dfrac{45x}{2}$

15. Increase in cost for next month $= 4\%(\$23{,}500)$
    $= \$940$
    Interest penalty $= \$725$

    Based on this information, the customer should buy the car now instead of waiting another month.

16. $\begin{cases} 2x + 0.5y = 8 \\ 3x + 2y = 22 \end{cases} \Rightarrow \begin{array}{r} -8x - 2y = -32 \\ 3x + 2y = 22 \\ \hline -5x = -10 \end{array}$

$x = 2$ and $3(2) + 2y = 22$

$2y = 16$

$y = 8$

(2, 8)

17. $\begin{bmatrix} 3 & 7 \\ -2 & 6 \end{bmatrix} = 3(6) - (-2)(7)$

$= 18 + 14$

$= 32$

18. $\begin{vmatrix} 3 & -2 & 1 \\ 0 & 5 & 3 \\ 6 & 1 & 1 \end{vmatrix} = 3\begin{vmatrix} 5 & 3 \\ 1 & 1 \end{vmatrix} - 0 + 6\begin{vmatrix} -2 & 1 \\ 5 & 3 \end{vmatrix}$

$= 3(5 - 3) - 0 + 6(-6 - 5)$

$= 3(2) + 6(-11)$

$= 6 - 66$

$= -60$

19. (a) $\sqrt{75x^3y} = \sqrt{25x^2 \cdot 3xy}$

$= 5x\sqrt{3xy}$

(b) $\dfrac{40}{3 - \sqrt{5}} = \dfrac{40}{3 - \sqrt{5}} \cdot \dfrac{3 + \sqrt{5}}{3 + \sqrt{5}}$

$= \dfrac{40(3 + \sqrt{5})}{3^2 - (\sqrt{5})^2}$

$= \dfrac{40(3 + \sqrt{5})}{9 - 5}$

$= \dfrac{\cancel{4}(10)(3 + \sqrt{5})}{\cancel{4}}$

$= 10(3 + \sqrt{5})$ or $30 + 10\sqrt{5}$

20. $y = a(x - h)^2 + k$ and $(h, k) = (2, -1)$

$y = a(x - 2)^2 - 1$ and $(x, y) = (0, 0)$

$0 = a(0 - 2)^2 - 1$

$0 = a(4) - 1$

$1 = 4a$

$\frac{1}{4} = a \Rightarrow y = \frac{1}{4}(x - 2)^2 - 1$

$= \frac{1}{4}(x^2 - 4x + 4) - 1$

$= \frac{1}{4}x^2 - x + 1 - 1$

$= \frac{1}{4}x^2 - x$

CHAPTER 7
Rational Expressions and Rational Functions

Section 7.1   Simplifying Rational Expressions 314

Section 7.2   Multiplying and Dividing Rational Expressions 317

Section 7.3   Adding and Subtracting Rational Expressions 321

Section 7.4   Dividing Polynomials 329

Mid–Chapter Quiz 335

Section 7.5   Solving Rational Equations 339

Section 7.6   Graphing Rational Functions 347

Section 7.7   Rational Inequalities in One Variable 352

Review Exercises 357

Chapter Test 375

Cumulative Test for Chapters 1–7 379

CHAPTER 7
Rational Expressions and Rational Functions

Section 7.1 Simplifying Rational Expressions
Solutions to Odd-Numbered Exercises

1. A rational expression is in reduced form if the numerator and denominator have no common factors other than ± 1.

3. You can divide out common factors from the numerator and denominator of a rational expression, but the error in this example is the dividing out of common terms.

5. The denominator is zero when $x - 8 = 0$ or $x = 8$. Thus, the domain is all real values of x such that $x \neq 8$.

   Domain: $(-\infty, 8) \cup (8, \infty)$

7. The denominator is zero when $x + 4 = 0$ or $x = -4$. Thus, the domain is all real values of x such that $x \neq -4$.

   Domain: $(-\infty, -4) \cup (-4, \infty)$

9. The denominator $x^2 + 9 \neq 0$ for all real values of x.

   Domain: $(-\infty, \infty)$

11. The denominator, $t^2 - 16$ or $(t + 4)(t - 4)$, is zero when $t = -4$ or $t = 4$. Thus, the domain is all real values of t such that $t \neq -4$ and $t \neq 4$.

    Domain: $(-\infty, -4) \cup (-4, 4) \cup (4, \infty)$

13. The denominator, $u^2 - 4u - 5$ or $(u - 5)(u + 1)$, is zero when $u = 5$ or $u = -1$. Thus, the domain is all real values of u such that $u \neq 5$ and $u \neq -1$.

    Domain: $(-\infty, -1) \cup (-1, 5) \cup (5, \infty)$

15. $\dfrac{3x + 6}{4}$

    The denominator $4 \neq 0$ for all real values of x.

    Domain: $(-\infty, \infty)$

17. $\dfrac{y + 5}{y^2 - 3y}$

    The denominator, $y^2 - 3y$ or $y(y - 3)$, is zero when $y = 0$ or $y = 3$. Thus, the domain is all real values of y such that $y \neq 0$ and $y \neq 3$.

    Domain: $(-\infty, 0) \cup (0, 3) \cup (3, \infty)$

19. $\dfrac{5x}{25} = \dfrac{\cancel{5}(x)}{\cancel{5}(5)} = \dfrac{x}{5}$

21. $\dfrac{12y^2}{2y} = \dfrac{(2\cancel{y})(6y)}{(2\cancel{y})(1)} = 6y, \; y \neq 0$

23. $\dfrac{18x^2y}{15xy^4} = \dfrac{6\cancel{(3)}\cancel{(x)}(x)\cancel{(y)}}{5\cancel{(3)}\cancel{(x)}\cancel{(y)}(y^3)}$

    $= \dfrac{6x}{5y^3}, \; x \neq 0$

25. $\dfrac{x^2(x - 8)}{x(x - 8)} = \dfrac{\cancel{x}(x)\cancel{(x-8)}}{\cancel{x}\cancel{(x-8)}}$

    $= x, \; x \neq 8, \; x \neq 0$

27. $\dfrac{2x - 3}{4x - 6} = \dfrac{\cancel{(2x-3)}(1)}{2\cancel{(2x-3)}}$

    $= \dfrac{1}{2}, \; x \neq \dfrac{3}{2}$

29. $\dfrac{5 - x}{3x - 15} = \dfrac{-1\cancel{(x-5)}}{3\cancel{(x-5)}}$

    $= -\dfrac{1}{3}, \; x \neq 5$

31. $\dfrac{3xy^2}{xy^2 + x} = \dfrac{\cancel{x}(3y^2)}{\cancel{x}(y^2 + 1)}$

    $= \dfrac{3y^2}{y^2 + 1}, \; x \neq 0$

33. $\dfrac{y^2 - 64}{5(3y + 24)} = \dfrac{(y+8)(y - 8)}{5(3)\cancel{(y+8)}}$

    $= \dfrac{y - 8}{15}, \; y \neq -8$

314

35. $\dfrac{a+3}{a^2+6a+9} = \dfrac{1\cancel{(a+3)}}{\cancel{(a+3)}(a+3)}$

$= \dfrac{1}{a+3}$

37. $\dfrac{x^2-7x}{x^2-14x+49} = \dfrac{x\cancel{(x-7)}}{\cancel{(x-7)}(x-7)}$

$= \dfrac{x}{x-7}$

39. $\dfrac{y^3-4y}{y^2+4y-12} = \dfrac{y(y^2-4)}{(y+6)(y-2)}$

$= \dfrac{y(y+2)\cancel{(y-2)}}{(y+6)\cancel{(y-2)}}$

$= \dfrac{y(y+2)}{y+6}, y \neq 2$

41. $\dfrac{3-x}{2x^2-3x-9} = \dfrac{-1\cancel{(x-3)}}{(2x+3)\cancel{(x-3)}}$

$= -\dfrac{1}{2x+3}, x \neq 3$

43. $\dfrac{15x^2+7x-4}{15x^2+x-2} = \dfrac{(5x+4)\cancel{(3x-1)}}{(5x+2)\cancel{(3x-1)}}$

$= \dfrac{5x+4}{5x+2}, x \neq \dfrac{1}{3}$

45. $\dfrac{5xy+3x^2y^2}{xy^3} = \dfrac{\cancel{(xy)}(5+3xy)}{\cancel{(xy)}(y^2)}$

$= \dfrac{5+3xy}{y^2}, x \neq 0$

47. $\dfrac{3m^2-12n^2}{m^2+4mn+4n^2} = \dfrac{3(m^2-4n^2)}{(m+2n)(m+2n)}$

$= \dfrac{3\cancel{(m+2n)}(m-2n)}{\cancel{(m+2n)}(m+2n)}$

$= \dfrac{3(m-2n)}{m+2n}$

49. $\dfrac{u^2-4v^2}{u^2+uv-2v^2} = \dfrac{\cancel{(u+2v)}(u-2v)}{\cancel{(u+2v)}(u-v)}$

$= \dfrac{u-2v}{u-v}, u \neq -2v$

51. $\dfrac{x^3-8y^3}{x^2-4y^2} = \dfrac{\cancel{(x-2y)}(x^2+2xy+4y^2)}{(x+2y)\cancel{(x-2y)}}$

$= \dfrac{x^2+2xy+4y^2}{x+2y}, x \neq 2y$

53. $\dfrac{uv-3u-4v+12}{v^2-5v+6} = \dfrac{u(v-3)-4(v-3)}{(v-2)(v-3)}$

$= \dfrac{\cancel{(v-3)}(u-4)}{(v-2)\cancel{(v-3)}}$

$= \dfrac{u-4}{v-2}, v \neq 3$

55. $x =$ the number of units ordered

Domain = $\{1, 2, 3, 4, \ldots\}$, assuming a fractional number of units cannot be ordered.

57. $P = 2\left(x + \dfrac{500}{x}\right)$

The denominator x cannot be zero and x cannot be negative because x represents the length of a rectangle. Thus, the domain is $x > 0$.

Domain: $(0, \infty)$

59. (a) $x = 10 \Rightarrow \dfrac{x-10}{4x} = \dfrac{10-10}{4(10)}$

$= \dfrac{0}{40} = 0$

(b) $x = 0 \Rightarrow \dfrac{x-10}{4x} = \dfrac{0-10}{4(0)}$

$= \dfrac{-10}{0}$ undefined

$\dfrac{x-10}{4x}$ is undefined for $x = 0$.

(c) $x = -2 \Rightarrow \dfrac{x-10}{4x} = \dfrac{-2-10}{4(-2)}$

$= \dfrac{-12}{-8} = \dfrac{3}{2}$

(d) $x = 12 \Rightarrow \dfrac{x-10}{4x} = \dfrac{12-10}{4(12)}$

$= \dfrac{2}{48} = \dfrac{1}{24}$

61. $f(x) = \dfrac{4x}{x+3}$

(a) $f(1) = \dfrac{4(1)}{1+3}$

$= \dfrac{4}{4} = 1$

(b) $f(-2) = \dfrac{4(-2)}{-2+3}$

$= \dfrac{-8}{1} = -8$

(c) $f(-3) = \dfrac{4(-3)}{-3+3}$

$= \dfrac{-12}{0}$ undefined

(d) $f(0) = \dfrac{4(0)}{0+3}$

$= \dfrac{0}{3} = 0$

$\dfrac{4x}{x+3}$ is undefined for $x = -3$.

63. $h(s) = \dfrac{s^2}{s^2 - s - 2}$

(a) $h(10) = \dfrac{10^2}{10^2 - 10 - 2}$

$= \dfrac{100}{88} = \dfrac{25}{22}$

(b) $h(0) = \dfrac{0^2}{0^2 - 0 - 2}$

$= \dfrac{0}{-2} = 0$

(c) $h(-1) = \dfrac{(-1)^2}{(-1)^2 - (-1) - 2}$

$= \dfrac{1}{0}$ undefined

(d) $h(2) = \dfrac{2^2}{2^2 - 2 - 2}$

$= \dfrac{4}{0}$ undefined

$\dfrac{s^2}{s^2 - s - 2}$ is undefined for $s = -1$.

$\dfrac{s^2}{s^2 - s - 2}$ is undefined for $s = 2$.

65. Evaluate each expression when $x = 10$.

$x = 10 \Rightarrow \dfrac{x-4}{4} = \dfrac{10-4}{4} = \dfrac{6}{4} = \dfrac{3}{2}$ and

$x = 10 \Rightarrow x - 1 = 10 - 1 = 9$

$\dfrac{3}{2} \neq 9$, so $\dfrac{x-4}{4} \neq x - 1$.

67. Evaluate each expression when $x = 0$.

$x = 0 \Rightarrow \dfrac{3x+2}{4x+2} = \dfrac{3(0)+2}{4(0)+2} = \dfrac{2}{2} = 1$

$1 \neq \dfrac{3}{4}$, so $\dfrac{3x+2}{4x+2} \neq \dfrac{3}{4}$.

69. $\dfrac{x^{n+1} - 3x}{x} = \dfrac{\cancel{x}(x^n - 3)}{\cancel{x}(1)}$

$= x^n - 3, \; x \neq 0$

71. $\dfrac{x^{2n} - 4}{x^n + 2} = \dfrac{\cancel{(x^n + 2)}(x^n - 2)}{1\cancel{(x^n + 2)}}$

$= x^n - 2, \; x^n \neq -2$

73. Area of shaded portion $= x(x+1)$

Total area of figure $= (x+1)(x+3)$

Ratio $= \dfrac{x\cancel{(x+1)}}{\cancel{(x+1)}(x+3)} = \dfrac{x}{x+3}, \; x > 0$

75.

x = depth of rectangular pool

$3x$ = width of rectangular pool

$3x + 6$ = length of rectangular pool

Volume = (length)(width)(depth)

$ = (3x + 6)(3x)(x)$

$ = (3x + 6)(3x^2)$

$ = 9x^3 + 18x^2$

Ratio $= \dfrac{9\pi x^3 + 18\pi x^2}{9x^3 + 18x^2}$

$= \dfrac{\pi \cancel{(9x^3 + 18x^2)}}{1\cancel{(9x^3 + 18x^2)}} = \pi$

$2(3x) = 6x$ = diameter of circular pool

$3x$ = radius of circular pool

$x + 2$ = depth of circular pool

Volume = π(radius)^2(depth)

$ = \pi(3x)^2(x + 2)$

$ = 9\pi x^2(x + 2)$

$ = 9\pi x^3 + 18\pi x^2$

77. Average cost $= \dfrac{\text{Cost of Medicare}}{\text{Number of persons}}$

$= \dfrac{C}{P}$

$= \dfrac{113.66 + 12.64t \text{ billion}}{31.20 + 0.54t \text{ million}}$

$= \dfrac{(113.66 + 12.64t) \times 10^9}{(31.20 + 0.54t) \times 10^6}$

$= \dfrac{(113.66 + 12.64t) \times 10^3}{31.20 + 0.54t}$

$= \dfrac{1000(113.66 + 12.64t)}{31.20 + 0.54t}$

79. (a) Distance = (Rate)(Time)

Car: Distance $d_2 = 60t$

Van: Distance $d_1 = 45(t + 3)$

(b) $\dfrac{60t}{45(t + 3)} = \dfrac{\cancel{15}(4)(t)}{\cancel{15}(3)(t + 3)} = \dfrac{4t}{3(t + 3)}$

Section 7.2   Multiplying and Dividing Rational Expressions

1. $\dfrac{7x^2}{3} \cdot \dfrac{9}{14x} = \dfrac{7(9)x^2}{3(14)x}$

$= \dfrac{7\cancel{(7)}(3)\cancel{(x)}(x)}{\cancel{3(7)}(2)\cancel{(x)}}$

$= \dfrac{3x}{2}, \; x \neq 0$

3. $\dfrac{8s^3}{9s} \cdot \dfrac{6s^2}{32s} = \dfrac{8(6)s^5}{9(32)s^2}$

$= \dfrac{\cancel{8}\cancel{(3)}\cancel{(2)}\cancel{(s^2)}(s^3)}{\cancel{3}(3)\cancel{(8)}\cancel{(2)}(2)\cancel{(s^2)}}$

$= \dfrac{s^3}{6}, \; s \neq 0$

5. $16u^4 \cdot \dfrac{12}{8u^2} = \dfrac{16u^4}{1} \cdot \dfrac{12}{8u^2}$

$= \dfrac{16(12)u^4}{8u^2}$

$= \dfrac{8(2)(12)\cancel{(u^2)}(u^2)}{8\cancel{(u^2)}}$

$= 24u^2, \; u \neq 0$

7. $\dfrac{8}{3 + 4x} \cdot (9 + 12x) = \dfrac{8}{3 + 4x} \cdot \dfrac{9 + 12x}{1}$

$= \dfrac{8(3)\cancel{(3 + 4x)}}{\cancel{(3 + 4x)}(1)}$

$= \dfrac{8(3)(3 + 4x)}{(3 + 4x)(1)}$

$= 24, \; x \neq -\dfrac{3}{4}$

9. $\dfrac{8u^2v}{3u + v} \cdot \dfrac{u + v}{12u} = \dfrac{8u^2v(u + v)}{(3u + v)(12u)}$

$= \dfrac{\cancel{4}(2)\cancel{(u)}(u)(v)(u + v)}{(3u + v)\cancel{(4)}(3)\cancel{(u)}}$

$= \dfrac{2uv(u + v)}{3(3u + v)}, \; u \neq 0$

11. $\dfrac{12-r}{3} \cdot \dfrac{3}{r-12} = \dfrac{(12-r)(3)}{3(r-12)}$

$= \dfrac{-1\cancel{(r-12)}\cancel{(3)}}{\cancel{3}\cancel{(r-12)}}$

$= -1,\ r \neq 12$

13. $\dfrac{6r}{r-2} \cdot \dfrac{r^2-4}{33r^2} = \dfrac{6r(r+2)(r-2)}{(r-2)(33r^2)}$

$= \dfrac{\cancel{3}(2)\cancel{(r)}(r+2)\cancel{(r-2)}}{\cancel{(r-2)}\cancel{(3)}(11)\cancel{(r)}(r)}$

$= \dfrac{2(r+2)}{11r},\ r \neq 2$

15. $\dfrac{(2x-3)(x+8)}{x^3} \cdot \dfrac{x}{3-2x} = \dfrac{(2x-3)(x+8)x}{x^3(3-2x)}$

$= \dfrac{\cancel{(2x-3)}(x+8)\cancel{(x)}}{\cancel{x}(x^2)(-1)\cancel{(2x-3)}} = -\dfrac{x+8}{x^2},\ x \neq \dfrac{3}{2}$

17. $\dfrac{2t^2-t-15}{t+2} \cdot \dfrac{t^2-t-6}{t^2-6t+9} = \dfrac{(2t+5)(t-3)(t-3)(t+2)}{(t+2)(t-3)^2}$

$= \dfrac{(2t+5)\cancel{(t-3)}\cancel{(t-3)}\cancel{(t+2)}}{\cancel{(t+2)}\cancel{(t-3)}\cancel{(t-3)}} = 2t+5,\ t \neq 3,\ t \neq -2$

19. $(x^2-4y^2) \cdot \dfrac{xy}{(x-2y)^2} = \dfrac{x^2-4y^2}{1} \cdot \dfrac{xy}{(x-2y)^2}$

$= \dfrac{(x+2y)(x-2y)(xy)}{1(x-2y)(x-2y)} = \dfrac{(x+2y)\cancel{(x-2y)}(xy)}{\cancel{(x-2y)}(x-2y)} = \dfrac{xy(x+2y)}{(x-2y)}$

21. $(u-2v)^2 \cdot \dfrac{u+2v}{u-2v} = \dfrac{(u-2v)^2}{1} \cdot \dfrac{u+2v}{u-2v} = \dfrac{(u-2v)^2(u+2v)}{1(u-2v)}$

$= \dfrac{\cancel{(u-2v)}(u-2v)(u+2v)}{\cancel{(u-2v)}} = (u-2v)(u+2v),\ u \neq 2v$

23. $\dfrac{x+5}{x-5} \cdot \dfrac{2x^2-9x-5}{3x^2+x-2} \cdot \dfrac{x^2-1}{x^2+7x+10} = \dfrac{(x+5)(2x+1)(x-5)(x+1)(x-1)}{(x-5)(3x-2)(x+1)(x+5)(x+2)}$

$= \dfrac{\cancel{(x+5)}(2x+1)\cancel{(x-5)}\cancel{(x+1)}(x-1)}{\cancel{(x-5)}(3x-2)\cancel{(x+1)}\cancel{(x+5)}(x+2)}$

$= \dfrac{(2x+1)(x-1)}{(3x-2)(x+2)},\ x \neq 5,\ x \neq -5,\ x \neq -1$

25. $\dfrac{xu-yu+xv-yv}{xu+yu-xv-yv} \cdot \dfrac{xu+yu+xv+yv}{xu-yu-xv+yv} = \dfrac{u(x-y)+v(x-y)}{u(x+y)-v(x+y)} \cdot \dfrac{u(x+y)+v(x+y)}{u(x-y)-v(x-y)}$

$= \dfrac{(x-y)(u+v)}{(x+y)(u-v)} \cdot \dfrac{(x+y)(u+v)}{(x-y)(u-v)}$

$= \dfrac{\cancel{(x-y)}(u+v)\cancel{(x+y)}(u+v)}{\cancel{(x+y)}(u-v)\cancel{(x-y)}(u-v)}$

$= \dfrac{(u+v)^2}{(u-v)^2},\ x \neq y,\ x \neq -y$

27. $\dfrac{7xy^2}{10u^2v} \div \dfrac{21x^3}{45uv} = \dfrac{7xy^2}{10u^2v} \cdot \dfrac{45uv}{21x^3}$

$= \dfrac{7(45)xy^2\ uv}{10(21)u^2\ vx^3} = \dfrac{7\cancel{(5)}(3)\cancel{(3)}\cancel{(x)}(y^2)\cancel{(u)}\cancel{(v)}}{\cancel{5}(2)\cancel{(7)}\cancel{(3)}\cancel{(u)}(u)\cancel{(v)}\cancel{(x)}(x^2)} = \dfrac{3y^2}{2ux^2},\ v \neq 0$

29. $\dfrac{3(a+b)}{4} \div \dfrac{(a+b)^2}{2} = \dfrac{3(a+b)}{4} \cdot \dfrac{2}{(a+b)^2}$

$= \dfrac{3(a+b)(2)}{4(a+b)^2} = \dfrac{3\cancel{(a+b)}(\cancel{2})}{2(\cancel{2})\cancel{(a+b)}(a+b)} = \dfrac{3}{2(a+b)}$

31. $\dfrac{(x^3y)^2}{(x+2y)^2} \div \dfrac{x^2y}{(x+2y)^3} = \dfrac{(x^3y)^2}{(x+2y)^2} \cdot \dfrac{(x+2y)^3}{x^2y}$

$= \dfrac{x^6y^2(x+2y)^3}{(x+2y)^2(x^2y)} = \dfrac{\cancel{x^2}(x^4)(y)\cancel{(y)}\cancel{(x+2y)^2}(x+2y)}{\cancel{(x+2y)^2}\cancel{(x^2)}\cancel{(y)}}$

$= x^4y(x+2y),\ x \neq 0,\ y \neq 0,\ x \neq -2y$

33. $\dfrac{\left(\dfrac{x^2}{12}\right)}{\left(\dfrac{5x}{18}\right)} = \dfrac{x^2}{12} \div \dfrac{5x}{18} = \dfrac{x^2}{12} \cdot \dfrac{18}{5x}$

$= \dfrac{18x^2}{12(5)x} = \dfrac{\cancel{6}(3)\cancel{(x)}(x)}{\cancel{6}(2)(5)\cancel{(x)}}$

$= \dfrac{3x}{10},\ x \neq 0$

35. $\dfrac{\left(\dfrac{25x^2}{x-5}\right)}{\left(\dfrac{10x}{5-x}\right)} = \dfrac{25x^2}{x-5} \div \dfrac{10x}{5-x}$

$= \dfrac{25x^2}{x-5} \cdot \dfrac{5-x}{10x} = \dfrac{25x^2(5-x)}{(x-5)(10x)}$

$= \dfrac{5\cancel{(5)}\cancel{(x)}(x)(-1)\cancel{(x-5)}}{\cancel{(x-5)}\cancel{(5)}(2)\cancel{(x)}}$

$= -\dfrac{5x}{2},\ x \neq 0,\ x \neq 5$

37. $\dfrac{16x^2+8x+1}{3x^2+8x-3} \div \dfrac{4x^2-3x-1}{x^2+6x+9} = \dfrac{16x^2+8x+1}{3x^2+8x-3} \cdot \dfrac{x^2+6x+9}{4x^2-3x-1}$

$= \dfrac{(4x+1)^2(x+3)^2}{(3x-1)(x+3)(4x+1)(x-1)}$

$= \dfrac{\cancel{(4x+1)}(4x+1)\cancel{(x+3)}(x+3)}{(3x-1)\cancel{(x+3)}\cancel{(4x+1)}(x-1)}$

$= \dfrac{(4x+1)(x+3)}{(3x-1)(x-1)},\ x \neq -3,\ x \neq -\dfrac{1}{4}$

39. $\dfrac{x(x+3)-2(x+3)}{x^2-4} \div \dfrac{x}{x^2+4x+4} = \dfrac{x(x+3)-2(x+3)}{x^2-4} \cdot \dfrac{x^2+4x+4}{x}$

$= \dfrac{(x+3)(x-2)(x+2)^2}{(x+2)(x-2)(x)}$

$= \dfrac{(x+3)\cancel{(x-2)}\cancel{(x+2)}(x+2)}{\cancel{(x+2)}\cancel{(x-2)}(x)}$

$= \dfrac{(x+3)(x+2)}{x},\ x \neq -2,\ x \neq 2$

41. $\left[\dfrac{x^2}{9} \cdot \dfrac{3(x+4)}{x^2+2x}\right] \div \dfrac{x}{x+2} = \dfrac{x\cancel{(x)}\cancel{(3)}(x+4)}{3\cancel{(3)}\cancel{(x)}(x+2)} \div \dfrac{x}{x+2}$

$= \dfrac{x(x+4)}{3(x+2)} \cdot \dfrac{x+2}{x}$

$= \dfrac{\cancel{x}(x+4)\cancel{(x+2)}}{3\cancel{(x+2)}\cancel{(x)}}$

$= \dfrac{x+4}{3},\ x \neq 0,\ x \neq -2$

43. $\left[\dfrac{xy+y}{4x} \div (3x+3)\right] \div \dfrac{y}{3x} = \dfrac{y(x+1)}{4x} \cdot \dfrac{1}{3(x+1)} \div \dfrac{y}{3x}$

$= \dfrac{y\cancel{(x+1)}(1)}{4(x)(3)\cancel{(x+1)}} \cdot \dfrac{3x}{y}$

$= \dfrac{\cancel{y}\cancel{(3)}\cancel{(x)}}{4\cancel{(x)}\cancel{(3)}\cancel{(y)}}$

$= \dfrac{1}{4},\ x \neq 0,\ y \neq 0,\ x \neq -1$

45. $\dfrac{2x^2 + 5x - 25}{3x^2 + 5x + 2} \cdot \dfrac{3x^2 + 2x}{x + 5} \div \left(\dfrac{x}{x + 1}\right)^2 = \dfrac{2x^2 + 5x - 25}{3x^2 + 5x + 2} \cdot \dfrac{3x^2 + 2x}{x + 5} \cdot \dfrac{(x + 1)^2}{x^2}$

$= \dfrac{(2x - 5)(x + 5)(x)(3x + 2)(x + 1)^2}{(3x + 2)(x + 1)(x + 5)(x^2)}$

$= \dfrac{(2x - 5)\cancel{(x + 5)}\cancel{(x)}\cancel{(3x + 2)}\cancel{(x + 1)}(x + 1)}{\cancel{(3x + 2)}\cancel{(x + 1)}\cancel{(x + 5)}\cancel{(x)}(x)}$

$= \dfrac{(2x - 5)(x + 1)}{x},\ x \neq -1,\ x \neq -5,\ x \neq -\dfrac{2}{3}$

47. $x^3 \cdot \dfrac{x^{2n} - 9}{x^{2n} + 4x^n + 3} \div \dfrac{x^{2n} - 2x^n - 3}{x} = \dfrac{x^3}{1} \cdot \dfrac{x^{2n} - 9}{x^{2n} + 4x^n + 3} \cdot \dfrac{x}{x^{2n} - 2x^n - 3}$

$= \dfrac{x^3(x^n + 3)(x^n - 3)(x)}{1(x^n + 3)(x^n + 1)(x^n - 3)(x^n + 1)}$

$= \dfrac{x^4\cancel{(x^n + 3)}\cancel{(x^n - 3)}}{\cancel{(x^n + 3)}(x^n + 1)\cancel{(x^n - 3)}(x^n + 1)}$

$= \dfrac{x^4}{(x^n + 1)^2},\ x^n \neq -3,\ x^n \neq 3,\ x \neq 0$

49. $y_1 = \dfrac{3x + 2}{x} \cdot \dfrac{x^2}{9x^2 - 4}$

$= \dfrac{\cancel{(3x + 2)}\cancel{(x)}(x)}{\cancel{x}\cancel{(3x + 2)}(3x - 2)}$

$= \dfrac{x}{3x - 2},\ x \neq 0,\ x \neq -\dfrac{2}{3}$

$= y_2$

51. $y_1 = \dfrac{3x + 15}{x^4} \div \dfrac{x + 5}{x^2}$

$= \dfrac{3x + 15}{x^4} \div \dfrac{x^2}{x + 5}$

$= \dfrac{3\cancel{(x + 5)}\cancel{(x^2)}}{x^2\cancel{(x^2)}\cancel{(x + 5)}}$

$= \dfrac{3}{x^2},\ x \neq -5$

$= y_2$

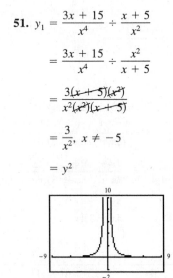

53. Area = (Length)(Width) = $\dfrac{2w + 3}{3} \cdot \dfrac{w}{2} = \dfrac{w(2w + 3)}{6}$

or $\dfrac{2w^2 + 3w}{6}$

55. In this example, the dividend (the first rational expression) was inverted instead of the divisor. To divide one rational expression by a second rational expression, you multiply the first rational expression by the reciprocal of the second expression.

Section 7.3 Adding and Subtracting Rational Expressions

1. $\dfrac{5x}{8} + \dfrac{7x}{8} = \dfrac{5x + 7x}{8}$

   $= \dfrac{12x}{8}$

   $= \dfrac{\cancel{4}(3x)}{\cancel{4}(2)}$

   $= \dfrac{3x}{2}$

3. $\dfrac{x}{9} - \dfrac{x + 2}{9} = \dfrac{x - (x + 2)}{9}$

   $= \dfrac{x - x - 2}{9}$

   $= -\dfrac{2}{9}$

5. $\dfrac{4 - y}{4} + \dfrac{3y}{4} = \dfrac{4 - y + 3y}{4}$

   $= \dfrac{4 + 2y}{4}$

   $= \dfrac{\cancel{2}(2 + y)}{\cancel{2}(2)}$

   $= \dfrac{2 + y}{2}$

7. $\dfrac{2}{3a} - \dfrac{11}{3a} = \dfrac{2 - 11}{3a}$

   $= \dfrac{-9}{3a} = \dfrac{-3\cancel{(3)}}{\cancel{3}(a)} = -\dfrac{3}{a}$

9. $\dfrac{2x + 5}{3} + \dfrac{1 - x}{3} = \dfrac{2x + 5 + 1 - x}{3}$

   $= \dfrac{x + 6}{3}$

11. $\dfrac{3y}{3} - \dfrac{3y - 3}{3} - \dfrac{7}{3} = \dfrac{3y - (3y - 3) - 7}{3}$

    $= \dfrac{3y - 3y + 3 - 7}{3}$

    $= -\dfrac{4}{3}$

13. $\dfrac{2x - 1}{x(x - 3)} + \dfrac{1 - x}{x(x - 3)} = \dfrac{2x - 1 + 1 - x}{x(x - 3)}$

    $= \dfrac{x}{x(x - 3)}$

    $= \dfrac{\cancel{x}(1)}{\cancel{x}(x - 3)}$

    $= \dfrac{1}{x - 3}, \; x \ne 0$

15. $\dfrac{3y - 22}{y - 6} - \dfrac{2y - 16}{y - 6} = \dfrac{3y - 22 - (2y - 16)}{y - 6}$

    $= \dfrac{3y - 22 - 2y + 16}{y - 6}$

    $= \dfrac{1\cancel{(y - 6)}}{\cancel{y - 6}} = 1, \; y \ne 6$

17. $5x^2 = 5(x^2)$

    $20x^3 = 2^2(5)(x^3)$

    Least common multiple: $2^2(5)(x^3) = 20x^3$

19. $15x^2 = 3(5)(x^2)$

    $3(x + 5) = 3(x + 5)$

    Least common multiple: $3(5)(x^2)(x + 5) = 15x^2(x + 5)$

21. $9y^3 = 3^2 y^3$

    $12y = 2^2(3)y$

    Least common multiple: $2^2\, 3^2\, y^3 = 36y^3$

23. $6(x^2 - 4) = 2(3)(x + 2)(x - 2)$

    $2x(x + 2) = 2(x)(x + 2)$

    Least common multiple:
    $2(3)(x)(x + 2)(x - 2) = 6x(x + 2)(x - 2)$

25. $8t(t + 2) = 2^3 t(t + 2)$

    $14(t^2 - 4) = 2(7)(t + 2)(t - 2)$

    Least common multiple:
    $2^3(7)(t)(t + 2)(t - 2) = 56t(t + 2)(t - 2)$

27. $\dfrac{7}{3y} = \dfrac{7(x^2)}{3y(x^2)} = \dfrac{7x^2}{3y(x^2)}$

    The missing factor is x^2.

29. $\dfrac{3u}{7v} = \dfrac{3u(u + 1)}{7v(u + 1)}$

    The missing factor is $u + 1$.

31. $\dfrac{13x}{x-2} = \dfrac{13x(x+2)(-1)}{(x-2)(x+2)(-1)} = \dfrac{13x[-1(x+2)]}{(x^2-4)(-1)}$

$\phantom{\dfrac{13x}{x-2}} = \dfrac{13x[-(x+2)]}{4-x^2}$

The missing factor is $-(x+2)$ or $-x-2$.

33. $3n - 12 = 3(n-4)$

$6n^2 = 2(3)(n^2)$

Least common denominator: $2(3)(n^2)(n-4) = 6n^2(n-4)$

$\dfrac{n+8}{3(n-4)} = \dfrac{(n+8)(2n^2)}{3(n-4)(2n^2)} = \dfrac{2n^2(n+8)}{6n^2(n-4)}$ and

$\dfrac{10}{6n^2} = \dfrac{10(n-4)}{6n^2(n-4)}$

35. $\dfrac{v}{2v^2+2v},\ \dfrac{4}{3v^2}$

$2v^2 + 2v = 2v(v+1)$

$3v^2$

Least common denominator:

$2(3)(v^2)(v+1) = 6v^2(v+1)$

$\dfrac{v}{2v(v+1)} = \dfrac{v(3v)}{2v(v+1)(3v)} = \dfrac{3v^2}{6v^2(v+1)}$

$\dfrac{4}{3v^2} = \dfrac{4(2)(v+1)}{3v^2(2)(v+1)} = \dfrac{8(v+1)}{6v^2(v+1)}$

37. $x^2(x-3)$

$x(x+3)$

Least common denominator: $x^2(x-3)(x+3)$

$\dfrac{2}{x^2(x-3)} = \dfrac{2(x+3)}{x^2(x-3)(x+3)}$ and

$\dfrac{5}{x(x+3)} = \dfrac{5(x)(x-3)}{x(x+3)(x)(x-3)}$

$\phantom{\dfrac{5}{x(x+3)}} = \dfrac{5x(x-3)}{x^2(x+3)(x-3)}$

39. $x^2 - 25 = (x+5)(x-5)$

$x^2 - 10x + 25 = (x-5)^2$

Least common denominator: $(x+5)(x-5)^2$

$\dfrac{x-8}{(x+5)(x-5)} = \dfrac{(x-8)(x-5)}{(x+5)(x-5)(x-5)}$ and $\dfrac{9x}{(x-5)^2} = \dfrac{9x(x+5)}{(x-5)^2(x+5)}$

$\phantom{\dfrac{x-8}{(x+5)(x-5)}} = \dfrac{(x-8)(x-5)}{(x+5)(x-5)^2}$ $ = \dfrac{9x(x+5)}{(x+5)(x-5)^2}$

41. The least common denominator is $20x$.

$\dfrac{5}{4x} - \dfrac{3}{5} = \dfrac{5(5)}{4x(5)} - \dfrac{3(4x)}{5(4x)}$

$= \dfrac{25}{20x} - \dfrac{12x}{20x}$

$= \dfrac{25 - 12x}{20x}$

43. The least common denominator is a^2.

$\dfrac{7}{a} + \dfrac{14}{a^2} = \dfrac{7(a)}{a(a)} + \dfrac{14}{a^2}$

$= \dfrac{7a}{a^2} + \dfrac{14}{a^2}$

$= \dfrac{7a + 14}{a^2}$ or $\dfrac{7(a+2)}{a^2}$

45. The least common denominator is $x - 4$.

$\dfrac{20}{x-4} + \dfrac{20}{4-x} = \dfrac{20}{x-4} + \dfrac{20(-1)}{(4-x)(-1)}$

$= \dfrac{20}{x-4} + \dfrac{-20}{x-4}$

$= \dfrac{20 + (-20)}{x-4}$

$= \dfrac{0}{x-4} = 0,\ x \neq 4$

47. The least common denominator is $x - 8$.

$\dfrac{3x}{x-8} - \dfrac{6}{8-x} = \dfrac{3x}{x-8} - \dfrac{6(-1)}{(8-x)(-1)}$

$= \dfrac{3x}{x-8} - \dfrac{-6}{x-8}$

$= \dfrac{3x - (-6)}{x-8}$

$= \dfrac{3x + 6}{x-8}$ or $\dfrac{3(x+2)}{x-8}$

49. The least common denominator is $3x - 2$.

$$\frac{3x}{3x-2} + \frac{2}{2-3x} = \frac{3x}{3x-2} + \frac{2(-1)}{(2-3x)(-1)}$$

$$= \frac{3x}{3x-2} + \frac{-2}{3x-2}$$

$$= \frac{3x-2}{3x-2} = 1, \quad x \neq \frac{2}{3}$$

51. $25 + \dfrac{10}{x+4} = \dfrac{25}{1} + \dfrac{10}{x+4}$

The least common denominator is $x + 4$.

$$25 + \frac{10}{x+4} = \frac{25(x+4)}{(x+4)} + \frac{10}{x+4}$$

$$= \frac{25(x+4) + 10}{x+4}$$

$$= \frac{25x + 100 + 10}{x+4}$$

$$= \frac{25x + 110}{x+4} \quad \text{or} \quad \frac{5(5x+22)}{x+4}$$

53. The least common denominator is $6x(x-3)$.

$$-\frac{1}{6x} + \frac{1}{6(x-3)} = \frac{-1(x-3)}{6x(x-3)} + \frac{1(x)}{6(x-3)(x)}$$

$$= \frac{-(x-3) + x}{6x(x-3)}$$

$$= \frac{-x+3+x}{6x(x-3)} = \frac{3}{6x(x-3)}$$

$$= \frac{1(3)}{2(3)(x)(x-3)}$$

$$= \frac{1}{2x(x-3)}$$

55. The least common denominator is $(x+3)(x-2)$.

$$\frac{x}{x+3} - \frac{5}{x-2} = \frac{x(x-2)}{(x+3)(x-2)} - \frac{5(x+3)}{(x-2)(x+3)}$$

$$= \frac{x(x-2) - 5(x+3)}{(x+3)(x-2)}$$

$$= \frac{x^2 - 2x - 5x - 15}{(x+3)(x-2)}$$

$$= \frac{x^2 - 7x - 15}{(x+3)(x-2)}$$

57. The least common denominator is $x(x+1)$.

$$\frac{3}{x+1} - \frac{2}{x} = \frac{3(x)}{(x+1)(x)} - \frac{2(x+1)}{x(x+1)}$$

$$= \frac{3x - 2(x+1)}{x(x+1)}$$

$$= \frac{3x - 2x - 2}{x(x+1)}$$

$$= \frac{x-2}{x(x+1)}$$

59. The least common denominator is $(x-5y)(x+5y)$.

$$\frac{3}{x-5y} + \frac{2}{x+5y} = \frac{3(x+5y)}{(x-5y)(x+5y)} + \frac{2(x-5y)}{(x+5y)(x-5y)}$$

$$= \frac{3(x+5y) + 2(x-5y)}{(x-5y)(x+5y)}$$

$$= \frac{3x + 15y + 2x - 10y}{(x-5y)(x+5y)}$$

$$= \frac{5x + 5y}{(x-5y)(x+5y)} \quad \text{or}$$

$$= \frac{5(x+y)}{(x-5y)(x+5y)}$$

61. The least common denominator is $x^2(x^2+1)$.

$$\frac{4}{x^2} - \frac{4}{x^2+1} = \frac{4(x^2+1)}{x^2(x^2+1)} - \frac{4(x^2)}{(x^2+1)(x^2)}$$

$$= \frac{4(x^2+1) - 4x^2}{x^2(x^2+1)}$$

$$= \frac{4x^2 + 4 - 4x^2}{x^2(x^2+1)}$$

$$= \frac{4}{x^2(x^2+1)}$$

63. $\dfrac{x}{x^2-9} + \dfrac{3}{x(x-3)} = \dfrac{x}{(x+3)(x-3)} + \dfrac{3}{x(x-3)}$

The least common denominator is $x(x+3)(x-3)$.

$$\dfrac{x}{(x+3)(x-3)} + \dfrac{3}{x(x-3)} = \dfrac{x(x)}{(x+3)(x-3)(x)} + \dfrac{3(x+3)}{x(x-3)(x+3)}$$

$$= \dfrac{x^2 + 3(x+3)}{x(x+3)(x-3)} = \dfrac{x^2 + 3x + 9}{x(x+3)(x-3)}$$

65. The least common denominator is $(x-4)^2$.

$$\dfrac{4}{x-4} + \dfrac{16}{(x-4)^2} = \dfrac{4(x-4)}{(x-4)(x-4)} + \dfrac{16}{(x-4)^2}$$

$$= \dfrac{4(x-4) + 16}{(x-4)^2} = \dfrac{4x - 16 + 16}{(x-4)^2}$$

$$= \dfrac{4x}{(x-4)^2}$$

67. $\dfrac{y}{x^2+xy} - \dfrac{x}{xy+y^2} = \dfrac{y}{x(x+y)} - \dfrac{x}{y(x+y)}$

The least common denominator is $xy(x+y)$.

$$\dfrac{y}{x(x+y)} - \dfrac{x}{y(x+y)} = \dfrac{y(y)}{x(x+y)(y)} - \dfrac{x(x)}{y(x+y)(x)}$$

$$= \dfrac{y^2 - x^2}{xy(x+y)} = \dfrac{\cancel{(y+x)}(y-x)}{xy\cancel{(x+y)}}$$

$$= \dfrac{y-x}{xy} \text{ or } -\dfrac{x-y}{xy}, \; x \neq -y$$

69. The least common denominator is $x^2(x+3)$.

$$\dfrac{4}{x} - \dfrac{2}{x^2} + \dfrac{4}{x+3} = \dfrac{4(x)(x+3)}{x(x)(x+3)} - \dfrac{2(x+3)}{x^2(x+3)} + \dfrac{4(x^2)}{(x+3)(x^2)}$$

$$= \dfrac{4x(x+3) - 2(x+3) + 4x^2}{x^2(x+3)} = \dfrac{4x^2 + 12x - 2x - 6 + 4x^2}{x^2(x+3)}$$

$$= \dfrac{8x^2 + 10x - 6}{x^2(x+3)} \text{ or } \dfrac{2(4x^2 + 5x - 3)}{x^2(x+3)}$$

71. $\dfrac{3u}{u^2 - 2uv + v^2} + \dfrac{2}{u-v} = \dfrac{3u}{(u-v)^2} + \dfrac{2}{u-v}$

The least common denominator is $(u-v)^2$.

$$\dfrac{3u}{(u-v)^2} + \dfrac{2}{u-v} = \dfrac{3u}{(u-v)^2} + \dfrac{2(u-v)}{(u-v)(u-v)}$$

$$= \dfrac{3u + 2(u-v)}{(u-v)^2} = \dfrac{3u + 2u - 2v}{(u-v)^2} = \dfrac{5u - 2v}{(u-v)^2}$$

73. $\dfrac{x+2}{x-1} - \dfrac{2}{x+6} - \dfrac{14}{x^2 + 5x - 6} = \dfrac{x+2}{x-1} - \dfrac{2}{x+6} - \dfrac{14}{(x-1)(x+6)}$

The least common denominator is $(x-1)(x+6)$.

$$\dfrac{x+2}{x-1} - \dfrac{2}{x+6} - \dfrac{14}{(x-1)(x+6)} = \dfrac{(x+2)(x+6)}{(x-1)(x+6)} - \dfrac{2(x-1)}{(x+6)(x-1)} - \dfrac{14}{(x-1)(x+6)}$$

$$= \dfrac{(x+2)(x+6) - 2(x-1) - 14}{(x-1)(x+6)}$$

$$= \dfrac{x^2 + 8x + 12 - 2x + 2 - 14}{(x-1)(x+6)}$$

$$= \dfrac{x^2 + 6x}{(x-1)(x+6)} = \dfrac{x\cancel{(x+6)}}{(x-1)\cancel{(x+6)}}$$

$$= \dfrac{x}{x-1}, \; x \neq -6$$

75. $y_1 = \dfrac{2}{x} + \dfrac{4}{x-2}$

$= \dfrac{2(x-2)}{x(x-2)} + \dfrac{4(x)}{x(x-2)}$

$= \dfrac{2x - 4 + 4x}{x(x-2)}$

$= \dfrac{6x - 4}{x(x-2)}$

$= y_2$

77. The mistake is in the subtracting of the numerators.

$$x - 1 - (4x - 11) = x - 1 - 4x + 11$$
$$= -3x + 10$$

79. $\dfrac{\left(\dfrac{1}{2}\right)}{\left(3 + \dfrac{1}{x}\right)} = \dfrac{\left(\dfrac{1}{2}\right)}{\left(\dfrac{3x}{x} + \dfrac{1}{x}\right)} = \dfrac{\left(\dfrac{1}{2}\right)}{\left(\dfrac{3x+1}{x}\right)} = \dfrac{1}{2} \cdot \dfrac{x}{3x+1} = \dfrac{x}{2(3x+1)},\ x \ne 0$

or

$\dfrac{\left(\dfrac{1}{2}\right)}{\left(3 + \dfrac{1}{x}\right)} = \dfrac{\left(\dfrac{1}{2}\right)(2x)}{\left(3 + \dfrac{1}{x}\right)(2x)} = \dfrac{x}{6x+2},\ x \ne 0$

81. $\dfrac{\left(\dfrac{4}{x} + 3\right)}{\left(\dfrac{4}{x} - 3\right)} = \dfrac{\left(\dfrac{4}{x} + \dfrac{3x}{x}\right)}{\left(\dfrac{4}{x} - \dfrac{3x}{x}\right)} = \dfrac{\left(\dfrac{4+3x}{x}\right)}{\left(\dfrac{4-3x}{x}\right)} = \dfrac{4+3x}{x} \cdot \dfrac{x}{4-3x} = \dfrac{(4+3x)(x)}{x(4-3x)} = \dfrac{4+3x}{4-3x},\ x \ne 0$

or

$\dfrac{\left(\dfrac{4}{x} + 3\right)}{\left(\dfrac{4}{x} - 3\right)} = \dfrac{\left(\dfrac{4}{x} + 3\right) \cdot x}{\left(\dfrac{4}{x} - 3\right) \cdot x} = \dfrac{4+3x}{4-3x},\ x \ne 0$

83. $\dfrac{\left(16x - \dfrac{1}{x}\right)}{\left(\dfrac{1}{x} - 4\right)} = \dfrac{\left(\dfrac{16x^2}{x} - \dfrac{1}{x}\right)}{\left(\dfrac{1}{x} - \dfrac{4x}{x}\right)} = \dfrac{\left(\dfrac{16x^2 - 1}{x}\right)}{\left(\dfrac{1 - 4x}{x}\right)}$

$= \dfrac{16x^2 - 1}{x} \cdot \dfrac{x}{1 - 4x} = \dfrac{(4x+1)(4x-1)(x)}{x(1-4x)}$

$= \dfrac{(4x+1)(4x-1)(x)}{x(4x-1)(-1)} = \dfrac{4x+1}{-1} = -4x - 1,\ x \ne 0,\ x \ne \dfrac{1}{4}$

or

$\dfrac{\left(16x - \dfrac{1}{x}\right)}{\left(\dfrac{1}{x} - 4\right)} = \dfrac{\left(16x - \dfrac{1}{x}\right)x}{\left(\dfrac{1}{x} - 4\right)x} = \dfrac{16x^2 - 1}{1 - 4x} = \dfrac{(4x+1)(4x-1)}{-1(4x-1)} = -4x - 1,\ x \ne 0,\ x \ne \dfrac{1}{4}$

85. $\dfrac{\left(3 + \dfrac{9}{x-3}\right)}{\left(4 + \dfrac{12}{x-3}\right)} = \dfrac{\left[\dfrac{3(x-3)}{x-3} + \dfrac{9}{x-3}\right]}{\left[\dfrac{4(x-3)}{x-3} + \dfrac{12}{x-3}\right]} = \dfrac{\left(\dfrac{3x-9+9}{x-3}\right)}{\left(\dfrac{4x-12+12}{x-3}\right)} = \dfrac{\left(\dfrac{3x}{x-3}\right)}{\left(\dfrac{4x}{x-3}\right)}$

$$= \dfrac{3x}{x-3} \cdot \dfrac{x-3}{4x} = \dfrac{3(x)\cancel{(x-3)}}{\cancel{(x-3)}(4)(x)} = \dfrac{3}{4}, \ x \neq 0, \ x \neq 3$$

or

$$\dfrac{\left(3 + \dfrac{9}{x-3}\right)}{\left(4 + \dfrac{12}{x-3}\right)} = \dfrac{\left(3 + \dfrac{9}{x-3}\right) \cdot (x-3)}{\left(4 + \dfrac{12}{x-3}\right) \cdot (x-3)} = \dfrac{3(x-3) + 9}{4(x-3) + 12}$$

$$= \dfrac{3x - 9 + 9}{4x - 12 + 12} = \dfrac{3x}{4x} = \dfrac{3\cancel{(x)}}{4\cancel{(x)}} = \dfrac{3}{4}, \ x \neq 0, \ x \neq 3$$

87. $\dfrac{\left(1 - \dfrac{1}{y^2}\right)}{\left(1 - \dfrac{4}{y} + \dfrac{3}{y^2}\right)} = \dfrac{\left(\dfrac{y^2}{y^2} - \dfrac{1}{y^2}\right)}{\left(\dfrac{y^2}{y^2} - \dfrac{4y}{y^2} + \dfrac{3}{y^2}\right)} = \dfrac{\left(\dfrac{y^2 - 1}{y^2}\right)}{\left(\dfrac{y^2 - 4y + 3}{y^2}\right)}$

$$= \dfrac{y^2 - 1}{y^2} \cdot \dfrac{y^2}{y^2 - 4y + 3} = \dfrac{(y+1)\cancel{(y-1)}\cancel{(y^2)}}{\cancel{y^2}(y-3)\cancel{(y-1)}} = \dfrac{y+1}{y-3}, \ y \neq 0, \ y \neq 1$$

or

$$\dfrac{\left(1 - \dfrac{1}{y^2}\right)}{\left(1 - \dfrac{4}{y} + \dfrac{3}{y^2}\right)} = \dfrac{\left(1 - \dfrac{1}{y^2}\right) \cdot y^2}{\left(1 - \dfrac{4}{y} + \dfrac{3}{y^2}\right)y^2}$$

$$= \dfrac{y^2 - 1}{y^2 - 4y + 3} = \dfrac{(y+1)\cancel{(y-1)}}{\cancel{(y-1)}(y-3)} = \dfrac{y+1}{y-3}, \ y \neq 1, \ y \neq 0$$

89. $\dfrac{\left(\dfrac{y}{x} - \dfrac{x}{y}\right)}{\left(\dfrac{x+y}{xy}\right)} = \dfrac{\left(\dfrac{y^2}{xy} - \dfrac{x^2}{xy}\right)}{\left(\dfrac{x+y}{xy}\right)} = \dfrac{\left(\dfrac{y^2 - x^2}{xy}\right)}{\left(\dfrac{x+y}{xy}\right)}$

$$= \dfrac{y^2 - x^2}{xy} \cdot \dfrac{xy}{x+y} = \dfrac{\cancel{(y+x)}(y-x)\cancel{(xy)}}{\cancel{xy}\cancel{(x+y)}} = y - x, \ x \neq 0, \ y \neq 0, \ x \neq -y$$

or

$$\dfrac{\left(\dfrac{y}{x} - \dfrac{x}{y}\right)}{\left(\dfrac{x+y}{xy}\right)} = \dfrac{\left(\dfrac{y}{x} - \dfrac{x}{y}\right)xy}{\left(\dfrac{x+y}{xy}\right)xy}$$

$$= \dfrac{y^2 - x^2}{x+y} = \dfrac{\cancel{(y+x)}(y-x)}{\cancel{x+y}} = y - x, \ x \neq -y, \ x \neq 0, \ y \neq 0$$

91. $\dfrac{\left(\dfrac{3}{x^2}+\dfrac{1}{x}\right)}{\left(2-\dfrac{4}{5x}\right)} = \dfrac{\left(\dfrac{3}{x^2}+\dfrac{x}{x^2}\right)}{\left(\dfrac{10x}{5x}-\dfrac{4}{5x}\right)} = \dfrac{\left(\dfrac{3+x}{x^2}\right)}{\left(\dfrac{10x-4}{5x}\right)}$

$= \dfrac{3+x}{x^2} \cdot \dfrac{5x}{2(5x-2)} = \dfrac{5\cancel{x}(x+3)}{x\cancel{(x)}(2)(5x-2)} = \dfrac{5(x+3)}{2x(5x-2)}$

or

$\dfrac{\left(\dfrac{3}{x^2}+\dfrac{1}{x}\right)}{\left(2-\dfrac{4}{5x}\right)} = \dfrac{\left(\dfrac{3}{x^2}+\dfrac{1}{x}\right)5x^2}{\left(2-\dfrac{4}{5x}\right)5x^2} = \dfrac{15+5x}{10x^2-4x} = \dfrac{5(3+x)}{2x(5x-2)}$

93. $\dfrac{\left(\dfrac{x}{x-3}-\dfrac{2}{3}\right)}{\left(\dfrac{10}{3x}+\dfrac{x^2}{x-3}\right)} = \dfrac{\left(\dfrac{3x}{3(x-3)}-\dfrac{2(x-3)}{3(x-3)}\right)}{\left(\dfrac{10(x-3)}{3x(x-3)}+\dfrac{x^2(3x)}{3x(x-3)}\right)} = \dfrac{\left(\dfrac{3x-2(x-3)}{3(x-3)}\right)}{\left(\dfrac{10(x-3)+x^2(3x)}{3x(x-3)}\right)}$

$= \dfrac{\left(\dfrac{3x-2x+6}{3(x-3)}\right)}{\left(\dfrac{10x-30+3x^3}{3x(x-3)}\right)}$

$= \dfrac{x+6}{3(x-3)} \cdot \dfrac{3x(x-3)}{3x^3+10x-30}$

$= \dfrac{(x+6)\cancel{(3)}(x)\cancel{(x-3)}}{\cancel{3}\cancel{(x-3)}(3x^3+10x-30)} = \dfrac{x(x+6)}{3x^3+10x-30}, x \ne 0, x \ne 3$

or

$\dfrac{\left(\dfrac{x}{x-3}-\dfrac{2}{3}\right)}{\left(\dfrac{10}{3x}+\dfrac{x^2}{x-3}\right)} = \dfrac{\left(\dfrac{x}{x-3}-\dfrac{2}{3}\right)3x(x-3)}{\left(\dfrac{10}{3x}+\dfrac{x^2}{x-3}\right)3x(x-3)}$

$= \dfrac{3x^2-2x(x-3)}{10(x-3)+x^2(3x)} = \dfrac{3x^2-2x^2+6x}{10x-30+3x^3} = \dfrac{x^2+6x}{3x^3+10x-30} = \dfrac{x(x+6)}{3x^3+10x-30}, x \ne 0, x \ne 3$

95. $(u+v^{-2})^{-1} = \left(u+\dfrac{1}{v^2}\right)^{-1} = \dfrac{1}{u+\dfrac{1}{v^2}}$ or $(u+v^{-2})^{-1} = \left(\dfrac{u}{1}+\dfrac{1}{v^2}\right)^{-1} = \left(\dfrac{uv^2}{v^2}+\dfrac{1}{v^2}\right)^{-1}$

$= \dfrac{1 \cdot v^2}{\left(u+\dfrac{1}{v^2}\right)v^2} = \dfrac{v^2}{uv^2+1}, v \ne 0$ $\hspace{2em} = \left(\dfrac{uv^2+1}{v^2}\right)^{-1} = \dfrac{v^2}{uv^2+1}, v \ne 0$

97. $\dfrac{a+b}{ba^{-1}-ab^{-1}} = \dfrac{a+b}{\dfrac{b}{a}-\dfrac{a}{b}} = \dfrac{(a+b)ab}{\left(\dfrac{b}{a}-\dfrac{a}{b}\right)ab} = \dfrac{ab(a+b)}{b^2-a^2} = \dfrac{ab\cancel{(a+b)}}{\cancel{(b+a)}(b-a)} = \dfrac{ab}{b-a}, a \ne 0, b \ne 0, a \ne -b$

or

$\dfrac{a+b}{ba^{-1}-ab^{-1}} = \dfrac{a+b}{\dfrac{b}{a}-\dfrac{a}{b}} = \dfrac{a+b}{\dfrac{b^2}{ab}-\dfrac{a^2}{ab}} = \dfrac{a+b}{\left(\dfrac{b^2-a^2}{ab}\right)} = \dfrac{a+b}{1} \cdot \dfrac{ab}{b^2-a^2}$

$= \dfrac{\cancel{(a+b)}(ab)}{1\cancel{(b+a)}(b-a)} = \dfrac{ab}{b-a}, a \ne 0, b \ne 0, a \ne -b$

328 Chapter 7 Rational Expressions and Rational Functions

99. Note: The average of the two real numbers a and b is $(a + b)/2$.

$$\text{Average} = \frac{\left(\frac{x}{4} + \frac{x}{6}\right)}{2} = \frac{\left(\frac{6x}{24} + \frac{4x}{24}\right)}{2} = \frac{\left(\frac{10x}{24}\right)}{\left(\frac{2}{1}\right)} = \frac{10x}{24} \cdot \frac{1}{2} = \frac{10x}{48} = \frac{5\cancel{(2)}(x)}{24\cancel{(2)}} = \frac{5x}{24}$$

or

$$\text{Average} = \frac{\left(\frac{x}{4} + \frac{x}{6}\right)}{2} = \frac{\left(\frac{x}{4} + \frac{x}{6}\right) \cdot 24}{2 \cdot 24} = \frac{6x + 4x}{48} = \frac{10x}{48} = \frac{5\cancel{(2)}(x)}{24\cancel{(2)}} = \frac{5x}{24}$$

Thus, $5x/24$ is the average of $x/4$ and $x/6$.

101. Note: When the real number line between $x/6$ and $x/2$ is divided into four equal parts, the length of each part is $1/4$ of the distance between $x/6$ and $x/2$, or $1/4$ of the difference $(x/2) - (x/6)$.

$$\frac{\left(\frac{x}{2} - \frac{x}{6}\right)}{4} = \frac{\left(\frac{6x}{12} - \frac{2x}{12}\right)}{4} = \frac{\left(\frac{4x}{12}\right)}{\left(\frac{4}{1}\right)} = \frac{4x}{12} \cdot \frac{1}{4} = \frac{\cancel{4}(x)(1)}{12\cancel{(4)}} = \frac{x}{12}$$

or

$$\frac{\left(\frac{x}{2} - \frac{x}{6}\right)}{4} = \frac{\left(\frac{x}{2} - \frac{x}{6}\right) \cdot 12}{4 \cdot 12} = \frac{6x - 2x}{48} = \frac{4x}{48} = \frac{\cancel{4}(x)}{\cancel{4}(12)} = \frac{x}{12}$$

Thus, each of the four equal parts is $x/12$ units long.

$$x_1 = \frac{x}{6} + \frac{x}{12} = \frac{2x}{12} + \frac{x}{12} = \frac{3x}{12} = \frac{x}{4}$$

$$x_2 = x_1 + \frac{x}{12} = \frac{x}{4} + \frac{x}{12} = \frac{3x}{12} + \frac{x}{12} = \frac{4x}{12} = \frac{x}{3}$$

$$x_3 = x_2 + \frac{x}{12} = \frac{x}{3} + \frac{x}{12} = \frac{4x}{12} + \frac{x}{12} = \frac{5x}{12}$$

Thus, the three real numbers are $x/4$, $x/3$, and $5x/12$.

103. $\dfrac{t}{4} + \dfrac{t}{6} = \dfrac{t(6)}{4(6)} + \dfrac{t(4)}{6(4)} = \dfrac{6t}{24} + \dfrac{4t}{24} = \dfrac{6t + 4t}{24} = \dfrac{10t}{24} = \dfrac{5\cancel{(2)}(t)}{\cancel{2}(12)} = \dfrac{5t}{12}$

Thus, $5t/12$ of the task has been completed.

105. $\dfrac{1}{\left(\dfrac{1}{R_1} + \dfrac{1}{R_2}\right)} = \dfrac{1}{\left(\dfrac{R_2}{R_1 R_2} + \dfrac{R_1}{R_2 R_1}\right)} = \dfrac{1}{\left(\dfrac{R_2 + R_1}{R_1 R_2}\right)}$

$$= 1 \cdot \dfrac{R_1 R_2}{R_2 + R_1} = \dfrac{R_1 R_2}{R_2 + R_1}, R_1 \neq 0, R_2 \neq 0$$

or

$$\dfrac{1}{\left(\dfrac{1}{R_1} + \dfrac{1}{R_2}\right)} = \dfrac{1 \cdot R_1 R_2}{\left(\dfrac{1}{R_1} + \dfrac{1}{R_2}\right) R_1 R_2} = \dfrac{R_1 R_2}{R_2 + R_1}, R_1 \neq 0, R_2 \neq 0$$

107. $f(x) = \dfrac{1}{x}$

$$\dfrac{f(2+h) - f(2)}{h} = \dfrac{\dfrac{1}{2+h} - \dfrac{1}{2}}{h} = \dfrac{\dfrac{1(2)}{(2+h)(2)} - \dfrac{1(2+h)}{2(2+h)}}{h}$$

$$= \dfrac{\left(\dfrac{2 - (2+h)}{2(2+h)}\right)}{h} = \dfrac{\left(\dfrac{-h}{2(2+h)}\right)}{h}$$

$$= \dfrac{-h}{2(2+h)} \div h = \dfrac{-h}{2(2+h)} \cdot \dfrac{1}{h} = \dfrac{-1\cancel{(h)}}{2\cancel{(h)}(2+h)} = -\dfrac{1}{2(2+h)}$$

109. $\begin{cases} A + B + C = 0 \\ - B + C = 0 \\ -A = 4 \end{cases} \Rightarrow A = -4 \Rightarrow -4 + B + C = 0$

$B + C = 4$

$\begin{cases} B + C = 4 \\ -B + C = 0 \end{cases}$

$2C = 4 \Rightarrow C = 2$ and $B + 2 = 4$

$B = 2$

$(-4, 2, 2)$

To verify sum:

$$\dfrac{4}{x^3 - x} \stackrel{?}{=} \dfrac{-4}{x} + \dfrac{2}{x+1} + \dfrac{2}{x-1}$$

$$\stackrel{?}{=} \dfrac{-4(x+1)(x-1)}{x(x+1)(x-1)} + \dfrac{2(x)(x-1)}{(x+1)(x)(x-1)} + \dfrac{2(x)(x+1)}{(x-1)(x)(x+1)}$$

$$\stackrel{?}{=} \dfrac{-4(x^2 - 1) + 2x(x-1) + 2x(x+1)}{x(x+1)(x-1)}$$

$$\stackrel{?}{=} \dfrac{-4x^2 + 4 + 2x^2 - 2x + 2x^2 + 2x}{x(x^2 - 1)}$$

$$\dfrac{4}{x^3 - x} = \dfrac{4}{x^3 - x}$$

Yes, $\dfrac{4}{x^3 - x} = \dfrac{-4}{x} + \dfrac{2}{x+1} + \dfrac{2}{x-1}$.

Section 7.4 Dividing Polynomials

1. The error is in the simplifying of the rational expression. You cannot divide out the x as shown in the example because x is not a factor of the numerator.

3. $\dfrac{6z + 10}{2} = \dfrac{6z}{2} + \dfrac{10}{2} = \dfrac{3\cancel{(2)}z}{\cancel{2}} + \dfrac{5\cancel{(2)}}{\cancel{2}} = 3z + 5$

5. $\dfrac{10z^2 + 4z - 12}{4} = \dfrac{10z^2}{4} + \dfrac{4z}{4} - \dfrac{12}{4}$

$= \dfrac{5\cancel{(2)}z^2}{2\cancel{(2)}} + \dfrac{\cancel{4}(z)}{\cancel{4}} - \dfrac{\cancel{4}(3)}{\cancel{4}} = \dfrac{5z^2}{2} + z - 3$

7. $(7x^3 - 2x^2) \div x = \dfrac{7x^3 - 2x^2}{x} = \dfrac{7x^3}{x} - \dfrac{2x^2}{x}$

$= \dfrac{7\cancel{(x)}(x^2)}{\cancel{x}} - \dfrac{2\cancel{(x)}(x)}{\cancel{x}}$

$= 7x^2 - 2x, \; x \neq 0$

9. $\dfrac{50z^3 + 30z}{-5z} = \dfrac{50z^3}{-5z} + \dfrac{30z}{-5z}$

$= \dfrac{\cancel{5}(10)\cancel{(z)}(z^2)}{-1\cancel{(5)}\cancel{(z)}} + \dfrac{\cancel{5}(6)\cancel{(z)}}{-1\cancel{(5)}\cancel{(z)}}$

$= -10z^2 - 6,\ z \neq 0$

11. $\dfrac{8z^3 + 3z^2 - 2z}{2z} = \dfrac{8z^3}{2z} + \dfrac{3z^2}{2z} - \dfrac{2z}{2z}$

$= \dfrac{4\cancel{(2)}\cancel{(z)}(z^2)}{\cancel{2}\cancel{(z)}} + \dfrac{3z\cancel{(z)}}{2\cancel{(z)}} - \dfrac{1\cancel{(2z)}}{\cancel{2z}}$

$= 4z^2 + \dfrac{3z}{2} - 1,\ z \neq 0$

13. $\dfrac{m^4 + 2m^2 - 7}{m} = \dfrac{m^4}{m} + \dfrac{2m^2}{m} - \dfrac{7}{m}$

$= \dfrac{\cancel{m}(m^3)}{\cancel{m}} + \dfrac{2m\cancel{(m)}}{\cancel{m}} - \dfrac{7}{m} = m^3 + 2m - \dfrac{7}{m}$

15. $(5x^2y - 8xy + 7xy^2) \div 2xy = \dfrac{5x^2y - 8xy + 7xy^2}{2xy} = \dfrac{5x^2y}{2xy} - \dfrac{8xy}{2xy} + \dfrac{7xy^2}{2xy}$

$= \dfrac{5\cancel{(x)}(x)\cancel{(y)}}{2\cancel{(x)}\cancel{(y)}} - \dfrac{4\cancel{(2)}\cancel{(x)}\cancel{(y)}}{\cancel{2}\cancel{(x)}\cancel{(y)}} + \dfrac{7\cancel{(x)}\cancel{(y)}(y)}{2\cancel{(x)}\cancel{(y)}}$

$= \dfrac{5x}{2} - 4 + \dfrac{7y}{2},\ x \neq 0,\ y \neq 0$

17. $\dfrac{4(x+5)^2 + 8(x+5)}{x+5} = \dfrac{4(x+5)[(x+5) + 2]}{x+5}$

$= \dfrac{4\cancel{(x+5)}(x+7)}{\cancel{x+5}}$

$= 4(x+7),\ x \neq -5$

19.
$$\begin{array}{r} x - 5 \\ x-3\overline{\smash{\big)}\,x^2 - 8x + 15} \\ \underline{x^2 - 3x} \\ -5x + 15 \\ \underline{-5x + 15} \\ 0 \end{array}$$

Thus, $\dfrac{x^2 - 8x + 15}{x - 3} = x - 5,\ x \neq 3$

or $\dfrac{x^2 - 8x + 15}{x - 3} = \dfrac{(x-5)(x-3)}{(x-3)}$

$= \dfrac{(x-5)\cancel{(x-3)}}{\cancel{(x-3)}} = x - 5,\ x \neq 3.$

21.
$$\begin{array}{r} x + 10 \\ x+5\overline{\smash{\big)}\,x^2 + 15x + 50} \\ \underline{x^2 + 5x} \\ 10x + 50 \\ \underline{10x + 50} \\ 0 \end{array}$$

Thus, $\dfrac{x^2 + 15x + 50}{x + 5} = x + 10,\ x \neq -5$ or

$\dfrac{x^2 + 15x + 50}{x + 5} = \dfrac{(x+10)(x+5)}{x+5}$

$= \dfrac{(x+10)\cancel{(x+5)}}{\cancel{(x+5)}}$

$= x + 10,\ x \neq -5.$

23.
$$\begin{array}{r} x + 7 \\ -x+3\overline{\smash{\big)}\,-x^2 - 4x + 21} \\ \underline{-x^2 + 3x} \\ -7x + 21 \\ \underline{-7x + 21} \\ 0 \end{array}$$

Thus, $\dfrac{21 - 4x - x^2}{3 - x} = x + 7,\ x \neq 3$ or

$\dfrac{21 - 4x - x^2}{3 - x} = \dfrac{(7+x)(3-x)}{3-x}$

$= \dfrac{(7+x)\cancel{(3-x)}}{\cancel{3-x}}$

$= 7 + x,\ x \neq 3.$

25.
$$\begin{array}{r} y + 3 \\ 2y+1 \overline{\smash{)}\, 2y^2 + 7y + 3} \\ \underline{2y^2 + y} \\ 6y + 3 \\ \underline{6y + 3} \\ 0 \end{array}$$

Thus, $\dfrac{2y^2 + 7y + 3}{2y + 1} = y + 3$, $y \neq -\dfrac{1}{2}$ or

$$\dfrac{2y^2 + 7y + 3}{2y + 1} = \dfrac{(2y + 1)(y + 3)}{2y + 1}$$

$$= \dfrac{\cancel{(2y + 1)}(y + 3)}{\cancel{(2y + 1)}}$$

$$= y + 3, \ y \neq -\dfrac{1}{2}.$$

27.
$$\begin{array}{r} 6t - 5 \\ 2t-5 \overline{\smash{)}\, 12t^2 - 40t + 25} \\ \underline{12t^2 - 30t} \\ -10t + 25 \\ \underline{-10t + 25} \\ 0 \end{array}$$

Thus, $\dfrac{12t^2 - 40t + 25}{2t - 5} = 6t - 5$, $t \neq \dfrac{5}{2}$ or

$$\dfrac{12t^2 - 40t + 25}{2t - 5} = \dfrac{(2t - 5)(6t - 5)}{(2t - 5)}$$

$$= \dfrac{\cancel{(2t - 5)}(6t - 5)}{\cancel{(2t - 5)}}$$

$$= 6t - 5, \ t \neq \dfrac{5}{2}.$$

29.
$$\begin{array}{r} 4x - 1 \\ 4x+1 \overline{\smash{)}\, 16x^2 + 0x - 1} \\ \underline{16x^2 + 4x} \\ -4x - 1 \\ \underline{-4x - 1} \\ 0 \end{array}$$

Thus, $\dfrac{16x^2 - 1}{4x + 1} = 4x - 1$, $x \neq -\dfrac{1}{4}$ or

$$\dfrac{16x^2 - 1}{4x + 1} = \dfrac{(4x - 1)(4x + 1)}{4x + 1}$$

$$= \dfrac{(4x - 1)\cancel{(4x + 1)}}{\cancel{4x + 1}}$$

$$= 4x - 1, \ x \neq -\dfrac{1}{4}.$$

31.
$$\begin{array}{r} x^2 - 5x + 25 \\ x+5 \overline{\smash{)}\, x^3 + 0x^2 + 0x + 125} \\ \underline{x^3 + 5x^2} \\ -5x^2 + 0x \\ \underline{-5x^2 - 25x} \\ 25x + 125 \\ \underline{25x + 125} \\ 0 \end{array}$$

Thus, $\dfrac{x^3 + 125}{x + 5} = x^2 - 5x + 25$, $x \neq -5$ or

$$\dfrac{x^3 + 125}{x + 5} = \dfrac{(x + 5)(x^2 - 5x + 25)}{x + 5}$$

$$= \dfrac{\cancel{(x + 5)}(x^2 - 5x + 25)}{\cancel{(x + 5)}}$$

$$= x^2 - 5x + 25, \ x \neq -5.$$

33.
$$\begin{array}{r} x^2 + 4 \\ x-2 \overline{\smash{)}\, x^3 - 2x^2 + 4x - 8} \\ \underline{x^3 - 2x^2} \\ +4x - 8 \\ \underline{4x - 8} \\ 0 \end{array}$$

Thus, $\dfrac{x^3 - 2x^2 + 4x - 8}{x - 2} = x^2 + 4$, $x \neq 2$ or

$$\dfrac{x^3 - 2x^2 + 4x - 8}{x - 2} = \dfrac{x^2(x - 2) + 4(x - 2)}{x - 2}$$

$$= \dfrac{(x - 2)(x^2 + 4)}{x - 2}$$

$$= x^2 + 4, \ x \neq 2.$$

35.
$$\begin{array}{r} 2 + \dfrac{5}{x + 2} \\ x+2 \overline{\smash{)}\, 2x + 9} \\ \underline{2x + 4} \\ 5 \end{array}$$

Thus, $\dfrac{2x + 9}{x + 2} = 2 + \dfrac{5}{x + 2}$.

37.
$$\begin{array}{r} x - 4 + \dfrac{32}{x+4} \\ x+4 \overline{\smash{\big)}\, x^2 + 0x + 16} \\ \underline{x^2 + 4x} \\ -4x + 16 \\ \underline{-4x - 16} \\ 32 \end{array}$$

Thus, $\dfrac{x^2 + 16}{x + 4} = x - 4 + \dfrac{32}{x + 4}$.

39.
$$\begin{array}{r} 5x - 8 + \dfrac{19}{x+2} \\ x+2 \overline{\smash{\big)}\, 5x^2 + 2x + 3} \\ \underline{5x^2 + 10x} \\ -8x + 3 \\ \underline{-8x - 16} \\ 19 \end{array}$$

Thus, $\dfrac{5x^2 + 2x + 3}{x + 2} = 5x - 8 + \dfrac{19}{x + 2}$.

41.
$$\begin{array}{r} 4x + 3 - \dfrac{11}{3x+2} \\ 3x+2 \overline{\smash{\big)}\, 12x^2 + 17x - 5} \\ \underline{12x^2 + 8x} \\ 9x - 5 \\ \underline{9x + 6} \\ -11 \end{array}$$

Thus, $\dfrac{12x^2 + 17x - 5}{3x + 2} = 4x + 3 - \dfrac{11}{3x + 2}$.

43.
$$\begin{array}{r} \dfrac{6}{5}z + \dfrac{41}{25} + \dfrac{(41/25)}{5z-1} \quad \text{or} \quad \dfrac{6}{5}z + \dfrac{41}{25} + \dfrac{41}{25(5z-1)} \\ 5z-1 \overline{\smash{\big)}\, 6z^2 + 7z + 0} \\ \underline{6z^2 - \dfrac{6}{5}z} \\ \dfrac{41}{5}z + 0 \\ \underline{\dfrac{41}{5}z - \dfrac{41}{25}} \\ +\dfrac{41}{25} \end{array}$$

Thus, $\dfrac{6x^2 + 7x}{5z - 1} = \dfrac{6}{5}z + \dfrac{41}{25} + \dfrac{41}{25(5z - 1)}$.

45.
$$\begin{array}{r} 2x^2 + x + 4 + \dfrac{6}{x-3} \\ x-3 \overline{\smash{\big)}\, 2x^3 - 5x^2 + x - 6} \\ \underline{2x^3 - 6x^2} \\ x^2 + x \\ \underline{x^2 - 3x} \\ 4x - 6 \\ \underline{4x - 12} \\ 6 \end{array}$$

Thus, $\dfrac{2x^3 - 5x^2 + x - 6}{x - 3} = 2x^2 + x + 4 + \dfrac{6}{x - 3}$.

47.
$$\require{enclose}
\begin{array}{r}
x^5 + x^4 + x^3 + x^2 + x + 1 \\
x - 1 \enclose{longdiv}{x^6 + 0x^5 + 0x^4 + 0x^3 + 0x^2 + 0x - 1}
\end{array}$$

$$\begin{array}{r}
\underline{x^6 - x^5} \\
x^5 + 0x^4 \\
\underline{x^5 - x^4} \\
x^4 + 0x^3 \\
\underline{x^4 - x^3} \\
x^3 + 0x^2 \\
\underline{x^3 - x^2} \\
x^2 + 0x \\
\underline{x^2 - x} \\
x - 1 \\
\underline{x - 1} \\
0
\end{array}$$

Thus, $\dfrac{x^6 - 1}{x - 1} = x^5 + x^4 + x^3 + x^2 + x + 1$, $x \neq 1$.

49.
$$\begin{array}{r}
x^3 - x + \dfrac{x}{x^2 + 1} \\
x^2 + 1 \enclose{longdiv}{x^5 }
\end{array}$$

$$\begin{array}{r}
\underline{x^5 + x^3} \\
-x^3 \\
\underline{-x^3 - x} \\
x
\end{array}$$

Thus, $\dfrac{x^5}{x^2 + 1} = x^3 - x + \dfrac{x}{x^2 + 1}$.

51.
$$\begin{array}{r}
x + 2 \\
x^2 + 2x + 3 \enclose{longdiv}{x^3 + 4x^2 + 7x + 6}
\end{array}$$

$$\begin{array}{r}
\underline{x^3 + 2x^2 + 3x} \\
2x^2 + 4x + 6 \\
\underline{2x^2 + 4x + 6} \\
0
\end{array}$$

Thus, $\dfrac{x^3 + 4x^2 + 7x + 6}{x^2 + 2x + 3} = x + 2$.

53.
$$\begin{array}{r}
x^{2n} + x^n + 4 \\
x^n + 2 \enclose{longdiv}{x^{3n} + 3x^{2n} + 6x^n + 8}
\end{array}$$

$$\begin{array}{r}
\underline{x^{3n} + 2x^{2n}} \\
x^{2n} + 6x^n \\
\underline{x^{2n} + 2x^n} \\
4x^n + 8 \\
\underline{4x^n + 8} \\
0
\end{array}$$

Thus, $\dfrac{x^{3n} + 3x^{2n} + 6x^n + 8}{x^n + 2} = x^{2n} + x^n + 4$, $x^n \neq -2$.

55.
$$\begin{array}{r|rrrr}
-4 & 1 & 3 & 0 & -1 \\
& & -4 & 4 & -16 \\
\hline
& 1 & -1 & 4 & -17
\end{array}$$

$\dfrac{x^3 + 3x^2 - 1}{x + 4} = x^2 - x + 4 - \dfrac{17}{x + 4}$

57.
$$\begin{array}{r|rrrrr}
2 & 1 & -4 & 0 & 1 & 10 \\
& & 2 & -4 & -8 & -14 \\
\hline
& 1 & -2 & -4 & -7 & -4
\end{array}$$

$\dfrac{x^4 - 4x^3 + x + 10}{x - 2} = x^3 - 2x^2 - 4x - 7 - \dfrac{4}{x - 2}$

59.
$$\begin{array}{r|rrrr}
-5 & 5 & 0 & 0 & 12 \\
& & -25 & 125 & -625 \\
\hline
& 5 & -25 & 125 & -613
\end{array}$$

$\dfrac{5x^3 + 12}{x + 5} = 5x^2 - 25x + 125 - \dfrac{613}{x + 5}$

61.
$$\begin{array}{r|rrrr}
4 & 5 & -6 & 0 & 8 \\
& & 20 & 56 & 224 \\
\hline
& 5 & 14 & 56 & 232
\end{array}$$

$\dfrac{5x^3 - 6x^2 + 8}{x - 4} = 5x^2 + 14x + 56 + \dfrac{232}{x - 4}$

63.
$$\begin{array}{r|rrrrr}
6 & 10 & -50 & 0 & 0 & -800 \\
& & 60 & 60 & 360 & 2160 \\
\hline
& 10 & 10 & 60 & 360 & 1360
\end{array}$$

$\dfrac{10x^4 - 50x^3 - 800}{x - 6} = 10x^3 + 10x^2 + 60x + 360 + \dfrac{1360}{x - 6}$

65.
$$\begin{array}{r|rrr}
0.2 & 0.1 & 0.8 & 1 \\
& & 0.02 & 0.164 \\
\hline
& 0.1 & 0.82 & 1.164
\end{array}$$

$\dfrac{0.1x^2 + 0.8x + 1}{x - 0.2} = 0.1x + 0.82 + \dfrac{1.164}{x - 0.2}$

67. $\dfrac{15x^2 - 2x - 8}{x - 4/5}$

$$\begin{array}{r|rrr} \frac{4}{5} & 15 & -2 & -8 \\ & & 12 & 8 \\ \hline & 15 & 10 & 0 \end{array}$$

$15x^2 - 2x - 8 = \left(x - \frac{4}{5}\right)(15x + 10)$ or

$5\left(x - \frac{4}{5}\right)(3x + 2)$ or $(5x - 4)(3x + 2)$

69. $\dfrac{-3z^3 + 20z^2 - 36z + 16}{z - 4}$

$$\begin{array}{r|rrrr} 4 & -3 & 20 & -36 & 16 \\ & & -12 & 32 & -16 \\ \hline & -3 & 8 & -4 & 0 \end{array}$$

$-3z^3 + 20z^2 - 36z + 16 = (z - 4)(-3z^2 + 8z - 4)$ or

$(z - 4)(-3z + 2)(z - 2)$

71. $\dfrac{5t^3 - 27t^2 - 14t - 24}{t - 6}$

$$\begin{array}{r|rrrr} 6 & 5 & -27 & -14 & -24 \\ & & 30 & 18 & 24 \\ \hline & 5 & 3 & 4 & 0 \end{array}$$

$5t^3 - 27t^2 - 14t - 24 = (t - 6)(5t^2 + 3t + 4)$

73. $\dfrac{x^4 - 16}{x - 2}$

$$\begin{array}{r|rrrrr} 2 & 1 & 0 & 0 & 0 & -16 \\ & & 2 & 4 & 8 & 16 \\ \hline & 1 & 2 & 4 & 8 & 0 \end{array}$$

$x^4 - 16 = (x - 2)(x^3 + 2x^2 + 4x + 8)$ or

$(x - 2)[x^2(x + 2) + 4(x + 2)] = (x - 2)(x + 2)(x^2 + 4)$

75. $y_1 = \dfrac{x + 4}{2x}$

$= \dfrac{x}{2x} + \dfrac{4}{2x}$

$= \dfrac{1\cancel{(x)}}{2\cancel{(x)}} + \dfrac{2(2)}{2(x)}$

$= \dfrac{1}{2} + \dfrac{2}{x}$

$= y_2$

77. $y_1 = \dfrac{x^3 + 1}{x + 1}$

$= \dfrac{\cancel{(x + 1)}(x^2 - x + 1)}{\cancel{x + 1}}$

$= x^2 - x + 1,\ x \neq -1$

$= y_2$

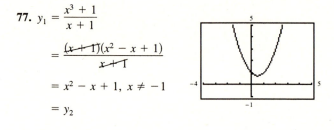

79. $\dfrac{\text{Polynomial}}{x - 6} = x^2 + x + 1 + \dfrac{-4}{x - 6}$

Polynomial $= (x - 6)(x^2 + x + 1) - 4$

$= x^3 + x^2 + x - 6x^2 - 6x - 6 - 4$

$= x^3 - 5x^2 - 5x - 10$

81. $\begin{array}{r|rrrr} 2 & 1 & 2 & -4 & c \\ & & 2 & 8 & 8 \\ \hline & 1 & 4 & 4 & (c + 8) \end{array}$

The division comes out evenly when $c + 8 = 0$, or $c = -8$.

83. Area = (Length)(Width)

$2x^3 + 3x^2 - 6x - 9 = (\text{Length})(2x + 3)$

$\dfrac{2x^3 + 3x^2 - 6x - 9}{2x + 3} = \text{Length}$

$$\begin{array}{r}
x^2 - 3 \\
2x + 3 \overline{\smash{)}\, 2x^3 + 3x^2 - 6x - 9} \\
\underline{2x^3 + 3x^2} \\
-6x - 9 \\
\underline{-6x - 9} \\
0
\end{array}$$

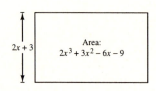

The length of the rectangle is $x^2 - 3$.

85. $\dfrac{4x^4}{x^3} - 2x = \dfrac{4x(\cancel{x^3})}{\cancel{x^3}} - 2x$

$\phantom{\dfrac{4x^4}{x^3} - 2x} = 4x - 2x$

$\phantom{\dfrac{4x^4}{x^3} - 2x} = 2x,\ x \neq 0$

87. $\dfrac{15x^3y}{10x^2} + \dfrac{3xy^2}{2y} = \dfrac{\cancel{5}(3)(\cancel{x^2})(xy)}{\cancel{5}(2)(\cancel{x^2})} + \dfrac{3xy(\cancel{y})}{2(\cancel{y})}$

$\phantom{\dfrac{15x^3y}{10x^2} + \dfrac{3xy^2}{2y}} = \dfrac{3xy}{2} + \dfrac{3xy}{2}$

$\phantom{\dfrac{15x^3y}{10x^2} + \dfrac{3xy^2}{2y}} = \dfrac{3xy + 3xy}{2}$

$\phantom{\dfrac{15x^3y}{10x^2} + \dfrac{3xy^2}{2y}} = \dfrac{6xy}{2}$

$\phantom{\dfrac{15x^3y}{10x^2} + \dfrac{3xy^2}{2y}} = \dfrac{\cancel{2}(3)(xy)}{\cancel{2}}$

$\phantom{\dfrac{15x^3y}{10x^2} + \dfrac{3xy^2}{2y}} = 3xy,\ x \neq 0,\ y \neq 0$

89. The reduction is invalid because the fives are terms instead of factors.

91. The reduction is valid because the nines are factors.

93. Volume $= \dfrac{1}{2}$(Base)(Height)(Length)

$x^3 + 18x^2 + 80x + 96 = \dfrac{1}{2}(x + 2)(h)(x + 12)$

$x^3 + 18x^2 + 80x + 96 = \dfrac{1}{2}h(x^2 + 14x + 24)$

$2x^3 + 36x^2 + 160x + 192 = h(x^2 + 14x + 24)$

$\dfrac{2x^3 + 36x^2 + 160x + 192}{x^2 + 14x + 24} = h$

$$
\begin{array}{r}
2x + 8 \\
x^2 + 14x + 24 \overline{\smash{)}\, 2x^3 + 36x^2 + 160x + 192} \\
\underline{2x^3 + 28x^2 + 48x } \\
8x^2 + 112x + 192 \\
\underline{8x^2 + 112x + 192} \\
0
\end{array}
$$

$h = 2x + 8$

The missing dimension is $2x + 8$ or $2(x + 4)$.

Mid–Chapter Quiz for Chapter 7

1. $\dfrac{y + 2}{y(y - 4)}$

The denominator, $y(y - 4)$ equals zero when $y = 0$ or when $y = 4$. Thus, the domain is the set of all real values of y such that $y \neq 0,\ y \neq 4$.

Domain: $(-\infty, 0) \cup (0, 4) \cup (4, \infty)$

2. $h(x) = \dfrac{x^2 - 9}{x^2 - x - 2}$

(a) $h(-3) = \dfrac{(-3)^2 - 9}{(-3)^2 - (-3) - 2}$

$= \dfrac{0}{10}$

$= 0$

(b) $h(0) = \dfrac{0^2 - 9}{0^2 - 0 - 2}$

$= \dfrac{-9}{-2}$

$= \dfrac{9}{2}$

(c) $h(-1) = \dfrac{(-1)^2 - 9}{(-1)^2 - (-1) - 2}$

$= \dfrac{-8}{0}$ undefined

$\dfrac{x^2 - 9}{x^2 - x - 2}$ is undefined for $x = -1$.

(d) $h(5) = \dfrac{5^2 - 9}{5^2 - 5 - 2}$

$= \dfrac{16}{18}$

$= \dfrac{8}{9}$

3. $\dfrac{9y^2}{6y} = \dfrac{3\cancel{(3)}\cancel{(y)}(y)}{2\cancel{(3)}\cancel{(y)}}$

$= \dfrac{3y}{2},\ y \neq 0$

4. $\dfrac{8u^3v^2}{36uv^3} = \dfrac{\cancel{4}(2)\cancel{(u)}(u^2)\cancel{(v^2)}}{\cancel{4}(9)\cancel{(u)}\cancel{(v^2)}(v)}$

$= \dfrac{2u^2}{9v},\ u \neq 0$

5. $\dfrac{4x^2 - 1}{x - 2x^2} = \dfrac{(2x+1)(2x-1)}{x(1-2x)}$

$= \dfrac{(2x+1)\cancel{(2x-1)}}{x(-1)\cancel{(2x-1)}}$

$= -\dfrac{2x+1}{x},\ x \neq \dfrac{1}{2}$

6. $\dfrac{(z+3)^2}{2z^2 + 5z - 3} = \dfrac{(z+3)\cancel{(z+3)}}{(2z-1)\cancel{(z+3)}}$

$= \dfrac{z+3}{2z-1},\ z \neq -3$

7. $\dfrac{7ab + 3a^2b^2}{a^2b} = \dfrac{\cancel{ab}(7 + 3ab)}{\cancel{ab}(a)}$

$= \dfrac{7 + 3ab}{a},\ b \neq 0$

8. $\dfrac{2mn^2 - n^3}{2m^2 + mn - n^2} = \dfrac{n^2\cancel{(2m-n)}}{\cancel{(2m-n)}(m+n)}$

$= \dfrac{n^2}{m+n},\ n \neq 2m$

9. $\dfrac{11t^2}{6} \cdot \dfrac{9}{33t} = \dfrac{\cancel{11}(t)\cancel{(t)}\cancel{(3)}\cancel{(3)}}{2\cancel{(3)}\cancel{(3)}\cancel{(11)}\cancel{(t)}}$

$= \dfrac{t}{2},\ t \neq 0$

10. $(x^2 + 2x) \cdot \dfrac{5}{x^2 - 4} = \dfrac{x\cancel{(x+2)}(5)}{\cancel{(x+2)}(x-2)}$

$= \dfrac{5x}{x-2},\ x \neq -2$

11. $\dfrac{4}{3(x-1)} \cdot \dfrac{12x}{6(x^2 + 2x - 3)} = \dfrac{48x}{18(x-1)(x+3)(x-1)}$

$= \dfrac{\cancel{6}(8)(x)}{\cancel{6}(3)(x-1)^2(x+3)}$

$= \dfrac{8x}{3(x-1)^2(x+3)}$

12. $\dfrac{5u}{3(u+v)} \cdot \dfrac{2(u^2 - v^2)}{3v} \div \dfrac{25u^2}{18(u-v)} = \dfrac{5u(2)(u+v)(u-v)}{3(u+v)(3)(v)} \cdot \dfrac{18(u-v)}{25u^2}$

$= \dfrac{\cancel{5}(2)\cancel{(3)}\cancel{(3)}(2)\cancel{(u)}\cancel{(u+v)}(u-v)^2}{\cancel{3}\cancel{(3)}\cancel{(5)}(5)(v)\cancel{(u)}(u)\cancel{(u+v)}}$

$= \dfrac{4(u-v)^2}{5uv},\ u \neq v,\ u \neq -v$

13. $\dfrac{\left(\dfrac{9t^2}{3-t}\right)}{\left(\dfrac{6t}{t-3}\right)} = \dfrac{9t^2}{3-t} \cdot \dfrac{t-3}{6t}$

$= \dfrac{\cancel{3}(3)(t)\cancel{(t-3)}}{-1\cancel{(t-3)}\cancel{(3)}(2)\cancel{(t)}}$

$= -\dfrac{3t}{2},\ t \neq 3,\ t \neq 0$

14. $\dfrac{\left(\dfrac{10}{x^2+2x}\right)}{\left(\dfrac{15}{x^2+3x+2}\right)} = \dfrac{10}{x(x+2)} \cdot \dfrac{(x+2)(x+1)}{15}$

$= \dfrac{\cancel{5}(2)\cancel{(x+2)}(x+1)}{\cancel{5}(3)(x)\cancel{(x+2)}}$

$= \dfrac{2(x+1)}{3x},\ x \neq -2,\ x \neq -1$

15. $\dfrac{4x}{x+5} - \dfrac{3x}{4} = \dfrac{4x(4)}{(x+5)(4)} - \dfrac{3x(x+5)}{4(x+5)}$

$= \dfrac{4x(4) - 3x(x+5)}{4(x+5)} = \dfrac{16x - 3x^2 - 15x}{4(x+5)}$

$= \dfrac{-3x^2 + x}{4(x+5)}$

16. $4 + \dfrac{x}{x^2-4} - \dfrac{2}{x^2} = \dfrac{4x^2(x^2-4)}{x^2(x^2-4)} + \dfrac{x(x^2)}{(x^2-4)(x^2)} - \dfrac{2(x^2-4)}{x^2(x^2-4)}$

$= \dfrac{4x^4 - 16x^2 + x^3 - 2x^2 + 8}{x^2(x^2-4)}$

$= \dfrac{4x^4 + x^3 - 18x^2 + 8}{x^2(x^2-4)}$

17. $\dfrac{\left(1 - \dfrac{2}{x}\right)}{\left(\dfrac{3}{x} - \dfrac{4}{5}\right)} = \dfrac{\left(1 - \dfrac{2}{x}\right)5x}{\left(\dfrac{3}{x} - \dfrac{4}{5}\right)5x}$

$= \dfrac{5x - 10}{15 - 4x}$ or $\dfrac{5(x-2)}{-4x + 15}$

or $-\dfrac{5(x-2)}{4x - 15},\ x \neq 0$

18. $\dfrac{\left(\dfrac{3}{x} + \dfrac{x}{3}\right)}{\left(\dfrac{x+3}{6x}\right)} = \dfrac{\left(\dfrac{3}{x} + \dfrac{x}{3}\right) \cdot 6x}{\left(\dfrac{x+3}{6x}\right) \cdot 6x}$

$= \dfrac{18 + 2x^2}{x + 3}$

$= \dfrac{2(x^2 + 9)}{x + 3},\ x \neq 0$

19.
$$\begin{array}{r}
2x^2 - 4x + 3,\ x \neq \dfrac{2}{3} \\
3x - 2 \overline{\smash{\big)}\ 6x^3 - 16x^2 + 17x - 6} \\
\underline{6x^3 - 4x^2} \\
-12x^2 + 17x \\
\underline{-12x^2 + 8x} \\
9x - 6 \\
\underline{9x - 6} \\
0
\end{array}$$

20. (a) Average cost per unit $= \dfrac{\text{Total costs}}{\text{Number of units}}$

$= \dfrac{10.50x + 6000}{x}$

(b) Average cost per unit $= \dfrac{10.50x + 6000}{x},\ x = 500$

Average cost per unit $= \dfrac{10.50(500) + 6000}{500}$

$= \dfrac{5250 + 6000}{500}$

$= \dfrac{11{,}250}{500}$

$= \$22.50$

21. Area of larger triangle $= \dfrac{1}{2}(x+4)(x+2)$

$$= \dfrac{(x+4)(x+2)}{2}$$

Area of smaller triangle $= \dfrac{1}{2}(x)\left(\dfrac{x(x+2)}{x+4}\right)$

$$= \dfrac{x^2(x+2)}{2(x+4)}$$

Area of shaded region = Area of larger triangle − Area of smaller triangle

$$= \dfrac{(x+4)(x+2)}{2} - \dfrac{x^2(x+2)}{2(x+4)}$$

$$= \dfrac{(x+4)(x+2)(x+4)}{2(x+4)} - \dfrac{x^2(x+2)}{2(x+4)}$$

$$= \dfrac{(x+4)^2(x+2) - x^2(x+2)}{2(x+4)}$$

$$= \dfrac{(x+2)[(x+4)^2 - x^2]}{2(x+4)}$$

$$= \dfrac{(x+2)(x^2 + 8x + 16 - x^2)}{2(x+4)}$$

$$= \dfrac{(x+2)(8x+16)}{2(x+4)}$$

$$= \dfrac{(x+2)(8)(x+2)}{2(x+4)}$$

$$= \dfrac{\cancel{2}(4)(x+2)^2}{\cancel{2}(x+4)}$$

$$= \dfrac{4(x+2)^2}{x+4}$$

Ratio: $\dfrac{\text{Shaded Area}}{\text{Area of larger triangle}} = \dfrac{\left(\dfrac{4(x+2)^2}{x+4}\right)}{\left(\dfrac{(x+2)(x+4)}{2}\right)}$

$$= \dfrac{4(x+2)(x+2)}{x+4} \cdot \dfrac{2}{(x+2)(x+4)}$$

$$= \dfrac{8(x+2)\cancel{(x+2)}}{(x+4)^2\cancel{(x+2)}}$$

$$= \dfrac{8(x+2)}{(x+4)^2}$$

Note: The restriction, $x \neq -2$, is not necessary because $x > 0$.

Section 7.5 Solving Rational Equations

1. As an equation is solved, a trial solution is sometimes found which does not satisfy the original equation. This is called an extraneous solution. You can identify an extraneous solution by checking solutions in the original equation.

3. (a) $x = 0$

$$\frac{0}{3} - \frac{0}{5} \stackrel{?}{=} \frac{4}{3}$$

$$0 - 0 \stackrel{?}{=} \frac{4}{3}$$

$$0 \neq \frac{4}{3}$$

No, 0 is *not* a solution.

(c) $x = \frac{1}{8}$

$$\frac{\left(\frac{1}{8}\right)}{3} - \frac{\left(\frac{1}{8}\right)}{5} \stackrel{?}{=} \frac{4}{3}$$

$$\frac{1}{24} - \frac{1}{40} \stackrel{?}{=} \frac{4}{3}$$

$$\frac{5}{120} - \frac{3}{120} \stackrel{?}{=} \frac{4}{3}$$

$$\frac{2}{120} \neq \frac{4}{3}$$

No, $\frac{1}{8}$ is *not* a solution.

(b) $x = -1$

$$\frac{-1}{3} - \frac{-1}{5} \stackrel{?}{=} \frac{4}{3}$$

$$\frac{-5}{15} - \frac{-3}{15} \stackrel{?}{=} \frac{4}{3}$$

$$-\frac{5}{15} + \frac{3}{15} \stackrel{?}{=} \frac{4}{3}$$

$$-\frac{2}{15} \neq \frac{4}{3}$$

No, -1 is *not* a solution.

(d) $x = 10$

$$\frac{10}{3} - \frac{10}{5} \stackrel{?}{=} \frac{4}{3}$$

$$\frac{10}{3} - 2 \stackrel{?}{=} \frac{4}{3}$$

$$\frac{10}{3} - \frac{6}{3} = \frac{4}{3}$$

Yes, 10 *is* a solution.

5. (a) $x = -1$

$$-\frac{1}{4} + \frac{3}{4(-1)} \stackrel{?}{=} 1$$

$$-\frac{1}{4} - \frac{3}{4} \neq 1$$

No, -1 is *not* a solution.

(c) $x = 3$

$$\frac{3}{4} + \frac{3}{4(3)} \stackrel{?}{=} 1$$

$$\frac{3}{4} + \frac{3}{12} \stackrel{?}{=} 1$$

$$\frac{3}{4} + \frac{1}{4} = 1$$

Yes, 3 *is* a solution.

(b) $x = 1$

$$\frac{1}{4} + \frac{3}{4(1)} \stackrel{?}{=} 1$$

$$\frac{1}{4} + \frac{3}{4} = 1$$

Yes, 1 *is* a solution.

(d) $x = \frac{1}{2}$

$$\frac{\left(\frac{1}{2}\right)}{4} + \frac{3}{4\left(\frac{1}{2}\right)} \stackrel{?}{=} 1$$

$$\frac{1}{8} + \frac{3}{2} \neq 1$$

No, $\frac{1}{2}$ is *not* a solution.

7. $\dfrac{x}{4} = \dfrac{3}{8}$ or $\dfrac{x}{4} = \dfrac{3}{8}$

    $8x = 12$ $8\left(\dfrac{x}{4}\right) = 8\left(\dfrac{3}{8}\right)$

    $x = \dfrac{12}{8}$ $2x = 3$

    $x = \dfrac{3}{2}$ $x = \dfrac{3}{2}$

9. $\dfrac{t}{2} = \dfrac{1}{8}$ or $\dfrac{t}{2} = \dfrac{1}{8}$

    $8t = 2$ $8\left(\dfrac{t}{2}\right) = 8\left(\dfrac{1}{8}\right)$

    $t = \dfrac{2}{8}$ $4t = 1$

    $t = \dfrac{1}{4}$ $t = \dfrac{1}{4}$

11. $\dfrac{z+2}{3} = \dfrac{z}{12}$ or $\dfrac{z+2}{3} = \dfrac{z}{12}$

    $12(x+2) = 3z$ $12\left(\dfrac{z+2}{3}\right) = 12\left(\dfrac{z}{12}\right)$

    $12z + 24 = 3z$ $4(z+2) = z$

    $24 = -9z$ $4z + 8 = z$

    $-\dfrac{24}{9} = z$ $8 = -3z$

    $-\dfrac{8}{3} = z$ $-\dfrac{8}{3} = z$

13. $\dfrac{4t}{3} = 15 - \dfrac{t}{6}$

    $6\left(\dfrac{4t}{3}\right) = 6\left(15 - \dfrac{t}{6}\right)$

    $2(4t) = 90 - t$

    $8t = 90 - t$

    $9t = 90$

    $t = \dfrac{90}{9}$

    $t = 10$

15. $\dfrac{h+2}{5} - \dfrac{h-1}{9} = \dfrac{2}{3}$

    $45\left(\dfrac{h+2}{5} - \dfrac{h-1}{9}\right) = 45\left(\dfrac{2}{3}\right)$

    $9(h+2) - 5(h-1) = 30$

    $9h + 18 - 5h + 5 = 30$

    $4h + 23 = 30$

    $4h = 7$

    $h = \dfrac{7}{4}$

17. $\dfrac{7}{x} = 21$

    $x\left(\dfrac{7}{x}\right) = x(21)$

    $7 = 21x$

    $\dfrac{7}{21} = x$

    $\dfrac{1}{3} = x$

19. $\dfrac{9}{25-y} = -\dfrac{1}{4}$ or $\dfrac{9}{25-y} = -\dfrac{1}{4}$

    $36 = -1(25 - y) = -25 + y$ $4(25-y)\left(\dfrac{9}{25-y}\right) = 4(25-y)\left(-\dfrac{1}{4}\right)$

    $61 = y$ $36 = -(25 - y) = -25 + y$

                                                                 $61 = y$

21. $5 - \dfrac{12}{a} = \dfrac{5}{3}$

    $3a\left(5 - \dfrac{12}{a}\right) = 3a\left(\dfrac{5}{3}\right)$

    $15a - 36 = 5a$

    $-36 = -10a$

    $\dfrac{-36}{-10} = a$

    $\dfrac{18}{5} = a$

23.
$$\frac{12}{y+5} + \frac{1}{2} = 2$$
$$2(y+5)\left(\frac{12}{y+5} + \frac{1}{2}\right) = 2(y+5)2$$
$$24 + (y+5) = 4(y+5)$$
$$24 + y + 5 = 4y + 20$$
$$29 + y = 4y + 20$$
$$29 = 3y + 20$$
$$9 = 3y$$
$$\frac{9}{3} = y$$
$$3 = y$$

25.
$$\frac{5}{x} = \frac{25}{3(x+2)}$$
$$15(x+2) = 25x$$
$$15x + 30 = 25x$$
$$30 = 10x$$
$$\frac{30}{10} = x$$
$$3 = x$$

27.
$$\frac{8}{3x+5} = \frac{1}{x+2}$$
$$8(x+2) = 3x+5$$
$$8x + 16 = 3x + 5$$
$$5x + 16 = 5$$
$$5x = -11$$
$$x = -\frac{11}{5}$$

29.
$$\frac{3}{x+2} - \frac{1}{x} = \frac{1}{5x}$$
$$5x(x+2)\left(\frac{3}{x+2} - \frac{1}{x}\right) = 5x(x+2)\left(\frac{1}{5x}\right)$$
$$5x(3) - 5(x+2) = x+2$$
$$15x - 5x - 10 = x + 2$$
$$10x - 10 = x + 2$$
$$9x - 10 = 2$$
$$9x = 12$$
$$x = \frac{12}{9} = \frac{4}{3}$$

31.
$$\frac{4}{2x+3} + \frac{17}{5(2x+3)} = 3$$
$$5(2x+3)\left[\frac{4}{2x+3} + \frac{17}{5(2x+3)}\right] = 5(2x+3)(3)$$
$$20 + 17 = 15(2x+3)$$
$$37 = 30x + 45$$
$$-8 = 30x$$
$$-\frac{8}{30} = x$$
$$-\frac{4}{15} = x$$

33.
$$\frac{10}{x(x-2)} + \frac{4}{x} = \frac{5}{x-2}$$
$$x(x-2)\left[\frac{10}{x(x-2)} + \frac{4}{x}\right] = x(x-2)\left(\frac{5}{x-2}\right)$$
$$10 + 4(x-2) = 5x$$
$$10 + 4x - 8 = 5x$$
$$4x + 2 = 5x$$
$$2 = x \quad \text{Extraneous}$$

Substituting 2 for x in the original equation results in division by zero. Thus, $x = 2$ is an *extraneous* solution and the equation has *no* solution.

35.
$$3\left(\frac{1}{x} + 4\right) = 2 + \frac{4}{3x}$$
$$\frac{3}{x} + 12 = 2 + \frac{4}{3x}$$
$$3x\left(\frac{3}{x} + 12\right) = 3x\left(2 + \frac{4}{3x}\right)$$
$$9 + 36x = 6x + 4$$
$$9 + 30x = 4$$
$$30x = -5$$
$$x = -\frac{5}{30}$$
$$x = -\frac{1}{6}$$

37.
$$\frac{2}{(x-4)(x-2)} = \frac{1}{x-4} + \frac{2}{x-2}$$
$$(x-4)(x-2)\left(\frac{2}{(x-4)(x-2)}\right) = \left(\frac{1}{x-4} + \frac{2}{x-2}\right)(x-4)(x-2)$$
$$2 = x - 2 + 2(x-4)$$
$$2 = x - 2 + 2x - 8$$
$$2 = 3x - 10$$
$$12 = 3x$$
$$4 = x \quad \text{(Extraneous)}$$

Substituting 4 for x in the original equation results in division by zero. Thus, $x = 4$ in an *extraneous* solution and the equation has *no* solution.

39.
$$\frac{1}{x-5} + \frac{1}{x+5} = \frac{x+3}{x^2-25}$$
$$(x-5)(x+5)\left(\frac{1}{x-5} + \frac{1}{x+5}\right) = (x-5)(x+5)\left[\frac{x+3}{(x+5)(x-5)}\right]$$
$$x + 5 + x - 5 = x + 3$$
$$2x = x + 3$$
$$x = 3$$

41.
$$\frac{1}{2} = \frac{18}{x^2}$$
$$x^2 = 36$$
$$x^2 - 36 = 0$$
$$(x+6)(x-6) = 0$$
$$x + 6 = 0 \implies x = -6$$
$$x - 6 = 0 \implies x = 6$$

43.
$$\frac{32}{t} = 2t$$
$$32 = 2t^2$$
$$0 = 2t^2 - 32$$
$$= 2(t^2 - 16) = 2(t+4)(t-4)$$
$$2 \neq 0$$
$$t + 4 = 0 \implies t = -4$$
$$t - 4 = 0 \implies t = 4$$

45.
$$x + 1 = \frac{72}{x}$$
$$x(x + 1) = x\left(\frac{72}{x}\right)$$
$$x^2 + x = 72$$
$$x^2 + x - 72 = 0$$
$$(x + 9)(x - 8) = 0$$
$$x + 9 = 0 \implies x = -9$$
$$x - 8 = 0 \implies x = 8$$

47.
$$1 = \frac{16}{y} - \frac{39}{y^2}$$
$$y^2(1) = y^2\left(\frac{16}{y} - \frac{39}{y^2}\right)$$
$$y^2 = 16y - 39$$
$$y^2 - 16y + 39 = 0$$
$$(y - 13)(y - 3) = 0$$
$$y - 13 = 0 \implies y = 13$$
$$y - 3 = 0 \implies y = 3$$

49.
$$\frac{1}{x - 1} + \frac{3}{x + 1} = 2$$
$$(x - 1)(x + 1)\left(\frac{1}{x - 1} + \frac{3}{x + 1}\right) = (x - 1)(x + 1)(2)$$
$$x + 1 + 3(x - 1) = (x^2 - 1)(2)$$
$$x + 1 + 3x - 3 = 2x^2 - 2$$
$$4x - 2 = 2x^2 - 2$$
$$0 = 2x^2 - 4x = 2x(x - 2)$$
$$2x = 0 \implies x = 0$$
$$x - 2 = 0 \implies x = 2$$

51.
$$x - \frac{24}{x} = 5$$
$$x\left(x - \frac{24}{x}\right) = x(5)$$
$$x^2 - 24 = 5x$$
$$x^2 - 5x - 24 = 0$$
$$(x - 8)(x + 3) = 0$$
$$x - 8 = 0 \implies x = 8$$
$$x + 3 = 0 \implies x = -3$$

53.
$$\frac{2x}{5} = \frac{x^2 - 5x}{5x}$$
$$2x(5x) = 5(x^2 - 5x)$$
$$10x^2 = 5x^2 - 25x$$
$$5x^2 + 25x = 0$$
$$5x(x + 5) = 0$$
$$5x = 0 \implies x = 0 \quad \text{(Extraneous)}$$
$$x + 5 = 0 \implies x = -5$$

Substituting 0 for x in the original equation results in division by zero. Thus, $x = 0$ is an *extraneous* solution and the only solution is $x = -5$.

55.
$$\frac{x}{2} = \frac{\left(2 - \frac{3}{x}\right)}{\left(1 - \frac{1}{x}\right)} = \frac{\left(2 - \frac{3}{x}\right)(x)}{\left(1 - \frac{1}{x}\right)(x)}$$
$$= \frac{2x - 3}{x - 1}$$
$$x(x - 1) = 2(2x - 3)$$
$$x^2 - x = 4x - 6$$
$$x^2 - 5x + 6 = 0$$
$$(x - 3)(x - 2) = 0$$
$$x - 3 = 0 \implies x = 3$$
$$x - 2 = 0 \implies x = 2$$

57.
$$\frac{2(x + 7)}{x + 4} - 2 = \frac{2x + 20}{2x + 8}$$
$$2(x + 4)\left(\frac{2(x + 7)}{x + 4} - 2\right) = \left(\frac{2x + 20}{2(x + 4)}\right)(2)(x + 4)$$
$$4(x + 7) - 4(x + 4) = 2x + 20$$
$$4x + 28 - 4x - 16 = 2x + 20$$
$$12 = 2x + 20$$
$$-8 = 2x$$
$$-4 = x \quad \text{(Extraneous)}$$

Substituting -4 for x in the original equation results in division by zero. Thus, $x = -4$ is an *extraneous* solution and the equation has *no* solution.

59. *Verbal model:* $\boxed{\text{Number}} + \boxed{\text{Reciprocal}} = \dfrac{65}{8}$

Labels: Number $= x$

Reciprocal $= \dfrac{1}{x}$

Equation:
$$x + \dfrac{1}{x} = \dfrac{65}{8}$$

$$8x\left(x + \dfrac{1}{x}\right) = 8x\left(\dfrac{65}{8}\right)$$

$$8x^2 + 8 = 65x$$

$$8x^2 - 65x + 8 = 0$$

$$(8x - 1)(x - 8) = 0$$

$$8x - 1 = 0 \implies x = \dfrac{1}{8}$$

$$x - 8 = 0 \implies x = 8$$

Thus, the number is $\dfrac{1}{8}$ or 8.

61. *Verbal model:* $\boxed{\text{Time with tail wind}} = \boxed{\text{Time with head wind}}$

$\dfrac{\boxed{\text{Distance with tail wind}}}{\boxed{\text{Rate with tail wind}}} = \dfrac{\boxed{\text{Distance with head wind}}}{\boxed{\text{Rate with head wind}}}$

Labels: Speed of wind $= x$ (miles per hour)

Tail wind: Distance $= 680$ (miles); Rate $= 300 + x$ (miles per hour)

Head wind: Distance $= 520$ (miles); Rate $= 300 - x$ (miles per hour)

Equation:
$$\dfrac{680}{300 + x} = \dfrac{520}{300 - x}$$

$$680(300 - x) = 520(300 + x)$$

$$204{,}000 - 680x = 156{,}000 + 520x$$

$$48{,}000 - 680x = 520x$$

$$48{,}000 = 1200x$$

$$\dfrac{48{,}000}{1200} = x$$

$$40 = x$$

Thus, the speed of the wind is 40 miles per hour.

63. *Verbal model:* $\boxed{\text{Time for faster runner}} = \boxed{\text{Time for slower runner}}$

$\dfrac{\boxed{\text{Distance for faster runner}}}{\boxed{\text{Rate for faster runner}}} = \dfrac{\boxed{\text{Distance for slower runner}}}{\boxed{\text{Rate for slower runner}}}$

Labels: Slower runner: Distance $= 4$ miles; Rate $= x$ (miles per hour)

Faster runner: Distance $= 5$ miles; Rate $= x + 2$ (miles per hour)

Equation:
$$\dfrac{5}{x + 2} = \dfrac{4}{x}$$

$$5x = 4(x + 2)$$

$$5x = 4x + 8$$

$$x = 8 \text{ and } x + 2 = 10$$

The speeds of the runners are 8 miles per hour and 10 miles per hour.

65. *Verbal model:* $\boxed{\text{Time for trip upstream}} + \boxed{\text{Time for trip downstream}} = \boxed{5}$

$\dfrac{\boxed{\text{Distance upstream}}}{\boxed{\text{Upstream rate}}} + \dfrac{\boxed{\text{Distance downstream}}}{\boxed{\text{Downstream rate}}} = \boxed{5}$

Labels: Speed of the current $= x$ (miles per hour)

Upstream: Distance $= 48$ miles; Rate $= 20 - x$ (miles per hour)

Downstream: Distance $= 48$ miles; Rate $= 20 + x$ (miles per hour)

Equation:
$$\frac{48}{20-x} + \frac{48}{20+x} = 5$$

$$(20-x)(20+x)\left(\frac{48}{20-x} + \frac{48}{20+x}\right) = 5(20-x)(20+x)$$

$$48(20+x) + 48(20-x) = 5(400 - x^2)$$

$$960 + 48x + 960 - 48x = 2000 - 5x^2$$

$$1920 = 2000 - 5x^2$$

$$-80 = -5x^2$$

$$16 = x^2$$

$$\pm 4 = x \qquad \text{(Discard negative solution)}$$

The speed of the current is 4 miles per hour.

67. *Verbal model:* $\boxed{\text{Future cost per person}} = \boxed{\text{Current cost per person}} - \boxed{4000}$

$\dfrac{\boxed{\text{Total cost}}}{\boxed{\text{Number of members in future}}} = \dfrac{\boxed{\text{Total cost}}}{\boxed{\text{Current number of members}}} - \boxed{4000}$

Labels: Current number of members $= x$ (persons)

Number of members in future $= x + 2$

Total cost $= 240{,}000$ (dollars)

Equation:
$$\frac{240{,}000}{x+2} = \frac{240{,}000}{x} - 4000$$

$$x(x+2)\left(\frac{240{,}000}{x+2}\right) = \left(\frac{240{,}000}{x} - 4000\right)x(x+2)$$

$$240{,}000x = 240{,}000(x+2) - 4000x(x+2)$$

$$240{,}000x = 240{,}000x + 480{,}000 - 4000x^2 - 8000x$$

$$4000x^2 + 8000x - 480{,}000 = 0$$

$$x^2 + 2x - 120 = 0$$

$$(x+12)(x-10) = 0$$

$$x + 12 = 0 \implies x = -1 \qquad \text{(Discard negative solution)}$$

$$x - 10 = 0 \implies x = 10$$

There are presently 10 members in the group.

69.

	Person #1	Person #2	Together
(a)	6 hours	6 hours	3 hours
(b)	3 minutes	5 minutes	$1\frac{7}{8}$ minutes

Verbal model: $\boxed{\text{Rate for Person \#1}} + \boxed{\text{Rate for Person \#2}} = \boxed{\text{Rate Together}}$

(a)
$$\frac{1}{6} + \frac{1}{6} = \frac{1}{t}$$
$$6t\left(\frac{1}{6} + \frac{1}{6}\right) = 6t\left(\frac{1}{t}\right)$$
$$t + t = 6$$
$$2t = 6$$
$$t = 3$$

(b)
$$\frac{1}{3} + \frac{1}{5} = \frac{1}{t}$$
$$15t\left(\frac{1}{3} + \frac{1}{5}\right) = 15t\left(\frac{1}{t}\right)$$
$$5t + 3t = 15$$
$$8t = 15$$
$$t = \frac{15}{8}$$

71. *Verbal model:* $\boxed{\text{Rate for first person}} + \boxed{\text{Rate for second person}} = \boxed{\text{Rate Together}}$

$$\frac{1}{t} + \frac{1}{(3/2)t} = \frac{1}{9}$$
$$\frac{1}{t} + \frac{1}{3t/2} = \frac{1}{9}$$
$$\frac{1}{t} + \frac{2}{3t} = \frac{1}{9}$$
$$9t\left(\frac{1}{t} + \frac{2}{3t}\right) = 9t\left(\frac{1}{9}\right)$$
$$9 + 6 = t$$
$$15 = t \text{ and } \frac{3}{2}t = \frac{45}{2} \text{ or } 22\frac{1}{2}$$

Thus, one landscaper would require 15 hours and the second landscaper would require $22\frac{1}{2}$ hours to do the job individually.

73. *Verbal model:* $\boxed{\text{Rate for one pipe}} + \boxed{\text{Rate for second pipe}} = \boxed{\text{Rate Together}}$

$$\frac{1}{t} + \frac{1}{(5/4)t} = \frac{1}{5}$$
$$\frac{1}{t} + \frac{4}{5t} = \frac{1}{5}$$
$$5t\left(\frac{1}{t} + \frac{4}{5t}\right) = 5t\left(\frac{1}{5}\right)$$
$$5 + 4 = t$$
$$9 = t \text{ and } \frac{5}{4}t = \frac{5}{4} \cdot 9 = \frac{45}{4} \text{ or } 11\frac{1}{4}$$

Thus, it would take $11\frac{1}{4}$ hours to fill the pool using only the pipe with the lower flow rate.

75.
$$C = \frac{120{,}000p}{100 - p}$$

$$680{,}000 = \frac{120{,}000p}{100 - p}$$

$$680{,}000(100 - p) = 120{,}000p$$

$$68{,}000{,}000 - 680{,}000p = 120{,}000p$$

$$68{,}000{,}000 = 800{,}000p$$

$$85 = p$$

Thus, 85% of the stack emissions can be removed for $680,000.

77. (a) According to the graph, the total revenue first exceeded $100 billion in the year 1992.

(b) $y = \dfrac{84.981 + 6.457t}{1 - 0.026t}$, $-2 \le x \le 3$

$$\frac{84.981 + 6.457t}{1 - 0.026t} = 100$$

$$(1 - 0.026t)\left(\frac{84.981 + 6.457t}{1 - 0.026t}\right) = 100(1 - 0.026t)$$

$$84.981 + 6.457t = 100 - 2.6t$$

$$84.981 + 9.057t = 100$$

$$9.057t = 15.019$$

$$t \approx 1.66$$

$$t \approx 2 \text{ (to the nearest year)}$$

For $t = 2$, the year is 1992.

Section 7.6   Graphing Rational Functions

1. An asymptote of a graph is a line to which the graph becomes arbitrarily close as $|x|$ or $|y|$ increases without bound.

3. (a)

x	0	0.5	0.9	0.99	0.999
y	-4	-8	-40	-400	-4000

x	2	1.5	1.1	1.01	1.001
y	4	8	40	400	4000

x	2	5	10	100	1000
y	4	1	0.4444	0.0404	0.0040

(b) Vertical asymptote: $x = 1$
Horizontal asymptote: $y = 0$

(c) Domain: $(-\infty, 1) \cup (1, \infty)$

5. $f(x) = \dfrac{2}{x + 1}$

Graph (d)

7. $f(x) = \dfrac{x - 2}{x - 1}$

Graph (b)

9. $f(x) = \dfrac{5}{x^2}$

Domain: $(-\infty, 0) \cup (0, \infty)$

Vertical asymptote: $x = 0$

Horizontal asymptote: $y = 0$

Because the denominator $x^2 = 0$ when $x = 0$, the domain is all real values of x except $x = 0$, and the vertical asymptote is $x = 0$. Because the degree of the numerator is less than the degree of the denominator, the horizontal asymptote is $y = 0$.

11. $f(x) = \dfrac{x}{x + 8}$

Domain: $(-\infty, -8) \cup (-8, \infty)$

Vertical asymptote: $x = -8$

Horizontal asymptote: $y = 1$

Because the denominator $x + 8 = 0$ when $x = -8$, the domain is all real values of x except $x = -8$, and the vertical asymptote is $x = -8$. Because the degree of the numerator is equal to the degree of the denominator and the ratio of the leading coefficients is 1, the horizontal asymptote is $y = 1$.

348 Chapter 7 Rational Expressions and Rational Functions

13. $g(t) = \dfrac{3}{t(t-1)}$

Domain: $(-\infty, 0) \cup (0, 1) \cup (1, \infty)$

Vertical asymptotes: $t = 0$ and $t = 1$

Horizontal asymptote: $y = 0$

Because the denominator $t(t - 1) = 0$ when $t = 0$ and $t = 1$, the domain is all real values of t except $t = 0$ and $t = 1$, and the vertical asymptotes are $t = 0$ and $t = 1$. Because the degree of the numerator is less than the degree of the denominator, the horizontal asymptote is $y = 0$.

15. $h(s) = \dfrac{2s^2}{s+3}$

Domain: $(-\infty, -3) \cup (-3, \infty)$

Vertical asymptotes: $s = -3$

Horizontal asymptotes: None

Because the denominator $s + 3 = 0$ when $s = -3$, the domain is all real values of s expect $s = -3$, and the vertical asymptote is $s = -3$. Because the degree of the numerator is greater than the degree of the denominator, there is no horizontal asymptote.

17. $y = \dfrac{3 - 5x}{1 - 3x}$

Domain: $\left(-\infty, \dfrac{1}{3}\right) \cup \left(\dfrac{1}{3}, \infty\right)$

Vertical asymptote: $x = \dfrac{1}{3}$

Horizontal asymptote: $y = \dfrac{5}{3}$

Because the denominator $1 - 3x = 0$ when $x = \frac{1}{3}$, the domain is all real values of x except $x = \frac{1}{3}$, and the vertical asymptote is $x = \frac{1}{3}$. Because the degree of the numerator is equal to the degree of the denominator and the ratio of the leading coefficients is $\frac{5}{3}$, the horizontal asymptote is $y = \frac{5}{3}$.

19. $y = \dfrac{5x^2}{x^2 - 1}$

Domain: $(-\infty, -1) \cup (-1, 1) \cup (1, \infty)$

Vertical asymptotes: $x = 1, x = -1$

Horizontal asymptote: $y = 5$

Because the denominator $x^2 - 1 = 0$ when $x = 1$ or $x = -1$, the domain is all real values of x except $x = 1$ and $x = -1$, and the vertical asymptotes are $x = 1$ and $x = -1$. Because the degree of the numerator is equal to the degree of the denominator and the ratio of the leading coefficients is 5, the horizontal asymptote is $y = 5$.

21. $f(x) = \dfrac{3}{x+2}$

Graph (d)

23. $f(x) = \dfrac{3x^2}{x+2}$

Graph (a)

25. $g(x) = \dfrac{5}{x}$

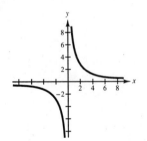

27. $f(x) = \dfrac{5}{x^2}$

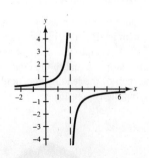

29. $f(x) = \dfrac{2}{x-2}$

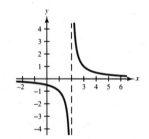

31. $g(x) = \dfrac{1}{2-x}$

33. $y = \dfrac{2x+4}{x}$

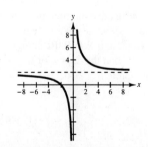

35. $y = \dfrac{3x}{x+4}$

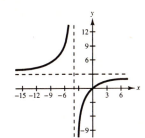

37. $y = \dfrac{2x^2}{x^2+1}$

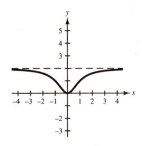

39. $g(t) = 3 - \dfrac{2}{t}$

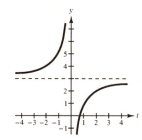

41. $y = \dfrac{4}{x^2+1}$

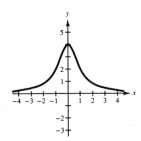

43. $y = -\dfrac{x}{x^2-4}$

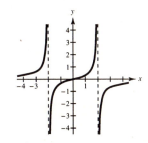

45. $h(x) = \dfrac{x-3}{x-1}$

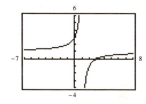

Domain: $(-\infty, 1) \cup (1, \infty)$
Horizontal asymptote: $y = 1$
Vertical asymptote: $x = 1$

47. $f(t) = \dfrac{6}{t^2+1}$

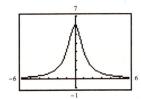

Domain: $(-\infty, \infty)$
Horizontal asymptote: $y = 0$
Vertical asymptote: None

49. $y = \dfrac{2(x^2+1)}{x^2}$

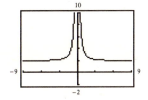

Domain: $(-\infty, 0) \cup (0, \infty)$
Horizontal asymptote: $y = 2$
Vertical asymptote: $x = 0$

51. $y = \dfrac{3}{x} + \dfrac{1}{x-2}$

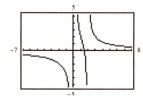

$y = \dfrac{3}{x} + \dfrac{1}{x-2} \Rightarrow y = \dfrac{4x-6}{x(x-2)}$

Domain: $(-\infty, 0) \cup (0, 2) \cup (2, \infty)$
Horizontal asymptote: $y = 0$
Vertical asymptote: $x = 0, x = 2$

53. $g(x) = -\dfrac{1}{x}$

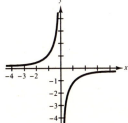

This transformation is a reflection in the x-axis.

55. $g(x) = \dfrac{1}{x-2}$

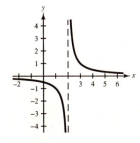

This transformation is a horizontal shift of two units to the right.

57. $g(x) = 2 + \dfrac{4}{x^2}$

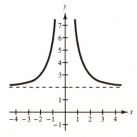

This transformation is a vertical shift two units upward.

59. $g(x) = -\dfrac{4}{(x-2)^2}$

This transformation is a reflection in the x-axis and a horizontal shift of two units to the right.

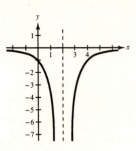

61. $g(x) = \dfrac{4-2x}{x-2}$

$= \dfrac{-2(x-2)}{x-2}$

$= -2, \; x \neq 2$

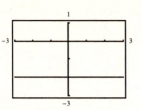

The fraction is not reduced to lowest terms.

63. (a) From the graph it appears that the x-intercept is $(-2, 0)$.

(b) $y = \dfrac{x+2}{x-2}, \; y = 0$

$0 = \dfrac{x+2}{x-2}$

$(x-2)(0) = \left(\dfrac{x+2}{x-2}\right)(x-2)$

$0 = x + 2$

$-2 = x$

$(-2, 0)$

65. (a) From the graph it appears that the x-intercepts are $(1, 0)$ and $(-1, 0)$.

(b) $y = x - \dfrac{1}{x}, \; y = 0$

$0 = x - \dfrac{1}{x}$

$x(0) = \left(x - \dfrac{1}{x}\right)x$

$0 = x^2 - 1$

$1 = x^2$

$\pm\sqrt{1} = x$

$\pm 1 = x$

$(1, 0)$ and $(-1, 0)$

67. (a) From the graph it appears that the x-intercept is $(1, 0)$.

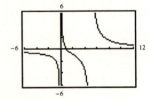

(b) $y = \dfrac{1}{x} + \dfrac{4}{x-5}, \; y = 0$

$0 = \dfrac{1}{x} + \dfrac{4}{x-5}$

$x(x-5)(0) = \left(\dfrac{1}{x} + \dfrac{4}{x-5}\right)(x)(x-5)$

$0 = (x-5) + 4x$

$0 = 5x - 5$

$5 = 5x$

$1 = x$

$(1, 0)$

69. (a) From the graph it appears that the x-intercept is $(4, 0)$.

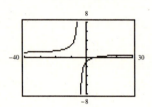

(b) $y = \dfrac{x-4}{x+5}, \; y = 0$

$0 = \dfrac{x-4}{x-5}$

$(x-5)(0) = \left(\dfrac{x-4}{x-5}\right)(x-5)$

$0 = x - 4$

$4 = x$

$(4, 0)$

71. (a) From the graph it appears that the x-intercepts are $(-3, 0)$ and $(2, 0)$.

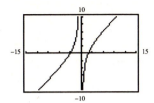

(b) $y = (x + 1) - \dfrac{6}{x}, y = 0$

$0 = (x + 1) - \dfrac{6}{x}$

$x(0) = \left[(x + 1) - \dfrac{6}{x}\right]x$

$0 = x(x + 1) - 6$

$0 = x^2 + x - 6$

$0 = (x + 3)(x - 2)$

$x + 3 = 0 \Rightarrow x = -3$

$x - 2 = 0 \Rightarrow x = 2$

$(-3, 0)$ and $(2, 0)$

73. (a) From the graph it appears that the x-intercepts are $(-3, 0)$ and $(4, 0)$.

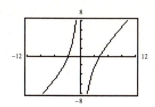

(b) $y = (x - 1) - \dfrac{12}{x}, y = 0$

$0 = (x - 1) - \dfrac{12}{x}$

$x(0) = \left[(x - 1) - \dfrac{12}{x}\right]x$

$0 = x(x - 1) - 12$

$0 = x^2 - x - 12$

$0 = (x + 3)(x - 4)$

$x + 3 = 0 \Rightarrow x = -3$

$x - 4 = 0 \Rightarrow x = 4$

$(-3, 0)$ and $(4, 0)$

75. (a) $C = 2{,}500 + 0.50x, x > 0$

Average cost $= \dfrac{\text{Cost}}{\text{Number of units}}$

$\overline{C} = \dfrac{2{,}500 + 0.50x}{x}$

(c) The horizontal asymptote of the graph is $\overline{C} = 0.50$.

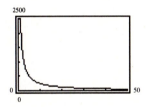

(b) $\overline{C} = \dfrac{2{,}500 + 0.50x}{x}$

$x = 1{,}000 \Rightarrow \overline{C} = \dfrac{2{,}500 + 0.50(1{,}000)}{1{,}000}$

$= \dfrac{2{,}500 + 500}{1{,}000}$

$= \dfrac{3{,}000}{1{,}000}$

$= 3$

When 1,000 units are produced, the average cost is $3.

$\overline{C} = \dfrac{2{,}500 + 0.50x}{x}$

$x = 10{,}000 \Rightarrow \overline{C} = \dfrac{2{,}500 + 0.50(10{,}000)}{10{,}000}$

$= \dfrac{2{,}500 + 5{,}000}{10{,}000}$

$= \dfrac{7{,}500}{10{,}000}$

$= 0.75$

When 10,000 units are produced, the average cost is $0.75.

352 Chapter 7 **Rational Expressions and Rational Functions**

77. (a) $C = \dfrac{2t}{4t^2 + 25}$

   Because the degree of the numerator is less than the degree of the denominator, the horizontal asymptote of the function is $C = 0$. This indicates that the chemical is eliminated.

(b)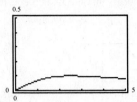

   From the graph it appears that the concentration is greatest at approximately 2.5 hours.

79. (a) Area = (Length)(Width)

   Length = $x \Rightarrow$ Area = x(Width)

   $400 = x$(Width)

   $\dfrac{400}{x} = $ Width

   Perimeter P = 2(Length) + 2(Width)

   $P = 2x + 2\left(\dfrac{400}{x}\right)$

   $= 2\left(x + \dfrac{400}{x}\right)$

(b) The width x must be positive. Thus, the domain is $(0, \infty)$.

(c)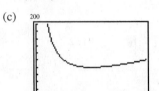

   From the graph it appears that the minimum perimeter occurs when the width x of the rectangle is 20 meters. The length is $400/x$ or 20 meters also.

Section 7.7 Rational Inequalities in One Variable

1. $\dfrac{2}{3-x} \leq 0$

   (a) $x = 3$

   $\dfrac{2}{3-3} \stackrel{?}{\leq} 0$

   $\dfrac{2}{0}$ undefined

   No, 3 is not a solution.

   (c) $x = -4$

   $\dfrac{2}{3-(-4)} \stackrel{?}{\leq} 0$

   $\dfrac{2}{7} \not\leq 0$

   No, -4 is not a solution.

   (b) $x = 4$

   $\dfrac{2}{3-4} \stackrel{?}{\leq} 0$

   $\dfrac{2}{-1} \stackrel{?}{\leq} 0$

   $-2 \leq 0$

   Yes, 4 is a solution.

   (d) $x = -\dfrac{1}{3}$

   $\dfrac{2}{3-\left(-\dfrac{1}{3}\right)} \stackrel{?}{\leq} 0$

   $\dfrac{2}{\left(\dfrac{10}{3}\right)} \stackrel{?}{\leq} 0$

   $2\left(\dfrac{3}{10}\right) \stackrel{?}{\leq} 0$

   $\dfrac{3}{5} \not\leq 0$

   No, $-\dfrac{1}{3}$ is not a solution.

3. $\dfrac{5}{x-3}$

$5 \neq 0$

$x - 3 = 0 \implies x = 3$

Critical number: 3

5. $\dfrac{2x}{x+5}$

$2x = 0 \implies x = 0$

$x + 5 = 0 \implies x = -5$

Critical numbers: $-5, 0$

7. $\dfrac{5}{x-3} > 0$

$5 \neq 0$

$x - 3 = 0 \implies x = 3$

Critical number: 3

The solution is $(3, \infty)$.

Test Interval	Representative x-value	Value of Expression	Conclusion
$(-\infty, 3)$	0	$\dfrac{5}{0-3} = -\dfrac{5}{3}$	Negative
$(3, \infty)$	5	$\dfrac{5}{5-3} = \dfrac{5}{2}$	Positive

9. $\dfrac{-5}{x-3} > 0$

$-5 \neq 0$

$x - 3 = 0 \implies x = 3$

Critical number: 3

Solution: $(-\infty, 3)$

Test Interval	Representative x-value	Value of Expression	Conclusion
$(-\infty, 3)$	0	$\dfrac{-5}{0-3} = \dfrac{-5}{-3} = \dfrac{5}{3}$	Positive
$(3, \infty)$	5	$\dfrac{-5}{5-3} = \dfrac{-5}{2}$	Negative

11. $\dfrac{4}{x-3} \leq 0$

$4 \neq 0$

$x - 3 = 0 \implies x = 3$

Critical number: 3

The solution is $(-\infty, 3)$.

Test Interval	Representative x-value	Value of Expression	Conclusion
$(-\infty, 3)$	0	$\dfrac{4}{0-3} = -\dfrac{4}{3}$	Negative
$(3, \infty)$	5	$\dfrac{4}{5-3} = \dfrac{4}{2} = 2$	Positive

13. $\dfrac{x}{x-4} \leq 0$

$x = 0$

$x - 4 = 0 \implies x = 4$

Critical numbers: 0, 4

The solution is $[0, 4)$.

Test Interval	Representative x-value	Value of Expression	Conclusion
$(-\infty, 0]$	-2	$\dfrac{-2}{-2-4} = \dfrac{-2}{-6} = \dfrac{1}{3}$	Positive
$[0, 4)$	2	$\dfrac{2}{2-4} = \dfrac{2}{-2} = -1$	Negative
$(4, \infty)$	6	$\dfrac{6}{6-4} = \dfrac{6}{2} = 3$	Positive

15. $\dfrac{y-3}{2y-11} \geq 0$

$y - 3 = 0 \implies y = 3$

$2y - 11 = 0 \implies y = \dfrac{11}{2}$

Critical numbers: $3, \dfrac{11}{2}$

The solution is $(-\infty, 3] \cup \left(\dfrac{11}{2}, \infty\right)$.

Test Interval	Representative y-value	Value of Expression	Conclusion
$(-\infty, 3]$	0	$\dfrac{0-3}{2(0)-11} = \dfrac{-3}{-11} = \dfrac{3}{11}$	Positive
$\left[3, \dfrac{11}{2}\right)$	5	$\dfrac{5-3}{2(5)-11} = \dfrac{2}{-1} = -2$	Negative
$\left(\dfrac{11}{2}, \infty\right)$	10	$\dfrac{10-3}{2(10)-11} = \dfrac{7}{9}$	Positive

17. $\dfrac{3(u-3)}{u+1} < 0$

$3(u - 3) = 0 \implies u = 3$

$u + 1 = 0 \implies u = -1$

Critical numbers: $3, -1$

The solution is $(-1, 3)$.

Test Interval	Representative x-value	Value of Expression	Conclusion
$(-\infty, -1)$	-2	$\dfrac{3(-2-3)}{-2+1} = \dfrac{-15}{-1} = 15$	Positive
$(-1, 3)$	0	$\dfrac{3(0-3)}{0+1} = \dfrac{-9}{1} = -9$	Negative
$(3, \infty)$	5	$\dfrac{3(5-3)}{5+1} = \dfrac{6}{6} = 1$	Positive

19. $\dfrac{6}{x-4} > 2$

$\dfrac{6}{x-4} - 2 > 0$

$\dfrac{6 - 2(x-4)}{x-4} > 0$

$\dfrac{6 - 2x + 8}{x-4} > 0$

$\dfrac{-2x + 14}{x-4} > 0$

$-2x + 14 = 0 \implies x = 7$

$x - 4 = 0 \implies x = 4$

Critical numbers: $4, 7$

The solution is $(4, 7)$.

Test Interval	Representative x-value	Value of Expression	Conclusion
$(-\infty, 4)$	0	$\dfrac{6}{0-4} - 2 = -\dfrac{3}{2} - 2 = -\dfrac{7}{2}$	Negative
$(4, 7)$	5	$\dfrac{6}{5-4} - 2 = 6 - 2 = 4$	Positive
$(7, \infty)$	10	$\dfrac{6}{10-4} - 2 = 1 - 2 = -1$	Negative

21. $\dfrac{x}{x-3} \le 2$

$\dfrac{x}{x-3} - 2 \le 0$

$\dfrac{x - 2(x-3)}{x-3} \le 0$

$\dfrac{x - 2x + 6}{x-3} \le 0$

$\dfrac{-x + 6}{x-3} \le 0$

$-x + 6 = 0 \Rightarrow x = 6$

$x - 3 = 0 \Rightarrow x = 3$

Critical numbers: 3, 6

The solution is $(-\infty, 3) \cup [6, \infty)$.

Test Interval	Representative x-value	Value of Expression	Conclusion
$(-\infty, 3)$	0	$\dfrac{-0+6}{0-3} = \dfrac{6}{-3} = -2$	Negative
$(3, 6]$	4	$\dfrac{-4+6}{4-3} = \dfrac{2}{1} = 2$	Positive
$[6, \infty)$	8	$\dfrac{-8+6}{8-3} = \dfrac{-2}{5}$	Negative

23.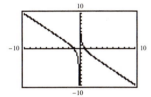

$\dfrac{1}{x} - x > 0$

The solution is $(-\infty, -1) \cup (0, 1)$.

25.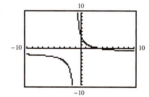

$\dfrac{x+6}{x+1} - 2 < 0$

The solution is $(-\infty, -1) \cup (4, \infty)$.

27.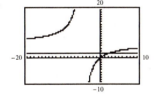

$\dfrac{6x}{x+5} < 2$

The solution is $\left(-5, \dfrac{5}{2}\right)$.

29.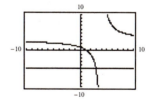

$\dfrac{3x-4}{x-4} < -5$

The solution is $(3, 4)$.

31.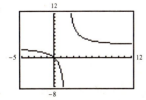

(a) $[0, 2)$

(b) $(2, 4]$

33.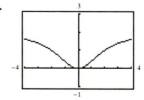

(a) $(-\infty, -2] \cup [2, \infty)$

(b) $(-\infty, \infty)$

35. Verbal Model: $\boxed{\text{Time traveling at first speed}} + \boxed{\text{Time traveling at second speed}}$

Labels: First speed: rate $= r$ (miles per hour)
                         distance $= 144$ (miles)
                         time $= \dfrac{144}{r}$
          Second speed: rate $= r + 10$ (miles per hour)
                         distance $= 260 - 144 = 116$ (miles)
                         time $= \dfrac{116}{(r + 10)}$

Inequality: $\dfrac{144}{r} + \dfrac{116}{r + 10} < 5$

$\dfrac{144(r + 10) + 116r}{r(r + 10)} < 5$

$\dfrac{260r + 1440}{r(r + 10)} - 5 < 0$

$\dfrac{260r + 1440}{r(r + 10)} - \dfrac{5r(r + 10)}{r(r + 10)} < 0$

$\dfrac{260r + 1440 - 5r^2 - 50r}{r(r + 10)} < 0$

$\dfrac{-5r^2 + 210r + 1440}{r(r + 10)} < 0$

$\dfrac{-5(r^2 - 42r - 288)}{r(r + 10)} < 0$

$\dfrac{-5(r + 6)(r - 48)}{r(r + 10)} < 0$

$r + 6 = 0 \Rightarrow r = -6$ (Discard negative solution)

$r - 48 = 0 \Rightarrow r = 48$

$r(r + 10) = 0 \Rightarrow r = 0$ or $r = -10$ (Discard negative solution)

Both rates must be nonnegative and below the speed limit of 65 mph.

Critical numbers: 0 and 48

Test Interval	Representative x-value	Value of Expression	Conclusion
$[0, 48)$	10	$\dfrac{260(10) + 1440}{10(10 + 10)} - 5 = 15.2$	Positive
$(48, 55]$	50	$\dfrac{260(50) + 1440}{50(50 + 10)} - 5 \approx -0.19$	Negative

The solution for r is $(48, 55]$. Thus, $48 < r < 55$ and $58 < r + 10 < 65$.

37. (a)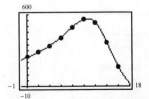

(b) From the graph, it appears that the temperature was at least 400° F for values of t in the interval $[5.7, 13.6]$.

Review Exercises for Chapter 7

1. $\dfrac{3y}{y - 8}$

The denominator is zero when $y - 8 = 0$ or $y = 8$. Thus, the domain is all real values of y such that $y \neq 8$.

Domain $= (-\infty, 8) \cup (8, \infty)$.

2. $\dfrac{t + 4}{t + 12}$

The denominator is zero when $t + 12 = 0$ or $t = -12$. Thus, the domain is all real values of t such that $t \neq -12$.

Domain $= (-\infty, -12) \cup (-12, \infty)$.

3. $\dfrac{u}{u^2 - 7u + 6}$

The denominator, $u^2 - 7u + 6$ or $(u - 6)(u - 1)$, is zero when $u = 6$ or $u = 1$. Thus, the domain is all real values of u such that $u \neq 6$ and $u \neq 1$.

Domain $= (-\infty, 1) \cup (1, 6) \cup (6, \infty)$.

4. $\dfrac{x - 12}{x(x^2 - 16)}$

The denominator, $x(x^2 - 16)$ or $x(x - 4)(x + 4)$, is zero when $x = 0$, $x = 4$, or $x = -4$. Thus, the domain is all real values of x such that $x \neq 0$, $x \neq 4$, and $x \neq -4$.

Domain $= (-\infty, -4) \cup (-4, 0) \cup (0, 4) \cup (4, \infty)$.

5. $\dfrac{6x^4 y^2}{15xy^2} = \dfrac{\cancel{3}(2)\cancel{(x)}(x^3)\cancel{(y^2)}}{\cancel{3}(5)\cancel{(x)}\cancel{(y^2)}}$

$= \dfrac{2x^3}{5}, \ x \neq 0, \ y \neq 0$

6. $\dfrac{2(y^3 z)^2}{28(yz^2)^2} = \dfrac{2y^6 z^2}{28y^2 z^4}$

$= \dfrac{\cancel{2}\cancel{(y^2)}(y^4)\cancel{(z^2)}}{14\cancel{(2)}\cancel{(y^2)}\cancel{(z^2)}(z^2)} = \dfrac{y^4}{14z^2}, \ y \neq 0$

7. $\dfrac{5b - 15}{30b - 120} = \dfrac{5(b - 3)}{30(b - 4)}$

$= \dfrac{\cancel{5}(b - 3)}{\cancel{5}(6)(b - 4)} = \dfrac{b - 3}{6(b - 4)}$

8. $\dfrac{4a}{10a^2 + 26a} = \dfrac{4a}{2a(5a + 13)}$

$= \dfrac{\cancel{2}(2)\cancel{(a)}}{\cancel{2}\cancel{(a)}(5a + 13)} = \dfrac{2}{5a + 13}, \ a \neq 0$

9. $\dfrac{9x - 9y}{y - x} = \dfrac{9(x - y)}{y - x}$

$= \dfrac{9\cancel{(x - y)}}{(-1)\cancel{(x - y)}} = -9, \ x \neq y$

10. $\dfrac{x + 3}{x^2 - x - 12} = \dfrac{x + 3}{(x - 4)(x + 3)}$

$= \dfrac{1\cancel{(x + 3)}}{(x - 4)\cancel{(x + 3)}} = \dfrac{1}{x - 4}, \ x \neq -3$

11. $\dfrac{x^2 - 5x}{2x^2 - 50} = \dfrac{x(x - 5)}{2(x^2 - 25)}$

$= \dfrac{x\cancel{(x - 5)}}{2(x + 5)\cancel{(x - 5)}} = \dfrac{x}{2(x + 5)}, \ x \neq 5$

12. $\dfrac{x^2 + 3x + 9}{x^3 - 27} = \dfrac{\cancel{x^2 + 3x + 9}}{(x - 3)\cancel{(x^2 + 3x + 9)}}$

$= \dfrac{1}{x - 3}$

13. $\dfrac{7}{8} \cdot \dfrac{2x}{y} \cdot \dfrac{y^2}{14x^2} = \dfrac{14xy^2}{8(14)x^2 y}$

$= \dfrac{\cancel{14}\cancel{(x)}\cancel{(y)}(y)}{8\cancel{(14)}\cancel{(x)}(x)\cancel{(y)}} = \dfrac{y}{8x}, \ y \neq 0$

14. $\dfrac{15(x^2 y)^3}{3y^3} \cdot \dfrac{12y}{x} = \dfrac{15(12)x^6 y^4}{3xy^3}$

$= \dfrac{\cancel{3}(5)(12)\cancel{(x)}(x^5)\cancel{(y^3)}(y)}{\cancel{3}\cancel{(x)}\cancel{(y^3)}}$

$= 60x^5 y, \ y \neq 0, \ x \neq 0$

15. $\dfrac{60z}{z + 6} \cdot \dfrac{z^2 - 36}{5} = \dfrac{60z(z + 6)(z - 6)}{(z + 6)(5)}$

$= \dfrac{\cancel{5}(12)(z)\cancel{(z + 6)}(z - 6)}{\cancel{(z + 6)}\cancel{(5)}}$

$= 12z(z - 6), \ z \neq -6$

16. $\dfrac{1}{6}(x^2 - 16) \cdot \dfrac{3}{x^2 - 8x + 16} = \dfrac{(x + 4)(x - 4)}{6} \cdot \dfrac{3}{(x - 4)^2}$

$= \dfrac{(x + 4)\cancel{(x - 4)}\cancel{3}}{\cancel{3}(2)\cancel{(x - 4)}(x - 4)}$

$= \dfrac{x + 4}{2(x - 4)}$

17. $\dfrac{u}{u-3} \cdot \dfrac{3u - u^2}{4u^2} = \dfrac{u(u)(3-u)}{(u-3)(4)(u^2)}$

$= \dfrac{\cancel{u^2}\cancel{(u-3)}(-1)}{\cancel{(u-3)}(4)\cancel{(u^2)}} = -\dfrac{1}{4}, \; u \neq 0, \; u \neq 3$

18. $x^2 \cdot \dfrac{x+1}{x^2 - x} \cdot \dfrac{(5x-5)^2}{x^2 + 6x + 5} = \dfrac{x^2}{1} \cdot \dfrac{x+1}{x(x-1)} \cdot \dfrac{[5(x-1)]^2}{(x+5)(x+1)} = \dfrac{x^2(x+1)(5^2)(x-1)^2}{x(x-1)(x+5)(x+1)}$

$= \dfrac{\cancel{x}(x)\cancel{(x+1)}(5^2)\cancel{(x-1)}(x-1)}{\cancel{x}\cancel{(x-1)}(x+5)\cancel{(x+1)}}$

$= \dfrac{25x(x-1)}{x+5}, \; x \neq 0, \; x \neq 1, \; x \neq -1$

19. $\dfrac{\left(\dfrac{6}{x}\right)}{\left(\dfrac{2}{x^3}\right)} = \dfrac{6}{x} \cdot \dfrac{x^3}{2} = \dfrac{6x^3}{2x} = \dfrac{3\cancel{(2)}\cancel{(x)}(x^2)}{\cancel{2}\cancel{(x)}} = 3x^2, \; x \neq 0$

or

$\dfrac{\left(\dfrac{6}{x}\right)}{\left(\dfrac{2}{x^3}\right)} = \dfrac{\left(\dfrac{6}{x}\right) \cdot x^3}{\left(\dfrac{2}{x^3}\right) \cdot x^3} = \dfrac{6x^2}{2} = \dfrac{\cancel{2}(3)(x^2)}{\cancel{2}} = 3x^2, \; x \neq 0$

20. $\dfrac{0}{\left(\dfrac{5x^2}{2y}\right)} = 0 \cdot \dfrac{2y}{5x^2} = 0, \; y \neq 0, \; x \neq 0$

21. $25y^2 \div \dfrac{xy}{5} = \dfrac{25y^2}{1} \cdot \dfrac{5}{xy} = \dfrac{125y^2}{xy}$

$= \dfrac{125\cancel{(y)}(y)}{x\cancel{(y)}} = \dfrac{125y}{x}, \; y \neq 0$

22. $\dfrac{6}{z^2} \div 4z^2 = \dfrac{6}{z^2} \cdot \dfrac{1}{4z^2} = \dfrac{6}{4z^4}$

$= \dfrac{\cancel{2}(3)}{\cancel{2}(2)(z^4)} = \dfrac{3}{2z^4}$

23. $\dfrac{x^2 - 7x}{x+1} \div \dfrac{x^2 - 14x + 49}{x^2 - 1} = \dfrac{x^2 - 7x}{x+1} \cdot \dfrac{x^2 - 1}{x^2 - 14x + 49} = \dfrac{x(x-7)(x+1)(x-1)}{(x+1)(x-7)^2}$

$= \dfrac{x\cancel{(x-7)}\cancel{(x+1)}(x-1)}{\cancel{(x+1)}\cancel{(x-7)}(x-7)} = \dfrac{x(x-1)}{x-7}, \; x \neq -1, \; x \neq 1$

24. $\left(\dfrac{6x}{y^2}\right)^2 \div \left(\dfrac{3x}{y}\right)^3 = \dfrac{36x^2}{y^4} \div \dfrac{27x^3}{y^3} = \dfrac{36x^2}{y^4} \cdot \dfrac{y^3}{27x^3} = \dfrac{36x^2y^3}{27x^3y^4} = \dfrac{\cancel{9}(4)\cancel{(x^2)}\cancel{(y^3)}}{\cancel{9}(3)\cancel{(x^2)}(x)\cancel{(y^3)}(y)} = \dfrac{4}{3xy}$

25. $\dfrac{4a}{9} - \dfrac{11a}{9} = \dfrac{4a - 11a}{9} = -\dfrac{7a}{9}$

26. $\dfrac{2(3y+4)}{2y+1} + \dfrac{3-y}{2y+1} = \dfrac{2(3y+4) + (3-y)}{2y+1}$

$= \dfrac{6y + 8 + 3 - y}{2y+1}$

$= \dfrac{5y + 11}{2y + 1}$

27. $\dfrac{15}{16x} - \dfrac{5}{24x} - 1$

The least common denominator is $48x$.

$\dfrac{15}{16x} - \dfrac{5}{24x} - 1 = \dfrac{15(3)}{16x(3)} - \dfrac{5(2)}{24x(2)} - \dfrac{48x}{48x}$

$= \dfrac{45 - 10 - 48x}{48x} = \dfrac{-48x + 35}{48x}$

28. $-\dfrac{3y}{8x} + \dfrac{7y}{6x} - \dfrac{y}{12x}$

The least common denominator is $24x$.

$-\dfrac{3y}{8x} + \dfrac{7y}{6x} - \dfrac{y}{12x} = -\dfrac{3y(3)}{8x(3)} + \dfrac{7y(4)}{6x(4)} - \dfrac{y(2)}{12x(2)}$

$= \dfrac{-9y + 28y - 2y}{24x} = \dfrac{17y}{24x}$

29. $\dfrac{1}{x+5} + \dfrac{3}{x-12}$

The least common denominator is $(x+5)(x-12)$.

$$\dfrac{1}{x+5} + \dfrac{3}{x-12} = \dfrac{1(x-12)}{(x+5)(x-12)} + \dfrac{3(x+5)}{(x-12)(x+5)}$$

$$= \dfrac{x-12+3x+15}{(x+5)(x-12)}$$

$$= \dfrac{4x+3}{(x+5)(x-12)}$$

30. $\dfrac{2}{x-10} + \dfrac{3}{4-x} = \dfrac{2}{x-10} + \dfrac{3(-1)}{(4-x)(-1)}$

$$= \dfrac{2}{x-10} + \dfrac{-3}{x-4}$$

The least common denominator is $(x-10)(x-4)$.

$$\dfrac{2}{x-10} + \dfrac{-3}{x-4} = \dfrac{2(x-4)}{(x-10)(x-4)} + \dfrac{(-3)(x-10)}{(x-4)(x-10)}$$

$$= \dfrac{2x-8-3x+30}{(x-10)(x-4)}$$

$$= \dfrac{-x+22}{(x-10)(x-4)} \text{ or } \dfrac{x-22}{(x-10)(4-x)}$$

31. $5x + \dfrac{2}{x-3} - \dfrac{3}{x+2}$

The least common denominator is $(x-3)(x+2)$.

$$5x + \dfrac{2}{x-3} - \dfrac{3}{x+2} = \dfrac{5x(x-3)(x+2)}{1(x-3)(x+2)} + \dfrac{2(x+2)}{(x-3)(x+2)} - \dfrac{3(x-3)}{(x+2)(x-3)}$$

$$= \dfrac{5x(x^2-x-6) + 2(x+2) - 3(x-3)}{(x-3)(x+2)}$$

$$= \dfrac{5x^3 - 5x^2 - 30x + 2x + 4 - 3x + 9}{(x-3)(x+2)} = \dfrac{5x^3 - 5x^2 - 31x + 13}{(x-3)(x+2)}$$

32. $4 - \dfrac{4x}{x+6} + \dfrac{7}{x-5}$

The least common denominator is $(x+6)(x-5)$.

$$4 - \dfrac{4x}{x+6} + \dfrac{7}{x-5} = \dfrac{4(x+6)(x-5)}{1(x+6)(x-5)} - \dfrac{4x(x-5)}{(x+6)(x-5)} + \dfrac{7(x+6)}{(x-5)(x+6)}$$

$$= \dfrac{4(x^2+x-30) - 4x(x-5) + 7(x+6)}{(x+6)(x-5)}$$

$$= \dfrac{4x^2 + 4x - 120 - 4x^2 + 20x + 7x + 42}{(x+6)(x-5)} = \dfrac{31x - 78}{(x+6)(x-5)}$$

33. $\dfrac{6}{x} - \dfrac{6x-1}{x^2+4}$

The least common denominator is $x(x^2+4)$.

$$\dfrac{6}{x} - \dfrac{6x-1}{x^2+4} = \dfrac{6(x^2+4)}{x(x^2+4)} - \dfrac{(6x-1)x}{(x^2+4)x} = \dfrac{6(x^2+4) - x(6x-1)}{x(x^2+4)}$$

$$= \dfrac{6x^2 + 24 - 6x^2 + x}{x(x^2+4)} = \dfrac{x+24}{x(x^2+4)}$$

34. $\dfrac{5}{x+2} + \dfrac{25-x}{x^2-3x-10} = \dfrac{5}{x+2} + \dfrac{25-x}{(x-5)(x+2)}$

The least common denominator is $(x-5)(x+2)$.

$$\dfrac{5}{x+2} + \dfrac{25-x}{(x-5)(x+2)} = \dfrac{5(x-5)}{(x+2)(x-5)} + \dfrac{25-x}{(x-5)(x+2)}$$

$$= \dfrac{5x - 25 + 25 - x}{(x-5)(x+2)} = \dfrac{4x}{(x-5)(x+2)}$$

35. $\dfrac{5}{x+3} - \dfrac{4x}{(x+3)^2} - \dfrac{1}{(x-3)}$

The least common denominator is $(x+3)^2(x-3)$.

$$\dfrac{5}{x+3} - \dfrac{4x}{(x+3)^2} - \dfrac{1}{x-3} = \dfrac{5(x+3)(x-3)}{(x+3)(x+3)(x-3)} - \dfrac{4x(x-3)}{(x+3)^2(x-3)} - \dfrac{1(x+3)^2}{(x-3)(x+3)^2}$$

$$= \dfrac{5(x^2-9) - 4x(x-3) - (x^2+6x+9)}{(x+3)^2(x-3)}$$

$$= \dfrac{5x^2 - 45 - 4x^2 + 12x - x^2 - 6x - 9}{(x+3)^2(x-3)}$$

$$= \dfrac{6x - 54}{(x+3)^2(x-3)} \text{ or } \dfrac{6(x-9)}{(x+3)^2(x-3)}$$

36. $\dfrac{8}{y} - \dfrac{3}{y+5} + \dfrac{4}{y-2}$

The least common denominator is $y(y+5)(y-2)$.

$$\dfrac{8}{y} - \dfrac{3}{y+5} + \dfrac{4}{y-2} = \dfrac{8(y+5)(y-2)}{y(y+5)(y-2)} - \dfrac{3(y)(y-2)}{(y+5)(y)(y-2)} + \dfrac{4(y)(y+5)}{(y-2)(y)(y+5)}$$

$$= \dfrac{8(y^2+3y-10) - 3y(y-2) + 4y(y+5)}{y(y+5)(y-2)}$$

$$= \dfrac{8y^2 + 24y - 80 - 3y^2 + 6y + 4y^2 + 20y}{y(y+5)(y-2)} = \dfrac{9y^2 + 50y - 80}{y(y+5)(y-2)}$$

37. $\dfrac{\left(\dfrac{6x^2}{x^2+2x-35}\right)}{\left(\dfrac{x^3}{x^2-25}\right)} = \dfrac{6x^2}{x^2+2x-35} \cdot \dfrac{x^2-25}{x^3} = \dfrac{6x^2}{(x+7)(x-5)} \cdot \dfrac{(x+5)(x-5)}{x^3}$

$$= \dfrac{6x^2(x+5)(x-5)}{(x+7)(x-5)(x^3)} = \dfrac{6(x^2)(x+5)(x-5)}{(x+7)(x-5)(x)(x^2)} = \dfrac{6(x+5)}{x(x+7)}, \; x \neq 5, \; x \neq -5$$

or

$$\dfrac{\left(\dfrac{6x^2}{x^2+2x-35}\right)}{\left(\dfrac{x^3}{x^2-25}\right)} = \dfrac{\left[\dfrac{6x^2}{(x+7)(x-5)}\right](x+7)(x-5)(x+5)}{\left[\dfrac{x^3}{(x+5)(x-5)}\right](x+7)(x-5)(x+5)} = \dfrac{6x^2(x+5)}{x^3(x+7)}$$

$$= \dfrac{6(x^2)(x+5)}{(x^2)(x)(x+7)} = \dfrac{6(x+5)}{x(x+7)}, \; x \neq 5, \; x \neq -5$$

38. $\dfrac{\left[\dfrac{24-18x}{(2-x)^2}\right]}{\left(\dfrac{60-45x}{x^2-4x+4}\right)} = \dfrac{24-18x}{(2-x)(2-x)} \cdot \dfrac{x^2-4x+4}{60-45x} = \dfrac{6(4-3x)(x-2)(x-2)}{(2-x)(2-x)(15)(4-3x)}$

$$= \dfrac{2(3)(4-3x)(x-2)(x-2)}{(-1)(x-2)(-1)(x-2)(3)(5)(4-3x)} = \dfrac{2}{5}, \; x \neq 2, \; x \neq \dfrac{4}{3}$$

or

$$\dfrac{\left[\dfrac{24-18x}{(2-x)^2}\right]}{\left(\dfrac{60-45x}{x^2-4x+4}\right)} = \dfrac{\left[\dfrac{6(4-3x)}{(2-x)(2-x)}\right](x-2)(x-2)}{\left[\dfrac{15(4-3x)}{(x-2)(x-2)}\right](x-2)(x-2)} = \dfrac{6(4-3x)(-1)(-1)}{15(4-3x)}$$

$$= \dfrac{3(2)(4-3x)(1)}{3(5)(4-3x)} = \dfrac{2}{5}, \; x \neq 2, \; x \neq \dfrac{4}{3}$$

39. $\dfrac{3t}{\left(5-\dfrac{2}{t}\right)} = \dfrac{\left(\dfrac{3t}{1}\right)}{\left(\dfrac{5t}{t}-\dfrac{2}{t}\right)} = \dfrac{\left(\dfrac{3t}{1}\right)}{\left(\dfrac{5t-2}{t}\right)} = \dfrac{3t}{1} \cdot \dfrac{t}{5t-2} = \dfrac{3t^2}{5t-2},\ t \neq 0$

or $\dfrac{3t}{\left(5-\dfrac{2}{t}\right)} = \dfrac{(3t)t}{\left(5-\dfrac{2}{t}\right)\cdot t} = \dfrac{3t^2}{5t-2},\ t \neq 0$

40. $\dfrac{\left(x-3+\dfrac{2}{x}\right)}{\left(1-\dfrac{2}{x}\right)} = \dfrac{\left(\dfrac{x^2}{x}-\dfrac{3x}{x}+\dfrac{2}{x}\right)}{\left(\dfrac{x}{x}-\dfrac{2}{x}\right)} = \dfrac{\left(\dfrac{x^2-3x+2}{x}\right)}{\left(\dfrac{x-2}{x}\right)}$

$= \dfrac{x^2-3x+2}{x} \cdot \dfrac{x}{x-2} = \dfrac{\cancel{(x-2)}(x-1)\cancel{(x)}}{\cancel{(x)}\cancel{(x-2)}} = x-1,\ x \neq 0,\ x \neq 2$

or

$\dfrac{\left(x-3+\dfrac{2}{x}\right)}{\left(1-\dfrac{2}{x}\right)} = \dfrac{\left(x-3+\dfrac{2}{x}\right)\cdot x}{\left(1-\dfrac{2}{x}\right)\cdot x} = \dfrac{x^2-3x+2}{x-2} = \dfrac{\cancel{(x-2)}(x-1)}{\cancel{x-2}} = x-1,\ x \neq 2,\ x \neq 0$

41. $\dfrac{\left(\dfrac{1}{a^2-16}-\dfrac{1}{a}\right)}{\left(\dfrac{1}{a^2+4a}+4\right)} = \dfrac{\left[\dfrac{1(a)}{(a^2-16)(a)}-\dfrac{1(a^2-16)}{a(a^2-16)}\right]}{\left[\dfrac{1}{a^2+4a}+\dfrac{4(a^2+4a)}{1(a^2+4a)}\right]} = \dfrac{\left(\dfrac{a-(a^2-16)}{a(a^2-16)}\right)}{\left(\dfrac{1+4(a^2+4a)}{a^2+4a}\right)}$

$= \dfrac{a-a^2+16}{a(a^2-16)} \cdot \dfrac{a^2+4a}{1+4a^2+16a} = \dfrac{(-a^2+a+16)\cancel{(a)}\cancel{(a+4)}}{\cancel{a}\cancel{(a+4)}(a-4)(4a^2+16a+1)}$

$= \dfrac{-a^2+a+16}{(a-4)(4a^2+16a+1)},\ a \neq 0,\ a \neq -4$

or

$\dfrac{\left(\dfrac{1}{a^2-16}-\dfrac{1}{a}\right)}{\left(\dfrac{1}{a^2+4a}+4\right)} = \dfrac{\left[\dfrac{1}{(a+4)(a-4)}-\dfrac{1}{a}\right]a(a+4)(a-4)}{\left[\dfrac{1}{a(a+4)}+4\right]a(a+4)(a-4)} = \dfrac{a-(a+4)(a-4)}{(a-4)+4(a)(a+4)(a-4)}$

$= \dfrac{a-(a^2-16)}{(a-4)[1+4a(a+4)]} = \dfrac{a-a^2+16}{(a-4)(1+4a^2+16a)}$

$= \dfrac{-a^2+a+16}{(a-4)(4a^2+16a+1)},\ a \neq -4,\ a \neq 0$

or $\dfrac{-a^2+a+16}{4a^3-63a-4}$

42. $\dfrac{\left(\dfrac{1}{x^2}-\dfrac{1}{y^2}\right)}{\left(\dfrac{1}{x}+\dfrac{1}{y}\right)} = \dfrac{\left(\dfrac{y^2}{x^2y^2}-\dfrac{x^2}{y^2x^2}\right)}{\left(\dfrac{y}{xy}+\dfrac{x}{yx}\right)} = \dfrac{\left(\dfrac{y^2-x^2}{x^2y^2}\right)}{\left(\dfrac{y+x}{xy}\right)} = \dfrac{y^2-x^2}{x^2y^2} \cdot \dfrac{xy}{y+x} = \dfrac{\cancel{(y+x)}(y-x)\cancel{(x)}\cancel{(y)}}{\cancel{(x)}(x)\cancel{(y)}(y)\cancel{(y+x)}} = \dfrac{y-x}{xy},\ x \neq -y$

or $\dfrac{\left(\dfrac{1}{x^2}-\dfrac{1}{y^2}\right)}{\left(\dfrac{1}{x}+\dfrac{1}{y}\right)} = \dfrac{\left(\dfrac{1}{x^2}-\dfrac{1}{y^2}\right)x^2y^2}{\left(\dfrac{1}{x}+\dfrac{1}{y}\right)x^2y^2} = \dfrac{y^2-x^2}{xy^2+x^2y} = \dfrac{\cancel{(y+x)}(y-x)}{xy\cancel{(y+x)}} = \dfrac{y-x}{xy},\ x \neq -y$

43. $(4x^3 - x) \div 2x = \dfrac{4x^3 - x}{2x} = \dfrac{4x^3}{2x} - \dfrac{x}{2x}$

$= \dfrac{2(2)(x)(x^2)}{2(x)} - \dfrac{1(x)}{2(x)} = 2x^2 - \dfrac{1}{2}, \ x \neq 0$

44. $\dfrac{10x^7y^8 - 40x^6y^5 - 25x^3y^3}{5xy^2} = \dfrac{10x^7y^8}{5xy^2} - \dfrac{40x^6y^5}{5xy^2} - \dfrac{25x^3y^3}{5xy^2}$

$= \dfrac{5xy^2(2x^6y^6)}{5xy^2} - \dfrac{5xy^2(8x^5y^3)}{5xy^2} - \dfrac{5xy^2(5x^2y)}{5xy^2}$

$= 2x^6y^6 - 8x^5y^3 - 5x^2y, \ x \neq 0, \ y \neq 0$

45.
$$
\begin{array}{r}
2x^2 + x - 1 + \dfrac{1}{3x-1} \\
3x-1 \,\overline{\smash{)}\, 6x^3 + x^2 - 4x + 2} \\
\underline{6x^3 - 2x^2} \hphantom{xxxxxxxxx} \\
3x^2 - 4x \hphantom{xxx} \\
\underline{3x^2 - x} \hphantom{xxx} \\
-3x + 2 \\
\underline{-3x + 1} \\
1
\end{array}
$$

Thus, $\dfrac{6x^3 + x^2 - 4x + 2}{3x - 1} = 2x^2 + x - 1 + \dfrac{1}{3x - 1}$.

46.
$$
\begin{array}{r}
4x^3 + 7x^2 + 7x + 32 + \dfrac{64}{x-2} \\
x-2 \,\overline{\smash{)}\, 4x^4 - x^3 - 7x^2 + 18x + 0} \\
\underline{4x^4 - 8x^3} \hphantom{xxxxxxxxxx} \\
7x^3 - 7x^2 \hphantom{xxxx} \\
\underline{7x^3 - 14x^2} \hphantom{xxxx} \\
7x^2 + 18x \hphantom{xx} \\
\underline{7x^2 - 14x} \hphantom{xx} \\
32x + 0 \\
\underline{32x - 64} \\
64
\end{array}
$$

Thus,

$\dfrac{4x^4 - x^3 - 7x^2 + 18x}{x - 2} = 4x^3 + 7x^2 + 7x + 32 + \dfrac{64}{x - 2}$.

47.
$$
\begin{array}{r}
x^2 \hphantom{xxx} - 2 \\
x^2-1 \,\overline{\smash{)}\, x^4 + 0x^3 - 3x^2 + 0x + 2} \\
\underline{x^4 \hphantom{xxxx} - x^2} \hphantom{xxxxxxxx} \\
-2x^2 \hphantom{xxx} + 2 \\
\underline{-2x^2 \hphantom{xxx} + 2} \\
0
\end{array}
$$

Thus, $\dfrac{x^4 - 3x^2 + 2}{x^2 - 1} = x^2 - 2, \ x \neq 1, \ x \neq -1$.

48.
$$
\begin{array}{r}
3x^4 \hphantom{xxx} + 3x^2 \hphantom{xxx} + 3 + \dfrac{3}{x^2-1} \\
x^2-1 \,\overline{\smash{)}\, 3x^6 + 0x^5 + 0x^4 + 0x^3 + 0x^2 + 0x + 0} \\
\underline{3x^6 \hphantom{xxxxx} - 3x^4} \hphantom{xxxxxxxxxxxxx} \\
3x^4 \hphantom{xxxxxxxxxxxxxxx} \\
\underline{3x^4 \hphantom{xxxx} - 3x^2} \hphantom{xxxxxxx} \\
3x^2 \hphantom{xxxxx} \\
\underline{3x^2 \hphantom{xxxx} - 3} \\
3
\end{array}
$$

Thus, $\dfrac{3x^6}{x^2 - 1} = 3x^4 + 3x^2 + 3 + \dfrac{3}{x^2 - 1}$

49. $\dfrac{x^3 + 7x^2 + 3x - 14}{x + 2}$

$\begin{array}{r|rrrr} -2 & 1 & 7 & 3 & -14 \\ & & -2 & -10 & 14 \\ \hline & 1 & 5 & -7 & 0 \end{array}$

$\dfrac{x^3 + 7x^2 + 3x - 14}{x + 2} = x^2 + 5x - 7,\ x \neq -2$

50. $\dfrac{x^4 - 2x^3 - 15x^2 - 2x + 10}{x - 5}$

$\begin{array}{r|rrrrr} 5 & 1 & -2 & -15 & -2 & 10 \\ & & 5 & 15 & 0 & -10 \\ \hline & 1 & 3 & 0 & -2 & 0 \end{array}$

$\dfrac{x^4 - 2x^3 - 15x^2 - 2x + 10}{x - 5} = x^3 + 3x^2 - 2,\ x \neq 5$

51. $\dfrac{x^4 - 3x^2 - 25}{x - 3}$

$\begin{array}{r|rrrrr} 3 & 1 & 0 & -3 & 0 & -25 \\ & & 3 & 9 & 18 & 54 \\ \hline & 1 & 3 & 6 & 18 & 29 \end{array}$

$\dfrac{x^4 - 3x^2 - 25}{x - 3} = x^3 + 3x^2 + 6x + 18 + \dfrac{29}{x - 3}$

52. $\dfrac{2x^3 + 5x - 2}{x + (1/2)}$

$\begin{array}{r|rrrr} -\tfrac{1}{2} & 2 & 0 & 5 & -2 \\ & & -1 & \tfrac{1}{2} & -\tfrac{11}{4} \\ \hline & 2 & -1 & \tfrac{11}{2} & -\tfrac{19}{4} \end{array}$

$\dfrac{2x^3 + 5x - 2}{x + (1/2)} = 2x^2 - x + \dfrac{11}{2} - \dfrac{(19/4)}{x + (1/2)}$ or

$2x^2 - x + (11/2) - \dfrac{19}{4x + 2}$

53. $y_1 = \dfrac{x^2 + 6x + 9}{x^2} \cdot \dfrac{x^2 - 3x}{x + 3}$

$= \dfrac{(x + 3)\cancel{(x + 3)}\cancel{(x)}(x - 3)}{\cancel{x}\cancel{(x)}\cancel{(x + 3)}}$

$= \dfrac{(x + 3)(x - 3)}{x},\ x \neq -3$

$= \dfrac{x^2 - 9}{x},\ x \neq -3$

$= y_2,\ x \neq -3$

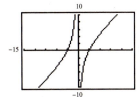

54. $y_1 = \dfrac{1}{x} - \dfrac{3}{x + 3}$

$= \dfrac{1(x + 3)}{x(x + 3)} - \dfrac{3(x)}{x(x + 3)}$

$= \dfrac{x + 3 - 3x}{x(x + 3)}$

$= \dfrac{3 - 2x}{x(x + 3)}$

$= y_2$

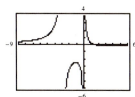

55. $y_1 = \dfrac{\left(\dfrac{1}{x} - \dfrac{1}{2}\right)}{2x}$

$= \dfrac{\left(\dfrac{1}{x} - \dfrac{1}{2}\right)2x}{2x \cdot 2x}$

$= \dfrac{2 - x}{4x^2}$

$= y_2$

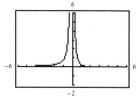

56. $y_1 = \dfrac{x^3 - 2x^2 - 7}{x - 2}$

$= x^2 - \dfrac{7}{x - 2}$ (See sythetic division below.)

$= y_2$

$\begin{array}{r|rrrr} 2 & 1 & -2 & 0 & -7 \\ & & 2 & 0 & 0 \\ \hline & 1 & 0 & 0 & -7 \end{array}$

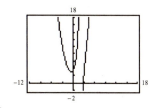

57. $\dfrac{3x}{8} = -15$

$3x = -120$

$x = -40$

58. $\dfrac{t+1}{8} = \dfrac{1}{2}$

$2(t+1) = 8$

$2t + 2 = 8$

$2t = 6$

$t = 3$

59. $3\left(8 - \dfrac{12}{t}\right) = 0$

$24 - \dfrac{36}{t} = 0$

$t\left(24 - \dfrac{36}{t}\right) = t \cdot 0$

$24t - 36 = 0$

$24t = 36$

$t = \dfrac{36}{24}$

$t = \dfrac{3}{2}$

60. $\dfrac{1}{3y-4} = \dfrac{6}{4(y+1)}$

$4(y+1) = 6(3y-4)$

$4y + 4 = 18y - 24$

$-14y + 4 = -24$

$-14y = -28$

$y = \dfrac{-28}{-14}$

$y = 2$

61. $\dfrac{2}{y} - \dfrac{1}{3y} = \dfrac{1}{3}$

$3y\left(\dfrac{2}{y} - \dfrac{1}{3y}\right) = 3y\left(\dfrac{1}{3}\right)$

$6 - 1 = y$

$5 = y$

62. $8\left(\dfrac{6}{x} - \dfrac{1}{x+5}\right) = 15$

$\dfrac{48}{x} - \dfrac{8}{x+5} = 15$

$x(x+5)\left(\dfrac{48}{x} - \dfrac{8}{x+5}\right) = x(x+5)15$

$48(x+5) - 8x = 15x(x+5)$

$48x + 240 - 8x = 15x^2 + 75x$

$40x + 240 = 15x^2 + 75x$

$0 = 15x^2 + 35x - 240$

$0 = 5(3x^2 + 7x - 48)$

$0 = 5(3x + 16)(x - 3)$

$5 \neq 0$

$3x + 16 = 0 \Rightarrow x = -\dfrac{16}{3}$

$x - 3 = 0 \Rightarrow x = 3$

63. $r = 2 + \dfrac{24}{r}$

$r(r) = r\left(2 + \dfrac{24}{r}\right)$

$r^2 = 2r + 24$

$r^2 - 2r - 24 = 0$

$(r - 6)(r + 4) = 0$

$r - 6 = 0 \Rightarrow r = 6$

$r + 4 = 0 \Rightarrow r = -4$

64. $\dfrac{3}{y+1} - \dfrac{8}{y} = 1$

$y(y+1)\left(\dfrac{3}{y+1} - \dfrac{8}{y}\right) = y(y+1)1$

$3y - 8(y+1) = y(y+1)$

$3y - 8y - 8 = y^2 + y$

$-5y - 8 = y^2 + y$

$0 = y^2 + 6y + 8$

$0 = (y+4)(y+2)$

$y + 4 = 0 \Rightarrow y = -4$

$y + 2 = 0 \Rightarrow y = -2$

65. $\dfrac{2}{x} - \dfrac{x}{6} = \dfrac{2}{3}$

$6x\left(\dfrac{2}{x} - \dfrac{x}{6}\right) = 6x\left(\dfrac{2}{3}\right)$

$12 - x^2 = 4x$

$0 = x^2 + 4x - 12$

$0 = (x+6)(x-2)$

$x + 6 = 0 \Rightarrow x = -6$

$x - 2 = 0 \Rightarrow x = 2$

66. $\dfrac{2x}{x+3} - \dfrac{3}{x} = 0$

$x(x+3)\left(\dfrac{2x}{x+3} - \dfrac{3}{x}\right) = x(x+3)0$

$2x^2 - 3(x+3) = 0$

$2x^2 - 3x - 9 = 0$

$(2x+3)(x-3) = 0$

$2x + 3 = 0 \Rightarrow x = -\dfrac{3}{2}$

$x - 3 = 0 \Rightarrow x = 3$

67. $\dfrac{12}{x^2 + x - 12} - \dfrac{1}{x - 3} = -1$

$(x+4)(x-3)\left[\dfrac{12}{(x+4)(x-3)} - \dfrac{1}{x-3}\right] = -1(x+4)(x-3)$

$12 - (x+4) = -1(x^2 + x - 12)$

$12 - x - 4 = -x^2 - x + 12$

$8 - x = -x^2 - x + 12$

$x^2 - 4 = 0$

$(x+2)(x-2) = 0$

$x + 2 = 0 \Rightarrow x = -2$

$x - 2 = 0 \Rightarrow x = 2$

68.
$$\frac{3}{x-1} + \frac{6}{x^2-3x+2} = 2$$
$$(x-1)(x-2)\left(\frac{3}{x-1} + \frac{6}{(x-2)(x-1)}\right) = 2(x-1)(x-2)$$
$$3(x-2) + 6 = 2(x^2 - 3x + 2)$$
$$3x - 6 + 6 = 2x^2 - 6x + 4$$
$$3x = 2x^2 - 6x + 4$$
$$0 = 2x^2 - 9x + 4$$
$$0 = (2x-1)(x-4)$$
$$2x - 1 = 0 \Rightarrow x = \frac{1}{2}$$
$$x - 4 = 0 \Rightarrow x = 4$$

69.
$$\frac{5}{x^2-4} - \frac{6}{x-2} = -5$$
$$(x+2)(x-2)\left(\frac{5}{(x+2)(x-2)} - \frac{6}{x-2}\right) = -5(x+2)(x-2)$$
$$5 - 6(x+2) = -5(x^2 - 4)$$
$$5 - 6x - 12 = -5x^2 + 20$$
$$-6x - 7 = -5x^2 + 20$$
$$5x^2 - 6x - 27 = 0$$
$$(5x+9)(x-3) = 0$$
$$5x + 9 = 0 \Rightarrow x = -\frac{9}{5}$$
$$x - 3 = 0 \Rightarrow x = 3$$

70.
$$\frac{3}{x^2-9} + \frac{4}{x+3} = 1$$
$$(x+3)(x-3)\left(\frac{3}{x^2-9} + \frac{4}{x+3}\right) = (x+3)(x-3)1$$
$$3 + 4(x-3) = x^2 - 9$$
$$3 + 4x - 12 = x^2 - 9$$
$$4x - 9 = x^2 - 9$$
$$0 = x^2 - 4x$$
$$0 = x(x-4)$$
$$x = 0$$
$$x - 4 = 0 \Rightarrow x = 4$$

71. (a) The x intercept appears to be at $(-3, 0)$.

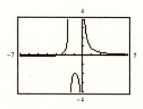

(b)
$$\left(\frac{1}{x} - \frac{1}{2x+3}\right) = 0$$
$$x(2x+3)\left(\frac{1}{x} - \frac{1}{2x+3}\right) = 0(x)(2x+3)$$
$$2x + 3 - x = 0$$
$$x + 3 = 0$$
$$x = -3$$
$$(-3, 0)$$

72. (a) The x intercepts appear to be at $(4, 0)$ and $(-2, 0)$.

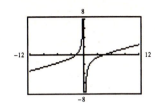

(b) $\dfrac{x}{4} - \dfrac{2}{x} - \dfrac{1}{2} = 0$

$4x\left(\dfrac{x}{4} - \dfrac{2}{x} - \dfrac{1}{2}\right) = 0(4x)$

$x^2 - 8 - 2x = 0$

$x^2 - 2x - 8 = 0$

$(x - 4)(x + 2) = 0$

$x - 4 = 0 \implies x = 4$

$x + 2 = 0 \implies x = -2$

$(4, 0)$ and $(-2, 0)$

73. *Verbal Model:* $\boxed{\text{Batting average}} = \boxed{\text{Total hits}} \div \boxed{\text{Total times at bat}}$

Labels: Batting average $= 0.400$

Additional consecutive hits $= x$

Current hits $= 45$

Total hits $= 45 + x$

Current times at bat $= 150$

Total times at bat $= 150 + x$

Equation: $0.400 = \dfrac{45 + x}{150 + x}$

$(150 + x)(0.400) = (150 + x)\left(\dfrac{45 + x}{150 + x}\right)$

$60 + 0.400x = 45 + x$

$15 + 0.400x = x$

$15 = 0.600x$

$\dfrac{15}{0.600} = x$

$25 = x$

Thus, the player must hit safely for the next 25 times at bat.

74. *Verbal Model:* $\boxed{\text{Time of trip to service call}} - \dfrac{1}{6} = \boxed{\text{Time of return trip}}$

Note: 10 minutes $= \frac{1}{6}$ hour

Labels: Trip to service call: Distance $= 56$ (miles); Rate $= x$ (miles per hour); Time $= \dfrac{56}{x}$

Return trip: Distance $= 56$ (miles); Rate $= x + 8$ (miles per hour); Time $= \dfrac{56}{x + 8}$

—CONTINUED—

74. —CONTINUED—

Equation:
$$\frac{56}{x} - \frac{1}{6} = \frac{56}{x+8}$$

$$6x(x+8)\left(\frac{56}{x} - \frac{1}{6}\right) = 6x(x+8)\left(\frac{56}{x+8}\right)$$

$$6(x+8)(56) - x(x+8) = 6x(56)$$

$$336(x+8) - x^2 - 8x = 336x$$

$$336x + 2688 - x^2 - 8x = 336x$$

$$0 = x^2 + 8x - 2688$$

$$0 = (x+56)(x-48)$$

$$x + 56 = 0 \implies x = -56$$

$$x - 48 = 0 \implies x = 48 \text{ and } x + 8 = 56$$

Discard the negative solution. Thus, the average speed on the return trip was 56 miles per hour.

75. *Verbal Model:* $\boxed{\text{Supervisor's rate}} + \boxed{\text{Your rate}} = \boxed{\text{Rate together}}$

Labels: Supervisor: Time = 12 (minutes); Rate = $\frac{1}{12}$ (task per minute)

You: Time = 15 (minutes); Rate = $\frac{1}{15}$ (task per minute)

Together: Time = t (minute); Rate = $\frac{1}{t}$ (task per minute)

Equation:
$$\frac{1}{12} + \frac{1}{15} = \frac{1}{t}$$

$$60t\left(\frac{1}{12} + \frac{1}{15}\right) = 60t\left(\frac{1}{t}\right)$$

$$5t + 4t = 60$$

$$9t = 60$$

$$t = \frac{60}{9} \text{ or } 6\frac{2}{3} \text{ minutes}$$

Thus, $6\frac{2}{3}$ minutes are required to complete the task together.

76. Verbal Model: $\boxed{\dfrac{60{,}000}{\text{New number of partners}}} = \boxed{\dfrac{60{,}000}{\text{Current number of partners}}} - 5{,}000$

Labels: Current number of partners $= x$

New number of partners $= x + 2$

Equation:
$$\frac{60{,}000}{x+2} = \frac{60{,}000}{x} - 5{,}000$$

$$x(x+2)\left(\frac{60{,}000}{x+2}\right) = x(x+2)\left(\frac{60{,}000}{x} - 5{,}000\right)$$

$$60{,}000x = 60{,}000(x+2) - 5{,}000x(x+2)$$

$$60{,}000x = 60{,}000x + 120{,}000 - 5{,}000x^2 - 10{,}000x$$

$$5{,}000x^2 + 10{,}000x - 120{,}000 = 0$$

$$5{,}000(x^2 + 2x - 24) = 0$$

$$5{,}000(x+6)(x-4) = 0$$

$$5{,}000 \neq 0$$

$$x + 6 = 0 \Rightarrow x = -6$$

$$x - 4 = 0 \Rightarrow x = 4$$

Discard the negative solution. Thus, the current number of partners is 4.

77. $f(x) = \dfrac{5}{x-6}$

Graph (b)

78. $f(x) = \dfrac{6}{x+5}$

Graph (d)

79. $f(x) = \dfrac{6x}{x-5}$

Graph (a)

80. $f(x) = \dfrac{2x}{x+6}$

Graph (c)

81. $g(x) = \dfrac{2+x}{1-x}$

y-intercept: $(0, 2)$

x-intercept: $(-2, 0)$

Vertical asymptote: $x = 1$

Horizontal asymptote: $y = \dfrac{1}{-1} = -1$

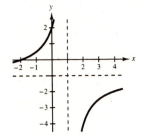

82. $h(x) = \dfrac{x-3}{x-2}$

y-intercept: $\left(0, \dfrac{3}{2}\right)$

x-intercept: $(3, 0)$

Vertical asymptote: $x = 2$

Horizontal asymptote: $y = \dfrac{1}{1} = 1$

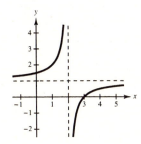

83. $f(x) = \dfrac{x}{x^2 + 1}$

y-intercept: $(0, 0)$

x-intercept: $(0, 0)$

Vertical asymptote: None

Horizontal asymptote: $y = 0$

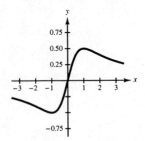

84. $f(x) = \dfrac{2x}{x^2 + 4}$

y-intercept: $(0, 0)$

x-intercept: $(0, 0)$

Vertical asymptote: None

Horizontal asymptote: $y = 0$

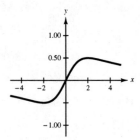

85. $P(x) = \dfrac{3x + 6}{x - 2}$

y-intercept: $(0, -3)$

x-intercept: $(-2, 0)$

Vertical asymptote: $x = 2$

Horizontal asymptote: $y = \dfrac{3}{1} = 3$

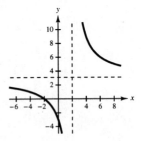

86. $s(x) = \dfrac{2x - 6}{x + 4}$

y-intercept: $\left(0, -\dfrac{3}{2}\right)$

x-intercept: $(3, 0)$

Vertical asymptote: $x = -4$

Horiztonal asymptote: $y = \dfrac{2}{1} = 2$

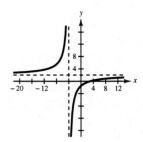

87. $h(x) = \dfrac{4}{(x - 1)^2}$

y-intercept: $(0, 4)$

x-intercept: None

Vertical asymptote: $x = 1$

Horizontal asymptote: $y = 0$

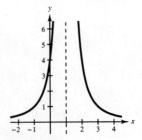

88. $g(x) = \dfrac{-2}{(x + 3)^2}$

y-intercept: $\left(0, -\dfrac{2}{9}\right)$

x-intercept: None

Vertical asymptote: $x = -3$

Horizontal asymptote: $y = 0$

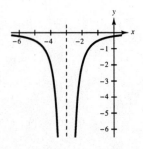

89. $f(x) = \dfrac{-5}{x^2}$

y-intercept: None
x-intercept: None
Vertical asymptote: $x = 0$
Horizontal asymptote: $y = 0$

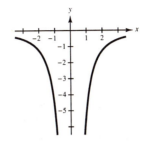

90. $f(x) = \dfrac{4}{x}$

y-intercept: None
x-intercept: None
Vertical asymptote: $x = 0$
Horizontal asymptote: $y = 0$

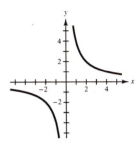

91. $y = \dfrac{x}{x^2 - 1}$

y-intercept: $(0, 0)$
x-intercept: $(0, 0)$
Vertical asymptotes: $x = 1, x = -1$
Horizontal asymptote: $y = 0$

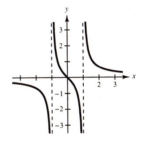

92. $y = \dfrac{2x}{x^2 - 4}$

y-intercept: $(0, 0)$
x-intercept: $(0, 0)$
Vertical asymptotes: $x = 2, x = -2$
Horizontal asymptote: $y = 0$

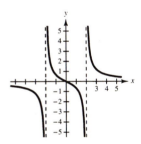

93. $y = \dfrac{2x^2}{x^2 - 4}$

y-intercept: $(0, 0)$
x-intercept: $(0, 0)$
Vertical asymptotes: $x = 2, x = -2$
Horizontal asymptote: $y = \dfrac{2}{1} = 2$

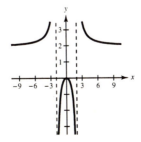

94. $y = \dfrac{2}{x + 3}$

y-intercept: $\left(0, \dfrac{2}{3}\right)$
x-intercept: None
Vertical asymptote: $x = -3$
Horizontal asymptote: $y = 0$

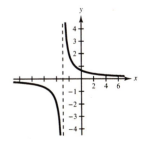

95. $\overline{C} = \dfrac{C}{x} = \dfrac{0.5x + 500}{x}$, $0 < x$

Horizontal asymptote: $\overline{C} = \dfrac{0.5}{1} = \dfrac{1}{2}$

As x gets larger, the average cost approaches \$0.50.

96. $N = \dfrac{20(4 + 3t)}{1 + 0.05t}$, $0 \le t$

(a) $t = 5 \Rightarrow N = \dfrac{20(4 + 3 \cdot 5)}{1 + 0.05(5)} = 304$ thousand or 304,000

$t = 10 \Rightarrow N = \dfrac{20(4 + 3 \cdot 10)}{1 + 0.05(10)} \approx 453.3$ thousand or 453,300

$t = 25 \Rightarrow N = \dfrac{20(4 + 3 \cdot 25)}{1 + 0.05(25)} \approx 702.2$ thousand or 702,200

(b) $N = \dfrac{80 + 60t}{1 + 0.05t}$

Horizontal asymptote: $y = \dfrac{60}{0.05} = 1200$

The 1200 represents the "limiting size" of the fish population in thousands. Thus, the number of fish will eventually approach 1,200,000.

97. $\dfrac{x}{2x - 7} \ge 0$

$x = 0$

$2x - 7 = 0 \Rightarrow x = \dfrac{7}{2}$

Critical numbers: $0, \dfrac{7}{2}$

Solution: $(-\infty, 0] \cup \left(\dfrac{7}{2}, \infty\right)$

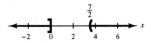

Test interval	Representative x-value	Value of Polynomial	Conclusion
$(-\infty, 0]$	-2	$\dfrac{-2}{2(-2) - 7} = \dfrac{-2}{-11} = \dfrac{2}{11}$	Positive
$\left[0, \dfrac{7}{2}\right)$	2	$\dfrac{2}{2(2) - 7} = \dfrac{2}{-3} = -\dfrac{2}{3}$	Negative
$\left(\dfrac{7}{2}, \infty\right)$	4	$\dfrac{4}{2(4) - 7} = \dfrac{4}{1} = 4$	Positive

98. $\dfrac{2x - 9}{x - 1} \le 0$

$2x - 9 = 0 \Rightarrow x = \dfrac{9}{2}$

$x - 1 = 0 \Rightarrow x = 1$

Critical numbers: $1, \dfrac{9}{2}$

Solution: $\left(1, \dfrac{9}{2}\right]$

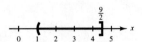

Test interval	Representative x-value	Value of Polynomial	Conclusion
$(-\infty, 1]$	0	$\dfrac{2(0) - 9}{0 - 1} = \dfrac{-9}{-1} = 9$	Positive
$\left(1, \dfrac{9}{2}\right]$	2	$\dfrac{2(2) - 9}{2 - 1} = \dfrac{-5}{1} = -5$	Negative
$\left[\dfrac{9}{2}, \infty\right)$	5	$\dfrac{2(5) - 9}{5 - 1} = \dfrac{1}{4}$	Positive

99. $\dfrac{x}{x+6} + 2 < 0$

$\dfrac{x}{x+6} + \dfrac{2(x+6)}{x+6} < 0$

$\dfrac{x + 2x + 12}{x+6} < 0$

$\dfrac{3x + 12}{x+6} < 0$

$3x + 12 = 0 \Rightarrow x = -4$

$x + 6 = 0 \Rightarrow x = -6$

Critical numbers: $-4, -6$

The solution is $(-6, -4)$.

Test interval	Representative x-value	Value of Polynomial	Conclusion
$(-\infty, -6)$	-10	$\dfrac{3(-10) + 12}{-10 + 6} = \dfrac{-18}{-4} = \dfrac{9}{2}$	Positive
$(-6, -4)$	-5	$\dfrac{3(-5) + 12}{-5 + 6} = \dfrac{-3}{1} = -3$	Negative
$(-4, \infty)$	0	$\dfrac{3(0) + 12}{0 + 6} = \dfrac{12}{6} = 2$	Positive

100. $\dfrac{3x + 1}{x - 2} > 4$

$\dfrac{3x + 1}{x - 2} - 4 > 0$

$\dfrac{3x + 1}{x - 2} - \dfrac{4(x - 2)}{x - 2} > 0$

$\dfrac{3x + 1 - 4x + 8}{x - 2} > 0$

$\dfrac{-x + 9}{x - 2} > 0$

$-x + 9 = 0 \Rightarrow x = 9$

$x - 2 = 0 \Rightarrow x = 2$

Critical numbers: $9, 2$

The solution is $(2, 9)$.

Test interval	Representative x-value	Value of Polynomial	Conclusion
$(-\infty, 2)$	0	$\dfrac{-0 + 9}{0 - 2} = \dfrac{9}{-2} = -\dfrac{9}{2}$	Negative
$(2, 9)$	4	$\dfrac{-4 + 9}{4 - 2} = \dfrac{5}{2}$	Positive
$(9, \infty)$	10	$\dfrac{-10 + 9}{10 + 6} = \dfrac{-1}{16} = -\dfrac{1}{16}$	Negative

101. $C = \dfrac{528p}{100 - p},\ 0 \leq p < 100$

(a) $p = 25 \Rightarrow C = \dfrac{528(25)}{100 - 25} = \$176$ million

(b) $p = 75 \Rightarrow C = \dfrac{528(75)}{100 - 75} = \$1584$ million

(c) No, $p \neq 100$ because 100 is not in the domain. If p were 100, the denominator would be zero, and division by zero is undefined.

—CONTINUED—

101. —CONTINUED—

(d) $C = \dfrac{528p}{100 - p}$, $C < 1{,}500$

$$\dfrac{528p}{100 - p} < 1{,}500$$

$$\dfrac{528p}{100 - p} - 1{,}500 < 0$$

$$\dfrac{528p}{100 - p} - \dfrac{1{,}500(100 - p)}{100 - p} < 0$$

$$\dfrac{528p - 150{,}000 + 1{,}500p}{100 - p} < 0$$

$$\dfrac{2028p - 150{,}000}{100 - p} < 0$$

$$2028p - 150{,}000 = 0 \Rightarrow p \approx 74$$

$$100 - p = 0 \Rightarrow p = 100$$

Critical numbers: 74, 100

Domain: $[0, 100)$

Test interval	Representative x-value	Value of Polynomial		Conclusion
$[0, 74)$	50	$\dfrac{2028(50) - 150{,}000}{100 - 50} = \dfrac{-48{,}600}{50}$	$= -972$	Negative
$(74, 100)$	80	$\dfrac{2028(80) - 150{,}000}{100 - 80} = \dfrac{12{,}240}{20}$	$= 612$	Positive

The solution is $[0, 74)$.

102. $\overline{C} = \dfrac{C}{x} = \dfrac{100{,}000 + 0.9x}{x}$, $x > 0$

$\overline{C} < 2$

$$\dfrac{100{,}000 + 0.9x}{x} < 2$$

$$\dfrac{100{,}000 + 0.9x}{x} - 2 < 0$$

$$\dfrac{100{,}000 + 0.9x}{x} - \dfrac{2x}{x} < 0$$

$$\dfrac{100{,}000 - 1.1x}{x} < 0$$

$$100{,}000 - 1.1x = 0 \Rightarrow x \approx 90{,}909$$

$$x = 0$$

Test interval	Representative x-value	Value of Polynomial		Conclusion
$(0, 90{,}909)$	100	$\dfrac{100{,}000 - 1.1(100)}{100}$	$= 998.9$	Positive
$(90{,}909, \infty)$	100,000	$\dfrac{100{,}000 - 1.1(100{,}000)}{100{,}000}$	$= -0.1$	Negative

Critical numbers: 90,909 and 0

Domain: $(0, \infty)$

The solution is $(90{,}909, \infty)$ or $x > 90{,}909$.

Chapter Test for Chapter 7

1. $\dfrac{3y}{y^2 - 25}$

The denominator, $y^2 - 25$ or $(y + 5)(y - 5)$, is zero when $y = -5$ or $y = 5$. Thus, the domain is all real values of y such that $y \neq -5$ and $y \neq 5$.

Domain $= (-\infty, -5) \cup (-5, 5) \cup (5, \infty)$.

2. $\dfrac{2 - x}{3x - 6} = \dfrac{2 - x}{3(x - 2)}$

$= \dfrac{-1\cancel{(x-2)}}{3\cancel{(x-2)}}$

$= -\dfrac{1}{3}, \; x \neq 2$

3. $\dfrac{4z^3}{5} \cdot \dfrac{25}{12z^2} = \dfrac{100z^3}{60z^2}$

$= \dfrac{20(5)\cancel{(z^2)}(z)}{20(3)\cancel{(z^2)}}$

$= \dfrac{5z}{3}, \; z \neq 0$

4. $\dfrac{y^2 + 8y + 16}{2(y - 2)} \cdot \dfrac{8y - 16}{(y + 4)^3} = \dfrac{(y + 4)^2(8)(y - 2)}{2(y - 2)(y + 4)^3}$

$= \dfrac{\cancel{(y+4)^2}(4)\cancel{(2)}\cancel{(y-2)}}{\cancel{2}\cancel{(y-2)}\cancel{(y+4)^2}(y + 4)}$

$= \dfrac{4}{y + 4}, \; y \neq 2$

5. $(4x^2 - 9) \cdot \dfrac{2x + 3}{2x^2 - x - 3} = \dfrac{(2x + 3)(2x - 3)(2x + 3)}{(2x - 3)(x + 1)}$

$= \dfrac{(2x + 3)^2\cancel{(2x - 3)}}{\cancel{(2x - 3)}(x + 1)}$

$= \dfrac{(2x + 3)^2}{x + 1}, \; x \neq \dfrac{3}{2}$

6. $\dfrac{(2xy^2)^3}{15} \div \dfrac{12x^3}{21} = \dfrac{8x^3y^6}{15} \cdot \dfrac{21}{12x^3}$

$= \dfrac{\cancel{(4)}(2)\cancel{(3)}(7)\cancel{(x^3)}(y^6)}{(5)\cancel{(3)}\cancel{(4)}(3)\cancel{(x^3)}}$

$= \dfrac{14y^6}{15}, \; x \neq 0$

7. $\dfrac{\left(\dfrac{3x}{x + 2}\right)}{\left(\dfrac{12}{x^3 + 2x^2}\right)} = \dfrac{3x}{x + 2} \div \dfrac{12}{x^2(x + 2)} = \dfrac{3x}{x + 2} \cdot \dfrac{x^2(x + 2)}{12} = \dfrac{\cancel{3}(x^3)\cancel{(x+2)}}{\cancel{3}(4)\cancel{(x+2)}} = \dfrac{x^3}{4}, \; x \neq -2, \; x \neq 0$

8. $\dfrac{\left(9x - \dfrac{1}{x}\right)}{\left(\dfrac{1}{x} - 3\right)} = \dfrac{\left(9x - \dfrac{1}{x}\right) \cdot x}{\left(\dfrac{1}{x} - 3\right) \cdot x} = \dfrac{9x^2 - 1}{1 - 3x} = \dfrac{(3x + 1)\cancel{(3x - 1)}}{-1\cancel{(3x - 1)}}$

$= -(3x + 1) \;\; \text{or} \;\; -3x - 1, \; x \neq 0, \; x \neq \dfrac{1}{3}$

or

$\dfrac{\left(9x - \dfrac{1}{x}\right)}{\left(\dfrac{1}{x} - 3\right)} = \dfrac{\left(\dfrac{9x}{1} - \dfrac{1}{x}\right)}{\left(\dfrac{1}{x} - \dfrac{3}{1}\right)} = \dfrac{\left(\dfrac{9x^2}{x} - \dfrac{1}{x}\right)}{\left(\dfrac{1}{x} - \dfrac{3x}{x}\right)} = \dfrac{\left(\dfrac{9x^2 - 1}{x}\right)}{\left(\dfrac{1 - 3x}{x}\right)}$

$= \dfrac{(3x + 1)(3x - 1)}{x} \cdot \dfrac{x}{1 - 3x} = \dfrac{(3x + 1)\cancel{(3x - 1)}\cancel{(x)}}{\cancel{(x)}(-1)\cancel{(3x - 1)}}$

$= -(3x + 1) \;\; \text{or} \;\; -3x - 1, \; x \neq 0, \; x \neq \dfrac{1}{3}$

9. $2x + \dfrac{1-4x^2}{x+1} = \dfrac{2x}{1} + \dfrac{1-4x^2}{x+1}$

$\phantom{2x + \dfrac{1-4x^2}{x+1}} = \dfrac{2x(x+1)}{x+1} + \dfrac{1-4x^2}{x+1}$

$\phantom{2x + \dfrac{1-4x^2}{x+1}} = \dfrac{2x(x+1) + 1 - 4x^2}{x+1}$

$\phantom{2x + \dfrac{1-4x^2}{x+1}} = \dfrac{2x^2 + 2x + 1 - 4x^2}{x+1}$

$\phantom{2x + \dfrac{1-4x^2}{x+1}} = \dfrac{-2x^2 + 2x + 1}{x+1}$ or $-\dfrac{2x^2 - 2x - 1}{x+1}$

10. $\dfrac{5x}{x+2} - \dfrac{2}{x^2 - x - 6} = \dfrac{5x}{x+2} - \dfrac{2}{(x-3)(x+2)}$

$\phantom{\dfrac{5x}{x+2} - \dfrac{2}{x^2 - x - 6}} = \dfrac{5x(x-3)}{(x+2)(x-3)} - \dfrac{2}{(x-3)(x+2)}$

$\phantom{\dfrac{5x}{x+2} - \dfrac{2}{x^2 - x - 6}} = \dfrac{5x(x-3) - 2}{(x+2)(x-3)}$

$\phantom{\dfrac{5x}{x+2} - \dfrac{2}{x^2 - x - 6}} = \dfrac{5x^2 - 15x - 2}{(x+2)(x-3)}$

11. $\dfrac{3}{x} - \dfrac{5}{x^2} + \dfrac{2x}{x^2 + 2x + 1} = \dfrac{3}{x} - \dfrac{5}{x^2} + \dfrac{2x}{(x+1)^2} = \dfrac{3x(x+1)^2}{x(x)(x+1)^2} - \dfrac{5(x+1)^2}{x^2(x+1)^2} + \dfrac{2x(x^2)}{(x+1)^2(x^2)}$

$\phantom{\dfrac{3}{x} - \dfrac{5}{x^2} + \dfrac{2x}{x^2 + 2x + 1}} = \dfrac{3x(x^2 + 2x + 1) - 5(x^2 + 2x + 1) + 2x^3}{x^2(x+1)^2}$

$\phantom{\dfrac{3}{x} - \dfrac{5}{x^2} + \dfrac{2x}{x^2 + 2x + 1}} = \dfrac{3x^3 + 6x^2 + 3x - 5x^2 - 10x - 5 + 2x^3}{x^2(x+1)^2} = \dfrac{5x^3 + x^2 - 7x - 5}{x^2(x+1)^2}$

12. $\dfrac{24a^7 + 42a^4 - 6a^3}{6a^2} = \dfrac{24a^7}{6a^2} + \dfrac{42a^4}{6a^2} - \dfrac{6a^3}{6a^2}$

$\phantom{\dfrac{24a^7 + 42a^4 - 6a^3}{6a^2}} = \dfrac{\cancel{6}(4)\cancel{(a^2)}(a^5)}{\cancel{6a^2}} + \dfrac{\cancel{6}(7)\cancel{(a^2)}(a^2)}{\cancel{6a^2}} - \dfrac{\cancel{6a^2}(a)}{\cancel{6a^2}}$

$\phantom{\dfrac{24a^7 + 42a^4 - 6a^3}{6a^2}} = 4a^5 + 7a^2 - a,\ a \ne 0$

13.
$$\begin{array}{r} t^2 + 3 + \dfrac{-6t + 6}{t^2 - 2} \text{ or } t^2 + 3 - \dfrac{6t - 6}{t^2 - 2} \\ t^2 - 2 \overline{\smash{\big)}\, t^4 + 0t^3 + t^2 - 6t + 0} \\ \underline{t^4 - 2t^2 } \\ 3t^2 - 6t \\ \underline{3t^2 - 6} \\ -6t + 6 \end{array}$$

Thus, $\dfrac{t^4 + t^2 - 6t}{t^2 - 2} = t^2 + 3 + \dfrac{-6t + 6}{t^2 - 2}$ or $t^2 + 3 - \dfrac{6t - 6}{t^2 - 2}$.

14. $\dfrac{2x^4 - 15x^2 - 7}{x - 3}$

$\begin{array}{r|rrrrr} 3 & 2 & 0 & -15 & 0 & -7 \\ & & 6 & 18 & 9 & 27 \\ \hline & 2 & 6 & 3 & 9 & 20 \end{array}$

$\dfrac{2x^4 - 15x^2 - 7}{x - 3} = 2x^3 + 6x^2 + 3x + 9 + \dfrac{20}{x - 3}$

15. (a) $f(x) = \dfrac{3}{x-3}$

     y-intercept: $(0, -1)$

     x-intercept: None

     Vertical asymptote: $x = 3$

     Horizontal asymptote: $y = 0$

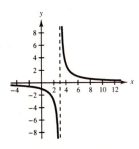

(b) $g(x) = \dfrac{3x}{x-3}$

     y-intercept: $(0, 0)$

     x-intercept: $(0, 0)$

     Vertical asymptote: $x = 3$

     Horizontal asymptote: $y = \dfrac{3}{1} = 3$

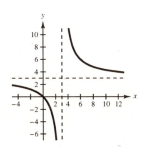

16. $\dfrac{3}{h+2} = \dfrac{1}{8}$

    $24 = h + 2$

    $22 = h$

17. $\dfrac{2}{x+5} - \dfrac{3}{x+3} = \dfrac{1}{x}$

$x(x+5)(x+3)\left(\dfrac{2}{x+5} - \dfrac{3}{x+3}\right) = x(x+5)(x+3)\left(\dfrac{1}{x}\right)$

$2x(x+3) - 3x(x+5) = (x+5)(x+3)$

$2x^2 + 6x - 3x^2 - 15x = x^2 + 8x + 15$

$-x^2 - 9x = x^2 + 8x + 15$

$0 = 2x^2 + 17x + 15$

$0 = (2x+15)(x+1)$

$2x + 15 = 0 \Rightarrow x = -\dfrac{15}{2}$

$x + 1 = 0 \Rightarrow x = -1$

18. $\dfrac{1}{x+1} + \dfrac{1}{x-1} = \dfrac{2}{x^2-1}$

$(x+1)(x-1)\left(\dfrac{1}{x+1} + \dfrac{1}{x-1}\right) = (x+1)(x-1)\left(\dfrac{2}{(x+1)(x-1)}\right)$

$x - 1 + x + 1 = 2$

$2x = 2$

$x = 1$ (Extraneous)

Substituting 1 for x in the original equation results in division by zero. Thus, 1 is an *extraneous* solution, and the equation has *no* solution.

19. $\dfrac{3}{x-2} > 4$

$\dfrac{3}{x-2} - 4 > 0$

$\dfrac{3 - 4(x-2)}{x-2} > 0$

$\dfrac{3 - 4x + 8}{x-2} > 0$

$\dfrac{-4x + 11}{x-2} > 0$

$-4x + 11 = 0 \implies x = \dfrac{11}{4}$

$x - 2 = 0 \implies x = 2$

Critical numbers: $2, \dfrac{11}{4}$

The solution is $\left(2, \dfrac{11}{4}\right)$.

Test interval	Representative x-value	Value of Polynomial	Conclusion
$(-\infty, 2)$	0	$\dfrac{3}{0-2} - 4 = -\dfrac{2}{3} - 4 = -\dfrac{14}{3}$	Negative
$\left(2, \dfrac{11}{4}\right)$	2.5	$\dfrac{3}{2.5-2} - 4 = \dfrac{3}{0.5} - 4 = 2$	Positive
$\left(\dfrac{11}{4}, \infty\right)$	3	$\dfrac{3}{3-2} - 4 = \dfrac{3}{1} - 4 = -1$	Negative

20. $\dfrac{3u+2}{u-3} \leq 2$

$\dfrac{3u+2}{u-3} - 2 \leq 0$

$\dfrac{3u+2}{u-3} - \dfrac{2(u-3)}{u-3} \leq 0$

$\dfrac{3u + 2 - 2u + 6}{u-3} \leq 0$

$\dfrac{u+8}{u-3} \leq 0$

$u + 8 = 0 \implies u = -8$

$u - 3 = 0 \implies u = 3$

Critical numbers: $-8, 3$

The solution is $[-8, 3)$.

Test interval	Representative x-value	Value of Polynomial	Conclusion
$(-\infty, -8]$	-10	$\dfrac{-10+8}{-10-3} = \dfrac{-2}{-13} = \dfrac{2}{13}$	Positive
$[-8, 3)$	0	$\dfrac{0+8}{0-3} = \dfrac{8}{-3} = -\dfrac{8}{3}$	Negative
$(3, \infty)$	5	$\dfrac{5+8}{5-3} = \dfrac{13}{2}$	Positive

21. *Verbal Model:* $\boxed{\text{Rate of one painter}} + \boxed{\text{Rate of other painter}} = \boxed{\text{Rate together}}$

Equation: $\dfrac{1}{t} + \dfrac{1}{\left(\dfrac{3}{2}t\right)} = \dfrac{1}{4}$

$\dfrac{1}{t} + \dfrac{2}{3t} = \dfrac{1}{4}$

$12t\left(\dfrac{1}{t} + \dfrac{2}{3t}\right) = 12t\left(\dfrac{1}{4}\right)$

$12 + 8 = 3t$

$20 = 3t$

$\dfrac{20}{3} = t$ and $\dfrac{3}{2}t = \dfrac{3}{2}\left(\dfrac{20}{3}\right) = 10$

Thus, the individual times are $\dfrac{20}{3}$ or $6\dfrac{2}{3}$ hours and 10 hours.

Cumulative Test for Chapters 1–7

1. $5(x + 2) - 4(2x - 3) = 5x + 10 - 8x + 12$
$ = -3x + 22$

2. $0.12x + 0.05(2000 - 2x) = 0.12x + 100 - 0.1x$
$ = 0.02x + 100$

3. $f(x) = x^2 - 3$
$f(a + 2) = (a + 2)^2 - 3$
$ = a^2 + 4a + 4 - 3$
$ = a^2 + 4a + 1$

4. $f(x) = \dfrac{3}{x + 5}$
$f(a + 2) = \dfrac{3}{(a + 2) + 5}$
$ = \dfrac{3}{a + 7}$

5. $\dfrac{-16x^2}{12x} = \dfrac{\cancel{4}(-4)\cancel{(x)}(x)}{\cancel{4}(3)\cancel{(x)}}$
$\phantom{\dfrac{-16x^2}{12x}} = -\dfrac{4x}{3},\ x \neq 0$

6. $\dfrac{6u^5 v^{-3}}{27uv^3} = \dfrac{6u^5}{27uv^3 v^3}$
$\phantom{\dfrac{6u^5 v^{-3}}{27uv^3}} = \dfrac{2\cancel{(3)}\cancel{(u)}(u^4)}{\cancel{3}(9)\cancel{(u)}v^6}$
$\phantom{\dfrac{6u^5 v^{-3}}{27uv^3}} = \dfrac{2u^4}{9v^6},\ u \neq 0$

7. $(\sqrt{x} + 3)(\sqrt{x} - 3) = (\sqrt{x})^2 - 3^2$
$\phantom{(\sqrt{x} + 3)(\sqrt{x} - 3)} = x - 9$

8. $\sqrt{u}(\sqrt{20} - \sqrt{5}) = \sqrt{20u} - \sqrt{5u}$
$\phantom{\sqrt{u}(\sqrt{20} - \sqrt{5})} = \sqrt{4 \cdot 5u} - \sqrt{5u}$
$\phantom{\sqrt{u}(\sqrt{20} - \sqrt{5})} = 2\sqrt{5u} - \sqrt{5u}$
$\phantom{\sqrt{u}(\sqrt{20} - \sqrt{5})} = \sqrt{5u}$

9. $(2\sqrt{t} + 3)^2 = (2\sqrt{t} + 3) \cdot (2\sqrt{t} + 3)$
$\phantom{(2\sqrt{t} + 3)^2} = (2\sqrt{t})^2 + 6\sqrt{t} + 6\sqrt{t} + 9$
$\phantom{(2\sqrt{t} + 3)^2} = 4t + 12\sqrt{t} + 9$

10. $5x - 2y = -25 \implies 15x - 6y = -75$
$-3x + 7y = 44 \implies -15x + 35y = 220$
$ 29y = 145$
$ y = \dfrac{145}{29}$
$ y = 5 \text{ and } 5x - 2(5) = -25$
$ 5x - 10 = -25$
$ 5x = -15$
$ x = -3$

$(-3, 5)$

11. $3x - 2y + z = 1$

$\quad x + 5y - 6z = 4$

$\quad 4x - 3y + 2z = 2$

$D = \begin{vmatrix} 3 & -2 & 1 \\ 1 & 5 & -6 \\ 4 & -3 & 2 \end{vmatrix} = 3\begin{vmatrix} 5 & -6 \\ -3 & 2 \end{vmatrix} - 1\begin{vmatrix} -2 & 1 \\ -3 & 2 \end{vmatrix} + 4\begin{vmatrix} -2 & 1 \\ 5 & -6 \end{vmatrix}$

$ = 3(10 - 18) - 1(-4 + 3) + 4(12 - 5)$

$ = 3(-8) - 1(-1) + 4(7)$

$ = -24 + 1 + 28 = 5$

$D_x = \begin{vmatrix} 1 & -2 & 1 \\ 4 & 5 & -6 \\ 2 & -3 & 2 \end{vmatrix} = 1\begin{vmatrix} 5 & -6 \\ -3 & 2 \end{vmatrix} - 4\begin{vmatrix} -2 & 1 \\ -3 & 2 \end{vmatrix} + 2\begin{vmatrix} -2 & 1 \\ 5 & -6 \end{vmatrix}$

$ = 1(10 - 18) - 4(-4 + 3) + 2(12 - 5)$

$ = 1(-8) - 4(-1) + 2(7)$

$ = -8 + 4 + 14 = 10$

$D_y = \begin{vmatrix} 3 & 1 & 1 \\ 1 & 4 & -6 \\ 4 & 2 & 2 \end{vmatrix} = 3\begin{vmatrix} 4 & -6 \\ 2 & 2 \end{vmatrix} - 1\begin{vmatrix} 1 & 1 \\ 2 & 2 \end{vmatrix} + 4\begin{vmatrix} 1 & 1 \\ 4 & -6 \end{vmatrix}$

$ = 3(8 + 12) - 1(2 - 2) + 4(-6 - 4)$

$ = 3(20) - 1(0) + 4(-10)$

$ = 60 - 0 - 40 = 20$

$D_z = \begin{vmatrix} 3 & -2 & 1 \\ 1 & 5 & 4 \\ 4 & -3 & 2 \end{vmatrix} = 3\begin{vmatrix} 5 & 4 \\ -3 & 2 \end{vmatrix} - 1\begin{vmatrix} -2 & 1 \\ -3 & 2 \end{vmatrix} + 4\begin{vmatrix} -2 & 1 \\ 5 & 4 \end{vmatrix}$

$ = 3(10 + 12) - 1(-4 + 3) + 4(-8 - 5)$

$ = 3(22) - 1(-1) + 4(-13)$

$ = 66 + 1 - 52 = 15$

$x = \dfrac{D_x}{D} = \dfrac{10}{5} = 2;\quad y = \dfrac{D_y}{D} = \dfrac{20}{5} = 4;\quad z = \dfrac{D_z}{D} = \dfrac{15}{5} = 3$

$(2, 4, 3)$

12. $\quad x + \dfrac{4}{x} = 4$

$\quad x\left(x + \dfrac{4}{x}\right) = 4(x)$

$\quad x^2 + 4 = 4x$

$\quad x^2 - 4x + 4 = 0$

$\quad (x - 2)(x - 2) = 0$

$\quad x - 2 = 0 \Rightarrow x = 2$

13. $\quad \sqrt{x + 10} = x - 2$

$\quad \left(\sqrt{x + 10}\right)^2 = (x - 2)^2$

$\quad x + 10 = x^2 - 4x + 4$

$\quad 0 = x^2 - 5x - 6$

$\quad 0 = (x - 6)(x + 1)$

$\quad x - 6 = 0 \Rightarrow x = 6$

$\quad x + 1 = 0 \Rightarrow x = -1 \quad \text{(Extraneous)}$

Check: $\sqrt{6 + 10} \stackrel{?}{=} 6 - 2$

$\phantom{\text{Check: }}\sqrt{16} = 4$

Check: $\sqrt{-1 + 10} \stackrel{?}{=} -1 - 2$

$\phantom{\text{Check: }}\sqrt{9} \neq -3$

14. $(x-5)^2 + 50 = 0$

$(x-5)^2 = -50$

$x - 5 = \pm\sqrt{-50}$

$x - 5 = \pm\sqrt{25(2)(-1)}$

$x - 5 = \pm 5\sqrt{2}\,i$

$x = 5 \pm 5\sqrt{2}\,i$

15. The x-intercepts are approximately $(7.1, 0)$ and $(-1.1, 0)$.

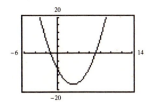

$x^2 - 6x - 8 = 0$

$x = \dfrac{-(-6) \pm \sqrt{(-6)^2 - 4(1)(-8)}}{2(1)}$

$= \dfrac{6 \pm \sqrt{36 + 32}}{2}$

$= \dfrac{6 \pm \sqrt{68}}{2}$

$= \dfrac{6 \pm \sqrt{4 \cdot 17}}{2}$

$= \dfrac{6 \pm 2\sqrt{17}}{2}$

$= 3 \pm \sqrt{17}$

$x = 3 + \sqrt{17} \implies x \approx 7.1$

$x = 3 - \sqrt{17} \implies x \approx -1.1$

The solutions of the equation are the first coordinates of the x-intercepts of the graph.

16. Vertex $(h, k) = (2, 3) \implies y = a(x - 2)^2 + 3$

Point $(x, y) = (0, 0) \implies 0 = a(0 - 2)^2 + 3$

$0 = 4a + 3$

$-3 = 4a$

$-\dfrac{3}{4} = a$

$y = -\dfrac{3}{4}(x - 2)^2 + 3$

$y = -\dfrac{3}{4}(x^2 - 4x + 4) + 3$

$y = -\dfrac{3}{4}x^2 + 3x - 3 + 3$

$y = -\dfrac{3}{4}x^2 + 3x$

17. $y = \dfrac{4}{x - 2}$

Domain: $x \neq 2$

Vertical asymptote: $x = 2$

Horizontal asymptote: $y = 0$

x-intercept: None

y-intercept: $(0, 2)$

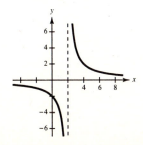

18. You can mow $\frac{1}{4}$ of the lawn in 1 hour. Your friend can mow $\frac{1}{5}$ of the lawn in 1 hour.

$\dfrac{1}{4}t + \dfrac{1}{5}t = 1$

$20\left(\dfrac{1}{4}t + \dfrac{1}{5}t\right) = 20(1)$

$5t + 4t = 20$

$9t = 20$

$t = \dfrac{20}{9}$

It will take $2\frac{2}{9}$ hours to mow the lawn together.

CHAPTER 8
More About Functions and Relations

Section 8.1   Combinations of Functions 383

Section 8.2   Inverse Functions 386

Section 8.3   Variation and Mathematical Models 390

Section 8.4   Polynomial Functions and Their Graphs 392

Mid-Chapter Quiz 396

Section 8.5   Circles 397

Section 8.6   Ellipses and Hyperbolas 400

Section 8.7   Parabolas 405

Section 8.8   Nonlinear Systems of Equations 408

Review Exercises 413

Chapter Test 428

Cumulative Test for Chapters 1-8 431

CHAPTER 8
More About Functions and Relations

Section 8.1 Combinations of Functions
Solutions to Odd-Numbered Exercises

                                                    Domain

1. (a) $(f + g)(x) = 2x + x^2 = x^2 + 2x$ All real x, $(-\infty, \infty)$

   (b) $(f - g)(x) = 2x - x^2 = -x^2 + 2x$ All real x, $(-\infty, \infty)$

   (c) $(fg)(x) = 2x(x^2) = 2x^3$ All real x, $(-\infty, \infty)$

   (d) $(f/g) = \dfrac{2x}{x^2} = \dfrac{2}{x}$ All real $x \neq 0$, $(-\infty, 0) \cup (0, \infty)$

                                                    Domain

3. (a) $(f + g)(x) = 4x - 3 + x^2 - 9 = x^2 + 4x - 12$ All real x, $(-\infty, \infty)$

   (b) $(f - g)(x) = 4x - 3 - (x^2 - 9) = -x^2 + 4x + 6$ All real x, $(-\infty, \infty)$

   (c) $(fg)(x) = (4x - 3)(x^2 - 9)$

                 $= 4x^3 - 3x^2 - 36x + 27$ All real x, $(-\infty, \infty)$

   (d) $(f/g)(x) = \dfrac{4x - 3}{x^2 - 9}$ All real $x \neq \pm 3$, $(-\infty, -3) \cup (-3, 3) \cup (3, \infty)$

                                                    Domain

5. (a) $(f + g)(x) = \dfrac{1}{x} + 5x$ or $\dfrac{5x^2 + 1}{x}$ All real $x \neq 0$, $(-\infty, 0) \cup (0, \infty)$

   (b) $(f - g)(x) = \dfrac{1}{x} - 5x$ or $\dfrac{-5x^2 + 1}{x}$ All real $x \neq 0$, $(-\infty, 0) \cup (0, \infty)$

   (c) $(fg)(x) = \dfrac{1}{x}(5x) = 5$ All real $x \neq 0$, $(-\infty, 0) \cup (0, \infty)$

   (d) $(f/g) = \dfrac{1/x}{5x} = \dfrac{1}{5x^2}$ All real $x \neq 0$, $(-\infty, 0) \cup (0, \infty)$

                                                    Domain

7. (a) $(f + g)(x) = \sqrt{x + 4} + \sqrt{4 - x}$ $[-4, 4]$

   (b) $(f - g)(x) = \sqrt{x + 4} - \sqrt{4 - x}$ $[-4, 4]$

   (c) $(fg)(x) = \sqrt{x + 4} \cdot \sqrt{4 - x} = \sqrt{16 - x^2}$ $[-4, 4]$

   (d) $(f/g) = \dfrac{\sqrt{x + 4}}{\sqrt{x - 4}}$ $[-4, 4)$

384 Chapter 8 More About Functions and Relations

9. (a) $(f+g)(x) = x^2 + 2x + 3$ or $(f+g)(2) = f(2) + g(2)$
$(f+g)(2) = 2^2 + 2(2) + 3 = 11$ $= 2^2 + [2(2) + 3]$
$= 4 + 7 = 11$

(b) $(f-g)(x) = x^2 - (2x + 3)$ or $(f-g)(3) = f(3) - g(3)$
$= x^2 - 2x - 3$ $= 3^2 - [2(3) + 3]$
$(f-g)(3) = 3^2 - 2(3) - 3 = 0$ $= 9 - 9 = 0$

11. (a) $(f+g)(x) = \sqrt{x} + x^2 + 1$ or $(f+g)(4) = f(4) + g(4)$
$(f+g)(4) = \sqrt{4} + 4^2 + 1 = 19$ $= \sqrt{4} + (4^2 + 1)$
$= 2 + 17 = 19$

(b) $(f-g)(x) = \sqrt{x} - x^2 + 1$ or $(f+g)(3) = f(3) - g(3)$
$= \sqrt{x} - x^2 - 1$ $= \sqrt{4} + (4^2 + 1)$
$(f-g)(9) = \sqrt{9} - 9^2 - 1 = -79$ $= 2 + 17 = 19$

13. (a) $(fg)(x) = |x|5 = 5|x|$ or $(fg)(-2) = f(-2) \cdot g(-2)$
$(fg)(-2) = 5|-2| = 10$ $= |-2| \cdot 5 = 10$

(b) $\left(\dfrac{f}{g}\right)(x) = \dfrac{|x|}{5}$ or $\left(\dfrac{f}{g}\right)(-2) = \dfrac{f(-2)}{g(-2)}$
$= \dfrac{|-2|}{5} = \dfrac{2}{5}$ $= \dfrac{|-2|}{5} = \dfrac{2}{5}$

15. (a) $(fg)(x) = \dfrac{1}{x-4}(x) = \dfrac{x}{x-4}$ or $(fg)(-2) = f(-2)g(-2)$
$(fg)(-2) = \dfrac{-2}{-2-4} = \dfrac{-2}{-6} = \dfrac{1}{3}$ $= \left(\dfrac{1}{-2-4}\right)(-2)$
$= \left(-\dfrac{1}{6}\right)(-2) = \dfrac{1}{3}$

(b) $\left(\dfrac{f}{g}\right)(x) = \dfrac{(1/(x-4))}{x} = \dfrac{1}{x(x-4)}$ or $\left(\dfrac{f}{g}\right)(4) = \dfrac{f(4)}{g(4)}$
$\left(\dfrac{f}{g}\right)(4) = \dfrac{1}{4(0)}$ Undefined Undefined, because $f(4)$ is undefined.

17. (a) $(f \circ g)(x) = f(g(x))$
$= f(x^2)$
$= x^2 - 3$

(b) $(g \circ f)(x) = g(f(x))$
$= g(x - 3)$
$= (x - 3)^2$ or $x^2 - 6x + 9$

(c) $(f \circ g)(4) = 4^2 - 3 = 16 - 3 = 13$

(d) $(g \circ f)(7) = (7 - 3)^2 = 4^2 = 16$

19. (a) $(f \circ g)(x) = f(g(x))$
$= f(3x)$
$= |3x - 3|$ or $3|x - 1|$

(b) $(g \circ f)(x) = g(f(x))$
$= g(|x - 3|)$
$= 3|x - 3|$

(c) $(f \circ g)(1) = |3(1) - 3| = |0| = 0$

(d) $(g \circ f)(2) = 3|2 - 3| = 3|-1| = 3$

21. (a) $(f \circ g)(x) = f(g(x)) = f(x + 5) = \sqrt{x + 5}$
(b) $(g \circ f)(x) = g(f(x)) = g(\sqrt{x}) = \sqrt{x} + 5$
(c) $(f \circ g)(4) = \sqrt{4 + 5} = \sqrt{9} = 3$
(d) $(g \circ f)(9) = \sqrt{9} + 5 = 3 + 5 = 8$

23. (a) $(f \circ g)(x) = f(g(x)) = f(\sqrt{x}) = \dfrac{1}{\sqrt{x} - 3}$
(b) $(g \circ f)(x) = g(f(x)) = g\left(\dfrac{1}{x - 3}\right)$
$= \sqrt{\dfrac{1}{x - 3}} = \dfrac{1}{\sqrt{x - 3}}$
(c) $(f \circ g)(49) = \dfrac{1}{\sqrt{49} - 3} = \dfrac{1}{7 - 3} = \dfrac{1}{4}$
(d) $(g \circ f)(12) = \dfrac{1}{\sqrt{12 - 3}} = \dfrac{1}{\sqrt{9}} = \dfrac{1}{3}$

25. (a) $(f \circ g)(x) = f(g(x)) = f(2x) = (2x)^2 + 1 = 4x^2 + 1$
Domain: $(-\infty, \infty)$
(b) $(g \circ f)(x) = g(f(x)) = g(x^2 + 1) = 2(x^2 + 1) = 2x^2 + 2$
Domain: $(-\infty, \infty)$

27. (a) $(f \circ g)(x) = f(g(x)) = f(x - 2) = \sqrt{x - 2}$
Domain: $[2, \infty)$
(b) $(g \circ f)(x) = g(f(x)) = g(\sqrt{x}) = \sqrt{x} - 2$
Domain: $[0, \infty)$

29. (a) $(f \circ g)(x) = f(g(x)) = f(x^2) = \dfrac{9}{x^2 + 9}$
Domain: $(-\infty, \infty)$
(b) $(g \circ f)(x) = g(f(x)) = g\left(\dfrac{9}{x + 9}\right)$
$= \left(\dfrac{9}{x + 9}\right)^2 = \dfrac{81}{(x + 9)^2}$
Domain: $(-\infty, -9) \cup (-9, \infty)$

31. $(f - g)(x) = x^2 - 3x - (5x + 3)$
$= x^2 - 3x - 5x - 3$
$= x^2 - 8x - 3$
$(f - g)(t) = t^2 - 8t - 3$

33. $(f + g)(x) = (x^2 - 3x) + (5x + 3)$
$= x^2 + 2x + 3$
$(f + g)(t - 2) = (t - 2)^2 + 2(t - 2) + 3$
$= t^2 - 4t + 4 + 2t - 4 + 3$
$= t^2 - 2t + 3$

35. $\dfrac{g(x + h) - g(x)}{h} = \dfrac{[5(x + h) + 3] - (5x + 3)}{h}$
$= \dfrac{5x + 5h + 3 - 5x - 3}{h} = \dfrac{5h}{h} = 5$

37. $(f \circ g)(-1) = f(g(-1))$
$= f[5(-1) + 3]$
$= f(-2)$
$= (-2)^2 - 3(-2)$
$= 4 + 6 = 10$

39. $(g \circ f)(y) = g(f(y))$
$= g(y^2 - 3y)$
$= 5(y^2 - 3y) + 3$
$= 5y^2 - 15y + 3$

41.

43.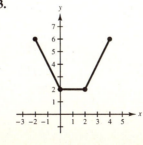

45.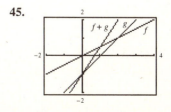

47.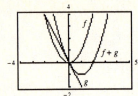

49.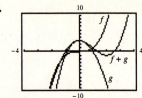

The function $f(x)$ contributes more to the magnitude of the sum than $g(x)$ contributes.

51. (a) $f(1) = -1$ because $(1, -1)$ is an ordered pair of f.

(b) $g(-1) = -2$ because $(-1, -2)$ is an ordered pair of g.

(c) $(g \circ f)(1) = g(f(1)) = g(-1) = -2$

53. (a) $(f \circ g)(-3) = f(g(-3)) = f(1) = -1$

(b) $(g \circ f)(-2) = g(f(-2)) = g(3) = 1$

55. (a) $f(3) = 10$ because $(3, 10)$ is an ordered pair of f.

(b) $g(10) = 1$ because $(10, 1)$ is an ordered pair of g.

(c) $(g \circ f)(3) = g(f(3)) = g(10) = 1$

57. (a) $(g \circ f)(4) = g(f(4)) = g(17) = 0$

(b) $(f \circ g)(2) = f(g(2)) = f(3) = 10$

59. (a) $T(x) = (R + B)(x)$
$= R(x) + B(x)$
$= \frac{3}{4}x + \frac{1}{15}x^2$

(b)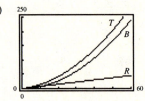

(c) The function $B(x)$ contributes more to the magnitude of the sum at higher speeds.

61. (a) $f(g(x)) = f(0.02x) = 0.02x - 200,000$

(b) $g(f(x)) = g(x - 200,000) = 0.02(x - 200,000)$

Thus, (b) or $g(f(x))$ represents the bonus, because it *first* subtracts $200,000 from the total sales and *then* determines 2% of the difference.

63. $r(t) = 0.6t$, $A(r) = \pi r^2$
$A(r(t)) = A(0.06t)$
$= \pi(0.6t)^2$
$= 0.36\pi t^2$

Section 8.2   Inverse Functions

1. $f(x) = 5x \Rightarrow f^{-1}(x) = \frac{x}{5}$

$f(f^{-1}(x)) = f\left(\frac{x}{5}\right) = 5\left(\frac{x}{5}\right) = x$

$f^{-1}(f(x)) = f^{-1}(5x) = \frac{5x}{5} = x$

3. $f(x) = x + 10 \Rightarrow f^{-1}(x) = x - 10$

$f(f^{-1}(x)) = f(x - 10)$
$= (x - 10) + 10 = x$

$f^{-1}(f(x)) = f^{-1}(x + 10)$
$= (x + 10) - 10 = x$

5. $f(x) = \frac{1}{2}x \Rightarrow f^{-1}(x) = 2x$

$f(f^{-1}(x)) = f(2x) = \frac{1}{2}(2x) = x$

$f^{-1}(f(x)) = f^{-1}\left(\frac{1}{2}x\right) = 2\left(\frac{1}{2}x\right) = x$

7. $f(x) = x^7 \Rightarrow f^{-1}(x) = \sqrt[7]{x}$

$f(f^{-1}(x)) = f(\sqrt[7]{x}) = (\sqrt[7]{x})^7 = x$

$f^{-1}(f(x)) = f^{-1}(x^7) = \sqrt[7]{x^7} = x$

9. $f(x) = \sqrt[3]{x} \Rightarrow f^{-1}(x) = x^3$
    $f(f^{-1}(x)) = f(x^3) = \sqrt[3]{x^3} = x$
    $f^{-1}(f(x)) = f^{-1}(\sqrt[3]{x}) = (\sqrt[3]{x})^3 = x$

11. Domain and range of $f(x), g(x)$:
    $(-\infty, \infty)$
    $f(g(x)) = f(\tfrac{1}{10}x) = 10(\tfrac{1}{10})x = x$
    $g(f(x)) = g(10x) = \tfrac{1}{10}(10x) = x$

    Thus, f and g are inverses of each other.

13. Domain and range of $f(x), g(x)$:
    $(-\infty, \infty)$
    $f(g(x)) = f(x - 15)$
    $ = (x - 15) + 15 = x$
    $g(f(x)) = g(x + 15)$
    $ = (x + 15) - 15 = x$

    Thus, f and g are inverses of each other.

15. Domain and range of $f(x), g(x)$:
    $(-\infty, \infty)$
    $f(g(x)) = f\left(\dfrac{1-x}{2}\right) = 1 - 2\left(\dfrac{1-x}{2}\right)$
    $ = 1 - (1 - x) = x$
    $g(f(x)) = g(1 - 2x) = \dfrac{1 - (1 - 2x)}{2}$
    $ = \dfrac{2x}{2} = x$

    Thus, f and g are inverses of each other.

17. Domain and range of $f(x), g(x)$:
    $(-\infty, \infty)$
    $f(g(x)) = f[\tfrac{1}{3}(2 - x)]$
    $ = 2 - 3(\tfrac{1}{3})(2 - x)$
    $ = 2 - (2 - x) = x$
    $g(f(x)) = g(2 - 3x) = \tfrac{1}{3}[2 - (2 - 3x)]$
    $ = \tfrac{1}{3}(3x) = x$

    Thus, f and g are inverses of each other.

19. Domain and range of $f(x), g(x)$:
    $(-\infty, \infty)$
    $f(g(x)) = f(x^3 - 1) = \sqrt[3]{(x^3 - 1) + 1}$
    $ = \sqrt[3]{x^3} = x$
    $g(f(x)) = g(\sqrt[3]{x + 1})$
    $ = (\sqrt[3]{x + 1})^3 - 1$
    $ = (x + 1) - 1 = x$

    Thus, f and g are inverses of each other.

21. Domain and range of $f(x), g(x)$:
    $(-\infty, 0) \cup (0, \infty)$
    $f(g(x)) = f\left(\dfrac{1}{x}\right) = \dfrac{1}{(1/x)} = x$
    $g(f(x)) = g\left(\dfrac{1}{x}\right) = \dfrac{1}{(1/x)} = x$

    Thus, f and g are inverses of each other.

23. Graph (b) is the graph of the inverse.

25. Graph (d) is the graph of the inverse.

27.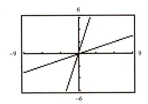

29.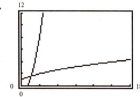

31.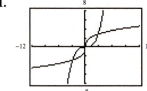

33.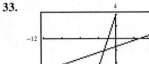

35. $f(x) = 8x$
$y = 8x$
$x = 8y$
$\dfrac{x}{8} = y$
$f^{-1}(x) = \dfrac{x}{8}$

37. $g(x) = x + 25$
$y = x + 25$
$x = y + 25$
$x - 25 = y$
$g^{-1}(x) = x - 25$

39. $g(x) = 3 - 4x$
$y = 3 - 4x$
$x = 3 - 4y$
$x - 3 = -4y$
$\dfrac{3 - x}{4} = y$
$g^{-1}(x) = \dfrac{3 - x}{4}$

41. $g(t) = \dfrac{1}{4}t + 2$
$y = \dfrac{1}{4}t + 2$
$t = \dfrac{1}{4}y + 2$
$t - 2 = \dfrac{1}{4}y$
$4(t - 2) = \left(\dfrac{1}{4}y\right)4$
$4t - 8 = y$
$g^{-1}(t) = 4t - 8$

43. $h(x) = \sqrt{x}$
$y = \sqrt{x}$
$x = \sqrt{y}$
$x^2 = y, \ (x \geq 0)$
$h^{-1}(x) = x^2, \ x \geq 0$

45. $f(t) = t^3 - 1$
$y = t^3 - 1$
$t = y^3 - 1$
$t + 1 = y^3$
$\sqrt[3]{t + 1} = y$
$f^{-1}(t) = \sqrt[3]{t + 1}$

47. $g(s) = \dfrac{5}{s}$
$y = \dfrac{5}{s}$
$s = \dfrac{5}{y}$
$sy = 5$
$y = \dfrac{5}{s}$
$g^{-1}(s) = \dfrac{5}{s}$

49. $f(x) = x^3 + 1$
$y = x^3 + 1$
$x = y^3 + 1$
$x - 1 = y^3$
$\sqrt[3]{x - 1} = y$
$f^{-1}(x) = \sqrt[3]{x - 1}$

51. $f(x) = x^2 - 2$,
No.

It is possible to find a horizontal line that intersects the graph of f at more than one point. Thus, the function does *not* have an inverse.

53. No. It is possible to find a horizontal line that intersects the graph of f at more than one point. Thus, the function does *not* have an inverse.

55.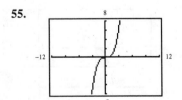

Yes. No horizontal line intersects the graph of f at more than one point. Thus, the function is not one-to-one.

57.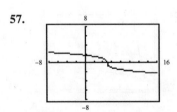

Yes. No horizontal line intersects the graph of f at more than one point. Thus, the function is one-to-one.

59.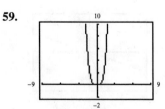

No. It is possible to find a horizontal line that interests the graph of g at more than one point. Thus, the function is not one-to-one.

61.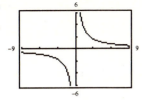

Yes. No horizontal line intersects the graph of h at more than one point. Thus, the function is one-to-one.

63.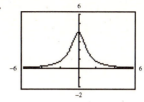

No. It is possible to find a horizontal line that intersects the graph f at more than one point. Thus, the function is not one-to-one.

65. $f(x) = x^4, x \geq 0$

$y = x^4$

$x = y^4$

$\sqrt[4]{x} = y$

$f^{-1}(x) = \sqrt[4]{x}$

Domain of f^{-1}: $[0, \infty)$

67. $f(x) = (x - 2)^2, x \geq 2$

$y = (x - 2)^2$

$x = (y - 2)^2$

$\sqrt{x} = y - 2$

$\sqrt{x} + 2 = y$

$f^{-1}(x) = \sqrt{x} + 2$

Domain of f^{-1}: $[0, \infty)$

69.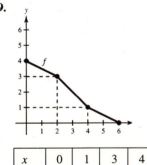

x	0	1	3	4
f^{-1}	6	4	2	0

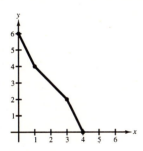

71.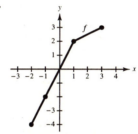

x	-4	-2	2	3
f^{-1}	-2	-1	1	3

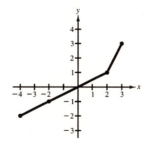

73. (a) $y = 9 + 0.65x$

$x = 9 + 0.65y$

$x - 9 = 0.65y$

$\dfrac{x - 9}{0.65} = y$ or

$y = \dfrac{20}{13}(x - 9)$

(b) x: hourly wage

y: number of units produced

(c) $y = \dfrac{x - 9}{0.65}$ and $x = 14.20$

$y = \dfrac{14.20 - 9}{0.65}$

$= \dfrac{5.20}{0.65} = 8$

Thus, 8 units are produced.

75. True.

The y-intercept of f would have coordinates $(0, k)$ for some real number k. If $(0, k)$ is on the graph of f, then $(k, 0)$ is on the graph of f^{-1}. The point $(k, 0)$ would be on the x-axis, so it is an x-intercept of f^{-1}.

77. False.

$f(x) = \sqrt{x - 1}$; Domain: $[1, \infty)$

$f^{-1}(x) = x^2 + 1, x \geq 0$ Domain: $[0, \infty)$

79. (a) $f(x) = 3 - 2x$

$y = 3 - 2x$

$x = 3 - 2y$

$x - 3 = -2y$

$3 - x = 2y$

$\dfrac{3 - x}{2} = y$

$f^{-1}(x) = \dfrac{3 - x}{2}$

(b) $f^{-1}(x) = \dfrac{3 - x}{2}$

$y = \dfrac{3 - x}{2}$

$x = \dfrac{3 - y}{2}$

$2x = 3 - y$

$2x - 3 = -y$

$3 - 2x = y$

$(f^{-1})^{-1}(x) = 3 - 2x$

Section 8.3 Variation and Mathematical Models

1. $I = kV$

3. $u = kv^2$

5. $p = \dfrac{k}{d}$

7. $P = \dfrac{k}{\sqrt{1 + r}}$

9. $A = klw$

11. $P = \dfrac{k}{V}$

13. The area A of a triangle varies jointly as the base b of the triangle and the height h of the triangle (or A varies jointly as b and h).

15. The area A of a rectangle varies jointly as the length and the width.

17. The volume V of a right circular cylinder varies jointly as the square of the radius r of the cylinder and as the height h of the cylinder (or V varies jointly as the square of r and as h).

19. The average speed r varies directly as the distance d and inversely as the time t (or r varies directly as d and inversely as t).

$\left[\text{Note: } r = \dfrac{d}{t} = \dfrac{(1)d}{t}\right]$

21. If $y = kx$ with $k > 0$, then when one variable increases, the other variable also increases.

23. $s = kt$

$20 = k(4)$

$\dfrac{20}{4} = k$

$5 = k \Rightarrow s = 5t$

25. $F = kx^2$

$500 = k(40)^2 = k(1600)$

$\dfrac{500}{1600} = k$

$\dfrac{5}{16} = k \Rightarrow F = \dfrac{5}{16}x^2$

27. $H = ku$

$100 = k(40)$

$\dfrac{100}{40} = k$

$\dfrac{5}{2} = k \Rightarrow H = \dfrac{5}{2}u$

29. $n = \dfrac{k}{m}$

$32 = \dfrac{k}{1.5}$

$1.5(32) = k$

$48 = k \Rightarrow n = \dfrac{48}{m}$

31. $g = \dfrac{k}{\sqrt{z}}$

$\dfrac{4}{5} = \dfrac{k}{\sqrt{25}}$

$\dfrac{4}{5} = \dfrac{k}{5}$

$5\left(\dfrac{4}{5}\right) = \left(\dfrac{k}{5}\right)5$

$4 = k \Rightarrow g = \dfrac{4}{\sqrt{z}}$

33. $F = kxy$

$500 = k(15)(8) = k(120)$

$\dfrac{500}{120} = k$

$\dfrac{25}{6} = k \Rightarrow F = \dfrac{25}{6}xy$

35. $d = \dfrac{kx^2}{r}$

$3000 = \dfrac{k(10)^2}{4}$

$12{,}000 = k(100)$

$\dfrac{12{,}000}{100} = k$

$120 = k \Rightarrow d = \dfrac{120x^2}{r}$

37. (a) $R = kx$

$3875 = k(500)$

$\dfrac{3875}{500} = k$

$7.75 = k \Rightarrow R = 7.75x$

$R = 7.75(635)$

$R = 4921.25$

Thus, the revenue is $4921.25.

(b) The constant of proportionality k is the price per unit.

39. (a) $d = kF$

$3 = k(50)$

$\dfrac{3}{50} = k$

$0.06 = k \Rightarrow d = 0.06F$

$d = 0.06(20)$

$d = 1.2$

The force will stretch the spring 1.2 inches.

(b) $d = 0.06F$

$1.5 = 0.06F$

$\dfrac{1.5}{0.06} = F$

$25 = F$

The force is 25 pounds.

41. $d = kF$

$5 = k(50)$

$\dfrac{5}{50} = k$

$\dfrac{1}{10} = k \Rightarrow d = \dfrac{1}{10}F$

(a) $d = \dfrac{1}{10}F = \dfrac{1}{10}(20) = 2$

A force of 20 pounds will stretch the spring 2 inches.

(b) $d = \dfrac{1}{10}F$

$1.5 = \dfrac{1}{10}F$

$10(1.5) = F$

$15 = F$

A force of 15 pounds will stretch the spring 1.5 inches.

43. $d = ks^2$

$75 = k(30)^2 = k(900)$

$\dfrac{75}{900} = k$

$\dfrac{1}{12} = k \Rightarrow d = \dfrac{1}{12}s^2 = \dfrac{1}{12}(50)^2 = \dfrac{1}{12}(2500) = 208\tfrac{1}{3}$

The stopping distance is $208\tfrac{1}{3}$ feet.

45. $v = kt$

$96 = k(3)$

$32 = k$

The acceleration due to gravity is 32 ft/sec².

47. $P = kw^3$

$750 = k(25)^3 = k(15{,}625)$

$\dfrac{750}{15{,}625} = k$

$0.048 = k \Rightarrow P = 0.048w^3 = 0.048(40)^3$

$= 0.048(64{,}000) = 3072$

The turbine generates 3072 watts of power.

49. $x = \dfrac{k}{p}$

$800 = \dfrac{k}{5}$

$5(800) = k$

$4000 = k \Rightarrow x = \dfrac{4000}{p} = \dfrac{4000}{6} \approx 667$

At a price of $6, the demand would be approximately 667 units.

51. $M = kE$

$60 = k(360)$

$\dfrac{60}{360} = k$

$\dfrac{1}{6} = k \Rightarrow M = \dfrac{1}{6}E$

$54 = \dfrac{1}{6}E$

$6(54) = E$

$324 = E$

Tereshkova would have weighed 324 pounds with her equipment.

53. $I = \dfrac{k}{d^2}$

At 18 inches: $I = \dfrac{k}{18^2} = \dfrac{k}{324}$

At 36 inches: $I = \dfrac{k}{36^2} = \dfrac{k}{1296}$

$\dfrac{k}{1296} = \dfrac{1}{4}\left(\dfrac{k}{324}\right)$

Thus, the new amount of illumination will be $\dfrac{1}{4}$ of the original illumination.

55. $F = ks^2$

$F_2 = k(2s)^2$

$= k(4s^2)$

$= 4(ks^2)$

$= 4F$

Thus, the force changes by a factor of 4.

57. $P = \dfrac{k}{A}$

$4 = \dfrac{k}{29}$

$29(4) = k$

$116 = k \Rightarrow P = \dfrac{116}{A}$

$P = \dfrac{116}{11(29)}$

$P \approx 0.36$

The pressure would be approximately 0.36 pounds per square inch. Denise's weight is 116 pounds (the constant k).

59. $T = \dfrac{k}{d}$

$1 = \dfrac{k}{4000}$

$4000(1) = k$

$4000 = k \Rightarrow T = \dfrac{4000}{d}$

$T = \dfrac{4000}{4385}$

$T \approx 0.9$

The temperature is approximately 0.9°C. (Answers may vary slightly depending on how the graph is read.)

61. If $y = kx$, $-3 = k(10)$

$-\tfrac{3}{10} = k \Rightarrow y = -\tfrac{3}{10}x$

Verify other values:

$-6 \stackrel{?}{=} -\tfrac{3}{10}(20)\quad -9 \stackrel{?}{=} -\tfrac{3}{10}(30)\quad -12 \stackrel{?}{=} -\tfrac{3}{10}(40)\quad -15 \stackrel{?}{=} -\tfrac{3}{10}(50)$

$-6 = -6 \qquad\qquad -9 = -9 \qquad\qquad -12 = -12 \qquad\qquad -15 = -15$

Section 8.4 Polynomial Functions and Their Graphs

1. Degree 0

constant function

Graph: horizontal line

3. Degree 1, linear function

Graph: line with slope -3

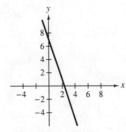

5. Degree 2

quadratic function

Graph: parabola

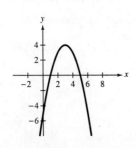

7. Degree: 5

Maximum numbers of turns:
$5 - 1 = 4$

9. Degree: 2

Maximum number of turns:
$2 - 1 = 1$

11. Degree: 4

Maximum number of turns:
$4 - 1 = 3$

13. Horizontal translation 5 units to the right

15. Vertical translation 3 units upward

17. Reflection in the x-axis

19. (a) $f(x) = (x - 2)^3$

Horizontal translation
2 units to the right

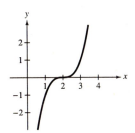

(b) $f(x) = x^3 - 2$

Vertical translation
2 units downward

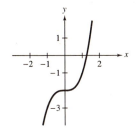

(c) $f(x) = (x - 2)^3 - 2$

Horizontal translation 2 units to the right and vertical translation 2 units downward

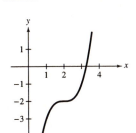

(d) $f(x) = -x^3$

Reflection in x-axis

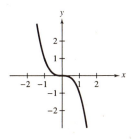

21.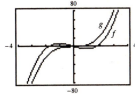

23.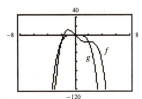

25. Leading coefficient, 2, *positive* $\Rightarrow$ graph rises to right

Degree, 2, even (*same* behavior to left) $\Rightarrow$ graph rises to left

27. Leading coefficient, $\frac{1}{3}$, *positive* $\Rightarrow$ graph rises to right.

Degree, 3, *odd* (*opposite* behavior to left) $\Rightarrow$ graph falls to left.

29. Leading coefficient, -5, *negative* $\Rightarrow$ graph falls to right.

Degree, 3, odd (*opposite* behavior to left) $\Rightarrow$ graph rises to left.

31. x-intercept:
$$f(x) = 0$$
$$x^2 - 25 = 0$$
$$(x + 5)(x - 5) = 0$$
$$x + 5 = 0 \Rightarrow x = -5$$
$$x - 5 = 0 \Rightarrow x = 5$$

$(-5, 0)$ and $(5, 0)$

y-intercept: $x = 0$
$$y = 0^2 - 25$$
$$y = -25$$

$(0, -25)$

33. x-intercept:
$$h(x) = 0$$
$$x^2 - 6x + 9 = 0$$
$$(x - 3)^2 = 0$$
$$x - 3 = 0 \Longrightarrow x = 3$$
$$(3, 0)$$
y-intercept: $x = 0$
$$y = 0^2 - 6(0) + 9$$
$$y = 9$$
$$(0, 9)$$

35. x-intercepts:
$$f(x) = 0$$
$$x^2 + x - 2 = 0$$
$$(x + 2)(x - 1) = 0$$
$$x + 2 = 0 \Longrightarrow x = -2$$
$$x - 1 = 0 \Longrightarrow x = 1$$
$$(-2, 0) \text{ and } (1, 0)$$
y-intercept: $x = 0$
$$y = 0^2 + 0 - 2$$
$$y = -2$$
$$(0, -2)$$

37. x-intercepts:
$$f(x) = 0$$
$$x^3 - 4x^2 + 4x = 0$$
$$x(x^2 - 4x + 4) = 0$$
$$x(x - 2)^2 = 0$$
$$x = 0$$
$$x - 2 = 0 \Longrightarrow x = 2$$
$$(0, 0) \text{ and } (2, 0)$$
y-intercept: $x = 0$
$$y = 0^3 - 4(0)^2 + 4(0)$$
$$y = 0$$
$$(0, 0)$$

39. x-intercepts:
$$g(x) = 0$$
$$\tfrac{1}{2}x^4 - \tfrac{1}{2} = 0$$
$$x^4 - 1 = 0$$
$$(x^2 + 1)(x^2 - 1) = 0$$
$$(x^2 + 1)(x + 1)(x - 1) = 0$$
$$x^2 + 1 = 0 \Longrightarrow x^2 = -1$$
$$\Longrightarrow x = \pm i$$
$$x + 1 = 0 \Longrightarrow x = -1$$
$$x - 1 = 0 \Longrightarrow x = 1$$
$$(-1, 0) \text{ and } (1, 0)$$
y-intercept: $x = 0$
$$y = \tfrac{1}{2}(0)^4 - \tfrac{1}{2}$$
$$y = -\tfrac{1}{2}$$
$$\left(0, -\tfrac{1}{2}\right)$$

41. x-intercepts:
$$f(x) = 0$$
$$5x^4 + 15x^2 + 10 = 0$$
$$x^4 + 3x^2 + 2 = 0$$
$$(x^2 + 2)(x^2 + 1) = 0$$
$$x^2 + 2 = 0 \Longrightarrow x^2 = -2$$
$$\Longrightarrow x = \pm\sqrt{2}\,i$$
$$x^2 + 1 = 0 \Longrightarrow x^2 = -1$$
$$\Longrightarrow x = \pm i$$
No x-intercepts
y-intercept: $x = 0$
$$y = 5(0)^4 + 15(0)^2 + 10$$
$$y = 10$$
$$(0, 10)$$

43.

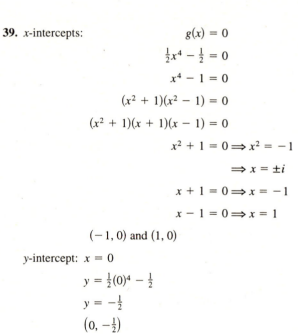

The x-intercepts are $(1, 0)$ and $(-1, 0)$.

45.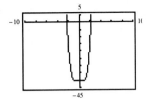

The *x*-intercepts are approximately (2.236, 0) and (−2.236, 0).

Note: The exact values for these intercepts are $(\sqrt{5}, 0)$ and $(-\sqrt{5}, 0)$.

47.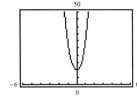

There are no *x*-intercepts.

49.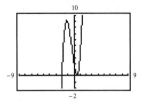

The *x*-intercepts are (−2, 0) and $(\frac{1}{2}, 0)$.

51. Graph (e) **53.** Graph (b) **55.** Graph (a) **57.** Graph (d)

59.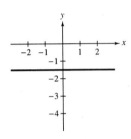

61.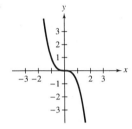

63.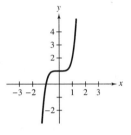

65.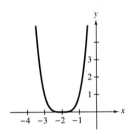

67.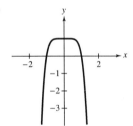

69.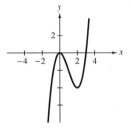

71. Degree: 3 ⟹ Maximum number of turns: 3 − 1 = 2

Yes, the graph has the maximum number of turns.

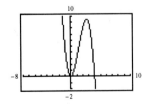

73. Degree: 4 ⟹ Maximum number of turns: 4 − 1 = 3

Yes, the graph has the maximum number of turns.

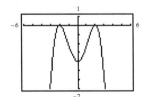

75. Degree: 5 ⟹ Maximum number of turns: 5 − 1 = 4

No, the graph does not have the maximum number of turns.

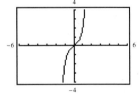

77. (a) Volume = (Length)(Width)(Height)

$V = (12 - 2x)(12 - 2x)(x)$

$= 2(6 - x)(2)(6 - x)(x)$

$= 4x(6 - x)^2$

(b) Domain: (0, 6)

(c)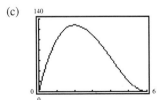

$V(x)$ is a maximum when $x = 2$.

Chapter 8 Mid-Chapter Quiz

1. $(f - g)(x) = 2x - 8 - x^2$
   $= -x^2 + 2x - 8$
   Domain: $(-\infty, \infty)$

2. $(f + g)(x) = 2x - 8 + x^2$
   $= x^2 + 2x - 8$
   Domain: $(-\infty, \infty)$

3. $(fg)(x) = (2x - 8)x^2$
   $= 2x^3 - 8x^2$
   Domain: $(-\infty, \infty)$

4. $(g - f)(x) = x^2 - (2x - 8)$
   $= x^2 - 2x + 8$
   Domain: $(-\infty, \infty)$

5. $\left(\dfrac{f}{g}\right)(x) = \dfrac{2x - 8}{x^2}$
   Domain: $(-\infty, 0) \cup (0, \infty)$

6. $\left(\dfrac{g}{f}\right)(x) = \dfrac{x^2}{2x - 8}$
   Domain: $(-\infty, 4) \cup (4, \infty)$

7. $(f \circ g)(x) = f(g(x))$
   $= f(x^2) = 2x^2 - 8$
   Domain: $(-\infty, \infty)$

8. $(g \circ f)(x) = g(f(x))$
   $= g(2x - 8) = (2x - 8)^2$
   Domain: $(-\infty, \infty)$

9. $C(x) = 60x + 750$
   $x(t) = 50t, 0 \leq t \leq 40$
   $C(x(t)) = C(50t) = 60(50t) + 750$
   $= 3000t + 750, 0 \leq t \leq 40$
   $C(x(t))$ represents the cost of producing units for t hours, for $0 \leq t \leq 40$.

10. Domain and range of $f(x), g(x)$: $(-\infty, \infty)$
    $(f \circ g)(x) = f(g(x)) = f\left[\tfrac{1}{15}(100 - x)\right]$
    $= 100 - 15\left[\tfrac{1}{15}(100 - x)\right] = 100 - (100 - x) = x$
    $(g \circ f)(x) = g(f(x)) = g(100 - 15x) = \tfrac{1}{15}[100 - (100 - 15x)] = \tfrac{1}{15}(15x) = x$

11. $f(x) = x^3 - 8$
    $y = x^3 - 8$
    $x = y^3 - 8$
    $x + 8 = y^3$
    $\sqrt[3]{x + 8} = y$
    $f^{-1}(x) = \sqrt[3]{x + 8}$

    $(f \circ f^{-1}) = f(f^{-1}(x))$
    $= f\left(\sqrt[3]{x + 8}\right)$
    $= \left(\sqrt[3]{x + 8}\right)^3 - 8$
    $= x + 8 - 8$
    $= x$

    $(f^{-1} \circ f)(x) = f^{-1}(f(x))$
    $= f^{-1}(x^3 - 8)$
    $= \sqrt[3]{(x^3 - 8) + 8}$
    $= \sqrt[3]{x^3}$
    $= x$

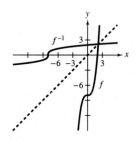

12. $z = kt$
    $12 = k(4)$
    $\tfrac{12}{4} = k$
    $3 = k \Rightarrow z = 3t$

13. $S = khr^2$
    $120 = k(6)(2)^2$
    $120 = k(24)$
    $\tfrac{120}{24} = k$
    $5 = k \Rightarrow S = 5hr^2$

14. $N = \dfrac{kt^2}{s}$

$300 = \dfrac{k(10)^2}{5}$

$5(300) = k(10)^2$

$1500 = k(100)$

$\dfrac{1500}{100} = k$

$15 = k \Rightarrow N = \dfrac{15t^2}{s}$

15. $m = kt$

$0.02 = k(12)$

$\dfrac{0.02}{12} = k$

$\dfrac{2}{1200} = k$

$\dfrac{1}{600} = k \Rightarrow m = \dfrac{1}{600}t$

$0.05 = \dfrac{1}{600}t$

$600(0.05) = t$

$30 = t$

An explosion could occur 30 minutes after the leak began.

16. The graph rises to the right because the leading coefficient, 3, is positive.

17. (a) Transformation: Reflection in the x-axis.

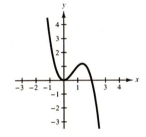

(b) Transformation: Horizontal shift of two units to the right.

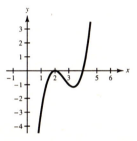

18.

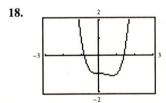

The x-intercepts are approximately $(-0.819, 0)$ and $(1.380, 0)$

Section 8.5   Circles

1. The four types of conics are circles, ellipses, hyperbolas, and parabolas.

3. Graphs (c)

5. Graph (a)

7. Graph (b)

9. $x^2 + y^2 = r^2$

   $x^2 + y^2 = 5^2$

   $x^2 + y^2 = 25$

11. $x^2 + y^2 = r^2$

   $x^2 + y^2 = \left(\dfrac{2}{3}\right)^2$

   $x^2 + y^2 = \dfrac{4}{9}$ or $9x^2 + 9y^2 = 4$

13. Radius = Distance between (0, 0) and (0, 8)

$r = \sqrt{(0-0)^2 + (8-0)^2} = \sqrt{64} = 8$

$x^2 + y^2 = r^2$

$x^2 + y^2 = 8^2$

$x^2 + y^2 = 64$

15. Radius = Distance between (0, 0) and (5, 2)

$r = \sqrt{(5-0)^2 + (2-0)^2} = \sqrt{29}$

$x^2 + y^2 = r^2$

$x^2 + y^2 = (\sqrt{29})^2$

$x^2 + y^2 = 29$

17. Center (h, k): (4, 3), Radius r: 10

$(x - h)^2 + (y - k)^2 = r^2$

$(x - 4)^2 + (y - 3)^2 = 10^2$

$(x - 4)^2 + (y - 3)^2 = 100$

19. Center (h, k): (5, −3), Radius r: 9

$(x - h)^2 + (y - k)^2 = r^2$

$(x - 5)^2 + (y - (-3))^2 = 9^2$

$(x - 5)^2 + (y + 3)^2 = 81$

21. Radius $r = \sqrt{(-2-0)^2 + (1-1)^2}$

$= \sqrt{(-2)^2 + 0^2}$

$= \sqrt{4 + 0}$

$= \sqrt{4}$

$= 2$

Center (h, k): (−2, 1), Radius r: 2

$(x - h)^2 + (y - k)^2 = r^2$

$(x - (-2))^2 + (y - 1)^2 = 2^2$

$(x + 2)^2 + (y - 1)^2 = 4$

23. Radius $r = \sqrt{(3-4)^2 + (2-6)^2}$

$= \sqrt{(-1)^2 + (-4)^2}$

$= \sqrt{1 + 16}$

$= \sqrt{17}$

Center (h, k): (3, 2), Radius r: $\sqrt{17}$

$(x - h)^2 + (y - k)^2 = r^2$

$(x - 3)^2 + (y - 2)^2 = (\sqrt{17})^2$

$(x - 3)^2 + (y - 2)^2 = 17$

25. $x^2 + y^2 = 16$

Center: (0, 0)

Radius: $\sqrt{16} = 4$

27. $x^2 + y^2 = 36$

Center: (0, 0)

Radius: $\sqrt{36} = 6$

29. $4x^2 + 4y^2 = 1$

$x^2 + y^2 = \frac{1}{4}$

Center: (0, 0)

Radius: $\sqrt{\frac{1}{4}} = \frac{1}{2}$

31. $25x^2 + 25y^2 - 144 = 0$

$25x^2 + 25y^2 = 144$

$x^2 + y^2 = \frac{144}{25}$

Center: (0, 0)

Radius: $\sqrt{\frac{144}{25}} = \frac{12}{5}$

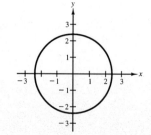

33. $(x - 2)^2 + (y - 3)^2 = 4$

Center: (2, 3)

Radius: $\sqrt{4} = 2$

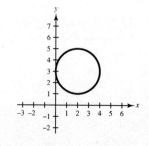

35. $\left(x + \frac{5}{2}\right)^2 + (y + 3)^2 = 9$

Center: $\left(-\frac{5}{2}, -3\right)$

Radius: $\sqrt{9} = 3$

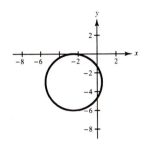

37.
$$x^2 + y^2 - 4x - 2y + 1 = 0$$
$$x^2 + 4x + y^2 - 2y = -1$$
$$(x^2 - 4x + 4) + (y^2 - 2y + 1) = -1 + 4 + 1$$
$$(x - 2)^2 + (y - 1)^2 = 4$$

Center: $(2, 1)$

Radius: $\sqrt{4} = 2$

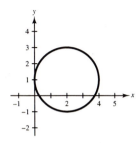

39.
$$x^2 + y^2 + 2x + 6y + 6 = 0$$
$$x^2 + 2x + y^2 + 6y = -6$$
$$(x^2 + 2x + 1) + (y^2 + 6y + 9) = -6 + 1 + 9$$
$$(x + 1)^2 + (y + 3)^2 = 4$$

Center: $(-1, -3)$

Radius: $\sqrt{4} = 2$

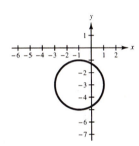

41. $x^2 + y^2 = 30$

Center: $(0, 0)$

Radius: $\sqrt{30}$

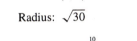
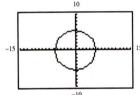

43. $(x - 2)^2 + y^2 = 10$

Center: $(2, 0)$

Radius: $\sqrt{10}$

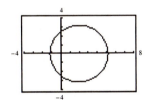

45. Radius $= 4000 + 500 = 4500$

$x^2 + y^2 = r^2$

$x^2 + y^2 = (4500)^2$

$x^2 + y^2 = 20{,}250{,}000$

47. Radius $r = 12$

$x^2 + y^2 = r^2$

$x^2 + y^2 = 12^2$

$x^2 + y^2 = 144$

Point (x, y) is on the circle $x^2 + y^2 = 144$, and the x-coordinate is 6.

$x^2 + y^2 = 144$

$6^2 + y^2 = 144$

$y^2 = 144 - 36$

$y^2 = 108$

$y = \pm\sqrt{108}$ (Choose the positive value)

$y = 6\sqrt{3}$

$y \approx 10.4$

The height is approximately 10.4 feet.

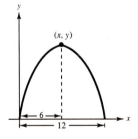

Section 8.6   Ellipses and Hyperbolas

1. Graph (a)

3. Graph (d)

5. Graph (e)

7. $\dfrac{x^2}{16} + \dfrac{y^2}{4} = 1$

$\dfrac{x^2}{4^2} + \dfrac{y^2}{2^2} = 1$

Vertices: $(-4, 0), (4, 0)$
Co-vertices: $(0, -2), (0, 2)$

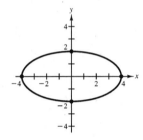

9. $\dfrac{x^2}{4} + \dfrac{y^2}{16} = 1$

$\dfrac{x^2}{2^2} + \dfrac{y^2}{4^2} = 1$

Vertices: $(0, -4), (0, 4)$
Co-vertices: $(-2, 0), (2, 0)$

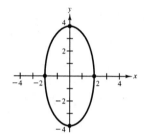

11. $\dfrac{x^2}{25/9} + \dfrac{y^2}{16/9} = 1$

$\dfrac{x^2}{(5/3)^2} + \dfrac{y^2}{(4/3)^2} = 1$

Vertices: $\left(-\tfrac{5}{3}, 0\right), \left(\tfrac{5}{3}, 0\right)$
Co-vertices: $\left(0, -\tfrac{4}{3}\right), \left(0, \tfrac{4}{3}\right)$

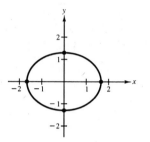

13. $4x^2 + y^2 - 4 = 0$

$4x^2 + y^2 = 4$

$\dfrac{4x^2}{4} + \dfrac{y^2}{4} = \dfrac{4}{4}$

$\dfrac{x^2}{1} + \dfrac{y^2}{4} = 1$

$\dfrac{x^2}{1^2} + \dfrac{y^2}{2^2} = 1$

Vertices: $(0, -2), (0, 2)$
Co-vertices: $(-1, 0), (1, 0)$

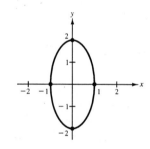

15. $x^2 + 2y^2 = 4$

$\dfrac{x^2}{4} + \dfrac{2y^2}{4} = 1$

$\dfrac{x^2}{4} + \dfrac{y^2}{2} = 1 \Rightarrow a = 2$

The vertices are $(2, 0)$ and $(-2, 0)$.

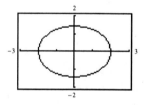

17. $3x^2 + y^2 - 12 = 0$

$3x^2 + y^2 = 12$

$\dfrac{3x^2}{12} + \dfrac{y^2}{12} = 1$

$\dfrac{x^2}{4} + \dfrac{y^2}{12} = 1 \Rightarrow a = \sqrt{12} = 2\sqrt{3}$

The vertices are $\left(0, 2\sqrt{3}\right)$ and $\left(0, -2\sqrt{3}\right)$.

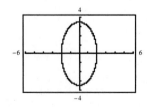

19. Vertices: $(-4, 0), (4, 0) \Rightarrow a = 4$
Major axis horizontal
Co-vertices: $(0, -3), (0, 3) \Rightarrow b = 3$
Minor axis vertical

$\dfrac{x^2}{a^2} + \dfrac{y^2}{b^2} = 1$

$\dfrac{x^2}{4^2} + \dfrac{y^2}{3^2} = 1$

$\dfrac{x^2}{16} + \dfrac{y^2}{9} = 1$

21. Vertices: $(-2, 0), (2, 0) \Rightarrow a = 2$

Major axis horizontal

Co-vertices: $(0, -1), (0, 1) \Rightarrow b = 1$

Minor axis vertical

$$\frac{x^2}{a^2} + \frac{y^2}{b^2} = 1$$

$$\frac{x^2}{2^2} + \frac{y^2}{1^2} = 1$$

$$\frac{x^2}{4} + \frac{y^2}{1} = 1$$

23. Vertices: $(0, -4), (0, 4) \Rightarrow a = 4$

Major axis vertical

Co-vertices: $(-3, 0), (3, 0) \Rightarrow b = 3$

Minor axis horizontal

$$\frac{x^2}{b^2} + \frac{y^2}{a^2} = 1$$

$$\frac{x^2}{3^2} + \frac{y^2}{4^2} = 1$$

$$\frac{x^2}{9} + \frac{y^2}{16} = 1$$

25. Vertices: $(0, -2), (0, 2) \Rightarrow a = 2$

Major axis vertical

Co-vertices: $(-1, 0), (1, 0) \Rightarrow b = 1$

Minor axis horizontal

$$\frac{x^2}{b^2} + \frac{y^2}{a^2} = 1$$

$$\frac{x^2}{1^2} + \frac{y^2}{2^2} = 1$$

$$\frac{x^2}{1} + \frac{y^2}{4} = 1$$

27. Major axis vertical length $10 \Rightarrow a = \frac{10}{2} = 5$

Minor axis horizontal with length $6 \Rightarrow b = \frac{6}{2} = 3$

$$\frac{x^2}{b^2} + \frac{y^2}{a^2} = 1$$

$$\frac{x^2}{3^2} + \frac{y^2}{5^2} = 1$$

$$\frac{x^2}{9} + \frac{y^2}{25} = 1$$

29. Major axis horizontal with length $20 \Rightarrow a = \frac{20}{2} = 10$

Minor axis vertical with length $12 \Rightarrow b = \frac{12}{2} = 6$

$$\frac{x^2}{a^2} + \frac{y^2}{b^2} = 1$$

$$\frac{x^2}{10^2} + \frac{y^2}{6^2} = 1$$

$$\frac{x^2}{100} + \frac{y^2}{36} = 1$$

31. $\frac{(x+5)^2}{16} + y^2 = 1$

Center: $(-5, 0)$

$-5 - 4 = -9$ and $-5 + 4 = -1 \Rightarrow$ Vertices: $(-9, 0)$ and $(-1, 0)$

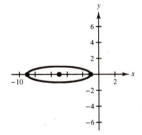

33. $\frac{(x-1)^2}{9} + \frac{(y-5)^2}{25} = 1$

Center: $(1, 5)$

$5 - 5 = 0$ and $5 + 5 = 10 \Rightarrow$ Vertices: $(1, 0)$ and $(1, 10)$

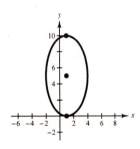

35.
$$9x^2 + 4y^2 + 36x - 24 + 36 = 0$$
$$9x^2 + 36x + 4y^2 - 24y = -36$$
$$9(x^2 + 4x) + 4(y^2 - 6y) = -36$$
$$9(x^2 + 4x + 4) + 4(y^2 - 6y + 9) = -36 + 9(4) + 4(9)$$
$$9(x + 2)^2 + 4(y - 3)^2 = 36$$
$$\frac{9(x+2)^2}{36} + \frac{4(y-3)^2}{36} = \frac{36}{36}$$
$$\frac{(x+2)^2}{4} + \frac{(y-3)^2}{9} = 1$$

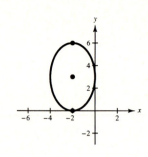

Center: $(-2, 3)$

$3 - 3 = 0$ and $3 + 3 = 6 \Rightarrow$ Vertices: $(-2, 0)$ and $(-2, 6)$

37. Center: $(0, 0)$, major axis vertical

Vertices: $(0, 2)$ and $(0, -2) \Rightarrow a = 2$

Co-vertices: $(1, 0)$ and $(-1, 0) \Rightarrow b = 1$

Equation: $\dfrac{x^2}{1} + \dfrac{y^2}{4} = 1$

39. Center: $(4, 0)$, major axis vertical

Vertices: $(4, 4)$ and $(4, -4) \Rightarrow a = 4$

Co-vertices: $(1, 0)$ and $(7, 0) \Rightarrow b = |4 - 1| = 3$

Equation: $\dfrac{(x-4)^2}{9} + \dfrac{y^2}{16} = 1$

41. Major axis horizontal and $a = 50$

Minor axis vertical and $b = 40$

$$\frac{x^2}{50^2} + \frac{y^2}{40^2} = 1$$
$$\frac{x^2}{2500} + \frac{y^2}{1600} = 1$$
$$x = 45 \Rightarrow \frac{45^2}{2500} + \frac{y^2}{1600} = 1$$
$$1600(45)^2 + 2500y^2 = (2500)(1600)$$
$$3{,}240{,}000 + 2500y^2 = 4{,}000{,}000$$
$$2500y^2 = 760{,}000$$
$$y^2 = 304$$
$$y = \pm\sqrt{304} \quad \text{(Choose the positive value)}$$
$$y \approx 17.4$$

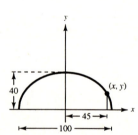

The height is approximately 17.4 feet.

43. Graph (c)   **45.** Graph (a)   **47.** Graph (b)

49. $x^2 - y^2 = 9$

$\dfrac{x^2}{9} - \dfrac{y^2}{9} = \dfrac{9}{9}$

$\dfrac{x^2}{3^2} - \dfrac{y^2}{3^2} = 1 \Rightarrow a = 3, b = 3$

Vertices: $(-3, 0), (3, 0)$

Asymptotes: $y = -\tfrac{3}{3}x$ or $y = -x$, $y = \tfrac{3}{3}x$ or $y = x$

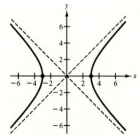

51. $y^2 - x^2 = 9$

$\dfrac{y^2}{9} - \dfrac{x^2}{9} = \dfrac{9}{9}$

$\dfrac{y^2}{3^2} - \dfrac{x^2}{3^2} = 1 \Rightarrow a = 3, b = 3$

Vertices: $(0, -3), (0, 3)$

Asymptotes: $y = -\dfrac{3}{3}x$ or $y = -x$, $y = \dfrac{3}{3}x$ or $y = x$

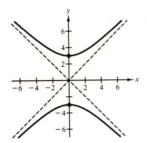

53. $\dfrac{x^2}{9} - \dfrac{y^2}{25} = 1$

$\dfrac{x^2}{3^2} - \dfrac{y^2}{5^2} = 1 \Rightarrow a = 3, b = 5$

Vertices: $(-3, 0), (3, 0)$

Asymptotes: $y = -\dfrac{5}{3}x, y = \dfrac{5}{3}x$

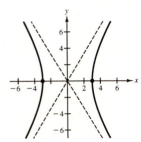

55. $\dfrac{y^2}{9} - \dfrac{x^2}{25} = 1$

$\dfrac{y^2}{3^2} - \dfrac{x^2}{5^2} = 1 \Rightarrow a = 3, b = 5$

Vertices: $(0, -3), (0, 3)$

Asymptotes: $y = -\dfrac{3}{5}x, y = \dfrac{3}{5}x$

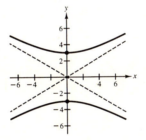

57. $\dfrac{x^2}{1} - \dfrac{y^2}{(9/4)} = 1$

$\dfrac{x^2}{1^2} - \dfrac{y^2}{(3/2)^2} = 1 \Rightarrow a = 1, b = \dfrac{3}{2}$

Vertices: $(-1, 0), (1, 0)$

Asymptotes: $y = \dfrac{-3/2}{1}x$ or $y = -\dfrac{3}{2}x$, $y = \dfrac{3/2}{1}x$ or $y = \dfrac{3}{2}x$

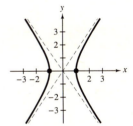

59. $4y^2 - x^2 + 16 = 0$

$\quad\quad 4y^2 - x^2 = -16$

$\quad\quad x^2 - 4y^2 = 16$

$\quad\quad \dfrac{x^2}{16} - \dfrac{4y^2}{16} = \dfrac{16}{16}$

$\quad\quad \dfrac{x^2}{16} - \dfrac{y^2}{4} = 1$

$\quad\quad \dfrac{x^2}{4^2} - \dfrac{y^2}{2^2} = 1 \Rightarrow a = 4, b = 2$

Vertices: $(-4, 0), (4, 0)$

Asymptotes: $y = -\dfrac{2}{4}x$ or $y = -\dfrac{1}{2}x$, $y = \dfrac{2}{4}x$ or $y = \dfrac{1}{2}x$

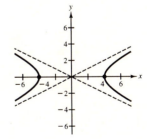

61. Vertices: $(-4, 0), (4, 0) \Rightarrow a = 4$,

Transverse axis is horizontal

Asymptotes: $y = 2x$,

$$y = -2x \Rightarrow \frac{b}{a} = 2 \Rightarrow \frac{b}{4} = 2 \Rightarrow b = 8$$

$$\frac{x^2}{a^2} - \frac{y^2}{b^2} = 1$$

$$\frac{x^2}{4^2} - \frac{y^2}{8^2} = 1$$

$$\frac{x^2}{16} - \frac{y^2}{64} = 1$$

63. Vertices: $(0, -4), (0, 4) \Rightarrow a = 4$,

Transverse axis is vertical

Asymptotes: $y = \frac{1}{2}x$,

$$y = -\frac{1}{2}x \Rightarrow \frac{a}{b} = \frac{1}{2} \Rightarrow \frac{4}{b} = \frac{1}{2} \Rightarrow b = 8$$

$$\frac{y^2}{a^2} - \frac{x^2}{b^2} = 1$$

$$\frac{y^2}{4^2} - \frac{x^2}{8^2} = 1$$

$$\frac{y^2}{16} - \frac{x^2}{64} = 1$$

65. Vertices: $(-9, 0), (9, 0) \Rightarrow a = 9$,

Transverse axis is horizontal

Asymptotes: $y = \frac{2}{3}x$,

$$y = -\frac{2}{3}x \Rightarrow \frac{b}{a} = \frac{2}{3} \Rightarrow \frac{b}{9} = \frac{2}{3} \Rightarrow b = 6$$

$$\frac{x^2}{a^2} - \frac{y^2}{b^2} = 1$$

$$\frac{x^2}{9^2} - \frac{y^2}{6^2} = 1$$

$$\frac{x^2}{81} - \frac{y^2}{36} = 1$$

67. Vertices: $(0, -1)$ and $(0, 1) \Rightarrow a = 1$,

Transverse axis is vertical

Asymptotes: $y = -2x$ and

$$y = 2x \Rightarrow \frac{a}{b} = 2 \Rightarrow \frac{1}{b} = 2 \Rightarrow b = \frac{1}{2}$$

$$\frac{y^2}{a^2} - \frac{x^2}{b^2} = 1$$

$$\frac{y^2}{1^2} - \frac{x^2}{(1/2)^2} = 1$$

$$\frac{y^2}{1} - \frac{x^2}{1/4} = 1$$

69. $(y + 4)^2 - (x - 3)^2 = 25$

$$\frac{(y + 4)^2}{25} - \frac{(x - 3)^2}{25} = 1$$

Center: $(3, -4)$

Vertices: $(3, -9)$ and $(3, 1)$

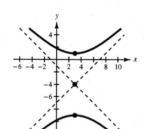

71. $\dfrac{(x - 1)^2}{4} - \dfrac{(y + 2)^2}{1} = 1$

Center: $(1, -2)$

Vertices: $(3, -2)$ and $(-1, -2)$

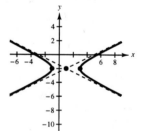

73.
$$9x^2 - y^2 - 36x - 6y + 18 = 0$$
$$9x^2 - 36x - y^2 - 6y = -18$$
$$9(x^2 - 4x) - (y^2 + 6y) = -18$$
$$9(x^2 - 4x + 4) - (y^2 + 6y + 9) = -18 + 9(4) - 1(9)$$
$$9(x - 2)^2 - (y + 3)^2 = 9$$
$$\frac{9(x - 2)^2}{9} - \frac{(y + 3)^2}{9} = \frac{9}{9}$$
$$\frac{(x - 2)^2}{1} - \frac{(y + 3)^2}{9} = 1$$

Center: $(2, -3)$

Vertices: $(3, -3)$ and $(1, -3)$

75. Center: $(0, 0)$, Transverse axis is vertical

Vertices: $(0, 3)$ and $(0, -3) \Longrightarrow a = 3$

$$\frac{y^2}{3^2} - \frac{x^2}{b^2} = 1$$

$(-2, 5)$ on graph $\Longrightarrow \dfrac{5^2}{3^2} - \dfrac{(-2)^2}{b^2} = 1$

$$\frac{25}{9} - \frac{4}{b^2} = 1$$

$$25b^2 - 36 = 9b^2$$

$$16b^2 = 36$$

$$b^2 = \frac{36}{16} = \frac{9}{4}$$

$$\frac{y^2}{9} - \frac{x^2}{9/4} = 1$$

77. Center: $(3, 2)$, Transverse axis is horizontal

Vertices: $(1, 2)$ and $(5, 2) \Longrightarrow a = 2$

$$\frac{(x-3)^2}{2^2} - \frac{(y-2)^2}{b^2} = 1$$

$(0, 0)$ on graph $\Longrightarrow \dfrac{(0-3)^2}{2^2} - \dfrac{(0-2)^2}{b^2} = 1$

$$\frac{9}{4} - \frac{4}{b^2} = 1$$

$$9b^2 - 16 = 4b^2$$

$$5b^2 = 16$$

$$b^2 = \frac{16}{5}$$

$$\frac{(x-3)^2}{4} - \frac{(y-2)^2}{16/5} = 1$$

79. This equation describes the left half of the hyperbola.

Section 8.7 Parabolas

1. Graph (b)

3. Graph (e)

5. Graph (f)

7. $x^2 = 4py$

$y = \tfrac{1}{2}x^2 \Longrightarrow x^2 = 2y$

$4p = 2 \Longrightarrow p = \tfrac{1}{2}$

Vertex: $(0, 0)$

Focus: $\left(0, \tfrac{1}{2}\right)$

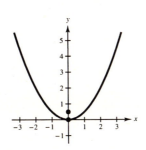

9. $y^2 = 4px$

$y^2 = -6x$

$4p = -6 \Longrightarrow p = -\tfrac{3}{2}$

Vertex: $(0, 0)$

Focus: $\left(-\tfrac{3}{2}, 0\right)$

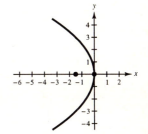

11. $x^2 = 4py$

$x^2 + 8y = 0$

$x^2 = -8y$

$4p = -8 \Longrightarrow p = -2$

Vertex: $(0, 0)$

Focus: $(0, -2)$

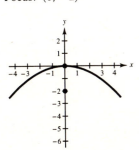

13. $(x - h)^2 = 4p(y - k)$

$(x - 1)^2 + 8(y + 2) = 0$

$(x - 1)^2 = -8(y + 2)$

$4p = -8 \Longrightarrow$

$p = -2$

Vertex: $(1, -2)$

Focus: $(1, -4)$

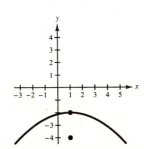

15. $(y - k)^2 = 4p(x - h)$

$\left(y + \tfrac{1}{2}\right)^2 = 2(x - 5)$

$4p = 2 \Longrightarrow p = \tfrac{1}{2}$

Vertex: $\left(5, -\tfrac{1}{2}\right)$

Focus: $\left(\tfrac{11}{2}, -\tfrac{1}{2}\right)$

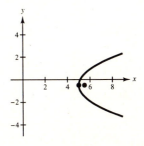

17.
$$(x-h)^2 = 4p(y-k)$$
$$y = \tfrac{1}{4}(x^2 - 2x + 5)$$
$$4y = (x^2 - 2x) + 5$$
$$4y - 5 = (x^2 - 2x)$$
$$4y - 5 + 1 = (x^2 - 2x + 1)$$
$$4y - 4 = (x-1)^2$$
$$4(y-1) = (x-1)^2$$
$$4p = 4 \Rightarrow p = 1$$
Vertex: $(1, 1)$
Focus: $(1, 2)$

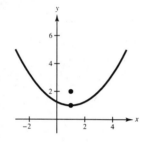

19.
$$(y-k)^2 = 4p(x-h)$$
$$y^2 + 6y + 8x + 25 = 0$$
$$y^2 + 6y = -8x - 25$$
$$y^2 + 6y + 9 = -8x - 25 + 9$$
$$(y+3)^2 = -8x - 16$$
$$(y+3)^2 = -8(x+2)$$
$$4p = -8x \Rightarrow p = -2$$
Vertex: $(-2, -3)$
Focus: $(-4, -3)$

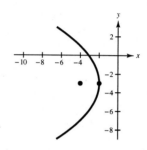

21.
$$(x-h)^2 = 4p(y-k)$$
$$y = -\tfrac{1}{6}(x^2 + 4x - 2)$$
$$-6y = (x^2 + 4x) - 2$$
$$-6y + 2 = (x^2 + 4x)$$
$$-6y + 2 + 4 = (x^2 + 4x + 4)$$
$$-6y + 6 = (x+2)^2$$
$$-6(y-1) = (x+2)^2$$
$$4p = -6 \Rightarrow p = -\tfrac{3}{2}$$
Vertex: $(-2, 1)$
Focus: $\left(-2, \tfrac{1}{2}\right)$

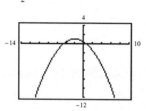

23.
$$(y-k)^2 = 4p(x-h)$$
$$y^2 + x + y = 0$$
$$y^2 + y = -x$$
$$y^2 + y + \tfrac{1}{4} = -x + \tfrac{1}{4}$$
$$\left(y + \tfrac{1}{2}\right)^2 = -1\left(x - \tfrac{1}{4}\right)$$
$$4p = -1 \Rightarrow p = -\tfrac{1}{4}$$
Vertex: $\left(\tfrac{1}{4}, -\tfrac{1}{2}\right)$
Focus: $\left(0, -\tfrac{1}{2}\right)$

Note: To graph this parabola, solve for y:
$$y = -\tfrac{1}{2} + \sqrt{-x + \tfrac{1}{4}} \text{ and } y = -\tfrac{1}{2} - \sqrt{-x + \tfrac{1}{4}}$$

25. The graph is the top half of the parabola.
$$y^2 = -4x$$
$$y = \sqrt{-4x}$$
$$y = 2\sqrt{-x}$$

27.
$$(y-3)^2 = 6(x+1)$$
$$y - 3 = \sqrt{6(x+1)}$$
$$y = 3 + \sqrt{6(x+1)}$$

29. Vertical axis $\Rightarrow x^2 = 4py$
$(3, 6)$ on graph $\Rightarrow 3^2 = 4p(6)$
$$9 = 24p$$
$$p = \tfrac{9}{24}$$
$$p = \tfrac{3}{8} \text{ and } 4p = \tfrac{3}{2}$$
$$x^2 = \tfrac{3}{2}y \text{ or } y = \tfrac{2}{3}x^2$$

31. Vertex: $(0, 0)$
Focus: $\left(0, -\tfrac{3}{2}\right) \Rightarrow$ Vertical axis; $x^2 = 4py$
$$p = -\tfrac{3}{2} \Rightarrow 4p = -6$$
$$x^2 = -6y$$

33. Vertex: $(0, 0)$

Focus: $(-2, 0) \Rightarrow$ Horizontal axis; $y^2 = 4px$

$p = -2 \Rightarrow 4p = -8$

$y^2 = -8x$

35. Vertex: $(0, 0)$

Focus: $(0, 1) \Rightarrow$ Vertical axis, $x^2 = 4py$

$p = 1 \Rightarrow 4p = 4$

$x^2 = 4y$

37. Vertex: $(0, 0)$

Focus: $(4, 0) \Rightarrow$ Horizontal axis; $y^2 = 4px$

$p = 4 \Rightarrow 4p = 16$

$y^2 = 16x$

39. Horizontal axis $\Rightarrow y^2 = 4px$

$(4, 6)$ on graph $\Rightarrow 6^2 = 4p(4)$

$36 = 16p$

$p = \frac{36}{16}$

$p = \frac{9}{4}$ and $4p = 9$

$y^2 = 9x$

41. Vertical axis $\Rightarrow (x - h)^2 = 4p(y - k)$

Vertex: $(3, 1) \Rightarrow (x - 3)^2 = 4p(y - 1)$

$(4, 0)$ on graph $\Rightarrow (4 - 3)^2 = 4p(0 - 1)$

$1^2 = 4p(-1)$

$1 = -4p$

$-\frac{1}{4} = p$ and $4p = -1$

$(x - 3)^2 = -(y - 1)$

43. Horizontal axis $\Rightarrow (y - k)^2 = 4p(x - h)$

Vertex: $(-2, 0) \Rightarrow (y - 0)^2 = 4p(x + 2)$

$y^2 = 4p(x + 2)$

$(0, 2)$ on graph $\Rightarrow 2^2 = 4p(0 + 2)$

$4 = 4p(2)$

$4 = 8p$

$\frac{1}{2} = p$ and $4p = 2$

$y^2 = 2(x + 2)$

45. Vertex: $(3, 2)$ and Focus: $(1, 2)$

The focus is two units to the left of the vertex.

$p = -2$ and $4p = -8$

Horizontal axis $\Rightarrow (y - k)^2 = 4p(x - h)$

$(y - 2)^2 = -8(x - 3)$

47. Vertex: $(0, 4)$ and Focus: $(0, 6)$

The focus is two units above the vertex.

$p = 2$ and $4p = 8$

Vertical axis $\Rightarrow (x - h)^2 = 4p(y - k)$

$(x - 0)^2 = 8(y - 4)$

$x^2 = 8(y - 4)$

49. Horizontal axis $\Rightarrow (y - k)^2 = 4p(x - h)$

Vertex: $(0, 2) \Rightarrow (y - 2)^2 = 4p(x - 0)$

$(y - 2)^2 = 4px$

$(1, 3)$ on graph $\Rightarrow (3 - 2)^2 = 4p(1)$

$1^2 = 4p$

$1 = 4p$

$\frac{1}{4} = p$ and $4p = 1$

$(y - 2)^2 = 1(x)$

$(y - 2)^2 = x$

51. (a) Vertex (0, 0) and Vertical axis $\Rightarrow x^2 = 4py$

(60, 20) on graph $\Rightarrow 60^2 = 4p(20)$

$$3600 = 80p$$

$$p = \frac{3600}{80}$$

$$p = 45 \text{ and } 4p = 180$$

$$x^2 = 180y \text{ or } y = \frac{1}{180}x^2$$

(b) $x = 0 \Rightarrow y = \frac{0^2}{180} = \frac{0}{180} = 0$

$x = 20 \Rightarrow y = \frac{20^2}{180} = \frac{400}{180} = \frac{20}{9}$

$x = 40 \Rightarrow y = \frac{40^2}{180} = \frac{1600}{180} = \frac{80}{9}$

$x = 60 \Rightarrow y = \frac{60^2}{180} = \frac{3600}{180} = 20$

x	0	20	40	60
$y = \frac{1}{180}x^2$	0	$\frac{20}{9}$	$\frac{80}{9}$	20

53. $R = 375x - \frac{3}{2}x^2$

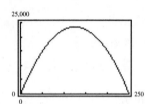

The maximum revenue occurs when $x = 125$.

55. $y^2 = 6x$

False: In this equation, y is not a function of x because a value of x corresponds to two values of y. For example, when $x = 6$, $y = \pm 6$.

Section 8.8 Nonlinear Systems of Equations

1.
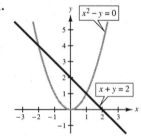

The solutions are $(-2, 4)$ and $(1, 1)$.

3.
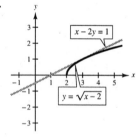

The solution is $(3, 1)$.

5.
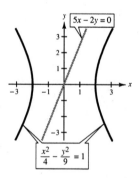

The system has no real solution.

7.
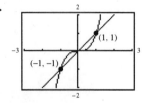

The solutions are $(-1, -1)$, $(0, 0)$, and $(1, 1)$.

9.
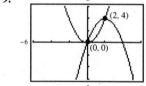

The solutions are $(0, 0)$ and $(2, 4)$.

11.
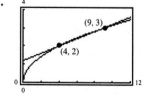

The solutions are $(4, 2)$ and $(9, 3)$.

13. $\begin{cases} y = 2x^2 \\ y = -2x + 12 \end{cases}$

$$2x^2 = -2x + 12$$
$$2x^2 + 2x - 12 = 0$$
$$x^2 + x - 6 = 0$$
$$(x + 3)(x - 2) = 0$$
$$x + 3 = 0 \Longrightarrow x = -3$$
$$x - 2 = 0 \Longrightarrow x = 2$$
$$x = -3 \Longrightarrow -2(-3) + 12 = 18 \quad (-3, 18)$$
$$x = 2 \Longrightarrow -2(2) + 12 = 8 \quad (2, 8)$$

17. $\begin{cases} x^2 + 2y = 6 \\ x - y = -4 \Longrightarrow x = y - 4 \end{cases}$

$$(y - 4)^2 + 2y = -6$$
$$y^2 - 8y + 16 + 2y = -6$$
$$y^2 - 6y + 22 = 0$$
$$y = \frac{-(-6) \pm \sqrt{36 - 4(1)(22)}}{2(1)}$$
$$= \frac{6 \pm \sqrt{-52}}{2} \quad \text{Not real}$$

No real solution

21. $\begin{cases} y = \sqrt{4 - x} \\ x + 3y = 6 \Longrightarrow x = 6 - 3y \end{cases}$

$$y = \sqrt{4 - (6 - 3y)} = \sqrt{3y - 2}$$
$$y^2 = (\sqrt{3y - 2})^2 = 3y - 2$$
$$y^2 - 3y + 2 = 0$$
$$(y - 2)(y - 1) = 0$$
$$y - 2 = 0 \Longrightarrow y = 2$$
$$y - 1 = 0 \Longrightarrow y = 1$$
$$y = 2 \Longrightarrow x = 6 - 3(2) = 0 \quad (0, 2)$$
$$y = 1 \Longrightarrow x = 6 - 3(1) = 3 \quad (3, 1)$$

15. $\begin{cases} x^2 + y = 9 \\ x - y = -3 \Longrightarrow y = x + 3 \end{cases}$

$$x^2 + (x + 3) = 9$$
$$x^2 + x - 6 = 0$$
$$(x + 3)(x - 2) = 0$$
$$x + 3 = 0 \Longrightarrow x = -3$$
$$x - 2 = 0 \Longrightarrow x = 2$$
$$x = -3 \Longrightarrow y = -3 + 3 = 0 \quad (-3, 0)$$
$$x = 2 \Longrightarrow y = 2 + 3 = 5 \quad (2, 5)$$

19. $\begin{cases} x^2 + y^2 = 25 \\ 2x - y = -5 \Longrightarrow y = 2x + 5 \end{cases}$

$$x^2 + (2x + 5)^2 = 25$$
$$x^2 + 4x^2 + 20x + 25 = 25$$
$$5x^2 + 20x = 0$$
$$5x(x + 4) = 0$$
$$5x = 0 \Longrightarrow x = 0$$
$$x + 4 = 0 \Longrightarrow x = -4$$
$$x = 0 \Longrightarrow y = 2(0) + 5 = 5 \quad (0, 5)$$
$$x = -4 \Longrightarrow y = 2(-4) + 5 = -3 \quad (-4, -3)$$

23. $\begin{cases} 16x^2 + 9y^2 = 144 \\ 4x + 3y = 12 \Longrightarrow y = \dfrac{12 - 4x}{3} \end{cases}$

$$16x^2 + 9\left(\frac{12 - 4x}{3}\right)^2 = 144$$
$$16x^2 + 144 - 96x + 16x^2 = 144$$
$$32x^2 - 96x = 0$$
$$32x(x - 3) = 0$$
$$32x = 0 \Longrightarrow x = 0$$
$$x - 3 = 0 \Longrightarrow x = 3$$
$$x = 0 \Longrightarrow y = \frac{12 - 4(0)}{3} = 4 \quad (0, 4)$$
$$x = 3 \Longrightarrow y = \frac{12 - 4(3)}{3} = 0 \quad (3, 0)$$

25. $\begin{cases} x^2 - y^2 = 9 \\ x^2 + y^2 = 1 \Longrightarrow x^2 = 1 - y^2 \end{cases}$

$$(1 - y^2) - y^2 = 9$$
$$1 - 2y^2 = 9$$
$$-2y^2 = 8$$
$$y^2 = -4$$
$$y = \pm\sqrt{-4} \quad \text{Not real}$$

27. $\begin{cases} 3x + 2y = 90 \implies y = \dfrac{90 - 3x}{2} \\ xy = 300 \end{cases}$

$$x\left(\dfrac{90 - 3x}{2}\right) = 300$$

$$90x - 3x^2 = 600$$

$$-3x^2 + 90x - 600 = 0$$

$$x^2 - 30x + 200 = 0$$

$$(x - 20)(x - 10) = 0$$

$$x - 20 = 0 \implies x = 20$$

$$x - 10 = 0 \implies x = 10$$

$$x = 20 \implies y = \dfrac{90 - 3(20)}{2} = 15 \quad (20, 15)$$

$$x = 10 \implies y = \dfrac{90 - 3(10)}{2} = 30 \quad (10, 30)$$

29. $\begin{cases} x^2 + 2y = 1 \implies -x^2 - 2y = -1 \\ x^2 + y^2 = 4 \implies x^2 + y^2 = 4 \end{cases}$

$$y^2 - 2y = 3$$

$$y^2 - 2y - 3 = 0$$

$$(y - 3)(y + 1) = 0$$

$$y - 3 = 0 \implies y = 3$$

$$y + 1 = 0 \implies y = -1$$

$\begin{array}{ll} x^2 + 2(3) = 1 & x^2 + 2(-1) = 1 \\ x^2 + 6 = 1 & x^2 - 2 = 1 \\ x^2 = -5 & x^2 = 3 \\ x = \pm\sqrt{-5} \text{ Not real} & x = \pm\sqrt{3} \end{array}$

$\left(\sqrt{3}, -1\right) \text{ and } \left(\sqrt{3}, -1\right)$

31. $\begin{cases} -x + y^2 = 10 \\ x^2 - y^2 = -8 \end{cases}$

$$x^2 - x = 2$$

$$x^2 - x - 2 = 0$$

$$(x - 2)(x + 1) = 0$$

$$x - 2 = 0 \implies x = 2$$

$$x + 1 = 0 \implies x = -1$$

$\begin{array}{ll} -2 + y^2 = 10 & -(-1) + y^2 = 10 \\ y^2 = 12 & y^2 = 9 \\ y = \pm\sqrt{12} = \pm 2\sqrt{3} & y = \pm\sqrt{9} = \pm 3 \end{array}$

$\left(2, 2\sqrt{3}\right), \left(2, -2\sqrt{3}\right) \quad (-1, 3), (-1, -3)$

33. $\begin{cases} x^2 + y^2 = 7 \\ x^2 - y^2 = 1 \end{cases}$

$\begin{array}{ll} 2x^2 = 8 & x^2 + y^2 = 7 \\ x^2 = 4 & 4 + y^2 = 7 \\ x = \pm\sqrt{4} & y^2 = 3 \\ x = \pm 2 & y = \pm\sqrt{3} \end{array}$

$\left(2, \sqrt{3}\right), \left(2, -\sqrt{3}\right), \left(-2, \sqrt{3}\right), \left(-2, -\sqrt{3}\right)$

35. $\begin{cases} \dfrac{x^2}{4} + y^2 = 1 \implies \dfrac{x^2}{4} + y^2 = 1 \\ x^2 + \dfrac{y^2}{4} = 1 \implies -4x^2 - y^2 = -4 \end{cases}$

$$-\dfrac{15}{4}x^2 = -3$$

$$15x^2 = 12$$

$$x^2 = \dfrac{12}{15} = \dfrac{4}{5}$$

$$x = \pm\sqrt{\dfrac{4}{5}} = \pm\dfrac{2\sqrt{5}}{5}$$

$\begin{array}{l} x^2 + \dfrac{y^2}{4} = 1 \\ \dfrac{4}{5} + \dfrac{y^2}{4} = 1 \\ \dfrac{y^2}{4} = \dfrac{1}{5} \\ y^2 = \dfrac{4}{5} \\ y = \pm\sqrt{\dfrac{4}{5}} = \pm\dfrac{2\sqrt{5}}{5} \end{array}$

$\left(\dfrac{2\sqrt{5}}{5}, \dfrac{2\sqrt{5}}{5}\right), \left(\dfrac{2\sqrt{5}}{5}, -\dfrac{2\sqrt{5}}{5}\right), \left(-\dfrac{2\sqrt{5}}{5}, \dfrac{2\sqrt{5}}{5}\right), \left(-\dfrac{2\sqrt{5}}{5}, -\dfrac{2\sqrt{5}}{5}\right)$

37. The solutions are $(-1, 7)$ and $(2, 4)$.

39.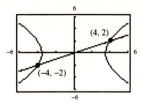

The solutions are (4, 2) and (−4, −2).

41.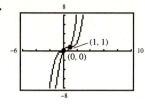

The solutions: are (0, 0), and (1, 1).

43.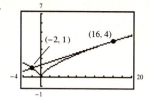

The solutions are (−2, 1) and (16, 4).

45. The slope of the line through $(0, 10)$ and $(5, 0)$ is $m = \frac{0-10}{5-0} = \frac{-10}{5} = -2$. The equation of the line with slope $m = -2$ and y-intercept $(0, 10)$ is $y = -2x + 10$.

$$\begin{cases} y = -2x + 10 \\ \dfrac{x^2}{9} - \dfrac{y^2}{16} = 1 \end{cases}$$

By substitution,

$$\frac{x^2}{9} - \frac{(-2x+10)^2}{16} = 1$$

$$\frac{x^2}{9} - \frac{4x^2 - 40x + 100}{16} = 1$$

$$16x^2 - 9(4x^2 - 40x + 100) = 1(9)(16)$$

$$16x^2 - 36x^2 + 360x - 900 = 144$$

$$-20x^2 + 360x - 1044 = 0$$

$$\frac{-20x^2}{-4} + \frac{360}{-4} + \frac{-1044}{-4} = 0$$

$$5x^2 + 90x + 261 = 0$$

By the quadratic formula: $x = \dfrac{90 \pm \sqrt{(-90)^2 - 4(5)(261)}}{2(5)}$

$$x = \frac{90 \pm \sqrt{2880}}{10}$$

$x \approx 14.267$ and $y \approx -2(14.367) + 10 \approx -18.734$

$x \approx 3.633$ and $y \approx -2(3.633) + 10 \approx 2.733$

Discarding the solution in the fourth quadrant, (3.633, 2.733) is the point on the mirror at which light from the point (0, 10) will reflect to the focus.

47. "Equation of Clark Street" line through $(-2, -1)$ and $(5, 0)$

$$m = \frac{0-(-1)}{5-(-2)} = \frac{1}{7}$$

$$y - 0 = \frac{1}{7}(x - 5)$$

$$y = \frac{1}{7}x - \frac{5}{7}$$

Equation of circle: $x^2 + y^2 = 1^2$

$$x^2 + y^2 = 1$$

$$\begin{cases} x^2 + y^2 = 1 \\ y = \frac{1}{7}x - \frac{5}{7} \end{cases}$$

$$x^2 + \left(\frac{1}{7}x - \frac{5}{7}\right)^2 = 1$$

$$x^2 + \frac{1}{49}x^2 - \frac{10}{49}x + \frac{25}{49} = 1$$

$$49x^2 + x^2 - 10x + 25 = 49$$

$$50x^2 - 10x - 24 = 0$$

$$(5x - 4)(5x + 3) = 0$$

$$5x - 4 = 0 \Rightarrow x = \frac{4}{5}$$

$$5x + 3 = 0 \Rightarrow x = -\frac{3}{5}$$

$$y = \frac{1}{7}\left(\frac{4}{5}\right) - \frac{5}{7}$$

$$= \frac{4}{35} - \frac{25}{35} = -\frac{21}{35} = -\frac{3}{5}$$

$$y = \frac{1}{7}\left(-\frac{3}{5}\right) - \frac{5}{7}$$

$$= -\frac{3}{35} - \frac{25}{35} = -\frac{28}{35} = -\frac{4}{5}$$

$$\left(\frac{4}{5}, -\frac{3}{5}\right)\left(-\frac{3}{5}, -\frac{4}{5}\right)$$

Residents who live between $\left(\frac{4}{5}, -\frac{3}{5}\right)$ and $\left(-\frac{3}{5}, -\frac{4}{5}\right)$ on Clark Street are not *not* eligible to ride the school bus.

49.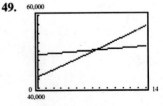

The graphs intersect when t is approximately 7. Thus, the population of the West overtook the population of the Northeast in 1987.

Review Exercises for Chapter 8

1. $f(x) = x^2$, $g(x) = 4x - 5$

(a) $(f + g)(x) = x^2 + 4x - 5$ or   (a) $(f + g)(-5) = f(-5) + g(-5)$

$(f + g)(-5) = (-5)^2 + 4(-5) - 5$ $= (-5)^2 + [4(-5) - 5]$

$= 25 - 20 - 5 = 0$ $= 25 + (-25) = 0$

(b) $(f - g)(x) = x^2 - (4x - 5)$ or   (b) $(f - g)(0) = f(0) - g(0)$

$= x^2 - 4x + 5$ $= 0^2 - [4(0) - 5]$

$(f - g)(0) = 0^2 - 4(0) + 5 = 5$ $= 0 - (-5) = 5$

(c) $(fg)(x) = x^2(4x - 5)$ or   (c) $(fg)(2) = f(2)g(2)$

$= 4x^3 - 5x^2$ $= 2^2[4(2) - 5]$

$(fg)(2) = 4(2)^3 - 5(2)^2$ $= 4(3) = 12$

$= 32 - 20 = 12$

(d) $\left(\dfrac{f}{g}\right)(x) = \dfrac{x^2}{4x - 5}$ or   (d) $\left(\dfrac{f}{g}\right)(1) = \dfrac{f(1)}{g(1)}$

$\left(\dfrac{f}{g}\right)(1) = \dfrac{1^2}{4(1) - 5} = \dfrac{1}{-1} = -1$ $= \dfrac{1^2}{4(1) - 5} = \dfrac{1}{-1} = -1$

2. $f(x) = \dfrac{3}{4}x^3$, $g(x) = x + 1$

(a) $(f + g)(x) = \dfrac{3}{4}x^3 + x + 1$ or   (a) $(f + g)(-1) = f(-1) + g(-1)$

$(f + g)(-1) = \dfrac{3}{4}(-1)^3 + (-1) + 1$ $= \dfrac{3}{4}(-1)^3 + (-1 + 1)$

$= -\dfrac{3}{4} - 1 + 1 = -\dfrac{3}{4}$ $= -\dfrac{3}{4} + 0 = -\dfrac{3}{4}$

(b) $(f - g)(x) = \dfrac{3}{4}x^4 - (x + 1)$ or   (b) $(f - g)(2) = f(2) - g(2)$

$= \dfrac{3}{4}x^3 - x - 1$ $= \dfrac{3}{4}(2)^3 - (2 + 1)$

$(f - g)(2) = \dfrac{3}{4}(2)^3 - 2 - 1$ $= 6 - 3 = 3$

$= 6 - 2 - 1 = 3$

(c) $(fg)(x) = \dfrac{3}{4}x^3(x + 1)$ or   (c) $(fg)\left(\dfrac{1}{3}\right) = f\left(\dfrac{1}{3}\right)g\left(\dfrac{1}{3}\right)$

$= \dfrac{3}{4}x^4 + \dfrac{3}{4}x^3$ $= \left[\dfrac{3}{4}\left(\dfrac{1}{3}\right)^3\right]\left(\dfrac{1}{3} + 1\right)$

$(fg)\left(\dfrac{1}{3}\right) = \dfrac{3}{4}\left(\dfrac{1}{3}\right)^4 + \dfrac{3}{4}\left(\dfrac{1}{3}\right)^3$ $= \dfrac{1}{36}\left(\dfrac{4}{3}\right) = \dfrac{1}{27}$

$= \dfrac{1}{108} + \dfrac{1}{36} = \dfrac{4}{108} = \dfrac{1}{27}$

—CONTINUED—

2. —CONTINUED—

(d) $\left(\dfrac{f}{g}\right)(x) = \dfrac{(3/4)x^3}{x+1}$ or (d) $\left(\dfrac{f}{g}\right)(2) = \dfrac{f(2)}{g(2)}$

$\left(\dfrac{f}{g}\right)(2) = \dfrac{(3/4)(2)^3}{2+1} = \dfrac{6}{3} = 2$ $= \dfrac{(3/4)(2)^3}{2+1} = \dfrac{6}{3} = 2$

3. $f(x) = \dfrac{2}{3}\sqrt{x}$, $g(x) = -x^2$

(a) $(f+g)(x) = \dfrac{2}{3}\sqrt{x} + (-x^2)$ or (a) $(f+g)(1) = f(1) + g(1)$

$(f+g)(1) = \dfrac{2}{3}\sqrt{1} + (-1^2)$ $= \dfrac{2}{3}\sqrt{1} + (-1^2)$

$= \dfrac{2}{3} - 1^2 = \dfrac{2}{3} - 1 = -\dfrac{1}{3}$ $= \dfrac{2}{3} + (-1) = -\dfrac{1}{3}$

(b) $(f-g)(x) = \dfrac{2}{3}\sqrt{x} - (-x^2)$ or (b) $(f-g)(9) = f(9) - g(9)$

$= \dfrac{2}{3}\sqrt{x} + x^2$ $= \dfrac{2}{3}\sqrt{9} - (-9^2)$

$(f-g)(9) = \dfrac{2}{3}\sqrt{9} + 9^2 = 2 + 81 = 83$ $= 2 - (-81) = 83$

(c) $(fg)(x) = \left(\dfrac{2}{3}\sqrt{x}\right)(-x^2)$ or (c) $(fg)\left(\dfrac{1}{4}\right) = f\left(\dfrac{1}{4}\right)g\left(\dfrac{1}{4}\right)$

$= -\dfrac{2}{3}x^2\sqrt{x} = -\dfrac{2}{3}x^{5/2}$ $= \left(\dfrac{2}{3}\sqrt{\dfrac{1}{4}}\right)\left[-\left(\dfrac{1}{4}\right)^2\right]$

$(fg)\left(\dfrac{1}{4}\right) = -\dfrac{2}{3}\left(\dfrac{1}{4}\right)^{5/2}$ $= \left[\dfrac{2}{3}\left(\dfrac{1}{2}\right)\right]\left(-\dfrac{1}{16}\right)$

$= -\dfrac{2}{3}\left(\dfrac{1}{32}\right) = -\dfrac{1}{48}$ $= \dfrac{1}{3}\left(-\dfrac{1}{16}\right) = -\dfrac{1}{48}$

(d) $\left(\dfrac{f}{g}\right)(x) = \dfrac{(2/3)\sqrt{x}}{-x^2}$ or (d) $\left(\dfrac{f}{g}\right)(2) = \dfrac{f(2)}{g(2)} = \dfrac{(2/3)\sqrt{2}}{-2^2}$

$\left(\dfrac{f}{g}\right)(2) = \dfrac{(2/3)\sqrt{2}}{-2^2} = \dfrac{2\sqrt{2}}{3(-4)} = \dfrac{2\sqrt{2}}{-12} = -\dfrac{\sqrt{2}}{6}$ $= \dfrac{(2/3)\sqrt{2}}{-4} = -\dfrac{2}{12}\sqrt{2} = -\dfrac{\sqrt{2}}{6}$

4. $f(x) = |x|$, $g(x) = 3$

(a) $(f+g)(x) = |x| + 3$ or (a) $(f+g)(-2) = f(-2) + g(-2)$

$(f+g)(-2) = |-2| + 3 = 2 + 3 = 5$ $= |-2| + 3 = 2 + 3 = 5$

(b) $(f-g)(x) = |x| - 3$ or (b) $(f-g)(3) = f(3) - g(3)$

$(f-g)(3) = |3| - 3 = 3 - 3 = 0$ $= |3| - 3 = 3 - 3 = 0$

(c) $(fg)(x) = |x| \cdot 3 = 3|x|$ or (c) $(fg)(-10) = f(-10)g(-10)$

$(fg)(-10) = 3|-10| = 3(10) = 30$ $= |-10|3 = 10(3) = 30$

(d) $\left(\dfrac{f}{g}\right)(x) = \dfrac{|x|}{3}$ or (d) $\left(\dfrac{f}{g}\right)(-3) = \dfrac{f(-3)}{g(-3)}$

$\left(\dfrac{f}{g}\right)(-3) = \dfrac{|-3|}{3} = \dfrac{3}{3} = 1$ $= \dfrac{|-3|}{3} = \dfrac{3}{3} = 1$

Review Exercises for Chapter 8   415

5. $f(x) = \dfrac{2}{x-1}$, $g(x) = x$

(a) $(f+g)(x) = \dfrac{2}{x-1} + x = \dfrac{2 + x^2 - x}{x-1}$ or   (a) $(f+g)\left(\dfrac{1}{3}\right) = f\left(\dfrac{1}{3}\right) + g\left(\dfrac{1}{3}\right)$

$(f+g)\left(\dfrac{1}{3}\right) = \dfrac{2 + \left(\dfrac{1}{3}\right)^2 - \left(\dfrac{1}{3}\right)}{\left(\dfrac{1}{3}\right) - 1}$

$= \dfrac{\dfrac{18}{9} + \dfrac{1}{9} - \dfrac{3}{9}}{-\dfrac{2}{3}}$

$= \dfrac{16}{9}\left(-\dfrac{3}{2}\right) = -\dfrac{8}{3}$

$= \dfrac{2}{\left(\dfrac{1}{3} - 1\right)} + \dfrac{1}{3}$

$= \dfrac{2}{\left(-\dfrac{2}{3}\right)} + \dfrac{1}{3}$

$= -3 + \dfrac{1}{3} = -\dfrac{8}{3}$

(b) $(f-g)(x) = \dfrac{2}{x-1} - x = \dfrac{2 - x^2 + x}{x-1}$ or   (b) $(f-g)(3) = f(3) - g(3)$

$(f-g)(3) = \dfrac{2 - 3^2 + 3}{3-1}$

$= \dfrac{-4}{2} = -2$

$= \dfrac{2}{3-1} - 3 = \dfrac{2}{2} - 3$

$= 1 - 3 = -2$

(c) $(fg)(x) = \left(\dfrac{2}{x-1}\right)(x) = \dfrac{2x}{x-1}$ or   (c) $(fg)(-1) = f(-1)g(-1)$

$(fg)(-1) = \dfrac{2(-1)}{-1-1} = \dfrac{-2}{-2} = 1$

$= \dfrac{2}{-1-1}(-1) = \dfrac{2}{-2}(-1)$

$= -1(-1) = 1$

(d) $\left(\dfrac{f}{g}\right)(x) = \dfrac{\left(\dfrac{2}{x-1}\right)}{x} = \dfrac{2}{x(x-1)}$ or   (d) $\left(\dfrac{f}{g}\right)(5) = \dfrac{f(5)}{g(5)} = \dfrac{\left(\dfrac{2}{5-1}\right)}{5}$

$\left(\dfrac{f}{g}\right)(5) = \dfrac{2}{5(5-1)} = \dfrac{2}{5(4)} = \dfrac{2}{20} = \dfrac{1}{10}$

$= \dfrac{\left(\dfrac{2}{4}\right)}{5} = \dfrac{\left(\dfrac{1}{2}\right)}{5} = \dfrac{1}{10}$

6. $f(x) = \dfrac{1}{x}$, $g(x) = \dfrac{1}{x-4}$

(a) $(f+g)(x) = \dfrac{1}{x} + \dfrac{1}{x-4} = \dfrac{x-4+x}{x(x-4)} = \dfrac{2x-4}{x(x-4)}$ or   (a) $(f+g)(2) = f(2) + g(2)$

$(f+g)(2) = \dfrac{2(2) - 4}{2(2-4)}$

$= \dfrac{4-4}{2(-2)} = \dfrac{0}{-4} = 0$

$= \dfrac{1}{2} + \dfrac{1}{2-4}$

$= \dfrac{1}{2} + \dfrac{1}{-2} = \dfrac{1}{2} - \dfrac{1}{2} = 0$

(b) $(f-g)(x) = \dfrac{1}{x} - \dfrac{1}{x-4}$ or   (b) $(f-g)(-2) = f(-2) - g(-2)$

$= \dfrac{x-4-x}{x(x-4)} = \dfrac{-4}{x(x-4)}$

$(f-g)(-2) = \dfrac{-4}{-2(-2-4)}$

$= \dfrac{-4}{-2(-6)} = \dfrac{-4}{12} = -\dfrac{1}{3}$

$= \dfrac{1}{-2} - \dfrac{1}{-2-4}$

$= -\dfrac{1}{2} - \left(-\dfrac{1}{6}\right)$

$= -\dfrac{3}{6} + \dfrac{1}{6} = -\dfrac{2}{6} = -\dfrac{1}{3}$

—CONTINUED—

6. —CONTINUED—

(c) $(fg)(x) = \dfrac{1}{x}\left(\dfrac{1}{x-4}\right) = \dfrac{1}{x(x-4)}$ or

$(fg)\left(\dfrac{7}{2}\right) = \dfrac{1}{\left(\dfrac{7}{2}\right)\left(\dfrac{7}{2}-4\right)}$

$= \dfrac{1}{\dfrac{7}{2}\left(-\dfrac{1}{2}\right)}$

$= \dfrac{1}{\left(-\dfrac{7}{4}\right)} = -\dfrac{4}{7}$

(c) $(fg)\left(\dfrac{7}{2}\right) = f\left(\dfrac{7}{2}\right)g\left(\dfrac{7}{2}\right)$

$= \dfrac{1}{\left(\dfrac{7}{2}\right)} \cdot \dfrac{1}{\left(\dfrac{7}{2}-4\right)}$

$= \dfrac{1}{\left(\dfrac{7}{2}\right)} \cdot \dfrac{1}{\left(-\dfrac{1}{2}\right)}$

$= \dfrac{2}{7}\left(-\dfrac{2}{1}\right) = -\dfrac{4}{7}$

(d) $\left(\dfrac{f}{g}\right)(x) = \dfrac{1}{x} \div \dfrac{1}{x-4}$ or

$= \dfrac{1}{x} \cdot \dfrac{x-4}{1} = \dfrac{x-4}{x}$

$\left(\dfrac{f}{g}\right)(1) = \dfrac{1-4}{1} = \dfrac{-3}{1} = -3$

(d) $\left(\dfrac{f}{g}\right)(1) = f(1) \div g(1)$

$= \dfrac{1}{1} \div \dfrac{1}{1-4} = 1 \cdot \dfrac{-3}{1} = -3$

7. $f(x) = x + 2$, $g(x) = x^2$

(a) $(f \circ g)(x) = f(g(x))$
$= f(x^2) = x^2 + 2$

(b) $(g \circ f)(x) = g(f(x))$
$= g(x+2) = (x+2)^2$

(c) $(f \circ g)(2) = 2^2 + 2$
$= 4 + 2 = 6$

(d) $(g \circ f)(-1) = (-1+2)^2$
$= 1^2 = 1$

8. $f(x) = \sqrt[3]{x}$, $g(x) = x + 2$

(a) $(f \circ g)(x) = f(g(x))$
$= f(x+2) = \sqrt[3]{x+2}$

(b) $(g \circ f)(f) = g(f(x))$
$= g(\sqrt[3]{x}) = \sqrt[3]{x} + 2$

(c) $(f \circ g)(6) = \sqrt[3]{6+2} = \sqrt[3]{8} = 2$

(d) $(g \circ f)(64) = \sqrt[3]{64} + 2 = 4 + 2 = 6$

9. $f(x) = \sqrt{x+1}$, $g(x) = x^2 - 1$

(a) $(f \circ g)(x) = f(g(x))$
$= f(x^2 - 1)$
$= \sqrt{(x^2-1)+1}$
$= \sqrt{x^2} = |x|$

(c) $(f \circ g)(5) = |5| = 5$

(b) $(g \circ f)(x) = g(f(x))$
$= g(\sqrt{x+1})$
$= (\sqrt{x+1})^2 - 1$
$= x + 1 - 1 = x, \; x \geq -1$

(d) $(g \circ f)(-1) = -1$

10. $f(x) = \dfrac{1}{x-5}$, $g(x) = \dfrac{5x+1}{x}$

(a) $(f \circ g)(x) = f(g(x))$

$= f\left(\dfrac{5x+1}{x}\right)$

$= \dfrac{1}{\left(\dfrac{5x+1}{x}\right) - 5}$

$= \dfrac{1}{\left(\dfrac{5x+1-5x}{x}\right)}$

$= \dfrac{1}{\left(\dfrac{1}{x}\right)} = x$

(c) $(f \circ g)(1) = 1$

(b) $(g \circ f)(x) = g(f(x))$

$= g\left(\dfrac{1}{x-5}\right)$

$= \dfrac{5\left(\dfrac{1}{x-5}\right) + 1}{\left(\dfrac{1}{x-5}\right)}$

$= \left(\dfrac{5}{x-5} + 1\right)\left(\dfrac{x-5}{1}\right)$

$= 5 + (x-5) = x$

(d) $(g \circ f)\left(\dfrac{1}{5}\right) = \dfrac{1}{5}$

11. $f(x) = \sqrt{x-4}$, $g(x) = 2x$

(a) $(f \circ g)(x) = f(g(x))$

$= f(2x) = \sqrt{2x-4}$

Domain: $[2, \infty)$

(b) $(g \circ f)(x) = g(f(x))$

$= g\left(\sqrt{x-4}\right) = 2\sqrt{x-4}$

Domain: $[4, \infty)$

12. $f(x) = \dfrac{2}{x-4}$, $g(x) = x^2$

(a) $(f \circ g)(x) = f(g(x))$

$= f(x^2) = \dfrac{2}{x^2 - 4}$

Domain: $(-\infty, -2) \cup (-2, 2) \cup (2, \infty)$

(b) $(g \circ f)(x) = g(f(x)) = g\left(\dfrac{2}{x-4}\right)$

$= \left(\dfrac{2}{x-4}\right)^2 = \dfrac{4}{(x-4)^2}$

Domain: $(-\infty, 4) \cup (4, \infty)$

13.

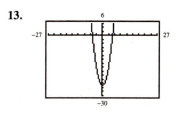

It is possible to find a horizontal line that intersects the graph of f at more than one point. Thus, the function is not one-to-one and it does not have an inverse.

14.

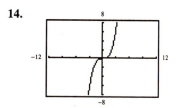

No horizontal line intersects the graph of f at more than one point. Thus, the function is one-to-one and it does have an inverse.

15.

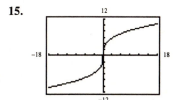

No horizontal line intersects the graph of f at more than one point. Thus, the function is one-to-one and it does have an inverse.

16.

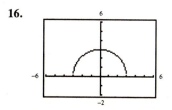

It is possible to find a horizontal line that intersects the graph of f at more than one point. Thus, the function is not one-to-one and it does not have an inverse.

17. $f(x) = \frac{1}{4}x$

$y = \frac{1}{4}x$

$x = \frac{1}{4}y$

$4x = y$

$f^{-1}(x) = 4x$

18. $f(x) = 2x - 3$

$y = 2x - 3$

$x = 2y - 3$

$x + 3 = 2y$

$\frac{x + 3}{2} = y$

$f^{-1}(x) = \frac{x + 3}{2}$

19. $h(x) = \sqrt{x}$

$y = \sqrt{x}$

$x = \sqrt{y}$

$x^2 = y \quad (x \geq 0)$

$h^{-1}(x) = x^2, \; x \geq 0$

20. $g(x) = x^2 + 2, \; x \geq 0$

$y = x^2 + 2, \; x \geq 0$

$x = y^2 + 2, \; y \geq 0$

$x - 2 = y^2, \; y \geq 0$

$\sqrt{x - 2} = y$

$g^{-1}(x) = \sqrt{x - 2}$

21. $f(t) = |t + 3|$ No inverse

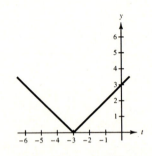

It is possible to find a horizontal line that intersects the graph of f at more than one point. Thus, the function is not one-to-one and it does *not* have an inverse.

22. $h(t) = t$

$y = t$

$t = y$

$h^{-1}(t) = t$

23. Restrict $f(x) = 2(x - 4)^2$ to the domain $[4, \infty)$.

$y = 2(x - 4)^2, \; x \geq 4$

$x = 2(y - 4)^2, \; y \geq 4$

$\frac{x}{2} = (y - 4)^2, \; y \geq 4$

$\sqrt{\frac{x}{2}} = y - 4$

$\sqrt{\frac{x}{2}} + 4 = y$

$f^{-1}(x) = \sqrt{\frac{x}{2}} + 4 \;\text{ or }\; f^{-1}(x) = \frac{\sqrt{2x}}{2} + 4$

24. Restrict $f(x) = |x - 2|$ to the domain $[2, \infty)$.

$$y = |x - 2|, \; x \geq 2$$
$$x = |y - 2|, \; y \geq 2$$
$$x = y - 2, \; y \geq 2$$
$$x + 2 = y, \; x \geq 0$$
$$f^{-1}(x) = x + 2, \; x \geq 0$$

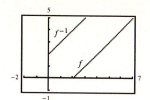

25. $y = k\sqrt[3]{x}$

$12 = k\sqrt[3]{8}$

$12 = k(2)$

$\dfrac{12}{2} = k$

$6 = k \implies y = 6\sqrt[3]{x}$

26. $r = \dfrac{k}{s}$

$45 = \dfrac{k}{3/5}$

$\dfrac{3}{5}(45) = k$

$27 = k \implies r = \dfrac{27}{s}$

27. $T = krs^2$

$5000 = k(0.09)(1000)^2$

$5000 = k(90{,}000)$

$\dfrac{5000}{90{,}000} = k$

$\dfrac{5}{90} = k$

$\dfrac{1}{18} = k \implies T = \dfrac{1}{18}rs^2$

28. $D = \dfrac{kx^3}{y}$

$810 = \dfrac{k(3)^3}{25}$

$25(810) = k(3)^3$

$20{,}250 = k(27)$

$\dfrac{20{,}250}{27} = k$

$750 = k \implies D = \dfrac{750x^3}{y}$

29. $P = kw^3$

(a) $1000 = k(20)^3$

$1000 = k(8000)$

$\dfrac{1000}{8000} = k$

$\dfrac{1}{8} = k$

(b) $P = \dfrac{1}{8}w^3$

$P = \dfrac{1}{8}(25)^3$

$P = \dfrac{1}{8}(15{,}625)$

$P = 1953.125$

The output is 1953.125 kilowatts of power.

30. $d = kF$

$4 = k(100)$

$\dfrac{4}{100} = k$

$\dfrac{1}{25} = k \implies d = \dfrac{1}{25}F$

(a) $d = \dfrac{1}{25}F$

$d = \dfrac{1}{25}(200)$

$d = 8$

The force will stretch the spring 8 inches.

(b) $d = \dfrac{1}{25}F$

$2.5 = \dfrac{1}{25}F$

$25(2.5) = F$

$62.5 = F$

A force of 62.5 pounds is required.

31. $d = kF$

$4 = k(100)$

$\frac{4}{100} = k$

$\frac{1}{25} = k \implies d = \frac{1}{25}F$

$6 = \frac{1}{25}F$

$25(6) = F$

$150 = F$

A force of 150 pounds is required.

32. $d = ks^2$

$d_2 = k(2s)^2$

$= k(4s^2)$

$= 4(ks^2)$

$= 4d$

The stopping distance is multiplied by a factor of 4.

33. $x = \dfrac{k}{\sqrt{p}}$

$1000 = \dfrac{k}{\sqrt{25}}$

$1000 = \dfrac{k}{5}$

$5(1000) = k$

$5000 = k \implies x = \dfrac{5000}{\sqrt{p}}$

$x = \dfrac{5000}{\sqrt{28}}$

$x \approx 945$

The demand would be approximately 945 units.

34. $F = \dfrac{k}{r^2}$

$200 = \dfrac{k}{(4000)^2}$

$(4000)^2(200) = k$

$3{,}200{,}000{,}000 = k \implies F = \dfrac{3{,}200{,}000{,}000}{r^2}$

$F = \dfrac{3{,}200{,}000{,}000}{(500 + 4000)^2}$

$F = \dfrac{3{,}200{,}000{,}000}{(4500)^2}$

$F \approx 158$

The astronaut's weight would be approximately 158 pounds.

35. $f(x) = -x^2 + 6x + 9$

Leading coefficient, -1, *negative* $\implies$ graph falls to right

Degree, 2, *even* (*same* behavior to left) $\implies$ graph falls to left

36. $f(x) = \frac{1}{2}x^3 + 2x$

Leading coefficient, $\frac{1}{2}$, *positive* $\implies$ graph rises to right

Degree, 3, *odd* (*opposite* behavior to left) $\implies$ graph falls to left

37. $g(x) = \frac{3}{4}(x^4 + 3x^2 + 2)$

Leading coefficient, $\frac{3}{4}$, *positive* $\implies$ graph rises to right

Degree, 4, *even* (*same* behavior to left) $\implies$ graph rises to left

38. $h(x) = -x^5 - 7x^2 + 10x$

Leading coefficient, -1, *negative* $\implies$ graph falls to right

Degree, 5, *odd* (*opposite* behavior to left) $\implies$ graph rises to left

39. $f(x) = -(x - 2)^3$

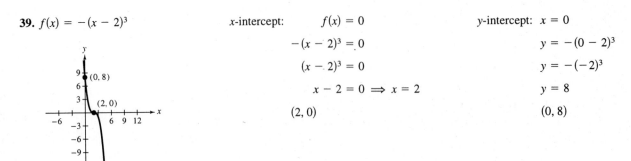

x-intercept: $f(x) = 0$

$-(x - 2)^3 = 0$

$(x - 2)^3 = 0$

$x - 2 = 0 \implies x = 2$

$(2, 0)$

y-intercept: $x = 0$

$y = -(0 - 2)^3$

$y = -(-2)^3$

$y = 8$

$(0, 8)$

40. $f(x) = (x + 1)^3$

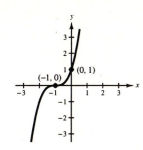

x-intercept: $f(x) = 0$
$(x + 1)^3 = 0$
$(x + 1) = 0 \Rightarrow x = -1$
$(-1, 0)$

y-intercept: $x = 0$
$y = (0 + 1)^3$
$y = 1^3$
$y = 1$
$(0, 1)$

41. $g(x) = x^4 - x^3 - 2x^2$

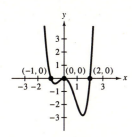

x-intercept: $g(x) = 0$
$x^4 - x^3 - 2x^2 = 0$
$x^2(x^2 - x - 2) = 0$
$x^2(x - 2)(x + 1) = 0$
$x^2 = 0 \Rightarrow x = 0$
$x - 2 = 0 \Rightarrow x = 2$
$x + 1 = 0 \Rightarrow x = -1$
$(0, 0), (2, 0), \text{ and } (-1, 0)$

y-intercept: $x = 0$
$y = 0^4 - 0^3 - 2(0)^2$
$y = 0$
$(0, 0)$

42. $f(x) = x^3 - 4x$

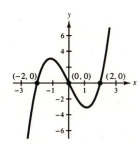

x-intercept: $f(x) = 0$
$x^3 - 4x = 0$
$x(x^2 - 4) = 0$
$x(x + 2)(x - 2) = 0$
$x = 0$
$x + 2 = 0 \Rightarrow x = -2$
$x - 2 = 0 \Rightarrow x = 2$
$(0, 0), (-2, 0), \text{ and } (2, 0)$

y-intercept: $x = 0$
$y = 0^3 - 4(0)$
$y = 0$
$(0, 0)$

43. $f(x) = x(x + 3)^2$

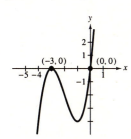

x-intercept: $f(x) = 0$
$x(x + 3)^2 = 0$
$x = 0$
$x + 3 = 0 \Rightarrow x = -3$
$(0, 0) \text{ and } (-3, 0)$

y-intercept: $x = 0$
$y = 0(0 + 3)^2$
$y = 0(9)$
$y = 0$
$(0, 0)$

44. $f(x) = x^4 - 4x^2$

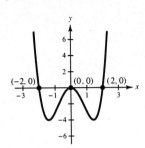

x-intercept:
$$f(x) = 0$$
$$x^4 - 4x^2 = 0$$
$$x^2(x^2 - 4) = 0$$
$$x^2(x + 2)(x - 2) = 0$$
$$x^2 = 0 \Rightarrow x = 0$$
$$x + 2 = 0 \Rightarrow x = -2$$
$$x - 2 = 0 \Rightarrow x = 2$$
$$(0, 0), (-2, 0), \text{ and } (2, 0)$$

y-intercept: $x = 0$
$$y = 0^4 - 4(0)^2$$
$$y = 0$$
$$(0, 0)$$

45. This is the equation of a circle centered at the origin.
Graph (c)

46. This is the equation of a line with slope $m = -\frac{3}{5}$.
Graph (d)

47. This is the equation of a hyperbola with a vertical transverse axis.
Graph (a)

48. This is the equation of an ellipse centered at the origin.
Graph (f)

49. This is the equation of a parabola opening downward.
Graph (b)

50. This is the equation of a parabola opening to the right.
Graph (g)

51. This is the equation of a hyperbola with a horizontal transverse axis.
Graph (h)

52. This is the equation of an ellipse centered at (2, 5).
Graph (e)

53. $x^2 - 2y = 0$
$$-2y = -x^2$$
$$2y = x^2$$
$$y = \frac{1}{2}x^2$$
Parabola

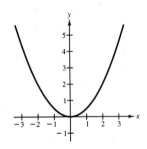

54. $x^2 + y^2 = 64$
$$x^2 + y^2 = 8^2$$
Circle

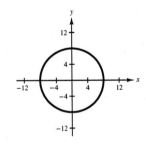

55. $x^2 - y^2 = 64$
$$\frac{x^2}{64} - \frac{y^2}{64} = \frac{64}{64}$$
$$\frac{x^2}{8^2} - \frac{y^2}{8^2} = 1$$
Hyperbola

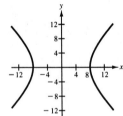

56. $x^2 + 4y^2 = 64$
$$\frac{x^2}{64} + \frac{4y^2}{64} = \frac{64}{64}$$
$$\frac{x^2}{64} + \frac{y^2}{16} = 1$$
$$\frac{x^2}{8^2} + \frac{y^2}{4^2} = 1$$
Ellipse

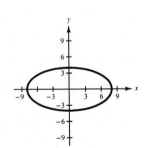

57. $y = x(x - 6)$
$$y = x^2 - 6x$$
Parabola

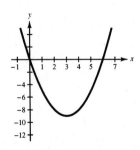

58. $y = 9 - (x - 3)^2$

$y = -(x - 3)^2 + 9$

Parabola

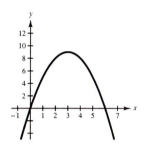

59. $\dfrac{x^2}{25} + \dfrac{y^2}{4} = 1$

$\dfrac{x^2}{5^2} + \dfrac{y^2}{2^2} = 1$

Ellipse

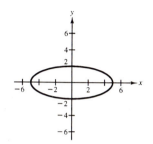

60. $\dfrac{x^2}{25} - \dfrac{y^2}{4} = -1$

$\dfrac{y^2}{4} - \dfrac{x^2}{25} = 1$

$\dfrac{y^2}{2^2} - \dfrac{x^2}{5^2} = 1$

Hyperbola

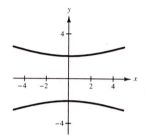

61. $4x^2 + 4y^2 - 9 = 0$

$4x^2 + 4y^2 = 9$

$x^2 + y^2 = \dfrac{9}{4}$

$x^2 + y^2 = \left(\dfrac{3}{2}\right)^2$

Circle

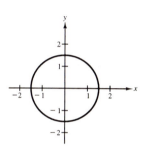

62. $x^2 + 9y^2 - 9 = 0$

$x^2 + 9y^2 = 9$

$\dfrac{x^2}{9} + \dfrac{9y^2}{9} = \dfrac{9}{9}$

$\dfrac{x^2}{9} + \dfrac{y^2}{1} = 1$

$\dfrac{x^2}{3^2} + \dfrac{y^2}{1^2} = 1$

Ellipse

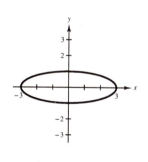

63. $\dfrac{(x - 2)^2}{25} + y^2 = 1$

$\dfrac{(x - 2)^2}{25} + \dfrac{y^2}{1} = 1$

Ellipse

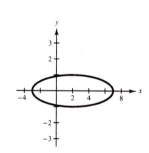

64. $\dfrac{(y + 1)^2}{4} - \dfrac{(x - 3)^2}{9} = 1$

Hyperbola

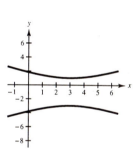

65. $x^2 + y^2 = r^2$

Radius: $r = 12$

$x^2 + y^2 = 12^2$

$x^2 + y^2 = 144$

66. $x^2 + y^2 = r^2$

Radius: $r = 6$

$x^2 + y^2 = 6^2$

$x^2 + y^2 = 36$

67. $(x - h)^2 + (y - k)^2 = r^2$

Center: $(3, 5)$

Radius: $r = 5$

$(x - 3)^2 + (y - 5)^2 = 5^2$

$(x - 3)^2 + (y - 5)^2 = 25$

68. $(x - h)^2 + (y - k)^2 = r^2$

Center: $(-2, 3)$, Passes through $(1, 1)$

Radius: $r = \sqrt{(-2 - 1)^2 + (3 - 1)^2}$

$\quad\quad\quad\quad = \sqrt{(-3)^2 + 2^2}$

$\quad\quad\quad\quad = \sqrt{13}$

$(x + 2)^2 + (y - 3)^2 = (\sqrt{13})^2$

$(x + 2)^2 + (y - 3)^2 = 13$

69. Vertices: $(0, -5), (0, 5)$ ⟹ Major axis vertical

Co-vertices: $(-2, 0), (2, 0)$ ⟹ Minor axis horizontal

$$\frac{x^2}{b^2} + \frac{y^2}{a^2} = 1$$

$$\frac{x^2}{2^2} + \frac{y^2}{5^2} = 1$$

$$\frac{x^2}{4} + \frac{y^2}{25} = 1$$

70. Vertices: $(-10, 0), (10, 0)$ ⟹ Major axis horizontal

Co-vertices: $(0, -6), (0, 6)$ ⟹ Minor axis vertical

$$\frac{x^2}{a^2} + \frac{y^2}{b^2} = 1$$

$$\frac{x^2}{10^2} + \frac{y^2}{6^2} = 1$$

$$\frac{x^2}{100} + \frac{y^2}{36} = 1$$

71. Center: $(5, 3)$

Vertices: $(10, 3), (0, 3)$ ⟹ Major axis horizontal, $a = 5$

Co-vertices: $(5, 0), (5, 6)$ ⟹ Minor axis vertical, $b = 3$

$$\frac{(x - h)^2}{a^2} + \frac{(y - k)^2}{b^2} = 1$$

$$\frac{(x - 5)^2}{5^2} + \frac{(y - 3)^2}{3^2} = 1$$

$$\frac{(x - 5)^2}{25} + \frac{(y - 3)^2}{9} = 1$$

72. Center: $(0, 4)$

Vertices: $(0, 0), (8, 0)$ ⟹ Major axis vertical, $a = 4$

Co-vertices: $(-3, 4), (3, 4)$ ⟹ Minor axis horizontal, $b = 3$

$$\frac{(x - h)^2}{b^2} + \frac{(y - k)^2}{a^2} = 1$$

$$\frac{(x - 0)^2}{3^2} + \frac{(y - 4)^2}{4^2} = 1$$

$$\frac{x^2}{9} + \frac{(y - 4)^2}{16} = 1$$

73. Vertices: $(6, 0)$ and $(-6, 0)$ ⟹ $a = 6$, Transverse axis is horizontal

Asymptotes: $y = -\frac{1}{3}x$ and

$y = \frac{1}{3}x \Rightarrow \frac{b}{a} = \frac{1}{3} \Rightarrow \frac{b}{6} = \frac{1}{3} \Rightarrow b = 2$

$$\frac{x^2}{a^2} - \frac{y^2}{b^2} = 1$$

$$\frac{x^2}{6^2} - \frac{y^2}{2^2} = 1$$

$$\frac{x^2}{36} - \frac{y^2}{4} = 1$$

74. Vertices: $(0, 4)$ and $(0, -4)$ ⟹ $a = 4$, Transverse axis is vertical

Asymptotes: $y = -2x$ and

$y = 2x \Rightarrow \frac{a}{b} = 2 \Rightarrow \frac{4}{b} = 2 \Rightarrow b = 2$

$$\frac{y^2}{a^2} - \frac{x^2}{b^2} = 1$$

$$\frac{y^2}{4^2} - \frac{x^2}{2^2} = 1$$

$$\frac{y^2}{16} - \frac{x^2}{4} = 1$$

75. Vertices: $(1, 0)$ and $(-1, 0) \implies a = 1$, Transverse axis is horizontal

Asymptotes: $y = -2x$ and

$$y = 2x \implies \frac{b}{a} = 2 \implies \frac{b}{1} = 2 \implies b = 2$$

$$\frac{x^2}{a^2} - \frac{y^2}{b^2} = 1$$

$$\frac{x^2}{1^2} - \frac{y^2}{2^2} = 1$$

$$\frac{x^2}{1} - \frac{y^2}{4} = 1$$

76. Center: $(0, -2)$

Vertices: $(0, 0)$ and $(0, -4) \implies a = 2$, Transverse axis is vertical

Asymptotes: $y = -2x$ and

$$y = 2x \implies \frac{a}{b} = 2 \implies \frac{2}{b} = 2 \implies b = 1$$

$$\frac{y^2}{a^2} - \frac{x^2}{b^2} = 1$$

$$\frac{(y+2)^2}{2^2} - \frac{(x-0)^2}{1^2} = 1$$

$$\frac{(y+2)^2}{4} - \frac{x^2}{1} = 1$$

77. Vertex: $(0, 0)$

Focus: $(-2, 0) \implies$ Horizontal axis; $y^2 = 4px$

$p = -2 \implies 4p = -8$

$y^2 = -8x$

78. Vertex: $(0, 0)$

Focus: $(0, 4) \implies$ Vertical axis; $x^2 = 4py$

$p = 4 \implies 4p = 16$

$x^2 = 16y$

79. Vertical axis $\implies (x - h)^2 = 4p(y - k)$

Vertex: $(-6, 4) \implies (x + 6)^2 = 4p(y - 4)$

$(0, 0)$ on graph $\implies (0 + 6)^2 = 4p(0 - 4)$

$$6^2 = -16p$$

$$\frac{36}{-16} = p$$

$$-\frac{9}{4} = p \text{ and } 4p = -9$$

$(x + 6)^2 = -9(y - 4)$

80. Horizontal axis $\implies (y - k)^2 = 4p(x - h)$

Vertex: $(0, 5) \implies (y - 5)^2 = 4p(x - 0)$

$(6, 0)$ on graph $\implies (0 - 5)^2 = 4p(6 - 0)$

$$(-5)^2 = 4p(6)$$

$$25 = 24p$$

$$\frac{25}{24} = p \text{ and } 4p = \frac{25}{6}$$

$(y - 5)^2 = \frac{25}{6} x$

81. Radius $r = 4000 + 1000$

$r = 5000$

$x^2 + y^2 = r^2$

$x^2 + y^2 = (5000)^2$

$x^2 + y^2 = 25{,}000{,}000$

82. $a = 4000 + 500 = 4500$

$b = 4000 + 1000 = 5000$

$$\frac{x^2}{a^2} + \frac{y^2}{b^2} = 1$$

$$\frac{x^2}{(4500)^2} + \frac{y^2}{(5000)^2} = 1$$

$$\frac{x^2}{20{,}250{,}000} + \frac{y^2}{25{,}000{,}000} = 1$$

83. $\begin{cases} y = 5x^2 \\ y = -15x - 10 \end{cases}$

$5x^2 = -15x - 10$

$5x^2 + 15x + 10 = 0$

$x^2 + 3x + 2 = 0$

$(x + 2)(x + 1) = 0$

$x + 2 = 0 \implies x = -2$ and $y = 5(-2)^2 = 20$

$x + 1 = 0 \implies x = -1$ and $y = 5(-1)^2 = 5$

$(-2, 20)$ and $(-1, 5)$

84. $\begin{cases} y^2 = 16x \\ 4x - y = -24 \implies y = 4x + 24 \end{cases}$

$(4x + 24)^2 = 16x$

$16x^2 + 192x + 576 = 16x$

$16x^2 + 176x + 576 = 0$

$x^2 + 11x + 36 = 0$

$$x = \frac{-11 \pm \sqrt{11^2 - 4(1)(36)}}{2(1)}$$

$$x = \frac{-11 \pm \sqrt{-23}}{2}$$

No (real) solution.

85. $\begin{cases} x^2 + y^2 = 1 \\ x + y = -1 \end{cases} \Rightarrow y = -1 - x$

$x^2 + (-1 - x)^2 = 1$

$x^2 + 1 + 2x + x^2 = 1$

$2x^2 + 2x = 0$

$2x(x + 1) = 0$

$2x = 0 \Rightarrow x = 0$ and $y = -1 - 0 = -1$

$x + 1 = 0 \Rightarrow x = -1$ and $y = -1 - (-1) = 0$

$(0, -1), (-1, 0)$

86. $\begin{cases} x^2 + y^2 = 100 \\ x + y = 0 \end{cases} \Rightarrow y = -x$

$x^2 + (-x)^2 = 100$

$2x^2 = 100$

$x^2 = 50$

$x = \pm\sqrt{50}$

$x = \pm 5\sqrt{2}$ and $y = -x$

$(5\sqrt{2}, -5\sqrt{2}), (-5\sqrt{2}, 5\sqrt{2})$

87. $\begin{cases} \dfrac{x^2}{16} + \dfrac{y^2}{4} = 1 \\ y = x + 2 \end{cases}$

$\dfrac{x^2}{16} + \dfrac{(x+2)^2}{4} = 1$

$x^2 + 4(x + 2)^2 = 16$

$x^2 + 4(x^2 + 4x + 4) = 16$

$x^2 + 4x^2 + 16x + 16 = 16$

$5x^2 + 16x = 0$

$x(5x + 16) = 0$

$x = 0$ and $y = 0 + 2 = 2$

$5x + 16 = 0 \Rightarrow x = -\dfrac{16}{5}$ and $y = -\dfrac{16}{5} + 2 = -\dfrac{6}{5}$

$(0, 2), \left(-\dfrac{16}{5}, -\dfrac{6}{5}\right)$

88. $\begin{cases} \frac{x^2}{100} + \frac{y^2}{25} = 1 \\ y = -x - 5 \end{cases}$

$$\frac{x^2}{100} + \frac{(-x-5)^2}{25} = 1$$

$$\frac{x^2}{100} + \frac{x^2 + 10x + 25}{25} = 1$$

$$x^2 + 4(x^2 + 10x + 25) = 100$$

$$x^2 + 4x^2 + 40x + 100 = 100$$

$$5x^2 + 40x = 0$$

$$5x(x+8) = 0$$

$$5x = 0 \Rightarrow x = 0 \text{ and } y = -0 - 5 = -5$$

$$x + 8 = 0 \Rightarrow x = -8 \text{ and } y = 8 - 5 = 3$$

$(0, -5), (-8, 3)$

89. $\begin{cases} \frac{x^2}{25} + \frac{y^2}{9} = 1 \Rightarrow 9x^2 + 25y^2 = 225 \\ \frac{x^2}{25} - \frac{y^2}{9} = 1 \Rightarrow 9x^2 - 25y^2 = 225 \end{cases}$

$$18x^2 = 450$$
$$x^2 = \frac{450}{18}$$
$$x^2 = 25$$
$$x = \pm\sqrt{25}$$
$$x = \pm 5$$

$$\frac{x^2}{25} + \frac{y^2}{9} = 1$$
$$\frac{25}{25} + \frac{y^2}{9} = 1$$
$$1 + \frac{y^2}{9} = 1$$
$$\frac{y^2}{9} = 0$$
$$y^2 = 0$$
$$y = 0$$

$(5, 0), (-5, 0)$

90. $\begin{cases} x^2 + y^2 = 16 \\ -x^2 + \frac{y^2}{16} = 1 \end{cases}$

$$\frac{17y^2}{16} = 17 \qquad x^2 + y^2 = 16$$
$$\frac{y^2}{16} = 1 \qquad x^2 + 16 = 16$$
$$y^2 = 16 \qquad x^2 = 0$$
$$y = \pm 4 \qquad x = 0$$

$(0, 4), (0, -4)$

91.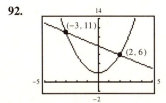

The solutions are $(0, 0)$ and $(3, 9)$.

92.

The solutions are $(-3, 11)$ and $(2, 6)$.

93.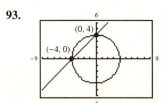

The solutions are $(-4, 0)$ and $(0, 4)$.

94. The solutions are $(-2, 4)$ and $(14, 20)$.

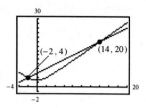

95. (a)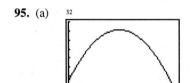

(b) When $x = 0$, $y = 6$. The ball is 6 feet high when it leaves the child's hand.

(c) The maximum height of the ball occurs at the vertex $(15, 28.5)$, so the maximum height is 28.5 feet.

(d) The ball strikes the ground where the height y is zero. This occurs at approximately $(31.9, 0)$. The ball strikes the ground approximately at a distance of approximately 31.9 feet from the child.

Chapter Test for Chapter 8

1. $f(x) = \frac{1}{2}$, $g(x) = x^2 - 1$ or $f(4) = \frac{1}{2}(4) = 2$

$(f - g)(x) = \frac{1}{2}x - (x^2 - 1)$ $g(4) = 4^2 - 1 = 15$

$\qquad\qquad = \frac{1}{2}x - x^2 + 1$ $(f - g)(4) = f(4) - g(4)$

$(f - g)(4) = \frac{1}{2}(4) - 4^2 + 1$ $= 2 - 15 = -13$

$\qquad\qquad = 2 - 16 + 1 = -13$

2. $f(x) = \frac{1}{2}x$, $g(x) = x^2 - 1$ or $f(-4) = \frac{1}{2}(-4) = -2$

$(fg)(x) = (\frac{1}{2}x)(x^2 - 1)$ $g(-4) = (-4)^2 - 1 = 15$

$\qquad = \frac{1}{2}x^3 - \frac{1}{2}x$ $(fg)(-4) = f(-4)g(-4)$

$(fg)(-4) = \frac{1}{2}(-4)^3 - \frac{1}{2}(-4)$ $= -2(15) = -30$

$\qquad\qquad = -32 + 2 = -30$

3. $f(x) = \frac{1}{2}x$, $g(x) = x^2 - 1$ or $f(2) = \frac{1}{2}(2) = 1$

$(f/g)(x) = \dfrac{(1/2)x}{x^2 - 1} = \dfrac{x}{2(x^2 - 1)}$ $g(2) = 2^2 - 1 = 3$

$(f/g)(2) = \dfrac{2}{2(2^2 - 1)} = \dfrac{2}{6} = \dfrac{1}{3}$ $(f/g)(2) = \dfrac{f(2)}{g(2)} = \dfrac{1}{3}$

4. $f(x) = \frac{1}{2}x$, $g(x) = x^2 - 1$

$(f \circ g)(x) = f(g(x))$

$\qquad\qquad = f(x^2 - 1) = \frac{1}{2}(x^2 - 1)$

$(f \circ g)(-5) = \frac{1}{2}[(-5)^2 - 1]$

$\qquad\qquad = \frac{1}{2}(24) = 12$

5. $f(x) = \sqrt{25 - x}$, $g(x) = x^2$

$(f \circ g)(x) = f(g(x))$

$\qquad\qquad = f(x^2) = \sqrt{25 - x^2}$

Domain: $[-5, 5]$

6. $f(x) = \frac{1}{2}x - 1$ $f(x) = \frac{1}{2}x - 1, f^{-1}(x) = 2x + 2$ $f^{-1}(f(x)) = f^{-1}(\frac{1}{2}x - 1)$

$y = \frac{1}{2}x - 1$ $f(f^{-1}(x)) = f(2x + 2)$ $= 2(\frac{1}{2}x - 1) + 2$

$x = \frac{1}{2}y - 1$ $= \frac{1}{2}(2x + 2) - 1$ $= x - 2 + 2$

$x + 1 = \frac{1}{2}y$ $= (x + 1) - 1$ $= x$

$2(x + 1) = y$ $= x$

$2x + 2 = y$

$f^{-1}(x) = 2x + 2$

7. $S = \dfrac{kx^2}{y}$

8. $v = k\sqrt{u}$

$\dfrac{3}{2} = k\sqrt{36}$

$\dfrac{3}{2} = k(6)$

$\dfrac{3/2}{6} = k$

$\dfrac{1}{4} = k \Rightarrow v = \dfrac{1}{4}\sqrt{u}$

9. $P = \dfrac{k}{V}$

$1 = \dfrac{k}{180}$

$180(1) = k$

$180 = k \Rightarrow P = \dfrac{180}{V}$

$0.75 = \dfrac{180}{V}$

$0.75V = 180$

$V = \dfrac{180}{0.75}$

$V = 240$

The volume is 240 cubic meters.

10. $f(x) = -2x^3 + 3x^2 - 4$

Leading coefficient, -2, *negative* $\Rightarrow$ graph falls to right.

Degree, 3, *odd* (*opposite* behavior to left) $\Rightarrow$ graph rises to left.

11. $f(x) = 1 - (x - 2)^3 = -(x - 2)^3 + 1$

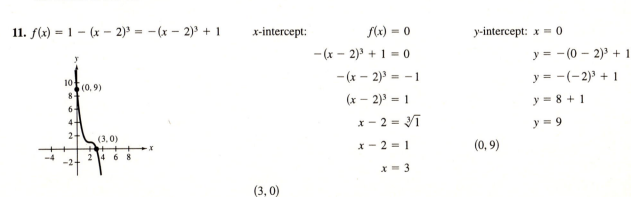

x-intercept: $f(x) = 0$

$-(x - 2)^3 + 1 = 0$

$-(x - 2)^3 = -1$

$(x - 2)^3 = 1$

$x - 2 = \sqrt[3]{1}$

$x - 2 = 1$

$x = 3$

$(3, 0)$

y-intercept: $x = 0$

$y = -(0 - 2)^3 + 1$

$y = -(-2)^3 + 1$

$y = 8 + 1$

$y = 9$

$(0, 9)$

12. Circle

Center: (0, 0)

Radius: 5

$x^2 + y^2 = 5^2$

$x^2 + y^2 = 25$

13. Parabola with horizontal axis

$(y - k)^2 = 4p(x - h)$

Vertex: $(-2, 1) \Rightarrow (y - 1)^2 = 4p(x + 2)$

$(6, 9)$ on graph $\Rightarrow (9 - 1)^2 = 4p(6 + 2)$

$$8^2 = 4p(8)$$

$$64 = 32p$$

$$2 = p \text{ and } 4p = 8$$

$(y - 1)^2 = 8(x + 2)$

14. Vertices: $(0, 10), (0, 10) \Rightarrow a = 10$, Major axis is vertical

Co-vertices: $(-3, 0), (3, 0) \Rightarrow b = 3$, Minor axis is horizontal

$$\frac{x^2}{a^2} + \frac{y^2}{b^2} = 1$$

$$\frac{x^2}{3^2} + \frac{y^2}{10^2} = 1$$

$$\frac{x^2}{9} + \frac{y^2}{100} = 1$$

15. Vertical: $(-3, 0), (3, 0) \Rightarrow a = 3$, Transverse axis is horizontal

Asymptotes: $y = \frac{1}{2}x$,

$y = -\frac{1}{2}x \Rightarrow \frac{b}{a} = \frac{1}{2} \Rightarrow \frac{b}{3} = \frac{1}{2} \Rightarrow b = \frac{3}{2}$

$$\frac{x^2}{a^2} - \frac{y^2}{b^2} = 1$$

$$\frac{x^2}{3^2} - \frac{y^2}{(3/2)^2} = 1$$

$$\frac{x^2}{9} - \frac{y^2}{9/4} = 1$$

16. (a) $x^2 + y^2 = 9$

$x^2 + y^2 = 3^2$

$x^2 + y^2 = r^2$ (Circle)

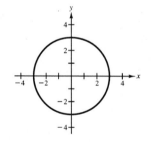

(b) $\frac{x^2}{9} + \frac{y^2}{16} = 1$

$\frac{x^2}{3^2} + \frac{y^2}{4^2} = 1$

$\frac{x^2}{b^2} + \frac{y^2}{a^2} = 1$ (Ellipse)

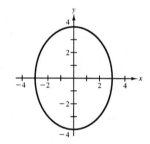

(c) $\frac{x^2}{9} - \frac{y^2}{16} = 1$

$\frac{x^2}{3^2} - \frac{y^2}{4^2} = 1$

$\frac{x^2}{a^2} - \frac{y^2}{b^2} = 1$ (Hyperbola)

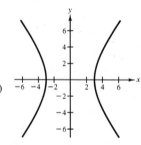

(d) $\frac{x}{3} - \frac{y}{4} = 1$

$4x - 3y = 12$

$-3y = -4x + 12$

$y = \frac{4}{3}x - 4$

$y = mx + b$ (Line)

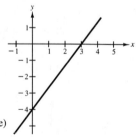

17. (a) $\begin{cases} y = -\frac{1}{2}x^2 \\ y = -4x + 6 \end{cases}$

$$-4x + 6 = -\frac{1}{2}x^2$$
$$\frac{1}{2}x^2 - 4x + 6 = 0$$
$$x^2 - 8x + 12 = 0$$
$$(x - 6)(x - 2) = 0$$
$$x - 6 = 0 \Longrightarrow x = 6 \text{ and } y = -4(6) + 6 = -18$$
$$x - 2 = 0 \Longrightarrow x = 2 \text{ and } y = -4(2) + 6 = -2$$

$(6, -18)$ and $(2, -2)$

(b) $\begin{cases} x^2 + y^2 = 100 \\ x + y = 14 \Longrightarrow y = 14 - x \end{cases}$

$$x^2 + (14 - x)^2 = 100$$
$$x^2 + 196 - 28x + x^2 = 100$$
$$2x^2 - 28x + 96 = 0$$
$$x^2 - 14x + 48 = 0$$
$$(x - 6)(x - 8) = 0$$
$$x - 6 = 0 \Longrightarrow x = 6 \text{ and } 14 - x = 14 - 6 = 8$$
$$x - 8 = 0 \Longrightarrow x = 8 \text{ and } 14 - x - 8 = 6$$

$(6, 8), (8, 6)$

Cumulative Test for Chapters 1–8

1. $-(-3x^2)^3(2x^4) = -(-27x^6)(2x^4)$
$= 54x^{10}$

2. $-\dfrac{(2u^2v)^2}{-3uv^2} = -\dfrac{4u^4v^2}{-3uv^2}$

$= \dfrac{-4u^3\cancel{(u)}\cancel{(v^2)}}{-3\cancel{(u)}\cancel{(v^2)}}$

$= \dfrac{4u^3}{3}, u \neq 0, v \neq 0$

3. $\dfrac{5}{\sqrt{12} - 2} = \dfrac{5(\sqrt{12} + 2)}{(\sqrt{12} - 2)(\sqrt{12} + 2)}$

$= \dfrac{5\sqrt{4 \cdot 3} + 10}{(\sqrt{12})^2 - 2^2}$

$= \dfrac{10\sqrt{3} + 10}{12 - 4}$

$= \dfrac{10(\sqrt{3} + 1)}{8}$

$= \dfrac{5\cancel{(2)}(\sqrt{3} + 1)}{4\cancel{(2)}}$

$= \dfrac{5(\sqrt{3} + 1)}{4}$

4. $(-2, 4)$ and $(-5, 4)$

$d = \sqrt{(-5 + 2)^2 + (4 - 4)^2}$

$= \sqrt{(-3)^2 + 0^2}$

$= \sqrt{9}$

$= 3$

5. (8, 1) and (3, 6)

$d = \sqrt{(3-8)^2 + (6-1)^2}$

$= \sqrt{(-5)^2 + 5^2}$

$= \sqrt{25 + 25}$

$= \sqrt{50}$

$= \sqrt{25 \cdot 2}$

$= 5\sqrt{2}$

6. (−6, 7) and (6, −2)

$d = \sqrt{(6+6)^2 + (-2-7)^2}$

$= \sqrt{(12)^2 + (-9)^2}$

$= \sqrt{144 + 81}$

$= \sqrt{225}$

$= 15$

7. (−1, −2) and (3, 6)

$y - y_1 = m(x - x_1)$

Point: $(-1, -2)$

Slope: $m = \dfrac{6 - (-2)}{3 - (-1)} = \dfrac{8}{4} = 2$

$y + 2 = 2(x + 1)$

$y + 2 = 2x + 2$

$y = 2x$

8. (1, 5) and (6, 0)

$y - y_1 = m(x - x_1)$

Point: (6, 0)

Slope: $m = \dfrac{0 - 5}{6 - 1} = \dfrac{-5}{5} = -1$

$y - 0 = -1(x - 6)$

$y = -x + 6$

9. $3x^2 - 21x = 3x(x - 7)$

10. $4t^2 - 169 = (2t)^2 - 13^2$

$= (2t + 13)(2t - 13)$

11. $\dfrac{\left(\dfrac{9}{x}\right)}{\left(\dfrac{6}{x} + 2\right)} = \dfrac{\left(\dfrac{9}{x}\right)(x)}{\left(\dfrac{6}{x} + 2\right)(x)}$

$= \dfrac{9}{6 + 2x},\ x \neq 0$

12. $\dfrac{\left(1 + \dfrac{2}{x}\right)}{\left(x - \dfrac{4}{x}\right)} = \dfrac{\left(1 + \dfrac{2}{x}\right)(x)}{\left(x - \dfrac{4}{x}\right)(x)} = \dfrac{x + 2}{x^2 - 4}$

$= \dfrac{1}{x - 2},\ x \neq 0,\ x \neq -2$

13. $y = 3 - \tfrac{1}{2}x$

$y = -\tfrac{1}{2}x + 3$

Line

Slope $m = -\tfrac{1}{2}$

y-intercept: (0, 3)

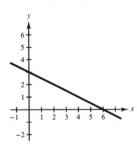

14. $(x - 5)^2 + (y + 2)^2 = 25$

Circle

Center: (5, −2)

Radius: $r = 5$

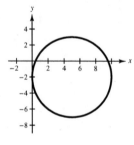

15. $\dfrac{x^2}{9} - \dfrac{y^2}{25} = 1$

Hyperbola

Horizontal transverse axis

Vertices: (3, 0) and (−3, 0)

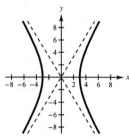

16. Center: $(3, 0)$

Vertices: $(6, 0), (0, 0) \Rightarrow$ Major axis horizontal, $a = 3$

Co-vertices: $(3, 2)(3, -2) \Rightarrow$ Minor axis vertical, $b = 2$

$$\frac{(x - h)^2}{a^2} + \frac{(y - k)^2}{b^2} = 1$$

$$\frac{(x - 3)^2}{3^2} + \frac{(y - 0)^2}{2^2} = 1$$

$$\frac{(x - 3)^2}{9} + \frac{y^2}{4} = 1$$

17. $x^2 + 3x - 2 = 0$

$$x = \frac{-3 \pm \sqrt{3^2 - 4(1)(-2)}}{2(1)}$$

$$= \frac{-3 \pm \sqrt{9 + 8}}{2}$$

$$= \frac{-3 \pm \sqrt{17}}{2}$$

18. Cost $= 1.10 + 0.45x$, $x =$ number of additional minutes

$$1.10 + 0.45x \leq 11$$

$$0.45x \leq 9.90$$

$$x \leq \frac{9.90}{0.45}$$

$$x \leq 22$$

The maximum number of additional minutes is 22. With the first minute, the phone call can last up to 23 minutes.

Interval time for call: $0 < t \leq 23$

19. Cost $= 5.35x + 30,000$

Revenue $= 11.60x$

Break $-$ even: Revenue $=$ Cost

$$11.60x = 5.35x + 30,000$$

$$6.25x = 30,000$$

$$x = \frac{30,000}{6.25}$$

$$x = 4800$$

20. Two consecutive odd integers: x and $x + 2$

$$x + (x + 2) = x(x + 2) - 47$$

$$2x + 2 = x^2 + 2x - 47$$

$$0 = x^2 - 49$$

$$0 = (x + 7)(x - 7)$$

$x + 7 = 0 \Longrightarrow x = -7$ (Discard negative answer)

$x - 7 = 0 \Longrightarrow x = 7$ and $x + 2 = 9$

The two consecutive integers are 7 and 9.

CHAPTER 9
Exponential and Logarithmic Functions and Equations

Section 9.1 Exponential Functions and Their Graphs **435**

Section 9.2 Logarithmic Functions and Their Graphs **439**

Section 9.3 Properties of Logarithms **442**

Mid-Chapter Quiz **446**

Section 9.4 Solving Exponential and Logarithmic Equations **447**

Section 9.5 Exponential and Logarithmic Applications **452**

Section 9.6 Modeling Data **458**

Review Exercises **460**

Chapter Test **470**

Cumulative Test for Chapters 1-9 . . . . **473**

CHAPTER 9
Exponential and Logarithmic Functions and Equations

Section 9.1 Exponential Functions and Their Graphs
Solutions to Odd-Numbered Exercises

1. $2^x \cdot 2^{x-1} = 2^{x+x-1}$
   $= 2^{2x-1}$

3. $(2e^x)^3 = 2^3 e^{x \cdot 3}$
   $= 8e^{3x}$

5. $4^{\sqrt{3}} \approx 11.036$

7. $e^{1/3} \approx 1.396$

9. $\dfrac{4e^3}{12e^2} = \dfrac{\cancel{4}(\cancel{e^2})e}{3(\cancel{4})(\cancel{e^2})}$
   $= \dfrac{e}{3}$
   ≈ 0.906

11. (a) $f(-2) = 3^{-2} = \dfrac{1}{9}$
    (b) $f(0) = 3^0 = 1$
    (c) $f(1) = 3^1 = 3$

13. $g(x) = 5^x$
    (a) $g(-1) = 5^{-1} = \dfrac{1}{5}$
    (b) $g(1) = 5^1 = 5$
    (c) $g(3) = 5^3 = 125$

15. (a) $f(0) = 500\left(\dfrac{1}{2}\right)^0 = 500(1) = 500$
    (b) $f(1) = 500\left(\dfrac{1}{2}\right)^1 = 500\left(\dfrac{1}{2}\right) = 250$
    (c) $f(\pi) = 500\left(\dfrac{1}{2}\right)^\pi \approx 56.657$

17. (a) $f(0) = 1000(1.05)^{(2)(0)}$
    $= 1000(1.05)^0$
    $= 1000(1) = 1000$
    (b) $f(5) = 1000(1.05)^{(2)(5)}$
    $= 1000(1.05)^{10} \approx 1628.895$
    (c) $f(10) = 1000(1.05)^{(2)(10)}$
    $= 1000(1.05)^{20} \approx 2653.298$

19. (a) $f(-1) = e^{-1} \approx 0.368$
    (b) $f(0) = e^0 = 1$

21. (a) $g(-4) = 10e^{-0.5(-4)}$
    $= 10e^2 \approx 73.891$
    (b) $g(4) = 10e^{-0.5(4)}$
    $= 10e^{-2} \approx 1.353$

23. Graph (b)

25. Graph (e)

27. Graph (f)

29. Graph (h)

31.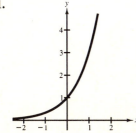

436 Chapter 9 Exponential and Logarithmic Functions and Equations

33.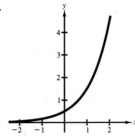

35.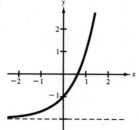

37.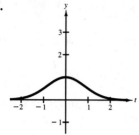

39.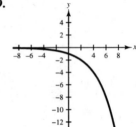

41.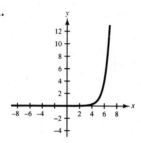

43.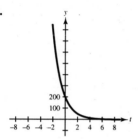

45.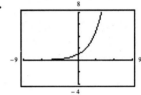

47.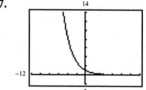

49.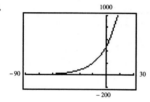

51.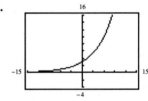

53.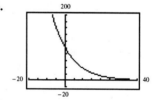

55.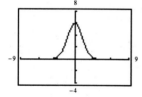

57. (a) $f(x) = 2x$ (linear function)

  (b) $f(x) = 2x^2$ (quadratic function)

  (c) $f(x) = 2^x$ (exponential function)

  (d) $f(x) = 2^{-x}$ (exponential function)

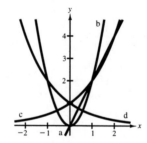

59. False. $e \neq \dfrac{271{,}801}{99{,}990}$ because e is an irrational number.

61. $A = P\left(1 + \dfrac{r}{n}\right)^{nt}$

n	1	4	12	365	Continuous
A	$466.10	$487.54	$492.68	$495.22	$495.30

$A = 100\left(1 + \dfrac{0.08}{1}\right)^{1(20)} = \$466.10$ $\qquad A = 100\left(1 + \dfrac{0.08}{4}\right)^{4(20)} = \$487.54$

$A = 100\left(1 + \dfrac{0.08}{12}\right)^{12(20)} = \$492.68$ $\qquad A = 100\left(1 + \dfrac{0.08}{365}\right)^{365(20)} = \$495.22$

$A = Pe^{rt} = 100e^{0.08(20)} = \$495.30$

63. $A = P\left(1 + \dfrac{r}{n}\right)^{nt}$

n	1	4	12	365	Continuous
A	$4734.73	$4870.38	$4902.71	$4918.66	$4919.21

(a) $A = 2000\left(1 + \dfrac{0.09}{1}\right)^{1(10)} = \$4734.73$ $\qquad$ (b) $A = 2000\left(1 + \dfrac{0.09}{4}\right)^{4(10)} = \$4870.38$

(c) $A = 2000\left(1 + \dfrac{0.09}{12}\right)^{12(10)} = \$4902.71$ $\qquad$ (d) $A = 2000\left(1 + \dfrac{0.09}{365}\right)^{365(10)} = \$4918.66$

(e) $A = Pe^{rt} = 2000e^{0.09(10)} = \$4919.21$

65. $A = P\left(1 + \dfrac{r}{n}\right)^{nt}$

n	1	4	12	365	Continuous
P	$2541.75	$2498.00	$2487.98	$2483.09	$2482.93

$5000 = P\left(1 + \dfrac{0.07}{1}\right)^{1(10)}$ $\qquad\qquad 5000 = P\left(1 + \dfrac{0.07}{4}\right)^{4(10)}$

$\dfrac{5000}{(1.07)^{10}} = P$ $\qquad\qquad\qquad\quad \dfrac{5000}{(1.0175)^{40}} = P$

$\$2541.75 = P$ $\qquad\qquad\qquad\quad\ \$2498.00 = P$

$5000 = P\left(1 + \dfrac{0.07}{12}\right)^{12(10)}$ $\qquad\qquad 5000 = P\left(1 + \dfrac{0.07}{365}\right)^{365(10)}$

$\dfrac{5000}{(1.005\overline{83})^{120}} = P$ $\qquad\qquad\quad \dfrac{5000}{(1.0001918)^{3650}} = P$

$\$2487.98 = P$ $\qquad\qquad\qquad\quad\ \$2483.09 = P$

$A = Pe^{rt}$

$5000 = Pe^{0.07(10)}$

$\dfrac{5000}{e^{0.7}} = P$

$\$2482.93 = P$

67. $A = P\left(1 + \dfrac{r}{n}\right)^{nt}$

n	1	4	12	365	Continuous
P	$18,429.30	$15,830.43	$15,272.04	$15,004.64	$14,995.58

$1{,}000{,}000 = P\left(1 + \dfrac{0.105}{1}\right)^{1(40)}$ ⟶ $1{,}000{,}000 = P\left(1 + \dfrac{0.105}{4}\right)^{4(40)}$

$\dfrac{1{,}000{,}000}{(1.105)^{40}} = P$ ⟶ $\dfrac{1{,}000{,}000}{(1.02625)^{160}} = P$

$\$18{,}429.30 = P$ ⟶ $\$15{,}830.43 = P$

$1{,}000{,}000 = P\left(1 + \dfrac{0.105}{12}\right)^{12(40)}$ ⟶ $1{,}000{,}000 = P\left(1 + \dfrac{0.105}{365}\right)^{365(40)}$

$\dfrac{1{,}000{,}000}{(1.00875)^{480}} = P$ ⟶ $\dfrac{1{,}000{,}000}{(1.0002877)^{14{,}600}} = P$

$\$15{,}272.04 = P$ ⟶ $\$15{,}004.64 = P$

$A = Pe^{rt}$

$1{,}000{,}000 = Pe^{0.105(40)}$

$\dfrac{1{,}000{,}000}{e^{4.2}} = P$

$\$14{,}995.58 = P$

69. (a) 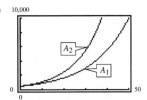 (b)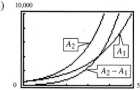

(c) The third graph is increasing at an increasing rate. Thus the difference between the functions increases at an increasing rate over time.

71. $V(t) = 64{,}000(2)^{t/15}$

(a) $t = 5$

$V(5) = 64{,}000(2)^{5/15}$

$= 64{,}000(2)^{1/3}$

$\approx 80{,}634.95$

(b) $t = 20$

$V(20) = 64{,}000(2)^{20/15}$

$= 64{,}000(2)^{4/3}$

$\approx 161{,}269.89$

The approximate value of the property five years after the date of purchase is $80,634.95; after 20 years, the approximate value is $161,269.89.

73. $v(2) = 16{,}000\left(\dfrac{3}{4}\right)^2 = 16{,}000\left(\dfrac{9}{16}\right) = 9000$

The value of the car after two years is approximately $9000.

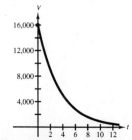

75. (a)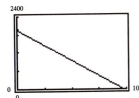

(b) $t = 0 \Rightarrow h = 1950 + 50e^{-1.6(0)} - 20(0) = 2000$ feet

$t = 25 \Rightarrow h = 1950 + 50e^{-1.6(25)} - 20(25) = 1450$ feet

$t = 50 \Rightarrow h = 1950 + 50e^{-1.6(50)} - 20(50) = 950$ feet

$t = 75 \Rightarrow h = 1950 + 50e^{-1.6(75)} - 20(75) = 450$ feet

(c) The parachutist will reach the ground at 97.5 seconds.

77. $f(x) = 2^{x-1}$ with $x = 30$

$f(30) = 2^{30-1}$

$= 536{,}870{,}912$ pennies

or $\$5{,}368{,}709.12$

Section 9.2 Logarithmic Functions and Their Graphs

1. $f(x) = 2^x$

   $g(x) = \log_2 x$

   These two functions are inverses of each other.

3. $\log_5 25 = 2 \Rightarrow 5^2 = 25$

5. $\log_4 \frac{1}{16} = -2 \Rightarrow 4^{-2} = \frac{1}{16}$

7. $\log_3 \frac{1}{243} = -5 \Rightarrow 3^{-5} = \frac{1}{243}$

9. $\log_{36} 6 = \frac{1}{2} \Rightarrow 36^{1/2} = 6$

11. $\log_8 4 = \frac{2}{3} \Rightarrow 8^{2/3} = 4$

13. $7^2 = 49 \Rightarrow \log_7 49 = 2$

15. $3^{-2} = \frac{1}{9} \Rightarrow \log_3 \frac{1}{9} = -2$

17. $8^{2/3} = 4 \Rightarrow \log_8 4 = \frac{2}{3}$

19. $25^{-1/2} = \frac{1}{5} \Rightarrow \log_{25} \frac{1}{5} = -\frac{1}{2}$

21. $4^0 = 1 \Rightarrow \log_4 1 = 0$

23. The power to which 2 must be raised to obtain 8 is 3.

    $\log_2 8 = 3$

25. The power to which 10 must be raised to obtain 10 is 1.

    $\log_{10} 10 = 1$

27. The power to which 2 must be raised to obtain $\frac{1}{4}$ is -2.

    $\log_2 \frac{1}{4} = -2$

29. There is *no power* to which 2 can be raised to obtain -3. (For any x, $2^x > 0$.)

    $\log_2(-3)$ undefined

31. The power to which 10 must be raised to obtain 1000 is 3.

    $\log_{10} 1000 = 3$

33. The power to which 4 must be raised to obtain 1 is 0.

    $\log_4 1 = 0$

35. The power to which 9 must be raised to obtain 3 is $\frac{1}{2}$.
    (**Note:** $9^{1/2} = \sqrt{9} = 3$)

    $\log_9 3 = \frac{1}{2}$

37. There is *no power* to which 4 can be raised to obtain -4.

    $\log_4(-4)$ undefined

39. The power to which 16 must be raised to obtain 4 is $\frac{1}{2}$.
    (**Note:** $16^{1/2} = \sqrt{16} = 4$)

41. $\log_{10} 31 \approx 1.4914$

43. $\log_{10} 0.85 \approx -0.0706$

45. $\log_{10}(\sqrt{2} + 4) \approx 0.7335$

47. $\ln 25 \approx 3.2189$

49. $\ln 0.75 \approx -0.2877$

51. $\ln\left(\dfrac{1+\sqrt{5}}{3}\right) \approx 0.0757$

53. $f(x) = 6^x$

$g(x) = \log_6 x$

Functions f and g are inverse functions.

55. $f(x) = e^x$

$g(x) = \ln x$

Functions f and g are inverse functions.

57.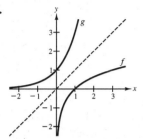

Functions f and g are inverse functions.

59.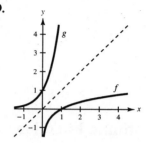

Functions f and g are inverse functions.

61. Graph (e)

63. Graph (d)

65. Graph (a)

67.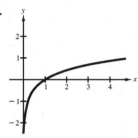

69.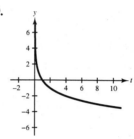

71.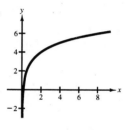

73.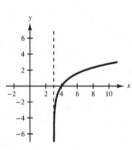

75. *Note:* $\log_{10}(10x) = \log_{10} 10 + \log_{10} x$
$= 1 + \log_{10} x$

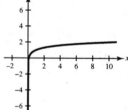

77. Domain: $(0, \infty)$

Vertical asymptote: $x = 0$

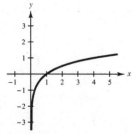

79. Domain: $(3, \infty)$

Vertical asymptote: $x = 3$

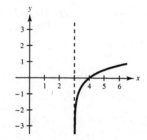

81. Domain: $(0, \infty)$

Vertical asymptote: $x = 0$

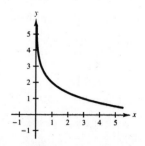

83. Domain: $(0, \infty)$

Vertical asymptote: $x = 0$

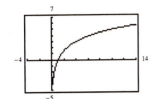

85. Domain: $(0, \infty)$

Vertical asymptote: $x = 0$

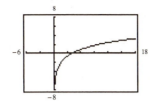

87. Domain: $(0, \infty)$

Vertical asymptote: $x = 0$

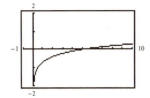

89. Graph (b)

91. Graph (d)

93. Graph (f)

95.

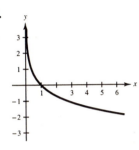

97.

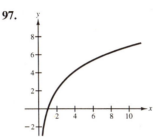

99.

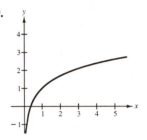

101.

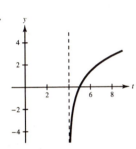

103. Domain: $(-6, \infty)$

Vertical asymptote: $x = -6$

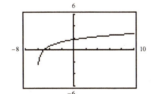

105. Domain: $(0, \infty)$

Vertical asymptote: $t = 0$

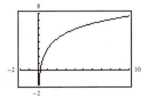

107. (a) $\log_8 132 = \dfrac{\log_{10} 132}{\log_{10} 8} \approx 2.3481$

(b) $\log_8 132 = \dfrac{\ln 132}{\ln 8} \approx 2.3481$

109. (a) $\log_3 7 = \dfrac{\log_{10} 7}{\log_{10} 3} \approx 1.7712$

(b) $\log_3 7 = \dfrac{\ln 7}{\ln 3} \approx 1.7712$

111. (a) $\log_2 0.72 = \dfrac{\log_{10} 0.72}{\log_{10} 2} \approx -0.4739$

(b) $\log_2 0.72 = \dfrac{\ln 0.72}{\ln 2} \approx -0.4739$

113. (a) $\log_{15} 1250 = \dfrac{\log_{10} 1250}{\log_{10} 15} \approx 2.6332$

(b) $\log_{15} 1250 = \dfrac{\ln 1250}{\ln 15} \approx 2.6332$

115. (a) $\log_{1/2} 4 = \dfrac{\log_{10} 4}{\log_{10}(1/2)} = -2$

(b) $\log_{1/2} 4 = \dfrac{\ln 4}{\ln(1/2)} = -2$

117. (a) $\log_4 \sqrt{42} = \dfrac{\log_{10} \sqrt{42}}{\log_{10} 4} \approx 1.3481$

(b) $\log_4 \sqrt{42} = \dfrac{\ln \sqrt{42}}{\ln 4} \approx 1.3481$

119. $h = 116 \log_{10}(a + 40) - 176$ and $a = 55$

$= 116 \log_{10}(55 + 40) - 176 = 116 \log_{10} 95 - 176 \approx 116(1.9777) - 176 \approx 53.4$

The shoulder height of the elk is approximately 53.4 inches.

121.

r	0.07	0.08	0.09	0.10	0.11	0.12
t	9.9	8.7	7.7	6.9	6.3	5.8

$t = \dfrac{\ln 2}{r}$

$r = 7\% \Rightarrow t = \dfrac{\ln 2}{0.07} \approx 9.9$ yrs

$r = 8\% \Rightarrow t = \dfrac{\ln 2}{0.08} \approx 8.7$ yrs

$r = 9\% \Rightarrow t = \dfrac{\ln 2}{0.09} \approx 7.7$ yrs

$r = 10\% \Rightarrow t = \dfrac{\ln 2}{0.10} \approx 6.9$ yrs

$r = 11\% \Rightarrow t = \dfrac{\ln 2}{0.11} \approx 6.3$ yrs

$r = 12\% \Rightarrow t = \dfrac{\ln 2}{0.12} \approx 5.8$ yrs

Section 9.3   Properties of Logarithms

1. No. The log of a sum of terms is not the sum of the logs of the terms.

$\log_4 x^2 + \log_4 9 = \log_4(9x^2)$

3. $\log_5 5^2 = 2 \log_5 5$
$= 2(1) = 2$

5. $\ln 1 = 0$

7. $\log_3 9 = \log_3 3^2$
$= 2 \log_3 3$
$= 2(1)$
$= 2$

9. $\log_2 \dfrac{1}{8} = \log_2 1 - \log_2 8$
$= 0 - 3 = -3$

11. $\ln e^5 - \ln e^2 = 5 \ln e - 2 \ln e$ or $\ln e^5 - \ln e^2 = \ln \dfrac{e^5}{e^2}$
$= 5(1) - 2(1)$ $= \ln e^3$
$= 3$ $= 3 \ln e$
                                                                        $= 3(1)$
                                                                        $= 3$

13. $\log_3 11x = \log_3 11 + \log_3 x$

15. $\ln y^3 = 3 \ln y$

17. $\log_2 \dfrac{z}{17} = \log_2 z - \log_2 17$

19. $\log_5 x^{-2} = -2 \log_5 x$

21. $\log_3 \sqrt[3]{x+1} = \log_3(x+1)^{1/3}$
$= \tfrac{1}{3} \log_3(x+1)$

23. $\ln 3x^2 y = \ln 3 + \ln x^2 + \ln y$
$= \ln 3 + 2 \ln x + \ln y$

25. $\ln\sqrt{x(x+2)} = \ln[x(x+2)]^{1/2}$

$= \frac{1}{2}\ln[x(x+2)]$

$= \frac{1}{2}[\ln x + \ln(x+2)]$

or $\frac{1}{2}\ln x + \frac{1}{2}\ln(x+2)$

27. $\log_2 \frac{x^2}{x-3} = \log_2 x^2 - \log_2(x-3)$

$= 2\log_2 x - \log_2(x-3)$

29. $\ln\sqrt[3]{x(x+5)} = \ln[x(x+5)]^{1/3}$

$= \frac{1}{3}\ln[x(x+5)]$

$= \frac{1}{3}[\ln x + \ln(x+5)]$

or $\frac{1}{3}\ln x + \frac{1}{3}\ln(x+5)$

31. $\ln\sqrt[3]{\frac{x^2}{x+1}} = \frac{1}{3}\ln\left(\frac{x^2}{x+1}\right)$

$= \frac{1}{3}[\ln x^2 - \ln(x+1)]$

$= \frac{1}{3}[2\ln x - \ln(x+1)]$

or $\frac{2}{3}\ln x - \frac{1}{3}\ln(x+1)$

33. $\log_4[x^6(x-7)^2] = \log_4 x^6 + \log_4(x-7)^2$

$= 6\log_4 x + 2\log_4(x-7)$

35. $\ln\frac{a^3(b-4)}{c^2} = \ln[a^3(b-4)] - \ln c^2$

$= \ln a^3 + \ln(b-4) - \ln c^2$

$= 3\ln a + \ln(b-4) - 2\ln c$

37. $\log_{10}\frac{(4x)^3}{x-7} = \log_{10}(4x)^3 - \log_{10}(x-7)$

$= 3\log_{10}(4x) - \log_{10}(x-7)$

$= 3(\log_{10} 4 + \log_{10} x) - \log_{10}(x-7)$

or $3\log_{10} 4 + 3\log_{10} x - \log_{10}(x-7)$

39. $\ln\frac{x\sqrt[3]{y}}{(wz)^4} = \ln(x\sqrt[3]{y}) - \ln(wz)^4$

$= \ln x + \ln y^{1/3} - 4\ln(wz)$

$= \ln x + \frac{1}{3}\ln y - 4(\ln w + \ln z)$

or $\ln x + \frac{1}{3}\ln y - 4\ln w - 4\ln z$

41. $\ln\left[(x+y)\frac{\sqrt[5]{w+2}}{3t}\right] = \ln(x+y) + \ln\frac{\sqrt[5]{w+2}}{3t}$

$= \ln(x+y) + \ln(w+2)^{1/5} - \ln(3t)$

$= \ln(x+y) + \frac{1}{5}\ln(w+2) - (\ln 3 + \ln t)$

$= \ln(x+y) + \frac{1}{5}\ln(w+2) - \ln 3 - \ln t$

43. $\log_2 3 + \log_2 x = \log_2 3x$

45. $\log_{10} 4 - \log_{10} x = \log_{10}\frac{4}{x}$

47. $4\ln b = \ln b^4, \ b > 0$

49. $-2\log_5 2x = \log_5(2x)^{-2}, \ x > 0$

or $\log_5 \frac{1}{4x^2}, \ x > 0$

51. $\frac{1}{3}\ln(2x+1) = \ln(2x+1)^{1/3}$

$= \ln\sqrt[3]{2x+1}$

53. $\log_3 2 + \dfrac{1}{2}\log_3 y = \log_3 2 + \log_3 y^{1/2}$
$= \log_3 2 + \log_3 \sqrt{y}$
$= \log_3 2\sqrt{y}$

55. $2\ln x + 3\ln y - \ln z = \ln x^2 + \ln y^3 - \ln z, \; x > 0$
$= \ln x^2 y^3 - \ln z, \; z > 0$
$= \ln \dfrac{x^2 y^3}{z}, \; x > 0, y > 0, z > 0$

57. $4(\ln x + \ln y) = 4\ln xy = \ln(xy)^4$ or $\ln x^4 y^4, \; x > 0, y > 0$

59. $\dfrac{1}{2}(\ln 8 + \ln 2x) = \dfrac{1}{2}(\ln 8(2x))$
$= \dfrac{1}{2}(\ln 16x)$
$= \ln(16x)^{1/2}$
$= \ln\sqrt{16x}$
$= \ln 4\sqrt{x}$

61. $\log_4(x+8) - 3\log_4 x = \log_4(x+8) - \log_4 x^3$
$= \log_4 \dfrac{x+8}{x^3}, \; x > 0$

63. $\dfrac{1}{2}\log_5 x + \log_5(x-3) = \log_5 x^{1/2} + \log_5(x-3)$
$= \log_5\left[\sqrt{x}(x-3)\right]$

65. $5\log_6(c+d) - \log_6(m-n) = \log_6(c+d)^5 - \log_6(m-n)$
$= \log_6 \dfrac{(c+d)^5}{m-n}, \; c > -d, m > n$

67. $\dfrac{1}{5}(3\log_2 x - \log_2 y) = \dfrac{1}{5}(\log_2 x^3 - \log_2 y)$
$= \dfrac{1}{5}\log_2 \dfrac{x^3}{y}$
$= \log_2 \sqrt[5]{\dfrac{x^3}{y}}, \; x > 0, y > 0$

69. $\dfrac{1}{5}\log_6(x-3) - 2\log_6 x - 3\log_6(x+1) = \dfrac{1}{5}\log_6(x-3) - [2\log_6 x + 3\log_6(x+1)]$
$= \log_6(x-3)^{1/5} - [\log_6 x^2 + \log_6(x+1)^3]$
$= \log_6 \sqrt[5]{x-3} - \log_6[x^2(x+1)^3]$
$= \log_6 \dfrac{\sqrt[5]{x-3}}{x^2(x+1)^3}$

71. $\log_{10} 9 = \log_{10} 3^2$
$= 2\log_{10} 3$
$\approx 2(0.477)$
$= 0.954$

73. $\log_{10} 36 = \log_{10}(3 \cdot 12)$
$= \log_{10} 3 + \log_3 12$
$\approx 0.447 + 1.079$
$= 1.556$

75. $\log_{10}\sqrt{36} = \log_{10} 36^{1/2}$
$= \dfrac{1}{2}\log_{10} 36$
$= \dfrac{1}{2}\log_{10}(3 \cdot 12)$
$= \dfrac{1}{2}(\log_{10} 3 + \log_3 12)$
$\approx \dfrac{1}{2}(0.447 + 1.079)$
$= \dfrac{1}{2}(1.556)$
$= 0.778$

77. $\log_4 4 = \log_4 2^2$ or $\log_4 4 = \log_4(2 \cdot 2)$

$ = 2 \log_4 2 = \log_4 2 + \log_4 2$

$ \approx 2(0.5000) = 1 \approx 0.5000 + 0.5000 = 1$

79. $\log_4 6 = \log_4(3 \cdot 2)$

$ = \log_4 3 + \log_4 2$

$ \approx 0.5000 + 0.7925$

$ = 1.2925$

81. $\log_4 \frac{3}{2} = \log_4 3 - \log_4 2$

$\phantom{\log_4 \tfrac{3}{2}} \approx 0.7925 - 0.5000$

$\phantom{\log_4 \tfrac{3}{2}} = 0.2925$

83. $\log_4 \sqrt{2} = \log_4 2^{1/2}$

$\phantom{\log_4 \sqrt{2}} = \tfrac{1}{2} \log_4 2$

$\phantom{\log_4 \sqrt{2}} \approx \tfrac{1}{2}(0.5000)$

$\phantom{\log_4 \sqrt{2}} = 0.2500$

85. $\log_4(3 \cdot 2^4) = \log_4 3 + \log_4 2^4$

$ = \log_4 3 + 4 \log_4 2$

$ \approx 0.7925 + 4(0.5000)$

$ = 2.7925$

87. $\log_4 3^0 = \log_4 1 = 0$

89. $\log_4 \dfrac{4}{x} = \log_4 4 - \log_4 x$

$\phantom{\log_4 \tfrac{4}{x}} = 1 - \log_4 x$

91. $\log_5 \sqrt{50} = \log_5 50^{1/2}$

$\phantom{\log_5 \sqrt{50}} = \dfrac{1}{2} \log_5(25 \cdot 2)$

$\phantom{\log_5 \sqrt{50}} = \dfrac{1}{2}(\log_5 25 + \log_5 2)$

$\phantom{\log_5 \sqrt{50}} = \dfrac{1}{2}(2 + \log_5 2)$

$\phantom{\log_5 \sqrt{50}} = \dfrac{1}{2}(2) + \dfrac{1}{2}\log_5 2$

$\phantom{\log_5 \sqrt{50}} = 1 + \dfrac{1}{2}\log_5 2$

93. $\ln 3e^2 = \ln 3 + \ln e^2$

$ = \ln 3 + 2 \ln e$

$ = \ln 3 + 2(1)$

$ = \ln 3 + 2$

95.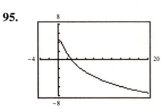

97.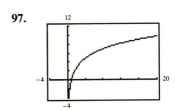

99. $\ln e^{2-x} = (2 - x) \ln e = (2 - x)(1) = 2 - x$

True

101. $\log_8 4 + \log_8 16 = \log_8(4 \cdot 16) = \log_8 64 = 2$

True

103. $\log_3(u + v) \neq \log_3 u \cdot \log_3 v$

False

105. (a) $f(t) = 80 - \log_{10}(t + 1)^{12}, \ 0 \leq t \leq 12$

$ = 80 - 12 \log_{10}(t + 1), \ 0 \leq t \leq 12$

$f(2) = 80 - 12 \log_{10}(2 + 1)$

$f(2) = 80 - 12 \log_{10} 3$

$f(2) \approx 74.27$

$f(8) = 80 - 12 \log_{10}(8 + 1)$

$f(8) = 80 - 12 \log_{10} 9$

$f(8) \approx 68.55$

(b)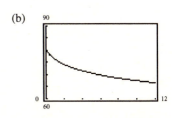

107. $E = 1.4(\log_{10} C_2 - \log_{10} C_1)$

$E = 1.4 \log_{10} \dfrac{C_2}{C_1}$ or $E = \log_{10}\left(\dfrac{C_2}{C_1}\right)^{1.4}$

109. $f(x) = \ln x$

$f(0) \neq 0$

False. Zero is not in the domain of $f(x)$.

111. $f(x) = \ln x$

$f(2x) = \ln 2 + \ln x$

True

113. To show that $\dfrac{\ln x}{\ln y} \neq \ln \dfrac{x}{y}$, let $x = e$ and $y = e$.

$\dfrac{\ln x}{\ln y} = \dfrac{\ln e}{\ln e} = \dfrac{1}{1} = 1$

$\ln \dfrac{x}{y} = \ln \dfrac{e}{e} = \ln 1 = 0$

Mid-Chapter Quiz for Chapter 9

1. $f(x) = \left(\dfrac{4}{3}\right)^x$

(a) $f(2) = \left(\dfrac{4}{3}\right)^2 = \dfrac{16}{9}$

(b) $f(0) = \left(\dfrac{4}{3}\right)^0 = 1$

(c) $f(-1) = \left(\dfrac{4}{3}\right)^{-1} = \dfrac{3}{4}$

(d) $f(1.5) = \left(\dfrac{4}{3}\right)^{1.5} = \left(\dfrac{4}{3}\right)^{3/2} = \sqrt{\dfrac{64}{27}} = \dfrac{8}{3\sqrt{3}} = \dfrac{8\sqrt{3}}{9}$

or $\left(\dfrac{4}{3}\right)^{1.5} \approx 1.54$

2. $g(x) = 2^{-0.5x}$

Domain: $(-\infty, \infty)$

Range: $(0, \infty)$

3.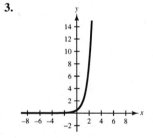

4.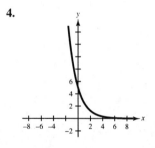

5.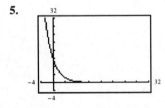

6.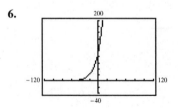

7.

n	1	4	12	365	Continuous
A	\$3185.89	\$3314.90	\$3345.61	\$3360.75	\$3361.27

$A = 750\left(1 + \dfrac{0.075}{n}\right)^{(n)(20)}$

For $n = 1$: $A = 750\left(1 + \dfrac{0.075}{1}\right)^{(1)(20)} = \$3185.89$

For $n = 4$: $A = 750\left(1 + \dfrac{0.075}{4}\right)^{(4)(20)} = \$3314.90$

For $n = 12$: $A = 750\left(1 + \dfrac{0.075}{12}\right)^{(12)(20)} = \$3345.61$

For $n = 365$: $A = 750\left(1 + \dfrac{0.075}{365}\right)^{(365)(20)} = \$3360.75$

Continuous compounding: $A = 750e^{0.075(20)} = \$3361.27$

8. $2.23(1.04)^5 = \$2.71$

9. $\log_4\left(\frac{1}{16}\right) = -2 \Rightarrow 4^{-2} = \frac{1}{16}$

10. $3^4 = 81 \Rightarrow \log_3 81 = 4$

11. $\log_5 125 = 3$ because 3 is the power to which 5 must be raised to obtain 125.

12. The graphs of $f(x) = \log_5 x$ and $g(x) = 5^x$ are reflections of one another about the line $y = x$. Therefore, f and g are inverse functions.

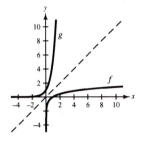

13.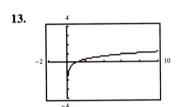

14.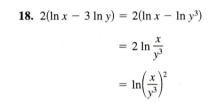

15. This is the graph of $f(x) = \log_5(x - 2) + 1$. Therefore $h = 2$ and $k = 1$.

16. $\log_6 450 = \dfrac{\ln 450}{\ln 6}$

$= 3.4096$

17. $\ln\left(\dfrac{6x^2}{\sqrt{x^2 + 1}}\right) = \ln(6x^2) - \ln\sqrt{x^2 + 1}$

$= \ln 6 + \ln x^2 - \ln(x^2 + 1)^{1/2}$

$= \ln 6 + 2\ln x - \dfrac{1}{2}\ln(x^2 + 1)$

18. $2(\ln x - 3\ln y) = 2(\ln x - \ln y^3)$

$= 2\ln\dfrac{x}{y^3}$

$= \ln\left(\dfrac{x}{y^3}\right)^2$

Section 9.4   Solving Exponential and Logarithmic Equations

1. $3^{2x-5} = 27$

(a) $x = 1$: $3^{2(1)-5} \stackrel{?}{=} 27$

$3^{-3} \neq 27$

No, 1 is not a solution.

(b) $x = 4$: $3^{2(4)-5} \stackrel{?}{=} 27$

$3^3 = 27$

Yes, 4 is a solution.

3. $e^{x+5} = 45$

(a) $x = -5 + \ln 45$: $e^{-5 + \ln 45 + 5} \stackrel{?}{=} 45$

$e^{\ln 45} = 45$

Yes, $-5 + \ln 45$ is a solution.

(b) $x = -5 + e^{45}$: $e^{-5 + e^{45} + 5} \stackrel{?}{=} 45$

$e^{e^{45}} \neq 45$

No, $-5 + e^{45}$ is not a solution.

5. $\log_9(6x) = \dfrac{3}{2}$

(a) $x = 27$: $\log_9(6 \cdot 27) \stackrel{?}{=} \dfrac{3}{2}$

$\log_9(162) \neq \dfrac{3}{2}$

No, 27 is not a solution.

(b) $x = \dfrac{9}{2}$: $\log_9\left(6 \cdot \dfrac{9}{2}\right) \stackrel{?}{=} \dfrac{3}{2}$

$\log_9(27) = \dfrac{3}{2}$

Yes, $\dfrac{9}{2}$ is a solution.

7. $2^x = 2^5$
$x = 5$

9. $3^{x+4} = 3^{12}$
$x + 4 = 12$
$x = 8$

11. $3^{x-1} = 3^7$
$x - 1 = 7$
$x = 8$

13. $4^{x-1} = 16 = 4^2$
$x - 1 = 2$
$x = 3$

15. $2^{x+2} = \frac{1}{16}$
$2^{x+2} = 2^{-4}$
$x + 2 = -4$
$x = -6$

17. $5^x = \frac{1}{125} = 5^{-3}$
$x = -3$

19. $\log_2(x + 3) = \log_2 7$
$x + 3 = 7$
$x = 4$

21. $\log_4(x - 4) = \log_4 12$
$x - 4 = 12$
$x = 16$

23. $\ln 5x = \ln 22$
$5x = 22$
$x = \frac{22}{5}$

25. $\ln(2x - 3) = \ln 15$
$2x - 3 = 15$
$2x = 18$
$x = 9$

27. $\log_3 x = 4$
$x = 3^4 = 81$

29. $\log_{10} 2x = 6$
$2x = 10^6$
$= 1{,}000{,}000$
$x = 500{,}000$

31. $\ln e^{2x-1} = 2x - 1$

33. $10^{\log_{10} 2x} = 2x, \; x > 0$

35. $2^x = 45$
$x = \log_2 45$
$= \frac{\log_{10} 45}{\log_{10} 2}$
≈ 5.49

37. $10^{2y} = 52$
$2y = \log_{10} 52 \approx 1.72$
$y \approx 0.86$

39. $4^x = 8$
$x = \log_4 8$
$= \frac{\ln 8}{\ln 4}$
$= 1.5$

41. $\frac{1}{5}(4^{x+2}) = 300$
$4^{x+2} = 1500$
$x + 2 = \log_4 1500$
$x = -2 + \log_4 1500$
≈ 3.28

43. $5(2)^{3x} - 4 = 13$
$5(2)^{3x} = 17$
$2^{3x} = \frac{17}{5}$
$2^{3x} = 3.4$
$3x = \log_2 3.4$
$x = \frac{1}{3}\log_2 3.4$
$x \approx 0.59$

45. $4 + e^{2x} = 150$
$e^{2x} = 146$
$2x = \ln 146$
$x = \frac{\ln 146}{2} \approx 2.49$

47. $8 - 12e^{-x} = 7$
$-12e^{-x} = -1$
$12e^{-x} = 1$
$e^{-x} = \frac{1}{12}$
$-x = \ln\left(\frac{1}{12}\right)$
$x = -\ln\left(\frac{1}{12}\right)$
$x \approx 2.48$

49. $23 - 5e^{x+1} = 3$

$\quad -5e^{x+1} = -20$

$\quad e^{x+1} = \dfrac{-20}{-5} = 4$

$\quad x + 1 = \ln 4$

$\quad x = -1 + \ln 4$

$\quad \approx 0.39$

51. $300e^{x/2} = 9000$

$\quad e^{x/2} = 30$

$\quad \dfrac{x}{2} = \ln 30$

$\quad x = 2 \ln 30$

$\quad \approx 6.80$

53. $6000e^{-2t} = 1200$

$\quad e^{-2t} = 0.2$

$\quad -2t = \ln 0.2$

$\quad t = \dfrac{\ln 0.2}{-2}$

$\quad \approx 0.80$

55. $250(1.04)^x = 1000$

$\quad (1.04)^x = 4$

$\quad x = \log_{1.04} 4$

$\quad \approx 35.35$

57. $\dfrac{1600}{(1.1)^x} = 200$

$\quad 1600 = 200(1.1)^x$

$\quad \dfrac{1600}{200} = (1.1)^x$

$\quad 8 = 1.1^x$

$\quad x = \log_{1.1} 8$

$\quad \approx 21.82$

59. $4(1 + e^{x/3}) = 84$

$\quad 1 + e^{x/3} = \dfrac{84}{4} = 21$

$\quad e^{x/3} = 20$

$\quad \dfrac{x}{3} = \ln 20$

$\quad x = 3 \ln 20$

$\quad \approx 8.99$

61. $\log_{10} x = 0$

$\quad x = 10^0 = 1$

63. $\log_{10} 4x = \dfrac{3}{2}$

$\quad 4x = 10^{3/2}$

$\quad x = \dfrac{10^{3/2}}{4} \approx 7.91$

65. $\log_2 x = 4.5$

$\quad x = 2^{4.5}$

$\quad x \approx 22.63$

67. $4 \log_3 x = 28$

$\quad \log_3 x = 7$

$\quad x = 3^7$

$\quad x = 2187$

69. $2 \log_{10}(x + 5) = 15$

$\quad \log_{10}(x + 5) = \dfrac{15}{2} = 7.5$

$\quad x + 5 = 10^{7.5}$

$\quad x = -5 + 10^{7.5}$

$\quad \approx 31{,}622{,}771.60$

71. $16 \ln x = 30$

$\quad \ln x = \dfrac{30}{16}$

$\quad \ln x = \dfrac{15}{8}$

$\quad x = e^{15/8}$

$\quad x \approx 6.52$

73. $\ln 2x = 3$

$\quad 2x = e^3$

$\quad x = \dfrac{e^3}{2}$

$\quad x \approx 10.04$

75. $1 - 2 \ln x = -4$

$\quad -2 \ln x = -5$

$\quad 2 \ln x = 5$

$\quad \ln x = \dfrac{5}{2}$

$\quad x = e^{5/2}$

$\quad x \approx 12.18$

77. $\dfrac{2}{3} \ln(x + 1) = -1$

$\quad 2 \ln(x + 1) = -3$

$\quad \ln(x + 1) = -\dfrac{3}{2}$

$\quad x + 1 = e^{-3/2}$

$\quad x = -1 + e^{-3/2} \approx -0.78$

79. $\ln x^2 = 6$

$\quad x^2 = e^6$

$\quad x = \pm\sqrt{e^6} \approx \pm 20.09$

81. $\log_4 x + \log_4 5 = 2$

$\quad \log_4 5x = 2$

$\quad 5x = 4^2$

$\quad 5x = 16$

$\quad x = \dfrac{16}{5}$

$\quad x = 3.2$

83. $\log_6(x + 8) + \log_6 3 = 2$

$\quad \log_6 3(x + 8) = 2$

$\quad 3(x + 8) = 6^2$

$\quad 3x + 24 = 36$

$\quad 3x = 12$

$\quad x = 4$

85. $\log_{10} x + \log_{10}(x - 3) = 1$

$\log_{10} x(x - 3) = 1$

$x(x - 3) = 10^1$

$x^2 - 3x = 10$

$x^2 - 3x - 10 = 0$

$(x - 5)(x + 2) = 0$

$x - 5 = 0 \Rightarrow x = 5$

$x + 2 = 0 \Rightarrow x = -2$ (Extraneous)

(**Note:** $\log_{10}(-2)$ undefined)

87. $\log_5(x - 3) - \log_5 x = 1$

$\log_5 \dfrac{x + 3}{x} = 1$

$\dfrac{x + 3}{x} = 5^1$

$x + 3 = 5x$

$3 = 4x$

$\dfrac{3}{4} = x$ or $x = 0.75$

89. $\log_6(x - 5) + \log_6 x = 2$

$\log_6 x(x - 5) = 2$

$x(x - 5) = 6^2$

$x^2 - 5x = 36$

$x^2 - 5x - 36 = 0$

$(x - 9)(x + 4) = 0$

$x - 9 = 0 \Rightarrow x = 9$

$x + 4 = 0 \Rightarrow x = -4$ (Extraneous)

(**Note:** $\log_6(-4)$ undefined)

91.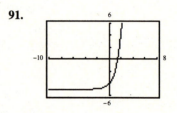

The x-intercept is approximately $(1.40, 0)$.

93.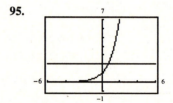

The x-intercept is approximately $(21.82, 0)$.

95.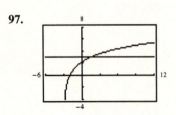

The point of intersection is approximately $(0.69, 2)$.

97.

The point of intersection is approximately $(1.48, 3)$.

99. $5000 = 2500e^{0.09t}$

$\dfrac{5000}{2500} = e^{0.09t}$

$2 = e^{0.09t}$

$0.09t = \ln 2$

$t = \dfrac{\ln 2}{0.09} \approx 7.70$

Approximately 7.7 years are required for the investment to double in value.

101.
$$B = 10 \log_{10}\left(\frac{I}{10^{-16}}\right)$$
$$75 = 10 \log_{10}\left(\frac{I}{10^{-16}}\right)$$
$$\frac{75}{10} = \log_{10}\left(\frac{I}{10^{-16}}\right)$$
$$7.5 = \log_{10}\left(\frac{I}{10^{-16}}\right)$$
$$10^{7.5} = \frac{I}{10^{-16}}$$
$$10^{-16}(10^{7.5}) = I$$
$$10^{-8.5} = I$$

The intensity is approximately $10^{-8.5}$.

103.
$$T = 15.7 - 2.48 \ln m$$
$$2.5 = 15.7 - 2.48 \ln m$$
$$-13.2 = -2.48 \ln m$$
$$13.2 = 2.48 \ln m$$
$$\frac{13.2}{2.48} = \ln m$$
$$m = e^{13.2/2.48}$$
$$m \approx 205$$

Approximately 205 muon decays were recorded.

105. Subantarctic water: $T = 8°$
$$8 = 7.9 \ln(1.0245 - d) + 61.84$$
$$8 - 61.844 = 7.9 \ln(1.0245 - d)$$
$$-53.84 = 7.9 \ln(1.0245 - d)$$
$$\frac{-53.84}{7.9} = \ln(1.0245 - d)$$
$$e^{(-53.84/7.9)} = 1.0245 - d$$
$$-1.0245 + e^{(-53.84/7.9)} = -d$$
$$1.0245 - e^{(-53.84/7.9)} = d$$
$$1.0234 \approx d$$

Antarctic water: $T = 0°$
$$0 = 7.9 \ln(1.0245 - d) + 61.84$$
$$-61.84 = 7.9 \ln(1.0245 - d)$$
$$\frac{-61.84}{7.9} = \ln(1.0245 - d)$$
$$e^{(-61.84/7.9)} = 1.0245 - d$$
$$-1.0245 + e^{(-61.84/7.9)} = -d$$
$$1.0245 - e^{(-61.84/7.9)} = d$$
$$1.0241 \approx d$$

The density of the subantarctic water is approximately 1.0234 grams per cubic centimeter, and the density of the antarctic bottom water is approximately 1.0241 grams per cubic centimeter.

107.
$$2^{x-1} = 32 \qquad 2^{x-1} = 30$$
$$2^{x-1} = 2^5 \qquad x - 1 = \log_2 30$$
$$x - 1 = 5 \qquad x = 1 + \log_2 30$$
$$x = 6 \qquad x \approx 5.907$$

The first equation does not require logarithms for its solution because both sides of the equation can be written as powers of 2.

Section 9.5 Exponential and Logarithmic Applications

1. If $y = Ce^{kt}$ is a model of exponential growth, then $k > 0$.

3.
$$A = P\left(1 + \frac{r}{n}\right)^{nt}$$
$$1004.83 = 500\left(1 + \frac{r}{12}\right)^{12(10)}$$
$$\frac{1004.83}{500} = \left(1 + \frac{r}{12}\right)^{120}$$
$$2.00966 = \left(1 + \frac{r}{12}\right)^{120}$$
$$2.00966^{1/120} = 1 + \frac{r}{12}$$
$$1.00583 \approx 1 + \frac{r}{12}$$
$$0.00583 \approx \frac{r}{12}$$
$$12(0.00583) \approx r$$
$$0.07 \approx r \text{ or } r \approx 7\%$$

5.
$$A = P\left(1 + \frac{r}{n}\right)^{nt}$$
$$36{,}581 = 1000\left(1 + \frac{r}{365}\right)^{365(40)}$$
$$\frac{36{,}581}{1000} = \left(1 + \frac{r}{365}\right)^{14{,}600}$$
$$36.581 = \left(1 + \frac{r}{365}\right)^{14{,}600}$$
$$36.581^{(1/14{,}600)} = 1 + \frac{r}{365}$$
$$1.000247 \approx 1 + \frac{r}{365}$$
$$0.000247 \approx \frac{r}{365}$$
$$365(0.000247) \approx r$$
$$0.090 \approx r \text{ or } r \approx 9\%$$

7.
$$A = Pe^{rt}$$
$$8267.38 = 750e^{r(30)}$$
$$\frac{8267.38}{750} = e^{30r}$$
$$11.0232 \approx e^{30r}$$
$$30r \approx \ln 11.0232$$
$$r \approx \frac{\ln 11.0232}{30}$$
$$r \approx 0.0800 \text{ or } r \approx 8\%$$

9.
$$A = P\left(1 + \frac{r}{n}\right)^{nt}$$
$$22{,}405.68 = 5000\left(1 + \frac{r}{365}\right)^{365(25)}$$
$$\frac{22{,}405.68}{5000} = \left(1 + \frac{r}{365}\right)^{9125}$$
$$\left(\frac{22{,}405.68}{5000}\right)^{1/9125} = 1 + \frac{r}{365}$$
$$1.000164384 \approx 1 + \frac{r}{365}$$
$$0.000164384 = \frac{r}{365}$$
$$365(0.000164384) = r$$
$$0.06 \approx r \text{ or } r \approx 6\%$$

11.
$$A = Pe^{rt}$$
$$24{,}666.97 = 1500e^{r(40)}$$
$$\frac{24{,}667.97}{1500} = e^{40r}$$
$$40r \approx \ln\left(\frac{24{,}667.97}{1500}\right)$$
$$r = \frac{1}{40}\ln\left(\frac{24{,}667.97}{1500}\right)$$
$$r \approx 0.07 \text{ or } r \approx 7\%$$

13.
$$A = P\left(1 + \frac{r}{n}\right)^{nt}$$
$$12{,}000 = 6000\left(1 + \frac{0.08}{4}\right)^{4t}$$
$$\frac{12{,}000}{6000} = (1.02)^{4t}$$
$$2 = (1.02)^{4t}$$
$$\log_{1.02} 2 = 4t$$
$$\frac{\log_{1.02} 2}{4} = t$$
$$8.75 \text{ years} \approx t$$

15.
$$A = P\left(1 + \frac{r}{n}\right)^{nt}$$
$$4000 = 2000\left(1 + \frac{0.105}{365}\right)^{365t}$$
$$\frac{4000}{2000} = \left(1 + \frac{0.105}{365}\right)^{365t}$$
$$2 = \left(1 + \frac{0.105}{365}\right)^{365t}$$
$$\approx (1.0002877)^{365t}$$
$$\log_{1.0002877} 2 \approx 365t$$
$$\frac{\log_{1.0002877} 2}{365} \approx t$$
$$6.60 \text{ years} \approx t$$

17.
$$A = Pe^{rt}$$
$$3000 = 1500 e^{0.075t}$$
$$\frac{3000}{1500} = e^{0.075t}$$
$$2 = e^{0.075t}$$
$$\ln 2 = 0.075t$$
$$\frac{\ln 2}{0.075} = t$$
$$9.24 \text{ years} \approx t$$

19.
$$A = P\left(1 + \frac{r}{n}\right)^{nt}$$
$$600 = 300\left(1 + \frac{0.05}{1}\right)^{1t}$$
$$2 = (1.05)^t$$
$$t = \log_{1.05} 2$$
$$t \approx 14.21 \text{ years}$$

21.
$$A = P\left(1 + \frac{r}{n}\right)^{nt}$$
$$12{,}000 = 6000\left(1 + \frac{0.07}{4}\right)^{4t}$$
$$2 = \left(1 + \frac{0.07}{4}\right)^{4t}$$
$$2 = (1.0175)^{4t}$$
$$4t = \log_{1.0175} 2$$
$$t = \frac{1}{4}\log_{1.0175} 2$$
$$t \approx 9.99 \text{ years}$$

23.
$$A = Pe^{rt} \text{ or } A = P\left(1 + \frac{r}{n}\right)^{nt}$$
$$1587.75 \stackrel{?}{=} 750 e^{0.075(10)}$$
$$1587.75 \stackrel{?}{=} 750 e^{0.75}$$
$$1587.75 = 1587.75$$
Continuous compounding

25.
$$A = Pe^{rt} \quad \text{or}$$
$$141.48 \stackrel{?}{=} 100 e^{0.07(5)}$$
$$141.48 \stackrel{?}{=} 100 e^{0.35}$$
$$141.48 \neq 141.90$$

$$A = P\left(1 + \frac{r}{n}\right)^{nt}$$
$$141.48 = 100\left(1 + \frac{0.07}{n}\right)^{n(5)}$$
$$n = 1: \ 141.48 \stackrel{?}{=} 100\left(1 + \frac{0.07}{n}\right)^{n(5)}$$
$$141.48 \neq 140.26$$
$$n = 4: \ 141.48 \stackrel{?}{=} \left(1 + \frac{0.07}{4}\right)^{4(5)}$$
$$141.48 \stackrel{?}{=} 100(1.0175)^{20}$$
$$141.48 = 141.48$$

Quarterly compounding

27. $A = Pe^{rt}$
$= 1000e^{0.08(1)}$
$= 1083.29$
Interest $= 1083.29 - 1000$
$= 83.29$
Effective yield $= \dfrac{83.29}{1000}$
$= 0.08329$
$\approx 8.33\%$

29. $A = P\left(1 + \dfrac{r}{n}\right)^{nt}$
$= 1000\left(1 + \dfrac{0.07}{12}\right)^{12(1)}$
$= 1072.29$
Interest $= 1072.29 - 1000$
$= 72.29$
Effective yield $= \dfrac{72.29}{1000}$
$= 0.07229$
$\approx 7.23\%$

31. $A = P\left(1 + \dfrac{r}{n}\right)^{nt}$
$= 1000\left(1 + \dfrac{0.06}{4}\right)^{4(1)}$
$= 1061.36$
Interest $= 1061.36 - 1000$
$= 61.36$
Effective yield $= \dfrac{61.36}{1000}$
$= 0.06136$
$= 6.136\%$

33. $A = P\left(1 + \dfrac{r}{n}\right)^{nt}$
$= 1000\left(1 + \dfrac{0.08}{12}\right)^{12(1)}$
$= 1083.00$
Interest $= 1083 - 1000$
$= 83$
Effective yield $= \dfrac{83}{1000}$
$= 0.083$
$= 8.3\%$

35. $A = Pe^{rt}$
$= 1000e^{0.075(1)}$
$= 1077.88$
Interest $= 1077.88 - 1000$
$= 77.88$
Effective yield $= \dfrac{77.88}{1000}$
≈ 0.0779
$\approx 7.79\%$

37. No. The equation could be written as
$2P = P\left(1 + \dfrac{r}{n}\right)^{nt}$ or $2P = Pe^{rt}$.

As a first step, you could divide both sides of the equation by P and then solve the resulting equation.

39. $A = Pe^{rt}$
$10{,}000 = Pe^{0.09(20)} = Pe^{1.8}$
$\dfrac{10{,}000}{e^{1.8}} = P$
$\$1652.99 \approx P$

41. $A = P\left(1 + \dfrac{r}{n}\right)^{nt}$
$750 = P\left(1 + \dfrac{0.06}{365}\right)^{365(3)}$
$= P\left(1 + \dfrac{0.06}{365}\right)^{1095}$
$\dfrac{750}{\left(1 + \dfrac{0.06}{365}\right)^{1095}} = P$
$\$626.46 \approx P$

43. $A = P\left(1 + \dfrac{r}{n}\right)^{nt}$
$25{,}000 = P\left(1 + \dfrac{0.07}{12}\right)^{12(30)}$
$= P\left(1 + \dfrac{0.07}{12}\right)^{360}$
$\dfrac{25{,}000}{\left(1 + \dfrac{0.07}{12}\right)^{360}} = P$
$\$3080.15 \approx P$

45.
$$A = P\left(1 + \frac{r}{n}\right)^{nt}$$
$$1000 = P\left(1 + \frac{0.05}{365}\right)^{365(1)}$$
$$= P\left(1 + \frac{0.05}{365}\right)^{365}$$
$$\frac{1000}{\left(1 + \frac{0.05}{365}\right)^{365}} = P$$
$$\$951.23 \approx P$$

47.
$$A = Pe^{rt}$$
$$500{,}000 = Pe^{0.08(25)}$$
$$500{,}000 = Pe^{2}$$
$$\frac{500{,}000}{e^{2}} = P$$
$$\$67{,}667.64 \approx P$$

49. $A = \dfrac{P(e^{rt} - 1)}{e^{r/12} - 1}$

$\quad = \dfrac{30(e^{0.08(10)} - 1)}{e^{0.08/12} - 1} \approx \$5496.57$

51. $A = \dfrac{P(e^{rt} - 1)}{e^{r/12} - 1} = \dfrac{50(e^{0.10(40)} - 1)}{e^{0.10/12} - 1} \approx \$320{,}250.81$

53. $(0, 3)$: $\quad 3 = Ce^{k(0)}$
$\qquad\qquad 3 = Ce^{0}$
$\qquad\qquad 3 = C(1)$
$\qquad\qquad 3 = C \Longrightarrow y = 3e^{kt}$

$\quad (2, 8)$: $\quad 8 = 3e^{k(2)}$
$\qquad\qquad \tfrac{8}{3} = e^{2k}$
$\qquad\qquad \ln \tfrac{8}{3} = 2k$
$\qquad\qquad \tfrac{1}{2} \ln \tfrac{8}{3} = k$
$\qquad\qquad 0.4904 \approx k$

55. $(0, 400)$: $\quad 400 = Ce^{k(0)}$
$\qquad\qquad 400 = Ce^{0}$
$\qquad\qquad 400 = C(1)$
$\qquad\qquad 400 = C \Longrightarrow y = 400e^{kt}$

$\quad (3, 200)$: $\quad 200 = 400e^{k(3)}$
$\qquad\qquad \tfrac{200}{400} = e^{3k}$
$\qquad\qquad \tfrac{1}{2} = e^{3k}$
$\qquad\qquad \ln \tfrac{1}{2} = 3k$
$\qquad\qquad \tfrac{1}{3} \ln \tfrac{1}{2} = k$
$\qquad\qquad -0.2310 \approx k$

57. $y = Ce^{kt}$
$\quad (0, 12.2) \Longrightarrow 12.2 = Ce^{k(0)}$
$\qquad\qquad\qquad 12.2 = C(1)$
$\qquad\qquad\qquad 12.2 = C \Longrightarrow y = 12.2e^{kt}$
$\quad (21, 14.3) \Longrightarrow 14.3 = 12.2e^{k(21)}$
$\qquad\qquad\qquad \dfrac{14.3}{12.2} = e^{21k}$
$\qquad\qquad\qquad 21k = \ln\left(\dfrac{14.3}{12.2}\right)$
$\qquad\qquad\qquad k = \dfrac{1}{21} \ln\left(\dfrac{14.3}{12.2}\right)$
$\qquad\qquad\qquad k \approx 0.0076$
$\quad y = 12.2e^{0.0076t}$
$\quad$ For 2020, $t = 26$: $y = 12.2e^{0.0076(26)}$
$\qquad\qquad\qquad\qquad y \approx 14.9$ million

59. $y = Ce^{kt}$
$\quad (0, 14.7) \Longrightarrow 14.7 = Ce^{k(0)}$
$\qquad\qquad\qquad 14.7 = C(1)$
$\qquad\qquad\qquad 14.7 = C \Longrightarrow y = 14.7e^{kt}$
$\quad (21, 23.4) \Longrightarrow 23.4 = 14.7e^{k(21)}$
$\qquad\qquad\qquad \dfrac{23.4}{14.7} = e^{21k}$
$\qquad\qquad\qquad 21k = \ln\left(\dfrac{23.4}{14.7}\right)$
$\qquad\qquad\qquad k = \dfrac{1}{21} \ln\left(\dfrac{23.4}{14.7}\right)$
$\qquad\qquad\qquad k \approx 0.0221$
$\quad y = 14.7e^{0.0221t}$
$\quad$ For 2020, $t = 26$: $y = 14.7e^{0.0221(26)}$
$\qquad\qquad\qquad\qquad y \approx 26.1$ million

61. $y = Ce^{kt}$

$(0, 10.5) \Rightarrow 10.5 = Ce^{k(0)}$

$\quad 10.5 = C(1)$

$\quad 10.5 = C \Rightarrow y = 10.5e^{kt}$

$(21, 10.6) \Rightarrow 10.6 = 10.5e^{k(21)}$

$\quad \dfrac{10.6}{10.5} = e^{21k}$

$\quad 21k = \ln\left(\dfrac{10.6}{10.5}\right)$

$\quad k = \dfrac{1}{21}\ln\left(\dfrac{10.6}{10.5}\right)$

$\quad k \approx 0.0005$

$y = 10.5e^{0.0005t}$

For 2020, $t = 26$: $y = 10.5e^{0.0005(26)}$

$\quad y \approx 10.63$ million

63. $y = Ce^{kt}$

$(0, 15.5) \Rightarrow 15.5 = Ce^{k(0)}$

$\quad 15.5 = C(1)$

$\quad 15.5 = C \Rightarrow y = 15.5e^{kt}$

$(21, 18.8) \Rightarrow 18.8 = 15.5e^{k(21)}$

$\quad \dfrac{18.8}{15.5} = e^{21k}$

$\quad 21k = \ln\left(\dfrac{18.8}{15.5}\right)$

$\quad k = \dfrac{1}{21}\ln\left(\dfrac{18.8}{15.5}\right)$

$\quad k \approx 0.0092$

$y = 15.5e^{0.0092t}$

For 2020, $t = 26$: $y = 15.5e^{0.0092(26)}$

$\quad y \approx 19.7$ million

65. (a) The value of k is larger in Exercise 59 because the population of Shanghai is increasing faster than the population of Osaka.

(b) The variable r in the continuous compound interest formula is equivalent to k in the model for population growth. The variable k is the annual rate of population growth.

67. $y = Ce^{kt}$

t (years)	0	24,360	10,000
Ce^{kt} (grams)	$Ce^{k(0)} = 10$	$Ce^{k(24,360)} = 5$	$Ce^{k(10,000)} = ?$

$(0, 10)$: $10 = Ce^{k(0)}$

$\quad 10 = Ce^0$

$\quad 10 = C(1)$

$\quad 10 = C \Rightarrow y = 10e^{kt}$

$(24{,}360, 5)$: $5 = 10e^{k(24{,}360)}$

$\quad \dfrac{5}{10} = e^{24{,}360k}$

$\quad \dfrac{1}{2} = e^{24{,}360}$

$\quad \ln\dfrac{1}{2} = 24{,}360k$

$\quad \dfrac{1}{24{,}360}\ln\dfrac{1}{2} = k$

$\quad -0.0000285 \approx k \Rightarrow y = 10e^{-0.0000285t}$

$(10{,}000, y)$: $y = 10e^{-0.0000285(10{,}000)}$

$\quad y = 10e^{-0.285}$

$\quad y \approx 7.5$ grams

Approximately 7.5 grams will remain after 10,000 years. (Answers may vary slightly depending upon rounding.)

69.

t (years)	0	5730	?
Ce^{kt} (grams)	$Ce^{k(0)} = C$	$Ce^{k(5730)} = 0.5C$	$Ce^{k(?)} = 0.15/C$

$(5730, 0.5C)$: $0.5C = Ce^{k(5730)}$

$\dfrac{0.5C}{C} = e^{5730k}$

$\dfrac{1}{2} = e^{5730k}$

$\ln \dfrac{1}{2} = 5730k$

$\dfrac{1}{5730} \ln \dfrac{1}{2} = k$

$-0.000121 \approx k \Longrightarrow y = Ce^{-0.000121t}$

$(t, 0.15C)$: $0.15C = Ce^{-0.000121t}$

$\dfrac{0.15C}{C} = e^{-0.000121t}$

$0.15 = e^{0.000121t}$

$\ln 0.15 = 0.000121t$

$\dfrac{\ln 0.15}{-0.000121} = t$

$15{,}700 \text{ years} \approx t$

The tree burned approximately 15,700 years ago. (Answers may vary slightly depending on rounding.)

71. $y = Ce^{kt}$

t (years)	0	1	3
Ce^{kt} (dollars)	$Ce^{k(0)} = 22{,}000$	$Ce^{k(1)} = 15{,}500$	$Ce^{k(3)} = ?$

$(0, 22{,}000)$: $22{,}000 = Ce^{k(0)}$

$22{,}000 = Ce^0$

$22{,}000 = C(1)$

$22{,}000 = C \Longrightarrow y = 22{,}000 e^{kt}$

$(1, 16{,}500)$: $16{,}500 = 22{,}000 e^{k(1)}$

$\dfrac{16{,}500}{22{,}000} = e^k$

$\ln \dfrac{16{,}500}{22{,}000} = k$

$-0.2877 \approx k \Longrightarrow y = 22{,}000 e^{-0.2877}$

$(3, y)$: $y = 22{,}000 e^{-0.2877(3)}$

$y = 22{,}000 e^{-0.8631}$

$y \approx \$9281$

The value of the car after 3 years is approximately $9281. (Answers may vary slightly depending on rounding.)

73. 20 years: $A = \$17{,}729.42$ (from graph)

Amount deposited: $30(12)(20) = \$7200$

Interest: $17{,}729.42 - 7200 = \$10{,}529.42$

75. $R = \log_{10} I \Longrightarrow I = 10^R$

Alaska: $I = 10^{8.4}$

San Fernando Valley: $I = 10^{6.6}$

Ratio $= \dfrac{10^{8.4}}{10^{6.6}}$

$= 10^{8.4 - 6.6}$

$= 10^{1.8}$

≈ 63

The earthquake in Alaska was 63 times as great as the earthquake in the San Fernando Valley.

77. $R = \log_{10} I \Longrightarrow I = 10^R$

Mexico City: $I = 10^{8.1}$

Nepal: $I = 10^{6.5}$

Ratio $= \dfrac{10^{8.1}}{10^{6.5}}$

$= 10^{8.1 - 6.5}$

$= 10^{1.6}$

≈ 40

The earthquake in Mexico City was 40 times as great as the earthquake in Nepal.

79. $p(t) = \dfrac{5000}{1 + 4e^{-t/6}}$

(a)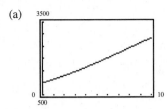

(b) $t = 0$: $p(0) = \dfrac{5000}{1 + 4e^{-0/6}}$

$= \dfrac{5000}{1 + 4e^0}$

$= \dfrac{5000}{1 + 4}$

$= \dfrac{5000}{5}$

$= 1000$

The original population was 1000.

(c) $t = 9$: $p(9) = \dfrac{5000}{1 + 4e^{-9/6}}$

$= \dfrac{5000}{1 + 4e^{-3/2}}$

≈ 2642

After 9 years, the population is approximately 2642.

(d) $2000 = \dfrac{5000}{1 + 4e^{-t/6}}$

$2000(1 + 4e^{-t/6}) = 5000$

$1 + 4e^{-t/6} = \dfrac{5000}{2000}$

$1 + 4e^{-t/6} = 2.5$

$4e^{-t/6} = 1.5$

$e^{-t/6} = \dfrac{1.5}{4}$

$e^{-t/6} = 0.375$

$-t/6 = \ln 0.375$

$t = -6 \ln 0.375$

$t \approx 5.9$

The population will be 2000 after approximately 5.9 years.

81. (a) $2.5 = 10(1 - e^{k(5)})$

$\dfrac{2.5}{10} = (1 - e^{5k})$

$0.25 = 1 - e^{5k}$

$-0.75 = -e^{5k}$

$0.75 = e^{5k}$

$\ln 0.75 = 5k$

$\dfrac{\ln 0.75}{5} = k$

$-0.575 \approx k \Rightarrow S = 10(1 - e^{-0.575x})$

(b) $S = 10(1 - e^{-0.0575(7)})$

$S = 10(1 - e^{-0.4025})$

$S \approx 3.3$ (thousands)

If advertising expenditures are raised to $700, sales should be approximately 3300 units. (Answers may vary slightly depending on rounding.)

Section 9.6 Modeling Data

1. This graph could best be modeled by an exponential model.

3. This graph could best be modeled by a logarithmic model.

5. This graph could best be modeled by an exponential model.

7.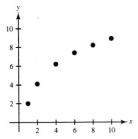

This graph could best be modeled by a logarithmic model.

9.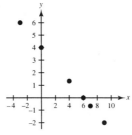

This graph could best be modeled by a linear model.

11.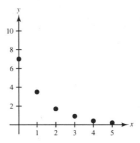

This graph could best be modeled by an exponential model.

13.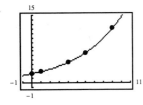

$y = 2.0234(1.2196)^x$

15.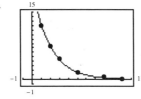

$y = 20.6257(0.6011)^x$

17.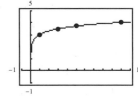

$y = 3.0165 + 0.4458 \ln x$

19.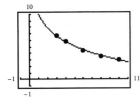

$y = 10.0928 - 3.1025 \ln x$

21.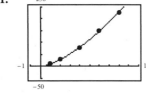

$y = 10.2420 x^{1.4923}$

23.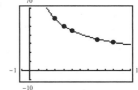

$y = 100.2415 x^{-0.4999}$

25.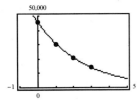

$V = 45{,}772.15(0.6734)^t$

27. (a) $V = 78.56 - 11.6314 \ln x$

(b)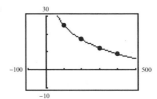

(c) 14.3

For 25 cubic feet of air space per person, the required ventilation rate is 14.3 cubic feet per minute per person.

29. (a) Exponential: $V = 1556.44(1.1986)^t$

Power: $V = 1854.63 t^{0.3132}$

(b)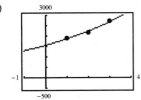

(c) The exponential function is the better fit. For 1994, when $t = 4$, the estimated market value is $3213 billion.

31. (a) Quadratic: $F = 0.186x^2 - 0.281x - 0.460$

Exponential: $F = 0.476(1.4059)^x$

Power: $F = 0.0443x^{2.5393}$

(b)

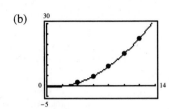
Quadratic

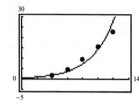
Exponential

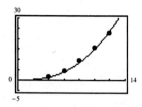
Power

(c) The quadratic function is the model that best fits the data. When $x = 14$, the value of F is 32 and the required force is 32,000 pounds.

Review Exercises for Chapter 9

1. $f(x) = 2^x$

(a) $f(-3) = 2^{-3} = \dfrac{1}{2^3} = \dfrac{1}{8}$

(b) $f(1) = 2^1 = 2$

(c) $f(2) = 2^2 = 4$

2. $g(x) = 2^{-x}$

(a) $g(-2) = 2^{-(-2)} = 2^2 = 4$

(b) $g(0) = 2^{-0} = 1$

(c) $g(2) = 2^{-2} = \dfrac{1}{2^2} = \dfrac{1}{4}$

3. $g(t) = e^{-t/3}$

(a) $g(-3) = e^{-(-3)/3} = e \approx 2.718$

(b) $g(\pi) = e^{-\pi/3} \approx 0.351$

(c) $g(6) = e^{-6/3} = e^{-2} \approx 0.135$

4. $h(s) = 1 - e^{0.2s}$

(a) $h(0) = 1 - e^{0.2(0)}$
$= 1 - e^0$
$= 1 - 1 = 0$

(b) $h(2) = 1 - e^{0.2(2)}$
$= 1 - e^{0.4}$
≈ -0.492

(c) $h(\sqrt{10}) = 1 - e^{0.2\sqrt{10}}$
$= -0.882$

5. $f(x) = \log_3 x$

(a) $f(1) = \log_3 1 = 0$

(b) $f(27) = \log_3 27 = 3$

(c) $f(0.5) = \log_3 0.5$
$= \dfrac{\ln 0.5}{\ln 3}$
≈ -0.631

6. $g(x) = \log_{10} x$

(a) $g(0.01) = \log_{10} 0.01 = -2$

(b) $g(0.1) = \log_{10} 0.1 = -1$

(c) $g(30) = \log_{10} 30 \approx 1.477$

7. $f(x) = \ln x$

(a) $f(e) = \ln e = 1$

(b) $f\left(\tfrac{1}{3}\right) = \ln \tfrac{1}{3} \approx -1.099$

(c) $f(10) = \ln 10 \approx 2.303$

8. $h(x) = \ln x$

(a) $h(e^2) = \ln e^2 = 2$

(b) $h\left(\tfrac{5}{4}\right) = \ln \tfrac{5}{4} \approx 0.223$

(c) $h(1200) = \ln 1200 \approx 7.090$

9. $g(x) = \ln e^{3x}$

(a) $g(-2) = \ln e^{3(-2)}$
$= \ln e^{-6}$
$= -6$

(b) $g(0) = \ln e^{3(0)}$
$= \ln e^0$
$= \ln 1$
$= 0$

(c) $g(7.5) = \ln e^{3(7.5)}$
$= \ln e^{22.5}$
$= 22.5$

10. $f(x) = \log_2 \sqrt{x}$

(a) $f(4) = \log_2 \sqrt{4}$
$= \log_2 2$
$= 1$

(b) $f(64) = \log_2 \sqrt{64}$
$= \log_2 8$
$= 3$

(c) $f(5.2) = \log_2 \sqrt{5.2}$
$= \dfrac{\ln \sqrt{5.2}}{\ln 2}$
≈ 1.189

11. $f(x) = 2^x$
Graph (d)

12. $f(x) = 2^{-x}$
Graph (f)

13. $f(x) = -2^x$
Graph (a)

14. $f(x) = 2^x + 1$
Graph (b)

15. $f(x) = \log_2 x$
Graph (c)

16. $f(x) = \log_2(x - 1)$
Graph (e)

17. $y = 3^{x/2}$

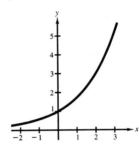

18. $y = 3^{x/2} - 2$

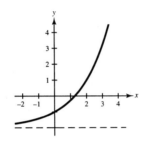

19. $y = 3^{-x/2}$

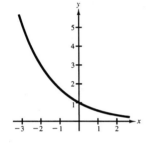

20. $f(x) = -3^{-x/2}$

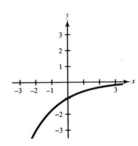

21. $f(x) = 3^{-x^2}$

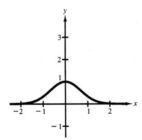

22. $g(t) = 3^{|t|}$

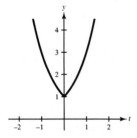

23. $f(x) = -2 + \log_3 x$

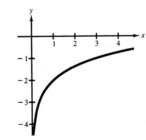

24. $f(x) = 2 + \log_3 x$

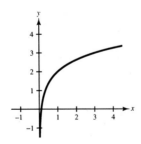

25.

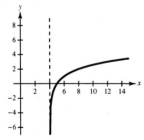

26. 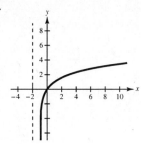   **27.** 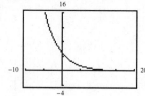   **28.**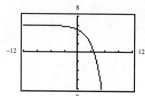

29. 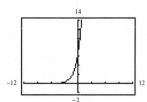   **30.** 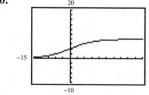   **31.**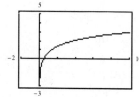

32. 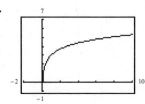   **33.** 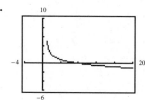   **34.**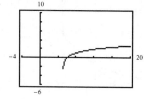

35. $4^3 = 64 \Longrightarrow \log_4 64 = 3$ **36.** $25^{3/2} = 125 \Longrightarrow \log_{25} 125 = \frac{3}{2}$ **37.** $\ln e = 1 \Longrightarrow e^1 = e$

38. $\log_5\left(\frac{1}{25}\right) = -2 \Longrightarrow 5^{-2} = \frac{1}{25}$

39. $\log_{10} 1000$

The power to which 10 must be raised to obtain 1000 is 3.

$$\log_{10} 1000 = 3$$

40. $\log_9 3$

The power to which 9 must be raised to obtain 3 is $\frac{1}{2}$.
$\left(9^{1/2} = \sqrt{9} = 3\right)$

$$\log_9 3 = \tfrac{1}{2}$$

41. $\log_3 \frac{1}{9}$

The power to which 3 must be raised to obtain $\frac{1}{9}$ is -2.

$$\log_3 \tfrac{1}{9} = -2$$

42. $\log_4 \frac{1}{16}$

The power to which 4 must be raised to obtain $\frac{1}{16}$ is -2.

$$\log_4 \tfrac{1}{16} = -2$$

43. $\ln e^7$

The power to which e must be raised to obtain e^7 is 7.

$$\ln e^7 = 7$$

44. $\log_a \frac{1}{a}$

The power to which a must be raised to obtain $\frac{1}{a}$ is -1.

$$\log_a \tfrac{1}{a} = -1$$

45. $\ln 1$

The power to which e must be raised to obtain 1 is 0.

$$\ln 1 = 0$$

46. $\ln e^{-3}$

The power to which e must be raised to obtain e^{-3} is -3.

$\ln e^{-3} = -3$

47. $\log_4 6x^4 = \log_4 6 + \log_4 x^4$
$= \log_4 6 + 4 \log_4 x$

48. $\log_{10} 2x^{-3} = \log_{10} 2 + \log_{10} x^{-3}$
$= \log_{10} 2 - 3 \log_{10} x$

49. $\log_5 \sqrt{x+2} = \log_5 (x+2)^{1/2}$
$= \frac{1}{2} \log_5 (x+2)$

50. $\ln \sqrt[3]{\frac{x}{5}} = \ln \left(\frac{x}{5}\right)^{1/3}$

$= \frac{1}{3} \ln \left(\frac{x}{5}\right)$

$= \frac{1}{3} (\ln x - \ln 5)$

or $\frac{1}{3} \ln x - \frac{1}{3} \ln 5$

51. $\ln \frac{x+2}{x-2} = \ln(x+2) - \ln(x-2)$

52. $\ln x(x-3)^2 = \ln x + \ln(x-3)^2$
$= \ln x + 2 \ln(x-3)$

53. $\ln\left[\sqrt{2x}(x+3)^5\right] = \ln \sqrt{2x} + \ln(x+3)^5$
$= \ln(2x)^{1/2} + \ln(x+3)^5$
$= \frac{1}{2} \ln(2x) + 5 \ln(x+3)$
$= \frac{1}{2}(\ln 2 + \ln x) + 5 \ln(x+3)$
or $\frac{1}{2} \ln 2 + \frac{1}{2} \ln x + 5 \ln(x+3)$

54. $\log_3 \frac{a^2 \sqrt{b}}{cd^5} = \log_3(a^2 \sqrt{b}) - \log_3(cd^5)$

$= \log_3 a^2 + \log_3 b^{1/2} - (\log_3 c + \log_3 d^5)$

$= 2 \log_3 a + \frac{1}{2} \log_3 b - (\log_3 c + 5 \log_3 d)$

$= 2 \log_3 a + \frac{1}{2} \log_3 b - \log_3 c - 5 \log_3 d$

55. $\log_4 x - \log_4 10 = \log_4 \frac{x}{10}$

56. $5 \log_2 y = \log_2 y^5$

57. $\log_8 16x + \log_8 2x^2 = \log_8[16x(2x^2)]$
$= \log_8(32x^3)$

58. $4(1 + \ln x + \ln x) = 4(1 + 2 \ln x)$
$= 4 + 8 \ln x$
$= 4 + \ln x^8, \ x > 0$
or $\ln e^4 x^8, \ x > 0$

59. $-2(\ln 2x - \ln 3) = -2 \ln \frac{2x}{3}$

$= \ln \left(\frac{2x}{3}\right)^{-2}, \ x > 0$

or $\ln \frac{9}{4x^2}, \ x > 0$

60. $-\frac{2}{3} \ln 3y = \ln(3y)^{-2/3}$

$= \ln \left(\frac{1}{3y}\right)^{2/3}$

or $\ln \sqrt[3]{\frac{1}{9y^2}}$

61. $3 \ln x + 4 \ln y + \ln z = \ln x^3 + \ln y^4 + \ln z$
$= \ln(x^3 y^4 z)$

62. $\frac{1}{3}(\log_8 a + 2\log_8 b) = \frac{1}{3}(\log_8 a + \log_8 b^2)$
$= \frac{1}{3}\log_8(ab^2)$
$= \log_8(ab^2)^{1/3}$
$= \log_8 \sqrt[3]{ab^2}$

63. $4[\log_2 k - \log_2(k-t)] = 4\log_2\left(\dfrac{k}{k-t}\right)$
$= \log_2\left(\dfrac{k}{k-t}\right)^4$

64. $\ln(x+4) - 3\ln x - \ln y = \ln(x+4) - (3\ln x + \ln y)$
$= \ln(x+4) - (\ln x^3 + \ln y)$
$= \ln(x+4) - \ln(x^3 y)$
$= \ln\left(\dfrac{x+4}{x^3 y}\right)$

65.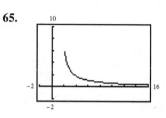

66.

67. $\log_2 4x \ne 2\log_2 x$
False
Note: $\log_2 4x = \log_2 4 + \log_2 x$
$= 2 + \log_2 x$

68. $\dfrac{\ln 5x}{\ln 10x} \ne \ln\dfrac{1}{2}$
False
Note: $\ln\dfrac{5x}{10x} = \ln\dfrac{1}{2}$

69. $\log_{10} 10^{2x} = 2x\log_{10} 10$
$= 2x(1) = 2x$
True

70. $e^{\ln t} = t$
True

71. $\log_4 \dfrac{16}{x} = \log_4 16 - \log_4 x = 2 - \log_4 x$
True

72. $e^{2x} - 1 = (e^x + 1)(e^x - 1)$
True

73. $\log_5 18 = \log_5(3^2 \cdot 2)$
$= \log_5 3^2 + \log_5 2$
$= 2\log_5 3 + \log_5 2$
$\approx 2(0.6826) + (0.43068)$
≈ 1.79588

74. $\log_5 \sqrt{6} = \log_5 6^{1/2}$
$= \frac{1}{2}\log_5 6$
$= \frac{1}{2}\log_5(2 \cdot 3)$
$= \frac{1}{2}(\log_5 2 + \log_5 3)$
$\approx \frac{1}{2}(0.43068 + 0.6826)$
≈ 0.55664

75. $\log_5(\frac{1}{2}) = \log_5 1 - \log_5 2$
$\approx 0 - (0.43068)$
≈ -0.43068

76. $\log_5 \frac{2}{3} = \log_5 2 - \log_5 3$
$\approx 0.43068 - 0.6826$
≈ -0.25192

77. $\log_5(12)^{2/3} = \frac{2}{3}\log_5 12$
$= \frac{2}{3}\log_5(2^2 \cdot 3)$
$= \frac{2}{3}(\log_5 2^2 + \log_5 3)$
$= \frac{2}{3}(2\log_5 2 + \log_5 3)$
$= \frac{4}{3}\log_5 2 + \frac{2}{3}\log_5 3$
$\approx \frac{4}{3}(0.43068) + \frac{2}{3}(0.6826)$
≈ 1.02931

78. $\log_5(5^2 \cdot 6) = \log_5 5^2 + \log_5 6$
$= 2\log_5 5 + \log_5(2 \cdot 3)$
$= 2(1) + \log_5 2 + \log_5 3$
$\approx 2 + 0.43068 + 0.6826$
≈ 3.11328

79. $\log_4 9 = \dfrac{\log_{10} 9}{\log_{10} 4} \approx 1.585$

$\log_4 9 = \dfrac{\ln 9}{\ln 4} \approx 1.585$

80. $\log_{1/2} 5 = \dfrac{\log_{10} 5}{\log_{10} \frac{1}{2}} \approx -2.322$

$\log_{1/2} 5 = \dfrac{\ln 5}{\ln \frac{1}{2}} \approx -2.322$

81. $\log_{12} 200 = \dfrac{\log_{10} 200}{\log_{10} 12} \approx 2.132$

$\log_{12} 200 = \dfrac{\ln 200}{\ln 12} \approx 2.132$

82. $\log_3 0.28 = \dfrac{\log_{10} 0.28}{\log_{10} 3} \approx -1.159$

$\log_3 0.28 = \dfrac{\ln 0.28}{\ln 3} \approx -1.159$

83. $2^x = 64$
$2^x = 2^6$
$x = 6$

84. $3^{x-2} = 81$
$3^{x-2} = 3^4$
$x - 2 = 4$
$x = 6$

85. $4^{x-3} = \frac{1}{16}$
$4^{x-3} = 4^{-2}$
$x - 3 = -2$
$x = 1$

86. $\log_2 2x = \log_2 100$
$2x = 100$
$x = 50$

87. $\log_3 x = 5$
$x = 3^5$
$x = 243$

88. $\log_5(x - 10) = 2$
$x - 10 = 5^2$
$x - 10 = 25$
$x = 35$

89. $3^x = 500$
$x = \log_3 500$
$x \approx 5.66$

90. $8^x = 1000$
$x = \log_8 1000$
$x \approx 3.32$

91. $2e^{x/2} = 45$
$e^{x/2} = \dfrac{45}{2}$
$e^{x/2} = 22.5$
$\dfrac{x}{2} = \ln 22.5$
$x = 2 \ln 22.5$
$x \approx 6.23$

92. $100e^{-0.6x} = 20$
$e^{-0.6x} = \dfrac{20}{100}$
$e^{-0.6x} = 0.2$
$-0.6x = \ln 0.2$
$x = \dfrac{\ln 0.2}{-0.6}$
$x \approx 2.68$

93. $\dfrac{500}{(1.05)^x} = 100$
$500 = 100(1.05)^x$
$\dfrac{500}{100} = (1.05)^x$
$5 = 1.05^x$
$x = \log_{1.05} 5$
$x \approx 32.99$

94. $25(1 - e^t) = 12$
$1 - e^t = \dfrac{12}{25}$
$1 - e^t = 0.48$
$-e^t = -0.52$
$e^t = 0.52$
$t = \ln 0.52$
$t \approx -0.65$

95. $\log_{10} 2x = 1.5$
$2x = 10^{1.5}$
$x = \dfrac{10^{1.5}}{2}$
$x \approx 15.81$

96. $\dfrac{1}{3}\log_2 x + 5 = 7$
$\dfrac{1}{3}\log_2 x = 2$
$\log_2 x = 6$
$x = 2^6$
$x = 64$

97. $\ln x = 7.25$

$x = e^{7.25}$

$x \approx 1408.10$

98. $\ln x = -0.5$

$x = e^{-0.5}$

$x \approx 0.61$

99. $\log_2 2x = -0.65$

$2x = 2^{-0.65}$

$x = \dfrac{2^{-0.65}}{2}$

$x \approx 0.32$

100. $\log_5(x + 1) = 4.8$

$x + 1 = 5^{4.8}$

$x + 1 \approx 2264.94$

$x \approx 2263.94$

101. $\log_2 x + \log_2 3 = 3$

$\log_2(3x) = 3$

$3x = 2^3$

$3x = 8$

$x = \tfrac{8}{3}$ or $x \approx 2.67$

102. $2 \log_4 x - \log_4(x - 1) = 1$

$\log_4 x^2 - \log_4(x - 1) = 1$

$\log_4 \dfrac{x^2}{x - 1} = 1$

$\dfrac{x^2}{x - 1} = 4^1$

$x^2 = 4(x - 1)$

$x^2 = 4x - 4$

$x^2 - 4x + 4 = 0$

$(x - 2)(x - 2) = 0$

$x - 2 = 0 \Rightarrow x = 2$

103. $A = P\left(1 + \dfrac{r}{n}\right)^{nt}$

n	1	4	12	365	Continuous
A	\$3806.13	\$4009.59	\$4058.25	\$4082.26	\$4083.08

$A = 500\left(1 + \dfrac{0.07}{1}\right)^{1(30)}$

$= 3806.13$

$A = 500\left(1 + \dfrac{0.07}{4}\right)^{4(30)}$

$= 4009.59$

$A = 500\left(1 + \dfrac{0.07}{12}\right)^{12(30)}$

$= 4058.25$

$A = 500\left(1 + \dfrac{0.07}{365}\right)^{365(30)}$

$= 4082.26$

$A = Pe^{rt}$

$= 500 e^{0.07(30)}$

$= 4083.08$

104. $A = P\left(1 + \dfrac{r}{n}\right)^{nt}$

n	1	4	12	365	Continuous
A	$2154.40	$2286.27	$2317.63	$2333.08	$2333.61

$A = 100\left(1 + \dfrac{0.0525}{1}\right)^{1(60)}$

$= 2154.40$

$A = 100\left(1 + \dfrac{0.0525}{4}\right)^{4(60)}$

$= 2286.27$

$A = 100\left(1 + \dfrac{0.0525}{12}\right)^{12(60)}$

$= 2317.63$

$A = 100\left(1 + \dfrac{0.0525}{365}\right)^{365(60)}$

$= 2333.08$

$A = Pe^{rt}$

$= 100e^{0.0525(60)}$

$= 2333.61$

105. $A = P\left(1 + \dfrac{r}{n}\right)^{nt}$

n	1	4	12	365	Continuous
A	$67,275.00	$72,095.68	$73,280.74	$73,870.32	$73,890.56

$A = 10,000\left(1 + \dfrac{0.10}{1}\right)^{1(20)}$

$= 67,275.00$

$A = 10,000\left(1 + \dfrac{0.10}{4}\right)^{4(20)}$

$= 72,095.68$

$A = 10,000\left(1 + \dfrac{0.10}{12}\right)^{12(20)}$

$= 73,280.74$

$A = 10,000\left(1 + \dfrac{0.10}{365}\right)^{365(20)}$

$= 73,870.32$

$A = Pe^{rt}$

$= 10,000e^{0.10(20)}$

$= 73,890.56$

106. $A = P\left(1 + \dfrac{r}{n}\right)^{nt}$

n	1	4	12	365	Continuous
A	$2700.00	$2706.08	$2707.50	$2708.19	$2708.22

$A = 2500\left(1 + \dfrac{0.08}{1}\right)^{1(1)}$

$= 2700.00$

$A = 2500\left(1 + \dfrac{0.08}{4}\right)^{4(1)}$

$= 2706.08$

$A = 2500\left(1 + \dfrac{0.08}{12}\right)^{12(1)}$

$= 2707.50$

$A = 2500\left(1 + \dfrac{0.08}{365}\right)^{365(1)}$

$= 2708.19$

$A = Pe^{rt}$

$= 2500e^{0.08(1)}$

$= 2708.22$

107. $A = P\left(1 + \dfrac{r}{n}\right)^{nt}$

n	1	4	12	365	Continuous
P	$2301.55	$2103.50	$2059.87	$2038.82	$2038.11

$50{,}000 = P\left(1 + \dfrac{0.08}{1}\right)^{1(40)}$ $\qquad$ $50{,}000 = P\left(1 + \dfrac{0.08}{4}\right)^{4(40)}$

$\dfrac{50{,}000}{(1.08)^{40}} = P$ $\qquad\qquad\qquad$ $\dfrac{50{,}000}{(1.02)^{160}} = P$

$2301.55 = P$ $\qquad\qquad\qquad\qquad$ $2103.50 = P$

$50{,}000 = P\left(1 + \dfrac{0.08}{12}\right)^{12(40)}$ $\qquad$ $50{,}000 = P\left(1 + \dfrac{0.08}{365}\right)^{365(40)}$ $\qquad$ $A = Pe^{rt}$

$\dfrac{50{,}000}{\left(1 + \dfrac{0.08}{12}\right)^{480}} = P$ $\qquad$ $\dfrac{50{,}000}{\left(1 + \dfrac{0.08}{365}\right)^{14{,}600}} = P$ $\qquad$ $50{,}000 = Pe^{0.08(40)}$

$\qquad\qquad\qquad\qquad\qquad\qquad\qquad\qquad\qquad\qquad\qquad\qquad\qquad$ $\dfrac{50{,}000}{e^{3.2}} = P$

$2059.87 = P$ $\qquad\qquad\qquad\qquad$ $2038.82 = P$ $\qquad\qquad\qquad$ $2038.11 = P$

108. $A = P\left(1 + \dfrac{r}{n}\right)^{nt}$

n	1	4	12	365	Continuous
P	$943.40	$942.18	$941.91	$941.77	$941.76

$1000 = P\left(1 + \dfrac{0.06}{1}\right)^{1(1)}$ $\qquad$ $1000 = P\left(1 + \dfrac{0.06}{4}\right)^{4(1)}$ $\qquad$ $1000 = P\left(1 + \dfrac{0.06}{12}\right)^{12(1)}$

$\dfrac{1000}{1.06} = P$ $\qquad\qquad\qquad$ $\dfrac{1000}{(1.015)^{4}} = P$ $\qquad\qquad\qquad$ $\dfrac{1000}{(1.005)^{12}} = P$

$943.40 = P$ $\qquad\qquad\qquad$ $942.18 = P$ $\qquad\qquad\qquad\qquad$ $941.91 = P$

$1000 = P\left(1 + \dfrac{0.06}{365}\right)^{365(1)}$ $\qquad$ $A = Pe^{rt}$

$\qquad\qquad\qquad\qquad\qquad\qquad$ $1000 = Pe^{0.06(1)}$

$\dfrac{1000}{\left(1 + \dfrac{0.06}{365}\right)^{365}} = P$ $\qquad$ $\dfrac{1000}{e^{0.06}} = P$

$941.77 = P$ $\qquad\qquad\qquad\qquad$ $941.76 = P$

109. $\qquad C(t) = P(1.05)^{t},\ 0 \le t \le 10$

$\qquad\quad 25.00 = 19.95(1.05)^{t}$

$\qquad\quad \dfrac{25.00}{19.95} = (1.05)^{t}$

$\ln_{1.05}\left(\dfrac{25.00}{19.95}\right) = t$

$\qquad\quad 4.6 \approx t$

The oil change will cost $25.00 in approximately 4.6 years.

110.
$$A = P\left(1 + \frac{r}{n}\right)^{nt}$$
$$2000 = 1000\left(1 + \frac{0.08}{12}\right)^{12t}$$
$$\frac{2000}{1000} = \left(1 + \frac{0.08}{12}\right)^{12t}$$
$$2 = \left(1 + \frac{0.08}{12}\right)^{12t}$$
$$2 = (1.00667)^{12t}$$
$$\log_{1.00667} 2 = 12t$$
$$\frac{1}{12}\log_{1.00667} 2 = t$$
$$8.7 \approx t$$

The investment will double in approximately 8.7 years.

111.
$$p = 25 - 0.4e^{0.02x}$$
$$16.97 = 25 - 0.4e^{0.02x}$$
$$-8.03 = -0.4e^{0.02x}$$
$$8.03 = 0.4e^{0.02x}$$
$$\frac{8.03}{0.4} = e^{0.02x}$$
$$20.075 = e^{0.02x}$$
$$\ln 20.075 = 0.02x$$
$$\frac{\ln 20.075}{0.02} = x$$
$$150 \approx x$$

The demand is approximately 150 units.

112.
$$B = 10\log_{10}\left(\frac{I}{10^{-16}}\right)$$
$$125 = 10\log_{10}\left(\frac{I}{10^{-16}}\right)$$
$$\frac{125}{10} = \log_{10}\left(\frac{I}{10^{-16}}\right)$$
$$12.5 = \log_{10}\left(\frac{I}{10^{-16}}\right)$$
$$10^{12.5} = \frac{I}{10^{-16}}$$
$$10^{-16}(10^{12.5}) = I$$
$$10^{-3.5} = I$$

The intensity is $10^{-3.5}$, or approximately 0.000316 watts/m².

113.

The limiting size of the herd is 600.

114. $P = \dfrac{500}{1 + 4e^{-0.36t}}$

(a) $P = \dfrac{500}{1 + 4e^{-0.36(5)}}$

$P = \dfrac{500}{1 + 4e^{-1.8}}$

$P = 301$

The population after 5 years is approximately 301.

(b)
$$250 = \frac{500}{1 + 4e^{-0.36t}}$$
$$250(1 + 4e^{-0.36t}) = 500$$
$$(1 + 4e^{-0.36t}) = \frac{500}{250}$$
$$1 + 4e^{-0.36t} = 2$$
$$4e^{-0.36t} = 1$$
$$e^{-0.36t} = \frac{1}{4}$$
$$e^{-0.36t} = 0.25$$
$$-0.36t = \ln 0.25$$
$$t = \frac{\ln 0.25}{-0.36}$$
$$t \approx 3.85$$

The population will be 250 in approximately 3.85 years.

115. (a) $y = 2.29t + 2.34$

(b) $y = 1.54 + 8.37 \ln t$

(c)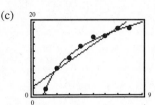

(d) The logarithmic model is better.

116. (a) $y = 13x^{0.5062}$

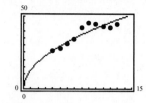

(b) For the year 2000, $t = 20$ and $y \approx 59.2$, so sales would be approximately 59.2 billion dollars.

117. (a) $t_1 = 0.2729s - 6.0143$

$t_2 = 0.0027s^2 - 0.0529s + 2.6714$

$t_3 = -47.9558 + 14.4611 \ln s$

$t_4 = 1.5385(1.0296)^s$

$t_5 = 0.0136(s^{1.6058})$

(b) t_1: Linear $\qquad\qquad$ t_2: Quadratic $\qquad\qquad$ t_3: Logarithmic

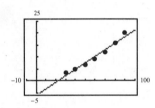 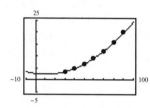 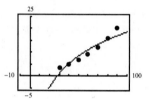

t_4: Exponential $\qquad\qquad$ t_5: Power

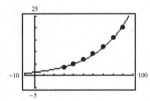 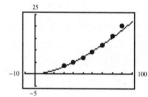

The quadratic model best fits the data.

Chapter Test for Chapter 9

1. $f(t) = 54\left(\dfrac{2}{3}\right)^t$

$f(-1) = 54\left(\dfrac{2}{3}\right)^{-1} = 54\left(\dfrac{3}{2}\right) = 81$

$f(0) = 54\left(\dfrac{2}{3}\right)^0 = 54(1) = 54$

$f\left(\dfrac{1}{2}\right) = 54\left(\dfrac{2}{3}\right)^{1/2} = 54\sqrt{\dfrac{2}{3}} \approx 44.09$

$f(2) = 54\left(\dfrac{2}{3}\right)^2 = 54\left(\dfrac{4}{9}\right) = 24$

2. $f(x) = 2^{x/3}$

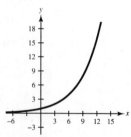

3. $\log_5 125 = 3 \Rightarrow 5^3 = 125$

4. $4^{-2} = \dfrac{1}{16} \Rightarrow \log_4 \dfrac{1}{16} = -2$

5. $\log_8 2$

The power to which 8 must be raised to obtain 2 is $\frac{1}{3}$.
$\left(8^{1/3} = \sqrt[3]{8} = 2\right)$

$\log_8 2 = \frac{1}{3}$

6. $f(x) = \log_5 x$ and $g(x) = 5^x$

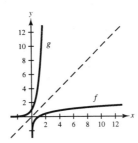

7. $\log_4(5x^2/\sqrt{y}) = \log_4 5x^2 - \log_4 \sqrt{y}$

$= \log_4 5 + \log_4 x^2 - \log_4 y^{1/2}$

$= \log_4 5 + 2\log_4 x - \frac{1}{2}\log_4 y$

8. $8\ln a + \ln b - 3\ln c = \ln a^8 + \ln b - \ln c^3$

$= \ln(a^8 b) - \ln c^3$

$= \ln\left(\frac{a^8 b}{c^3}\right)$

9. $\log_4 x = 3$

$x = 4^3$

$x = 64$

10. $10^{3y} = 832$

$3y = \log_{10} 832$

$y = \frac{\log_{10} 832}{3}$

$y \approx 0.97$

11. $400 e^{0.08t} = 1200$

$e^{0.08t} = \frac{1200}{400}$

$e^{0.08t} = 3$

$0.08t = \ln 3$

$t = \frac{\ln 3}{0.08}$

$t \approx 13.73$

12. $3\ln(2x - 3) = 10$

$\ln(2x - 3) = \frac{10}{3}$

$2x - 3 = e^{10/3}$

$2x = 3 + e^{10/3}$

$x = \frac{3 + e^{10/3}}{2}$

≈ 15.516

13. $\log_2 x + \log_2(x + 4) = 5$

$\log_2[x(x + 4)] = 5$

$x(x + 4) = 2^5$

$x^2 + 4x = 32$

$x^2 + 4x - 32 = 0$

$(x - 4)(x + 8) = 0$

$x - 4 = 0 \Longrightarrow x = 4$

$x + 8 = 0 \Longrightarrow x = -8$ (Extraneous)

(**Note:** $\log_2(-8)$ undefined.)

14. $2\log_{10} x - \log_{10} 9 = 2$

$\log_{10} x^2 - \log_{10} 9 = 2$

$\log_{10}\left(\frac{x^2}{9}\right) = 2$

$\frac{x^2}{9} = 10^2$

$x^2 = 900$

$x = \pm\sqrt{900}$

$x = 30$

Discard negative answer; $\log_{10}(-30)$ undefined.

15. (a) $A = P\left(1 + \dfrac{r}{n}\right)^{nt}$

$A = 2000\left(1 + \dfrac{0.07}{4}\right)^{4(20)}$

$A = 2000\left(1 + \dfrac{0.07}{4}\right)^{80}$

$A \approx 8012.78$

The balance in the account compounded quarterly is $8012.78.

(b) $A = Pe^{rt}$

$A = 2000e^{0.07(20)}$

$A \approx 8110.40$

The balance in the account compounded continuously is $8110.40.

16. $A = P\left(1 + \dfrac{r}{n}\right)^{nt}$

$100{,}000 = P\left(1 + \dfrac{0.09}{4}\right)^{4(25)}$

$100{,}000 = P(1.0225)^{100}$

$\dfrac{100{,}000}{(1.0225)^{100}} = P$

$\$10{,}806.08 \approx P$

17. $A = Pe^{rt}$

$1006.88 = 500e^{r(10)}$

$\dfrac{1006.88}{500} = e^{10r}$

$2.01376 = e^{10r}$

$\ln 2.01376 = 10r$

$\dfrac{\ln 2.01376}{10} = r$

$0.0700 \approx r$

$7\% \approx r$

18.

t (years)	0	1	3
Ce^{kt} (dollars)	$Ce^{k(0)} = 18{,}000$	$Ce^{k(1)} = 14{,}000$	$Ce^{k(3)} = ?$

$y = Ce^{kt}$

$(0, 18{,}000): 18{,}000 = Ce^{k(0)}$

$18{,}000 = Ce^0$

$18{,}000 = C(1)$

$18{,}000 = C \Longrightarrow y = 18{,}000e^{kt}$

$(1, 14{,}000): \quad 14{,}000 = 18{,}000e^{k(1)}$

$\dfrac{14{,}000}{18{,}000} = e^k$

$\dfrac{7}{9} = e^k$

$\ln \dfrac{7}{9} = k$

$-0.25131 \approx k \Longrightarrow y = 18{,}000e^{-0.25131(t)}$

$(3, y): \quad y = 18{,}000e^{-0.25131(3)}$

$y = 18{,}000e^{-0.75393}$

$y \approx \$8469$

The value of the car after 3 years is approximately $8469. (Answers may vary slightly depending upon rounding.)

19. $p(t) = \dfrac{2400}{1 + 3e^{-t/4}}$

(a) $p(4) = \dfrac{2400}{1 + 3e^{-4/4}}$

$= \dfrac{2400}{1 + 3e^{-1}}$

≈ 1141

The population after 4 years is approximately 1141.

(b) $1200 = \dfrac{2400}{1 + 3e^{-t/4}}$

$1200(1 + 3e^{-t/4}) = 2400$

$1 + 3e^{-t/4} = \dfrac{2400}{1200}$

$1 + 3e^{-t/4} = 2$

$3e^{-t/4} = 1$

$e^{-t/4} = \dfrac{1}{3}$

$-\dfrac{t}{4} = \ln\dfrac{1}{3}$

$t = -4\ln\dfrac{1}{3}$

$t \approx 4.4$

The population will be 1200 in approximately 4.4 years

20.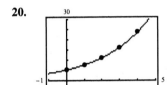

Cumulative Test for Chapters 1–9

1. $4 - \tfrac{1}{2}x = 6$

$2(4 - \tfrac{1}{2}x) = 2(6)$

$8 - x = 12$

$-x = 4$

$x = -4$

2. $12(3 - x) = 5 - 7(2x + 1)$

$36 - 12x = 5 - 14x - 7$

$36 - 12x = -14x - 2$

$36 + 2x = -2$

$2x = -38$

$x = -19$

3. $x^2 - 10 = 0$

$x^2 = 10$

$x = \pm\sqrt{10}$

4. $-2 \leq 1 - 2x \leq 2$

$-3 \leq -2x \leq 1$

$\dfrac{-3}{-2} \geq \dfrac{-2x}{-2} \geq \dfrac{1}{-2}$

$\dfrac{3}{2} \geq x \geq -\dfrac{1}{2}$ or $-\dfrac{1}{2} \leq x \leq \dfrac{3}{2}$

5. $|x + 7| \geq 2$

$x + 7 \leq -2$ or $x + 7 \geq 2$

$x \leq -9$ or $x \geq -5$

6. $x^2 + 3x - 10 < 0$

Critical numbers: $x^2 + 3x - 10 = 0$
$(x + 5)(x - 2) = 0$
$x + 5 = 0 \Rightarrow x = -5$
$x - 2 = 0 \Rightarrow x = 2$

The critical numbers are -5 and 2.

Interval	Representative x-value	Value of Expression	Conclusion
$(-\infty, -5)$	-6	$(-6)^2 + 3(-6) - 10 = 8$	Positive
$(-5, 2)$	0	$0^2 + 3(0) - 8 = -8$	Negative
$(2, \infty)$	5	$5^2 + 3(5) - 8 = 32$	Positive

The solution is $(-5, 2)$ or $-5 < x < 2$.

7. $(x^2 \cdot x^3)^4 = (x^5)^4$
$= x^{20}$

8. $\left(\dfrac{3x^2}{2y}\right)^{-2} = \dfrac{3^{-2}x^{-4}}{2^{-2}y^{-2}}$
$= \dfrac{2^2 y^2}{3^2 x^4}$
$= \dfrac{4y^2}{9x^4}$

9. $(9x^8)^{3/2} = 9^{3/2} x^{8(3/2)}$
$= \left(\sqrt{9}\right)^3 x^{12}$
$= 27x^{12}$

10. $\dfrac{\left(\dfrac{4}{x^2 - 9} + \dfrac{2}{x - 2}\right)}{\left(\dfrac{1}{x - 3} + \dfrac{1}{x + 3}\right)} = \dfrac{\left(\dfrac{4(x - 2) + 2(x^2 - 9)}{(x + 3)(x - 3)(x - 2)}\right)}{\left(\dfrac{1(x + 3) + 1(x - 3)}{(x - 3)(x + 3)}\right)}$

$= \dfrac{\left(\dfrac{4x - 8 + 2x^2 - 18}{(x + 3)(x - 3)(x - 2)}\right)}{\left(\dfrac{x + 3 + x - 3}{(x - 3)(x + 3)}\right)}$

$= \dfrac{\left(\dfrac{2x^2 + 4x - 26}{(x + 3)(x - 3)(x - 2)}\right)}{\left(\dfrac{2x}{(x - 3)(x + 3)}\right)}$

$= \dfrac{2x^2 + 4x - 26}{(x + 3)(x - 3)(x - 2)} \div \dfrac{2x}{(x - 3)(x + 3)}$

$= \dfrac{2(x^2 + 2x - 13)}{(x + 3)(x - 3)(x - 2)} \cdot \dfrac{(x - 3)(x + 3)}{2x}$

$= \dfrac{\cancel{2}(x^2 + 2x - 13)\cancel{(x - 3)}\cancel{(x + 3)}}{\cancel{(x + 3)}\cancel{(x - 3)}(x - 2)\cancel{(2)}(x)}$

$= \dfrac{x^2 + 2x - 13}{x(x - 2)}, \; x \neq 3, x \neq -3$

11. $\dfrac{\left(\dfrac{1}{x+1}+\dfrac{1}{2}\right)}{\left(\dfrac{3}{2x^2+4x+2}\right)} = \dfrac{\left(\dfrac{1(2)+(x+1)}{(x+1)(2)}\right)}{\left(\dfrac{3}{2(x^2+2x+1)}\right)}$

$= \dfrac{\left(\dfrac{2+x+1}{(x+1)(2)}\right)}{\left(\dfrac{3}{2(x+1)(x+1)}\right)}$

$= \dfrac{\left(\dfrac{x+3}{(x+1)(2)}\right)}{\left(\dfrac{3}{2(x+1)(x+1)}\right)}$

$= \dfrac{x+3}{(x+1)(2)} \div \dfrac{3}{2(x+1)(x+1)}$

$= \dfrac{x+3}{(x+1)(2)} \cdot \dfrac{2(x+1)(x+1)}{3}$

$= \dfrac{(x+3)\cancel{(2)}\cancel{(x+1)}(x+1)}{\cancel{(x+1)}\cancel{(2)}(3)}$

$= \dfrac{(x+3)(x+1)}{3},\ x \ne -1$

12. This transformation is a horizontal shift of two units to the left.

13. This is a reflection in the x-axis.

14. $\begin{bmatrix} 10 & 25 \\ 6 & -5 \end{bmatrix} = 10(-5) - 6(25)$

$= -50 - 150$

$= -200$

15. $\begin{bmatrix} 4 & 3 & 5 \\ 3 & 2 & -2 \\ 5 & -2 & 0 \end{bmatrix} = 4\begin{bmatrix} 2 & -2 \\ -2 & 0 \end{bmatrix} - 3\begin{bmatrix} 3 & 5 \\ -2 & 0 \end{bmatrix} + 5\begin{bmatrix} 3 & 5 \\ 2 & -2 \end{bmatrix}$

$= 4(0 - 4) - 3(0 + 10) + 5(-6 - 10)$

$= 4(-4) - 3(10) + 5(-16)$

$= -16 - 30 - 80$

$= -126$

16. $\log_4 64 = 3 \Rightarrow 4^3 = 64$

17. $\log_3\left(\dfrac{1}{81}\right) = -4 \Rightarrow 3^{-4} = \dfrac{1}{81}$

18. $\ln 1 = 0 \Rightarrow e^0 = 1$

19. $0.30x + 0.60(20 - x) = 0.40(20)$

$0.30x + 12 - 0.60x = 8$

$-0.30x + 12 = 8$

$-0.30x = -4$

$x = \dfrac{-4}{-0.30}$

$x = \dfrac{40}{3}$ and $20 - x = \dfrac{60}{3} - \dfrac{40}{3}$

$20 - x = \dfrac{20}{3}$

Thus, $13\tfrac{1}{3}$ gallons of the 30% solution and $6\tfrac{2}{3}$ gallons of the 60% solution are used.

20. $V(t) = 22{,}000(0.8)^t$

$15{,}000 = 22{,}000(0.8)^t$

$\dfrac{15{,}000}{22{,}000} = (0.8)^t$

$t = \log_{0.8}\left(\dfrac{15{,}000}{22{,}000}\right)$

$t \approx 1.7$

The value of the car is $15,000 after approximately 1.7 years.

CHAPTER 10
Topics in Discrete Mathematics

Section 10.1 Sequences 477

Section 10.2 Arithmetic Sequences 480

Section 10.3 Geometric Sequences 485

Mid Chapter Quiz 490

Section 10.4 The Binomial Theorem 492

Section 10.5 Counting Principles 495

Section 10.6 Probability 497

Review Exercises 499

Chapter Test 507

Cumulative Test for Chapters 1–10 509

CHAPTER 10
Topics in Discrete Mathematics

Section 10.1   Sequences
Solutions to Odd–Numbered Exercises

1. $a_n = 2n$
$a_1 = 2(1) = 2$
$a_2 = 2(2) = 4$
$a_3 = 2(3) = 6$
$a_4 = 2(4) = 8$
$a_5 = 2(5) = 10$

3. $a_n = (-1)^n 2n$
$a_1 = (-1)^1 \cdot 2(1) = -2$
$a_2 = (-1)^2 \cdot 2(2) = 4$
$a_3 = (-1)^3 \cdot 2(3) = -6$
$a_4 = (-1)^4 \cdot 2(4) = 8$
$a_5 = (-1)^5 \cdot 2(5) = -10$

5. $a_n = \left(\frac{1}{2}\right)^n$
$a_1 = \left(\frac{1}{2}\right)^1 = \frac{1}{2}$
$a_2 = \left(\frac{1}{2}\right)^2 = \frac{1}{4}$
$a_3 = \left(\frac{1}{2}\right)^3 = \frac{1}{8}$
$a_4 = \left(\frac{1}{2}\right)^4 = \frac{1}{16}$
$a_5 = \left(\frac{1}{2}\right)^5 = \frac{1}{32}$

7. $a_n = \left(-\frac{1}{2}\right)^{n+1}$
$a_1 = \left(-\frac{1}{2}\right)^{1+1} = \frac{1}{4}$
$a_2 = \left(-\frac{1}{2}\right)^{2+1} = -\frac{1}{8}$
$a_3 = \left(-\frac{1}{2}\right)^{3+1} = \frac{1}{16}$
$a_4 = \left(-\frac{1}{2}\right)^{4+1} = -\frac{1}{32}$
$a_5 = \left(-\frac{1}{2}\right)^{5+1} = \frac{1}{64}$

9. $a_n = (-0.2)^{n-1}$
$a_1 = (-0.2)^{1-1} = (-0.2)^0 = 1$
$a_2 = (-0.2)^{2-1} = (-0.2)^1 = -0.2$
$a_3 = (-0.2)^{3-1} = (-0.2)^2 = 0.04$
$a_4 = (-0.2)^{4-1} = (-0.2)^3 = -0.0008$
$a_5 = (-0.2)^{5-1} = (-0.2)^4 = 0.0016$

11. $a_n = \frac{1}{n+1}$
$a_1 = \frac{1}{1+1} = \frac{1}{2}$
$a_2 = \frac{1}{2+1} = \frac{1}{3}$
$a_3 = \frac{1}{3+1} = \frac{1}{4}$
$a_4 = \frac{1}{4+1} = \frac{1}{5}$
$a_5 = \frac{1}{5+1} = \frac{1}{6}$

13. $a_n = \frac{2n}{3n+2}$
$a_1 = \frac{2(1)}{3(1)+2} = \frac{2}{5}$
$a_2 = \frac{2(2)}{3(2)+2} = \frac{4}{8} = \frac{1}{2}$
$a_3 = \frac{2(3)}{3(3)+2} = \frac{6}{11}$
$a_4 = \frac{2(4)}{3(4)+2} = \frac{8}{14} = \frac{4}{7}$
$a_5 = \frac{2(5)}{3(5)+2} = \frac{10}{17}$

15. $a_n = \frac{(-1)^n}{n^2}$
$a_1 = \frac{(-1)^1}{1^2} = -1$
$a_2 = \frac{(-1)^2}{2^2} = \frac{1}{4}$
$a_3 = \frac{(-1)^3}{3^2} = \frac{-1}{9}$
$a_4 = \frac{(-1)^4}{4^2} = \frac{1}{16}$
$a_5 = \frac{(-1)^5}{5^2} = \frac{-1}{25}$

17. $a_n = 5 - \frac{1}{2^n}$
$a_1 = 5 - \frac{1}{2^1} = \frac{9}{2}$
$a_2 = 5 - \frac{1}{2^2} = \frac{19}{4}$
$a_3 = 5 - \frac{1}{2^3} = \frac{39}{8}$
$a_4 = 5 - \frac{1}{2^4} = \frac{79}{16}$
$a_5 = 5 - \frac{1}{2^5} = \frac{159}{32}$

19. $a_n = \dfrac{2^n}{n!}$

$a_1 = \dfrac{2^1}{1!} = \dfrac{2}{1} = 2$

$a_2 = \dfrac{2^2}{2!} = \dfrac{4}{2} = 2$

$a_3 = \dfrac{2^3}{3!} = \dfrac{8}{6} = \dfrac{4}{3}$

$a_4 = \dfrac{2^4}{4!} = \dfrac{16}{24} = \dfrac{2}{3}$

$a_5 = \dfrac{2^5}{5!} = \dfrac{32}{120} = \dfrac{4}{15}$

21. $a_n = 2 + (-2)^n$

$a_1 = 2 + (-2)^1 = 0$

$a_2 = 2 + (-2)^2 = 6$

$a_3 = 2 + (-2)^3 = -6$

$a_4 = 2 + (-2)^4 = 18$

$a_5 = 2 + (-2)^5 = -30$

23. $a_n = (-1)^n(5n - 3)$

$a_{15} = (-1)^{15}[5(15) - 3]$

$= -(75 - 3)$

$= -72$

25. $\dfrac{5!}{4!} = \dfrac{5 \cdot 4 \cdot 3 \cdot 2 \cdot 1}{4 \cdot 3 \cdot 2 \cdot 1} = 5$

27. $\dfrac{10!}{12!} = \dfrac{\cancel{10!}}{12 \cdot 11 \cdot \cancel{10!}} = \dfrac{1}{132}$

29. $\dfrac{25!}{27!} = \dfrac{\cancel{25!}}{27 \cdot 26 \cdot \cancel{25!}}$

$= \dfrac{1}{27 \cdot 26} = \dfrac{1}{702}$

31. $\dfrac{n!}{(n+1)!} = \dfrac{\cancel{n!}}{(n+1)\cancel{n!}} = \dfrac{1}{n+1}$

33. $\dfrac{(n+1)!}{(n-1)!} = \dfrac{(n+1) \cdot (n) \cdot \cancel{(n-1)!}}{\cancel{(n-1)!}}$

$= \dfrac{(n+1)(n)}{1} = n^2 + n$

35. $\dfrac{(2n)!}{(2n-1)!} = \dfrac{2n\cancel{(2n-1)!}}{\cancel{(2n-1)!}} = 2n$

37. $\displaystyle\sum_{k=1}^{6} 3k = 3(1) + 3(2) + 3(3) + 3(4) + 3(5) + 3(6) = 3 + 6 + 9 + 12 + 15 + 18 = 63$

39. $\displaystyle\sum_{i=0}^{6} (2i + 5) = [2(0) + 5] + [2(1) + 5] + [2(2) + 5] + [2(3) + 5] + [2(4) + 5] + [2(5) + 5] + [2(6) + 5]$

$= 5 + 7 + 9 + 11 + 13 + 15 + 17 = 77$

41. $\displaystyle\sum_{i=0}^{4} (2i + 3) = [2(0) + 3] + [2(1) + 3] + [2(2) + 3] + [2(3) + 3] + [2(4) + 3] = 3 + 5 + 7 + 9 + 11 = 35$

43. $\displaystyle\sum_{j=1}^{5} \dfrac{(-1)^{j+1}}{j} = \dfrac{(-1)^{1+1}}{1} + \dfrac{(-1)^{2+1}}{2} + \dfrac{(-1)^{3+1}}{3} + \dfrac{(-1)^{4+1}}{4} + \dfrac{(-1)^{5+1}}{5} = 1 + \dfrac{-1}{2} + \dfrac{1}{3} + \dfrac{-1}{4} + \dfrac{1}{5} = \dfrac{47}{60}$

45. $\displaystyle\sum_{m=2}^{6} \dfrac{2m}{2(m-1)} = \dfrac{2(2)}{2(2-1)} + \dfrac{2(3)}{2(3-1)} + \dfrac{2(4)}{2(4-1)} + \dfrac{2(5)}{2(5-1)} + \dfrac{2(6)}{2(6-1)}$

$= \dfrac{4}{2(1)} + \dfrac{6}{2(2)} + \dfrac{8}{2(3)} + \dfrac{10}{2(4)} + \dfrac{12}{2(5)}$

$= \dfrac{4}{2} + \dfrac{6}{4} + \dfrac{8}{6} + \dfrac{10}{8} + \dfrac{12}{10}$

$= 2 + \dfrac{3}{2} + \dfrac{4}{3} + \dfrac{5}{4} + \dfrac{6}{5}$

$= \dfrac{120}{60} + \dfrac{90}{60} + \dfrac{80}{60} + \dfrac{75}{60} + \dfrac{72}{60}$

$= \dfrac{437}{60}$

47. $\sum_{k=1}^{6}(-8) = (-8) + (-8) + (-8) + (-8) + (-8) + (-8) = -48$

49. $\sum_{i=1}^{8}\left(\dfrac{1}{i} - \dfrac{1}{i+1}\right) = \left[\dfrac{1}{1} - \dfrac{1}{1+1}\right] + \left[\dfrac{1}{2} - \dfrac{1}{2+1}\right] + \left[\dfrac{1}{3} - \dfrac{1}{3+1}\right] + \left[\dfrac{1}{4} - \dfrac{1}{4+1}\right] + \left[\dfrac{1}{5} - \dfrac{1}{5+1}\right]$
$\quad + \left[\dfrac{1}{6} - \dfrac{1}{6+1}\right] + \left[\dfrac{1}{7} - \dfrac{1}{7+1}\right] + \left[\dfrac{1}{8} - \dfrac{1}{8+1}\right]$
$= \dfrac{1}{2} + \dfrac{1}{6} + \dfrac{1}{12} + \dfrac{1}{20} + \dfrac{1}{30} + \dfrac{1}{42} + \dfrac{1}{56} + \dfrac{1}{72}$
$= \dfrac{1260 + 420 + 210 + 126 + 84 + 60 + 45 + 35}{2520} = \dfrac{2240}{2520} = \dfrac{8}{9}$

or

$\sum_{i=1}^{8}\left(\dfrac{1}{i} - \dfrac{1}{i+1}\right) = \left(1 - \dfrac{1}{2}\right) + \left(\dfrac{1}{2} - \dfrac{1}{3}\right) + \left(\dfrac{1}{3} - \dfrac{1}{4}\right) + \left(\dfrac{1}{4} - \dfrac{1}{5}\right) + \left(\dfrac{1}{5} - \dfrac{1}{6}\right) + \left(\dfrac{1}{6} - \dfrac{1}{7}\right) + \left(\dfrac{1}{7} - \dfrac{1}{8}\right) + \left(\dfrac{1}{8} - \dfrac{1}{9}\right)$
$= 1 - \dfrac{1}{9} = \dfrac{8}{9}$

51. $\sum_{n=0}^{5}\left(-\dfrac{1}{3}\right)^{n} = \left(-\dfrac{1}{3}\right)^{0} + \left(-\dfrac{1}{3}\right)^{1} + \left(-\dfrac{1}{3}\right)^{2} + \left(-\dfrac{1}{3}\right)^{3} + \left(-\dfrac{1}{3}\right)^{4} + \left(-\dfrac{1}{3}\right)^{5}$
$= 1 + \left(-\dfrac{1}{3}\right) + \dfrac{1}{9} + \left(-\dfrac{1}{27}\right) + \dfrac{1}{81} + \left(-\dfrac{1}{243}\right) = \dfrac{243 - 81 + 27 - 9 + 3 - 1}{243} = \dfrac{182}{243}$

53. $\sum_{n=1}^{6} n(n+1) = 112$

55. $\sum_{j=2}^{6}(j! - j) = 852$

57. $\sum_{k=1}^{6} \ln k \approx 6.5793$

Note: $\sum_{k=1}^{6} \ln k = \ln 1 + \ln 2 + \ln 3 + \ln 4 + \ln 5 + \ln 6 = \ln(1 \cdot 2 \cdot 3 \cdot 4 \cdot 5 \cdot 6) = \ln 720 \approx 6.5793$

59. $1 + 2 + 3 + 4 + 5 = \sum_{k=1}^{5} k$

61. $2 + 4 + 6 + 8 + 10 = \sum_{k=1}^{5} 2k$

63. $\dfrac{1}{2(1)} + \dfrac{1}{2(2)} + \dfrac{1}{2(3)} + \dfrac{1}{2(4)} + \cdots + \dfrac{1}{2(10)} = \sum_{k=1}^{10} \dfrac{1}{2k}$

65. $\dfrac{1}{1^2} + \dfrac{1}{2^2} + \dfrac{1}{3^2} + \dfrac{1}{4^2} + \cdots + \dfrac{1}{20^2} = \sum_{k=1}^{20} \dfrac{1}{k^2}$

67. $\dfrac{1}{3^0} - \dfrac{1}{3^1} + \dfrac{1}{3^2} - \dfrac{1}{3^3} + \cdots - \dfrac{1}{3^9} = \sum_{k=0}^{9} \dfrac{1}{(-3)^k}$

or $\sum_{k=0}^{9}\left(-\dfrac{1}{3}\right)^k$

69. $\dfrac{4}{1+3} + \dfrac{4}{2+3} + \dfrac{4}{3+3} + \cdots + \dfrac{4}{20+3} = \sum_{k=1}^{20} \dfrac{4}{k+3}$

71. $\dfrac{1}{2} + \dfrac{2}{3} + \dfrac{3}{4} + \dfrac{4}{5} + \dfrac{5}{6} + \cdots + \dfrac{11}{12} = \sum_{k=1}^{11} \dfrac{k}{k+1}$

73. $\dfrac{2}{4} + \dfrac{4}{5} + \dfrac{6}{6} + \dfrac{8}{7} + \cdots + \dfrac{40}{23} = \sum_{k=1}^{20} \dfrac{2k}{k+3}$

75. $1 + 1 + 2 + 6 + 24 + 120 + 720 = \sum_{k=0}^{6} k!$

77. $\bar{x} = \dfrac{3 + 7 + 2 + 1 + 5}{5} = 3.6$

79. $\bar{x} = \dfrac{0.5 + 0.8 + 1.1 + 0.8 + 0.7 + 0.7 + 1.0}{7} = 0.8$

81. Graph (c)

83. Graph (b)

85.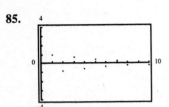

87.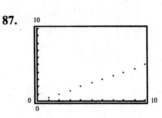

89.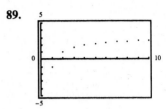

91. (a) $A_N = 500(1 + 0.07)^N$

$A_1 = 500(1 + 0.07)^1 = \$535$

$A_2 = 500(1 + 0.07)^2 = \$572.45$

$A_3 = 500(1 + 0.07)^3 \approx \$612.52$

$A_4 = 500(1 + 0.07)^4 \approx \$655.40$

$A_5 = 500(1 + 0.07)^5 \approx \$701.28$

$A_6 = 500(1 + 0.07)^6 \approx \$750.37$

$A_7 = 500(1 + 0.07)^7 \approx \$802.89$

$A_8 = 500(1 + 0.07)^8 \approx \$859.09$

(b) $A_{40} = 500(1 + 0.07)^{40} \approx \$7487.23$

(c)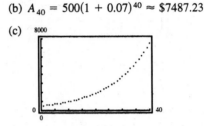

(d) Yes. Investment earning compound interest increases at an increasing rate.

93. $a_n = \dfrac{180(n - 2)}{n},\ n \geq 3$

$a_5 = \dfrac{180(5 - 2)}{5} = \dfrac{180(3)}{5} = 108°$

$a_6 = \dfrac{180(6 - 2)}{6} = \dfrac{180(4)}{6} = 120°$

At any point where a pentagon and two hexagons meet, the sum of the degrees of the three angles is

$a_5 + 2(a_6) = 108° + 2(120°) = 348°.$

Because this sum is less than 360°, there are gaps between the hexagons.

95. $\sum_{k=1}^{4} 3k = 3\sum_{k=1}^{4} k$

True.

$3 + 6 + 9 + 12 = 3(1 + 2 + 3 + 4)$

Section 10.2 Arithmetic Sequences

1. A sequence is arithmetic if the differences between consecutive terms are the same.

3. $d = 3$

5. $d = -6$

7. $d = \tfrac{2}{3}$

9. $d = -\tfrac{5}{4}$

11. The sequence is arithmetic.

$d = 2$

13. The sequence is arithmetic.

$d = -16$

15. The sequence is arithmetic.

$d = 0.8$

17. The sequence is arithmetic.

$d = \tfrac{3}{2}$

19. The sequence is *not* arithmetic.

Note: $\tfrac{2}{3} - \tfrac{1}{3} \neq \tfrac{4}{3} - \tfrac{2}{3}$

21. The sequence is *not* arithmetic.

Note: $\ln 8 - \ln 4 \stackrel{?}{=} \ln 12 - \ln 8$
$\ln \frac{8}{4} \stackrel{?}{=} \ln \frac{12}{8} \Rightarrow \frac{8}{4} \stackrel{?}{=} \ln \frac{12}{8}$
$\ln 2 \neq \ln \frac{3}{2}$

23. $a_1 = 3(1) + 4 = 7$
$a_2 = 3(2) + 4 = 10$
$a_3 = 3(3) + 4 = 13$
$a_4 = 3(4) + 4 = 16$
$a_5 = 3(5) + 4 = 19$

25. $a_1 = -2(1) + 8 = 6$
$a_2 = -2(2) + 8 = 4$
$a_3 = -2(3) + 8 = 2$
$a_4 = -2(4) + 8 = 0$
$a_5 = -2(5) + 8 = -2$

27. $a_1 = \frac{5}{2}(1) - 1 = \frac{3}{2}$
$a_2 = \frac{5}{2}(2) - 1 = 4$
$a_3 = \frac{5}{2}(3) - 1 = \frac{13}{2}$
$a_4 = \frac{5}{2}(4) - 1 = 9$
$a_5 = \frac{5}{2}(5) - 1 = \frac{23}{2}$

29. $a_1 = -\frac{1}{4}(1-1) + 4 = 4$
$a_2 = -\frac{1}{4}(2-1) + 4 = \frac{15}{4}$
$a_3 = -\frac{1}{4}(3-1) + 4 = \frac{7}{2}$
$a_4 = -\frac{1}{4}(4-1) + 4 = \frac{13}{4}$
$a_5 = -\frac{1}{4}(5-1) + 4 = 3$

31. $a_1 = 25$
$a_2 = a_{1+1} = a_1 + 3 = 25 + 3 = 28$
$a_3 = a_{2+1} = a_2 + 3 = 28 + 3 = 31$
$a_4 = a_{3+1} = a_3 + 3 = 31 + 3 = 34$
$a_5 = a_{4+1} = a_4 + 3 = 34 + 3 = 37$

33. $a_1 = 9$
$a_2 = a_{1+1} = a_1 - 3 = 9 - 3 = 6$
$a_3 = a_{2+1} = a_2 - 3 = 6 - 3 = 3$
$a_4 = a_{3+1} = a_3 - 3 = 3 - 3 = 0$
$a_5 = a_{4+1} = a_4 - 3 = 0 - 3 = -3$

35. $a_1 = -10$
$a_2 = a_{1+1} = a_1 + 6 = -10 + 6 = -4$
$a_3 = a_{2+1} = a_2 + 6 = -4 + 6 = 2$
$a_4 = a_{3+1} = a_3 + 6 = 2 + 6 = 8$
$a_5 = a_{4+1} = a_4 + 6 = 8 + 6 = 14$

37. $a_1 = 100, a_{k+1} = a_k - 20$
$a_1 = 100$
$a_2 = a_{1+1} = a_1 - 20 = 100 - 20 = 80$
$a_3 = a_{2+1} = a_2 - 20 = 80 - 20 = 60$
$a_4 = a_{3+1} = a_3 - 20 = 60 - 20 = 40$
$a_5 = a_{4+1} = a_4 - 20 = 40 - 20 = 20$

39. Graph (b)

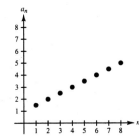

41. Graph (e)

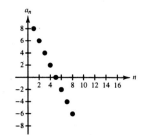

43. Graph (c)

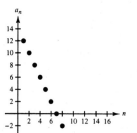

45.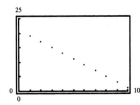

47.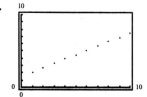

49.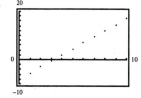

51. $a_n = a_1 + (n-1)d$
$a_n = 3 + (n-1)\tfrac{1}{2}$
$a_n = 3 + \tfrac{1}{2}n - \tfrac{1}{2}$
$a_n = \tfrac{1}{2}n + \tfrac{5}{2}$

53. $a_n = a_1 + (n-1)d$
$a_n = 1000 + (n-1)(-25)$
$a_n = 1000 - 25n + 25$
$a_n = -25n + 1025$

55. $a_1 = 3, d = \tfrac{3}{2}$
$a_n = a_1 + (n-1)d$
$a_n = 3 + (n-1)\tfrac{3}{2}$
$a_n = 3 + \tfrac{3}{2}n - \tfrac{3}{2}$
$a_n = \tfrac{3}{2}n + \tfrac{3}{2}$

57. $a_3 = 20, d = -4$
$a_n = a_1 + (n-1)d$
$a_3 = a_1 + (3-1)(-4)$
$20 = a_1 + 2(-4)$
$20 = a_1 - 8$
$28 = a_1$
$a_n = 28 + (n-1)(-4)$
$a_n = 28 - 4n + 4$
$a_n = -4n + 32$

59. $a_1 = 5, a_5 = 15$
$a_n = a_1 + (n-1)d$
$15 = 5 + (5-1)d$
$15 = 5 + 4d$
$10 = 4d$
$\tfrac{10}{4} = d$
$\tfrac{5}{2} = d$
$a_n = 5 + (n-1)\tfrac{5}{2}$
$a_n = 5 + \tfrac{5}{2}n - \tfrac{5}{2}$
$a_n = \tfrac{5}{2}n + \tfrac{5}{2}$

61. $a_3 = 16, a_4 = 20$
$d = a_4 - a_3 = 20 - 16 = 4$
$a_n = a_1 + (n-1)d$
$a_4 = a_1 + (4-1)(4)$
$20 = a_1 + 3(4)$
$20 = a_1 + 12$
$8 = a_1$
$a_n = 8 + (n-1)(4)$
$a_n = 8 + 4n - 4$
$a_n = 4n + 4$

63. $a_n = a_1 + (n-1)d$
$a_3 = a_1 + (3-1)d$
$30 = 50 + 2d$
$-20 = 2d$
$-10 = d$
$a_n = a_1 + (n-1)d$
$a_n = 50 + (n-1)(-10)$
$a_n = 50 - 10n + 10$
$a_n = -10n + 60$

65. $a_2 = 10, a_6 = 8$
$a_n = a_1 + (n-1)d$
$a_6 = a_1 + (6-1)d \Rightarrow 8 = a_1 + 5d \Rightarrow \quad 8 = a_1 + 5d$
$a_2 = a_1 + (2-1)d \Rightarrow 10 = a_1 + d \Rightarrow -10 = -a_1 - d$
$\qquad\qquad\qquad\qquad\qquad\qquad\qquad\qquad -2 = 4d$
$\qquad\qquad\qquad\qquad\qquad\qquad\qquad\qquad -\tfrac{1}{2} = d$
$a_2 = a_1 + 1d$
$10 = a_1 - \tfrac{1}{2}$
$\tfrac{21}{2} = a_1$
$a_n = a_1 + (n-1)d$
$a_n = \tfrac{21}{2} + (n-1)\left(-\tfrac{1}{2}\right)$
$a_n = \tfrac{21}{2} - \tfrac{1}{2}n + \tfrac{1}{2}$
$a_n = -\tfrac{1}{2}n + 11$

67. $a_1 = 0.35, a_2 = 0.30$
$a_n = a_1 + (n-1)d,$
$a_2 = a_1 + (2-1)d$
$0.30 = 0.35 + d,$
$-0.05 = d$
$a_n = 0.35 + (n-1)(-0.05)$
$a_n = 0.35 - 0.05n + 0.05,$
$a_n = -0.05n + 0.40$

69. $\sum_{k=1}^{20} k = 1 + 2 + 3 + \cdots + 20$

Sum of *arithmetic* sequence: $\tfrac{n}{2}(a_1 + a_n)$

$n = 20, a_1 = 1, a_n = 20$

$\sum_{k=1}^{20} k = \tfrac{20}{2}(1 + 20) = 10(21) = 210$

71. $\sum_{k=1}^{10} 5k = 5 + 10 + 15 + \cdots + 50$

Sum of *arithmetic* sequence: $\frac{n}{2}(a_1 + a_n)$

$n = 10, a_1 = 5(1) = 5, a_n = 5(10) = 50$

$$\sum_{k=10}^{10} 5k = \frac{10}{2}(5 + 50)$$
$$= 5(55)$$
$$= 275$$

73. $\sum_{k=1}^{50} (k + 3) = 4 + 5 + 6 + \cdots + 53$

Sum of *arithmetic* sequence: $\frac{n}{2}(a_1 + a_n)$

$n = 50, a_1 = 1 + 3 = 4, a_n = 50 + 3 = 53$

$$\sum_{k=1}^{50} (k + 3) = \frac{50}{2}(4 + 53)$$
$$= 25(57)$$
$$= 1425$$

75. $\sum_{n=1}^{500} \frac{n}{2} = \frac{1}{2} + \frac{2}{2} + \frac{3}{2} + \cdots + \frac{500}{2}$

Sum of *arithmetic* sequence: $\frac{n}{2}(a_1 + a_n)$

$n = 500, a_1 = \frac{1}{2}, a_n = \frac{500}{2}$

$$\sum_{n=1}^{500} \frac{n}{2} = \frac{500}{2}\left(\frac{1}{2} + \frac{500}{2}\right) = 250\left(\frac{501}{2}\right) = 62{,}625$$

77. $\sum_{n=1}^{30} \left(\frac{1}{3}n - 4\right) = -\frac{11}{3} - \frac{10}{3} - 3 - \cdots + 6$

Sum of *arithmetic* sequence: $\frac{n}{2}(a_1 + a_n)$

$n = 30, a_1 = \frac{1}{3}(1) - 4 = -\frac{11}{3}, a_n = \frac{1}{3}(30) - 4 = 6$

$$\sum_{n=1}^{30} \left(\frac{1}{3}n - 4\right) = \frac{30}{2}\left(-\frac{11}{3} + 6\right)$$
$$= 15\left(\frac{7}{3}\right) = 35$$

79. $\sum_{j=1}^{25} (750 - 30j) = 9000$

81. $\sum_{n=1}^{40} (1000 - 25n) = 19{,}500$

83. $\sum_{n=1}^{50} (2.15n + 5.4) = 3011.25$

85. Arithmetic sequence with $d = 7$

$a_n = a_1 + (n - 1)d$
$= 5 + (n - 1)7$
$= 5 + 7n - 7$
$= 7n - 2$

Sum: $\frac{n}{2}(a_1 + a_n)$

$n = 12, a_1 = 5, a_{12} = 7(12) - 2 = 82$

$$\sum_{n=1}^{12} (7n - 2) = \frac{12}{2}(5 + 82) = 6(87) = 522$$

87. Arithmetic sequence with $d = 6$

$a_n = a_1 + (n - 1)d$
$a_n = 2 + (n - 1)6 = 2 + 6n - 6 = 6n - 4$

Sum: $\frac{n}{2}(a_1 + a_n)$

$n = 25, a_1 = 2, a_{25} = 6(25) - 4 = 146$

$$\sum_{n=1}^{25} (6n - 4) = \frac{25}{2}(2 + 146) = \frac{25}{2}(148) = 1850$$

89. Arithmetic sequence with $d = -25$

$a_n = a_1 + (n - 1)d$
$= 200 + (n - 1)(-25)$
$= 200 - 25n + 25$
$= -25n + 225$

Sum: $\frac{n}{2}(a_1 + a_n)$

$n = 8, a_1 = 200, a_8 = -25(8) + 225 = 25$

$$\sum_{n=1}^{8} (-25n + 225) = \frac{8}{2}(200 + 25) = 4(225) = 900$$

91. Arithmetic sequence with $d = 12$

$a_n = a_1(n - 1)d$
$= -50 + (n - 1)(12)$
$= 12n - 62$

Sum: $\frac{n}{2}(a_1 + a_n)$

$n = 50, a_1 = -50, a_{50} = 12(50) - 62 = 538$

$$\sum_{n=1}^{50} (12n - 62) = \frac{50}{2}(-50 + 538)$$
$$= 25(488)$$
$$= 12{,}200$$

93. Arithmetic sequence with $d = 3.5$

$$a_n = a_1 + (n-1)d = 1 + (n-1)(3.5) = 1 + 3.5n - 3.5 = 3.5n - 2.5$$

Sum: $\frac{n}{2}(a_1 + a_n)$

$n = 12$, $a_1 = 1$, $a_{12} = 3.5(12) - 2.5 = 39.5$

$$\sum_{n=1}^{12}(3.5n - 2.5) = \frac{12}{2}(1 + 39.5) = 6(40.5) = 243$$

95. $0.5, 0.9, 1.3, 1.7, \ldots, n = 10$

Arithmetic sequence with $d = 0.4$

$$a_n = a_1 + (n-1)d$$
$$a_n = 0.5 + (n-1)(0.4)$$
$$= 0.5 + 0.4n - 0.4 = 0.4n + 0.1$$

Sum: $\frac{n}{2}(a_1 + a_n)$

$n = 10$, $a_1 = 0.5$, $a_{10} = 0.4(10) + 0.1 = 4.1$

$$\sum_{n=1}^{10}(0.4n + 0.1) = \frac{10}{2}(0.5 + 4.1) = 5(4.6) = 23$$

97. $1 + 2 + 3 + \cdots + 75 = \sum_{k=1}^{75} k$

Sum: $\frac{n}{2}(a_1 + a_n)$

$n = 75$, $a_1 = 1$, $a_{75} = 75$

$$\sum_{k=1}^{75} k = \frac{75}{2}(1 + 75) = \frac{75}{2}(76) = 2850$$

99. $2 + 4 + 6 + 8 + \ldots, n = 50$

Sum of arithmetic sequence with $d = 2$

$$a_n = a_1 + (n-1)d = 2 + (n-1)2$$
$$= 2 + 2n - 2 = 2n$$

Sum: $\frac{n}{2}(a_1 + a_n)$

$n = 50$, $a_1 = 2$, $a_{50} = 2(50) = 100$

$$\sum_{n=1}^{50} 2n = \frac{50}{2}(2 + 100) = 25(102) = 2550$$

101. $36{,}000 + 38{,}000 + 40{,}000 + 42{,}000 + 44{,}000 + 46{,}000$

Sum of arithmetic sequence: $\frac{n}{2}(a_1 + a_n)$

$n = 6$, $a_1 = 36{,}000$, $a_6 = 46{,}000$

Total salary $= \frac{6}{2}(36{,}000 + 46{,}000)$

$= 3(82{,}000) = 246{,}000$

The total salary for the first six years will be $246,000.

103. $20 + 21 + 22 + \ldots, n = 20$

Arithmetic sequence with $d = 1$

$$a_n = a_1 + (n-1)d$$
$$= 20 + (n-1)(1)$$
$$= 20 + n - 1 = n + 19$$

Sum: $\frac{n}{2}(a_1 + a_n)$

$n = 20$, $a_1 = 20$, $a_{20} = 20 + 19 = 39$

$$\sum_{n=1}^{20}(n + 19) = \frac{20}{2}(20 + 39) = 10(59) = 590$$

There are 590 seats on the main floor.

$$\frac{15{,}000}{590} \approx 25.424$$

You should charge approximately $25.43 per ticket to obtain $15,000. (**Note:** When the ticket price of 15,000/590 is rounded to the nearest cent, the result is $25.42. However, this ticket price will not quite generate $15,000, so the price should be set at $25.43.)

105. $93 + 89 + \ldots, n = 2 + 6 = 8$

Sum of arithmetic sequence with $d = -4$

$$a_n = a_1 + (n-1)d$$
$$= 93 + (n-1)(-4)$$
$$= 93 - 4n + 4 = -4n + 97$$

Sum: $\frac{n}{2}(a_1 + a_n)$

$n = 8$, $a_1 = 93$, $a_8 = -4(8) + 97 = 65$

$$\sum_{n=1}^{8}(-4n + 97) = \frac{8}{2}(93 + 65) = 4(158) = 632$$

Sum of arithmetic sequence:

$n = 8$, $a_1 = 93$, $a_8 = 65$

Total $= \frac{8}{2}(93 + 65) = 4(158) = 632$

107. $16 + 48 + 80 + \ldots, n = 8$

Sum of arithmetic sequence with $d = 32$

$$a_n = a_1 + (n-1)d = 16 + (n-1)(32) = 16 + 32n - 32 = 32n - 16$$

Sum: $\frac{n}{2}(a_1 + a_n)$

$n = 8$, $a_1 = 16$, $a_8 = 32(8) - 16 = 240$

$$\sum_{n=1}^{8}(32n - 16) = \frac{8}{2}(16 + 240) = 4(256) = 1024$$

The object will fall a total distance of 1024 feet.

Section 10.3 Geometric Sequences

1. A sequence is geometric if the ratios of consecutive terms are the same.

3. If r is a real number between 0 and 1, raising r to higher powers yields smaller real numbers.

5. $2, 6, 18, 54, \ldots$
$r = 3$

7. $1, -3, 9, -27, \ldots$
$r = -3$

9. $1, -\frac{3}{2}, \frac{9}{4}, -\frac{27}{8}, \ldots$
$r = -\frac{3}{2}$

11. $5, -\frac{5}{2}, \frac{5}{4}, -\frac{5}{8}, \ldots$
$r = -\frac{1}{2}$

13. $1.1, (1.1)^2, (1.1)^3, (1.1)^4, \ldots$
$r = 1.1$

15. $64, 32, 16, 8, \ldots$
The sequence is geometric.
$r = \frac{1}{2}$

17. $5, 10, 20, 40, \ldots$
The sequence is geometric.
$r = 2$

19. $1, 8, 27, 64, 125, \ldots$
The sequence is *not* geometric.
$\frac{8}{1} \neq \frac{27}{8}$

21. The sequence is geometric.
$r = -\frac{2}{3}$

23. The sequence is geometric.
$r = (1 + 0.02)$ or 1.02

25. $a_n = a_1 r^{n-1} = 4(2)^{n-1}$
$a_1 = 4(2)^{1-1} = 4$
$a_2 = 4(2)^{2-1} = 8$
$a_3 = 4(2)^{3-1} = 16$
$a_4 = 4(2)^{4-1} = 32$
$a_5 = 4(2)^{5-1} = 64$

27. $a_n = a_1 r^{n-1} = 6\left(\frac{1}{3}\right)^{n-1}$
$a_1 = 6\left(\frac{1}{3}\right)^{1-1} = 6$
$a_2 = 6\left(\frac{1}{3}\right)^{2-1} = 2$
$a_3 = 6\left(\frac{1}{3}\right)^{3-1} = \frac{2}{3}$
$a_4 = 6\left(\frac{1}{3}\right)^{4-1} = \frac{2}{9}$
$a_5 = 6\left(\frac{1}{3}\right)^{5-1} = \frac{2}{27}$

29. $a_n = a_1 r^{n-1} = 1\left(-\frac{1}{2}\right)^{n-1}$
$a_1 = 1\left(-\frac{1}{2}\right)^{1-1} = 1$
$a_2 = 1\left(-\frac{1}{2}\right)^{2-1} = -\frac{1}{2}$
$a_3 = 1\left(-\frac{1}{2}\right)^{3-1} = \frac{1}{4}$
$a_4 = 1\left(-\frac{1}{2}\right)^{4-1} = -\frac{1}{8}$
$a_5 = 1\left(-\frac{1}{2}\right)^{5-1} = \frac{1}{16}$

31. $a_1 = 4$, $r = -\frac{1}{2}$
$a_n = a_1 r^{n-1}$
$a_n = 4\left(-\frac{1}{2}\right)^{n-1}$
$a_1 = 4\left(-\frac{1}{2}\right)^{1-1} = 4$
$a_2 = 4\left(-\frac{1}{2}\right)^{2-1} = -2$
$a_3 = 4\left(-\frac{1}{2}\right)^{3-1} = 1$
$a_4 = 4\left(-\frac{1}{2}\right)^{4-1} = -\frac{1}{2}$
$a_5 = 4\left(-\frac{1}{2}\right)^{5-1} = \frac{1}{4}$

33. $a_n = a_1 r^{n-1} = 1000(1.01)^{n-1}$
$a_1 = 1000(1.01)^{1-1} = 1000$
$a_2 = 1000(1.01)^{2-1} = 1010$
$a_3 = 1000(1.01)^{3-1} = 1020.1$
$a_4 = 1000(1.01)^{4-1} = 1030.301$
$a_5 = 1000(1.01)^{5-1} = 1040.60401$

35. $a_1 = 200, r = 1.07$
$a_n = a_1 r^{n-1}$
$a_n = 200(1.07)^{n-1}$
$a_1 = 200(1.07)^{1-1} = 200$
$a_2 = 200(1.07)^{2-1} = 214$
$a_3 = 200(1.07)^{3-1} = 228.98$
$a_4 = 200(1.07)^{4-1} \approx 245.01$
$a_5 = 200(1.07)^{5-1} \approx 262.16$

37. $a_1 = 10, r = \frac{3}{5}, a_n = a_1 r^{n-1}$
$a_n = 10\left(\frac{3}{5}\right)^{n-1}$
$a_1 = 10\left(\frac{3}{5}\right)^{1-1} = 10$
$a_2 = 10\left(\frac{3}{5}\right)^{2-1} = 6$
$a_3 = 10\left(\frac{3}{5}\right)^{3-1} = \frac{18}{5}$
$a_4 = 10\left(\frac{3}{5}\right)^{4-1} = \frac{54}{25}$
$a_5 = 10\left(\frac{3}{5}\right)^{5-1} = \frac{162}{125}$

39. $a_n = a_1 r^{n-1}$
$a_{10} = 6\left(\frac{1}{2}\right)^{10-1}$
$= 6\left(\frac{1}{2}\right)^9$
$= \frac{6}{512}$
$= \frac{3}{256}$
≈ 0.012

41. $a_n = a_1 r^{n-1}$
$a_{10} = 3(\sqrt{2})^{10-1}$
$= 3(2^{1/2})^9$
$= 3(2)^{9/2}$
$= 3(2)^4 2^{1/2}$
$= 3(16)\sqrt{2}$
$= 48\sqrt{2}$
≈ 67.882

43. $a_1 = 200, r = 1.2$
$a_{12} = 200(1.2)^{12-1}$
$= 200(1.2)^{11}$
≈ 1486.02

45. $r = \frac{3}{4}$
$a_n = a_1 r^{n-1}$
$a_5 = 4\left(\frac{3}{4}\right)^{5-1}$
$= 4\left(\frac{3}{4}\right)^4$
$= \frac{4(81)}{256}$
$= \frac{81}{64}$
≈ 1.266

47. $a_3 = a_1 r^{3-1}$
$\frac{9}{4} = 1(r)^2$
$\pm\sqrt{\frac{9}{4}} = \pm\frac{3}{2} = r$
$a_n = a_1 r^{n-1}$
$a_6 = 1\left(\pm\frac{3}{2}\right)^{6-1}$
$= \left(\pm\frac{3}{2}\right)^5$
$= \pm\frac{243}{32}$

49. $a_3 = 6, a_5 = \frac{8}{3}$
$\frac{a_5}{a_3} = \frac{a_1 r^4}{a_1 r^2} = r^2 = \frac{8/3}{6} = \frac{8}{18} = \frac{4}{9}$
$r^2 = \frac{4}{9} \Rightarrow r = \pm\frac{2}{3}$
$a_6 = a_5 r = \frac{8}{3} \cdot \left(\pm\frac{2}{3}\right) = \pm\frac{16}{9}$

51. $a_n = a_1 r^{n-1} = 2(3)^{n-1}$

53. $a_n = a_1 r^{n-1} = 1(2)^{n-1} = 2^{n-1}$

55. $a_n = a_1 r^{n-1} = 4\left(-\frac{1}{2}\right)^{n-1}$

57. $r = \frac{2}{8} = \frac{1}{4}$
$a_n = a_1 r^{n-1} = 8\left(\frac{1}{4}\right)^{n-1}$

59. $4, -6, 9, -\frac{27}{2}, \ldots$
$a_1 = 4, r = \frac{-6}{4} = -\frac{3}{2}$
$a_n = a_1 r^{n-1}$
$a_n = 4\left(-\frac{3}{2}\right)^{n-1}$

61. Graph (b)

63. Graph (a)

65.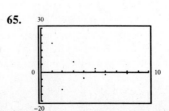

67.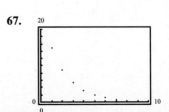

69. $\sum_{i=1}^{10} 2^{i-1} = 2^0 + 2^1 + 2^2 + \cdots + 2^9$

Sum of geometric sequence: $a_1\left(\dfrac{r^n - 1}{r - 1}\right)$

$a_1 = 1, r = 2, n = 10$

$$\sum_{i=1}^{10} 2^{i-1} = 1\left(\dfrac{2^{10} - 1}{2 - 1}\right) = \left(\dfrac{1024 - 1}{1}\right) = 1023$$

71. $\sum_{i=1}^{12} 3\left(\dfrac{3}{2}\right)^{i-1} = 3\left(\dfrac{3}{2}\right)^0 + 3\left(\dfrac{3}{2}\right) + 3\left(\dfrac{3}{2}\right)^2 + \cdots + 3\left(\dfrac{3}{2}\right)^{11}$

Sum of geometric sequence: $a_1\left(\dfrac{r^n - 1}{r - 1}\right)$

$a_1 = 3,\ r = \dfrac{3}{2},\ n = 12$

$$\sum_{i=1}^{12} 3\left(\dfrac{3}{2}\right)^{i-1} = 3\left[\dfrac{(3/2)^{12} - 1}{(3/2) - 1}\right] = 3\dfrac{(531{,}441/4096) - 1}{1/2} = 3\left(\dfrac{527{,}345}{4096}\right)(2) = \dfrac{1{,}582{,}035}{2048} \approx 772{,}478$$

or $\sum_{i=1}^{12} 3\left(\dfrac{3}{2}\right)^{i-1} = 3\left(\dfrac{1.5^{12} - 1}{1.5 - 1}\right) \approx \dfrac{3(128.7463)}{0.5} \approx 772.478$

73. $\sum_{i=1}^{15} 3\left(-\dfrac{1}{3}\right)^{i-1} = 3\left(-\dfrac{1}{3}\right)^0 + 3\left(-\dfrac{1}{3}\right)^1 + 3\left(-\dfrac{1}{3}\right)^2 + \cdots + 3\left(-\dfrac{1}{3}\right)^{14}$

Sum of geometric sequence: $a_1\left(\dfrac{r^n - 1}{r - 1}\right)$

$a_1 = 3,\ r = -\dfrac{1}{3},\ n = 15$

$$\sum_{i=1}^{15} 3\left(-\dfrac{1}{2}\right)^{i-1} = 3\left[\dfrac{(-1/3)^{15} - 1}{(-1/3) - 1}\right] = 3\left[\dfrac{(-1/3)^{15} - 1}{-4/3}\right] = 3\left[\left(-\dfrac{1}{3}\right)^{15} - 1\right]\left(-\dfrac{3}{4}\right) \approx 2.250$$

75. $\sum_{i=1}^{8} 6(0.1)^{i-1} = 6(0.1)^0 + 6(0.1)^1 + 6(0.1)^2 + \cdots + 6(0.1)^8$

Sum of geometric sequence: $a_1\dfrac{(r^n - 1)}{r - 1}$

$a_1 = 6, r = 0.1, n = 8$

$$\sum_{i=1}^{8} 6(0.1)^{i-1} = 6\left(\dfrac{(0.1)^8 - 1}{0.1 - 1}\right) = \dfrac{6(-0.999999999)}{-0.9} = 6.6666666 \approx 6.67$$

77. $\sum_{i=1}^{10} 15(0.3)^{i-1} = 15(0.3)^0 + 15(0.3)^1 + 15(0.3)^2 + \cdots + 15(0.3)^9$

Sum of geometric sequence: $a_1\dfrac{(r^n - 1)}{r - 1}$

$a_1 = 15,\ r = 0.3,\ n = 10$

$$\sum_{i=1}^{10} 15(0.3)^{i-1} = 15\left(\dfrac{(0.3)^{10} - 1}{0.3 - 1}\right) \approx 21.43$$

79. $\sum_{i=1}^{30} 100(0.75)^{i-1} \approx 399.93$

81. $\sum_{i=1}^{20} 100(1.1)^i = 6300.25$

83. Geometric sequence with $r = -3$

$a_n = 1(-3)^{n-1}$

Sum: $a_1 \left(\dfrac{r^n - 1}{r - 1} \right)$

$\sum_{k=1}^{10} (-3)^{k-1} = 1 \left[\dfrac{(-3)^{10} - 1}{-3 - 1} \right]$

$= \dfrac{59,049 - 1}{-4}$

$= \dfrac{59,048}{-4}$

$= -14,762$

85. Geometric sequence with $r = \dfrac{1}{2}$

$a_n = 8 \left(\dfrac{1}{2} \right)^{n-1}$

Sum: $a_1 \left(\dfrac{r^n - 1}{r - 1} \right)$

$\sum_{k=1}^{15} 8 \left(\dfrac{1}{2} \right)^{k-1} = 8 \left[\dfrac{(1/2)^{15} - 1}{(1/2) - 1} \right]$

$= 8 \left[\dfrac{(1/2)^{15} - 1}{-1/2} \right]$

$= 8 \left[\left(\dfrac{1}{2} \right)^{15} - 1 \right] (-2)$

≈ 16.000

87. $4, 12, 36, 108, \ldots, n = 8$

Geometric sequence with $r = 3$

$a_n = 4(3)^{n-1}$

Sum: $a_1 \left(\dfrac{r^n - 1}{r - 1} \right)$

$\sum_{k=1}^{8} 4(3)^{n-1} = 4 \left(\dfrac{3^8 - 1}{3 - 1} \right)$

$= \dfrac{4(6560)}{2}$

$= 13,120$

89. $60, -15, \dfrac{15}{4}, -\dfrac{15}{16}, \ldots, n = 12$

Geometric sequence with $r = -\dfrac{1}{4}$

$a_n = 60 \left(-\dfrac{1}{4} \right)^{n-1}$

Sum: $a_1 \left(\dfrac{r^n - 1}{r - 1} \right)$

$\sum_{k=1}^{12} \left[60 \left(-\dfrac{1}{4} \right)^{n-1} \right] = 60 \left(\dfrac{(-0.25)^{12} - 1}{-0.25 - 1} \right)$

≈ 48.00

91. Geometric sequence with $r = 1.06$

$a_n = 30(1.06)^{n-1}$

Sum: $a_1 \left(\dfrac{r^n - 1}{r - 1} \right)$

$\sum_{k=1}^{20} 30(1.06)^{k-1} = 30 \left[\dfrac{(1.06)^{20} - 1}{1.06 - 1} \right]$

$= 30 \left[\dfrac{(1.06)^{20} - 1}{0.06} \right]$

≈ 1103.568

93. $500, 500(1.04), 500(1.04)^2, \ldots, n = 18$

Geometric sequence with $r = 1.04$

$a_n = 500(1.04)^{n-1}$

Sum: $a_1 \left(\dfrac{r^n - 1}{r - 1} \right)$

$\sum_{k=1}^{18} 500(1.04)^{n-1} = 500 \left(\dfrac{(1.04)^{18} - 1}{1.04 - 1} \right)$

$\approx 12,822.71$

95. (a) $a_n = 250,000(0.75)^n$

(b) $a_5 = 250,000(0.75)^5 \approx \$59,326.17$

The depreciated value at the end of 5 years is approximately $59,326.17.

(c) The machine depreciated the most during the first year.

97. $a_n = 30,000(1.05)^{n-1}$

$\sum_{k=1}^{40} 30,000(1.05)^{k-1} = 30,000 \left[\dfrac{(1.05)^{40} - 1}{1.05 - 1} \right]$

$= 30,000 \left[\dfrac{(1.05)^{40} - 1}{0.05} \right]$

$\approx 3,623,993$

The total salary over the 40-year period would be approximately $3,623,993.

99. $A = P\left(1 + \dfrac{r}{n}\right)^{nt}$

$a_1 = 100\left(1 + \dfrac{0.09}{12}\right)^1 = 100(1.0075)$

$a_{120} = 100\left(1 + \dfrac{0.09}{12}\right)^{120} = 100(1.0075)^{120}$

$\displaystyle\sum_{k=1}^{120} 100(1.0075)^k = 100(1.0075)\left[\dfrac{(1.0075)^{120} - 1}{1.0075 - 1}\right]$

$\qquad = 100.75\left[\dfrac{(1.0075)^{120} - 1}{0.0075}\right]$

$\qquad \approx \$19{,}496.56$

101. $A = P\left(1 + \dfrac{r}{n}\right)^{nt}$

$a_1 = 30\left(1 + \dfrac{0.08}{12}\right)^1$

$a_{480} = 30\left(1 + \dfrac{0.08}{12}\right)^{480}$

$\displaystyle\sum_{k=1}^{480} 30\left(1 + \dfrac{0.08}{12}\right) = 30\left(1 + \dfrac{0.08}{12}\right)\left[\dfrac{\left(1 + \dfrac{0.08}{12}\right)^{480} - 1}{\left(1 + \dfrac{0.08}{12}\right) - 1}\right]$

$\qquad = 30\left(1 + \dfrac{0.08}{12}\right)\left[\dfrac{\left(1 + \dfrac{0.08}{12}\right)^{480} - 1}{\dfrac{0.08}{12}}\right]$

$\qquad \approx \$105{,}428.44$

103. $A = P\left(1 + \dfrac{r}{n}\right)^{nt}$

$a_1 = 75\left(1 + \dfrac{0.06}{12}\right)^1$

$a_{360} = 75\left(1 + \dfrac{0.06}{12}\right)^{360}$

$\displaystyle\sum_{k=1}^{360} 75\left(1 + \dfrac{0.06}{12}\right)^{360} = 75\left(1 + \dfrac{0.06}{12}\right)\left[\dfrac{\left(1 + \dfrac{0.06}{12}\right)^{360} - 1}{\left(1 + \dfrac{0.06}{12}\right) - 1}\right] = 75(1.005)\left[\dfrac{(1.005)^{360} - 1}{0.005}\right] \approx \$75{,}715.32$

105. $a_1 = 0.01,\ r = 2$

$a_n = a_1 r^{n-1} = (0.01)2^{k-1}$

(a) $\displaystyle\sum_{k=1}^{29}(0.01)2^{k-1} = 0.01\left[\dfrac{2^{29} - 1}{2 - 1}\right] = 0.01(2^{29} - 1) = 5{,}368{,}709.11$

The total income for 29 days would be \$5,368,709.11.

(b) $\displaystyle\sum_{k=1}^{30}(0.01)2^{k-1} = 0.01\left[\dfrac{2^{30} - 1}{2 - 1}\right] = 0.01(2^{30} - 1) = \$10{,}737{,}418.23$

The total income for 30 days would be \$10,737,418.23.

107. (a) $a_n = P(0.999)^n$

(b) $a_6 = P(0.999)^{365} \approx P(0.694)$

Approximately 69.4% of the initial power is available.

(c)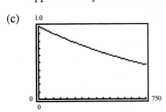

The power supply needs to be changed after 693 days.

109. Area of *each* shaded triangle: $\frac{1}{2}(6)(6) = 18$

Shaded area: $2(18) = 36$

Hypotenuse of shaded triangle: $\sqrt{6^2 + 6^2} = \sqrt{72} = 6\sqrt{2}$

Length of sides of second square: $6\sqrt{2}$

Area of *each* newly shaded triangle: $\frac{1}{2}(3\sqrt{2})(3\sqrt{2}) = 9$

Newly shaded area: $2(9) = 18$

$a_1 = 36,\ a_2 = 18$

$r = \dfrac{a_2}{a_1} = \dfrac{18}{36} = \dfrac{1}{2}$

$a_n = a_1 r^{n-1} = 36\left(\dfrac{1}{2}\right)^{n-1}$

Total area: $\displaystyle\sum_{k=1}^{6} 36\left(\dfrac{1}{2}\right)^{k-1} = 36\left[\dfrac{(1/2)^6 - 1}{(1/2) - 1}\right] = 36\left(\dfrac{(1/64) - 1}{-1/2}\right)$

$\qquad = 36\left(-\dfrac{63}{64}\right)(-2) = \dfrac{72(63)}{64} = \dfrac{9(63)}{8} = 70.875$ square inches

111. $100 + 2(100)(0.75) + \cdots + 2(100)(0.75)^{10} = 100 + \displaystyle\sum_{k=1}^{10} 2(100)(0.75)^k$

$\qquad = 100 + 2(100)(0.75)\left(\dfrac{(0.75)^{10} - 1}{0.75 - 1}\right) \approx 666.21$

Mid-Chapter Quiz for Chapter 10

1. $a_n = 32\left(\dfrac{1}{4}\right)^{n-1}$

$a_1 = 32\left(\dfrac{1}{4}\right)^{1-1} = 32\left(\dfrac{1}{4}\right)^0 = 32(1) = 32$

$a_2 = 32\left(\dfrac{1}{4}\right)^{2-1} = 32\left(\dfrac{1}{4}\right)^1 = 32\left(\dfrac{1}{4}\right) = 8$

$a_3 = 32\left(\dfrac{1}{4}\right)^{3-1} = 32\left(\dfrac{1}{4}\right)^2 = 32\left(\dfrac{1}{16}\right) = 2$

$a_4 = 32\left(\dfrac{1}{4}\right)^{4-1} = 32\left(\dfrac{1}{4}\right)^3 = 32\left(\dfrac{1}{64}\right) = \dfrac{1}{2}$

$a_5 = 32\left(\dfrac{1}{4}\right)^{5-1} = 32\left(\dfrac{1}{4}\right)^4 = 32\left(\dfrac{1}{256}\right) = \dfrac{1}{8}$

2. $a_n = \dfrac{(-3)^n n}{n + 4}$

$a_1 = \dfrac{(-3)^1 1}{1 + 4} = \dfrac{(-3)}{5} = -\dfrac{3}{5}$

$a_2 = \dfrac{(-3)^2 2}{2 + 4} = \dfrac{(9)2}{6} = \dfrac{18}{6} = 3$

$a_3 = \dfrac{(-3)^3 3}{3 + 4} = \dfrac{(-27)3}{7} = -\dfrac{81}{7}$

$a_4 = \dfrac{(-3)^4 4}{4 + 4} = \dfrac{(81)4}{8} = \dfrac{324}{8} = \dfrac{81}{2}$

$a_5 = \dfrac{(-3)^5 5}{5 + 4} = \dfrac{(-243)5}{9} = -\dfrac{1215}{9} = -135$

Mid-Chapter Quiz for Chapter 10

3. $a_n = \dfrac{n!}{(n+1)!}$

   $a_1 = \dfrac{1!}{(1+1)!} = \dfrac{1}{2!} = \dfrac{1}{2}$

   $a_2 = \dfrac{2!}{(2+1)!} = \dfrac{2}{3!} = \dfrac{2}{6} = \dfrac{1}{3}$

   $a_3 = \dfrac{3!}{(3+1)!} = \dfrac{6}{4!} = \dfrac{6}{24} = \dfrac{1}{4}$

   $a_4 = \dfrac{4!}{(4+1)!} = \dfrac{24}{5!} = \dfrac{24}{120} = \dfrac{1}{5}$

   $a_5 = \dfrac{5!}{(5+1)!} = \dfrac{120}{6!} = \dfrac{120}{720} = \dfrac{1}{6}$

4. $\displaystyle\sum_{k=1}^{4} 10k = 10(1) + 10(2) + 10(3) + 10(4)$

   $= 10 + 20 + 30 + 40$

   $= 100$

5. $\displaystyle\sum_{i=1}^{10} 4 = 4+4+4+4+4+4+4+4+4+4$

   $= 40$

6. $\displaystyle\sum_{j=1}^{5} \dfrac{60}{j+1} = \dfrac{60}{1+1} + \dfrac{60}{2+1} + \dfrac{60}{3+1} + \dfrac{60}{4+1} + \dfrac{60}{5+1}$

   $= \dfrac{60}{2} + \dfrac{60}{3} + \dfrac{60}{4} + \dfrac{60}{5} + \dfrac{60}{6}$

   $= 30 + 20 + 15 + 12 + 10$

   $= 87$

7. $\displaystyle\sum_{n+1}^{8} 8\left(-\dfrac{1}{2}\right) = 8\left(-\dfrac{1}{2}\right) + 8\left(-\dfrac{1}{2}\right) + 8\left(-\dfrac{1}{2}\right) + 8\left(-\dfrac{1}{2}\right) + 8\left(-\dfrac{1}{2}\right) + 8\left(-\dfrac{1}{2}\right) + 8\left(-\dfrac{1}{2}\right) + 8\left(-\dfrac{1}{2}\right)$

   $= (-4) + (-4) + (-4) + (-4) + (-4) + (-4) + (-4) + (-4)$

   $= -32$

8. $\dfrac{8}{3(1)} + \dfrac{8}{3(2)} + \dfrac{8}{3(3)} + \cdots + \dfrac{8}{3(20)} = \displaystyle\sum_{k=1}^{20} \dfrac{8}{3k}$

9. $\dfrac{1}{1^3} - \dfrac{1}{2^3} + \dfrac{1}{3^3} - \cdots + \dfrac{1}{25^3} = \displaystyle\sum_{k=1}^{25} \dfrac{(-1)^{k+1}}{k^3}$

10. $a_1 = 20,\ a_4 = 11$

    $a_n = a_1 + (n-1)d$

    $a_4 = a_1 + (4-1)d$

    $11 = 20 + 3d$

    $-9 = 3d$

    $-3 = d$

    $a_n = 20 + (n-1)(-3) = 20 - 3n + 3 = -3n + 23$

11. $a_1 = 32,\ r = -\dfrac{1}{4}$

    $a_n = a_1 r^{n-1}$

    $a_n = 32\left(-\dfrac{1}{4}\right)^{n-1}$

12. $\displaystyle\sum_{i=1}^{n} a_i = \dfrac{n}{2}[a_1 + a_n]$

    $\displaystyle\sum_{i=1}^{50} (3i+5) = 8 + 11 + 14 + \cdots + 155$

    $= \dfrac{50}{2}[8 + 155]$

    $= 25(163)$

    $= 4075$

13. $\displaystyle\sum_{i=1}^{n} a_i = \dfrac{n}{2}[a_1 + a_n]$

    $\displaystyle\sum_{j=1}^{300} \dfrac{j}{5} = \dfrac{1}{5} + \dfrac{2}{5} + \dfrac{3}{5} + \cdots + \dfrac{300}{5}$

    $= \dfrac{300}{2}\left[\dfrac{1}{5} + \dfrac{300}{5}\right]$

    $= 150\left(\dfrac{301}{5}\right)$

    $= 9030$

14. $\sum_{i=1}^{n} a_i = \dfrac{a_1(r^n - 1)}{r - 1}$

$\sum_{i=1}^{8} 9\left(\dfrac{2}{3}\right)^{i-1} = 9\left(\dfrac{2}{3}\right)^0 + 9\left(\dfrac{2}{3}\right)^1 + 9\left(\dfrac{2}{3}\right)^2 + \cdots + 9\left(\dfrac{2}{3}\right)^7 = \dfrac{9\left[\left(\dfrac{2}{3}\right)^8 - 1\right]}{\dfrac{2}{3} - 1} \approx 25.947$

15. $\sum_{i=1}^{n} a_i = \dfrac{a_1(r^n - 1)}{r - 1}$

$\sum_{j=1}^{20} 500(1.06)^{j-1} = 500(1.06)^0 + 500(1.06)^1 + 500(1.06)^2 + \cdots + 500(1.06)^{19}$

$= \dfrac{500[(1.06)^{20} - 1]}{1.06 - 1}$

$\approx 18{,}392.796$

16. $625, -250, 100, -40, 16, \ldots$

$r = -\tfrac{2}{5}$ and $a_1 = 625 \Rightarrow a_n = 625\left(-\tfrac{2}{5}\right)^{n-1}$

$a_{12} = 625\left(-\tfrac{2}{5}\right)^{11} \approx -0.026$

17. Graph (a) is the graph for $a_n = 10\left(\tfrac{1}{2}\right)^{i-1}$.

Graph (b) is the graph for $b_n = 10\left(-\tfrac{1}{2}\right)^{i-1}$.

18. $25.75, 23.50, 21.25, 18.75, \ldots$

$a_1 = 23.75$ and $d = -2.25$

$a_n = a_1 + (n - 1)d$

$a_{10} = 25.75 + (10 - 1)(-2.25)$

$= 25.75 + 9(-2.25)$

$= 25.75 - 20.25$

$= 5.5°$

19. $a_1 = 75{,}000$ and $r = 1.045$

$a_n = a_1 r^{n-1}$

$a_7 = 75{,}000(1.045)^6$

$= \$97{,}670$

Section 10.4 The Binomial Theorem

1. The expansion of $(x + y)^n$ has $n + 1$ terms.

3. (a) is equal to $_{11}C_5$.

$_{11}C_5 = \dfrac{11!}{(11 - 5)!5!}$

$= \dfrac{11 \cdot 10 \cdot 9 \cdot 8 \cdot 7 \cdot \cancel{6} \cdot \cancel{5} \cdot \cancel{4} \cdot \cancel{3} \cdot \cancel{2} \cdot \cancel{1}}{(\cancel{6} \cdot \cancel{5} \cdot \cancel{4} \cdot \cancel{3} \cdot \cancel{2} \cdot \cancel{1})(5 \cdot 4 \cdot 3 \cdot 2 \cdot 1)}$

$= \dfrac{11 \cdot 10 \cdot 9 \cdot 8 \cdot 7}{5 \cdot 4 \cdot 3 \cdot 2 \cdot 1}$

5. $_6C_4 = \dfrac{6!}{2!4!} = \dfrac{6 \cdot 5 \cdot 4 \cdot 3}{4 \cdot 3 \cdot 2 \cdot 1} = 15$

Note: $_6C_4 = {}_6C_2 = \dfrac{6 \cdot 5}{2 \cdot 1} = 15$

7. $_{10}C_5 = \dfrac{10!}{5!5!} = \dfrac{10 \cdot 9 \cdot 8 \cdot 7 \cdot 6}{5 \cdot 4 \cdot 3 \cdot 2 \cdot 1} = 252$

9. $_{20}C_{20} = \dfrac{20!}{0!20!} = 1$ (Note: $0! = 1$)

11. $_{18}C_{18} = \dfrac{18!}{0! \cdot 18!} = \dfrac{18!}{1 \cdot 18!} = 1$

13. $_{50}C_{48} = {}_{50}C_2 = \dfrac{50!}{48!2!} = \dfrac{50 \cdot 49}{2 \cdot 1} = 1225$

15. $_{25}C_4 = \dfrac{25!}{21!4!} = \dfrac{25 \cdot 24 \cdot 23 \cdot 22}{4 \cdot 3 \cdot 2 \cdot 1} = 12{,}650$

17. $_{30}C_6 = 593{,}775$

19. $_{12}C_7 = 792$

21. $_{52}C_5 = 2{,}598{,}960$

23. $_{200}C_{195} = 2{,}535{,}650{,}040$

25. $_{25}C_{12} = 5{,}200{,}300$

27. $_{15}C_3 = \dfrac{15!}{12!3!} = \dfrac{15 \cdot 14 \cdot 13 \cdot \cancel{12!}}{\cancel{12!}3 \cdot 2 \cdot 1} = 455$

$_{15}C_{12} = \dfrac{15!}{3!12!} = \dfrac{15 \cdot 14 \cdot 13 \cdot \cancel{12!}}{3 \cdot 2 \cdot 1 \cdot \cancel{12!}} = 455$

29. $_{25}C_5 = \dfrac{25!}{20!5!} = \dfrac{25 \cdot 24 \cdot 23 \cdot 22 \cdot 21 \cdot \cancel{20!}}{\cancel{20!}5 \cdot 4 \cdot 3 \cdot 2 \cdot 1} = 53{,}130$

$_{25}C_{20} = \dfrac{25!}{5!20!} = \dfrac{25 \cdot 24 \cdot 23 \cdot 22 \cdot 21 \cdot \cancel{20!}}{5 \cdot 4 \cdot 3 \cdot 2 \cdot 1 \cdot \cancel{20!}} = 53{,}130$

31. $_5C_2 = \dfrac{5!}{3! \cdot 2!} = \dfrac{5 \cdot 4 \cdot \cancel{3!}}{\cancel{3!}2 \cdot 1} = 10$

$_5C_3 = \dfrac{5!}{2! \cdot 3!} = \dfrac{5 \cdot 4 \cdot \cancel{3!}}{2 \cdot 1 \cdot \cancel{3!}} = 10$

33. $_{12}C_5 = \dfrac{12!}{7! \cdot 5!} = \dfrac{12 \cdot 11 \cdot 10 \cdot 9 \cdot 8 \cdot \cancel{7!}}{\cancel{7!}5 \cdot 4 \cdot 3 \cdot 2 \cdot 1} = 792$

$_{12}C_7 = \dfrac{12!}{5! \cdot 7!} = \dfrac{12 \cdot 11 \cdot 10 \cdot 9 \cdot 8 \cdot \cancel{7!}}{5 \cdot 4 \cdot 3 \cdot 2 \cdot 1 \cdot \cancel{7!}} = 792$

35. $_{10}C_0 = \dfrac{10!}{10! \cdot 0!} = \dfrac{10!}{10! \cdot 1} = 1$

$_{10}C_{10} = \dfrac{10!}{0! \cdot 10!} = \dfrac{10!}{1 \cdot 10!} = 1$

37. $_6C_2$ Sixth row: $\quad 1 \quad 6 \quad \boxed{15} \quad 20 \quad 15 \quad 6 \quad 1$
$\quad\quad\quad\quad\quad\quad\quad\quad\quad\quad _6C_0 \; _6C_1 \; \boxed{_6C_2} \; _6C_3 \; _6C_4 \; _6C_5 \; _6C_6$

39. $_7C_3$ Seventh row: $\quad 1 \quad 7 \quad 21 \quad \boxed{35} \quad 35 \quad 21 \quad 7 \quad 1$
$\quad\quad\quad\quad\quad\quad\quad\quad\quad\quad _7C_0 \; _7C_1 \; _7C_2 \; \boxed{_7C_3} \; _7C_4 \; _7C_5 \; _7C_6 \; _7C_7$

41. $_8C_4$ Eighth row: $\quad 1 \quad 8 \quad 28 \quad 56 \quad \boxed{70} \quad 56 \quad 28 \quad 8 \quad 1$
$\quad\quad\quad\quad\quad\quad\quad\quad\quad\quad _8C_0 \; _8C_1 \; _8C_2 \; _8C_3 \; \boxed{_8C_4} \; _8C_5 \; _8C_6 \; _8C_7 \; _8C_8$

43. $(x+3)^6 = x^6 + 6x^5(3) + {_6C_2}x^4(3)^2 + {_6C_3}x^3(3)^3 + {_6C_4}x^2(3)^4 + 6x(3)^5 + (3)^6$

$(x+3)^6 = x^6 + 6x^5(3) + 15x^4(3)^2 + 20x^3(3)^3 + 15x^2(3)^4 + 6x(3)^5 + (3)^6$

$= x^6 + 18x^5 + 135x^4 + 540x^3 + 1215x^2 + 1458x + 729$

45. $(x+1)^5 = x^5 = 5x^4(1) + {_5C_2}x^3(1)^2 + {_5C_3}x^2(1)^3 + 5x(1)^4 + 1^5$

$(x+1)^5 = x^5 + 5x^4(1) + 10x^3(1)^2 + 10x^2(1)^3 + 5x(1)^4 + (1)^5$

$= x^5 + 5x^4 + 10x^3 + 10x^2 + 5x + 1$

47. $(x-4)^6 = x^6 + 6x^5(-4) + {_6C_2}x^4(-4)^2 + {_6C_3}x^3(-4)^3 + {_6C_4}x^2(-4)^4 + 6x(-4)^5 + (-4)^6$

$= x^6 - 24x^5 + 15x^4(16) + 20x^3(-64) + 15x^2(256) + 6x(-1024) + 4096$

$= x^6 - 24x^5 + 240x^4 - 1280x^3 + 3840x^2 - 6144x + 4096$

49. $(x+y)^4 = x^4 + 4x^3y + {_2C_2}x^2y^2 + 4xy^3 + y^4$

$(x+y)^4 = x^4 + 4x^3y + 6x^2y^2 + 4xy^3 + y^4$

51. $(u-2v)^3 = u^3 + 3u^2(-2v) + 3u(-2v)^2 + (-2v)^3$

$(u-2v)^3 = u^3 - 3u^2(2v) + 3u(2v)^2 - (2v)^3$

$= u^3 - 6u^2v + 12uv^2 - 8v^3$

53. $(x - 4)^5 = x^5 + 5x^4(-y) + {}_5C_2 x^3(-y)^2 + {}_5C_3 x^2(-y)^3 + 5x(-y)^4 + (-y)^5$

$(x - y)^5 = x^5 - 5x^4 y + 10x^3 y^2 - 10x^2 y^3 + 5xy^4 - y^5$

55. $(3a + 2b)^4 = (3a)^4 + 4(3a)^3(2b) + {}_4C_2(3a)^2(2b)^2 + 4(3a)(2b)^3 + (2b)^4$

$(3a + 2b)^4 = (3a)^4 + 4(3a)^3(2b) + 6(3a)^2(2b)^2 + 4(3a)(2b)^3 + (2b)^4$

$ = 81a^4 + 4(27a^3)(2b) + 6(9a^2)(4b^2) + 4(3a)(8b^3) + 16b^4$

$ = 81a^4 + 216a^3 b + 216a^2 b^2 + 96ab^3 + 16b^4$

57. $(a + 2)^3$ Third row: 1 3 3 1

$(a + 2)^3 = a^3 + 3a^2(2) + 3a(2)^2 + 2^3 = a^3 + 6a^2 + 12a + 8$

59. $(2x - 1)^4$ Fourth row: 1 4 6 4 1

$(2x - 1)^4 = (2x)^4 + 4(2x)^3(-1) + 6(2x)^2(-1)^2 + 4(2x)(-1)^3 + (-1)^4$

$ = 16x^4 - 4(8x^3) + 6(4x^2) - 4(2x) + 1$

$ = 16x^4 - 32x^3 + 24x^2 - 8x + 1$

61. $(2y + z)^6$ Sixth row: 1 6 15 20 15 6 1

$(2y + z)^6 = (2y)^6 + 6(2y)^5 z + 15(2y)^4 z^2 + 20(2y)^3 z^3 + 15(2y)^2 z^4 + 6(2y)z^5 + z^6$

$ = 64y^6 + 6(32y^5)z + 15(16y^4)z^2 + 20(8y^3)z^3 + 15(4y^2)z^4 + 6(2y)z^5 + z^6$

$ = 64y^6 + 192y^5 z + 240y^4 z^2 + 160y^3 z^3 + 60y^2 z^4 + 12yz^5 + z^6$

63. $(x + y)^8$ Eighth row coefficients: 1, 8, 28, 56, 70, 56, 28, 8, 1

$(x + y)^8 = x^8 + 8x^7 y + 28x^6 y^2 + 56x^5 y^3 + 70x^4 y^4 + 56x^3 y^5 + 28x^2 y^6 + 8xy^7 + y^8$

65. $(x - 2)^6$ Sixth row coefficients: 1, 6, 15, 20, 15, 6, 1

$(x - 2)^6 = x^6 - 6x^5(2) + 15x^4(2)^2 - 20x^3(2)^3 + 15x^2(2)^4 - 6x(2)^5 + (2)^6$

$ = x^6 - 12x^5 + 60x^4 - 160x^3 + 240x^2 - 192x + 64$

67. $\quad {}_{10}C_3 = \dfrac{10 \cdot 9 \cdot 8}{3 \cdot 2 \cdot 1} = 120$

$\;{}_{10}C_3 x^7 (1)^3 = 120x^7$

Coefficient: 1760

69. $\quad {}_9 C_3 = \dfrac{9!}{6! \cdot 3!} = 84$

$\;{}_9 C_3 x^6 (-1)^3 = -84x^6$

Coefficient: -84

71. $\quad {}_{15}C_{11} = {}_{15}C_4$

$\quad = \dfrac{15 \cdot 14 \cdot 13 \cdot 12}{4 \cdot 3 \cdot 2 \cdot 1}$

$\quad = 1365$

$\;{}_{15}C_{11} x^4 (-y)^{11} = -1365 x^4 y^{11}$

Coefficient: -1365

73. $\quad {}_{12}C_9 = {}_{12}C_3 = \dfrac{12 \cdot 11 \cdot 10}{3 \cdot 2 \cdot 1}$

$\quad = 220$

$\;{}_{12}C_9 (2x)^3 y^9 = 220(8x^3) y^9$

$\quad = 1760 x^3 y^9$

Coefficient: 1760

75. $\quad {}_4 C_2 = \dfrac{4!}{2! \cdot 2!} = 6$

$\;{}_4 C_2 (x^2)^2 (-3)^2 = 6x^4(9) = 54x^4$

Coefficient: 54

77. $\quad {}_8 C_4 = \dfrac{8!}{4! \cdot 4!} = 70$

$\;{}_8 C_4 (\sqrt{x})^4 (1)^4 = 70x^2$

Coefficient: 70

79. $\left(\frac{1}{2} + \frac{1}{2}\right)^5 = \left(\frac{1}{2}\right)^5 + 5\left(\frac{1}{2}\right)^4\left(\frac{1}{2}\right) + 10\left(\frac{1}{2}\right)^3\left(\frac{1}{2}\right)^2 + 10\left(\frac{1}{2}\right)^2\left(\frac{1}{2}\right)^3 + 5\left(\frac{1}{2}\right)\left(\frac{1}{2}\right)^4 + \left(\frac{1}{2}\right)^5$

$= \frac{1}{32} + 5\left(\frac{1}{16}\right)\left(\frac{1}{2}\right) + 10\left(\frac{1}{8}\right)\left(\frac{1}{4}\right) + 10\left(\frac{1}{4}\right)\left(\frac{1}{8}\right) + 5\left(\frac{1}{2}\right)\left(\frac{1}{16}\right) + \frac{1}{32}$

$= \frac{1}{32} + \frac{5}{32} + \frac{10}{32} + \frac{10}{32} + \frac{5}{32} + \frac{1}{32}$

Note that $\left(\frac{1}{2} + \frac{1}{2}\right) = 1$, and $\left(\frac{1}{2} + \frac{1}{2}\right)^5 = 1^5 = 1$. The expanded version, $\frac{1}{32} + \frac{5}{32} + \frac{10}{32} + \frac{10}{32} + \frac{5}{32} + \frac{1}{32}$ also simplifies to $\frac{32}{32}$ or 1.

81. $\left(\frac{1}{4} + \frac{3}{4}\right)^4 = \left(\frac{1}{4}\right)^4 + 4\left(\frac{1}{4}\right)^3\left(\frac{3}{4}\right) + 6\left(\frac{1}{4}\right)^2\left(\frac{3}{4}\right)^2 + 4\left(\frac{1}{4}\right)\left(\frac{3}{4}\right)^3 + \left(\frac{3}{4}\right)^4$

$= \frac{1}{256} + 4\left(\frac{1}{64}\right)\left(\frac{3}{4}\right) + 6\left(\frac{1}{16}\right)\left(\frac{9}{16}\right) + 4\left(\frac{1}{4}\right)\left(\frac{27}{64}\right) + \frac{81}{256}$

$= \frac{1}{256} + \frac{12}{256} + \frac{54}{256} + \frac{108}{256} + \frac{81}{256}$

Note that $\left(\frac{1}{4} + \frac{3}{4}\right) = 1$, and $\left(\frac{1}{4} + \frac{3}{4}\right)^4 = 1^4 = 1$. The expanded version, $\frac{1}{256} + \frac{12}{256} + \frac{54}{256} + \frac{108}{256} + \frac{81}{256}$, also simplifies to $\frac{256}{256}$ or 1.

83. $(1.02)^8 = (1 + 0.02)^8$

$= 1^8 + 8(1)^7(0.02) + 28(1)^6(0.02)^2 + 56(1)^5(0.02)^3 + 70(1)^4(0.02)^4 + \cdots$

$= 1 + 0.16 + 0.0112 + 0.000448 + 0.0000112 + \cdots$

≈ 1.172

85. $(2.99)^{12} = (3 - 0.01)^{12}$

$= 3^{12} - 12(3)^{11}(0.01) + 66(3)^{10}(0.01)^2 - 220(3)^9(0.01)^3 + 495(3)^8(0.01)^4 - 792(3)^7(0.01)^5 + \cdots$

$= 531{,}441 - 21257.64 + 389.7234 - 4.33026 + 0.03247695 - 0.0001732104 + \cdots$

$\approx 510{,}568.785$

87. The graph of g is a transformation of the graph of f—a horizontal shift of two units to the right.

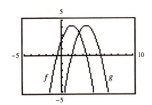

$f(x) = -x^2 + 3x + 2$

$g(x) = f(x - 2) = -(x - 2)^2 + 3(x - 2) + 2$

$= -(x^2 - 4x + 4) + 3x - 6 + 2$

$= -x^2 + 4x - 4 + 3x - 6 + 2$

$= -x^2 + 7x - 8$

89. The graph of g is a transformation of the graph of f—a horizontal shift of four units to the left.

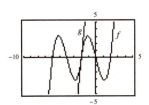

$f(x) = x^3 - 4x$

$g(x) = f(x + 4) = (x + 4)^3 - 4(x + 4)$

$= x^3 + 3x^2(4) + 3x(4)^2 + 4^3 - 4x - 16$

$= x^3 + 12x^2 + 48x + 64 - 4x - 16$

$= x^3 + 12x^2 + 44x + 48$

Section 10.5   Counting Principles

1. $\{2, 4, 6, 8, 10\}$; 5 ways

3.

1st number	2nd number	9 ways
1	9	
2	8	
3	7	
4	6	
5	5	
6	4	
7	3	
8	2	
9	1	

5.

1st number	2nd number	8 ways
1	9	
2	8	
3	7	
4	6	
6	4	
7	3	
8	2	
9	1	

7. {1, 3, 5, 7, 9, 11, 13, 15, 17, 19}; 10 ways

9. {2, 3, 5, 7, 11, 13, 17, 19}; 8 ways

11. {3, 6, 9, 12, 15, 18}; 6 ways

13.

1st number	2nd number	7 ways
1	7	
2	6	
3	5	
4	4	
5	3	
6	2	
7	1	

15.

1st number	2nd number	6 ways
1	7	
2	6	
3	5	
5	3	
6	2	
7	1	

17. Check   Bag
   (3)   (2)   = 6

There are 6 ways to staff the line.

19. Letter   Digit
   (26)   (10)   = 260

There are 260 distinct labels.

21. Digit Digit Digit Digit Letter Letter
   (10) (10) (10) (10) (26) (26) = 6,760,000

There are 6,760,000 distinct license plates.

23. 1st 2nd 3rd 4th 5th
   (2) (4) (3) (2) (1) = 48

There are 48 ways they can be seated.

25. Driver Front Back Back Back
   (3) (4) (3) (2) (1)

The number of possible arrangements is $3 \cdot 4 \cdot 3 \cdot 2 \cdot 1 = 72$.

27. XYZ, XZY, YXZ, YZX, ZXY, ZYX

29. $5 \cdot 4 \cdot 3 \cdot 2 \cdot 1 = 5! = 120$

There are 120 ways to seat the five children.

31. $10 \cdot 9 \cdot 8 \cdot 7 = 5040$

There are 5040 ways in which the four offices can be filled by the ten candidates.

33. $40 \cdot 40 \cdot 40 = 64{,}000$

There are 64,000 different possible combinations.

35. {A,B} {B,C} {C,D} {D,E} {E,F}
{A,C} {B,D} {C,E} {D,F}
{A,D} {B,E} {C,F}
{A,E} {B,F}
{A,F}

Note: There are 15, or $_6C_2$, subsets.

37. $_{20}C_3 = \dfrac{20!}{17!\,3!} = \dfrac{20 \cdot 19 \cdot 18}{3 \cdot 2 \cdot 1} = 1140$

There are 1140 possible committees.

39. $_9C_4 = \dfrac{9!}{5!4!} = \dfrac{9 \cdot 8 \cdot 7 \cdot 6}{4 \cdot 3 \cdot 2 \cdot 1} = 126$

There are 126 ways the four can order.

41. $_{15}C_5 = \dfrac{15!}{10!5!} = \dfrac{15 \cdot 14 \cdot 13 \cdot 12 \cdot 11}{5 \cdot 4 \cdot 3 \cdot 2 \cdot 1} = 3003$

There are 3003 possible choices.

43. There are 8 good units and 2 defective units in the shipment.

$_8C_3 = 56$

There are 56 ways in which the company can receive all good units.

45. (a) $_8C_4 = \dfrac{8!}{4!4!} = \dfrac{8 \cdot 7 \cdot 6 \cdot 5}{4 \cdot 3 \cdot 2 \cdot 1} = 70$

(b) $2 \cdot 2 \cdot 2 \cdot 2 = 16$

There are 70 ways to select the four people with no restrictions; there are 16 ways to select them if one person from each couple must be selected.

47. $_8C_3 = 56$

There are 56 ways to draw a triangle having three of the eight points as vertices.

Section 10.6 Probabililty

1. The probability that the event will not occur is

$1 - \dfrac{3}{4} = \dfrac{1}{4}$.

3. $\{A, B, C, D, E, \ldots X, Y, Z\}$

There are 26 outcomes.

5. $\{AB, AC, AD, AE, BC, BD, BE, CD, CE, DE\}$

There are 10 outcomes.

7. The sample space is

$\{ABC, ACB, BCA, BAC, CAB, CBA\}$.

9. The sample space is

$\{WWW, WWL, WLW, WLL, LWW, LWL, LLW, LLL\}$.

11. The probability that the event will not occur is

$1 - 0.35 = 0.65$.

13. The probability that the event will not occur is

$1 - 0.82 = 0.18$.

15. $P = \dfrac{\text{Number of outomes with 2 heads}}{\text{Number of possible outcomes}} = \dfrac{3}{8}$

17. $P = \dfrac{\text{Number of outcomes with one or more heads}}{\text{Number of possible outcomes}} = \dfrac{7}{8}$

19. $P = \dfrac{\text{Number of red cards}}{\text{Number of cards}} = \dfrac{26}{52} = \dfrac{1}{2}$

21. $P = \dfrac{\text{Number of face cards}}{\text{Number of cards}} = \dfrac{12}{52} = \dfrac{3}{13}$

23. $P = \dfrac{\text{Number of 5's}}{\text{Number of faces}} = \dfrac{1}{6}$

25. $P = \dfrac{\text{Numbers that are no more than 5}}{\text{Number of faces}} = \dfrac{5}{6}$

27. The probability that the event does not have blood type B is $1 - 10\% = 90\%$ or 0.9.

29. $P = \dfrac{\text{Number of freshmen with average grade of A}}{\text{Number of freshmen}} = \dfrac{184}{184 + 667 + 310} = \dfrac{184}{1161} \approx 0.158$

31. $P = 1 - \text{Probability that the freshman's average grade was C}$

$= 1 - \dfrac{\text{Number of freshmen with average grade of C}}{\text{Number of freshmen}}$

$= 1 - \dfrac{310}{184 + 667 + 310} = 1 - \dfrac{310}{1161} \approx 1 - 0.267 \approx 0.733$

33. (a) $P = \dfrac{\text{Number of correct answers}}{\text{Number of student's choices}} = \dfrac{1}{5}$

   (b) $P = \dfrac{\text{Number of correct answers}}{\text{Number of student's choices}} = \dfrac{1}{3}$

   (c) $P = \dfrac{\text{Number of correct answers}}{\text{Number of student's choices}} = \dfrac{1}{1} = 1$

35. (a) $P = \dfrac{\text{Number of 12's}}{\text{Number of marbles}} = \dfrac{1}{20}$

   (b) $P = \dfrac{\text{Number of primes}}{\text{Number of marbles}} = \dfrac{8}{20} = \dfrac{2}{5}$

   (c) $P = \dfrac{\text{Number of odds}}{\text{Number of marbles}} = \dfrac{10}{20} = \dfrac{1}{2}$

   (d) $P = \dfrac{\text{Numbers less than 6}}{\text{Number of marbles}} = \dfrac{5}{20} = \dfrac{1}{4}$

37. Number of ways of arranging the 4 digits:

$4 \cdot 3 \cdot 2 \cdot 1 = 24$

$P = \dfrac{\text{Number of correct arrangements}}{\text{Number of possible arrangements}} = \dfrac{1}{24}$

39. $P = \dfrac{\text{Number of winning five-digit numbers}}{\text{Number of five-digit numbers}}$

$= \dfrac{1}{10 \cdot 10 \cdot 10 \cdot 10 \cdot 10} = \dfrac{1}{100,000}$

41. $P = \dfrac{\text{Number of 8-question lists you can answer}}{\text{Number of ways to choose 8 questions from 10}}$

$= \dfrac{1}{{}_{10}C_8} = \dfrac{1}{45}$

43. $P = \dfrac{\text{Number of ways to pick both defective units}}{\text{Number of ways to select two units}}$

$= \dfrac{{}_2C_2}{{}_{10}C_2} = \dfrac{1}{\left(\dfrac{10 \cdot 9}{2 \cdot 1}\right)} = \dfrac{1}{45}$

45. Number of possible book selections: ${}_{10}C_4 = \dfrac{10!}{6!4!} = \dfrac{10 \cdot 9 \cdot 8 \cdot 7}{4 \cdot 3 \cdot 2 \cdot 1} = 210$

Number of selections of all autobiographies: ${}_4C_4 = 1$

$P = \dfrac{1}{210}$

47. Number of ways to select five cards: ${}_{52}C_5 = \dfrac{52 \cdot 51 \cdot 50 \cdot 49 \cdot 48}{5 \cdot 4 \cdot 3 \cdot 2 \cdot 1} = 2,598,960$

Number of ways to select five hearts: ${}_{13}C_5 = \dfrac{13 \cdot 12 \cdot 11 \cdot 10 \cdot 9}{5 \cdot 4 \cdot 3 \cdot 2 \cdot 1} = 1287$

$P = \dfrac{1287}{2,598,960} = \dfrac{33}{66,640}$

49.

	Female	
	X	X
Male X	XX	XX
Male Y	XY	XY

From the Punnett square, you can determine that the probability that the newborn is a girl is $\dfrac{2}{4}$ or $\dfrac{1}{2}$, and the probability that the newborn is a boy is also $\dfrac{2}{4}$ or $\dfrac{1}{2}$.

51. Entire area: $(60)(60) = 3600$

Shaded area: $3600 - 2\left[\left(\dfrac{1}{2}\right)(45)(45)\right]$

$3600 - 2025 = 1575$

$P = \dfrac{\text{Shaded area}}{\text{Entire area}} = \dfrac{1575}{3600} = \dfrac{7}{16}$ or 0.4375

53. $P = \dfrac{{}_3C_2}{{}_4C_2} = \dfrac{3}{6} = \dfrac{1}{2}$

Review Exercises for Chapter 10

1. $[5(1) - 3] + [5(2) - 3] + [5(3) - 3] + [5(4) - 3] = \sum_{k=1}^{4} (5k - 3)$

2. $[9 - 2(1)] + [9 - 2(2)] + [9 - 2(3)] + [9 - 2(4)] = \sum_{k=1}^{4} (9 - 2k)$

3. $\dfrac{1}{3(1)} + \dfrac{1}{3(2)} + \dfrac{1}{3(3)} + \dfrac{1}{3(4)} + \dfrac{1}{3(5)} + \dfrac{1}{3(6)} = \sum_{k=1}^{6} \dfrac{1}{3k}$

4. $\left(-\dfrac{1}{3}\right)^0 + \left(-\dfrac{1}{3}\right)^1 + \left(-\dfrac{1}{3}\right)^2 + \left(-\dfrac{1}{3}\right)^3 + \left(-\dfrac{1}{3}\right)^4 = \sum_{k=0}^{4} \left(-\dfrac{1}{3}\right)^k$

5. $\dfrac{20!}{18!} = \dfrac{20 \cdot 19 \cdot \cancel{18!}}{\cancel{18!}} = 20(19) = 380$

6. $\dfrac{50!}{53!} = \dfrac{\cancel{50!}}{53 \cdot 52 \cdot 51 \cdot \cancel{50!}} = \dfrac{1}{53 \cdot 52 \cdot 51} = \dfrac{1}{140{,}556}$

7. $\dfrac{n!}{(n-3)!} = \dfrac{n(n-1)(n-2)\cancel{(n-3)!}}{\cancel{(n-3)!}} = n(n-1)(n-2)$

8. $\dfrac{(n-1)!}{(n+1)!} = \dfrac{\cancel{(n-1)!}}{(n+1)(n)\cancel{(n-1)!}} = \dfrac{1}{(n+1)(n)}$ or $\dfrac{1}{n^2 + n}$

9. $a_n = 132 - 5n$
$a_1 = 132 - 5(1) = 127$
$a_2 = 132 - 5(2) = 122$
$a_3 = 132 - 5(3) = 117$
$a_4 = 132 - 5(4) = 112$
$a_5 = 132 - 5(5) = 107$

10. $a_n = 2n + 3$
$a_1 = 2(1) + 3 = 5$
$a_2 = 2(2) + 3 = 7$
$a_3 = 2(3) + 3 = 9$
$a_4 = 2(4) + 3 = 11$
$a_5 = 2(5) + 3 = 13$

11. $a_n = \tfrac{3}{4}n + \tfrac{1}{2}$
$a_1 = \tfrac{3}{4}(1) + \tfrac{1}{2} = \tfrac{5}{4}$
$a_2 = \tfrac{3}{4}(2) + \tfrac{1}{2} = 2$
$a_3 = \tfrac{3}{4}(3) + \tfrac{1}{2} = \tfrac{11}{4}$
$a_4 = \tfrac{3}{4}(4) + \tfrac{1}{2} = \tfrac{7}{2}$
$a_5 = \tfrac{3}{4}(5) + \tfrac{1}{2} = \tfrac{17}{4}$

12. $a_n = -\tfrac{3}{5}n + 1$
$a_1 = -\tfrac{3}{5}(1) + 1 = \tfrac{2}{5}$
$a_2 = -\tfrac{3}{5}(2) + 1 = -\tfrac{1}{5}$
$a_3 = -\tfrac{3}{5}(3) + 1 = -\tfrac{4}{5}$
$a_4 = -\tfrac{3}{5}(4) + 1 = -\tfrac{7}{5}$
$a_5 = -\tfrac{3}{5}(5) + 1 = -2$

13. $30, 27.5, 25, 22.5, 20, \ldots$
$d = a_{k+1} - a_k$
$= -2.5$

14. $9, 12, 15, 18, 21, \ldots$
$d = a_{k+1} - a_k$
$= 3$

15. $a_n = a_1 r^{n-1}$
$a_n = 10(3)^{n-1}$
$a_1 = 10(3)^{1-1} = 10$
$a_2 = 10(3)^{2-1} = 30$
$a_3 = 10(3)^{3-1} = 90$
$a_4 = 10(3)^{4-1} = 270$
$a_5 = 10(3)^{5-1} = 810$

16. $a_n = a_1 r^{n-1}$
$a_n = 2(-5)^{n-1}$
$a_1 = 2(-5)^{1-1} = 2$
$a_2 = 2(-5)^{2-1} = -10$
$a_3 = 2(-5)^{3-1} = 50$
$a_4 = 2(-5)^{4-1} = -250$
$a_5 = 2(-5)^{5-1} = 1{,}250$

17. $a_n = a_1 r^{n-1}$
$a_n = 100\left(-\tfrac{1}{2}\right)^{n-1}$
$a_1 = 100\left(-\tfrac{1}{2}\right)^{1-1} = 100$
$a_2 = 100\left(-\tfrac{1}{2}\right)^{2-1} = -50$
$a_3 = 100\left(-\tfrac{1}{2}\right)^{3-1} = 25$
$a_4 = 100\left(-\tfrac{1}{2}\right)^{4-1} = -12.5$
$a_5 = 100\left(-\tfrac{1}{2}\right)^{5-1} = 6.25$

18. $a_n = a_1 r^{n-1}$

$a_n = 12\left(\dfrac{1}{6}\right)^{n-1}$

$a_1 = 12\left(\dfrac{1}{6}\right)^{1-1} = 12$

$a_2 = 12\left(\dfrac{1}{6}\right)^{2-1} = 2$

$a_3 = 12\left(\dfrac{1}{6}\right)^{3-1} = \dfrac{1}{3}$

$a_4 = 12\left(\dfrac{1}{6}\right)^{4-1} = \dfrac{1}{18}$

$a_5 = 12\left(\dfrac{1}{6}\right)^{5-1} = \dfrac{1}{108}$

19. $8, 12, 18, 27, \dfrac{81}{2}, \ldots$

$r = \dfrac{a_{k+1}}{a_k}$

$= \dfrac{3}{2}$

20. $81, -54, 36, -24, 16, \ldots$

$r = \dfrac{a_{k+1}}{a_k}$

$= -\dfrac{2}{3}$

21. $a_1 = 10,\ d = 4$

$a_n = a_1 + (n-1)d$

$a_n = 10 + (n-1)4$

$a_n = 10 + 4n - 4$

$a_n = 4n + 6$

22. $a_1 = 32,\ d = -2$

$a_n = a_1 + (n-1)d$

$a_n = 32 + (n-1)(-2)$

$a_n = 32 - 2n + 2$

$a_n = -2n + 34$

23. $a_1 = 1000,\ a_2 = 950$

$d = a_2 - a_1$

$= 950 - 1000 = -50$

$a_n = a_1 + (n-1)d$

$a_n = 1000 + (n-1)(-50)$

$a_n = 1000 - 50n + 50$

$a_n = -50n + 1050$

24. $a_1 = 12,\ a_2 = 20$

$d = a_2 - a_1 = 20 - 12 = 8$

$a_n = a_1 + (n-1)d$

$a_n = 12 + (n-1)8$

$a_n = 12 + 8n - 8$

$a_n = 8n + 4$

25. $a_1 = 1,\ r = -\dfrac{2}{3}$

$a_n = a_1 r^{n-1}$

$a_n = 1\left(-\dfrac{2}{3}\right)^{n-1}$

$a_n = \left(-\dfrac{2}{3}\right)^{n-1}$

26. $a_1 = 100,\ r = 1.07$

$a_n = a_1 r^{n-1}$

$a_n = 100(1.07)^{n-1}$

27. $a_1 = 24,\ a_2 = 48$

$r = \dfrac{48}{24} = 2$

$a_n = a_1 r^{n-1}$

$a_n = 24(2)^{n-1}$

28. $a_1 = 16,\ a_2 = -4$

$r = \dfrac{-4}{16} = -\dfrac{1}{4}$

$a_n = a_1 r^{n-1}$

$a_n = 16\left(-\dfrac{1}{4}\right)^{n-1}$

29. $a_1 = 12,\ a_4 = -\dfrac{3}{2}$

$a_4 = a_1 r^3$

$-\dfrac{3}{2} = 12 r^3$

$-\dfrac{3}{24} = r^3$

$-\dfrac{1}{8} = r^3$

$\sqrt[3]{-\dfrac{1}{8}} = r$

$-\dfrac{1}{2} = r$

$a_n = a_1 r^{n-1}$

$a_n = 12\left(-\dfrac{1}{2}\right)^{n-1}$

30. $a_2 = 1$, $a_3 = \frac{1}{3}$

$r = \frac{a_3}{a_2} = \frac{1/3}{1} = \frac{1}{3}$

$r = \frac{a_2}{a_1} \Rightarrow \frac{1}{3} = \frac{1}{a_1}$

$a_1 = 3$

$a_n = a_1 r^{n-1}$

$a_n = 3\left(\frac{1}{3}\right)^{n-1}$

31. Graph (a)

32. Graph (f)

33. Graph (b) **34.** Graph (e) **35.** Graph (d) **36.** Graph (c)

37.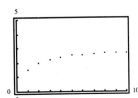

38.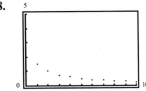

39.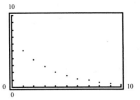

40.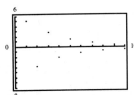

41. $\sum_{k=1}^{4} 7 = 7 + 7 + 7 + 7 = 28$

42. $\sum_{k=1}^{4} \frac{(-1)^k}{k} = \frac{(-1)^1}{1} + \frac{(-1)^2}{2} + \frac{(-1)^3}{3} + \frac{(-1)^4}{4} = -1 + \frac{1}{2} - \frac{1}{3} + \frac{1}{4} = -\frac{12}{12} + \frac{6}{12} - \frac{4}{12} + \frac{3}{12} = -\frac{7}{12}$

43. $\sum_{n=1}^{4} \left(\frac{1}{n} - \frac{1}{n+1}\right) = \left(\frac{1}{1} - \frac{1}{1+1}\right) + \left(\frac{1}{2} - \frac{1}{2+1}\right) + \left(\frac{1}{3} - \frac{1}{3+1}\right) + \left(\frac{1}{4} - \frac{1}{4+1}\right)$

$= 1 - \frac{1}{2} + \frac{1}{2} - \frac{1}{3} + \frac{1}{3} - \frac{1}{4} + \frac{1}{4} - \frac{1}{5}$

$= 1 - \frac{1}{5} = \frac{4}{5}$

44. $\sum_{n=1}^{4} \left(\frac{1}{n} - \frac{1}{n+2}\right) = \left(\frac{1}{1} - \frac{1}{1+2}\right) + \left(\frac{1}{2} - \frac{1}{2+2}\right) + \left(\frac{1}{3} - \frac{1}{3+2}\right) + \left(\frac{1}{4} - \frac{1}{4+2}\right)$

$= 1 - \frac{1}{3} + \frac{1}{2} - \frac{1}{4} + \frac{1}{3} - \frac{1}{5} + \frac{1}{4} - \frac{1}{6}$

$= 1 + \frac{1}{2} - \frac{1}{5} - \frac{1}{6}$

$= \frac{30}{30} + \frac{15}{30} - \frac{6}{30} - \frac{5}{30}$

$= \frac{34}{30} = \frac{17}{15}$

45. $\sum_{k=1}^{12}(7k-5) = 2 + 9 + 16 + \cdots + 79$

Sum of arithmetic sequence: $\frac{n}{2}(a_1 + a_n)$

$n = 12, a_1 = 7(1) - 5 = 2, a_{12} = 7(12) - 5 = 79$

$\sum_{k=1}^{12}(7k-5) = \frac{12}{2}(2 + 79) = 6(81) = 486$

46. $\sum_{k=1}^{10}(100 - 10k) = 90 + 80 + 70 + \cdots + 0$

Sum of arithmetic sequence: $\frac{n}{2}(a_1 + a_n)$

$n = 10, a_1 = 100 - 10(1) = 90,$

$a_{10} = 100 - 10(10) = 0$

$\sum_{k=1}^{10}(100 - 10k) = \frac{10}{2}(90 + 0) = 5(90) = 450$

47. $\sum_{j=1}^{100} \frac{j}{4} = \frac{1}{4} + \frac{2}{4} + \frac{3}{4} + \cdots + \frac{100}{4}$

Sum of arithmetic sequence: $\frac{n}{2}(a_1 + a_n)$

$n = 100, a_1 = \frac{1}{4}, a_{100} = \frac{100}{4} = 25$

$\sum_{j=1}^{100} \frac{j}{4} = \frac{100}{2}\left(\frac{1}{4} + 25\right) = 50\left(\frac{100}{4}\right) = \frac{2525}{2}$ or 1262.5

48. $\sum_{j=1}^{50} \frac{3j}{2} = \frac{3(1)}{2} + \frac{3(2)}{2} + \frac{3(3)}{2} + \cdots + \frac{3(50)}{2}$

Sum of arithmetic sequence: $\frac{n}{2}(a_1 + a_n)$

$n = 50, a_1 = \frac{3(1)}{2} = \frac{3}{2}, a_{50} = \frac{3(50)}{2} = 75$

$\sum_{j=1}^{50} \frac{3j}{2} = \frac{50}{2}\left(\frac{3}{2} + 75\right) = 25\left(\frac{153}{2}\right) = \frac{3825}{2}$ or 1912.5

49. $\sum_{n=1}^{12} 2^n = 2^1 + 2^2 + 2^3 + \ldots + 2^{12}$

Sum of geometric sequence: $a_1\left(\frac{r^n - 1}{r - 1}\right)$

$a_1 = 2, r = 2, n = 12$

$\sum_{n=1}^{12} 2^n = 2\left(\frac{2^{12} - 1}{2 - 1}\right) = 2(2^{12} - 1) = 8190$

50. $\sum_{n=1}^{12}(-2)^n = (-2)^1 + (-2)^2 + (-2)^3 + \cdots + (-2)^{12}$

Sum of geometric sequence: $a_1\left(\frac{r^n - 1}{r - 1}\right)$

$a_1 = -2, r = -2, n = 12$

$\sum_{n=1}^{12}(-2)^n = (-2)\left[\frac{(-2)^{12} - 1}{-2 - 1}\right]$

$= (-2)\left[\frac{(-2)^{12} - 1}{-3}\right]$

$= 2730$

51. $\sum_{n=1}^{8} 5\left(-\frac{3}{4}\right) = 5\left(-\frac{3}{4}\right)^1 + 5\left(-\frac{3}{4}\right)^2 + 5\left(-\frac{3}{4}\right)^3 + \cdots + 5\left(-\frac{3}{4}\right)^8$

Sum of geometric sequence: $a_1\left(\frac{r^n - 1}{r - 1}\right)$

$a_1 = 5\left(-\frac{3}{4}\right), r = -\frac{3}{4}, n = 8$

$\sum_{k=1}^{8} 5\left(-\frac{3}{4}\right)^k = 5\left(-\frac{3}{4}\right)\left[\frac{\left(-\frac{3}{4}\right)^8 - 1}{-\frac{3}{4} - 1}\right] = 5\left(-\frac{3}{4}\right)\left[\frac{\left(-\frac{3}{4}\right)^8 - 1}{-\frac{7}{4}}\right] = 5\left(-\frac{3}{4}\right)\left[\left(-\frac{3}{4}\right)^8 - 1\right]\left(-\frac{4}{7}\right) \approx -1.928$

52. $\sum_{k=1}^{10} 4\left(\frac{3}{2}\right)^{k-1} = 4\left(\frac{3}{2}\right)^0 + 4\left(\frac{3}{2}\right)^1 + 4\left(\frac{3}{2}\right)^2 + \cdots + 4\left(\frac{3}{2}\right)^9$

Sum of geometric sequence: $a_1\left(\frac{r^n - 1}{r - 1}\right)$

$a_1 = 4, \ r = \frac{3}{2}, \ n = 10$

$\sum_{k=1}^{10} 4\left(\frac{3}{2}\right)^{k-1} = 4\left[\frac{\left(\frac{3}{2}\right)^{10} - 1}{\frac{3}{2} - 1}\right] = 4\left[\frac{\left(\frac{3}{2}\right)^{10} - 1}{\frac{1}{2}}\right] = 4\left[\left(\frac{3}{2}\right)^{10} - 1\right](2) \approx 453.320$

53. $\sum_{i=1}^{8} (1.25)^{i-1} = (1.25)^0 + (1.25)^1 + (1.25)^2 + \cdots + (1.25)^7$

Sum of geometric sequence: $a_1\left(\frac{r^n - 1}{r - 1}\right)$

$a_1 = 1, \ r = 1.25, \ n = 8$

$\sum_{i=1}^{8} (1.25)^{i-1} = 1\left[\frac{(1.25)^8 - 1}{1.25 - 1}\right] = \left[\frac{(1.25)^8 - 1}{0.25}\right] \approx 19.842$

54. $\sum_{i=1}^{8} (-1.25)^{i-1} = (1.25)^0 + (-1.25)^1 + (-1.25)^2 + \cdots + (-1.25)^7$

Sum of geometric sequence: $a_1\left(\frac{r^n - 1}{r - 1}\right)$

$a_1 = 1, \ r = 1.25, \ n = 8$

$\sum_{i=1}^{8} (-1.25)^{i-1} = 1\left[\frac{(-1.25)^8 - 1}{-1.25 - 1}\right] = \left[\frac{(-1.25)^8 - 1}{-2.25}\right] \approx -2.205$

55. $\sum_{n=1}^{120} 500(1.01)^n = 500(1.01)^1 + 500(1.01)^2 + 500(1.01)^3 + \cdots + 500(1.01)^{120}$

Sum of geometric sequence: $a_1\left(\frac{r^n - 1}{r - 1}\right)$

$a_1 = 500(1.01), \ r = 1.01, \ n = 120$

$\sum_{n=1}^{120} 500(1.01)^n = 500(1.01)\left[\frac{(1.01)^{120} - 1}{1.01 - 1}\right] = 500(1.01)\left[\frac{(1.01)^{120} - 1}{0.01}\right] \approx 116{,}169.54$

56. $\sum_{n=1}^{40} 1000(1.1)^n = 1000(1.1)^1 + 1000(1.1)^2 + 1000(1.1)^3 + \cdots + 1000(1.1)^{40}$

Sum of geometric sequence: $a_1\left(\frac{r^n - 1}{r - 1}\right)$

$a_1 = 1000(1.1), \ r = 1.1, \ n = 40$

$\sum_{n=1}^{40} 1000(1.1)^{n-1} = 1000(1.1)\left[\frac{(1.1)^{40} - 1}{1.1 - 1}\right] = 1000(1.1)\left[\frac{(1.1)^{40} - 1}{0.1}\right] \approx 486{,}851.81$

57. $4 + 8 + 12 + \ldots, n = 50$

Sum of arithmetic sequence with $d = 4$

$a_1 = 4, d = 4$

$a_n = a_1 + (n-1)d$

$a_n = 4 + (n-1)4$

$a_n = 4 + 4n - 4$

$a_n = 4n$

Sum: $\frac{n}{2}(a_1 + a_n)$

$a_1 = 4, a_{50} = 4(50) = 200$

$$\sum_{n=1}^{50} 4n = \frac{50}{2}(4 + 200) = 25(204) = 5100$$

58. $225 + 226 + 227 + \cdots + 300$

Sum of arithmetic sequence with $d = 1$

$a_1 = 225, d = 1$

$a_n = a_1 + (n-1)d$

$a_n = 225 + (n-1)1$

$a_n = 225 + n - 1$

$a_n = n + 224$

$300 = n + 224$

$76 = n$

Sum: $\frac{n}{2}(a_1 + a_n)$

$n = 76, a_1 = 225, a_{76} = 300$

$$\sum_{n=1}^{76} (n + 224) = \frac{76}{2}(225 + 300) = 38(525) = 19{,}950$$

59. $22 + 25 + 28 + \ldots, n = 12$

$a_1 = 22, d = 3$

$a_n = a_1 + (n-1)d$

$a_n = 22 + (n-1)3$

$a_n = 22 + 3n - 3$

$a_n = 3n + 19$

Sum: $\frac{n}{2}(a_1 + a_n)$

$a_1 = 3(1) + 19 = 22, a_{12} = 3(12) + 19 = 55$

$$\sum_{k=1}^{12} 3k + 19 = \frac{12}{2}(22 + 55) = 6(77) = 462$$

60. (a) $a_n = 120{,}000(0.70)^n$

(b) $a_5 = 120{,}000(0.70)^5 = 20{,}168.40$

The depreciated value is $20,168.40.

61. (a) $a_n = 85{,}000(1.012)^n$

(b) $a_{50} = 85{,}000(1.012)^{50} \approx 154{,}328$

The estimated population is approximately 154,328.

62. $32{,}000 + 32{,}000(1.055) + 32{,}000(1.055)^2 + \cdots + 32{,}000(1.055)^{39}$

Sum of geometric sequence: $a_1\left(\dfrac{r^n - 1}{r - 1}\right)$

$a_1 = 32{,}000, r = 1.055, n = 40$

$a_n = a_1 r^{n-1}$

$a_n = 32{,}000(1.055)^{n-1}$

$$\sum_{k=1}^{40} 32{,}000(1.055)^{k-1} = 32{,}000\left[\frac{(1.055)^{40} - 1}{1.055 - 1}\right] = 32{,}000\left[\frac{(1.055)^{40} - 1}{0.055}\right] = 4{,}371{,}379.65$$

The total salary for the 40 years would be $4,371,379.65.

63. $_8C_3 = \dfrac{8!}{5! \cdot 3!}$

$= \dfrac{8 \cdot 7 \cdot 6 \cdot 5!}{5! \cdot 3 \cdot 2 \cdot 1} = 56$

64. $_{12}C_2 = \dfrac{12!}{10! \cdot 2!}$

$= \dfrac{12 \cdot 11 \cdot 10!}{10! \cdot 2 \cdot 1} = 66$

65. $_{12}C_0 = \dfrac{12!}{12! \cdot 0!}$

$= \dfrac{12!}{12! \cdot 1} = 1$

66. $_{100}C_1 = \dfrac{100!}{99! \cdot 1!}$

$= \dfrac{100 \cdot 99!}{99! \cdot 1} = 100$

67. $_{40}C_4 = 91{,}390$

68. $_{15}C_9 = 5005$

69. $_{25}C_6 = 177{,}100$

70. $_{32}C_2 = 496$

71. $(x + 1)^{10}$ 10th row coefficients: 1, 10, 45, 120, 210, 252, 210, 120, 45, 10, 1

$(x + 1)^{10} = x^{10} + 10x^9(1) + 45x^8(1)^2 + 120x^7(1)^3 + 210x^6(1)^4 + 252x^5(1)^5 + 210x^4(1)^6 + 120x^3(1)^7 + 45x^2(1)^8 +$

$\qquad 10x(1)^9 + (1)^{10}$

$= x^{10} + 10x^9 + 45x^8 + 120x^7 + 210x^6 + 252x^5 + 210x^4 + 120x^3 + 45x^2 + 10x + 1$

72. $(v - v)^9$ 9th row coefficients: 1, 9, 36, 84, 126, 126, 84, 36, 9, 1

$(u - v)^9 = u^9 - 9u^8v + 36u^7v^2 - 84u^6v^3 + 126u^5v^4 - 126u^4v^5 + 84u^3v^6 - 36u^2v^7 + 9uv^8 - v^9$

73. $(y - 2)^6$ 6th row coefficients: 1, 6, 15, 20, 15, 6, 1

$(y - 2)^6 = y^6 - 6y^5(2) + 15y^4(2)^2 - 20y^3(2)^3 + 15y^2(2)^4 - 6y(2)^5 + (2)^6$

$= y^6 - 12y^5 + 15y^4(4) - 20y^3(8) + 15y^2(16) - 6y(32) + 64$

$= y^6 - 12y^5 + 60y^4 - 160y^3 + 240y^2 - 192y + 64$

74. $(x + 3)^5$ 5th row coefficients: 1, 5, 10, 10, 5, 1

$(x + 3)^5 = x^5 + 5x^4(3) + 10x^3(3)^2 + 10x^2(3)^3 + 5x(3)^4 + 3^5$

$= x^5 + 15x^4 + 10x^3(9) + 10x^2(27) + 5x(81) + 243$

$= x^5 + 15x^4 + 90x^3 + 270x^2 + 405x + 243$

75. $\left(\dfrac{1}{2} - x\right)^8$ 8th row coefficients: 1, 8, 28, 56, 70, 56, 28, 8, 1

$\left(\dfrac{1}{2} - x\right)^8 = \left(\dfrac{1}{2}\right)^8 - 8\left(\dfrac{1}{2}\right)^7 x + 28\left(\dfrac{1}{2}\right)^6 x^2 - 56\left(\dfrac{1}{2}\right)^5 x^3 + 70\left(\dfrac{1}{2}\right)^4 x^4 - 56\left(\dfrac{1}{2}\right)^3 x^5 + 28\left(\dfrac{1}{2}\right)^2 x^6 - 8\left(\dfrac{1}{2}\right) x^7 + x^8$

$= \dfrac{1}{256} - \dfrac{1}{16}x + \dfrac{7}{16}x^2 - \dfrac{7}{4}x^3 + \dfrac{35}{8}x^4 - 7x^5 + 7x^6 - 4x^7 + x^8$

76. $(3x - 2y)^4$ 4th row coefficients: 1, 4, 6, 4, 1

$(3x - 2y)^4 = (3x)^4 - 4(3x)^3(2y) + 6(3x)^2(2y)^2 - 4(3x)(2y)^3 + (2y)^4$

$= 81x^4 - 4(27x^3)(2y) + 6(9x^2)(4y^2) - 4(3x)(8y^3) + 16y^4$

$= 81x^4 - 216x^3y + 216x^2y^2 - 96xy^3 + 16y^4$

77. The term involving x^5 in the expansion of $(x - 3)^{10}$:

$_{10}C_5 x^5 (-3)^5 = 252x^5(-243) = -61{,}236x^5$

Coefficient: $-61{,}236$

78. The term involving x^2y^3 in the expansion of $(2x - 3y)^5$:

$_5C_3 (2x)^2(-3y)^3 = 10(4x^4)(-27y^3) = -1080x^4y^3$

Coefficient: -1080

79. 1st   2nd   3rd
 (2)   (2)   (2) = 8

There are 8 different characters.

80. $_7C_2 = \dfrac{7!}{5!2!} = \dfrac{7 \cdot 6}{2 \cdot 1} = 21$

There are 21 line segments.

81. $_{15}C_5 = \dfrac{15!}{10!5!} = \dfrac{15 \cdot 14 \cdot 13 \cdot 12 \cdot 11}{5 \cdot 4 \cdot 3 \cdot 2 \cdot 1} = 3003$

There are 3003 possible committees.

82. 1st   2nd   3rd   4th   5th   6th   7th
 (7)   (6)   (5)   (4)   (3)   (2)   (1) = 7! = 5040

There are 5040 possible orders.

83. $P = \dfrac{\text{Number of faces greater than 4}}{\text{Number of faces}} = \dfrac{2}{6} = \dfrac{1}{3}$

84. HHHH   HHHT   HHTT   HTTT   TTTT
     HHTH   HTHT   THTT
     HTHH   THHT   TTHT
     THHH   HTTH   TTTH
            THTH
            TTHH

$P = \dfrac{\text{Number of results with at least one head}}{\text{Number of possible results}} = \dfrac{15}{16}$

Note: $15 = {_4C_4} + {_4C_3} + {_4C_2} + {_4C_1} = 1 + 4 + 6 + 4$

Alternate approach: The probability of obtaining *no* heads is $\dfrac{1}{16}$, and thus the probability of obtaining at least one head is $1 - \dfrac{1}{16}$ or $\dfrac{15}{16}$.

85. $P = \dfrac{\text{Number of correct arrangements}}{\text{Number of posible arrangements}} = \dfrac{1}{4 \cdot 3 \cdot 2 \cdot 1} = \dfrac{1}{24}$

86. $P = \dfrac{\text{Number of 3's}}{\text{Number of sides}} = \dfrac{1}{6}$

$P = \dfrac{\text{Number of pairs that total 6}}{\text{Number of pairs}} = \dfrac{5}{36}$

Note: $1 + 5, \; 2 + 4, \; 3 + 3, \; 4 + 6, \; 5 + 1$

The chances are *not* the same. The probability of rolling a 3 is greater.

87. Number of possible selections: $_{84}C_8$

Number of selections with none of most experienced: $_{74}C_8$

$P = \dfrac{_{74}C_8}{_{84}C_8} = \dfrac{\left(\dfrac{74!}{66!8!}\right)}{\left(\dfrac{84!}{76!8!}\right)} = \dfrac{\left(\dfrac{74 \cdot 73 \cdot 72 \cdot 71 \cdot 70 \cdot 69 \cdot 68 \cdot 67}{8 \cdot 7 \cdot 6 \cdot 5 \cdot 4 \cdot 3 \cdot 2 \cdot 1}\right)}{\left(\dfrac{84 \cdot 83 \cdot 82 \cdot 81 \cdot 80 \cdot 79 \cdot 78 \cdot 77}{8 \cdot 7 \cdot 6 \cdot 5 \cdot 4 \cdot 3 \cdot 2 \cdot 1}\right)} = \dfrac{74 \cdot 73 \cdot 72 \cdot 71 \cdot 70 \cdot 69 \cdot 68 \cdot 67}{84 \cdot 83 \cdot 82 \cdot 81 \cdot 80 \cdot 79 \cdot 78 \cdot 77} \approx 0.346$

88. Total area = $\pi(10)^2 = 100\pi$

Area of bull's eye = $\pi(2)^2 = 4\pi$

Probability of bull's eye: $P = \dfrac{4x}{100\pi} = \dfrac{1}{25}$

Area of blue ring: $\pi(8)^2 - \pi(6)^2 = 64\pi - 36\pi = 28\pi$

Probability of hitting blue ring: $P = \dfrac{28\pi}{100\pi} = \dfrac{7}{25}$

Chapter Test for Chapter 10

1. $a_n = \left(-\tfrac{2}{3}\right)^{n-1}$

$a_1 = \left(-\tfrac{2}{3}\right)^{1-1} = 1$

$a_2 = \left(-\tfrac{2}{3}\right)^{2-1} = -\tfrac{2}{3}$

$a_3 = \left(-\tfrac{2}{3}\right)^{3-1} = \tfrac{4}{9}$

$a_4 = \left(-\tfrac{2}{3}\right)^{4-1} = -\tfrac{8}{27}$

$a_5 = \left(-\tfrac{2}{3}\right)^{5-1} = \tfrac{16}{81}$

2. $\sum\limits_{j=0}^{4}(3j+1) = [3(0)+1] + [3(1)+1] + [3(2)+1] + [3(3)+1] + [3(4)+1] = 1 + 4 + 7 + 10 + 13 = 35$

3. $\sum\limits_{n=1}^{5}(3-4n)$

Sum of an arithmetic sequence with $a_1 = -1$, $n = 4$, $d = -4$

$\sum\limits_{n=1}^{5}(3-4n) = \tfrac{5}{2}[2(-1) + (5-1)(-4)] = \tfrac{5}{2}[-2 - 16] = \tfrac{5}{2}(-18) = -45$

or

$\sum\limits_{n=1}^{5}(3-4n) = (3 - 4 \cdot 1) + (3 - 4 \cdot 2) + (3 - 4 \cdot 3) + (3 - 4 \cdot 4) + (3 - 4 \cdot 5)$

$= (3-4) + (3-8) + (3-12) + (3-16) + (3-20)$

$= -1 - 5 - 9 - 13 - 17$

$= -45$

4. $\sum\limits_{n=1}^{8} 2(2^n)$

Sum of a geometric sequence with $a_1 = 4$, $n = 8$, $r = 2$

$\sum\limits_{n=1}^{8} 2(2^n) = \dfrac{4(2^8 - 1)}{2 - 1} = 1020$

or

$\sum\limits_{n=1}^{8} 2(2^n) = 2(2^1) + 2(2^2) + 2(2^3) + 2(2^4) + 2(2^5) + 2(2^6) + 2(2^7) + 2(2^8)$

$= 4 + 8 + 16 + 32 + 64 + 128 + 256 + 512$

$= 1020$

5. $\sum_{n=1}^{10} 3\left(\frac{1}{2}\right)^n$

Sum of a geometric sequence with $a_1 = \frac{3}{2}$, $n = 10$, $r = \frac{1}{2}$

$$\sum_{n=1}^{10} 3\left(\frac{1}{2}\right)^n = \frac{\frac{3}{2}\left[\left(\frac{1}{2}\right)^{10} - 1\right]}{\left(\frac{1}{2}\right) - 1} = \frac{3069}{1024}$$

or

$$\sum_{n=1}^{10} 3\left(\frac{1}{2}\right)^n = 3\left(\frac{1}{2}\right)^1 + 3\left(\frac{1}{2}\right)^2 + 3\left(\frac{1}{2}\right)^3 + 3\left(\frac{1}{2}\right)^4 + 3\left(\frac{1}{2}\right)^5 + 3\left(\frac{1}{2}\right)^6 + 3\left(\frac{1}{2}\right)^7 + 3\left(\frac{1}{2}\right)^8 + 3\left(\frac{1}{2}\right)^9 + 3\left(\frac{1}{2}\right)^{10}$$

$$= \frac{3}{2} + \frac{3}{4} + \frac{3}{8} + \frac{3}{16} + \frac{3}{32} + \frac{3}{64} + \frac{3}{128} + \frac{3}{256} + \frac{3}{512} + \frac{3}{1024}$$

$$= \frac{3069}{1024}$$

6. $\dfrac{2}{3(1)+1} + \dfrac{2}{3(2)+1} + \cdots + \dfrac{2}{3(12)+1} = \sum_{k=1}^{12} \dfrac{2}{3k+1}$

7. $a_1 = 12$, $d = 4$

$a_n = 12 + (n-1)4$

$a_n = 12 + 4n - 4$

$a_n = 4n + 8$

$a_1 = 4(1) + 8 = 12$

$a_2 = 4(2) + 8 = 16$

$a_3 = 4(3) + 8 = 20$

$a_4 = 4(4) + 8 = 24$

$a_5 = 4(5) + 8 = 28$

8. $a_n = 5000$, $d = -100$

$a_n = a_1 + (n-1)d$

$a_n = 5000 + (n-1)(-100)$

$a_n = 5000 - 100n + 100$

$a_n = -100n + 5100$

9. $3 + 6 + 9 + 12 + \ldots$, $n = 50$

Sum of arithmetic sequence with $d = 3$

$a_n = a_1 + (n-1)d$

$a_n = 3 + (n-1)3$

$a_n = 3 + 3n - 3$

$a_n = 3n$

Sum: $\dfrac{n}{2}(a_1 + a_n)$

$n = 50$, $a_1 = 3(1) = 3$, $a_{50} = 3(50) = 150$

$\sum_{n=1}^{50} 3n = \dfrac{50}{2}(3 + 150) = 25(153) = 3825$

10. $2, -3, \dfrac{9}{2}, -\dfrac{27}{4}, \dfrac{81}{8}, \ldots$

$r = \dfrac{a_2}{a_1} = -\dfrac{3}{2}$

Note: $\dfrac{9/2}{-3} = \dfrac{-27/4}{9/2} = \dfrac{81/8}{-27/4} = -\dfrac{3}{2}$

11. $a_1 = 4$, $r = \dfrac{1}{2}$

$a_n = a_1 r^{n-1}$

$a_n = 4\left(\dfrac{1}{2}\right)^{n-1}$

12. Total $= 50\left(1 + \frac{0.08}{12}\right)^1 + 50\left(1 + \frac{0.08}{12}\right)^2 + 50\left(1 + \frac{0.08}{12}\right)^3 + \cdots + 50\left(1 + \frac{0.08}{12}\right)^{300}$

$= 50\left(1 + \frac{0.08}{12}\right)\dfrac{\left(1 + \frac{0.08}{12}\right)^{300} - 1}{\left(1 + \frac{0.08}{12}\right) - 1} = \$47{,}868.33$

13. $_{20}C_3 = \dfrac{20!}{(20-3)!\,3!} = \dfrac{20 \cdot 19 \cdot 18}{3 \cdot 2 \cdot 1} = 1140$

14. $(x-2)^5$ 5th row coefficients: 1, 5, 10, 10, 5, 1

$(x-2)^5 = x^5 - 5x^4(2) + 10x^3(2)^2 - 10x^2(2)^3 + 5x(2)^4 - 2^5$

$\quad = x^5 - 10x^4 + 10x^3(4) - 10x^2(8) + 5x(16) - 32$

$\quad = x^5 - 10x^4 + 40x^3 - 80x^2 + 80x - 32$

15. $(x+y)^8$, $x^3 y^5$

$_8C_5 x^3 y^5 = {_8C_3} x^3 y^5$

$= \dfrac{8 \cdot 7 \cdot 6}{3 \cdot 2 \cdot 1} x^3 y^5 = 56 x^3 y^5$

Coefficient: 56

16. letter   digit   digit   digit

(26)   (10)   (10)   (10) = 26,000

There are 26,000 distinct license plates.

17. $_{25}C_4 = \dfrac{25!}{21!\,4!} = \dfrac{25 \cdot 24 \cdot 23 \cdot 22}{4 \cdot 3 \cdot 2 \cdot 1} = 12{,}650$

The students can be selected in 12,650 ways.

18. Probability of snow: 0.75

Probability of no snow: $1 - 0.75 = 0.25$

19. $P = \dfrac{\text{Number of red face cards}}{\text{Number of cards}}$

$P = \dfrac{6}{52} = \dfrac{3}{26}$

20. Number of possible choices: $_4C_2 = \dfrac{4!}{2!\,2!} = \dfrac{4 \cdot 3}{2 \cdot 1} = 6$

$P = \dfrac{1}{6}$

The probability that the mechanic removes the two defective plugs is $1/6$.

Cumulative Test for Chapters 1–10

1. $(-3x^2 y^3)^2 \cdot (4xy^2) = (9x^4 y^6)(4xy^2) = 36x^5 y^8$

2. $\frac{3}{8}x - \frac{1}{12}x + 8 = \frac{9}{24}x - \frac{2}{24}x + 8 = \frac{7}{24}x + 8$

3. $\dfrac{64 r^2 s^4}{16 r s^2} = 4 r s^2$

4. $\left(\dfrac{3x}{4y^3}\right)^2 = \dfrac{(3x)^2}{(4y^3)^2} = \dfrac{9x^2}{16 y^6}$

5. $\dfrac{8}{\sqrt{10}} = \dfrac{8\sqrt{10}}{\sqrt{10} \cdot \sqrt{10}} = \dfrac{8\sqrt{10}}{10} = \dfrac{4\sqrt{10}}{5}$

6. $\log_4 64 = 3$

7. $5x - 20x^2 = 5x(1 - 4x)$

8. $64 - (x-6)^2 = 8^2 - (x-6)^2$

$\quad = [8 + (x-6)][8 - (x-6)]$

$\quad = (2 + x)(14 - x)$

9. $15x^2 - 16x - 15 = (5x + 3)(3x - 5)$

10. $8x^3 + 1 = (2x)^3 + 1^3 = (2x+1)(4x^2 - 2x + 1)$

11. $y = 2x - 3$

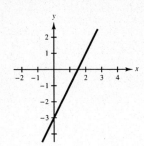

12. $y = -\frac{3}{4}x + 2$

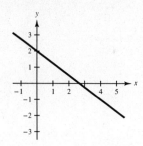

13. $9x^2 + 4y^2 = 36$

$$\frac{9x^2}{36} + \frac{4y^2}{36} = \frac{36}{36}$$

$$\frac{x^2}{4} + \frac{y^2}{9} = 1$$

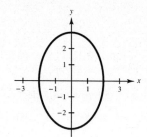

14. $(x - 2)y = 5$

$$y = \frac{5}{x - 2}$$

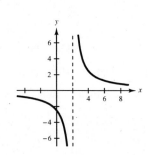

15. $\left(\frac{3}{2}, 8\right)$, $\left(\frac{11}{2}, \frac{5}{2}\right)$

Point: $\left(\frac{3}{2}, 8\right)$

Slope $m = \dfrac{\frac{5}{2} - 8}{\frac{11}{2} - \frac{3}{2}} = \dfrac{-\frac{11}{2}}{4} = -\dfrac{11}{8}$

$y - y_1 = m(x - x_1)$

$y - 8 = -\frac{11}{8}\left(x - \frac{3}{2}\right)$

$y = -\frac{11}{8}x + \frac{33}{16} + 8$

$y = -\frac{11}{8}x + \frac{161}{16}$

16. $h(x) = \sqrt{16 - x^2}$

Domain: $[-4, 4]$

17. $g(x) = \dfrac{x}{x + 10}$

$g(c - 6) = \dfrac{c - 6}{(c - 6) + 10} = \dfrac{c - 6}{c + 4}$

18. $N = \dfrac{k}{t + 1}$

$300 = \dfrac{k}{0 + 1}$

$300 = \dfrac{k}{1} = k$

$N = \dfrac{300}{5 + 1} = \dfrac{300}{6} = 50$

19. Vertex: $(2,2) \Rightarrow y = a(x - 2)^2 + 2$

Point: $(0, 4) \Rightarrow 4 = a(0 - 2)^2 + 2$

$4 = a(4) + 2$

$2 = 4a$

$\frac{1}{2} = a$

Parabola: $y = \frac{1}{2}(x - 2)^2 + 2$ or $(x - 2)^2 = 2(y - 2)$

20. (a)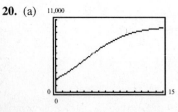

(b) The annual sales are 5000 units when $t \approx 4.16$.

(c) The annual sales will approach 10,000 units.

21. Coefficients for $(x + y)^4$: 1, 4, 6, 4, 1

$(z - 3)^4 = z^4 + 4z^3(-3) + 6z^2(-3)^2 + 4z(-3)^3 + (-3)^4$

$= z^4 - 12z^3 + 54z^2 - 108z + 81$

22. $P = \dfrac{\text{Number of correct prices}}{\text{Number of possible prices of at least \$400 using these three digits}} = \dfrac{1}{2 \cdot 2 \cdot 1} = \dfrac{1}{4}$